독자의 1초를
아껴주는 정성을
만나보세요!

세상이 아무리 바쁘게 돌아가더라도 책까지 아무렇게나 빨리 만들 수는 없습니다.
인스턴트 식품 같은 책보다 오래 익힌 술이나 장맛이 밴 책을 만들고 싶습니다.
땀 흘리며 일하는 당신을 위해 한 권 한 권 마음을 다해 만들겠습니다.
마지막 페이지에서 만날 새로운 당신을 위해 더 나은 길을 준비하겠습니다.

KB109000

Code Craft

코드 크래프트
Code Craft

초판 발행 • 2021년 8월 20일

지은이 • 피트 구들리프

옮긴이 • 심지현

발행인 • 이종원

발행처 • (주)도서출판 길벗

출판사 등록일 • 1990년 12월 24일

주소 • 서울특별시 마포구 월드컵로10길 56(서교동)

대표전화 • 02)332-0931 | **팩스** • 02)323-0586

홈페이지 • www.gilbut.co.kr | **이메일** • gilbut@gilbut.co.kr

기획 및 책임편집 • 한동훈(monaca@gilbut.co.kr) | **디자인** • 최주연 | **제작** • 이준호, 손일순, 이진혁

영업마케팅 • 임태호, 전선하, 차명환, 박성용, 지운집 | **영업관리** • 김명자 | **독자지원** • 송혜란, 윤정아

교정교열 • 김창수 | **전산편집** • 책돼지 | **출력 및 인쇄** • 금강인쇄(주) | **제본** • 금강인쇄(주)

• 잘못된 책은 구입한 서점에서 바꿔 드립니다.

• 이 책은 저작권법에 따라 보호받는 저작물이므로 무단전재와 무단복제를 금합니다. 이 책의 전부 또는 일부를 이용하려면 반드시 사전에 저작권자와 (주)도서출판 길벗의 서면 동의를 받아야 합니다.

ISBN 979-11-6521-625-2 93000   (길벗 도서번호 006938)

정가 42,000원

독자의 1초를 아껴주는 정성 길벗출판사

길벗 | IT실용서, IT/일반 수험서, IT전문서, 경제실용서, 취미실용서, 건강실용서, 자녀교육서

더퀘스트 | 인문교양서, 비즈니스서

길벗이지톡 | 어학단행본, 어학수험서

길벗스쿨 | 국어학습서, 수학학습서, 유아학습서, 어학학습서, 어린이교양서, 교과서

페이스북 • https://www.facebook.com/gbitbook

CODE CRAFT

THE PRACTICE OF WRITING

코드 크래프트

EXCELLENT CODE

PETE GOODLIFFE

심지현 옮김

길벗

현명한 사람이라면 모르고 넘어가려는 일들이 세상에는 많다.

_랄프 왈도 에머슨

이 책은 전장의 최전선에서 시작됐다. 물론 실은 소프트웨어 공장 저 깊은 곳에서 시작됐지만 가끔은 별 차이가 없다. 이 책은 자신이 하는 일에 관심이 많은 프로그래머를 위해 쓰였다. 아니라면 당장 책을 덮고 책장에 다시 가지런히 꽂아 두기 바란다.

─────────── *역자 서문* ───────────

"좋은 코드는 서로 닮았지만, 나쁜 코드는 모두 저마다의 이유로 나쁘다."

개발자에게 코드는 실력과 경험이 가감 없이 드러나는 어찌 보면 두려움의 대상이다. 누구나 좋은 코드를 작성하고 싶고 훌륭한 소프트웨어를 만들고 싶다. 하지만 인정받는 개발자는 극소수이고 고수가 되는 여정은 여전히 흐릿하다. 숱한 책에서 좋은 코드의 정의, 훌륭한 소프트웨어의 요건을 다루지만, 막상 현실과 괴리감이 크고 정작 실전에 적용하려니 시간도 의지도 부족하다. 대체 어디서부터 어떻게 시작해야 하는 걸까?

이 책 중간에 나오는 한 구절처럼 코드 개발 기술에 대해 전문적으로 토론하거나 자세히 다룬 자료를 찾아보기란 생각보다 쉽지 않다. 〈코드 크래프트〉는 코딩학 개론이라는 과목이 있다면 교재로 써도 좋을 만큼 폭넓게, 어렵지 않게, 그리고 활용할 수 있게 소프트웨어 개발의 다양한 영역을 다룬다. 현장에 뛰고 있는 개발자가 때로는 백과사전처럼 때로는 자기계발서처럼 읽기 좋은 책이다.

이 책은 총 6부로 나눠져 미시적 관점에서 거시적 관점으로 확장해 나간다. 처음에는 코드 자체로 시작한다. 1부에서는 방어적 프로그래밍과 코드 표현, 명명, 문서화 등에 대한 조언을 건넨다. 이어서 2부에서는 도구와 테스트, 로깅, 디버깅, 빌드 같은 개발 환경을, 3부에서는 디자인과 아키텍처를 다룬다. 4부에서는 주제를 넓혀 프로그래머와 개발팀을 여러 유형으로 분류해 설명한다. 5부에서는 명세와 코드 리뷰, 일정 수립 등 소프트웨어 개발 과정에 수반되는 활동을 알아본다. 마지막으로 6부에서는 보다 높은 수준에서 개발 프로세스와 프로그래밍 원리를 파헤친다.

이미 잡아 봐서 알겠지만, 볼륨이 상당한 책이라 한 줄 한 줄 읽기에는 벅찰 수 있다. 본문에 들어가기에 앞서 목차부터 유심히 훑어보자. 24개 장 모두 장마다 독립된 주제를 다루고, 수많은 참조를 통해 서로 유기적으로 연결된다. 스스로 부족하다 느끼는 부분, 체계적으로 익히고 싶은 부분 혹은 현재 업무에 필요한 부분만 그때그때 펼쳐서 읽어 보아도 충분하다.

〈코드 크래프트〉가 다른 개발서와 크게 다른 점은 개발자의 사고방식이 궁극적으로 소프트웨어의 품질을 좌우한다는 메시지를 분명하고 일관되게 전달한다는 점이다. 저자가 크래프트라는 용어를 쓴 까닭이 여기에 있다. 소위 말하는 "장인 정신"이 있어야 뛰어난 프로그램이 나온다. 뭐든지 설렁설렁하는 개발자가 마구잡이로 만든 코드는 최선의 소프트웨어를 작성하겠다는 굳은 의지를 지닌 개발자가 공들여 만든 코드에 감히 견줄 수 없다. 프로그래머가 지녀야 하는 올바른 사고방식이 무엇인지 유념하며 이 책이 다루는 방대한 주제를 끝까지 읽기를 바란다.

끝으로 이 긴 책을 끝까지 번역할 수 있게 도와준 사랑하는 딸 박은설 양과 남편에게 감사 인사를 전한다.

--------------------- 이 책이 어떤 도움이 될까? ---------------------

프로그래밍에는 개발자의 열정이 녹아든다. 안타깝지만 사실이다. 뼛속까지 컴퓨터 마니아라서 꿈에서까지 프로그래밍을 할 지경이다. 이제는 업계 깊숙이 들어와 현실 세계(Real World) 한가운데에서 결코 상상할 수 없던 일, 즉 돈까지 벌며 컴퓨터와 놀고 있다. 이미 이러한 특권에 대한 대가를 누군가에게 지급했겠지만 말이다.

하지만 이 세계는 기대했던 것과 전혀 달리 아주 이상하다. 급작스럽게 닥치는 비현실적인 마감 시한, 변화하는 요구사항과 끔찍한 코드 잔재로 이뤄진 형편없는 관리(이런 것도 관리라고 부른다면)에 놀라다 보면 여기가 정말 내가 생각했던 곳이 맞는지 의문을 품게 된다. 이 세계는 항상 꿈꾸어 오던 코드를 작성하지 못하게 끊임없이 음모를 꾸민다. 소프트웨어 공장 속 삶에 들어온 것을 환영한다. 이제는 예술적 경지에 이른 작품과 과학 천재가 등장하는 거친 전장의 최전선에 서 있다. 행운을 빈다.

코드 크래프트(Code Craft)는 그래서 생겨났다. 이 책은 여태껏 누구에게도 배우지 못한 내용, 현실 세계에서 올바르게 프로그래밍하는 법을 알려준다. 코드 크래프트는 교과서에 나오지 않는 내용을 추린 것이다. 물론 훌륭한 코드를 만드는 세부적이면서 복잡한 사항을 다룬다. 하지만 그 이상, 다시 말해 올바른 코드를 올바른 방식으로 작성하는 법도 다룬다.

대체 무슨 뜻일까? 현실 세계에서 좋은 프로그램을 작성한다는 것은 다음처럼 여러 가지를 뜻한다.

- 기술적으로 명쾌한 코드 만들기
- 다른 개발자가 이해할 수 있는 유지 보수 가능한 코드 만들기
- 다른 개발자가 만든 엉망인 코드를 이해하고 조정하기
- 다른 개발자와 어울려 일하기

뛰어난 코더가 되려면 위에 나열한 기술(그리고 그 이상)이 모두 필요하다. 코드의 비밀스러운 생애(secret life), 다시 말해 코드를 작성한 후 무슨 일이 벌어지는지 이해해야 한다. 아름다운 코드와 못생긴 코드를 분별하는 미적 감수성도 있어야 한다. 또한, 실용성에도 밝아야 손쉬운 방법은 언제 써야 맞는지, 코드 디자인에 언제 힘써야 하는지, 언제 포기하고 넘어가야 하는지(실용적인 앞서고 있을 때 그만두기 원리)를 알아낼 수 있다. 이 책은 이러한 목표를 달성하게끔 돕는다. 소프트웨어 공장에서 살아남는 법, 전장을 살피고 적을 이해하는 법, 적의 함정을 피하는 전술을 짜는 법, 이 모든 어려움에도 불구하고 진정으로 훌륭한(excellent) 프로그램을 만드는 법을 배울 것이다.

소프트웨어 개발은 흥미로운 직종이다. 빠르게 변화하고, 잠깐의 유행과 일시적인 인기가 넘쳐나고, 새로운 이데올로기로 무장한 책략과 판매원들이 일확천금을 꿈꾼다. 아직은 미숙하다. 마법을 써서 정답을 알아낼 수는 없으나 현실적이고 유용한 조언 몇 갖는 확실히 전해줄 수 있다. 현실과 동떨어진 이론이 아닌 그저 현실 세계에서의 경험과 모범 사례를 말이다.

이 책의 내용을 모두 소화하고 나면 단지 더 나은 프로그래머가 되는 것이 아니다. 소프트웨어 공장의 보다 훌륭한 주민이 될 것이다. 진정한 코드 워리어 말이다. 코드 크래프트를 전부 배웠을 테니. 흥미롭게 들리지 않는다면 군대 경력을 쌓는 쪽을 고려해 보자.

그럼 훌륭한 프로그래머와 형편없는 프로그래머를 구분 짓는 잣대는 무엇일까? 더 중요한 것은 특출난 프로그래머와 적절한 프로그래머를 구분 짓는 잣대는 무엇일까? 답은 단지 기술적으로 얼마나 능숙한가가 아니다. 강렬하고 인상적인 C++를 작성하고 자신의 언어 표준을 달달 외우는 지적 수준이 높은, 그러면서도 가장 끔찍한 코드를 작성하는 프로그래머를 여럿 보아 왔다. 아주 단순한 코드를 고수하되 가장 명쾌하고 면밀한 프로그램을 작성하는 더 겸손한 프로그래머도 보아 왔다.

진짜 차이는 무엇일까? 훌륭한 프로그래밍은 사고방식(attitude)에서 기인한다. 전문적인 접근법을 알고 소프트웨어 공장의 압박에도 불구하고 항상 최선의 소프트웨어를 작성하려는 사고가 저변에 깔려 있는 것이다. 사고방식은 사물을 바라보는 렌즈다. 사고방식은 일과 행동에 영향을 미친다. 훌륭한 코드는 허술한 프로그래머가 생각 없이 마구 만들 것이 아니라 장인이 신중하게 만들어야 한다. 엉망진창인 코드는 그럴듯한 취지로 포장된다. 특출난 프로그래머가 되려면 취지와 상관없이 긍정적인 시각을 키우고 이와 같은 건전한 사고방식을 발전시켜야 한다.

이 책에서 방법을 알아보겠다. 가장 낮게는 실무 코드 작성 이슈부터 더 크게는 조직상의 우려까지 다양하게 다루겠다. 이러한 주제를 통틀어 올바른 사고방식과 접근법이 무엇이어야 하는지 강조하겠다.

사고방식 - 접근 각도

소프트웨어 개발 세상을 조사하고 분류할수록 특출난 프로그래머는 사고방식에서 차이를 보인다는 확신이 점차 들었다. 사고방식이라는 단어의 사전적 정의는 다음과 같다.

사고방식(attitude) (at.ti.tude)
1. 마음의 상태 또는 감정; 기질
2. 기준계 측면에서의 항공기 위치

첫 번째 정의는 그다지 놀라운 것도 없지만, 두 번째 정의는 무엇을 뜻할까? 실제로는 첫 번째 정의보다 더 흥미로운 사실을 나타낸다.

항공기 내부를 가로지르는 세 개의 축 선을 상상해 보자. 하나는 날개에서 날개로, 하나는 코에서 꼬리로, 하나는 나머지 두 선이 교차하는 지점을 수직으로 지난다. 이를 항공기의 고도(attitude)라고도 부른다. 잘못된 고도로 항공기에 약간의 힘만 가해도 결국 목표지점을 크게 벗어나게 된다. 조종사는 항공기의 고도를 끊임없이 확인해야 하는데, 특히 이륙과 착륙 같은 중요한 시점에 더 그렇다.

가식적인 동기 부여 영상처럼 느껴질 수 있겠으나 이를 무릅쓰고 말하자면 소프트웨어 개발 작업과 아주 유사하다. 비행기의 고도는 접근 각도를 정의하고, 개발에서의 사고방식은 코딩 작업에 대한 접근 각도를 정의한다. 프로그래머가 기술적으로 얼마나 능숙하냐는 중요하지 않다. 건전한 사고방식을 바탕으로 기량을 단련하지 않는 한 일은 고달파진다.

잘못된 사고방식은 소프트웨어 프로젝트를 성공시킬 수도, 망칠 수도 있기에 프로그래밍을 대함에 있어 반드시 올바른 관점을 유지해야 한다. 사고방식은 개인의 성장을 저해할 수도 혹은 고취할 수도 있다. 더 나은 프로그래머가 되려면 올바른 사고방식을 지녀야 한다.

이 책의 독자

이 책은 당연히 코드 품질을 높이고 싶은 개발자가 읽어야 한다. 개발자라면 누구나 더 나은 프로그래머가 되기를 갈망해야 한다. 그러한 열망조차 없다면 이 책은 무용지물이다. 독자는 수년간 일해 온 전문 프로그래머일 수 있다. 프로그래밍 개념에는 익숙하나 최선의 적용법을 잘 모르는 아주 우수한 학생일 수도 있다. 배우고 있거나 수습생을 가르치는 중에도 이 책은 유용하다.

또한, 프로그래밍에 경험이 있어야 한다. 이 책은 프로그래밍하는 방법이 아니라 프로그래밍이 더 나아지는 방법을 알려준다. 언어 성향과 고집은 피하고 싶었으나 코드 예제는 보여야 했다. 예제 대부분은 현재 가장 널리 쓰이는 언어에 속하는 C나 C++, 자바로 작성됐다. 대단한 언어 전문성을 요구하는 예제는 없으니 세계적인 수준의 C++ 프로그래머가 아니더라도 당황하지 말자.

이 책은 소프트웨어 공장이 한창 가동 중일 때 코드를 작성하고 있거나 작성할 예정일 경우를 전제로 한다. 주로 산업 개발 조직에 고용됐거나, 혼란스러운 오픈 소스 개발 프로젝트에서 일하는 중이거나, 제삼자에게 소프트웨어를 제공하는 고용된 계약자일 경우다.

이 책에서 다루는 내용

이 책은 프로그래머의 사고방식을 다루지만 그렇다고 심리학 교재는 아니다. 다음과 같은 다양한 주제를 살핀다.

- 소스 코드 표현 방식
- 방어적 코딩 기법
- 효율적인 프로그램 디버깅
- 훌륭한 팀워크 기술
- 소스 코드 관리

목차를 빠르게 훑어 정확히 어떤 내용을 다루는지 살펴보자. 이러한 주제를 선택한 근거는 무엇일까? 우선 여러 해 동안 수습 프로그래머를 가르치며 거듭 마주쳤던 주제들이다. 또한, 소프트웨어 공장에서 오래 일하며 반복해서 겪었던 문제들이다. 다 함께 다루겠다.

이 같은 프로그래밍 난적을 모두 물리칠 수 있다면 수습생에서 진정한 코드 장인으로 나아갈 것이다.

이 책의 구성

최대한 읽기 쉽게 구성하기 위해 노력했다. 일반적 통념은 맨 앞부터 시작해 끝까지 차례대로 읽는 것이다. 잊어버리자. 이 책을 골랐다면 관심 있는 장을 열고 거기서부터 시작할 수 있다. 각 장은 독립적이고 서로 유용한 상호 참조로 이어져 있어 매끄럽게 어우러진다. 물론 차례대로 읽는 방법이 편하면 처음부터 읽어도 좋다.

장마다 유사한 구성을 띄어 당황하지 않을 것이다. 각 장은 다음과 같은 영역으로 나뉜다.

이 장에서 다룰 내용

먼저 각 장의 주요 주제를 나열한다. 몇 줄로 간단히 개요를 제공한다. 전체 개요를 대강 훑어 어떤 분야를 다루는지 알아보자.

설명

이 책을 사야만 했던 매우 흥미로운 내용이 전부 여기 들어 있다.

설명 곳곳에는 핵심 개념(key concept)이 흩어져 있다. 주요 팁과 이슈, 사고방식을 강조하니 유념하자. 아래처럼 표시한다.

핵심 개념

아주 중요하다. 유의하자!

요약

설명을 마무리 짓는 짧은 영역으로 각 장을 끝마친다. 내용이 한눈에 들어오도록 제공하겠다. 시간이 촉박하면 핵심 개념과 끝맺음 영역만 봐도 괜찮다. 대신 비밀이다.

이어서 훌륭한 프로그래머의 접근 방식과 형편없는 프로그래머의 접근 방식을 대비해 어떤 사고방식을 발전시키는 데 중점을 둬야 하는지 요약한다. 스스로 용감하다고 생각한다면 이러한 사례에 대입해 자신을 평가해보자. 바라건대 진실에 너무 상처받지 않기를!

참고

연관된 장을 나열하고 이 장의 주제와 어떻게 연결되는지 설명한다.

생각해 보기

마지막으로 생각해 볼 만한 질문을 던진다. 그저 책 내용을 늘리려고 넣은 영역이 아니라 장마다 없어서는 안 될 부분이다. 방금 읽은 내용을 시시하게 그대로 반복하지 않고 생각해 보게끔, 그리고 배운 것 이상을 고심해 보게끔 한다. 질문은 두 분류로 나뉜다.

- **궁리하기**
  주제를 더 깊이 살피고 주요 문제를 제기한다.
- **스스로 살피기**
  업무 관행과 개발자 및 개발자가 속한 소프트웨어 개발팀의 코딩 숙련도를 알아본다.

질문을 뛰어넘지 말자! 너무 게으른 나머지 질문마다 진득하게 앉아 진지하게 생각할 수 없더라도(물론 이를 통해 아주 많은 것을 배울 테지만) 최소한 질문을 읽고 넘어가며 잠깐이라도 생각해 보자.

책 마지막 부분에 각 질문의 정답과 설명이 나온다. 깔끔하게 정리된 답안지는 아니나 확실하게 예 또는 아니요로 답하는 질문도 조금 있다. 질문에 대해 생각해 본 후 제시된 답과 비교해 보자. 제시된 "정답"에는 대부분 그 장에서 다루지 않았던 정보가 더 들어 있다.

상세 장 구성

각 장은 하나의 주제, 즉 모던 소프트웨어 개발의 문제 영역을 하나씩 다룬다. 이는 개발자가 형편없는 코드를 작성하는 이유 혹은 코드를 제대로 작성하지 못하는 일반적인 원인들이다. 장마다 최전선에서의 삶을 보다 잘 견딜 수 있게 해주는 올바른 접근법과 사고방식을 설명한다.

장들은 총 여섯 개의 부로 나뉘는데, 각 부를 설명하는 페이지에 그 부에 속한 장들을 나열하며 각 장의 내용을 간단히 설명한다. 여섯 개의 부는 안에서부터 밖으로 살펴보는 식이다. 어떤 코드를 작성하는지 보이는 것으로 시작해 어떻게 그 코드를 작성하는지 살펴보며 끝난다.

먼저 미시적(micro) 수준의 소스 코드 작성에 초점을 맞춰 코드페이스부터 탐색한다. 코드를 줄이는 것이야말로 프로그래머가 정말 신경 써야 하는 부분이기에 일부러 맨 처음에 넣었다.

1부: 코드페이스에서

1부에서는 소스 코드 개발의 기초를 살펴본다. 방어적 프로그래밍 기법과 어떻게 코드를 구성하고 배치하는지 알아본다. 이후 명명과 코드 문서화로 넘어간다. 주석 작성 관례와 오류 처리 기법도 다룬다.

2부: 코드의 비밀스러운 생애

다음으로 코드를 어떻게 생성하고 수정하는지와 같은 코드 작성 과정을 살펴본다. 구조화 도구와 테스트 방법, 디버깅 기법, 실행 파일을 빌드하는 올바른 과정, 최적화를 알아본다. 끝으로 안전한 프로그램을 작성하는 방법을 검토해 본다.

3부: 코드 형태

이어서 소스 코드를 구성하는 더 광범위한 주제를 살펴본다. 코드 디자인 개발과 소프트웨어 아키텍처, 시간이 흐르며 소스 코드가 어떻게 성장(또는 쇠퇴)하는지 논한다.

4부부터는 거시적(macro) 수준으로 넘어가 고개를 들고 주변에서 일어나는 일, 즉 소프트웨어 공장에서의 삶을 둘러본다. 개발팀에 속하지 않는 한 대규모 소프트웨어를 작성할 수 없기에 이어지는 세 개의 부에서는 이러한 팀워크를 최대로 끌어올리는 비결과 기법을 소개한다.

4부: 프로그래머 무리?

외부와 단절된 프로그래머는 별로 없다(아마도 특수 호흡 장비가 필요할 테니). 4부에서는 더 넓은 세계에 발을 담가 훌륭한 개발 사례와 이러한 사례가 전문 프로그래머의 일상과 어떻게 맞물리는지 살펴본다. 뛰어난 개인 및 팀 프로그래밍 기술과 버전 관리 시스템 사용법을 다루겠다.

5부: 과정의 일환

5부에서는 명세 작성과 코드 리뷰 수행, 기간 추정 마술 같은 소프트웨어 개발 과정의 의식과 의례를 알아본다.

6부: 위에서 내려다보기

마지막 6부에서는 소프트웨어 개발 방법론과 다양한 프로그래밍 원리를 알아봄으로써 보다 높은 수준의 개발 절차를 소개한다.

이 책의 사용법

표지에서 시작해 끝까지 공부하든 혹은 흥미 있는 부분을 고르든 상관없다.

중요한 것은 코드 크래프트를 편견 없이 읽고 어떻게 하면 읽은 대로 실제에 적용할지 생각해 보는 것이다. 현명한 자는 실수를 통해 배우고 더 현명한 자는 다른 사람의 실수를 통해 배운다. 다른 이의 경험에서 배우는 것은 언제나 옳다. 이 책을 읽고 나서 존경하는 프로그래머의 견해를 구해 보자. 함께 질문을 읽어 보며 논하자.

코드 크래프트를 통해 배우며 즐겼으면 좋겠다. 책을 끝마치고 되돌아봤을 때 이 책의 진가를 얼마나 알아봤는지, 실력이 얼마나 늘었는지, 사고방식이 얼마나 향상됐는지 살펴보자. 아무런 변화가 없다면 이 책은 실패작이다. 물론 그러지 않으리라 장담한다.

멘토에게 건네는 말

이 책은 경험이 부족한 프로그래머에게 훌륭한 도구다. 특별히 이를 염두에 둬서 디자인했고 프로그래머의 숙련도와 통찰력을 높인다고 증명된 바 있다.

매 영역을 차근차근 끝까지 읽는 것은 이 책을 읽는 가장 좋은 방법이 아니다. 대신 각 장을 따로 읽고 수련생과 만나 내용을 논하자. 각 장의 질문들이 논의의 출발점으로서 제 역할을 할 테니 거기서부터 시작하면 좋다.

감사의 말

감사할 일은 언제나 있다.

_찰스 디킨스

몇 년에 걸쳐 이 책을 완성했다. 참는 자에게 복이 온다는 말이 있다. 그 사이 셀 수 없이 많은 사람이 계속해서 도움의 손길을 건넸다.

오랜 구상 기간 동안 나와 이 프로젝트를 견뎌 준 아내 브리오니아에게 누구보다 가장 감사하고 정말로 안타까웠다. 빌립보서 1장 3절.

나의 좋은 친구이자 훌륭한 프로그래머, 그리고 탁월한 일러스트레이터인 데이비드 브룩스는 변변찮은 농담으로 가득 찬 끔찍한 원숭이 만화를 가져가 아름다운 작품으로 탈바꿈시켰다. 고마워 데이브! 변변찮은 농담은 여전히 내 잘못일세.

다양한 형태의 초안을 아주 많은 사람이 읽었다. 작문 실력을 쌓는 비옥한 토양이 되어 준 ACCU(www.accu.org)에 특히 감사한다. 귀중한 피드백을 제공해 준 cthree.org의 괴짜들, 앤디 버로우스, 앤드루 베넷, 크리스 리드와 스티브 러브, 그리고 #ant.org 괴짜들에게도 감사한다. 존 재거는 균형 잡힌 기술 리뷰와 함께 그의 전쟁 이야기, 그리고 전투에서 입은 흉터까지 빌려줌으로써 이 책을 상당히 향상시켰다.

이 책은 형편없는 소프트웨어 개발 여건으로 인해 현실 세계에서 겪은 그간의 경험과 좌절, 그리고 누군가는 더 낫기를 바라는 마음에서 비롯됐다고 해도 과언이 아니다. 그렇기에 지금까지 일해 왔던 문제 있는 여러 기업과 그곳에서 마주친 끔찍한 개발자들에게도 "고맙다". 거의 평생을 불평할 만한 이야깃거리를 제공해 주지 않았던가! 내가 얼마나 행운아인지 정말 몰랐었다.

끝으로 골치 아픈 XML 원고를 정말 뛰어난 책으로 태어나게 해 준 노 스타치 프레스(No Starch Press)의 모든 직원에게 감사한다. 프로젝트에 대한 믿음과 특별한 노력에 정말 감사한다.

목차

1부 코드페이스에서 037

1장 방어 태세 · 039

1.1 **훌륭한 코드를 향해** 040

1.2 **최악을 가정하라** 041

1.3 **방어적 프로그래밍이란?** 042

1.4 **거대하고 못된 세상** 045

1.5 **방어적 프로그래밍 기법** 046

　1.5.1 훌륭한 코딩 스타일과 철저한 디자인을 채택하자 046

　1.5.2 급하게 코딩하지 말자 047

　1.5.3 아무도 믿지 말자 047

　1.5.4 간결하게가 아니라 명료하게 코드를 작성하자 048

　1.5.5 접근해서는 안 되는 부분이면 누구도 손대지 못하게 하자 049

　1.5.6 모든 경고를 활성화해서 컴파일하자 049

　1.5.7 정적 분석 도구를 사용하자 050

　1.5.8 안전한 데이터 구조를 사용하자 050

　1.5.9 모든 반환값을 확인하자 051

　1.5.10 메모리(를 비롯한 그 외 소중한 자원)를 신중하게 다루자 051

　1.5.11 변수는 선언 시점에 초기화하자 052

　1.5.12 변수는 가능한 한 늦게 선언하자 053

　1.5.13 표준 언어 기능을 사용하자 053

　1.5.14 훌륭한 진단 로깅 기능을 활용하자 054

　1.5.15 조심해서 캐스팅하자 054

　1.5.16 놓치기 쉬운 세부 사항 055

1.6 **제약** 056

　1.6.1 무엇을 제약할까? 057

　1.6.2 제약 제거 058

1.7 요약 060

1.8 참고 061

1.9 생각해 보기 062

    1.9.1 궁리하기 062

    1.9.2 스스로 살피기 063

2장 잘 세운 계획   065

2.1 왜 중요할까? 066

2.2 독자 파악하기 067

2.3 훌륭한 표현이란 무엇일까? 069

2.4 마음 단단히 먹자(brace yourself) 070

    2.4.1 K&R 중괄호 스타일 070

    2.4.2 확장 중괄호 스타일 071

    2.4.3 중괄호 들여쓰기 스타일 072

    2.4.4 그 밖의 중괄호 스타일 073

2.5 전부를 뛰어넘는 단 하나의 스타일 073

2.6 하우스 스타일(그리고 언제 고수해야 하는지) 075

2.7 표준 수립 078

2.8 전쟁은 불가피하다? 080

2.9 요약 081

2.10 참고 083

2.11 생각해 보기 083

    2.11.1 궁리하기 083

    2.11.2 스스로 살피기 084

3장 이름이 왜 중요할까?   085

3.1 이름을 잘 지어야 하는 이유 087

3.2 무엇을 명명할까? 088

3.3 이름 고르기 088

　3.3.1 서술적이다 089

　3.3.2 기술적으로 올바르다 089

　3.3.3 관용적이다 090

　3.3.4 적절함 090

3.4 하나씩 살펴보기 091

　3.4.1 변수 명명 092

　3.4.2 함수 명명 093

　3.4.3 타입 명명 094

　3.4.4 네임스페이스 명명 095

　3.4.5 매크로 명명 096

　3.4.6 파일 명명 097

3.5 어떤 이름으로 불리우든 장미는 장미다 098

　3.5.1 일관되게 짓자 098

　3.5.2 맥락을 활용하자 099

　3.5.3 유리하게 이름을 사용하자 100

3.6 요약 100

3.7 참고 102

3.8 생각해 보기 103

　3.8.1 궁리하기 103

　3.8.2 스스로 살피기 104

4장　무엇을 작성해야 하나? ·· 105

4.1 자체 문서화 코드 107

4.2 자체 문서화 코드 작성 기법 110

　4.2.1 훌륭한 표현으로 간단한 코드를 작성하자 110

　4.2.2 의미 있는 이름을 고르자 111

　4.2.3 원자(atomic) 함수로 분해하자 112

　4.2.4 서술적인 타입을 고르자 112

　4.2.5 상수를 명명하자 112

　4.2.6 중요한 코드를 강조하자 113

4.2.7 연관된 정보를 한데 모으자   113

4.2.8 파일 헤더를 제공하자   114

4.2.9 오류를 적절히 처리하자   114

4.2.10 의미 있는 주석을 작성하자   114

4.3 **실용적 자체 문서화 방법론**   115

4.3.1 문학적 프로그래밍   115

4.3.2 문서화 도구   117

4.4 **요약**   119

4.5 **참고**   120

4.6 **생각해 보기**   121

4.6.1 궁리하기   121

4.6.2 스스로 살피기   122

5장 부수적 주석 ······ 123

5.1 **코드 주석이란?**   124

5.2 **주석은 어떻게 생겼나?**   125

5.3 **주석을 얼마나 써야 할까?**   126

5.4 **주석에 어떤 내용을 넣을까?**   127

5.4.1 어떻게가 아닌 왜를 설명하자   127

5.4.2 코드를 설명하지 말자   127

5.4.3 코드를 대신하지 말자   128

5.4.4 허투루 쓰지 말자   128

5.4.5 주의를 흩뜨리지 말자   130

5.5 **실전**   131

5.6 **미학적(aesthetics) 주석**   131

5.6.1 일관성   132

5.6.2 알아보기 쉬운 블록 주석   132

5.6.3 주석 들여쓰기   133

5.6.4 줄 끝 주석   133

5.6.5 코드를 읽기 편하게 해준다   134

5.6.6 유지 보수 비용이 낮은 스타일을 고르자 134

5.6.7 방파제 134

5.6.8 플래그 135

5.6.9 파일 헤더 주석 135

5.7 **주석 다루기** 137

5.7.1 루틴 작성 지원 137

5.7.2 버그 수정 알림 137

5.7.3 부패한 주석 138

5.7.4 유지 보수와 무의미한 주석 139

5.8 **요약** 140

5.9 **참고** 141

5.10 **생각해 보기** 141

5.10.1 궁리하기 141

5.10.2 스스로 살피기 142

6장 사람은 실수하기 마련이다 · 143

6.1 **오류가 시작되는 곳** 144

6.2 **오류 보고 메커니즘** 146

6.2.1 보고하지 않기 146

6.2.2 값 반환하기 147

6.2.3 오류 상태 변수 148

6.2.4 예외 148

6.2.5 시그널 150

6.3 **오류 감지** 151

6.4 **오류 처리** 152

6.4.1 언제 오류를 처리할까? 154

6.4.2 가능한 조치 155

6.4.3 코드 암시 157

6.5 **난동 부리기** 161

6.6 **오류 처리** 162

6.7 **요약** 163

6.8 **참고** 164

6.9 **생각해 보기** 164

　6.9.1 궁리하기 164

　6.9.2 스스로 살피기 165

2부 코드의 비밀스러운 생애 167

7장 프로그래머의 도구상자 169

7.1 **소프트웨어 도구란?** 170

7.2 **왜 도구에 신경 쓰는가?** 173

7.3 **공부 벌레(power tool)** 174

　7.3.1 무엇을 할 수 있는지 파악하자 175

　7.3.2 용법을 배우자 175

　7.3.3 어떤 업무에 유익한지 알아두자 175

　7.3.4 동작하는지 확인하자 176

　7.3.5 더 알아낼 수 있는 확실한 경로를 두자 176

　7.3.6 언제 새로운 버전이 나오는지 알아두자 177

7.4 **어떤 도구를 쓸까?** 177

　7.4.1 소스 편집 도구 178

　7.4.2 코드 구성 도구 181

　7.4.3 디버깅과 조사 도구 184

　7.4.4 언어 지원 도구 186

　7.4.5 기타 도구 187

7.5 **요약** 188

7.6 **참고** 189

7.7 생각해 보기 190

7.7.1 궁리하기 190

7.7.2 스스로 살피기 190

8장 테스트할 시간 ··· 191

8.1 현실성 검증 193

8.2 누가, 언제, 무엇을, 왜? 195

8.2.1 왜 테스트하는가? 195

8.2.2 누가 테스트하는가? 195

8.2.3 테스트에 무엇이 수반되는가? 196

8.2.4 언제 테스트하는가? 197

8.3 테스트는 어렵지 않다...? 198

8.4 테스트 유형 202

8.5 단위 테스트 케이스 고르기 207

8.6 테스트 디자인 209

8.7 직접 하지 않아도 돼! 210

8.8 실패의 단면 211

8.9 이겨낼 수 있는가? 212

8.9.1 결함 추적 시스템 213

8.9.2 버그 리뷰 214

8.10 요약 215

8.11 참고 216

8.12 생각해 보기 217

8.12.1 궁리하기 217

8.12.2 스스로 살피기 217

9장 결함 찾기 · 219

9.1 삶의 진실 220

9.2 야수의 본성 221

    9.2.1 천 미터 상공에서 내려다보기 222

    9.2.2 땅에서 바라보기 223

    9.2.3 입체적으로 바라보기 226

9.3 해충 박멸 228

    9.3.1 저차원적 방법 229

    9.3.2 고차원적 방법 229

9.4 버그 사냥 230

    9.4.1 컴파일 타임 오류 230

    9.4.2 런타임 오류 232

9.5 결함을 고치는 방법 236

9.6 예방 238

9.7 말벌 스프레이, 민달팽이 퇴치제, 파리잡이 끈끈이 238

    9.7.1 디버거 238

    9.7.2 메모리 접근 검증자 239

    9.7.3 시스템 호출 추적 239

    9.7.4 코어 덤프 239

    9.7.5 로깅 239

9.8 요약 240

9.9 참고 241

9.10 생각해 보기 242

    9.10.1 궁리하기 242

    9.10.2 스스로 살피기 243

10장 책이 개발한 코드 ·· 245

10.1 언어 장벽 246

　10.1.1 인터프리터 언어 248

　10.1.2 컴파일 언어 249

　10.1.3 바이트 컴파일 언어 250

10.2 자세히 들여다보기 250

10.3 빌드 만들기 252

10.4 훌륭한 빌드 시스템이란 무엇일까? 255

　10.4.1 단순성 255

　10.4.2 획일성 256

　10.4.3 반복성과 안정성 256

　10.4.4 원자성 257

　10.4.5 오류 대처 258

10.5 빌드 기법 259

　10.5.1 타깃 선택 259

　10.5.2 정리(housekeeping) 261

　10.5.3 종속성 261

　10.5.4 자동화된 빌드 262

　10.5.5 빌드 구성 263

　10.5.6 재귀 메이크 264

10.6 이제 출시해 주세요 264

10.7 다재다능 빌드마스터? 267

10.8 요약 267

10.9 참고 268

10.10 생각해 보기 269

　10.10.1 궁리하기 269

　10.10.2 스스로 살피기 269

11장 속도의 필요성 ··· 271

11.1 최적화란? 272

11.2 무엇이 코드를 최적이 아니게 만드는가? 274

11.3 왜 최적화하면 안 되는가? 275

    11.3.1 대안 277

11.4 왜 최적화할까? 277

11.5 하나씩 살펴보기 278

    11.5.1 최적화 필요성 증명 280

    11.5.2 가장 느린 코드 찾기 280

    11.5.3 코드 테스트 282

    11.5.4 코드 최적화 283

    11.5.5 최적화 이후 283

11.6 최적화 기법 283

    11.6.1 디자인 변경 284

    11.6.2 코드 변경 287

11.7 효율적인 코드 작성 290

11.8 요약 292

11.9 참고 293

11.10 생각해 보기 293

    11.10.1 궁리하기 293

    11.10.2 스스로 살피기 294

12장 불안 장애 ··· 295

12.1 위험 297

12.2 적 299

12.3 변명을 해보자면 301

12.4 취약한 부분 302

    12.4.1 안전하지 않은 디자인과 아키텍처 302

    12.4.2 버퍼 오버런 302

12.4.3 임베디드 쿼리 문자열　303

12.4.4 경합 조건　304

12.4.5 정수 오버플로　305

12.5 보호 라켓　306

12.5.1 시스템 설치 기법　307

12.5.2 소프트웨어 디자인 기법　307

12.5.3 코드 구현 기법　309

12.5.4 절차적 기법　310

12.6 요약　310

12.7 참고　311

12.8 생각해 보기　312

12.8.1 궁리하기　312

12.8.2 스스로 살피기　312

3부 코드 형태　313

13장 홀륭한 디자인 ··· 315

13.1 프로그래밍이 곧 디자인이다　317

13.2 무엇을 디자인할까?　318

13.3 왜 이렇게 야단법석일까?　319

13.4 좋은 소프트웨어 디자인　320

13.4.1 단순성　321

13.4.2 간결성　322

13.4.3 모듈성　323

13.4.4 홀륭한 인터페이스　324

13.4.5 확장성　327

13.4.6 중복 피하기　327

13.4.7 이식성　328

13.4.8 관용적 329

13.4.9 문서화 329

13.5 **코드 디자인 방법** 329

13.5.1 디자인 방법과 절차 330

13.5.2 디자인 도구 332

13.6 **요약** 334

13.7 **참고** 335

13.8 **생각해 보기** 336

13.8.1 궁리하기 336

13.8.2 스스로 살피기 336

14장 소프트웨어 아키텍처 ··· 337

14.1 **소프트웨어 아키텍처란?** 339

14.1.1 소프트웨어 청사진 339

14.1.2 관점 340

14.1.3 언제 어디에서 할까? 341

14.1.4 어디에 쓰일까? 342

14.1.5 컴포넌트와 연결로 만들자 343

14.2 **훌륭한 아키텍처란?** 345

14.3 **아키텍처 스타일** 346

14.3.1 아키텍처 생략 347

14.3.2 계층형 아키텍처 347

14.3.3 파이프와 필터 아키텍처 349

14.3.4 클라이언트/서버 아키텍처 350

14.3.5 컴포넌트 기반 아키텍처 352

14.3.6 프레임워크 353

14.4 **요약** 354

14.5 **참고** 355

14.6 **생각해 보기** 355

14.6.1 궁리하기 356

14.6.2 스스로 살피기 356

15장 소프트웨어 진화 혹은 소프트웨어 혁명? ················· 357

15.1 소프트웨어 부패 359

15.2 경고 신호 361

15.3 코드는 어떻게 성장할까? 362

15.4 불가능을 믿다 365

15.5 무엇을 할 수 있을까? 366

    15.5.1 새 코드 작성 367

    15.5.2 기존 코드 유지 보수 367

15.6 요약 370

15.7 참고 371

15.8 생각해 보기 371

    15.8.1 궁리하기 371

    15.8.2 스스로 살피기 372

4부 프로그래머 무리? 373

16장 코드 몽키 ··· 375

16.1 몽키 비즈니스 376

    16.1.1 열혈 코더(eager coder) 377

    16.1.2 코드 몽키(code monkey) 378

    16.1.3 고수(guru) 380

    16.1.4 반쪽짜리 고수(demiguru) 381

    16.1.5 거만한 천재 382

    16.1.6 카우보이 383

    16.1.7 플래너 384

    16.1.8 베테랑 385

    16.1.9 추종자 386

16.1.10 외골수 프로그래머 388

16.1.11 게으름뱅이 388

16.1.12 마지못해 맡은 팀 리더 390

16.1.13 바로 당신 391

16.2 **이상적 프로그래머** 391

16.3 **그럼 이제 무엇을 할까?** 392

16.4 **가장 어리석은 인간** 393

16.5 **요약** 394

16.6 **참고** 395

16.7 **활동지** 395

16.8 **생각해 보기** 396

16.8.1 궁리하기 396

16.8.2 스스로 살피기 397

17장 뭉쳐야 산다 · 399

17.1 **큰 그림으로 보는 팀** 400

17.2 **팀 구성** 402

17.2.1 운영 방식 402

17.2.2 책임 분담 403

17.2.3 조직과 코드 구조 404

17.3 **팀워크 도구** 405

17.4 **팀 병폐** 406

17.4.1 바벨탑 407

17.4.2 독재 409

17.4.3 개발 민주주의 410

17.4.4 인공위성 기지 412

17.4.5 그랜드 캐니언 414

17.4.6 퀵 샌드(quicksand) 416

17.4.7 나그네쥐(lemming) 418

17.5 단단한 팀워크 구축을 위한 개개인의 능력과 특성 419

    17.5.1 의사소통 419

    17.5.2 겸손 420

    17.5.3 갈등 해결 420

    17.5.4 배움과 융통성 422

    17.5.5 자신의 한계 인식 422

17.6 팀워크 수칙 422

    17.6.1 코드는 공동 소유다 423

    17.6.2 타인의 코드를 존중하자 423

    17.6.3 코드 가이드라인 424

    17.6.4 성공을 정의하자 424

    17.6.5 책임을 정의하자 425

    17.6.6 번아웃을 막자 425

17.7 팀 생애 주기 426

    17.7.1 팀 생성 426

    17.7.2 팀 성장 428

    17.7.3 팀워크 430

    17.7.4 팀 해체 430

17.8 요약 432

17.9 참고 434

17.10 활동지 434

17.11 생각해 보기 436

    17.11.1 궁리하기 436

    17.11.2 스스로 살피기 436

18장 소스 안전 생활화 ·· 437

18.1 우리의 책임 438

18.2 소스 제어 439

    18.2.1 리비전 제어 441

    18.2.2 접근 제어 443

    18.2.3 저장소에서 작업하기 443

18.2.4 트리에 브랜치 만들기 444

18.2.5 소스 제어의 간략한 역사 446

18.3 **형상 관리** 446

18.4 **백업** 448

18.5 **소스 코드 출시** 449

18.6 **소스 코드를 어디에 두든** 451

18.7 **요약** 452

18.8 **참고** 453

18.9 **생각해 보기** 453

18.9.1 궁리하기 453

18.9.2 스스로 살피기 453

$5^{부}$ 과정의 일환 455

19장 명시적으로 · 457

19.1 **명세란 정확히 무엇인가?** 459

19.2 **명세의 유형** 460

19.2.1 요구사항 명세 462

19.2.2 기능 명세 464

19.2.3 시스템 아키텍처 명세 465

19.2.4 사용자 인터페이스 명세 466

19.2.5 디자인 명세 466

19.2.6 테스트 명세 467

19.3 **명세에 어떤 내용이 들어가야 하는가?** 468

19.4 **명세 작성 절차** 471

19.5 **명세를 작성하도록 하자** 473

19.6 **요약** 475

19.7 참고 476

19.8 생각해 보기 476

    19.8.1 궁리하기 476

    19.8.2 스스로 살피기 477

20장 완벽한 리뷰 479

20.1 코드 리뷰란? 480

20.2 언제 리뷰하는가? 482

    20.2.1 리뷰를 할까 말까? 483

    20.2.2 어떤 코드를 리뷰할까? 484

20.3 코드 리뷰 수행 484

    20.3.1 코드 리뷰 회의 484

    20.3.2 통합 리뷰 488

20.4 태도 리뷰 489

    20.4.1 작성자의 태도 489

    20.4.2 리뷰어의 태도 490

20.5 코드 완성 491

20.6 코드 리뷰가 끝이 아니다 493

20.7 요약 493

20.8 참고 494

20.9 체크리스트 494

20.10 생각해 보기 496

    20.10.1 궁리하기 496

    20.10.2 스스로 살피기 496

21장 그걸 누가 알겠어? 497

21.1 어림짐작 499

21.2 왜 추정하기 어려운가? 500

21.3 **압박** 501

21.4 **실용적 추정 방법** 503

21.5 **계획 게임** 506

21.6 **일정 지키기!** 510

21.7 **요약** 512

21.8 **참고** 513

21.9 **생각해 보기** 513

    21.9.1 궁리하기 513

    21.9.2 스스로 살피기 513

6부 위에서 내려다보기 515

22장 프로그램 레시피 ··· 517

22.1 **프로그래밍 스타일** 519

    22.1.1 구조적 프로그래밍 520

    22.1.2 객체 지향 프로그래밍 521

    22.1.3 함수형 프로그래밍 523

    22.1.4 논리형 프로그래밍 523

22.2 **레시피: 어떻게 그리고 무엇을** 524

22.3 **개발 프로세스** 524

    22.3.1 애드 혹 526

    22.3.2 폭포수 모델 527

    22.3.3 SSADM과 PRINCE 529

    22.3.4 V 모델 530

    22.3.5 프로토타이핑 531

    22.3.6 반복적이고 점진적인 개발 533

    22.3.7 나선형 모델 533

    22.3.8 애자일 방법론 535

    22.3.9 그 외 개발 프로세스 536

22.4 그만하면 됐다! 536

22.5 프로세스 선택 538

22.6 요약 539

22.7 참고 540

22.8 생각해 보기 540

22.8.1 궁리하기 540

22.8.2 스스로 살피기 541

23장 외부 제약 543

23.1 애플리케이션 프로그래밍 545

23.1.1 쉬링크랩(shrink-wrap) 소프트웨어 546

23.1.2 커스텀(custom) 애플리케이션 547

23.2 게임 프로그래밍 548

23.3 시스템 프로그래밍 549

23.4 임베디드 프로그래밍 551

23.5 분산 프로그래밍 553

23.6 웹 애플리케이션 프로그래밍 555

23.7 엔터프라이즈 프로그래밍 557

23.8 수치해석 프로그래밍 559

23.9 그래서 결론은? 560

23.10 요약 561

23.11 참고 562

23.12 생각해 보기 563

23.12.1 궁리하기 563

23.12.2 스스로 살피기 563

24장 다음 단계는? ···································· 565

24.1 무엇부터 해야 할까? 566

정답과 설명 ···································· 569

1장: 방어 태세 570
   궁리하기 570
   스스로 살피기 571

2장: 잘 세운 계획 572
   궁리하기 572
   스스로 살피기 576

3장: 이름이 왜 중요할까? 579
   궁리하기 579
   스스로 살피기 583

4장: 무엇을 작성해야 하나? 584
   궁리하기 584
   스스로 살피기 587

5장: 부수적 주석 588
   궁리하기 588
   스스로 살피기 589

6장: 사람은 실수하기 마련이다 590
   궁리하기 590
   스스로 살피기 592

7장: 프로그래머의 도구상자 593
   궁리하기 593
   스스로 살피기 595

8장: 테스트할 시간 596
   궁리하기 596
   스스로 살피기 600

9장: 결함 찾기 601

궁리하기 601

스스로 살피기 603

10장: 잭이 빌드한 코드 603

궁리하기 603

스스로 살피기 608

11장: 속도의 필요성 610

궁리하기 610

스스로 살피기 613

12장: 불안 장애 614

궁리하기 614

스스로 살피기 617

13장: 훌륭한 디자인 618

궁리하기 618

스스로 살피기 619

14장: 소프트웨어 아키텍처 620

궁리하기 620

스스로 살피기 623

15장: 소프트웨어 진화 혹은 소프트웨어 혁명? 624

궁리하기 624

스스로 살피기 627

16장: 코드 몽키 628

궁리하기 628

17장: 뭉쳐야 산다 630

궁리하기 630

스스로 살피기 633

18장: 소스 안전 생활화 634

궁리하기 634

스스로 살피기 637

19장: 명시적으로 638

    궁리하기 638

    스스로 살피기 640

20장: 완벽한 리뷰 641

    궁리하기 641

    스스로 살피기 643

21장: 그걸 누가 알겠어? 644

    궁리하기 644

    스스로 살피기 646

22장: 프로그램 레시피 647

    궁리하기 647

    스스로 살피기 649

23장: 외부 제약 650

    궁리하기 650

    스스로 살피기 651

참고문헌 652

찾아보기 657

1부

코드페이스에서

프로그래머는 프로그램을 작성한다. 꼭 천재여야 해낼 수 있는 일은 아니다. 하지만 미묘한 차이가 존재한다. 훌륭한 프로그래머만이 습관적으로 훌륭한 코드를 작성한다. 형편없는 프로그래머는... 그렇지 않다. 형편없는 프로그래머는 작성이 아니라 고치는 데 수고가 더 드는 엉망진창 코드를 만들 뿐이다.

어느 쪽이 되고 싶은가?

코드 크래프트는 코드페이스(codeface)*부터 시작한다. 프로그래머는 그 어느 때보다 에디터에 몰두해 있을 때, 그러면서 제대로 실행되는 완벽한 모양의 소스 코드를 한 줄 한 줄 후딱후딱 만들어 낼 때 가장 행복하다. 주변 세상이 불 로직으로 인해 뒤덮일 때 더 없이 행복하다. 슬프게도 현실 세계는 아무 데도 가지 않을뿐더러 동떨어지려는 용의도 없어 보이지만 말이다.

정성 들여 만든 코드는 변화가 휘몰아치는 세상에 둘러싸여 있다. 요구사항이 바뀌고 예산이 바뀌고 마감 시한이 바뀌고 우선순위가 바뀌고 팀이 바뀌는 등 거의 모든 소프트웨어 프로젝트는 끊임없는 변화를 특징으로 한다. 모두 한통속이 되어 훌륭한 코드 작성을

---

* **역주** 기획, 디자인, 마케팅이 이뤄지는 영역과 구분하여 프로그래머가 소스 코드를 개발하는 공간을 코드페이스라고 한다.

아주 힘들게 만드는 데 일조한다. 현실 세계에 발을 디딘 것을 환영한다.

훌륭한 프로그래머라면 당연히 컴퓨터 앞에 앉아 말끔한 코드를 작성해 낸다. 하지만 최전선에서도 강력한 코드를 작성할 수 있는 여러 전투 전략도 갖고 있다. 소프트웨어 공장의 가혹한 현실에 맞서 자신을 지키는 법과 변화의 소용돌이 속에서 살아남을 코드를 작성하는 법을 알고 있다.

이러한 방법을 1부에서 살펴보겠다. 1부에서는 지독히 현실적이고 잔혹한 코드 작성 실태와 소스 코드 명령문 작성의 기초를 심도 있게 알아보겠다. 요동치는 소프트웨어 개발 대양에 떠다니며 자신을 지키는 전략을 배우고 코드 작성 능력을 향상시킬 시험대에 오를 것이다.

각 장은 다음과 같은 주제를 다룬다.

1장 | 방어 태세
방어적 프로그래밍: 온 세상의 방해에 맞서 강력한 코드를 작성하는 법

2장 | 잘 세운 계획
훌륭한 표현: 강조하는 이유와 코드를 잘 표현하는 법

3장 | 이름이 왜 중요할까?
프로그램 요소에 명확한 이름 부여

4장 | 무엇을 작성해야 하나?
자체 문서화(self-documenting) 코드. 상황을 전부 기록할 수 없을 때 코드를 설명하는 실용적 전략

5장 | 부수적 주석
가장 적절한 코드 주석을 작성하는 효율적 기법

6장 | 사람은 실수하기 마련이다
오류 처리: 오류가 발생할 수 있는 연산 관리법과 오류 발생시 대처법

1부에서 배울 내용은 불안정한 세상에서 안전한 코드를 작성하는 길을 열어주는, 습관처럼 몸에 배야 할 견고한 코드 작성 기법이다. 명확하고 이해할 수 있고 방어적이고 쉽게 테스트할 수 있고 쉽게 유지 보수 가능한 소프트웨어를 작성하지 않으면 소프트웨어 공장이 다음에 시킬 일을 준비해야 하는 때에 코드와 관련된 귀찮은 문제로 정신이 없을 것이다.

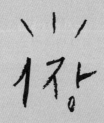

방어 태세

강력한 코드를 만드는 방어적 프로그래밍 기법

서로를 신뢰하지 않는 것이 배신에 대처하는 유일한 방어이다.
_테네시 윌리엄스, 〈욕망이라는 이름의 전차〉

1장에서 다룰 내용

- 방어적 프로그래밍이란
- 더 안전한 코드 생성 전략
- 제약과 어서션

딸아이는 10개월 무렵 나무 블록을 가지고 노는 것을 좋아했다. 물론 나무 블록을 나랑 가지고 놀 때 말이다. 내가 최대한 높이 탑을 쌓으면 딸아이는 맨 아래 블록을 살살 밀어 전부 무너뜨리고서는 기쁨의 함성을 내질렀다. 탑은 일부러 부실하게 만들었는데 튼튼해 봤자 아무 쓸모가 없었기 때문이다. 정말 튼튼한 탑을 원했다면 완전히 다르게 지었을 것이다. 서둘러 블록을 위로만 쌓아 가능한 한 높이 짓는 대신 기초를 강화하고 기반을 넓혀 시작했을 것이다.

블록으로 쌓은 엉성한 탑처럼 코드를 작성하는 프로그래머가 너무나도 많다. 즉 느닷없이 코드 기반에 살금살금 재촉이 들어오자 전체 프로그램이 갑자기 중단되는 것이다. 코드는 층층이 만들어지기에 매 단계를 견고하게 다지는 기법을 사용해야 튼튼히 쌓아 올릴 수 있다.

1.1 훌륭한 코드를 향해

동작하는 듯 보이는 코드와 올바른 코드, 훌륭한 코드 간에는 엄청난 차이가 있다. M.A.잭슨은 "소프트웨어 공학자에게 필요한 지혜는 프로그램을 동작하게 하는 것과 올바르게 만드는 것 간에 차이를 깨닫는 것에서 시작한다"라고 말했다. 차이는 분명 존재한다.

- 거의 항상 동작하는 코드는 작성하기 쉽다. 일반적인 입력 집합을 넣으면 일반적인 출력 집합을 내놓는다. 하지만 예상 밖의 입력을 넣으면 갑자기 멈출 수 있다.
- 올바른 코드는 멈추지 않는다. 어떤 입력 집합을 넣어도 출력이 올바르다. 다만 전체 입력 집합이 대개 터무니없이 큰 데다 테스트하기 어렵다.
- 그렇다고 올바른 코드가 꼭 훌륭한 코드는 아니다. 로직을 이해하기 어렵거나 코드가 부자연스럽거나 현실적으로 유지 보수가 불가능할 수도 있다.

위 정의에 따르면 당연히 훌륭한 코드를 추구해야 한다. 훌륭한 코드는 충분히 강력하고 효율적인 데다 올바르다. 아주 강력한 코드는 일반적이지 않은 입력을 넣어도 충돌하거나 부정확한 결과를 생성하지 않는다. 게다가 스레드 안전과 시간 제약, 재진입성(re-entrancy) 같은 요구사항까지 모두 충족한다.

세심히 제어된 환경 속에서, 다시 말해 안락한 집에서 이처럼 훌륭한 코드를 작성하는 경우가 있다. 아주 대조적으로 맹렬한 소프트웨어 공장 한가운데서, 주변 세상이 변하고 코드 기반이 급속히 성장하고 오래 전 떠나버린 코드 몽키(code monkey)*가 작성한 낡은 프

---

* **역주** 고차원적인 프로그래밍은 하지 못하고 단순한 프로그래밍만 하는 코더

로그램 속 기괴한 레거시 코드에 끊임없이 직면하면서 훌륭한 코드를 작성하는 경우도 있다. 온 세상이 공조해 방해하는 상황에서 훌륭한 코드를 작성해보자!

이처럼 고통스러운 환경에서 어떻게 하면 코드를 아주 강력하게 만들 수 있을까? 방어적 프로그래밍(defensive programming)이 도움이 된다.

코드를 구성하는 여러 방법(객체 지향 접근법, 컴포넌트 기반 모델, 구조적 설계, 익스트림 프로그래밍 등) 중에서도 방어적 프로그래밍은 보편적으로 적용할 수 있는 접근법이다. 형식적인 방법론이라기보다 일상적인 기본 지침 모음이다. 방어적 프로그래밍이 만병통치약은 아니지만 산더미 같은 잠재적 코딩 문제를 방지하는 실용적 방법이다.

1.2 최악을 가정하라

코드를 작성하는 중에는 코드가 어떻게 동작해야 하는지, 어떻게 호출되어야 하는지, 유효한 입력이 무엇인지 등에 대한 가정 집합을 세우기가 무척이나 쉽다. 너무 뻔해서 무언가 가정했다는 사실조차 실감하지 못한다. 이러한 가정이 머릿속에서 점점 잊히고 왜곡되며 몇 달 간 즐겁게 코드를 작성한다.

어쩌면 제품 출시 10분 전에 아주 중요한 막바지 수정본을 만들기 위해 예전에 작성했던 코드를 가져올지 모른다. 그러고는 구조만 간단히 살핀 후 코드가 어떻게 동작하는지 가정한다. 문학 비평을 완벽히 수행할 시간이 부족하기에 코드가 실제 예상대로 동작하는지 증명할 기회를 갖기 전까지는 오로지 가정뿐이다.

가정을 하기 때문에 결함이 있는 소프트웨어를 작성하게 된다. 흔히 이런 가정을 품게 된다.

- 함수는 절대 그렇게 호출되지 않는다. 나는 항상 올바른 매개변수만 전달할 테니!
- 이 코드는 항상 동작한다. 절대 오류를 생성하지 않는다.
- 내부적으로만 사용(for internal use only)이라고 적어 놓으면 누구도 변수에 접근하지 않는다.

방어적으로 프로그래밍할 때는 어떤 가정도 해서는 안 된다. 절대 일어나지 않는다고 가정해서는 안 된다. 주변 세상이 예상대로 흘러갈 거라 가정해서도 안 된다.

경험에 기반해 확실하게 말할 수 있는 사실은 이것뿐이다. 코드는 언젠가 어떻게든 잘못된다. 머피의 법칙은 이렇게 말한다. "잘못될 가능성이 있다면 반드시 그렇게 될 것이다." 겪어보고 터득한 그의 지혜에 귀를 기울이자.* 방어적 프로그래밍은 이러한 돌발 사고를 예측하거나 적어도 미리 추정해 봄으로써, 다시 말해 코드 단계마다 무엇이 잘못될 수 있는지 알아내고 그에 대비함으로써 사고를 방지한다.

편집증처럼 보이는가? 그럴지도 모르겠다. 하지만 약간 편집증적이어도 괜찮다. 오히려 말이 된다. 코드가 진화함에 따라 원래 만들었던 가정 집합은 잊혀진다(현실의 코드는 무조건 진화한다. 15장 참고). 다른 프로그래머는 작성자가 머릿속에만 세웠던 가정을 아예 모르거나 혹은 독자적으로 코드의 기능에 대해 잘못된 가정을 세운다. 소프트웨어의 진화로 허점이 생겨나고 코드의 성장으로 원래의 단순했던 가정이 엎어진다. 사소한 편집증이 길게 보면 코드를 더 강력하게 만드는 것이다.

> **핵심개념★** 무엇도 가정하지 말자. 기록하지 않은 가정은 특히 코드가 커지면서 끊임없이 문제를 일으킨다.

디스크가 가득 차고 네트워크가 끊기고 컴퓨터가 고장 나는 등 작성자와 사용자 중 누구도 제어할 수 없는 부분에서 문제가 생길 수 있다는 사실도 염두에 두자. 소프트웨어는 언제나 작성자가 시킨 대로만 수행하니 사실은 작성한 프로그램이 실패하는 것이 아니다. 적용된 알고리즘 또는 고객의 코드가 시스템에 결함을 일으키는 것이다.

코드를 더 많이 작성하고 점점 더 빨리 변경할수록 실수를 저지를 가능성도 커진다. 각 가정을 입증할 적절한 시간을 들이지 않고는 강력한 코드를 작성할 수 없다. 불행히도 프로그래밍 최전선에서는 느긋하게 검토하고 코드 조각을 천천히 들여다볼 기회가 거의 없다. 세상은 멈출 줄 모르고 너무나 빠르게 변화 중이고 프로그래머는 따라잡아야 한다. 그래서 오류를 줄일 기회라면 놓치지 말고 잡아야 하며 이때 큰 무기 중 하나가 방어적 관례이다.

1.3 방어적 프로그래밍이란?

이름에서 암시하듯이 방어적 프로그래밍은 신중하고 조심스러운 프로그래밍이다. 시스템 내 모든 요소를 최대한 스스로 보호할 수 있도록 디자인함으로써 안정적인 소프트웨어를

---

* 에드워드 머피 주니어는 미 공군 기술자였다. 동료 기술자가 질서정연하게 전체 기계들을 거꾸로 연결했음을 발견하고는 이 유명한 법칙을 만들어냈다. 대칭 연결기(symmetric connector)가 피할 수도 있었던 이 실수를 막지 못했기에 결국 그는 다른 연결기 디자인을 골라야 했다.

구성한다. 기록되지 않은 가정이 남지 않도록 각 요소를 코드에서 명시적으로 검증해야 한다. 이렇게 해서 코드가 오동작하는 방식으로 호출될 때를 방지하거나 그러한 상황을 최소한 관찰이라도 하려는 것이다.

방어적 프로그래밍을 적용하면 사소한 문제를 미리 감지해 커다란 재앙으로 번지기 전에 큰 피해를 막을 수 있다. "전문" 개발자라는 사람들이 생각 없이 서둘러 코드를 만드는 일이 비일비재하다. 그러면 다음과 같은 일이 벌어진다.

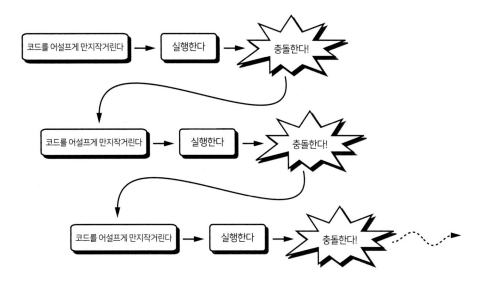

충분히 검증하지 못했던 부정확한 가정이 계속해서 개발자의 발을 걸고 넘어진다. 현대 소프트웨어 공학을 홍보하려는 것은 아니나 이러한 일은 줄곧 발생하고 있다. 방어적 프로그래밍은 처음부터 올바른 소프트웨어를 작성하도록 그리고 코딩-시도-코딩-시도의 무한 순환에서 벗어나도록 돕는다. 방어적 프로그래밍을 사용하면 아래처럼 흘러간다.

물론 방어적 프로그래밍이라고 해서 프로그램 실패 요소를 완전히 제거하지는 못 한다. 하지만 덜 골치 아프게, 더 고치기 쉽게 문제를 바꾼다. 방어적 프로그래머는 오류의 눈사태 속에 파묻히기 전에 떨어지는 눈송이를 잡아낸다.

방어적 프로그래밍은 치료 수단이 아니라 예방법이다. 방어적 프로그래밍과 디버깅을 비교해 봤을 때 디버깅은 문제가 생긴 후 버그를 제거한다. 디버깅은 그저 치료법을 찾을 뿐이다.

방어적 프로그래밍이 아닌 것

방어적 프로그래밍에 대해 흔히 하는 몇 가지 오해가 있다. 방어적 프로그래밍은 다음을 하지 않는다.

오류 확인

코드에서 발생할 수 있는 오류 조건이 있으면 무조건 확인해야 한다. 이는 방어적 코드가 아니다. 올바른 코드를 작성하는 데 필요한 일상적인 모범 사례일 뿐이다.

테스트

코드 테스트는 방어가 아니다. 개발 과정의 하나다. 테스트 도구는 방어적이 아니라서 코드가 현재 올바른지는 증명해도 향후 수정에도 잘 견뎌낼지는 증명하지 못 한다. 아무리 세상에서 가장 뛰어난 테스트 집합이라 하더라도 누구든 변경하고 테스트하지 않은 채로 슬쩍 넘어갈 수 있다.

디버깅

한 차례의 디버깅으로 방어적 코드를 추가하기도 하지만 어쨌든 디버깅은 프로그램이 실패한 후에야 수행한다. 방어적 프로그래밍은 애초에 프로그램이 실패하지 않도록 방지하는(혹은 밤새 디버깅해야 할 만큼 도무지 이해할 수 없는 방식으로 문제가 드러나기 전에 미리 실패를 감지하는) 방법이다.

방어적 프로그래밍이라는 번거로움을 정말로 감수할 가치가 있을까? 찬반 논쟁이 뜨겁다.

반대 의견

방어적 프로그래밍은 작성자와 컴퓨터 자원을 모두 소모시킨다.

- 코드 효율성을 축낸다. 코드를 조금이라도 더 넣으면 어쨌든 조금 더 실행해야 한다. 함수나 클래스 하나는 문제가 되지 않으나 함수 십만 개로 이뤄진 시스템이라면 문제가 커질 수 있다.
- 방어적 관례별로 일을 더 해야 한다. 이러한 관례를 하나라도 따라야 하는가? 이미 할 만큼 하지 않았나? 사용자가 올바르게 사용하게끔만 하면 된다. 그렇지 못해서 발생한 문제는 온전히 사용자 책임이다.

찬성 의견

반론도 설득력이 있다.

- 방어적 프로그래밍이 디버깅 시간을 크게 줄여주니 대신 더 즐거운 일을 할 수 있다. 머피의 법칙을 잊지 말자. 잘못 사용될 수 있는 코드면 그렇게 된다.
- 대부분 잘 동작하나 따가운 불꽃을 튀기며 이따금 충돌하는 코드보다 올바르게, 하지만 아주 약간 느리게 실행되는 동작하는 코드가 월등히 낫다.

- 성능 이슈를 피하기 위해 배포판에는 방어적 코드가 물리적으로 빠지게 디자인할 수 있다. 그러나 이 책에서 다룰 항목 대다수는 오버헤드가 극히 적다.
- 방어적 프로그래밍은 현대 소프트웨어 개발에서의 심각한 이슈인 수많은 보안 문제를 방지한다. 뒤에서 자세히 설명하겠다.

시장이 더 빠르고 값싸게 개발되는 소프트웨어를 요구함에 따라 결과물을 내는 기법에 주력해야 한다. 일정이 늦춰지거나 골머리를 앓는 일을 피하려면 빼먹지 말고 미리미리 아주 약간의 작업을 조금만 더 해두자.

1.4 거대하고 못된 세상

누군가 말하길 "어리석음으로 충분히 설명되는 것을 절대 악의의 탓으로 돌리지 말라"고 했다.* 개발자는 어리석음과 근거 없고 검증되지 않은 가정에 맞서느라 많은 시간을 할애한다. 하지만 세상에는 분명 악의적인 사용자가 있고, 악질적인 목적을 달성하고자 코드를 왜곡하고 고장 내려 한다.

방어적 프로그래밍은 이러한 의도적 오용에 맞서 프로그램 보안을 지원한다. 통상적으로 해커와 바이러스 작성자는 대충 만든 코드를 활용해 애플리케이션 제어권을 얻은 후 원하는 대로 못된 계획을 엮어 낸다. 이는 현대 소프트웨어 개발 세상에 심각한 위협이다. 생산성과 돈, 사생활 손실 측면에서 중대한 영향을 미친다.

소프트웨어 어뷰저는 우연히 생긴 작은 프로그램 실수를 부당하게 이용하는 기회주의적인 사용자부터 시스템에 대한 불법적인 접근권을 얻기 위해 일부러 시간을 들이는 강경한 해커까지 다양하다. 너무나 많은 프로그래머가 스스로 의식하지 못한 채 이들이 헤집고 다닐 수 있는 큰 틈을 남기고 있다. 컴퓨터가 네트워크로 연결되기 시작하면서 엉성함은 점점 더 큰 결과로 이어지고 있다.

수많은 IT 대기업에서 마침내 이러한 위협을 깨닫고 문제를 심각하게 받아들였고 진지한 방어 코드 작업에 시간과 자원을 투자하기 시작했다. 이미 공격이 일어난 후에는 현실적으로 방어를 접목하기 힘들다. 소프트웨어 보안은 12장에서 더 자세히 살펴보겠다.

---

* 나폴레옹 보나파르트가 이렇게 말했다고 주장하는 역사가도 있다. 그러나 방어에 대해 어느 정도 아는 어떤 남자가 말했을 거라는 것이 통설이다.

1.5 방어적 프로그래밍 기법

배경지식은 이 정도면 됐다. 그렇다면 지금까지 설명한 내용이 소프트웨어 공장에서 일하는 프로그래머에게 어떤 의미가 있을까?

방어적 프로그래밍에는 상식적인 규칙이 많다. 흔히 방어적 프로그래밍하면 어서션 (assertion)을 함께 떠올리는데 당연히 그럴 만하다. 이 부분은 나중에 논하겠다. 하지만 어서션 말고도 코드 안전성을 대단히 향상시킬 간단한 프로그래밍 습관도 정말 많다.

상식적으로 보임에도 불구하고 이러한 규칙은 자주 가볍게 넘겨지고, 그렇다 보니 대부분의 소프트웨어가 전반적으로 수준이 낮다. 프로그래머가 기민하고 박식하기만 하면 생각보다 쉽게 더 긴밀한 보안과 안정적인 개발을 해낼 수 있다.

이제부터 방어적 프로그래밍 규칙을 나열하겠다. 처음에는 고급 방어적 기법과 과정, 절차를 살펴보며 대략적으로 묘사한다. 이후 코드 명령문을 하나씩 자세히 들여다보며 더 세세히 설명하겠다. 언어에 따라 달라지는 방어적 기법도 있다. 당연히 그럴 수 있으니 언어에 발등 찍히지 않게 튼튼한 신발을 준비하자.

아래 나열할 목록을 읽으며 스스로 평가해 보자. 나열한 규칙 중 현재 얼마나 따르고 있는가? 앞으로 어떤 규칙을 채택하겠는가?

1.5.1 훌륭한 코딩 스타일과 철저한 디자인을 채택하자

훌륭한 코딩 스타일을 채택하면 대부분의 코딩 실수를 막을 수 있다. 이는 1부에 속한 장과 자연스레 들어맞는다. 의미 있는 변수명 고르기와 현명한 괄호 사용 같은 간단한 규칙이 명료성을 높이고 결함을 놓칠 가능성을 줄여준다.

이와 비슷하게 코드로 바로 뛰어 들기에 앞서 대규모 디자인을 고려하는 것이 중요하다. "컴퓨터 프로그램의 가장 훌륭한 설명서는 명확한 구조다."[커니핸 플라우거 78] 구현해야 할 명확한 API 집합과 논리적인 시스템 구조, 잘 정의된 구성 요소별 역할, 책임감을 갖고 시작하면 앞으로 다가올 골칫거리를 모면할 수 있다.

1.5.2 급하게 코딩하지 말자

기습적(hit-and-run) 프로그래밍이 너무나 흔하다. 프로그래머는 재빨리 함수의 모양을 만들고는 컴파일러에 밀어 넣어 문법을 검증하고 한 번 실행해 동작하는지 확인한 후 다음 업무로 넘어가 버린다. 위험투성이 접근법이다.

이렇게 하지 말고 매 줄을 작성할 때마다 생각해 보자. 어떤 오류가 발생할 수 있을까? 일어날 법한 논리적 전환을 모두 고려했는가? 느리고 꼼꼼한 프로그래밍이 별거 아닌 듯 보여도 앞으로 나올 수많은 결함을 실제로 줄여준다.

> **핵심개념 ★** 급할수록 천천히. 타자를 치면서 입력하고 있는 내용에 대해 늘 주의 깊게 생각하자.

성질 급한 프로그래머가 C 언어 부류에서 덫에 걸릴 만한 실수는 ==를 =로 잘못 입력하는 것이다. ==는 동등 테스트이고, =는 변수 할당이다. 도움이 안 되는 컴파일러라면(혹은 경고를 꺼놨으면) 프로그램이 의도대로 동작하지 않는다는 어떤 암시도 받지 못한다.

어떤 코드 영역에 달려들기 전에 항상 그 코드 영역을 완성하는 데 필요한 작업을 모두 수행하자. 예를 들어 메인 플로(flow)를 먼저 작성하고 오류 검증과 처리를 수행하기로 했으면 둘 다 하겠다는 원칙을 반드시 지켜야 한다. 오류 검증을 미뤄두고 바로 코드 영역 세 개가 더 있는 메인 플로로 넘어가지 않도록 경계하자. 나중에 돌아오겠다는 의도가 진심일 수 있으나 나중은 상황을 대부분 잊어버렸을 언젠가쯤의 나중, 더 오래 걸리고 일이 더 많아질 나중이 되기 쉽다(당연히 그때쯤에는 인위적으로 시급해진 데드라인이 기다리고 있을 것이다).

규율이란 배우고 강화해야 할 일종의 습관이다. 지금 바로 옳은 일을 하지 않을 때마다 미래에도 계속해서 옳은 일을 하지 않을 가능성이 더 커진다. 사하라 사막에서 비 오는 날(만일의 경우)로 여기지 말고 지금 하자. 나중에 하는 것은 지금 하는 것보다 사실 더 많은 규율이 필요하다!

1.5.3 아무도 믿지 말자

낯선 사람과 절대 이야기 나누지 말라는 어머니의 말씀을 기억할 것이다. 불행히도 훌륭한 소프트웨어를 개발하려면 사람의 본성에 대한 훨씬 더 지독한 냉소주의와 낮은 신뢰가 있어야 한다. 선의를 가진 코드 사용자라도 프로그램에 문제를 일으킬 수 있다. 방어적으로 된다는 것은 누구도 믿을 수 없다는 뜻이다.

앞으로 다음과 같은 문제에 시달릴지 모른다.

- 우연히 위조된 입력을 넣거나 프로그램을 부정확하게 조작하는 정직한 사용자
- 일부러 잘못된 프로그램 동작을 유발하는 악의적인 사용자
- 잘못된 매개변수로 함수를 호출하거나 부합하지 않는 입력을 제공하는 고객 코드
- 프로그램에 충분한 서비스를 제공하지 못하는 운영 환경
- 기대한 대로 동작하지 않고 인터페이스 계약을 따르지 못하는 외부 라이브러리

어리석은 코딩 실수를 저지를 수도 있고 3년 전 작성했던 코드가 어떻게 동작해야 하는지 잊고 잘못 사용할 수도 있다. 모두 잘 동작할 거라든지, 모든 코드가 정확히 동작하리라고 가정하지 말자. 코드 도처에 안전 점검을 마련하자. 취약한 부분은 끊임없이 경계하고 추가적인 방어 코드를 넣어 대비하자.

> **핵심개념 ★** 누구도 믿지 말자. 자신을 포함해 어느 누구든 프로그램 로직에 결함을 집어넣을 수 있다. 유효하다고 증명할 수 있을 때까지 모든 입력과 모든 결과를 의심의 눈초리로 보자.

1.5.4 간결하게가 아니라 명료하게 코드를 작성하자

간결한(하지만 헷갈릴 수 있는) 코드와 명료한(하지만 지루할 수 있는) 코드 중에서 선택하라면 항상 덜 명쾌하더라도 의도한 대로 읽히는 코드를 사용하자. 가령 복잡한 산술 연산은 별개 명령문으로 분할해 이어지도록 함으로써 로직을 더 명확하게 만들자.

코드를 누가 읽을지 생각해 보라. 주니어 개발자가 유지 보수 업무를 맡을 수 있는데, 로직을 이해하지 못하면 실수를 저지르고야 만다. 복잡한 구조체나 흔치 않은 언어 트릭이 연산 우선순위에 대한 해박한 지식을 보여줄지는 모르나 코드 유지 보수성은 아주 엉망으로 만든다. 단순하게 유지하자.

유지 보수할 수 없다면 코드는 안전하지 않다. 아주 극단적인 경우 너무 복잡한 표현식으로 인해 컴파일러가 부정확한 코드를 생성하기도 한다. 수많은 컴파일러 최적화 오류가 이렇게 드러난다.

> **핵심개념 ★** 단순함이 미덕이다. 필요 이상으로 코드를 복잡하게 만들지 말자.

1.5.5 접근해서는 안 되는 부분이면 누구도 손대지 못하게 하자

내부에 있는 것은 계속 내부에 있어야 한다. 프라이빗한 것은 안전한 곳에 보관해야 한다. 숨기고 싶은 코드의 비밀을 공개적으로 드러내지 말자. 아무리 정중하게 부탁해도 틈만 있으면 못 본 새에 누군가 데이터를 조작하고, 나름의 이유로 "구현 전용(implementation-only)" 루틴을 호출하려 한다. 그렇게 두지 말자.

- 객체 지향 언어라면 내부 클래스 데이터를 프라이빗으로 만들어 접근하지 못하게 하자. C++에서는 클래스 내부 구조를 공개 헤더 파일에 넣지 않는 일반적인 기법인 체셔 고양이(Cheshire cat)(또는 Pee In My Pants Laughing, PIMPL) 어법을 고려하자.
- 절차적 언어도 모호한 타입으로 프라이빗 데이터를 래핑한 후 잘 정의된 공개 연산을 제공하는 식으로 객체 지향 패키징 개념을 이용할 수 있다.
- 모든 변수 범위(scope)를 최대한 좁게 유지하자. 쓸데없이 변수를 전역으로 선언하지 말자. 함수 지역(function-local)일 수 있으면 파일 범위에 두지 말자. 루프 지역(loop-local)일 수 있으면 함수 범위에 두지 말자.

"언제" 해야 할까?

언제 방어적으로 프로그래밍할까? 일이 틀어졌을 때 시작할까? 아니면 이해할 수 없는 코드를 만났을 때? 아니다. 방어적 프로그래밍 기법은 항상 사용해야 한다. 습성이 되어야 한다. 실용적인 안전장치를 제자리에 둬야 한다는 사실을 깨달을 만큼 자주 괴롭힘을 당해 본 원숙한 프로그래머는 경험을 통해 배워 나간다.

방어적 전략은 기존 코드에 새로 적용하기보다 코드를 작성하며 적용하는 편이 훨씬 쉽다. 뒤늦게 억지로 집어넣으려 하면 빈틈없고 정확할 수 없다. 뭔가 잘못됐을 때야 방어적 코드를 추가했다면 본질적으로 디버깅을 하고 있는 것, 즉 예방이나 사전 조치가 아닌 대응을 하고 있는 것이다.

하지만 디버깅 중에나 혹은 심지어 새 기능을 추가하는 중에도 확인하고 싶은 조건이 생긴다. 이때 방어적 코드를 추가해도 좋다.

1.5.6 모든 경고를 활성화해서 컴파일하자

대다수 언어의 컴파일러가 비위를 건드리면 막대한 오류 메시지 모음을 쏟아낸다. 또한, C나 C++에서 값을 할당하기 전에 변수를 사용하는 것과 같이 잠재적 결함이 있는 코드를 발견해도 다양한 경고를 뱉어낸다.* 경고는 대개 선택적으로 활성화하고 비활성화할 수 있다.

---

* 자바나 C#을 비롯한 대다수 언어는 이를 오류(error)로 분류한다.

코드에 위험한 구조체가 가득하면 수십 쪽짜리 경고가 줄을 잇는다. 애석하게도 컴파일러 경고를 비활성화하거나 그냥 메시지를 무시하는 식으로 대응하는 경우가 흔하다. 둘 다 하지 말자.

컴파일러 경고는 항상 활성화하자. 그리고 코드가 어떤 경고를 생성하든 코드를 바로 고쳐 컴파일러의 괴성을 침묵시키자. 경고를 활성화했을 때 조용히 컴파일되지 못하는 코드라면 절대 만족하지 말자. 경고에는 다 이유가 있다. 문제 없어 보이는 경고라도 그대로 두지 말아야지 안 그러면 언젠가 이해하기 힘든 경고로 나타나 정말 문제가 된다.

> **핵심개념 ★** 컴파일러 경고는 여러 어리석은 코딩 오류를 찾아낸다. 경고를 항상 활성화하자. 반드시 코드가 조용히 컴파일되게 하자.

1.5.7 정적 분석 도구를 사용하자

컴파일러 경고는 프로그램을 실행하기 전에 수행하는 코드 검사이며, 한정된 정적 분석의 결과다.

C를 위한 lint(와 더 새로운 변형)와 닷넷 어셈블리를 위한 FxCop처럼 독립된 정적 분석 도구가 시중에 많다. 일상적인 프로그래밍에 이러한 도구를 접목해 코드를 검사해야 한다. 컴파일러만으로 잡을 수 없는 더 많은 오류를 잡아낼 수 있다.

1.5.8 안전한 데이터 구조를 사용하자

이 방법이 어렵다면 위험한 데이터 구조를 안전하게 사용하자.

아마도 가장 흔한 보안 취약점은 버퍼 오버런(buffer overrun)이 원인일 것이다. 버퍼 오버런은 고정된 크기의 데이터 구조를 부주의하게 사용할 때 발생한다. 코드에서 버퍼 크기를 확인하지 않은 채 버퍼에 쓰기를 하면 언제든 버퍼 끝을 넘어갈 수 있다.

아래 간단한 C++ 코드에서 보듯이 깜짝 놀랄 정도로 쉽게 일어난다.

```
char *unsafe_copy(const char *source) {
    char *buffer = new char[10];
    strcpy(buffer, source);
    return buffer;
}
```

source에 저장된 데이터 길이가 문자 10개를 넘어가면 복사본은 buffer에 예약된 메모리 끝을 넘어 확장된다. 그러면 무슨 일이 일어날지 모른다. 다른 데이터 구조에 저장된 내용이 덮어 써지는 데이터 변질이 그나마 가장 낮은 결과다. 최악의 경우 악의적인 사용자가 이와 같은 간단한 오류를 악용해 프로그램 스택에 실행(executable) 코드를 넣고 그 코드로 자신의 독단적인 프로그램을 실행해 컴퓨터를 사실상 장악할 수 있다. 이러한 종류의 결함은 시스템 해커에 의해 자주 악용되는 심각한 문제다.

이러한 취약점으로 인해 악영향을 받지 않도록 막기는 쉽다. 위와 같은 잘못된 코드를 작성하지 않으면 된다! C++의 string 클래스처럼 세심히 관리되는 버퍼를 사용해서 프로그램이 오류를 일으킬 수 없는, 더 안전한 데이터 구조를 사용하자. 혹여 데이터 타입이 안전하지 않으면 안전한 연산을 조직적으로 사용하자. 위 C++ 코드에서 strcpy를 크기가 제한된 문자열 복사 연산인 strncpy로 바꾸면 안전해진다.

```
char *safer_copy(const char *source) {
    char *buffer = new char[10];
    strncpy(buffer, source, 10);
    return buffer;
}
```

1.5.9 모든 반환값을 확인하자

함수가 값을 반환하는 데는 이유가 있기 마련이다. 그 반환값을 확인하자. 오류 코드면 반드시 검사하고 어떤 실패든 처리해야 한다. 오류를 삼키면 예상치 못한 동작이 일어날 수 있으니 오류가 프로그램에 묵묵히 퍼지게 두지 말자.

이 규칙은 표준 라이브러리 함수 외에 사용자 정의 함수에도 적용된다. 앞으로 보게 될 은밀한 버그의 대부분은 프로그램에서 반환값을 확인하지 않을 때 발생한다. 기억할 점은 특이한 방법으로 오류를 반환하는 함수(가령 표준 C 라이브러리의 errno)도 있다는 사실이다. 항상 적절한 수준에서 적절한 예외를 잡아 처리하자.

1.5.10 메모리(를 비롯한 그 외 소중한 자원)를 신중하게 다루자

실행 중에 획득한 자원은 모두 철저하게 반환하자. 메모리가 가장 자주 언급되나 메모리뿐만이 아니다. 파일과 스레드 락 역시 주의 깊게 사용해야 하는 소중한 자원이다. 훌륭한 관리자가 되어야 한다.

운영 체제가 프로그램을 종료시키며 깨끗이 정리해 줄 거라는 기대로 파일 닫기나 메모리 반환을 게을리하지 말자. 코드가 파일 핸들을 다 써버리거나 메모리를 전부 소비하며 얼마나 오래 실행될지 결코 알 수 없다. 심지어 사용했던 자원을 운영 체제가 깔끔하게 반환하리라 확신할 수도 없다. 그렇지 못한 운영 체제도 있으니까.

어떤 학자들은 "우선 프로그램이 동작하는지 알 때까지는 메모리 반환을 신경 쓰지 말고, 나중에 관련 자원을 추가하면 된다"라고 말한다. 이는 금물이다. 터무니없이 위험한 관행이다. 어김없이 어딘가에서 메모리 해제를 깜빡하는 경우가 생기므로 메모리 사용에 어마어마한 오류를 일으킬 것이다.

> **핵심개념☆** 부족한 자원은 전부 각별히 다루자. 획득과 반환을 신중히 관리하자.

자바와 닷넷은 가비지 컬렉터(garbage collector)를 활용해 이 모든 지루한 일을 대신해서 깔끔히 해치우므로 자원 해제는 그냥 "잊어도" 된다. 때로는 런타임에 치우기도 하니 자원을 그냥 바닥에 떨어뜨리자. 멋들어진 사치이긴 하나 안정성에 대해 잘못 인식해 안심해서는 안 된다. 여전히 생각해야 한다. 더 이상 필요없는 객체에 대한 참조를 명시적으로 버리지 않으면 그 객체는 절대 치워지지 않으니 실수로 객체 참조를 계속 갖고 있지 말자. 덜 발전된 가비지 컬렉터는 순환 참조(가령 A가 B를 참조하고 B가 A를 참조하는데 누구도 A와 B를 쓰지 않는 경우)에 쉽게 속는다. 이렇게 되면 객체는 절대 사라지지 않을뿐더러 이러한 형태의 메모리 누수는 감지하기 힘들다.

1.5.11 변수는 선언 시점에 초기화하자

코드의 명확성과 관련된 주제이다. 변수의 의도는 초기화를 해야 명쾌해진다. 초기화하지 않았으면 초깃값을 신경 쓰지 않는다는 뜻이다라는 등의 경험에 입각한 규칙을 따르는 방법은 안전하지 않다. 코드는 진화한다. 초기화하지 않은 값은 나중에 문제가 될 수 있다.

C와 C++는 이러한 문제를 더 악화시킨다. 실수로 초기화하지 않은 변수를 사용할 경우 프로그램을 실행할 때마다 실행 당시 메모리에 어떤 쓰레기 값(garbage)가 들어 있느냐에 따라 매번 다른 결과가 나온다. 변수를 초기화한 후 나중에 할당하고 더 나중에 사용하면 오류로 향하는 창문이 열린다. 행여 할당문이라도 누락되면 무작위 동작을 추적하느라 많은 시간을 헛되이 보낸다. 어떤 변수든 선언할 때 초기화해서 이 창문을 닫자. 설혹 값이 잘못됐더라도 최소한 예상된 범위 내에서 잘못 동작할 것이다.

(자바와 C# 같은) 더 안전한 언어는 모든 변수에 대해 초깃값을 정의함으로써 이러한 위험을 비껴간다. 변수를 선언할 때 초기화하는 것은 코드 명확성을 향상시키는 여전히 유효한 관행이다.

1.5.12 변수는 가능한 한 늦게 선언하자

이렇게 하면 변수를 최대한 사용 시점과 가까이 두게 되니 코드 내 다른 부분과 헷갈리지 않는다. 또한, 변수만으로도 코드가 명확해진다. 선언이 가깝다 보니 변수의 타입과 초기화를 찾느라 고생할 필요도 없다.

이름이 같은 임시 변수는 비록 사용할 때마다 논리적으로 별개 영역에 있더라도 여러 곳에서 재사용하지 말자. 나중에 코드를 다시 작업할 때 몹시 복잡해진다. 효율성 이슈는 컴파일러가 어떻게든 해결할 테니 매번 새로운 변수를 생성하자.

1.5.13 표준 언어 기능을 사용하자

이 점에 있어 C와 C++는 아주 형편없다. 명세 개정(revision)이 너무 많고 특정 구현체에 특화된 정의되지 않은 동작이 그대로 남아 있어 이해하기 어려운 부분이 많다. 최근까지 여러 컴파일러가 개발됐는데 각각 동작이 미묘하게 다르다. 주로 호환 가능하지만 여전히 자업자득인 꼴이 많다.

사용한 언어 버전을 명확하게 정의하자. 프로젝트에서 규정한 것이 아닌 한(그리고 마땅한 이유가 있지 않은 한) 컴파일러의 특이성이나 언어의 비표준 확장판을 사용하지 말자. 언어에 정의되지 않은 부분에 대해 특정 컴파일러의 동작에 의존하지 말자(예를 들어 여느 컴파일러와 달리 char를 signed 값으로 다루는 C 컴파일러에 의존하지 말자).* 이렇게 하면 아주 불안전한 코드가 된다. 컴파일러를 업데이트하면 어떻게 될까? 확장판을 모르는 새 프로그래머가 팀에 합류하면 어떻게 될까? 특정 컴파일러의 특정 동작에 의존하면 향후 정말 감지하기 힘든 버그가 생겨난다.

---

*　**역주** 스마트폰에 쓰이는 ARM 계열 컴파일러는 char의 기본형이 unsigned로 되어 있다. C 언어 표준은 char의 기본이 signed, unsigned인지 명시되어 있지 않다. 이는 컴파일러의 결정에 달려 있다. 컴파일러에서는 -fsigned-char 또는 -funsigned-char 옵션으로 char의 기본형을 지정할 수 있다.

1.5.14 훌륭한 진단 로깅 기능을 활용하자

코드를 새로 작성할 때 수많은 진단을 넣어 무슨 일이 벌어지는지 확인한다. 그렇다면 확인이 끝난 후 진단을 정말 제거해야 할까? 그대로 두면, 특히 도중에 선택적으로 비활성화할 수 있다면 코드를 다시 들여다봐야 할 때 더 편하지 않을까?

이러한 기능을 지원하는 진단 로깅 시스템이 시중에 많다. 대부분의 로깅 시스템은 꼭 필요하지 않을 때는 진단에 오버헤드가 거의 들지 않는 방식으로 사용할 수 있고, 조건부로 컴파일할 수 있다.

1.5.15 조심해서 캐스팅하자

대부분의 언어에서 데이터를 한 타입에서 다른 타입으로 캐스팅(또는 변환)할 수 있다. 캐스팅 연산은 때로는 다른 연산보다 성공률이 높다. 64비트 정수를 크기가 더 작은 8비트 데이터 타입으로 변환하려 하면 나머지 56비트에 무슨 일이 벌어질까? 실행 환경에 따라 갑자기 예외를 던질 수도 있고, 데이터 무결성을 소리 없이 저하시킬 수도 있다. 이러한 일을 미리 생각하지 않는 프로그래머가 많고, 그렇게 작성된 프로그램은 비정상적으로 동작한다.

정말 캐스팅을 사용하고 싶다면 신중히 생각하자. 컴파일러에 내리는 명령은 "타입 검사를 잊어라. 나는 이 변수가 무엇인지 알고 있으나 너는 모른다"라는 뜻이다. 이는 커다란 구멍을 만들며 타입 시스템을 공격해 내부를 곧장 헤집고 다니는 꼴이다. 타입 시스템은 불안정한 영역이다. 어떤 실수라도 저지르면 컴파일러는 아무 말 없이 주저앉아 작은 소리로 "내가 뭐랬어"라며 투덜거린다. 운이 좋으면(가령 자바나 C#을 쓰면) 런타임에 예외를 던져 알 수도 있으나 이는 오로지 무엇을 변환하느냐에 달려 있다.

특히 C와 C++는 데이터 타입의 정밀도가 모호하니 데이터 타입 상호 호환성에 관해 함부로 가정하지 말자. 혹시 int와 long 간 변환이 사용 중인 플랫폼에서 성공하더라도 둘이 같은 크기이며 서로 할당할 수 있다고 추정하지 말자.* 코드는 플랫폼을 이리저리 옮겨 다니는데 형편없는 코드는 플랫폼이 바뀔 때 문제를 일으킨다.

---

* **역주** C와 C++는 플랫폼의 메모리 모델에 따라 자료형의 크기가 다르다.

1.5.16 놓치기 쉬운 세부 사항

보다 세세한 방어적 구성 기법이 많은데, 전부 합리적 코딩 습관과 현실 세계에 대한 아주 정상적인 불신에서 비롯된 것들이다. 아래 항목을 살펴보자.

기본 동작 제공하기

대부분의 언어가 switch 문을 지원하며 default 케이스에서 어떤 일이 일어나는지 설명한다. 기본 케이스에 오류가 있으면 코드에서 명확히 해야 한다. 아무 일도 일어나지 않으면 유지 보수 프로그래머가 이해할 수 있는 방식으로 그 점을 코드에서 명확히 해야 한다.

else 절 없이 if 문을 작성할 때도 마찬가지로 잠시 멈추고 논리적으로 기본 케이스를 다뤄야 하는지 생각해보자.

언어 어법 따르기

이 간단한 조언 하나로 독자는 작성된 코드를 전부 이해할 수 있다. 잘못된 가정이 덜 생겨난다.

수 제한 검증하기

아주 기초적인 계산이라도 숫자형 변수를 오버플로 또는 언더플로시킬 수 있다. 세심히 살펴야 한다. 언어 명세 혹은 핵심 라이브러리에서 표준 타입의 크기를 결정하는 메커니즘을 제공하니 이 기능을 사용하자. 사용 가능한 수 타입과 각각 어디에 가장 적합한지 알아두자.

각 계산이 타당한지 검증하자. 예를 들어 0으로 나누는 오류를 야기할 값은 사용하지 말아야 한다.

const로 맞추기

이렇게 하면 코딩이 훨씬 편해지니 C/C++ 프로그래머라면 부단히 경계하자. 할 수 있는 한 전부 const로 만들자. const는 두 가지 역할을 하는데, const 한정자는 코드 설명서 같은 역할을 하고, const는 어리석게 저지른 실수를 컴파일러가 찾도록 돕는다. 건드리면 안 되는 데이터를 수정하지 못하게 방어할 수 있다.

1.6 제약

프로그래밍을 하며 어떤 가정 집합을 세워야 하는지 살펴봤다. 하지만 이러한 가정이 허황되지 않으려면 소프트웨어와 어떻게 물리적으로 통합시켜야 할까? 각 조건을 검사하는 간단한 코드만 작성하면 된다. 이 코드는 가정을 암묵적인 것에서 명시적인 것으로 바꿔주고 각 가정에 대해 문서 역할을 한다.* 이렇게 하면 프로그램 기능과 동작에 대한 제약(constraint)을 코드화(codifying)하는 것이다.

제약이 깨지면 프로그램이 어떻게 하기를 바라는가? 이러한 종류의 제약은 쉽게 발견하고 정정할 수 있는 단순한 런타임 오류(이미 검증하고 처리하고 있어야 하는 오류)일 테니 프로그램 논리상의 결함일 것이다. 프로그램에서 대응할 방법은 몇 가지밖에 없다.

- 문제를 모른 체하고 그로 인해 잘못되는 일이 없기를 기도한다.
- 즉석에서 벌금을 물리고 프로그램을 지속시킨다(가령 진단 경고를 출력하거나 오류를 로깅한다).
- 그대로 감옥에 갇혀 아무것도 하지 않는다(가령 제어된 혹은 제어되지 않은 방식으로 프로그램을 즉시 중지시킨다).

만약 0이 할당된 문자열 포인터로 C의 strlen 함수를 호출하면 포인터가 바로 역참조되니 올바르지 못하고, 따라서 나머지 두 선택권이 가장 타당해 보인다. 안전하지 않은 운영 체제에서 널 포인터 역참조가 발생하면 온갖 재앙을 불러일으키니 프로그램을 바로 중지시키는 편이 아마 가장 적절할 것이다.

제약을 어디서 사용하느냐에 따라 시나리오는 천차만별이다.

전제 조건(precondition)

코드 영역에 진입하기 전에 참을 충족해야 하는 조건이다. 전제 조건의 실패는 고객 코드의 결함 때문이다.

사후 조건(postcondition)

코드 블록을 끝낸 후에 참이어야 한다. 사후 조건 실패는 공급자 코드의 결함 때문이다.

불변(invariant)

루프를 순회하는 사이사이나 메서드 호출 전후로 등 프로그램을 실행하다 어떤 지점에

---

* 그래도 여전히 좋은 설명서는 작성해야 한다.

도달했을 때 매번 참이어야 하는 조건이다. 불변의 실패는 프로그램 로직의 결함을 뜻한다.

어서션(assertion)
어떤 시점에서 프로그램의 상태를 보여주는 모든 명령문.

처음 두 조건은 언어에서 지원하지 않으면 구현하기 어려운데, 함수에 종료 지점이 여럿이면 사후 조건 삽입이 복잡해지기 때문이다.* 에펠(Eiffel)은 코어 언어에서 전제 조건과 사후 조건을 지원할 뿐 아니라 검증하려는 제약이 어떤 부수 효과도 일으키지 않게 보장한다.

어쨌든 코드에서 명시적으로 나타낸 지루하고 훌륭한 제약 덕분에 프로그램은 더 명확해지고 유지 보수도 쉬워진다. 제약을 통해 코드 영역 간 불변 계약을 맺기에 이 기법을 계약에 의한 설계(design by contract)라고도 부른다.

1.6.1 무엇을 제약할까?

제약으로 방지할 수 있는 문제는 아주 다양하다. 예를 들면 다음과 같다.

- 배열 접근이 범위를 벗어나지 않는지 검사한다.
- 포인터를 역참조하기 전에 포인터가 0이 아니라고 어서션한다.
- 함수 매개변수가 유효한지 확인한다.
- 함수 결과를 반환하기에 앞서 온전성(sanity) 검사를 수행한다.
- 객체에 연산하기에 앞서 객체의 상태가 일관된지 증명한다.
- 절대 여기에 들어와서는 안 된다고 주석을 작성한 코드 영역을 보호한다.

처음 두 예는 특히 C와 C++에 해당한다. 다른 언어와 마찬가지로 자바와 C#도 코어 언어에서 이러한 결함을 일부 피할 수 있는 방법을 제공한다.

그렇다면 제약 검사를 얼마나 많이 해야 할까? 한 줄 걸러 하나씩 검사하는 것은 다소 지나치다. 다른 여러 가지처럼 프로그래머가 원숙해질수록 적절한 균형을 명확히 찾게 된다. 너무 많거나 너무 적은 것이 과연 나을까? 제약 검사가 너무 많으면 코드 로직을 이해하기 어려워질 수 있다. "가독성은 프로그램의 품질을 가르는 최고의 기준이다. 읽기 쉬운 프로그램은 아마도 훌륭한 프로그램일 것이다. 읽기 어려우면 아마도 부족한 프로그래밍일 것

---

* 함수에 종료 지점이 꼭 여러 군데여야 하는지에 관해서는 이론적 논쟁이 활발하다.

이다."[커니핸 플라우거 76]

현실적으로 말하면 주요 함수마다 전제 조건과 사후 조건을 넣고 주요 루프마다 불변을 넣는 것으로 충분하다.

1.6.2 제약 제거

이러한 제약 검사는 보통 프로그램 구성 단계 중 개발과 디버깅에만 필요하다. 제약을 사용해 프로그램 로직이 올바르다고 스스로 납득하고 나면 (옳건 그르건 간에) 불필요한 런타임 오버헤드를 없애기 위해 이상적으로는 제약을 제거할 것이다.

현대 과학 기술이 가져온 기적 덕분에 이러한 과정을 전부 쉽게 해낼 수 있다. C와 C++ 표준 라이브러리는 제약을 구현하는 일반적인 메커니즘인 assert을 제공한다. assert는 인자의 로직을 검사해 절차적 방화벽 역할을 한다. 개발자에게 프로그램의 잘못된 동작을 알려주는 알람의 기능을 하며, 고객이 마주할 코드에서는 작동되면 안 된다. 어서션에 들어있는 제약을 충족하면 프로그램은 계속 실행된다. 그렇지 않으면 다음과 같은 오류 메시지와 함께 프로그램은 중지된다.

```
bugged.cpp:10: int main(): Assertion "1 == 0" failed.
```

assert는 일종의 전처리 매크로로 구현되기에 C++보다는 C에 더 잘 어울린다. 물론 C++에 걸맞은 어서션 라이브러리도 많다.

assert를 사용하려면 #include <assert.h>를 반드시 넣어야 한다. 그래야 함수 안에 assert(ptr != 0)처럼 작성할 수 있다. 전처리 매직을 사용하면, 즉 컴파일러에 NDEBUG 플래그를 명시하면 프로덕션 빌드에서 어서션이 제거된다. assert가 전부 제거되고 그 인자도 평가되지 않는다. 프로덕션 빌드에서는 assert에 오버헤드가 전혀 들지 않는다는 뜻이다.

단순히 치명적인 오류가 발생하지 않도록 하는 것과 달리 어서션을 완전히 제거해야 하느냐에는 논란이 있다. 어떤 학파는 어서션을 제거하고 나서 완전히 달라져 버린 코드를 테스트해야 한다고 주장한다.* 어떤 학파는 배포판 빌드에 어서션으로 인한 오버헤드를 절대

---

* 실제로 컴파일러 최적화 수준이나 디버깅 기호의 포함 등 소프트웨어의 개발과 배포 빌드 사이에 많은 것들이 변한다. 둘 다 실행에 미묘한 차이를 불러오고 다른 결함의 징후를 흐리곤 한다. 아예 개발 초기 단계부터 개발과 배포 빌드에서와 동등하게 테스트를 수행해야 한다.

허용할 수 없으니 반드시 제거해야 한다고 주장한다(하지만 이를 증명하겠다고 실행 프로파일링을 얼마나 자주 해보겠는가?)

어느 쪽이 맞든 어서션은 부수 효과(side effect)를 동반하면 안 된다. 예를 들어 실수로 잘못 작성하면 다음과 같은 일이 일어난다.

```
int i = pullNumberFromThinAir();
assert(i = 6); // 음... 타이핑에 더 주의하자!
printf("i is %d\n", i);
```

위 어서션은 분명 디버그 빌드에서는 아무 일도 일으키지 않는다. 값이 6일뿐이다(이는 C에서 참에 가깝다). 하지만 배포판 빌드에서는 assert 행이 전부 없어지니 printf의 출력이 전혀 다르다. 제품을 개발하다 뒤늦게 미묘한 문제의 원인이 되는 것이다. 버그 검사 코드로는 버그를 예방하기 아주 어렵다.

어서션이 더 미묘한 부수 효과를 낳는 상황을 상상하기란 어렵지 않다. 예를 들어 assert(invariants());를 하면 invariants() 함수에 부수 효과가 있어도 발견하기 쉽지 않다.

프로덕션 코드에서는 어서션이 제거될 수 있으니 반드시 제약 검사만 assert로 해야 한다. 메모리 할당 실패나 파일 시스템 문제 같은 실질적인 오류 조건 테스트는 일반 코드에서 다루자. 이러한 테스트가 프로그램 외부에서 컴파일되는 것은 원치 않을 테니! 정당한 런타임 오류는 (아무리 달갑지 않더라도) 절대 제거되지 않을 방어적 코드로 감지되어야 한다.

유사한 assert 메커니즘이 자바에도 있다.* JVM을 제어해 활성화 또는 비활성화할 수 있고, 즉각적으로 프로그램을 중지하는 대신 예외(java.lang.AssertionError)를 던질 수도 있다. 닷넷은 프레임워크 내 Debug 클래스에서 어서션 메커니즘을 제공한다.

---

* JDK 1.4부터 추가됐고 그 이전 버전에서는 쓸 수 없다.

결함을 발견하고 수정했다면 그 위치에 어서션을 끼워 넣는 것도 좋은 관행이다. 이러면 같은 일이 두 번 일어나지 않는다. 적어도 향후 코드를 유지 보수할 개발자에게 경고 표시 역할을 한다.

C++와 자바에서는 클래스 제약을 작성할 때 공통으로 bool invariant()라는 멤버 함수 하나를 각 클래스마다 추가하는 기법을 사용한다(물론 이 함수에는 부수 효과가 없어야 한다). 이렇게 하면 이 불변을 호출하는 각 멤버 함수 앞뒤에 assert를 놓을 수 있다(당연히 생성자 앞이나 소멸자 뒤에는 어서션이 없어야 한다). 예를 들어 circle 클래스의 불변으로서 유효하지 않은 객체 상태이자 이후 계산을 (아마도 0으로 나누기 오류와 함께) 실패시킬 수 있는 radius != 0;을 검사하는 식이다.

1.7 요약

너는 물을 길어 에워싸일 것을 예비하며 너의 산성들을 견고케 하며
진흙에 들어가서 흙을 밟아 벽돌 가마를 수리하라!

_나훔서 3장 14절

그저 올바르기만 한 코드가 아니라 훌륭한 코드를 만들어야 한다. 세웠던 가정을 모두 설명해야 한다. 이로써 유지 보수가 쉬워지고 버그가 줄어든다. 방어적 프로그래밍은 최악을 예상하고 그에 대비하는 방법이다. 단순했던 결함이 찾기 힘든 버그가 되지 않도록 방지하는 기술이다.

방어적 코드와 함께 성문화한 제약을 사용하면 소프트웨어가 훨씬 강력해진다. 다른 훌륭한 코딩 모범 사례(예를 들어 202쪽 "테스트 유형"에서 보일 단위 테스트)와 마찬가지로 방어적 프로그래밍은 약간의 추가 시간을 현명하게 소비함으로써 나중에 들어갈 훨씬 더 많은 시간과 노력, 그리고 비용을 절감시킨다. 전체 프로젝트를 파멸로부터 구할 단단한 동아줄이다.

현명한 프로그래머

- 코드가 강력한지에 관심을 갖는다.
- 방어적 코드에서 모든 가정을 명시적으로 나타낸다.
- 가비지 입력에 대한 동작을 명확히 한다.
- 코드를 작성하면서 신중히 생각한다.
- 다른 개발자(또는 자신)가 어리석은 행동을 해도 고장 나지 않도록 코드를 작성한다.

형편없는 프로그래머

- 코드에서 무엇이 잘못 될지 개의치 않는다.
- 실패할지 모를 코드를 통합시켜 배포하고 누군가 해결해주기 바란다.
- 코드 사용법에 대한 핵심 정보를 머릿속에만 넣어두고 잊어버릴 준비를 한다.
- 작성 중인 코드에 대해 그다지 깊게 생각하지 않아 불안정하고 예측 불가능한 소프트웨어를 만들어낸다.

1.8 참고

8장: 시간 테스트

공격적 프로그래밍 – 나중에 설명하겠다.

9장: 결함 찾기

어떤 결함이 촘촘한 방어벽에 구멍을 뚫었을 때 잡아넣을 전략이 있어야 한다.

12장: 불안 장애

방어적 프로그래밍은 안전한 소프트웨어 시스템을 작성하는 핵심 기법이다.

19장: 명시적으로

전제 조건과 사후 조건을 반드시 설명해야 한다. 아니면 달리 어떻게 누가 두 조건이 존재하는지 알겠는가? 제약을 명시했다면 그 제약을 어서션하는 방어적 코드도 추가할 수 있다.

1.9 생각해 보기

다음 질문에 대한 자세한 설명은 570쪽 "정답과 설명"에 나와 있다.

1.9.1 궁리하기

1 과도하게 방어적 프로그래밍을 할 수 있을까?

2 버그를 찾아 고칠 때마다 코드에 어서션을 추가해야 할까?

3 어서션은 생산 빌드에서 조건부로 컴파일하며 점점 줄여 없애야 할까? 아니면 배포판 빌드까지 그대로 둬야 할 어서션은 무엇일까?

4 C 언어 스타일의 어서션보다 예외가 더 나은 방어벽일까?

5 전제 조건과 사후 조건에 대한 방어적 검사는 각 함수 내에 두어야 할까 혹은 각 주요 함수 호출 앞뒤에 두어야 할까?

6 제약은 완벽한 방어 도구일까? 단점은 없을까?

7 방어적 프로그래밍을 안 할 수는 없을까?

    a 더 나은 언어를 설계한다 해도 방어적 프로그래밍이 여전히 필요할까? 과연 이렇게 할 수 있을까?

    b 위 상황은 C와 C++에는 문제가 표출될 영역이 너무 많아 두 언어에 결함이 있다는 뜻일까?

8 주의 깊게 방어적으로 작성하지 않아도 되는 코드는 어떤 종류일까?

1.9.2 스스로 살피기

1 명령문을 하나씩 입력할 때마다 얼마나 신중히 생각하나? 오류를 반환하지 않는 함수임이 확실해도 함수 반환 코드를 매번 가차 없이 검사하는가?

2 함수를 설명하며 전제 조건과 사후 조건을 명시하는가?

    a 함수 역할을 설명할 때 두 조건을 항상 포함시키는가?

    b 수많은 회사가 방어적 프로그래밍에 대해 말만 앞세운다. 팀에서 방어적 프로그래밍을 권하는가? 코드 기반을 한번 살펴보자. 정말 그러한가? 어서션에서 제약을 얼마나 폭넓게 성문화하는가? 각 함수 내 오류 검사는 얼마나 철저한가?

3 타고나길 편집증적인가? 길을 건널 때 양쪽을 다 살피는가? 야채를 먹는가? 가능성이 아무리 작더라도 코드 내 잠재적 오류를 모두 검사하는가?

    a 어려움 없이 철저하게 할 수 있는가? 오류를 생각해 보는 것을 잊지는 않는가?

    b 더 철저한 방어적 코드를 작성하기 위해 쓸만한 방법이 있는가?

memo

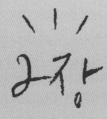

잘 세운 계획

소스 코드 배치와 표현

겉모습을 보고 판단하지 말고 올바로 판단하여라.
_요한복음서 7장 24절

2장에서 다룰 내용

• 코드 표현이 중요한 이유와 훌륭히 배치하는 법
• 코드 배치 스타일 고르는 법
• 코딩 표준 만들기
• 종교 전쟁 – 반드시 피해야 하는 이유

코딩 스타일은 지금까지 그래왔고 앞으로도 그렇겠지만 전문가와 아마추어, 학생을 막론하고 프로그래머 사이에서 성전(holy war)의 대상이며, 불행히도 이 전쟁 속에서 극심한 의견 차이는 한낱 욕지거리로 격하된다. 이제부터 대체 그 빌어먹을 괄호를 어디에 붙여야 할지 알려주겠다.

처음 근무했던 회사에서 사내 코딩 표준을 정의하는 절차를 시작했던 적이 있다. 공통 규칙과 모범 사례를 정의하며 여러 언어를 망라하는 것이 가이드라인이었다. 몇 달이 지나도록 해당 팀은 C 언어에서 괄호를 어디에 놓을지 논쟁을 벌였다. 끝끝내 만들어진 그 표준을 과연 누가 따르기나 했을지 의문이다.

왜 프로그래머는 이 문제로 인해 그토록 속상해 할까? 곧 알아보겠지만 표현은 코드 가독성에 급격히 영향을 미치는데 누구도 읽기 어려운 코드를 다루고 싶어 하지 않는다. 또한, 표현은 매우 주관적이고 개인적이기에 내가 좋아하는 스타일을 당신은 싫어할 수 있다. 익숙함은 편안함을 낳고 낯선 방식은 신경을 곤두세운다.

프로그래머들은 코드에 아주 열정적이다 보니 표현은 감정을 깊숙이 자극한다.

2.1 왜 중요할까?

코드 배치(layout)와 표현은 최근 프로그래밍 언어의 주된 쟁점이다. 개인의 예술적 표현을 허용하는 형식의 자유는 1960년대 초기 알골(Algol)이라는 언어가 등장하며 붐(en vogue)이 일었다. 앞서 나온 포트란(Fortran)은 형식이 더 제한적이었다. 알골 이후 나온 언어들은 이러한 자유 형식(free-form) 방식에서 크게 벗어나지 않는다.

코드 표현 스타일은 상상 이상으로 많은 사안을 좌우하는데, 누구나 알고 있고 가장 뜨거운 논쟁이 펼쳐지고 있는 사안이 바로 중괄호(brace) 위치 정하기다.* 함수와 변수 명명 규칙처럼 더 넓은 측면에서의 코드 스타일은 프로그램 작성 스타일에 영향을 미치는 프로그램 구조(가령 goto 사용하지 않기나 단일 진입 지점과 단일 종료 지점 함수만 작성하기 등) 같은 코딩 관심사로 이어진다. 전부 한데 모여 코딩 표준(coding standard)을 이룬다.

코드 표현 포맷을 정의하려면 개인적으로 여러 가지 선택을 내려야 하는데 이는 전부 미적

---

* C 방식 프로그래밍 언어에서 흔히 쓰이는 구부러진 괄호(curly bracket)(즉, {와 })를 일반적으로 중괄호(brace)라 부른다.

(aesthetic)인 특징이다. 표현에는 당연히 구문론적 의미도 의미론적 의미도 없으니 컴파일러는 표현을 전부 무시한다.

그런데도 표현은 코드 품질에 실질적인 영향을 미친다. 프로그래머는 배치에 근거해 코드에 의미를 부여한다. 배치가 코드 구조를 명확히 하고 지지하면 독자는 무슨 일이 일어나는지 이해하기 쉽다. 반면 코드의 의도를 흐리거나 오해하게 만들고 숨길 수도 있다. 프로그램을 얼마나 훌륭히 디자인했느냐와 상관없이 코드가 뒤죽박죽이면 작업하기 불쾌하다. 형편없는 포매팅은 코드를 이해하기 어렵게 만들 뿐 아니라 실제로 버그를 감추기도 한다. 간단한 예제로서 아래 C 코드를 살펴보자.

```
int error = doSomeMagicOperation();
if (error)
    fprintf(stderr, "Error: exiting...\n");
    exit(error);
```

배치를 통해 저자가 의도한 바는 알 수 있으나 저자 입장에서 코드가 실제 어떻게 실행되는지 알면 아주 뜻밖일 것이다.

어떤 개발자든 고품질 코드에 공을 들이는 성실한 장인이기에 명확한 표현을 위해 애를 쓴다. 소프트웨어 개발에는 이미 장애물이 산더미이니 기초적인 코드 표현까지 그중 하나로 만들지 말자.

2.2 독자 파악하기

효과적인 소스 코드를 작성하려면 누구를 향해 그 코드를 표현하고 있는지 알아야 한다. 누군가를 헷갈리게 할 셈이라면 누구에게 사과해야 맞는지 알아야 하지 않겠는가. 소스 코드의 독자는 사실상 아래 세 부류다.

자신

내 글씨체는 때로는 나도 못 알아볼 정도로 아주 형편없다. 정성을 가득 기울여 또렷이 작성하지 않는 한 아무짝에도 쓸모가 없다. 코드도 마찬가지다. 작성하자마자 바로 읽을 수 있어야 하고 수년이 지나 다시 봐도 읽을 수 있어야 한다. Y2K 버그를 고치기 위해 (상대적으로) 구식인 코볼(COBOL) 코드를 다시 보게 될 줄 누가 알았겠는가?

컴파일러

컴파일러는 구문 오류만 없으면 코드가 어떻게 보이든 신경 쓰지 않는다. 코드의 의도는 완전히 무시한다. 함수에 바라는 역할을 주석으로 자세히 설명한다 한들 컴파일러는 주석에 쓰인 대로 명령문이 실행되지 않더라도 어떤 경고도 하지 않는다. 코드가 유효하기만 하면 개발 환경도 고요하다.

타인

가장 중요한 독자이자 가장 고려하지 않는 독자이다.

팀으로 일하고 있는데 어떤 코드를 자신만 볼 일이 있을까? 아니다. 절대 그렇지 않다.

집에서 재미로 작성한 코드라서 누구도 코드를 볼 일이 없다. 괜히 깔끔하게 만들려고 노력할 필요는 없지 않을까? 그렇지 않다. 하지만 무슨 이득이 있을까? 전문가로 거듭날 기술을 연마하고 있는 것도 아닌데! 이는 일체의 외부 압력 없이 프로젝트에 임해 아주 훌륭한 훈련법을 실행해 옮겨 볼 수 있는 완벽한 기회다. 올바른 습관을 들일 기회다. 기회를 날려버리면 막상 "진짜" 프로젝트에서는 어떤 훈련도 없을 텐데 걱정되지 않는가?

소스 코드는 개발 중인 프로그램을 설명해 주는 하나의 문서다. 누구에게 다시 읽히든 명쾌하게 읽혀야 한다. 개발물에 대한 감사(auditing)(코드 리뷰)가 벌어질 때나 향후 유지 보수할 누군가에게 말이다. 코드를 책임져야 할 후임자 입장에서 한번 생각해 보고 친절을 베풀자.

머릿속으로 표현 스타일의 각 요소를 독자에게 맞춰 보자. 독자에 따라 코드 배치 방법이 달라지는가? 의외로 컴파일러를 가장 신경 쓰지 않아도 된다. 컴파일러의 역할은 불필요한 여백을 무시한 채 구문 해석이라는 만만찮은 작업에 착수하는 것이다. 표현에는 구문론적 의미가 없기에 컴파일러는 아주 별나게 배치해도 잘 처리한다.

배치는 오히려 인간에게 코드의 논리적 구조(logical structure)를 강조하고 싶을 때 쓰인다. 의사소통에 관한 것이니만큼 명확할수록 좋다.

> **핵심개념★** 소스 코드의 진정한 독자가 다른 프로그래머임을 알아 두자. 그들에게 도움이 되도록 작성하자.

2.3 훌륭한 표현이란 무엇일까?

앞서 살펴봤듯이 훌륭한 표현이란 단순히 깔끔한 표현이 아니다. 물론 깔끔한 코드는 고품질이라는 인상을 주지만 깔끔함과 동시에 오해의 소지도 있다. 들여쓰기 전략을 사용해 코드 구조가 강화되어야지 감춰지면 안 되듯이 명확히 배치하기 위해 힘써야 한다. 복잡할 수밖에 없는 제어 흐름이라면 배치를 통해 코드를 읽기 쉽게 바꿔야 한다(제어 흐름을 쓸데없이 복잡하게 작성했다면 바로 바꿔야 한다).

코드 배치는 의미를 숨길 것이 아니라 전달해야 한다. 표현 스타일의 품질을 측정할 좋은 지표를 제안하겠다.

일관성

프로젝트 전반에 걸쳐 들여쓰기 전략은 일관되어야 한다. 소스 파일 중간에서 스타일을 바꾸지 말자. 전문가답지 못해 보일뿐더러 혼동을 일으키고 소스 파일들이 서로 관련 없어 보일 수 있다.

개개 표현 규칙은 내부적으로 일관되어야 한다. 상황은 다르더라도 중괄호와 괄호 등의 위치 정하기는 모두 단 하나의 규칙을 따라야 한다. 들여쓰기 공백 수는 항상 같아야 한다.

C의 아버지인 커니핸과 리치는 좋은 띄어쓰기의 중요성을 강조한 후 이렇게 말했다. "대중이 가진 열렬한 신념과 달리 중괄호의 위치는 그다지 중요하지 않다. 널리 알려진 스타일 중 하나를 골랐을 뿐이다. 적합한 방식을 선택한 후 일관되게 사용하면 된다." [커니핸 리치 88]

관례

자신만의 들여쓰기 규칙을 고안하기보다는 업계에서 현재 쓰이고 있는 주요 스타일 중 하나를 채택하는 편이 합리적이다. 코드를 읽고 있는 다른 개발자가 이해하기 쉽도록 사용해야 한다. 그래야 어지러울 일이 없다.

간결성

들여쓰기 전략을 간결하게 설명할 수 있는가? 생각해 보자. 이러이러하지 않은 한 이것을 한다면, 그렇다면 X가 참일 때 이것을 한다. 그렇지 않으면 …에 따라 저것을 한다.

결국 누군가는 작성한 코드를 확장해야 하고 같은 스타일을 따라야 한다. 알아보기 어려운데도 유용한 표현 스타일이라 할 수 있을까?

2.4 마음 단단히 먹자(brace yourself)

아래 사례 연구에서는 C와 관련된 중요한 배치 문제를 깊이 파헤쳐 표현이 소스 코드에 미치는 영향과 스타일 결정에 수반되는 트레이드오프(trade-off)를 설명해 보겠다. 이 간단한 문제 하나에서 시작된 여러 변형을 살펴보다 보면 표현이 얼마나 중요한지 그리고 표현이 코드에 어떤 엄청난 영향을 미치는지 알 수 있다.

중괄호 위치 정하기(brace positioning)는 코드 배치 문제 전체로 보자면 사소하나 중괄호를 사용하는 언어에서는 중대한 문제다. 눈에 가장 잘 들어오는 개체이다 보니 불평의 약 80%는 중괄호 몫이다. 다른 언어에도 저마다 유사한 배치 문제가 있다.

다양한 중괄호 위치 정하기 스타일이 관습적으로 쓰여 왔다. 무엇을 고르느냐는 미적 감각과 코딩 문화, 익숙함으로 설명된다. 맥락에 따라 적절한 방식도 다르다. 소스 에디터와 대조적인 잡지 기사를 떠올려 보자(71쪽의 "잘 표현된 코드" 참조). 확장 방식을 선호하더라도 잡지에서는 인쇄 지면을 최대한 활용해야 하니 하는 수 없이 K&R 방식을 써야 한다.

2.4.1 K&R 중괄호 스타일

K&R 방식은 C의 아버지라 불리는 커니핸과 리치가 저서인 〈The C Programming Language 2nd Ed.〉(Pearson, 1988)에서 확립한 가장 오래된 변종이다. 이렇다 보니 종종 최초이자 최고라고 여겨진다. 작은 화면에 최대한 많은 정보를 표시하려는 의도에서 고안됐다. 자바 코드에서 압도적으로 많이 쓰이는 스타일이지 않을까 싶다.

```
int k_and_r() {
    int a = 0, b = 0;
    while (a != 10) {
        b++;
        a++;
    }
    return b;
}
```

장점

- 공간을 적게 차지해 한 번에 더 많은 코드를 화면에 나타낼 수 있다.
- 닫는 괄호를 부합하는 명령문에 맞춰 정렬하므로 위로 훑어보면 어떤 구조체를 종료하는지 찾을 수 있다.

단점

- 중괄호끼리 열 맞춰 정렬하지 않으니 한눈에 연결시키기 어렵다.

- 여는 괄호가 페이지 오른편으로 멀리 가면 알아차리기 어렵다.

- 명령문이 너무 빽빽해 보인다.

2.4.2 확장 중괄호 스타일

보다 널찍한 접근 방식을 확장(때로는 올맨) 스타일이라 부른다. 개인적으로 가장 좋아하는 방식이다.

```
int exdented()
{
    int a = 0, b = 0;
    while (a != 10)
    {
        b++;
        a++;
    }
    return b;
}
```

장점

- 명확하고 깔끔한 포맷

- 여는 괄호가 뚜렷이 구분되니 코드를 훑어 찾기 더 용이하고 각 코드 블록 역시 더 명확하다.

단점

- 수직적으로 공간을 더 차지한다.

- 명령문 하나만 포함하는 블록이 많으면 낭비되는듯 보인다.

- 해커에게는 지나치게 파스칼처럼 느껴진다.

잘 표현된 코드

코드를 어떻게 표현하느냐는 읽힐 맥락에 달렸다. 생각 이상으로 맥락이 다양하다. 코드를 읽으며 무엇이 코드의 표현을 이끌어 냈는지 깊이 생각해 봐야 한다. 코드는 일반적으로 다음과 같은 공간에 머문다.

소스 에디터

코드 대부분이 으레 머무는 곳이다. 소스 에디터는 프로그래머 스스로 생각할 수 있게끔 표현과 관련된 우려를 제기한다. 코드는 주로 전용 에디터나 IDE를 통해 컴퓨터 화면에서 읽힌다. 사용자는 관심 있는 위치로 파일을 스크롤하거나 방향을 찾는다. 이곳은 상호 작용하는 세계이며 보통은 수정하고자 코드를 읽는다. 바꿔 말해 코드가 유연해야 한다는 뜻이다.

에디터는 행이 길면 수평 스크롤바를 제공하거나 페이지 너비를 제한해 행 바꿈하기도 한다. 일반적으로 구문 배색(syntax coloring)을 사용해 이해를 돕는다. 입력할 때 에디터가 포매팅 작업을 대신 수행하기도 한다. 지능적으로 새 행에 커서를 가져다 놓는 식으로 말이다.

공개 코드

고립된 작은 세상에서 혼자 살고 있지 않은 한 정기적으로 공개 코드를 읽게 된다. 책과 잡지에 나열된 목록, 라이브러리 설명서에 나오는 정보, 심지어 온라인 커뮤니티에 올라온 글까지 포럼은 굉장히 풍부하다. 이때 공간만큼 비용이 들어가므로 코드는 명확하게 포매팅될 뿐 아니라 간결하게 표현된다. 행은 좁은 공간에 코드를 최대한 넣기 위해 수직으로 압축되고 좁은 출력 여백에 맞추기 위해 수평으로 압축된다.

이러한 코드에서는 오류 처리를 비롯해 예제의 핵심 아이디어와 무관한 코드는 전부 생략하려 한다. 요점만 전달할 뿐 엉성하다.

이렇게 코드를 작성할 일은 없겠지만 앞으로 많이 보게 될 것이다(최소한 이 책의 코드 조각을 읽고 있지 않은가). 보통의 코드와 무엇이 다르고 어떤 트레이드오프가 있는지 알아야 자신도 모르게 나쁜 습관이 배는 일이 없다.

출력물

프로젝트 코드를 출력하며 새로운 문제와 마주친다. 바로 열 너비다. 출력하기 전에 포맷을 새로 하거나 페이지를 축소하거나 작은 폰트를 처리하거나 무질서한 행을 행 바꿈 해야 할까? (컬러 프린터와 잉크를 감당할 만큼 부자가 아닌 이상) 표현을 강화해 줄 구문 배색이 없으니 커다란 주석 블록으로 비활성화시킨 지저분한 주석이나 코드가 순식간에 모호해진다.

설혹 소스 페이지를 출력할 일이 없더라도 숙고해 봐야 할 우려 사항이다.

2.4.3 중괄호 들여쓰기 스타일

중괄호 들여쓰기 스타일은 유명세는 덜 해도 여전히 쓰이고 있다. 괄호와 코드를 함께 들여쓰기하는 방식이다. 초창기 화이트스미스 C 컴파일러의 예제 코드에 쓰여서 화이트스미스(whitesmith) 스타일이라고도 불린다.

```
int indented()
    {
    int a = 0, b = 0;
    while (a != 10)
        {
        b++;
        a++;
        }
    return b;
    }
```

장점

- 코드 블록과 그 블록을 포함하는 괄호를 연결시킨다.

단점

- 대부분 블록과 그 괄호를 연결시키는 방식을 선호하지 않는다.

2.4.4 그 밖의 중괄호 스타일

스타일은 더 있다. 예를 들어 GNU 스타일은 확장과 들여쓰기의 중간 정도로 괄호를 각 들여쓰기 수준 사이 중간에 놓는다. 하이브리드 스타일도 있는데 리눅스 커널 코딩 스타일은 반은 K&R, 반은 확장이다. 대부분의 C# 프로그래머도 배치 스타일을 섞어 사용한다. 아래는 아주 비뚤게 사용한 예다.

```
int my_worst_nightmare()
  {
int a = 0, b = 0;
while (a != 10) {
        b++;
        a++;
        }
return b;
  }
```

위와 같은 괴상한 코드를 수도 없이 보아 왔고 누구나 이만큼 끔찍한 코드를 만들 수 있다.

> **핵심개념★** 사용 중인 언어의 일반적인 코드 배치 스타일을 알아 두고 각각으로 작업하는 데 익숙해지자. 각각의 장단점을 알아두자.

2.5 전부를 뛰어넘는 단 하나의 스타일

무엇이 훌륭한 코딩 스타일을 이루는지 코딩 스타일이 무엇을 좌우하고 왜 필요한지 알아봤으니 이제 하나를 고를 차례다. 바야흐로 전쟁이 시작되는 순간이다. 어떤 표현을 열렬히 지지하는 신봉자가 다음에 나온 표현의 전도사와 충돌하며 프로그래머 내전이 일어난다. 하지만 장인은 이 깜찍한 말다툼에서 한 발짝 물러나 좀 더 균형 잡힌 시각으로 바라본다.

훌륭한 스타일로만 작성하면 어떤 스타일이냐는 중요치 않다. 논쟁해봤자 소용없다. 훌륭한 스타일은 딱 하나로 정할 수 없으며 각 스타일의 품질과 적용 가능성은 맥락과 문화에 달렸다.

> *핵심개념* 훌륭한 코딩 스타일 하나를 골라 고수하자.

사용 중인 언어를 대표하는 표현 스타일(One True Presentation Style)을 표준으로 정의하면 세상은 더 나아지리라고 주장할 수 있다. 결국에는 모든 코드가 똑같아 보일 것이다. 그러면 덧없는 논쟁에서 벗어나 더 유용한 방향으로 논의가 이루어질 수 있다. 누구의 코드를 고르든 바로 이해가 될 것이다. 괜찮아 보이지 않는가?

한편에서는 경쟁은 유익한 것이라고 반박한다. 코딩 스타일 하나가 독차지하면 그 방식이 최고라고 과연 말할 수 있을까? 코딩 스타일이 둘 이상 있어야 스타일을 어떻게 적용할지 생각해 보고 향상시키는 동기가 된다. 이러한 경쟁이 스타일 가이드라인을 향상시키도록 북돋는다. 결론적으로 더 나은 코드가 만들어진다.

그렇다고 마음껏 자신만의 스타일로 코딩하라는 말은 결코 아니다. 관례를 따라야, 즉 읽는 이가 예상하는 배치를 따라야 훌륭한 표현이라 할 수 있다는 사실을 잊지 말자.

공통 코딩 표준

일반적으로 쓰이는 대중적인 코딩 표준 몇 가지를 소개하겠다.

인디언 힐
이 유명한 문서의 실제 제목은 인디언 힐 권장 C 스타일과 코딩 표준이다.* 북미 원주민(Native American)이 흙으로 쌓아 올린 언덕(mound)과는 아무런 관련이 없고, 그 유명한 인디언 힐 AT&T 벨 연구소에서 만들어졌다.

GNU
GNU 코딩 표준은 흔히 쓰이는 오픈 소스나 무료 소프트웨어 대부분에 영향을 미치므로 중요하다. GNU 프로젝트 웹사이트(www.gnu.org)에서 확인할 수 있다.**

---

* Recommended C Style and Coding Standards, Revision 6.0, 1990.6.25
https://www2.cs.arizona.edu/~mccann/cstyle.html

** GNU coding standards
https://www.gnu.org/prep/standards/

MISRA

영국의 자동차 산업 소프트웨어 안정성 협회(Motor Industry Software Reliability Association, MISRA)는 C 언어로 안전 필수(safety critical) 임베디드 소프트웨어를 작성하기 위한 유명한 표준 집합을 정의해 왔다.[*] 127개의 가이드라인으로 이뤄져 있으며 코드가 가이드라인을 따르는지 검증하는 여러 도구를 포함한다. 코드 배치보다는 언어 사용에 중점을 둔다.

프로젝트 foo

이 세상에 대부분의 프로젝트는 자신만의 특별한 코딩 스타일을 정의한다. 한번 찾아보라. 문자 그대로 수천 개를 찾게 될 것이다. 예를 들어 모질라 프로젝트[**]나 리눅스 커널[***]은 자신만의 코딩 표준이 있다.

2.6 하우스 스타일(그리고 언제 고수해야 하는지)

많은 소프트웨어 기업에는 무엇보다도 자신만의 코드 표현 규칙을 정의하는 내부(하우스) 코딩 스타일이 있다. 어차피 훌륭한 스타일로 작성해 온 코드라면 읽고 유지 보수하기 쉬울 텐데 왜 이토록 애를 쓸까. 아무도 이해하는 데 어려움을 겪지 않는데 이 정도의 요식 체계가 정말 더 필요할까?

하우스 스타일은 여러 가지 이유로 아주 중요하고 유용하다. 모두 같은 스타일을 사용하면 (당연히 같은 표준에 정의된 스타일이어야겠지만) 소스 코드는 전부 일관되고 통일될 것이다. 어떤 면에서 유용할까? 코드 품질을 향상시키고 더 안정적으로 소프트웨어를 개발할 수 있게 해준다. 아래처럼 말이다.

- 조직 외부로 배포된 모든 코드가 세심히 계획된 듯 깔끔하게 표현되고 일관적이다. 한 프로젝트 내에서 여러 스타일이 충돌하면 무성의하고 비전문적으로 보인다.
- 공통 관용구와 방법론 덕분에 기업은 프로그램이 표준에 따라 완벽히 작성됐다고 확신한다. 그렇다고 무조건 훌륭한 코드란 뜻이 아니나 적어도 형편없는 코드가 되지 않도록 막는다.
- 도구의 모자란 부분을 채워준다. IDE마다 설정이 다르다 보니 코드를 이리저리 분리하고 보통은 배치를 들먹이며 자기가 맞다고 싸운다. 표준은 기준(과 모든 프로그래머에게 있어 공동의 적)을 제시한다.

---

[*] MISRA C and MISRA C++
https://www.perforce.com/resources/qac/misra-c-cpp
[**] Mozilla coding style
https://developer.mozilla.org/ko/docs/Mozilla/Developer_guide/Coding_Style
[***] Linux kernel coding style
https://www.kernel.org/doc/html/v5.8/process/coding-style.html

- 동료가 작성한 코드의 형식을 바로 알아채고 재빨리 적절한 유지 보수를 할 수 있다는 점은 분명 매력적이다. 읽는 시간이 줄어드니 궁극적으로 기업의 비용이 절감된다.
- 프로그래머가 자신의 특정 미적 취향에 맞춰 코드를 계속 포매팅할 수는 없기에 버전 제어 히스토리가 아주 유용하다. 프레드가 버트의 코드를 "자신의" 방식으로 다시 포매팅하면 잠시 후 diff로 볼 때 어떤 일이 벌어질까? diff 도구 대부분이 상당히 엉성하다 보니 뻔한 여백과 괄호 차이를 너무 많이 표시할 것이다.

이러한 하우스 코딩 표준은 좋은 방법(Good Thing, 의심 없이 의례 받아들여지는 것)이다. 지시받은 규칙에 실제 동의하지 못하더라도, 가령 (본인 생각에) 본인의 들여쓰기 전략이 훨씬 깔끔하고 이해하기 쉽더라도 전혀 상관없다. 표준을 따라야 하는 부담보다 모두가 같은 방식을 공유할 때의 이득이 더 크다. 설사 표준에 동의할 수 없다 해도 맞춰야 한다.

> **핵심개념 ★** 팀에 이미 코딩 표준이 있으면 그것을 사용하자. 자신이 선호하는 방식을 사용하지 말자.

코딩 스타일이 익숙함과 관례에서 얼마나 많이 비롯되는지 알면 놀랄지도 모른다. 하우스 스타일을 얼마간 사용하면 그 스타일이 곧 몸에 배고 아주 당연하게 느껴진다.

기업 외부에서 개발된 코드를 수정하려는 데 하우스 스타일을 따르지 않는 코드면 어떻게 해야 할까? 이때는 소스 파일의 기존 스타일을 따르도록 코드를 작성하는 편이 더 합리적이다(그래서 이어 나가기 쉬운 스타일로 작성해야 한다). 실현 가능한 유일한 대안은 그 파일(과 그 외 다른 파일)을 하우스 스타일로 변환하는 것이다. 대부분의 현실 세계(Real World) 프로젝트에서 특히 외부 소스 코드 업데이트를 계속해서 받고 있는 중이면 이 두 번째 대안은 실현이 불가능하다.

주어진 파일이나 프로젝트의 스타일을 따르고, 이와 상충하지 않는 나머지 하우스 스타일을 따르고, 개인의 선호 스타일은 희생하자. 그렇다고 자신의 스타일을 무턱대고 포기하지 말자. 비용과 비교해서 득실을 따지자. 일하는 기업에 하우스 스타일이 없으면 어떻게 할까? 계속해서 요구하자.

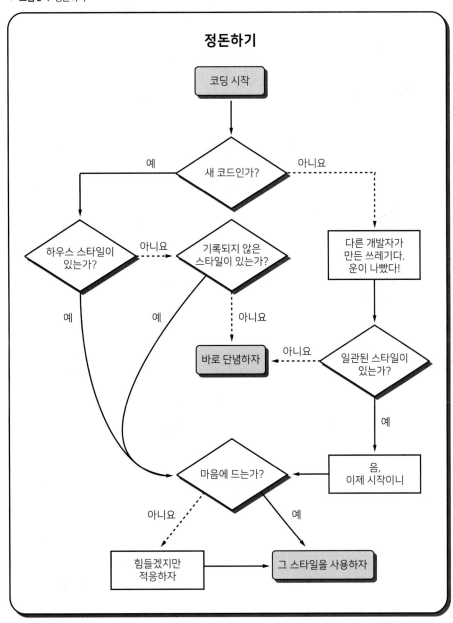

2.7 표준 수립

기존 스타일이 하나도 없어서 코드 표현 스타일을 고안하라는 임무를 맡았다고 하자. 행운을 빈다! 스타일에 무엇을 반영해야 하는지 저마다 의견이 있을 테고 누구도 최종 결과물에 완벽하게 만족하지 않을 것이다. 이럴 때 기술 전문가가 도움이 된다.

코딩 표준 수립은 까다로운 작업이고 단호하되 요령 있게 접근해야 한다. 왜 그럴까? 프로그래머 그룹에 일시에 칙령을 선포하면 만든 사람도 그 표준도 관심을 끌지 못한다. 그렇다고 중요성을 역설하지 않으면 프로그래머는 수용하지 않은 채 자신만의 고유한 방식으로 계속해서 코딩해 나간다.

일이 쉽게 풀릴지 아닐지는 팀원에 달렸다.

- 프로그래머가 얼마나 많은가?
- 얼마나 독립적으로 코딩하는가?
- 기존 코딩 스타일이 얼마나 비슷한가?
- 실제로 표준을 원하는가?
- 스타일을 완전히 바꿀 준비가 됐는가?

팀원 간 코딩 스타일이 상당수 비슷하면 작업은 식은 죽 먹기다. 몹시 다르면 험난하다. 누구도 최고의 스타일에는 좀처럼 동의하지 않지만 어떤 스타일이 다른 스타일보다 낫다는 점에는 대체로 동의한다. 최대한 많은 프로그래머를 만족시키려 노력하면서 충분히 상세한 배치 지침을 제공하는 것, 그리고 팀으로서 더 나은 성과를 낼 수 있는 무언가를 만드는 것을 목표로 해야 한다.

대상을 알자

작업 범위를 분명히 알고 시작하자. 팀을 위한 코딩 표준인가, 아니면 부서나 전체 회사를 위한 표준인가? 이에 따라 어떻게 개발하고 구현할지가 크게 달라진다.

한 개인의 스타일로는 훌륭할지라도 전체 프로그래머 팀에는 최선이 아닐 수 있다. 자신의 미적 취향만 만족시켜서는 안 되는 무언가를 만들어야 한다. 팀 코드를 통합하면서 흔히 일어나는 문제를 방지해 줄 표준이어야 한다. 표준을 개발하며 이러한 목표를 잊지 말자.

어느 정도 수준까지 파고들지 결정하자. 단순히 코드 배치 문서인가 아니면 언어 용법 우려 사항도 간단히 언급할 것인가? 가능한 한 단순하게 만들수록 좋으니 표현에 대한 문서 하나와 언어 용법에 대한 별개 문서를 작성하자.

동의를 구하자

팀원 전부를 참여시켜 스스로 소유하게끔 하자. 프로그래머 스스로 기여했다고 느끼면 표준을 따를 가능성이 더 높아진다.

- 표준을 만들기 앞서 표준이 필요하다는 점에 모두의 동의를 얻자. 일관된 코드의 장점과 임시방편(ad-hoc) 코드 표현의 위험성을 팀 전체에 이해시키자.
- 프로그래머가 소수가 아닐 때는 팀 전원이 협력해 표준을 디자인하려 하지 말자. 사무실 내 날카로운 물건을 전부 숨긴 게 아니라면 말이다. 일이 돌아가게 하려면 작고 뛰어난 팀을 고르자.

표준이 거의 완성되면 사용자 집단과 함께 리뷰하자. 하지만 최종 결정 권한은 본인에게 있음을 확실히 해야지, 안 그러면 프로그래머 15명이 종교 분쟁을 벌이며 곁길로 샘과 동시에 전부 지연될 것이다.

결과를 만들자

최종 산출물은 동의한 관례를 아무렇게나 모아 놓은 것이 아니라 이해하기 쉬운 문서여야 한다. 나중에 그 문서를 참조할 수 있고 신입에게도 알려줄 수 있어야 한다. 문서에는 규칙 목록과 함께 논쟁을 초래할 만한 결정들에 대한 타당한 사유까지 담아야 한다.

모범 사례 표준화

표준에 팀의 현재 모범 사례를 넣어 팀원들이 제대로 하고 있는지 알게 하자. 전혀 생각지도 못한 규칙이 없어야 팀원들이 채택할 가능성이 커진다. 반면 팀에서 경험해 보지 못한 무작위 관례를 포함시키면 반발할 것이다.

중요한 것에 집중하자

정말 중요하면서 팀 코드를 가장 크게 향상시킬 스타일에 전념하자. C 언어만 사용하면서 C, C++, 자바를 위한 표준을 만들려고 해서는 안 된다.

분쟁 지대를 피하자

드물게 보이는 사례는 실제 별다른 차이가 없으면 개인의 취향으로 남겨 두자. 아주 긴 if 문의 조건을 어떻게 분할하고 배치할지를 두고 지나치게 흥분한다면 원하는 대로 하게 내버려 두자.

지나치게 구속하지 말자. 위반이 진짜로 정당하면 규칙을 깨도록 두자.

나눠서 만들자

하우스 방식을 한 번에 조금씩 개발하는 접근법이 합리적이다. 일단 중괄호 배치와 들여쓰기 크기에 동의하는 것으로 시작하자. 거기까지만 하자. 그것만으로도 충분히 어렵다! 여기까지 준비되면 진행은 훨씬 쉬워져서 어떤 변경이든 거기서 거기다. 어느 시점이 되면 코드가 충분히 규칙적으로 바뀌고 새 규칙을 추가할 필요가 없어진다.

채택 계획을 세우자

코딩 표준을 어떻게 채택하게 할지 명확히 하자. 현실을 직시하자. 표준이 만족스럽지 않으면 사용하지 않을 것이다. 일종의 다수결 원칙에 기반해 채택해야 한다. 다른 사람은 모두 타협하려 애쓰는데 프레드만 여전히 switch 문이 더 나아 보인다 생각한다면, "정말 유감이야, 프레드." 그래도 민주적 절차에 입각하려 하지 말자. 그렇게 해서는 잘 되지 않는다.

표준으로 위협한다든지 사용하지 않는다고 해서 처벌하려 하지 말자. 먹히지 않는다. 대신 인센티브를 제공하자. 코드 리뷰 중에 누리는 잠깐의 영광 같은 것이라도 말이다.

표준을 얼마나 사용할지는 궁극적으로 표준에 실린 권위에 달렸다. 프로그래머 스스로 힘을 싣기도 하고, 수립 과정에서의 운용 능력이 표준을 지탱하기도 한다. 그렇지 못하면 어마어마한 시간 낭비다.

마치 초등학생 무리에게 사이좋게 어울리고 착하게 놀라고 설득하듯이 들리지 않는가? 실소가 나온다. 그럼에도 불구하고 종교적 수렁을 헤치며 걸어나갈 테고, 반대편에서는 팀 코드를 진정으로 향상시켜줄 하우스 방식을 들고나올 것이다. 상처가 나오면 그만한 가치가 있다.

2.8 전쟁은 불가피하다?

> 전쟁을 끝내는 가장 빠른 길은 전쟁에 지는 것이다.
>
> _조지 오웰

코드 배치 성전(holy wars)에 휘말리는 것은 비생산적이고 시간 낭비이며, 우리는 훨씬 더 중요한 일에 집중해야 한다. 하지만 조심하자, 프로그래밍 커뮤니티에서 골치 아픈 문제는 코드 배치 하나만이 아니다. 에디터와 컴파일러, 방법론, 단 하나의 진정한 언어(One True Language) 문제*, 그리고 그 너머까지 다뤄야 한다.

---

* 이 단어를 보면 몇 년 전 참석했던 C/C++ 프로그래밍 학회가 떠오른다. 가장 고치기 어렵고 수많은 버그가 C++에서 발생하는데도 불구하고 한 발표자가 C보다 파스칼을 쓰면 버그가 더 적다고(그래서 고치기 더 쉽다고) 발표한 것이다. 모두 짜증을 낼 만큼 반향이 엄청났다!

역주 요즘은 자바보다 파이썬을 쓰면 버그가 더 적다고 발표하는 것과 비슷할 것이다.

이 작은 소란은 수년간 이어져 왔다. 앞으로도 그럴 것이다. 그리고 영원히 승자는 없을 것이다. 어차피 옳은 답이란 없으니 누구도 옳은 답을 내놓으려 애쓰지 않는다. 이러한 논쟁은 그저 한 사람이 자신의 (꼼꼼하게 짜여진) 특정 의견을 다른 이에게, 그리고 그 반대로 강요해 볼 수 있는 기회일 뿐이다. 어쨌든 내 것이라는 이유만으로 자신의 의견이 꼭 옳아야 한다. 마치 스파게티로 뜨개질하는 것과 같아서 얼마간은 재미있지만 지저분하고 완전히 무의미하다. 아주 미숙한 프로그래머만이 끼어들 뿐이다(고참들은 이미 논쟁을 끝냈다).

성전은 노력의 낭비라는 점을 머릿속에 새겨 두자. 전문가라면 이처럼 깜찍한 논쟁에서 물러나야 한다. 물론 교양 있는 개인적 견해는 있어야겠지만 거만하게 스스로 맞는다고 여기지 말자.

> **핵심개념 ☆** 성전은 금물. 휘말리지 말자. 멀찍이 떨어지자.

2.9 요약

> 성공의 겉모습만큼 성공하는 것은 없다.
>
> _크리스토퍼 래시

표현은 훌륭한 코드와 형편없는 코드를 구분 짓는 주된 특징 중 하나다. 프로그래머는 코드의 레이아웃을 통해 많은 정보를 수집하니 배치에 신경을 기울이는 것은 아주 당연하다. 혹시 존재할지 모를 기업 코딩 표준 지침을 따르며 최대한 명확하게 코드를 세심히 배치하는 능력은 아주 중요한 기술이다.

> **그 밖의 분쟁**
>
> ───────────────
>
> 프로그래머끼리 비난을 퍼붓는 까닭이 코드 배치 때문만은 아니다. 종교적 주제가 여럿 있는데 혈압이 오르지 않도록 요령껏 피하는 것이 최선이다. 아래를 조심하자.
>
> **내 운영 체제가 너의 운영 체제보다 뛰어나다**
> 왜냐하면... 손목시계부터 외계인 모함까지 지원하고, 에퍼크(epoch)마다 한 번만 재부팅하면 되고*, 단두 글자짜리 명령어로 연산 대부분을 수행하기 때문이다.

─────────────────

* 에퍼크(epoch) 시간은 유닉스 시간이라고도 하며, 1970년 1월 1월 0시를 기준으로 하고, 32비트로 표현하기 때문에 2038년 1월 19일이 되면 오버플로가 발생한다. 64비트로 넘어오면서 현대 운영 체제는 64비트 타입으로 변환했기 때문에 이러한 문제가 발생하지 않는다.

하지만 내 것이 너의 것보다 뛰어난 까닭은 운영 체제를 사용하며 텍스트라고는 단 한 자도 보이지 않고, 색깔이 멋드러지게 맞춰져 있고, 눈먼 다람쥐도 동작시킬 수 있기 때문이다. 어쨌든 대부분의 문명 국가에서 합법적인 행위는 전부 이 운영 체제로 할 수 있다.

내 에디터가 너의 에디터보다 뛰어나다

왜냐하면... 백만 개의 서로 다른 구문 체계를 인식하고 상형 문자로 쓰인 파일을 편집하고, 400개 이상의 연산을 10개 미만의 키 조합으로 이용할 수 있기 때문이다. 데스크톱과 명령 줄, 인터넷, 연결관, 128비트 암호화 신호를 통해 에디터를 이용할 수 있다.

하지만 내 것이 너의 것보다 뛰어난 까닭은 나와 한 몸이 되어 내가 생각하기도 전에 무엇을 원하는지 알기 때문이다.

내 언어가 너의 언어보다 뛰어나다

왜냐하면... 대다수 정부 기관의 인공지능을 이 언어로 구현하고 임의의 제스처를 의미 있는 명령어 시퀀스로 해석할 만큼 충분히 똑똑하기 때문이다.

하지만 내 것이 너의 것보다 뛰어난 까닭은 하이쿠를 써넣을 수 있고 정보를 공백 문자들의 조합으로 암호화할 수 있기 때문이다.

신중히 배치되어 온 코드가 신중히 디자인됐을 것이라는 가정은 타당하다. 엉성하게 표현된 코드는 별다른 주의 없이 디자인됐을 것이라는 가정은 더 타당하다. 하지만 단순히 소스 코드 포매팅의 문제가 아니다.

표현 기술 말고도 훌륭한 프로그래머와 형편없는 프로그래머를 가로지르는 특유의 태도(attitude)가 있다. 교훈은 간단하다. 허풍(hot air)떨지 말자. 그건 컴퓨터의 일이다(사무실 난방도 필요 없을 만큼 컴퓨터는 뜨거운 열기를 잔뜩 내뿜는다). 무엇을 선호하는지 스스로 알아낸 후 방어하고 의견을 전달할 준비를 하자. 이겨야 한다거나 자신이 옳아야 한다고 여기지 말고 거만하게 자기 고집대로만 하지도 말자.

현명한 프로그래머	형편없는 프로그래머
• 무의미한 논쟁을 피하고 타인의 의견에 귀 기울인다.	• 편협하고 고집이 세서 자신의 관점이 정답이라고 여긴다.
• 항상 옳을 수 없음을 충분히 알 만큼 겸손하다.	• 아주 사소한 일을 놓고 자신의 우월성을 내보일 기회라 여겨 아무나하고 논쟁을 벌인다.
• 코드 배치가 가독성에 얼마나 영향을 미치는지 알고 가능한 한 가장 명쾌한 코드를 위해 노력한다.	• 일관된 개인적 코딩 방식이 없다.
• 하우스 방식이 개인적 취향과 모순되더라도 하우스 방식을 채택한다.	• 각자의 방식으로 된 타인의 코드를 모욕한다.

2.10 참고

3장: 이름이 왜 중요할까?

코딩 표준에서 명명 방법을 지시할 수 있다.

4장: 무엇을 작성해야 하나

자체 문서화 코드를 작성하는 데 있어 훌륭한 표현이 아주 중요하다.

5장: 부수적 주석

주석 작성법을 설명할 때 소스 코드 배치와 관련된 주석 용법이 나온다.

2.11 생각해 보기

다음 질문에 대한 자세한 설명은 572쪽 "정답과 설명"에 나와 있다.

2.11.1 궁리하기

1 최신 코드 스타일을 따르기 위해 레거시 코드의 배치를 변경해야 할까? 과연 코드 포맷 전환 도구를 유용하게 사용하는 방식일까?

2 일반적인 배치 관례는 소스 행을 정해진 수의 열만큼 분할하는 것이다. 이 관례의 장단점은 무엇일까? 유용한가?

3 얼마나 상세해야 타당한 코딩 표준일까?

  a 스타일에서 벗어나면 얼마나 위험한가? 그 스타일을 따르지 않기 위해 얼마나 희생해야 할까?

  b 표준이 너무 상세하거나 너무 제한적일 수 있을까? 그렇다면 무슨 일이 벌어질까?

4 새 표현 스타일을 정의하려면 배치 규칙에 얼마나 많은 항목 또는 경우가 필요한가? 그 밖에 어떤 표현 규칙을 제공해야 하는가? 나열하라.

5 훌륭한 코드 표현과 훌륭한 코드 디자인 중 무엇이 더 중요한가? 왜 그런가?

2.11.2 스스로 살피기

1 일관된 스타일로 작성하는가?

2 함수를 설명하면서 전제 조건과 사후 조건을 명시하는가?

    a 타인의 코드를 작업할 때 다른 개발자 혹은 자신의 스타일 중 어떤 배치 스타일을 채택하는가?

    b 코딩 스타일 중 얼마나 많은 부분이 에디터의 자동 포매팅에 의해 좌우되는가? 이것이 특정 스타일을 채택할만한 이유가 되는가?

3 탭은 악마의 산물인가 아니면 지금까지 나온 최고의 도구인가? 이유를 설명하라.

    a 에디터에서 탭을 자동으로 삽입하는지 알고 있는가? 에디터의 탭 이동 위치를 아는가?

    b 탭과 공백을 섞어 들여쓰기하는 아주 유명한 에디터가 있다. 이로 인해 코드 유지 보수가 조금이라도 어려워지는가?

    c 탭 하나는 몇 개의 공백에 대응하는가?

4 선호하는 배치 스타일이 있는가?

    a 간단한 명령문 몇 개를 나열해 설명해 보라. 완성시켜야 한다. 예를 들어 switch 문을 어떻게 포매팅하고 긴 행을 어떻게 분할하는지 포함시킨다.

    b 명령문 몇 개가 필요했나? 예상대로인가?

    c 회사에 코딩 표준이 있는가?

    d 그 표준을 어디서 찾을 수 있는지 아는가? 홍보가 됐는가? 읽어봤는가?

        i. 그렇다면 좋은 점이 있는가? 솔직히 비평하고 문서 소유자에게 논평을 전달하자.

        ii. 아니라면 있어야 할까? (이유도 함께 설명하자) 모두가 채택했으나 기록되지 않은 일반적인 코드 스타일이 있는가? 표준 채택을 유도할 수 있겠는가?

    e 사용 중인 표준이 가령 프로젝트 당 하나씩처럼 둘 이상인가? 그렇다면 프로젝트 간 코드를 어떻게 공유하는가?

5 배치 스타일을 몇 가지나 따라왔는가?

    a 가장 편안했던 스타일은 무엇인가?

    b 가장 엄격하게 정의된 스타일은 무엇인가?

    c 두 스타일 간 관련성이 있는가?

3장

이름이 왜 중요할까?

의미 있는 요소에 의미 있는 이름 부여하기

험프티 덤프티가 경멸하는 어조로 말했다.

"내가 어떤 단어를 사용할 때는 그 단어에 내가 말하려는 의미가 정확히 담겨 있어.

그 이상도 그 이하도 아니야."

_루이스 캐럴

3장에서 다룰 내용

- 좋은 이름이 코드 품질에 중요한 이유
- 좋은 이름이란 무엇인가?
- 변수와 함수, 타입, 네임스페이스, 매크로, 파일을 명명하는 법

고대 문명에서는 무언가에 이름을 부여하면 그것을 지배할 수 있다고 믿었다. 단순히 소유한다는 뜻이 아니다. 어떤 이는 이름의 힘을 아주 굳게 믿어 이방인에게는 이름을 주지 않았는데, 이방인이 그 이름으로 해를 끼칠까 두려워서였다.

이름은 대단히 여러 가지를 뜻한다. 이름을 두려워하며 살 필요는 없으나 그 힘을 과소평가해서는 안 된다. 이름은 다음과 같은 것을 형성한다.

정체성

이름은 정체성이라는 개념을 이루는 핵심이다. 역사를 통틀어 여러 예시가 있다. 성서를 보아도 심지어 기원전 2000년 전 당시 상황이 반영된 의미 있는 지명과 어린아이 이름이 나온다. 대부분의 문화권에는 여전히 여성이 결혼할 때 자신의 성을 바꾸는 관례가 남아 있으나 한편에서는 이름에 어떤 식으로 중요한 의미를 부여하는지 내보이지 않는 편을 택하는 여성도 있다.

행동

정체성을 고취시키는 것 말고도 이름은 행동까지 넌지시 내비친다. 물론 이름이 객체의 행동을 좌우하지는 않지만 이름과 상호 작용하는 방식, 외부 세계가 이름을 해석하는 방식에 영향을 미친다. 객체당 이름 하나로 고정되지 않는다. 저자 역시 여러 상황마다 다양한 이름으로 불리는데, 아내가 나를 부르는 이름*, 딸이 알고 있는 이름, 대화방에서 사용하는 별명 등이 모두 다르다. 이러한 이름은 다양한 관계와 상호 작용, 수행 중인 역할을 나타낸다.

인지

이름은 요소를 별개의 독립체로서 인지시킨다. 이상적인 개념을 명확한 실체로 탈바꿈시킨다. 누군가 전기라고 이름을 붙이기 전까지는 번개나 벤저민 프랭클린의 실증을 보며 그 효과는 어렴풋이 알았겠으나 아무도 전기가 무엇인지 모르고 살았다. 이름을 가진 후에야 실제 존재하는 힘으로 인지할 수 있었고 그 결과 사고하기 쉬워졌다. 바스크 문화권에서는 명명이 그 존재를 증명한다고 믿는다. 바스크어로 *Izena duen guzia omen da*란 말이 있는데, 이름을 가진 것은 전부 존재한다는 뜻이다.[쿨란스키 99]

---

* 그때 그때 좋은 기분이냐 나쁜 기분이냐에 따라 호칭이 달라진다.

오늘날 이름은 소규모 회사부터 세계 최대의 다국적 기업, 그리고 그 사이를 아우르는 모든 회사에서 역할을 톡톡히 하며(다양한 성공을 거두며) 수백만 달러짜리 사업 분야가 됐다. 제품을 출시하고 분기하고 알리려면 조직 입장에서는 좀 더 새롭고 한층 기억하기 쉬운 이름이 필요하다. 이름은 제품과 서비스의 인지도 구축에 기여한다.

단언컨대 이름은 엄청나게 중요하다.

프로그래머는 명명을 통해 이 거대한 힘을 구조체에 행사한다. 잘못 명명된 독립체는 그저 불편한 데 그치지 않는다. 오해를 살 수 있고 심지어 극도로 위험할 수 있다. 크게 단순화시킨 아래 C++ 코드 예제를 생각해 보자.

```cpp
void checkForContinue(bool weShouldContinue)
{
    if (weShouldContinue) abort();
}
```

매개변수명이 틀림없이 거짓이거나 적어도 기대했던 뜻과 정 반대다. 함수는 예상대로 수행되지 못하고 결국 프로그램은 중지된다. 잘못 명명한 변수명 하나에서 비롯된 상당히 심각한 결말이다.

막대기와 돌멩이가 내 뼈를 부술지 몰라도 말은 결코 나를 해치지 못한다는 말이 있다. 절대 아니다.

3.1 이름을 잘 지어야 하는 이유

어떤 이름을 부여할지 신중히 고려해야 한다. 소스 코드 작성은 전부 명쾌한 커뮤니케이션을 위한 것임을 명심하자. 이름은 이해와 제어, 지배의 창구다. 적절한 명명이란 이름을 알면 객체를 알 수 있다는 뜻이다.

좋은 이름이 정말 중요하다. 인간의 뇌는 동시에 일곱 개 정도의 정보만 기억할 수 있다고 한다*(비록 내 두뇌에는 두서너 칸에 결함이 있어 이보다 분명 적을 테지만). 프로그램에 대한 모든 정보를 머릿속에 밀어 넣기만도 이미 버겁다. 복잡한 명명 체계를 추가하거나 일을 더 어렵게 만드는 모호한 참조를 요구하지 말자.

---

* 조지 A. 밀러의 심리학 연구에 따라 밀러 수(Miller number)라고 불린다.[밀러 56]

명확한 명명은 잘 만들어진 코드의 특질 중 하나이다. 훌륭히 명명하는 능력은 읽기 쉬운 코드를 작성하고자 애쓰는 코드 장인의 중요한 기량이다.

> **핵심개념 ★** 명료하게 명명하는 법을 배우자. 객체의 이름은 그 객체를 알기 쉽게 설명해야 한다.

3.2 무엇을 명명할까?

3장에서는 프로그래머로서 무엇을 어떻게 명명할지 생각해 보려 한다. 먼저 무엇을 명명할까? 다음은 코드를 작성하며 흔히 명명하는 요소들이다.

- 변수
- 함수
- 타입(클래스, enum, struct, typedef)
- C++ 네임스페이스와 자바 패키지
- 매크로
- 소스 파일

절대 위 목록이 끝이 아니다. 더 높은 수준의 엔티티, 즉 상태 머신의 상태, 메시징 프로토콜 구성 요소, 데이터베이스 구성 요소, 애플리케이션 실행 파일 등에도 의미 있는 이름을 부여해야 한다. 하지만 위 6개로 시작해도 충분하다.

3.3 이름 고르기

어떻게 명명할까? 앞서 나열한 각 항목을 명명하는 기법은 어떤 코딩 표준에 맞춰 작업하고 있느냐에 따라 달라진다. 그러나 표준이 어떤 명명 관례를 지시하기는 해도 프로그램의 각 요소를 하나도 빠짐없이 적절히 명명하도록 인도할 만큼 구체적이지는 못하다.

잘 명명하려면 이름을 고안하기에 앞서 정확히 무엇을 명명하는지부터 제대로 알아야 한다. 무엇을 명명하는지, 어떻게 쓰일지, 왜 실제로 존재하는지 모르면 어떻게 의미 있는 이름을 지을 수 있겠는가? 형편없는 이름은 대개 부실하게 이해했다는 흔적이다.

카테고리별로 이름을 어떻게 생성할지 자세히 살펴보기에 앞서 어떤 기준으로 이름을 선택해야 하는지, 정확히 무엇이 좋은 이름이라 여겨지는지 알아야 한다. 이어지는 절에서 좋은 이름이 지니는 특징을 설명하겠다.

3.3.1 서술적이다

당연히 이름은 서술적이어야 한다. 그러려고, 다시 말해 무언가를 설명하려고 이름을 쓰는 것이니까. 그럼에도 설명하려는 대상과 별로 닮지 않은 헷갈리는 식별자도 흔히 보인다.

아무리 정확한 이름이더라도 한계가 있다. 겉만 보고 판단하지 말라는 속담과 달리 대개 개념에 대한 초기 인식은 잘 바뀌지 않는다. 따라서 신중히 명명해 올바른 첫인상을 전달하는 것이 중요하다. 속으로 이미 다 아는 사람의 관점이 아니라 경험이 부족한 독자의 관점에서 이름을 고르자.

훌륭한 표현을 찾기 어려운 경우도 찾아온다. 좋은 이름을 구상할 수 없다면 디자인을 바꿔야 할 수도 있다. 무언가 잘못됐을 수 있다는 징후이니 말이다.

3.3.2 기술적으로 올바르다

현대 프로그래밍 언어는 명명하는 방법에 규칙을 부과한다. 대부분 대소문자를 구별하는 이름을 허용하고 여백(공백, 탭, 새 줄)은 허용하지 않으며, 글자와 숫자로 된 문자와 특정 기호(가령 밑줄)만 허용한다. 근래에는 식별자 길이에 뚜렷한 제한이 없다.* 유니코드 식별자를 허용하는 언어가 많으나 여전히 편의상 ISO8859-1(ASCII) 문자 집합에서 고르는 것이 일반적이다.

다른 기술적 제한도 있다. C/C++ 표준에는 특정 범위의 이름이 예약되어 있어서 str로 시작해 소문자가 나오거나 밑줄로 시작하는 전역 식별자를 허용하지 않고, std 네임스페이

---

* 오래된 C 버전에서는 처음 6개 문자에 내부의 고유 링크를 쓸 수 없고 대소문자를 꼭 구분하지는 않는다. 코드를 작성할 때는 누구를 대상으로 하는 코드인지 정확히 알고 있어야 한다.

스에 들어 있는 이름은 무엇도 사용할 수 없다. 이러한 종류의 제한을 알아둬야 강력하고 올바른 코드를 작성할 수 있다.

3.3.3 관용적이다

언어에서 허용하는 문자 조합이라 해서 그대로 좋은 이름은 아니다. 알기 쉬운 이름은 독자가 기대하는 관례, 즉 그 언어의 관용구를 따른다. 자연어에서 그 언어의 관용구를 얼마나 이해하느냐가 유창함을 좌우하듯이 프로그래밍 언어가 유창하려면 관용적 표현을 쓸 수 있어야 한다.

무시하기 어려운 선행 기술을 확립한 방대한 자바 라이브러리처럼 공통 명명 규칙이 딱 하나만 있는 언어도 있지만, C와 C++에서는 하나로 수렴되기 어렵다. 각 방식에 약점이 있어서 표준 라이브러리와 윈도 Win32 API는 서로 다른 규칙을 사용한다.

> **핵심개념 ★** 사용하는 언어의 명명 규칙을 알아 두자. 하지만 그 언어의 관용구를 아는 것이 더 중요하다. 공통 명명 규칙이 무엇인가? 그 규칙을 사용하자.

3.3.4 적절함

적절한 이름은 길이와 어조 사이에서 훌륭히 균형을 유지한다.

3.3.4.1 길이

자연어 단어를 사용해야 알기 쉽고 서술적인 이름이 된다. 프로그래머에게는 단어를 축약하고 단축하려는 내적 욕구가 있다 보니 혼란스럽고 엉망진창인 이름이 생겨난다. 의미만 모호하지 않으면 이름은 길어도 된다. 현실적으로 apple_count를 a로 대체할 수는 없지 않은가.

> **핵심개념 ★** 명명할 때는 간결성보다 명확성을 추구하자.

그럼에도 루프 카운터에는 짧은 변수명(심지어 한 글자짜리)을 쓰기도 한다. 작은 루프에서는 loop_counter 같은 변수명이 너무 장황할 뿐 아니라 금방 싫증 날 수 있으니 사실 짧은 변수명이 더 타당하다.

3.3.4.2 어조

이름의 어조 역시 중요하다. 장례식에 상스러운 농담이 어울리지 않는 것처럼 무분별한 이름은 코드의 전문성을 훼손한다. 심각할까? 그렇다. 우스운 이름을 마주한 독자는 원작자의 능력을 의심하게 된다.

blah나 wibble 같은 웃기는 이름은 피해야지, 안 그러면 더 심한 괴짜가 foo와 bar까지 사용할지 모른다. 어느 틈에 생기기 쉽고 처음에는 재미있을지 몰라도 나중에는 그저 혼란만 가중시킬 뿐이다(이러한 이름이 주어진 객체는 대개 예상 수명보다 더 오래 남아 있는 임시변통으로 만든 도구이다). 한 가지 더, 전문적으로 보이려면 당연히 명명할 때 욕설을 쓰지 않아야 한다.

> **생각할 거리**
>
> 대체 foo와 bar는 왜 쓸까? 약간의 괴짜 유머라 할 수 있다. 의미라고는 도무지 없지만, 목적은 뚜렷하다. 대개 임의의 요소를 대신하는 자리 표시자(placeholder)로 쓰인다. foo라는 변수에 대해 ++foo;로 증가시킨다처럼 쓸 수 있다.
>
> 이러한 단어들은 일반적으로 시리즈로 엮여 나온다. 변종 시리즈가 몇 가지 있으나 foo, bar, baz가 보편적이다. 다음에 뭐가 올지는 그때그때 다르거나 혹은 평상시 좋아하던 독특한 설화가 영향을 미치기도 한다.
>
> foo bar의 기원을 놓고 논란이 많다. 2차 세계대전 당시 군대 속어인 FUBAR(손 쓸 수 없을 정도로 엉망진창이라는 뜻의 MUBAR(Mucked Up Beyond All Repair)를 살짝 바꾼 F*cked up beyond all recognition의 약자)까지 거슬러 올라간다. 당연히 프로덕션 코드에 들어가선 안 될 이름이다.

3.4 하나씩 살펴보기

앞서 나열했던 각 카테고리 항목을 어떻게 명명할지 몇 개의 절에 걸쳐 알아보겠다. 다년간 프로그래밍 경력을 쌓아 왔더라도 광범위한 명명 관례를 다시 살펴보면 도움이 될 것이다.

3.4.1 변수 명명

변수를 단순히 전자 개체(electronic entity)로만 보지 않는다면 변수란 어떤 물리적 객체와 소프트웨어적으로 동등한, 손에 쥘 수 있는 무엇일 것이다. 이러한 특성이 반영된 이름은 대개 명사다. 예를 들어 GUI 애플리케이션에서 변수명은 ok_button과 main_window 등이다. elapsed_time이나 exchange_rate처럼 현실 세계의 객체와 꼭 대응하지 않는 변수더라도 명사 이름을 지어줄 수 있다.

명사가 아닌 변수는 대개 count처럼 "명사화한" 동사다. 수치 변수명은 widget_length에서처럼 값에 대한 해석을 표현한다. 불 변수명은 값이 참이나 거짓이 될 것을 고려해 보통 자연스레 조건문의 이름을 따른다.

객체 지향 언어에는 멤버 변수를 꾸미는 규칙이 여럿 있어 평범한 지역 변수나 (골치 아픈) 전역 변수가 아닌 멤버임을 강조한다. 이는 헝가리안 표기법을 약하게 적용한 형태로, 일부 프로그래머는 유용하다고 여긴다.* 예를 들어 C++의 멤버 변수는 흔히 앞이나 뒤에 밑줄을 붙이거나 m_으로 시작한다. 앞선 방법은 다소 위험하고 보기 불편해 금기시된다.** 뿐만 아니라 앞이나 뒤에 밑줄이 붙으면 변수를 읽기가 상당히 부자연스럽다.

포인터 타입에는 _ptr 같은 접미사를, 참조 타입에는 _ref 같은 접미사를 붙여 꾸미는 프로그래머도 있다. 이처럼 교묘하게 헝가리안 표기법을 슬며시 쓰는데 이는 중복이다. 변수가 포인터라는 사실은 이미 타입으로 알 수 있으니 말이다. 함수가 아주 커서 꼭 이렇게 꾸며야겠다면 함수가 너무 큰 것일지도 모른다!

또 다른 흔한 변수 명명 사례는 간결하면서 "의미 있는" 이름으로 쓰이는 두문자어(acronym)다. 가령 SameTypeWithMeaningfulNaming stwmn(10);처럼 변수를 선언하는 식이다. 사용 범위만 작으면 이러한 유형의 이름이 장황한 이름보다 알기 쉽다.

대체로 타입명과 변수명을 구분하는 규칙이 가장 알맞다. 타입명은 종종 첫 글자가 대문자인 반면 변수명은 소문자다. 이러한 규칙에 따라 Window window;처럼 선언한 변수가 굉장히 자주 눈에 띈다.

> **핵심개념★** 변수명과 타입명을 구분짓는 유용한 명명 규칙을 채택하자.

---

* 물론 클래스의 공개 API라면 모든 멤버 변수가 비공개(private)일 테니 이러한 명명 규칙에 영향을 전혀 받지 않는다.

** 밑줄로 시작하고 대문자가 오는 전역 식별자는 사용할 수 없다. 고대 C 언어의 명명 규칙에는 이처럼 특이한 요구사항이 많다.

3.4.2 함수 명명

변수가 마치 손으로 잡을 수 있는 것이었다면 함수는 그것으로 무언가를 하는 것이다. 영원히 잡고만 있을 수는 없지 않은가. 함수는 행위이기에 동사로 된(혹은 최소한 동사를 포함하는) 이름이 가장 타당하다. 함수를 명사로 명명하면 모호해진다. 예를 들어 apples() 함수는 무슨 일을 할까? 사과를 많이 반환할까, 무언가를 사과로 바꿀까, 아니면 난데없이 사과를 만들까?

함수를 의미 있게 명명하려면 be와 do, perform 같은 단어는 피한다. 이러한 단어는 의식적으로 동사(이 함수는 XXX를 한다...)를 포함시키려는 초심자가 전형적으로 빠지는 함정이다. 쓸모없을뿐더러 이름을 더 가치 있게 만들지도 않는다.

내부 구현은 말끔히 숨기면서 늘 사용자 관점에서 함수를 명명해야 한다(압축과 추상화 단계는 함수의 핵심이다). 내부적으로 원소를 리스트에 저장하든, 네트워크로 전송해 호출하든, 새 컴퓨터를 만들어 워드 프로세서를 설치하든 누가 관심이나 있겠는가? 사용자가 오로지 사과를 세는 함수로만 알고 있으면 함수를 countApples()라고 불러야 맞다.

> **핵심개념★** 외적인 관점에서 doing 구(phrase)로 함수를 명명하자. 구현이 아닌 논리 연산을 설명하자.

이 규칙을 깰 수도 있는 유일한 경우는 정보를 요청하는 단순한 쿼리 함수일 때다. 이러한 접근자에 대해서는 요청 중인 데이터의 이름을 따 함수를 합리적으로 명명할 수 있다. 3장의 궁리하기 절에 나오는 9번 질문의 정답을 예제로 살펴보자.

함수를 작성할 때는 (명세로든 문학적 프로그래밍 방법을 통해서든) 잘 문서화해야 한다. 그러나 이와 별개로 이름도 함수 계약의 일부인 만큼 이름으로 함수의 역할을 명시해야 한다. void a( )는 무슨 일을 할까? 무엇이든 할 수 있다.

대문자 사용 규칙

대부분의 언어가 식별자에 여백과 구두점을 쓸 수 없도록 금지하다 보니 여러 단어를 이어 붙이는 규칙을 채택하게 된다. 이때 대문자 사용 규칙을 놓고 끝없는 에디터 성전에 맞먹을 만큼 수많은 프로그래머가 주먹다짐을 벌인다. 현대 코드에서 자주 보이는 일반적 방법은 다음과 같다.

카멜 표기법(camelCase)
카멜 표기법은 자바 언어 라이브러리와 다양한 C++ 코드 기반에서 광범위하게 쓰인다. 낙타의 혹 모양처럼 대문자를 쓴다해서 이렇게 불리우며 1970년대 초반 Smalltalk에서 처음 도입했다고 알려져 있다.

프라퍼 표기법(ProperCase)
카멜 표기법의 가까운 친척뻘로서 첫 번째 글자도 대문자라는 점만 다르다. 파스칼 표기법(PascalCase)이라고도 부른다. 두 규칙은 종종 함께 쓰인다. 예를 들어 자바 클래스명은 프라퍼 표기법으로, 멤버명은 카멜 표기법으로 작성된다. 윈도 API와 닷넷 메서드는 프라퍼 표기법을 사용한다.

밑줄_사용하기(using_underscores)
C++ 표준 라이브러리(std 네임스페이스 내 이름을 보자) 구현자와 GNU 재단이 지지하는 방식이다.

이 밖에 다른 형태도 많다. 몇 개나 떠오르는가? 프라퍼 표기법과 밑줄을 섞어 사용하거나 대문자를 전부 없애는 방법도 있다.

3.4.3 타입 명명

사용 중인 언어에 따라 만들 수 있는 타입이 다르다. C에서 제공하는 typedef는 어떤 타입 이름을 대신하는 동의어를 만들어낸다. typedef로 더 쉽고 간편한 이름을 제공할 수 있다. 그러니 당연히 typedef를 알기 쉽게 명명해야 한다. 그저 함수 본문 내 로컬 typedef일지라도 이름은 서술적이어야 한다.

자바와 C++, 그외 객체 지향 언어는 새로운 타입(클래스) 생성을 근간으로 한다. C에서도 struct라는 복합(compound) 타입을 정의할 수 있다. 좋은 변수명과 함수명이 코드 가독성에 크게 영향을 미쳤듯이 좋은 타입명도 다른 무엇보다 중요하다. 다만 클래스마다 목적이 다르다 보니 클래스를 명명하는 엄격한 휴리스틱이 너무 많다.

- 클래스는 상태가 있는(stateful) 데이터 객체를 묘사할 수 있다. 이때 이름은 아마 명사일 것이다.
  또는 가상 콜백 인터페이스를 구현하는 함수 객체(functor)나 클래스를 묘사할 수 있다. 이때 이름은 아마 알려진 디자인 패턴의 이름을 포함하는 동사일 것이다.[감마 외 94]

- 둘 다 포함하는 클래스면 명명하기 쉽지 않을 테고 잘못 디자인될 수 있다.

  인터페이스 클래스(가령 자바와 닷넷의 순수 가상 함수(pure virtual function)나 interface를 포함하는 추상 C++ 클래스)는 주로 인터페이스의 역할에 따라 명명된다. 흔히 Printable이나 Serializable처럼 불린다. 닷넷에서는 헝가리안 표기법까지 추가하는 바람에 IPrintable처럼 모든 인터페이스명이 I로 시작한다.

함수명에 쓰지 말아야 할 단어를 논한 적이 있듯이 타입명에도 피해야 할 경우가 있다. 예를 들어 DataObject는 잘못된 이름이다. 클래스는 데이터를 포함할 가능성이 크고 보나마나 객체를 생성하는 데 쓰인다. 반복할 까닭이 전혀 없다.

> **핵심개념 ★** 이름에 중복된 단어를 넣지 말자. 특히 class와 data, object, type은 타입명에 넣지 말자.

실제 객체가 아니라 데이터의 클래스를 설명하자. 미묘하지만 중요한 차이다.

잘못된 이름을 가진 클래스

잘못된 클래스명은 프로그래머를 혼란스럽게 만든다. 언젠가 상태 머신을 구현한 애플리케이션을 작업한 적이 있다. 과거부터 이어져 온 모종의 이유로 각 상태의 기반 클래스를 State 같은 실용적 이름 대신 Window라 불렀다. 너무나 헷갈렸고 처음 본 어떤 프로그래머는 굉장히 당혹스러워했다. 설상가상으로 명령(command) 패턴의 기반 클래스(base class)는 실제 전략 디자인 패턴을 구현하지 않았는데도 Strategy라 불렸다. 무슨 일이 일어나는지 알아내기 정말 쉽지 않았다. 더 낫게 명명했다면 코드의 로직을 명확하게 꿰뚫었을 것이다.

3.4.4 네임스페이스 명명

이름을 모아두기 위해 특별히 고안된 요소에는 어떤 이름을 붙일까? C++와 C#의 namespace와 자바 package는 마치 가방과 같아서 주로 메커니즘을 모아두는 역할을 한다.

또한, 이름 충돌(name collision)을 막기도 한다. 두 프로그래머가 같은 이름으로 된 무언가를 만들었는데 둘의 코드가 서로 엉키면 무슨 일이 일어날지 누구도 예측할 수 없다. 운이 좋으면 코드는 그저 연결하는 데 실패할 테고 최악의 경우 온갖 런타임 아수라장이 펼쳐질 것이다. 항목들을 서로 다른 네임스페이스에 넣으면 전역 네임스페이스를 망가뜨리는 위험을 피할 수 있다. 네임스페이스가 중요한 명명 도구인 이유가 여기에 있다.

하지만 네임스페이스만으로는 충돌을 미리 막지 못한다. 누군가의 utils 네임스페이스가 또 다른 누군가의 utils와 충돌할 여지가 아직 남아 있다. 이를 개선하려면 명명 체계 (naming scheme)을 이용하자. 자바의 경우 인터넷 도메인명 중첩 체계와 비슷한 패키지명 계층 구조를 정의하기에 사용자는 고유하게 명명한 자신만의 패키지에 코드를 넣는다. 이로써 충돌 문제가 깔끔히 해결된다. 이러한 규칙이 없다면 네임스페이스는 문제 발생 가능성을 낮출 뿐 없애지는 못 한다.

네임스페이스 이름을 고를 때 내부 요소 간 관계를 설명하는 이름으로 고르자. 전부 한 라이브러리의 인터페이스에 속하면 라이브러리명으로 하자. 더 큰 시스템의 일부 영역이면 그 영역을 설명하는 이름으로 고르자. UI나 filesystem, controls 등이 좋다. 항목들의 컬렉션임을 뜻하는 이름은 불필요하니 쓰지 말자. controls_group은 잘못된 이름이다.

> **핵심개념★** 네임스페이스와 패키지에는 내부의 논리적 관계를 반영하는 이름을 부여하자.

3.4.5 매크로 명명

C와 C++ 세계에서 매크로는 호두를 까려고 커다란 망치를 휘두르는 격이다. 매크로는 범위(scope)나 가시성(visibility)을 전혀 따지지 않는 기초적인 텍스트 검색 및 대체(search-and-replace) 도구다. 기교라고는 없다. 하지만 이러한 도구 없이는 깨지지 않는 호두도 있기 마련이다.

매크로는 아주 극적 효과를 불러오므로 최대한 명백하게 명명하는 전통이 확고하게 자리잡혀 있다. 바로 대문자(CAPITAL LETTERS)만 사용하는 것이다. 무조건 이를 따르고 그 외 다른 이름은 전체를 대문자로 만들지 말자.

단순한 텍스트 대체 도구인 만큼 코드의 다른 부분에 나타나지 않을 고유한 이름으로 명명하자. 그렇지 않으면 아수라장과 혼란이 뒤따른다.

고유한 파일이나 프로젝트 이름을 접두사로 쓰면 좋다. MY_MACRO보다 PROJECTFOO_MY_MACRO라는 매크로명이 훨씬 안전한다.

> **핵심개념★** C/C++에서 매크로는 항상 대문자로 만들어 눈에 띄게 하고 주의 깊게 명명해 충돌을 피하자. 그 외 모든 이름은 대문자로 쓰지 말자. 절대로.

3.4.6 파일 명명

소스 파일의 이름은 코딩 편의성에 실질적인 영향을 미친다. 어떤 언어는 파일명에 대한 요구사항이 엄격하다. 자바 소스 파일명은 파일에 들어 있는 공개 클래스명과 반드시 같아야 한다. 반면 C와 C++는 규칙이 느슨해서 어떤 제한도 없다.*

쉽고 분명하게 파일명을 고르려면 각 파일에 하나의 개념 단위만 들어 있어야 한다. 한 파일에 여러 가지를 넣으면 나중에 애를 먹는다. 코드를 가능한 한 많은 파일로 분할하자. 명명이 쉬워질 뿐 아니라 커플링도 줄고 프로젝트 구조도 더 명확해진다.

위젯(widget)의 인터페이스를 정의하는 C/C++ 파일은 `widget_interface.h`나 `widget_decls.h` 같은 변형이 아니라 반드시 `widget.h`라고 부르자. 관례상 각 `widget.h`는 해당 파일에서 선언한 요소를 모두 구현한 `widget.cpp`나 `widget.c()`와 부합시켜야 한다(98쪽의 "훌륭한 마무리" 참고). 기반명을 공유함으로써 논리적으로 결부된다. 아주 당연하면서도 관습적이다.

파일을 명명할 때 미묘하면서도 중요한 쟁점이 여럿 있다.

- 대문자를 인식하도록 하자. 이를 구분하지 못하는 파일 시스템은 파일명을 찾을 때 대소문자를 무시한다. 하지만 대소문자를 구분하는 플랫폼으로 포팅하는 상황에서 대문자를 면밀히 살피지 않으면 코드는 컴파일되지 못한다. 잘할 수 없으면 조심하라는 말처럼 실수를 피할 가장 쉬운 방법은 모든 파일명을 소문자로 작성하도록 명령하는 방법일 것이다(물론 자바는 파스칼 표기법으로 클래스와 인터페이스를 명명하니 통하지 않는다).
- 같은 이유로 파일 시스템이 `foo.h`와 `Foo.h`라는 파일명을 동일하게 간주하면 이 방법을 사용하지 말자. 한 디렉터리 내 파일명은 대소문자 외에 다른 요소도 다르게 만들자.
- 한 프로젝트에서 여러 언어를 섞어 사용할 때 한 디렉터리 내에 `foo.c`, `foo.cpp`, `foo.java`처럼 생성하지 말자. 어떤 파일로 객체 파일을 생성하고, 어떤 파일로 foo라는 실행 파일을 생성하는지 혼란스럽다.
- 생성한 파일이 설령 전부 다른 디렉터리에 흩어져 있더라도 파일마다 구분되는 이름을 짓자. 그래야 어느 파일이 어느 파일인지 알아내기 쉽다. `#include "foo.h"`라고 명령했을 때 어떤 헤더 파일을 가리키는지 명확하다. 파일 두 개가 이름이 같으면 코드 기반을 처음 다루는 개발자는 헷갈릴 수밖에 없다. 시스템이 커질수록 더 문제가 된다.

파일 명명은 코딩 편의성에 중대한 영향을 미친다. 과거에 착수했던 어떤 C++ 프로젝트는 대부분의 파일명이 클래스명과 정확히 일치했다. Daffodil 클래스는 Daffodil.h에 정의돼 있었다(신변 보호를 위해 다른 이름을 사용했다). 하지만 파일 몇 개는 살짝 다르게, 주로

---

* 운영 체제나 파일 시스템이 부과하는 이름은 예외다.

축약해서 명명됐고, HerbaciousBorder는 HerbBdr.h에 정의돼 있었다. 덕분에 #include에 맞는 파일을 찾기가 상당히 까다롭고 시간 소모도 컸다. 게다가 Daffodil 클래스 구현 전부가 꼭 Daffodil.cpp에 있는 것도 아니었다. 이유도 충분히 설명해주지 않은 채 몇몇은 공유된 FlowerStuff.cpp에, 심지어 Yogurt.cpp에도 있었다. 짐작하겠지만 어떤 코드 영역을 찾기가 끔찍이도 힘들었다. 소스 코드 브라우저가 도움이 되지만 과거의 평범하고 잘 명명된 코드만 못하다.

3.5 어떤 이름으로 불리우든 장미는 장미다

이름 고르기(name game)가 생각보다 단순하지 않다 보니 코드 조각을 명명하기 위해 고려할 사항이 당연히 많다. 주된 원칙을 꼽으라면 무엇일까?

훌륭한 이름을 지으려면 아래를 따르자.

- 일관되게 짓자.
- 내용을 활용하자.
- 스스로 유리하게 이름을 사용하자.

훌륭한 마무리

파일 명명에는 당연히 접미사도 포함이다. 자바 빌드 시스템에서는 소스 파일명이 .java로 끝나야 한다. C와 C++ 컴파일러는 접미사와 상관없이 동작하나 마치 그러지 말라는 듯이 보편적 관례로서 something.h 같은 헤더 파일을 호출한다. 엄격한 정의가 없다 보니 여러모로 힘들다. C++에서 구현 파일명은 .C와 .cc, .cpp, .cxx, .c++ 같은 몇 가지 일반적 접미사 관례를 따르나 아직도 .hpp인 C++ 헤더 파일이 간혹 보인다. 선택은 컴파일러와/나 개인적 취향, 코딩 표준에 달렸다. 무엇보다 일관성이 가장 중요하니 한 가지 파일 접미사 체계를 골라 일관되게 사용하자.

파일명 접미사를 지원하지 않는 플랫폼에서 작업했던 적이 있다. 파일 타입을 결정하기가 아주 복잡하고 골치 아팠다.

3.5.1 일관되게 짓자

가장 중요한 명명 원칙이라 할 수 있다. 맡은 일뿐 아니라 회사 전반의 사례에 걸쳐 일관되게 사용하자. 아래처럼 생긴 클래스 인터페이스는 품질면에서 신뢰가 전혀 가지 않는다.

```
class badly_named : public MyBaseClass
{
public:
    void doTheFirstThing();
    void DoThe2ndThing();
    void do_the_third_thing();
};
```

많은 사람이 공동으로 작업하면 난수 생성기도 일관성이 있는 것처럼 내부적으로는 일관성이 있는 코드로 끝나기 십상이다. 아마도 프로그래머들이 지속적으로 작업하는 코드의 기본 디자인을 존중하지 않는 것과 같은 더 심각한 문제의 징후일 것이다. 이때 규정된 코딩 표준과 핵심 설계 문서가 아주 유용하다.

일관된 명명은 이름 생성 방식에 있어 대문자 사용과 포매팅 이상이다. 이름에는 암묵적인 은유가 있어야 한다. 프로그램이나 프로젝트 전반에 걸쳐서 이러한 은유는 일관적이어야 한다. 명명 방식은 전체론적이어야 한다.

> **핵심개념** ★ 일관된 명명 규칙을 골라 일관되게 사용하자.

일관된 명명을 통해 이해하기 쉬운, 결과적으로 다루고 확장하고 유지 보수하기 쉬운 코드가 만들어진다. 장기적으로는 관리 비용도 대폭 절감된다.

3.5.2 맥락을 활용하자

맥락에 비춰 봤을 때 일리 있는 이름이어야 한다. 이름은 둘러싼 맥락 안에서만 읽히니 쓸데없이 맥락 정보를 반복하는 코드는 없애도 된다. 필요 이상의 짐을 뺀 간결하고 서술적인 이름을 추구하자.

맥락 정보는 다음 정보에서 알 수 있다.

범위(scope)
모든 요소는 최상위 전역 범위 혹은 네임스페이스나 클래스, 함수 안에 존재한다. 범위라는 맥락에 맞게 타당한 이름을 고르자. 범위가 더 작고 더 구체적일수록 범위 안에서 이름을 생성하기 쉽고 이름의 진정한 의미를 이해하기 쉽다. Tree 클래스 안에 나무에 달린 사과 개수를 세는 함수를 정의할 때 countApplesInTree()라고 호출할 필요는 없다. 정규화된 이름(fully qualified name)인 Tree::countApples()로 충분히 모호하지 않게 설명된다. 모든 요소를 가능한 한 가장 작은(따라서 가장 서술적인) 범위 안에 넣자.

대부분 로망스어가 그런 것처럼 프랑스어에도 you라는 단어에 두 가지 형태가 있다. tu와 vous다. 무엇을 사용할지는 언급하려는 대상과 얼마나 친하냐에 달렸다. 변수를 부르는 이름도 그 변수를 사용하는 맥락에 달렸다. 함수 구현 내, 그리고 함수의 공개 선언 내에서 다르게 명명된 변수를 볼 수 있을 것이다.

타입

어떤 요소든 타입이 있고 어떤 타입인지 알려져 있다. 이름에서 타입 정보를 다시 반복할 까닭이 없다(이를 재차 표현하는 것이 헝가리안 표기법의 목적이자 종종 조롱받는 이유다).

미숙한 프로그래머는 string 타입의 주소 변수를 address_string이라고 명명한다. _string 접미사가 무슨 도움이 될까? 아무 도움도 되지 않으니 없애 버리자.

> **핵심개념★** 맥락에 따라 이름에 대해 세부적으로 요구되는 수준이 다르다. 맥락 정보를 유리하게 활용해 명명하자.

3.5.3 유리하게 이름을 사용하자

이름에는 힘이 있어서 언어의 구문만으로 전달하지 못하는 표현력이 있다. 공통 접두사로 된 비슷한 이름으로 그루핑(grouping)하는 방법은 어떠한가. 혹은 이름에 정보를 포함시켜 함수의 매개변수 중 무엇이 입력이고 출력인지 암시하는 방법은 또 어떠한가.

3.6 요약

주의 이름이 선하시므로 내가 주의 이름을 (사모하리이다)

_시편 52장 9절

좋은 이름을 짓는 것이 얼마나 중요한지 고대 조상도 알았고 뛰어난 프로그래머도 안다. 좋은 이름은 미적 목적을 충족시키는 데 그치지 않고 코드 구조에 대한 정보까지 전달한다. 이해 가능성과 유지 보수성을 높이는 필수 도구다.

고급 언어로 코드를 작성하는 주된 이유는 의사소통을 위해서 인데 그 의사소통의 대상은 컴파일러가 아닌 코드 독자라는 관중, 즉 다른 프로그래머이다. 형편없는 이름은 오해를 불러일으킨다. 이름에는 분명 힘이 있고 숙련된 프로그래머는 코드의 어느 부분을 명명하든 명명에 수반되는 모든 문제를 균형 있게 고려한다.

보편적 규범

3장에 나오는 여러 가지 조언을 몇 가지 보편적 규범으로 압축해 보겠다. 다음과 같은 이름을 짓지 말자.

애매한 이름

납득이 가지 않는 이름을 만드는 방법은 여러 가지다. 두문자어와 축약은 상당히 마구잡이로 보이고 한 글자짜리 이름은 너무 신비롭다.

장황한 이름

간략한 이름은 피하되 the_number_of_apples_before_I_started_eating 같은 변수도 만들지 말자. 조금이나마 유용하지도 재미있지도 않다.

부정확하거나 오해의 소지가 있는 이름

있는 그대로 정확하게 이름을 짓자. 리스트와 관련이 전혀 없는데 widget_list라고 부르지 말자. 위젯의 컨테이너인데 widget이라고 부르지 말자.

오타는 혼란의 지뢰밭을 펼쳐놓는다. ignoramus라는 변수인 줄 알았는데 아무리 찾아도 없네. 이런, ignoramous인데 철자가 틀렸군. 에휴.

어중간하거나 모호한 이름

다양하게 해석될 수 있는 이름은 쓰지 말자. data나 value처럼 구제불능의 모호한 이름은 무엇을 가리키는지 명확히 알 수 없으면 쓰지 말자. temp나 tmp처럼 모호한 이름도 꼭 필요한 경우가 아니면 피하자.

대문자를 사용하거나 한 글자만 바꾸는 식으로 이름을 구분하지 말자. 비슷해 보이는 이름을 경계하자.

바깥 범위에서 사용 중인 변수를 이유 없이 같은 이름의 지역 변수로 생성하지 말자.

너무 축소된 이름

기억하기 어려운 멋들어진 축약과 기발한 단축, 그리고 해석적 용법으로 쓰이는 숫자를 쓰지 말아야 한다. 일반적으로 internationalization을 i18n이라고 축약하는데 익숙하지 않은 사람에게는 아무 의미 없이 들린다.

이와 달리 분명하고 구체적이고 간결하고 정확하고 모호하지 않은 적절한 이름을 생성하자. 일반적인 용어(common term)와 기준 틀(frames of reference)을 사용하자. 문제 도메인에 걸맞은 단어를 사용하고 서술적인 디자인 패턴 이름을 활용하자.[감마 외 94]

현명한 프로그래머	형편없는 프로그래머
• 이름의 중요성을 인지하고 진지하게 다룬다.	• 코드의 명확성에 별로 관심이 없다.
• 명명을 늘 고려하고 만드는 것마다 적절한 이름을 고른다.	• 빠르게 작성되고 생각이라고는 들어가지 않은 수정이 불가능한(write-once) 코드를 만든다.
• 이름의 길이, 명확성, 맥락 같은 여러 힘 사이에서 균형을 유지한다.	• 언어의 자연스러운 관용구를 무시한다.
• 항상 더 큰 그림을 보기에 한 프로젝트(나 여러 프로젝트)에 걸쳐 이름이 일관된다.	• 명명이 일관되지 못하다.
	• 전체론적으로 생각하지 않기에 코드 조각들이 전체적으로 어떻게 어울릴지 고려하지 않는다.

3.7 참고

2장 잘 세운 계획

명명 방법을 설명해 줄 코딩 표준을 논한다. 헝가리안 표기법에서 발발한 것이 틀림없는 성전(holy wars)에 대해서도 이야기한다.

4장 무엇을 작성해야 하나

훌륭한 이름이 자체 문서화 코드를 대신하지는 못해도 코드 문서화에서 아주 중요한 부분이다.

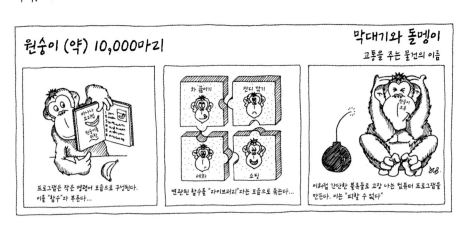

3.8 생각해 보기

다음 질문에 대한 자세한 설명은 579쪽 "정답과 설명"에 나와 있다.

3.8.1 궁리하기

1 다음은 좋은 변수명인가? 그렇다(이유와 어떤 맥락인지 설명하라) 혹은 아니다(이유를 설명하라), 모르겠다 (이유를 설명하라) 중 하나로 답하라.

    a   int apple_count

    b   char foo

    c   bool apple_count

    d   char *string

    e   int loop_counter

2 아래 함수명은 언제 사용하면 적절할까? 반환 타입이나 매개변수는 무엇일까? 어떤 반환 타입일 때 함수명 이 부적절할까?

    a   doIt(...)

    b   value(...)

    c   sponge(...)

    d   isApple(...)

3 명명 체계는 코드를 읽거나 쓰기 쉽도록 지원해야 할까? 어떻게 하면 둘 다 쉬워질까?

    a   어떤 코드 하나를 몇 번 작성하는가? (생각해 보라) 몇 번 읽는가? 답을 통해 상대적 중요도가 드러나야 한다.

    b   명명 규칙끼리 충돌하면 어떻게 하는가? 카멜 표기법을 쓰는 C++ 코드에 착수했는데 표준 템플릿 라이 브러리(STL, Standard Template Library)(밑줄, _ 사용)를 다뤄야 한다고 가정하자. 이러한 상황에 대 처할 최선의 방법은 무엇인가?

4 루프 카운터(counter)에 의미 있는 이름을 부여하려면 루프는 얼마나 길어야 할까?

5 C에서 assert가 매크로라면 왜 이름이 소문자일까? 매크로는 왜 눈에 띄게 명명해야 할까?

6 사용 중인 언어의 표준 라이브러리 명명 규칙을 따를 경우 장단점은 무엇인가?

7 이름을 못 쓰게 될 수도 있나? 지역 변수명을 여러 함수에서 반복해도 괜찮은가? 전역 이름을 오버라이드하 는(그리고 숨기는) 지역 이름을 사용해도 괜찮은가? 이유는 무엇인가?

8 헝가리안 표기법의 메커니즘을 설명하라. 이 명명 규칙의 장단점은 무엇인가? 현대 코드 디자인에 여전히 쓰이고 있는가?

9 어떤 프로퍼티의 값을 읽고 쓰는 게터(getter)와 세터(setter) 역할을 하는 멤버 함수가 포함된 클래스가 많 다. 이러한 함수의 일반적인 명명 규칙에는 어떤 것들이 있고, 무엇이 최선인가?

3.8.2 스스로 살피기

1 얼마나 잘 명명하는가? 이미 휴리스틱을 얼마나 많이 따르고 있는가? 명명과 규칙을 의도적으로 생각하는 가 아니면 자연스럽게 되는가? 어떤 부분을 향상시킬 수 있을까?

2 사용 중인 코딩 표준에서 명명을 조금이라도 다루는가?

    a 앞서 살펴본 경우를 전부 다루는가? 충분한가? 유용한가 아니면 피상적인가?

    b 세부적인 명명 요구사항이 코딩 표준에 얼마나 적합한가?

3 근래에 마주쳤던 가장 형편없는 이름은 무엇인가? 이름을 어떻게 오해했나? 향후 혼란을 막기 위해 어떻게 바꿀 수 있었을까?

4 플랫폼 간 코드를 포팅해야 하는가? 포팅 시 파일명과 다른 이름들, 그리고 전체 코드 구조에 어떤 영향을 미치는가?

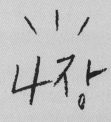

무엇을 작성해야 하나?

"자체 문서화" 코드 작성 기법

글을 쓸 때 꼭 필요한 두 가지 중 하나는 진심 어린 진지함(real seriousness)이다.
불행히도 나머지 하나는 재능(talent)이다.
_어니스트 헤밍웨이

4장에서 다룰 내용

• 코드를 설명하는 방법
• 문학적 프로그래밍
• 문서화 도구

현대의 조립용 가구(일명 플랫팩(flat-pack))는 정말 놀라워서 경험 많은 목수조차 경외와 혼돈에 빠진다. 보통은 솜씨 좋게 설계되어 있고 마침내 그 가구가 필요한 위치에 놓여진다.

함께 들어있는 설명서를 이용해 조립하지 않을 경우 가구라기 보다는 현대 미술에 가까운 작품이 나온다. 얼마나 쉽게 만드느냐는 온전히 설명서의 품질에 달렸다. 설명서가 형편없으면 진땀을 빼며 욕하고 애초에 붙어있지도 않았던 나무 조각들을 끊임없이 분해하게 된다.

원래의 모양대로 만들지 못한다니 참 안타깝다.

소스 코드도 비슷한 문제에 시달린다. 원래의 모습대로 만들지 못하는 것이 사실이지만 어쨌거나 천공(punched) 카드나 코볼(COBOL)을 누구도 그렇게 좋아하지 않았다. 게다가 코드가 서로 어떻게 맞물리는지 설명해주는 훌륭한 설명서 없이 프로그램을 만들다가는 진땀을 빼며 욕하고 애초에 붙어있지도 않았던 코드 조각들을 끊임없이 분해할 수도 있다.

훌륭한 코드를 만든다는 것은 문서화가 잘 된(well-documented) 코드를 만드는 것이다. 코드를 작성하는 이유는 그저 컴퓨터만이 아니라 나중에 명령어를 고치거나 확장해야 할 백지 상태의 가엾은 개발자와 명확한 명령어 집합으로 소통하기 위함이다. 현실 세계 속 코드는 결코 작성되고 나서 잊혀지는 법이 없다. 소프트웨어 제품의 생애 전반에 걸쳐 수정되고 확장되고 유지 보수된다. 이를 위해서는 설명서(instructions), 즉 사용자 가이드가 되어 줄 문서화(documentation)가 필요하다.

흔히 코드에 대해 문서를 많이 작성하거나 코드 안에 주석을 많이 작성함으로써 코드를 설명해야 한다고 생각한다. 두 방법 모두 터무니없다. 대부분의 프로그래머는 워드 프로세서를 아주 싫어하고 과도하게 주석을 작성하는 것을 아주 질색한다. 코드 작성은 정말 어렵다. 코드 설명이 더 어려운 일이어서는 안 된다. 가뜩이나 시급한 소프트웨어 공장에서 추가로 무언가를 더 하려는 사람은 아무도 없다. 설혹 그렇다 해도 형편없이 해버린다.

디자인 명세와 구현 메모, 유지 보수 가이드, 스타일 가이드가 뒷받침된 소프트웨어 시스템을 본 적 있다. 아니나 다를까 이 시스템의 코드는 정말 다루기 지루했다. 이와 같은 문서화(documentation)가 뒷받침된 경우 다음과 같은 문제가 있다.

- 문서화는 본업이 아니라 가욋일이고 하고 싶지 않은 일이다. 문서화하는 데 오래 걸리고 읽는 데도 마찬가지다. 프로그래머는 차라리 프로그래밍에 시간을 쓰고 싶어 한다.
- 이처럼 별개로 존재하는 문서는 코드 변경이 있을 때마다 계속 따라가야 한다. 프로젝트 규모가 크면 작업이 어마어마하다. (문서를 전혀 업데이트하지 않는) 일반적인 대안은 위험할 정도로 부정확하고 오해의 소지가 있는 정보를 남긴다.

- 문서화가 방대해지면 관리하기 어렵다. 딱 맞는 문서를 찾는 것도 쉽지 않지만, 문서를 찾았어도 문서 내 여러 위치에서 원하는 정보가 있는 위치를 찾기란 쉽지 않다. 문서로 코드처럼 버전 관리 시스템으로 관리해야 하고 현재 작업 중인 소스 코드의 버전에 해당하는 문서 버전을 읽도록 해야 한다.

- 주요 정보가 여러 문서에 흩어져 있으면 놓치기 쉽다. 코드 옆에 붙어 있지 않은 데다 도움이 될 만한 참조까지 없으면 못 보고 지나쳐 버린다.

> **핵심개념★** 외부 문서로 지탱되는 코드는 작성하지 말자. 엉성해진다. 코드 자체만으로 명확하게 읽을 수 있도록 만들자.

흔히 코드 주석으로 코드를 상세하게 설명하려 하나 이 방법은 더 악화되면 모를까 절대 좋아지지 않는다. 무턱대고 상세하기만 한 주석이 넘쳐나면 훌륭한 코드가 될 수 없다. 훌륭한 프로그램 대신 오히려 형편없이 포매팅된 문서가 만들어진다.

어떻게 하면 이 악몽에서 벗어날 수 있을까? 자체 문서화(self-documenting) 코드를 작성하면 된다.

4.1 자체 문서화 코드

일단 아주 훌륭한 아이디어 같다. 그런데 자체 문서화 코드*란 대체 무엇일까? 아래 프로그램이 자체 문서화 코드다.

```
10 PRINT "I am very small and very pointless"
20 GOTO 10
```

하지만 자랑할만한 코드는 못 된다. 더 복잡하고 더 유용한 자체 문서화 프로그램이 되려면 기술이 아주 많이 필요하다. 컴퓨터 프로그램은 대체로 쓰기보다 읽기가 훨씬 어렵다. 펄(Perl)을 쓰던 개발자라면 누구나 이해할 텐데 그간 펄은 수정이 불가능한(write-once) 궁극의 언어처럼 묘사돼 왔다. 실제로 아주 예전에 작성된 펄 코드는 정말 감당할 수 없을 정도지만 사실 어떤 언어로든 이해하기 힘든 언어를 작성할 수 있고 그리 어려운 일도 아니다.

---

* [역주] 요즘은 자기 설명적인(self-descriptive) 코드라는 표현을 더 많이 쓰고 있지만, 원서의 표현을 구분하기 위해 자체 문서화 코드로 표기한다.

코드를 완벽하고 올바르게 설명하는 유일한 문서는 코드 자체다. 그렇다고 반드시 코드가 다른 무엇보다도 가장 뛰어난 설명이라는 뜻은 아니나 보통은 손에 넣을 수 있는 유일한 문서다.

따라서 훌륭히 문서화하기 위해, 다시 말해 누구나 읽을 수 있도록 문서화하기 위해 할 수 있는 전부를 해야 한다. 코드란 필연적으로 저자뿐 아니라 더 많은 개발자가 이해할 수 있어야 하는 것이다. 프로그래밍 언어는 소통의 수단이다. 반드시 명확하게 소통할 수 있어야 한다. 명확성 외에도 실수를 저지를 가능성이 줄어드니(오류가 더 두드러져서) 품질까지 높아지고 배우는 시간이 줄어드니 코드 유지 보수 비용도 감소한다.

자체 문서화 코드란 쉽게 읽히는 코드다. 외부 문서에 의지하지 않고도 코드 자체만으로 쉽게 이해가 간다. 코드 명확성은 여러 방법으로 향상시킬 수 있다. 프로그래밍을 배울 때부터 주입돼 온 방법은 아주 기초적이다. 경험을 통해 터득되는 방법은 더욱 미묘하다.

> **핵심개념☆** 읽을 수 있는 코드를 작성하자. 바로 사람이 말이다. 그것도 쉽게. 컴파일러는 알아서 잘한다.

아래 간단한 함수 예제는 자체 문서화와 가장 동떨어진 코드를 보여준다.

```
int fval(int i)
{
    int ret=2;
    for (int n1=1, n2=1, i2=i-3; i2>=0; --i2) {
        n1=n2; n2=ret; ret=n2+n1;
    }
    return (i<2) ? 1 : ret;
}
```

책을 판단하지 말라...

자체 문서화 코드 파일은 마치 훌륭한 참고 도서처럼 읽힌다. 그러한 책은 신중히 구성하고 나누고 배치해야 한다. 참고 도서는 당연히 앞에서부터 뒤로, 위에서부터 아래로 읽히나 참고용으로 중간부터 바로 읽히기도 한다. 코드 역시 이렇게 동작해야 한다. 각 부분별로 비교해 보자.

소개(introduction)

책 소개는 무슨 내용이 담겨 있는지 설명하고, 논조를 정하고, 큰 그림을 그려가면서 설명한다. 소스 파일은 코드 주석 헤더(header, 머릿글)로 시작해야 한다. 헤더는 파일에 무엇이 들었는지 설명하고 소스 파일이 어느 프로젝트에 속하는지 명시한다.

목차(table of contents)

파일 헤더 안에 전체 내장 함수 목록을 넣어야 한다는 주장도 있지만, 그렇게 하지 말자. 금세 쓸모없어진다. 그러나 최신 에디터나 IDE를 사용하면 파일 내용(모든 타입과 클래스, 함수, 변수)을 나열하고 특정 코드로 이어지는 유용한 링크를 제공할 수 있다.

부(sections)

이 책도 몇 개의 부로 나뉘어 있다. 소스 파일도 주요 부분으로 나눌 수 있다. 아마 파일 하나에 클래스 몇 개 혹은 함수들을 묶은 논리적인 그룹으로 나눌 수 있다. 이때 방파제(breakwater) 주석이 도움이 된다. 과도한 아스키 예술은 일반적으로 좋지 못하나(Bad Thing) 방파제 주석으로 파일을 논리적으로 나누면 탐색이 쉬워진다.

그래도 조심하자. 소스 파일 하나에 너무 많이 넣는 것은 좋지 않다. 간단히 파일과 클래스를 1대 1로 대응시키는 편이 가장 좋다. 파일이 크고 용도가 다양하면 이해하기 혼란스럽고 탐색도 몹시 힘들다(이 조언을 따랐음에도 소스 파일이 너무 많으면 더 고급 코드 구조로 개선해야 한다).

장(chapters)

책의 각 장은 독립적이고 잘 명명된 단위여야 한다. 소스 파일은 보통 잘 명명된 함수 여러 개를 포함한다.

문단(paragraphs)

각 함수 내 코드는 명령문들의 블록으로 그룹화한다. 초기 변수 선언을 하나의 논리 블록에 넣고 이어지는 코드와 빈 줄로 분리하는 식이다(최소한 구식 C 코드에서는 그렇다). 구문적 요소는 아니며 그저 배치를 통해 코드를 읽기 쉽게 도울 뿐이다.

문장(sentences)

문장은 자연스럽게 각 코드 명령문 하나와 대응한다.

상호 참조와 색인(cross-references and index)

앞서 말했듯 소스 파일 마크업에 속하지는 않지만, 좋은 에디터나 IDE는 상호 참조 기능을 제공한다. 용법을 배워 두자.

비유가 흥미롭긴 한데 코드 작성에 정말 영향을 미칠까? 수많은 훌륭한 책 쓰기 기법은 훌륭한 코드 작성 기법으로 표현된다. 코드를 읽기 쉽게 만들려면 배워 두자. 코드를 부와 장, 문단으로 나누자. 배치를 사용해 코드의 논리 구조를 강조하자. 짧은 문장이 읽기 쉽듯이 코드 명령문도 간결하고 짧게 만들자.

위 예제는 상당히 현실적이다. 이렇게 생긴 줄이 생산 소프트웨어에 셀 수 없이 들어 있고 최전선에서 뛰고 있는 프로그래머를 괴롭힌다. 이에 반해 아래는 자체 문서화가 이루어진 코드다. 첫 줄만 읽어도 무엇을 하는지 알 수 있다.

```
int fibonacci(int position)
{
    if (position < 2)
    {
        return 1;
    }
    int previousButOne = 1;
    int previous      = 1;
```

```
int answer        = 2;

for (int n = 2; n < position; ++n)
{
    previousButOne = previous;
    previous       = answer;
    answer         = previous + previousButOne;
}
return answer;
}
```

위 함수에서 눈여겨 봐야 할 한 가지는 주석이 없다는 사실이다. 주석 없이도 무엇을 하는지 명확하다. 주석은 괜히 읽을 거리만 늘릴 뿐이다. 불필요한 소음이자 향후 함수 유지 보수를 더 어렵게 만든다. 아무리 작고 아무리 멋진 함수라도 유지 보수는 반드시 필요하기에 이는 의미가 있다.*

4.2 자체 문서화 코드 작성 기법

전통적으로 자체 문서화 코드 작성은 많은 양의 주석을 넣는 것쯤으로 여겨졌다. 훌륭한 주석을 다는 것도 물론 중요하나 이보다 훨씬 뛰어난 기법이 있다. 사실은 주석이 필요 없을 만큼 명확한 코드를 작성해 오히려 적극적으로 주석을 피해야 한다.

이어지는 절에서 주요 자체 문서화 코드 기법을 나열하겠다. 읽다 보면 1부의 다른 장과 비슷한 내용을 다룬다는 점을 알게 될 것이다. 매우 놀랄 일도 아닌 것이 훌륭한 코드의 특성은 여러 면에서 서로 겹치다 보니 어떤 기법으로 얻는 이득이 코드 품질의 다른 측면에 영향을 주기도 한다.

4.2.1 훌륭한 표현으로 간단한 코드를 작성하자

표현(presentation)은 코드 명확성(clarity)에 커다란 영향을 미친다. 신중히 고려해 배치하면 코드 구조를 잘 전달해 함수와 루프, 조건문이 더 명확해진다.

- 코드가 실행되는 "일반적인" 경로를 명확히 하자. 오류 케이스가 일반적인 실행 흐름을 깨서는 안 된다. if-then-else 구조체는 일관되게 정렬해야 한다(가령 항상 "일반적인" 케이스를 앞에 두고 "오류" 케이스를 뒤에 두거나 혹은 그 반대로 하자).

---

* 첫 번째 예제가 무엇을 하는지 알겠는가? 두 함수 모두 피보나치 수열의 값을 계산한다. 어느 쪽이 읽기 편한가?

- 중첩문을 과도하게 사용하지 말자. 장황하게 설명해야 하는 복잡한 코드가 된다. 일반적으로 함수에 종료 지점을 딱 하나만 두어야 한다고 생각한다. 이를 단일 진입 지점, 단일 종료 지점(Single Entry Single Exit, SESE) 코드라 부른다. 하지만 너무 제한적이라 읽기 쉬운 코드로 만들기 어렵고 깊이 중첩될 여지가 있다. 다음과 같은 SESE 변형보다는 앞서 봤던 fibonacci 예제가 더 낫다.

```
int fibonacci(int position)
{
    int answer = 1;
    if (position < 2)
    {
        int previousButOne = 1;
        int previous = 1;

        for (int n = 2; n < position; ++n)
        {
            previousButOne = previous;
            previous       = answer;
            answer         = previous + previousButOne;
        }
    }
    return answer;
}
```

앞 예제에서는 return 문을 하나 더 넣어 함수를 읽기 어렵게 만드는 쓸데없는 중첩을 피했다. 함수 로직 중간에 들어간 return이 애매하긴 하나 최상단에서 간단하고 짧게 순환하는 편이 오히려 함수 가독성을 크게 높인다.

- 코드를 최적화하면 더 이상 기본 알고리즘을 명확하게 표현하지 못하므로 주의하자. 프로그램 함수로서 허용할 수 없는 병목이라고 정확히 증명하기 전까지는 코드를 절대 최적화하지 말자. 병목일 때만 최적화하고 무슨 일이 일어나는지 주석으로 뚜렷하게 설명하자.

4.2.2 의미 있는 이름을 고르자

모든 변수와 타입, 파일, 함수 이름은 오해의 소지 없이 유의미해야 한다. 무엇을 나타내는 지 충실히 묘사하는 이름이어야 한다. 의미 있게 명명할 수 없다면 그 역할을 제대로 이해 하지 못한 것일 수 있다. 명명 체계가 일관되어야 예상치 못한 심각한 일이 발생하지 않는 다. 변수가 오로지 이름이 의미하는 바대로만 쓰일 수 있도록 명명하자.

불필요한 주석을 피하는 데 훌륭한 이름만큼 좋은 방법도 없을 것이다. 이름은 코드에서 자연어의 표현성에 가장 가까운 요소다.

4.2.3 원자(atomic) 함수로 분해하자

어떤 방식으로 코드를 함수로 나누고 그 함수에 이름을 붙이는지에 따라 코드에 의미를 더하기도 혹은 완전히 없애기도 한다.

- 함수 하나당 동작 하나. 이를 마치 만트라(mantra, 주문)처럼 외우자. 커피를 내리고 신발을 닦고 거기에다 제일 먼저 떠올린 숫자까지 맞추는 복잡한 함수로 작성하지 말자. 함수 하나당 동작 하나만 하자. 그 동작을 모호하지 않게 설명하는 이름으로 고르자. 설명이 필요 없어야 좋은 이름이다.
- 악영향을 끼치지 않더라도 의외의 부수 효과(side effect)는 최소화하자. 문서를 더 만들어야 한다.
- 짧게 만들자. 짧은 함수는 이해하기 쉽다. 복잡한 알고리즘도 서술적인 이름을 부여한 작은 조각으로 나누면 이해할 수 있지만, 페이지에 제멋대로 널브러진 코드는 이해할 수 없다.

4.2.4 서술적인 타입을 고르자

사용 가능한 언어 기능(feature)을 활용해 제약과 동작을 최대한 설명하자. 예를 들어보겠다.

- 변하지 않을 값을 정의할 때는 상수(constant) 타입으로 강제하자(C의 const를 사용하자).
- 변수가 음수 값을 허용하지 않으면 비부호(unsigned) 타입을 사용하자.(언어에서 제공할 경우)
- 연관된 값 집합은 열거(enumeration) 타입으로 설명하자.
- 적절한 타입을 고르자. C와 C++에서 크기(size)는 size_t 변수에 들어가고, 포인터 연산은 ptrdiff_t 변수로 나온다.

4.2.5 상수를 명명하자

if (counter == 76)이라고 읽히는 코드에 걸리면 꽤 곤혹스럽다. 76이라는 숫자는 무슨 마법(magic)을 부릴까? 이 테스트의 의도는 무엇일까?

이와 같은 이른바 매직 넘버(magic number)는 몹시 유해하다. 의미를 숨기니 말이다. 더 명확하게 작성해 보겠다.

```
const size_t bananas_per_cake = 76;
...
if (count == bananas_per_cake)
{
    // 바나나 케이크를 만든다
}
```

상수 76(아니 bananas_per_cake)을 코드에서 자주 사용하면 이득이 또 있다. 케이크 하나당 바나나의 비율을 바꿔야 할 때 오류가 발생하기 쉬운 찾기와 바꾸기(search-and-replace)를 프로젝트에 있는 모든 76에 대해 수행하는 대신 코드 한 줄만 바꾸면 된다.

> **핵심개념★** 매직 넘버를 쓰지 말자. 대신 잘 명명된 상수를 사용하자.

숫자뿐 아니라 문자열 상수에도 통한다. 코드에 리터럴(literal), 특히 여러 번에 걸쳐 사용하는 리터럴이 있으면 이러한 의문을 가져보자. 리터럴 대신 좀 더 유지 보수가 쉬운 명명된 상수를 사용할 수 있을까?

4.2.6 중요한 코드를 강조하자

중요한 요소를 평범한 요소와 구분 짓자. 독자의 주의를 올바른 방향으로 이끌자. 이렇게 할 수 있는 코딩 기회가 많다. 아래는 그 예다.

- 도움이 되는 방향으로 클래스 내 선언을 정렬하자. 공개(public) 정보는 클래스 사용자가 알아야 하니 반드시 먼저 와야 한다. 비공개(private) 구현 상세는 대부분의 독자에게 덜 중요하니 가장 뒤에 두자.
- 꼭 필요하지 않은 정보는 가능한 한 숨기자. 불필요하고 보기 싫은 것들로 전역 네임스페이스를 복잡하게 만들지 말자. C++에서는 pimpl 관용구로 클래스 구현 상세를 숨길 수 있다.[마이어스 97]
- 중요한 코드는 숨기지 말자. 한 줄당 한 명령문만 작성하고 각 명령문을 간단하게 만들자. 쉼표(comma)로 조합해 한 줄에 로직을 다 넣는 식으로 아주 기발하게 for 루프를 작성할 수 있으나 읽기 어렵다. 이렇게 하지 말자.
- 중첩 조건문의 수를 제한하자. 제한하지 않으면 if와 괄호의 중첩으로 인해 중요한 조건 처리가 감춰진다.

> **핵심개념★** 중요한 코드는 전부 눈에 띄고 읽기 쉽게 만들자. 독자가 신경 쓰지 않을 정보는 전부 숨기자.

4.2.7 연관된 정보를 한데 모으자

연관된 정보는 한 곳에 제시하자. 그렇지 못하면 읽는 이를 고생시킬 뿐 아니라 독자 스스로 초능력을 발휘해 정보가 어디에 있는지까지 알아내야 한다. 단일 컴포넌트를 위한 API는 파일 하나로 제시해야 한다. 연관된 정보가 너무 많아서 한데 보이기 지저분할 정도면 코드 디자인에 의구심을 품자.

가능하다면 언어 구조체를 사용해 항목을 모으자. C++와 C#에서는 하나의 namespace로 항목을 모을 수 있다. 자바에서는 package로 메커니즘을 모을 수 있다. 연관된 상숫값은 enum으로 정의한다.

4.2.8 파일 헤더를 제공하자

파일 내용과 파일이 속한 프로젝트를 설명하는 주석 블록을 파일 최상단에 두자. 약간 수고롭지만 큰 차이를 불러온다. 파일을 유지 보수할 누군가가 어떤 프로그램인지 잘 파악할 수 있다.

대부분의 기업에서 법적인 이유로 소스 파일마다 저작권 공고를 잘 보이게 넣도록 지시하고 있는데 이때 헤더가 꼭 필요하다. 파일 헤더는 보통 아래처럼 생겼다.

```
/**********************************************************
 * File: Foo.java
 * Purpose: Foo class implementation
 * Notice: (c) 1066 Foo industries. All rights reserved.
 **********************************************************/
```

4.2.9 오류를 적절히 처리하자

어떤 오류든 가장 적절한 맥락에서 처리하자. 디스크 I/O 문제가 발생하면 그 디스크에 접근하는 코드에서 처리해야 한다. 이러한 오류를 처리하다 보면 아마 더 높은 수준의 다른 오류(가령 "파일을 불러올 수 없습니다" 예외)가 발생할 것이다. 다시 말해 프로그램의 각 수준마다 오류는 그 맥락에서 문제가 정확히 무엇인지 설명해야 한다는 뜻이다. 하드 디스크 손상을 사용자 인터페이스 코드에서 처리하는 등 이치에 맞지 않게 처리하지 말자.

자체 문서화 코드는 오류가 어디서 비롯됐는지, 무슨 의미인지, 그 시점에서 프로그램에 미치는 영향이 무엇인지 등을 독자에게 이해시킨다.

4.2.10 의미 있는 주석을 작성하자

지금까지 몇 가지 암묵적 코드 문서화 기법을 활용해 주석 작성을 피해왔다. 하지만 할 수 있는 한 가장 명쾌한 코드를 작성했다면 나머지에는 주석을 달아야 한다. 명쾌한 코드는 적절한 주석을 포함한다. 어느 정도가 적절할까?

> 핵심개념★ 　어떻게 해도 코드 명확성을 향상시킬 수 없을 때만 주석을 달자.

주석 외에 다른 기법을 먼저 떠올려보자. 이름 변경이나 새로운 종속 함수로 코드를 더 명확하게 하거나 주석을 피할 수 있지 않을까?

자기 계발(self-improvement)

자체 문서화 코드 작성 능력을 어떻게 키울 수 있을까? 책 쓰기 비교로 돌아가 단서를 찾아보자.

쓰기 실력을 향상시키는 간단한 법칙이 있다. 유명한 저자의 작품을 비판적으로 읽으며 어떤 방법이 통하고 통하지 않는지 배우는 것이다. 새 기법과 관용구가 자신만의 무기고(arsenal)에 쌓인다.

이와 비슷하게 코드를 많이 읽으면 더 나은 프로그래머가 된다. 좋은 코드에 빠져들면 힐끗 쳐다봐도 형편없는 코드라는 낌새를 금세 느낄 수 있다. 수많은 여권을 매일 들여다보는 세관원에게 위조 여권은 눈에 확 띈다. 아주 교묘한 모조품이라도 뻔히 보인다. 형편없는 코드 역시 이러한 경고 신호에 민감해졌을 때 훨씬 더 눈에 잘 들어온다.

이러한 경험을 바탕으로 자연스럽게 자신의 코드에 좋은 기법을 사용할 수 있게 된다. 나쁜 코드를 작성하면 불쾌감이 들며 스스로 깨닫는다.

4.3 실용적 자체 문서화 방법론

두 가지 코드 문서화 방법을 비교하며 4장을 끝맺겠다. 두 방법은 방금까지 살펴본 기법에 뒤이어 쓰는 방법임을 명심하자. 커니핸과 플라우거의 말처럼 "형편없는 코드는 설명하지 말고 다시 작성하자."[커니핸 플라우거 78]

4.3.1 문학적 프로그래밍

문학적 프로그래밍(literate programming)은 저명한 컴퓨터 과학자인 도널드 커누스가 생각해 낸 극단적인 자체 문서화 코드 기법이다. 커누스는 같은 이름으로 된 책을 한 권 출판해 이 기법을 설명했다. 커누스의 경력에 있어 문학적 프로그래밍 사건이 심각하고 불행하게 곁길로 샌 것이라 생각하는 이도 있으나 이는 종래의 프로그래밍 모델을 근본적으로 대체하는 방법론이다. 비록 코딩에 있어 단 하나의 유일한 방법(One True Way)은 아닐지라도 문학적 프로그래밍에는 배울 만한 것들이 있다.

문학적 프로그래밍의 발상은 간단하다. 프로그램을 작성하는 것이 아니라 문서를 작성하는 것이다. 문서화 언어는 프로그래밍 언어와 밀접히 관련돼 있다. 처음에 문서는 무엇을 프로그래밍하고 있는지에 대한 설명이었다가 그 프로그램으로 컴파일된다. 소스 코드가 문서화고 문서화가 소스 코드다.

문학적 프로그램은 이야기에 가깝게 작성된다. 사람이 이해하기 쉽고 아마 읽기 훨씬 즐거울 것이다. 언어 파서를 고려해 정렬하거나 제약하지 않는다. 단순히 주석이 도치된 언어를 넘어선다. 문학적 프로그래밍은 완전히 새로운 패러다임이다.

원래 커누스는 TEX(문서 조판을 위한 마크업 언어)과 C를 WEB이라는 시스템 안에 섞어 넣었다. 문학적 프로그래밍 도구는 프로그램 파일을 파싱해 전통적인 컴파일러에 전달 가능한 포매팅된 문서나 소스 코드를 생성한다.

물론 문학적 프로그래밍 역시 구조적(structured) 프로그래밍이나 객체 지향 프로그래밍처럼 프로그래밍 기법 중 하나일 뿐이다. 양질의 문서를 보장하지 않는다. 즉 품질은 여전히 프로그래머에게 달렸다. 하지만 문학적 프로그래밍은 단순히 프로그램 구현 코드를 작성하는 방향이 아닌 프로그램에 대한 설명을 작성하는 방향을 강조한다.

문학적 프로그래밍은 제품의 유지 보수 단계에서 진정한 진가를 발휘한다. 좋은 품질의 (그리고 다수의) 문서가 눈 앞에 있으면 소스 코드를 유지 보수하기 훨씬 쉽다.

다음은 문학적 프로그래밍의 여러 유용한 특징이다.

- 문학적 프로그래밍은 설명서 작성에 중점을 둔다.
- 설명과 근거를 코드와 함께 작성하다 보니 다른 관점에서 코드를 생각해 볼 수 있다.
- 편리하게도 설명서가 가까이 있으니 코드를 변경하며 설명서를 업데이트할 가능성이 크다.
- 전체 코드 기반에 대해 단 하나의 문서만 존재하도록 보장한다. 따라서 작업 중인 코드에 대해 항상 올바른 버전을 보게 된다. 그 버전이 바로 작업 중인 코드이니 당연하다.
- 문학적 프로그래밍은 소스 주석에서 찾아보기 힘든 항목을 포함시키도록 장려한다. 사용된 알고리즘을 설명한다든지 정확성을 증명한다든지 디자인 결정의 정당성을 밝힌다든지 등이다.

하지만 문학적 프로그래밍은 마법을 부리는 만병통치약이 아니다. 심각한 단점도 지닌다.

- 문학적 프로그램은 대부분의 프로그래머에게 자연스러운 방식이 아니기에 작성하기 어렵다. 코드를 포매팅이 필요한 출력 문서로 생각하기란 쉽지 않다. 외려 머릿속으로 제어 흐름과 상호 작용하는 객체를 모델링한다.
- 컴파일 단계가 별도로 필요하다 보니 작업 속도가 늦다. 아직은 이를 지원하는 아주 훌륭한 도구가 없다. 문학적 프로그램은 처리가 상당히 까다로운데, 컴파일러가 모든 프로그램 조각을 추출한 후 올바른 순서로

다시 조립해야 하기 때문이다. 문서는 원하는 순서대로 작성해도 괜찮지만, C 언어는 #include가 가장 먼저 와야 하기 때문에 코드를 보고 싶은 방식이 꽤 구체적이다. 이렇다 보니 실용적인 절충안이 생겨난다.

- 설명이 전혀 필요 없는 코드를 설명하고 말 때가 있다. 간단한 코드 영역을 설명하지 않는 일도 종종 일어난다. 이럴 경우 더 이상 훌륭한 문학적 프로그램이 아니다. 애쓰지 않는 편이 나았다.

  코드를 일일이 다 설명하다 보면 정신없는 와중에 중요한 문서 몇 개를 놓칠 수도 있다.

- 커누스는 수필가로서의 프로그래머(programmer as essayist)를 소개한 적이 있다. 자신을 먹여 살릴 에세이는 못 써도 가장 정교한 코드만큼은 작성할 수 있는 프로그래머가 많다. 어쩌면 이러한 프로그래머는 규칙에서 예외일 테지만 좋은 프로그래머라고 해서 항상 유능한 문학적 프로그래머는 아니다.

- 코드와 밀접하게 문서화하면 문제가 될 수 있다. 중요한 출시(release)를 위해 어떤 변경도 허용하지 않도록 코드를 동결할 수도 있는데 그래도 여전히 문서화 작업은 해야 한다. 문서화를 바꾼다는 것은 소스 코드를 바꾸는 것이다. 실행 가능한 출시 버전을 같은 코드 기반에 대한 문서화 출시 버전과 일치시켜야 하니 관리가 더 어렵다.

5장에서 소프트웨어 명세(specification)를 논할 텐데 문학적 프로그래밍과 명세는 어떤 관련이 있을까? 해야 할 일을 설명하는 기능(functional) 명세를 문학적 프로그램은 결코 대체하지 못한다. 그렇다 하더라도 명세로부터 문학적 프로그램을 개발할 수 있어야 한다. 디자인에 따른 전통적인 코드와 구현 명세서를 단순히 합쳐 놓았다고 해서 문학적 프로그램이 되는 것은 아니다.

4.3.2 문서화 도구

문학적 프로그래밍 방식과 외부 명세 작성 중간쯤에 있는 프로그래밍 도구 유형이다. 문서화 도구는 소스 코드에서 특수한 형식의 주석 블록을 뽑아내 문서화를 생성한다. 이러한 기법은 썬(Sun)이 자바독(Javadoc)을 자바 플랫폼의 핵심 컴포넌트로 소개하며 유명세를 타기 시작했다. 모든 자바 API 설명서는 자바독에서 생성된다.

정확한 동작 방식을 이해하기 위해 예제를 들어보겠다. 세부 주석 포맷은 다를 수 있으나 Widget 클래스는 아마 아래처럼 설명될 것이다.

```
/**
 * 이는 Widget 클래스의 문서화이다.
 * 주석이 '/**'라는 특수 시퀀스로 시작하므로
 * 도구에서 문서화로 인식한다.
 *
 * @author 저자명
 * @version 버전 번호
 */
class Widget
{
public:
```

```
    /**
     * 이는 method의 문서화이다.
     */
    void method();
};
```

문서화 도구는 프로젝트의 각 파일을 파싱해 설명을 추출하고 도중에 찾은 모든 정보에 대한 상호 참조 데이터베이스를 만든 후 이러한 정보를 모두 포함하는 멋진 문서를 만들어낸다.

클래스와 타입, 함수, 매개변수, 플래그, 변수, 네임스페이스, 패키지 등 거의 모든 코드를 설명할 수 있다. 아래 같은 기능을 포함해 다양한 정보를 담아내는 기능을 지원한다.

- 저작권 정보를 명시한다.
- 생성일을 기록한다.
- 정보를 상호 참조한다.
- 오래된 코드는 더 이상 쓰이지 않는다(deprecated)라고 표시한다.
- 빠른 참조를 위해 간단한 개요를 제공한다.
- 함수 매개변수 각각을 설명한다.

오픈 소스를 비롯해 상용 문서화 도구가 시중에 많다. 앞서 언급했던 자바독 외에 다른 유명한 도구로는 C#의 NDoc과 아주 뛰어난 Doxygen(www.doxygen.org)이 있다.

문서화 도구는 별도의 명세를 작성하지 않고도 만족할만한 수준으로 상세하게 코드를 설명해주는 훌륭한 문서화 방식이다. 소스 파일에서도 쉽게 문서화를 접할 수 있으니 아주 유용하다.

다음은 문서화 도구가 제공하는 여러 이점이다.

- 문학적 프로그래밍과 마찬가지로 설명서를 작성하고 최신 버전을 유지하도록 돕는다.
- 컴파일 가능한 코드를 만들어야 하는 별도의 단계가 없다.
- 대규모 수정이라든지 가파른 학습 곡선(learning curve) 없이 좀 더 자연스럽다. 문서를 생성하는 데 코드가 쓰이긴 하지만 인위적으로 코드를 책처럼 보이게 해야 한다거나 따분한 텍스트 배치 문제를 신경 쓰지 않아도 된다.
- 문서화 도구는 풍부한 검색과 상호 참조, 코드 개요 작성 기능(feature)을 지원한다.

하지만 주석 기반 코드 문서화가 초래할 결과도 알아둬야 한다.

- 문학적 프로그래밍과 달리 API 설명서에만 정말 유용할 뿐, 내부 코드 문서화에는 전혀 유용하지 않다. 명령문 수준에는 일반적인 주석을 사용해야 한다.
- 문서화 주석들이 사방에 퍼져 있다 보니 소스 파일만 언뜻 보고서는 내용에 대해 전체적인 윤곽을 잡기 어

렵게 된다. 도구에서 지원하는 개요 출력으로 대신해야 한다. 포매팅이 잘 됐더라도 코드 에디터의 세계에 이미 깊이 발을 들였다면 보기 불편할 것이다.

> **핵심개념 ★** 문학 문서화 도구를 사용해 코드로부터 자동으로 설명서를 생성하자.

문서화 도구가 문서화를 작성하는 강력한 방법이긴 하나 도구를 사용한다해도 형편없는 설명서를 작성할 수 있다. 올바르게 작성하기 위한 유용한 휴리스틱 몇 가지를 제시해 보겠다.

- 공개(public) 항목에 대해서는 각각 한두 문장으로 설명하자. 지나치게 많은 텍스트는 피하자. 텍스트가 너무 많으면 읽는 데 오래 걸리고 업데이트하기 어렵다. 장황하게 설명하지 말자.
- 변수나 매개변수의 쓰임새가 명확하지 않을 때만 설명하되 이름으로 뻔히 알 수 있는 내용은 나열하지 말자. 아무런 가치도 더하지 않는데 일일이 설명할 필요는 없다. 텍스트로 설명하지 않은 항목이라도 도구가 생성할 출력에 포함된다.
- 함수 매개변수 중 어떤 것은 입력에 쓰이고 어떤 것은 출력에 쓰이면 설명으로 명확히 하자. 구문 구조로 이를 표현할 수 있는 언어는 거의 없으니 명시적으로 설명해야 한다.
- 함수의 사전 혹은 사후 조건, 던질 수 있는 예외, 일체의 부수효과를 설명하자.

4.4 요약

> 글 쓰는 기술이란 다른 사람이 떠올릴 수 있는 맥락을 만드는 것이다.
>
> _에드윈 슐로스버그

코드를 작성하는 주된 목적은 의사소통이다. 문서화가 되지 않은 코드는 의사 전달이 어려워 아주 위험하다. 특별히 신경 써야 할 문제다. 형편없는 설명서 역시 독자를 오해하게 만들거나 외부 설명에 의존할 수밖에 없는 부실한 프로그램으로 만드니 있으나 마나다.

흔히 코드에 대해 존재하는 유일한 문서는 바로 코드 자체다. 자체 문서화된 읽기 쉬운 코드가 이러한 상황을 해결하는 데 어느 정도 도움이 된다. 자체 문서화 코드는 저절로 만들어지지 않으니 신중하게 고심해야 한다. 결과적으로 쓰기 쉬웠을 것처럼 보이는 코드를 만들어야 한다.

문학적 프로그래밍은 자체 문서화 코드를 작성하는 (꽤 극단적인) 한 가지 방법이다. 문서화 도구는 덜 극단적인 방법이다. 문서화 도구는 매우 쉽게 API 설명서를 생성하나 작성된 명세를 전부 대체하지는 못 한다.

현명한 프로그래머

- 명확하고 자체 문서화된 코드를 추구한다.
- 딱 필요한 만큼만 최소한의 설명서를 작성하려 한다.
- 향후 코드를 유지 보수할 프로그래머의 요구사항을 고려한다.

형편없는 프로그래머

- 당췌 무슨 소린지 알 수 없는 코드를 작성하며 자랑스러워 한다.
- 웬만하면 설명서 작성을 안 하려고 한다.
- 설명서 업데이트에 관심이 없다.
- "내가 작성하기 어려우면 분명 누구든지 이해하기 어려울 거야"라고 생각한다.

4.5 참고

3장: 이름이 왜 중요할까?

훌륭한 이름은 자체 문서화 코드를 작성하게 해주는 강력한 도구다.

5장: 부수적 주석

방법이 주석 작성뿐일 때 올바르게 하는 방법이다.

19장: 명시적으로

코드는 당연히 스스로 설명해야 하지만 여러 가지 이유로 별도의 명세도 필요하다.

4.6 생각해 보기

다음 질문에 대한 자세한 설명은 584쪽 "정답과 설명"에 나와 있다.

4.6.1 궁리하기

1. 연관된 코드를 모아 놓으면 관계가 명확해진다. 어떤 방법으로 모을 수 있을까? 어떤 방법이 관계를 가장 견고하게 설명할까?

2. 코드에 매직 넘버를 쓰지 말아야 한다. 0은 매직 넘버일까? 0을 대신하는 상숫값을 무엇이라 불러야 할까?

3. 자체 문서화 코드는 맥락을 적절히 사용해 정보를 전달한다. 어떻게 하는지 보이고 특정한 이름이 여러 함수에서 어떻게 서로 달리 해석되는지 예제로 보여라.

4. 초심자가 어떤 자체 문서화 코드를 가져가 완벽히 이해하길 바라는 것이 과연 현실적인가?

5. 정말로 자체 문서화된 코드라면 다른 문서화를 얼마나 더 해야 할까?

6. 원래의 저자보다 더 많은 사람이 코드를 이해해야 하는 까닭은 무엇일까?

7. 아래의 간단한 C 버블 정렬 함수는 더 개선할 수 있다. 정확히 무엇이 잘못됐는가? 향상된 자체 문서화 버전을 작성하라.

```
void bsrt(int a[], int n)
{
    for (int i = 0; i < n-1; i++)
        for (int j = n-1; j > i; j--)
            if (a[j-1] > a[j])
            {
                int tmp = a[j-1];
                a[j-1]  = a[j];
                a[j]    = tmp;
            }
}
```

8. 코드 문서화 도구를 사용할 경우 흥미로운 이슈가 등장한다. 아래에 대해 어떻게 생각하는가?

   a. 설명서를 리뷰할 때 소스 파일 내 주석을 살펴보는 코드 리뷰를 수행해야 하는가, 아니면 생성된 문서를 살펴보는 명세 리뷰를 수행해야 하는가?

   b. 프로토콜을 비롯해 그 밖의 API 외적인 이슈에 관한 설명서는 어디에 두는가?

   c. 비공개/내부 함수를 설명하는가? C/C++에서는 이와 같은 설명서를 헤더 파일과 구현 파일 중 어디에 두는가?

   d. 시스템이 아주 클 경우 커다란 API 문서 하나를 만들어야 할까 아니면 그보다 작게 영역별로 하나씩 문서 몇 개로 나눠 만들어야 할까? 각 방식의 장점은 무엇인가?

9. 글로 설명되지 않은 코드 기반을 다루는 중에 새 메서드나 함수를 변경 또는 추가해야 한다면 추가할 요소에 글로 된 문서화 주석을 다는 편이 좋을까 아니면 설명하지 않은 채로 두어야 할까?

10. 자체 문서화된 어셈블리 코드를 작성할 수 있을까?

4.6.2 스스로 살피기

1 과거에 마주쳤던 코드 중 가장 잘 문서화된 코드는 무엇이라고 생각하는가? 이유는 무엇인가?

    a 그 코드에 외부 명세가 많았는가? 그중 얼마나 읽었는가? 명세를 하나도 읽지 않은 채 코드에 대해 충분히 이해했다고 어떻게 확신할 수 있는가?

    b 그중 얼마나가 저자의 프로그래밍 스타일에서 기인했다고 생각하는가? 그중 얼마나가 저자가 맞춰 따르던 하우스 스타일이나 가이드라인 때문인가?

2 둘 이상의 언어로 작성할 경우 문서화 전략이 서로 어떻게 다른가?

3 가장 최근에 작성한 코드에서 중요한 요소를 어떻게 강조했나? 비공개 정보는 적절히 숨겼는가?

4 팀으로 일할 때 다른 팀원이 동작 방식을 물으러 얼마나 자주 오는가? 코드를 더 훌륭하게 문서화하면 이를 피할 수 있었을까?

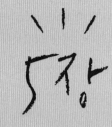

5장

부수적 주석

코드 주석 작성법

의견(comment)은 자유지만 사실(fact)은 신성하다.
_찰스 프레스트위치 스캇

5장에서 다룰 내용

- 주석은 언제 사용할까?
- 주석은 얼마나 필요할까?
- 효과적인 주석을 작성하는 방법

주석은 의견과 상당히 비슷하다. 마음껏 낼 수 있으나 그렇다고 꼭 정답은 아니다. 5장에서는 주석 작성에 대해 상세히 들여다보겠다. 생각보다 요구사항이 아주 많다.

프로그래밍을 익히며 가장 먼저 배운 내용 중 하나가 주석 작성법일 것이다. 주석을 통해 코드 가독성을 높여야 하며 가능한 한 많이 작성하라고 배웠을 것이다. 하지만 실전에서는 양보다 질을 고려해야 한다. 주석은 개발자의 구명줄이자 기억의 환기자이고 코드에 대한 안내자이다. 그에 걸맞게 주석을 정중히 대해야 한다.

내가 사용하는 구문 강조(syntax-highlighting) 코드 에디터는 주석을 녹색으로 표시하게 설정되어 있다. 이렇게 하면 소스 파일을 로딩하자마자 코드 품질과 작업 난이도에 대한 감이 곧장 잡힌다. 적당한 비율과 적절한 패턴으로 녹색이 흩어져 있으면 화면 속 세상이 편안하게 느껴진다. 그렇지 않으면 일을 시작하기 전에 진한 커피를 찾아 일단 탕비실로 향하곤 한다.

주석은 나쁜 코드와 좋은 코드, 지나치게 복잡하고 이해할 수 없는 로직투성이 코드와 명쾌한 알고리즘으로 이뤄진 코드를 구분 짓기도 한다. 하지만 주석보다 더 제대로 해야 하는 훨씬 중요한 요소가 있으니 문제를 과장하지 말자. 아주 훌륭한 코드를 작성했는데 주석까지 더해지면 금상첨화(icing on the cake)다. 균열과 흠집을 감추려고 잔뜩 덮어 놓은 장식으로서가 아니라 심미감과 가치를 높이기 위해 섬세하게 놓아둔 장식으로서 쓰인다면 말이다.

훌륭한 주석은 지레 겁부터 나는 코드로 만들지 않는 한 가지 전략이다. 시큼한 코드를 달달하게 바꾸는 마법의 소스가 아니다.

5.1 코드 주석이란?

이 절은 꼭 읽자! 여기서부터 읽으면 분명 고달프다. 누구나 주석이 무엇인지 안다. 하지만 주석은 생각보다 훨씬 철학적이다.

문법적으로 볼 때 주석은 컴파일러가 무시하는 소스 블록이다. 손주 이름이나 가장 좋아하는 셔츠 색깔처럼 좋아하는 것들을 집어넣어도 컴파일러는 아무 생각 없이 파일을 파싱하고 눈도 깜짝하지 않는다.*

의미상으로 볼 때 주석은 더러운 비포장도로와 환한 고속도로만큼의 차이를 불러온다. 주석은 그 주석이 달린 코드에 관해 설명한다. 특정 문제 영역을 도드라지게 강조하거나 헤더 파일 내 문서화 도구로도 쓰인다. 알고리즘 형태를 묘사하거나 함수 간 여백을 주어 소스 파일을 더 빠르게 탐색할 수 있도록 해준다.

주석은 컴퓨터가 아니라 사람을 위한 것이다. 이러한 관점에서 주석은 프로그래밍이라는 장벽 속에서 가장 인간에 특화된 벽돌이다. 콘크리트 블록과 달리 화려하게 조각된 블록이다. 주석의 품질을 높이려면 독자가 코드를 읽을 때 무엇이 정말로 필요한지 살피고 고심해야 한다.

코드에 넣어야 할 문서화는 코드 주석 말고도 많다. 주석은 명세가 아니다. 디자인 문서가 아니다. API 참조도 아니다.** 하지만 (누군가 악의적으로 삭제하지 않는 한) 항상 코드에 물리적으로 속하는 아주 유용한 형태의 문서다. 주석이 코드와 가까이 있으면 업데이트될 가능성이 크고 좀 더 맥락에 맞게 읽힌다. 주석은 내부적인 문서화 메커니즘이다.

책임감 있는 프로그래머라면 주석을 잘 달아야 할 의무가 있다.

5.2 주석은 어떻게 생겼나?

글쎄, 주석은 녹색 아닌가? 적어도 나에게는 그렇다.

C 주석은 /*과 */ 사이의 블록으로서 마음대로 행을 늘려도 된다. C++와 C99, C#, 자바는 // 뒤에 놓는 한 줄 주석도 지원한다. 여타 언어도 이와 유사하게 블록과 줄 주석 기능을 제공하는데 문법이 다르다.

다시 말하지만 주석은 아주 기본적인 요소다. 하지만 다양한 종류의 주석 표시자(marker)가 미묘하게 다르게 쓰이곤 한다. 예제를 통해 천천히 살펴보겠다. 다만 미묘한 문법 차이를 교묘하게 활용하는 주석 체계는 되도록 경계하자.

---

*   물론 주석을 읽고 무시하는 동작은 어떤 언어를 쓰느냐에 따라 다르다. C/C++에서는 거대한 전처리기(preprosessor) 괴물이 컴파일 단계 전에 주석을 집어 삼킬 듯이 읽는다. 컴파일러 스스로 소스를 토큰화하며 주석을 버리는 언어도 있다. 해석형(interpreted) 언어는 열심히 단 주석 덕분에 느리게 실행되기도 하는데 인터프리터가 손주 이름을 전부 뛰어넘어야 하기 때문이다.

**   앞서 "문학적 프로그래밍"에서 논했던 문학적 프로그래밍 도구를 쓰는 경우는 예외다.

5.3 주석을 얼마나 써야 할까?

> 힘있는 글 쓰기는 간결하다.
>
> _윌리엄 스트렁크 주니어

주석의 양보다는 질에 주력해야 하는 만큼 작성하는 주석의 양보다 그 내용이 더 중요하다. 이 주제는 다음 절에서 논하겠다.

프로그래밍을 배우는 학생은 주석을 쓰라고, 그것도 많이 쓰라고 배운다. 하지만 주석을 과도하게 달면 단어가 빽빽하게 들어차 주요 코드 영역을 이해하기 어려워진다. 실제 읽어야 할 코드 대신 복잡한 주석 문단을 일일이 읽느라 시간을 허비해 코드 품질이 떨어진다.

주석을 다는 기술을 훌륭한 음악가가 되는 방법과 비교해 보자. 밴드 연주란 기회가 있을 때마다 소음을 얼마나 만들었느냐가 아니다. 악기를 많이 연주할수록 전체 소리는 더 복잡해지고 음악은 엉망이 된다. 마찬가지로 주석이 너무 많으면 코드가 혼란스러워진다. 훌륭한 음악가라면 언제 연주를 멈추고 다른 이에게 기회를 넘겨야 할지 생각할 필요가 없다. 훌륭한 음악가는 가치를 더할 때만 연주한다. 할 수 있는 최소한(minimum)만 연주해 가능한 최고의 소리를 낸다는 뜻이다. 아름다움은 여백 안에 존재한다. 주석은 실제로 가치를 더할 때만 작성해야 한다.

> **핵심개념 ✦** 딱 필요한 만큼만 주석을 작성하는 법을 배우자. 양 대신 질을 추구하자.

주석을 읽는 이는 당연히 코드도 읽을 테니 주석이 아닌 코드 자체로 최대한 설명하자. 주석은 고약하게도 자꾸 거짓을 말하는 경향이 있어 결국에는 코드를 믿게 된다. 코드 명령문을 첫 번째 주석이라 여기고 자체 문서화가 가능하게끔 만들자.

잘 작성된 코드는 모든 것이 자명하기에 사실 주석이 필요 없다. f()와 g() 같은 함수명은 주석을 향해 제발 설명해 달라고 외치나 someGoodExample()은 주석이 전혀 필요 없다. 좋은 예제를 보이는 함수라는 사실을 바로 알 수 있으니 말이다.

> **핵심개념 ✦** 다량의 주석으로 뒷받침하지 않아도 되는 코드를 작성하는 데 시간을 들이자.

주석을 적게 작성할수록 나쁜 주석을 작성할 가능성도 줄어든다.

5.4 주석에 어떤 내용을 넣을까?

> 출처와 근원을 잘 작성하는 방법 중 하나는 현명한 사고다.
>
> _호라티우스

형편없는 주석은 아예 없느니만 못하다. 그릇된 정보를 제공하고 오해를 불러일으킨다. 그렇다면 주석에 어떤 내용을 넣어야 할까? 주석의 품질을 향상시킬 기본적인 단계를 알아보자.

5.4.1 어떻게가 아닌 왜를 설명하자

가장 핵심이니 이 문단을 두 번 읽자. 그리고 페이지를 뜯어 삼키자. 주석은 프로그램이 어떻게(how) 동작하는지 설명해서는 안 된다. 이는 코드를 읽으면 알 수 있다. 이미 코드가 코드의 동작 방식을 거의 완벽하게 설명하지 않는가. 명쾌하고 철저하게 작성하지 않았는가. 대신에 왜(why) 그렇게 작성했는지 혹은 이어지는 명령문 블록에서 궁극적으로 무엇을 달성하고자 하는지 설명하는 데 주력하자.

/* GlbWLRegistry로부터 WidgetList 구조체를 업데이트한다 */와 /* 나중을 위해 위젯 정보를 캐싱한다 */ 중 어느 쪽을 작성하고 있는지 늘 점검하자. 똑같이 받아들일 수도 있으나 후자는 코드의 의도를 전달하는 반면 전자는 그저 무엇을 하고 있는지 설명할 뿐이다.

어떤 코드 영역을 유지 보수하다 보면 그 영역의 존재 이유가 그 영역에서 목적을 달성하는 방법에 비해 덜 자주 바뀌니 이러한 주석 유형이 유지 보수하기가 훨씬 쉽다.

> **핵심개념** ★ 좋은 주석은 방법(how)이 아닌 이유(why)를 설명한다.

어떤 구현을 선택한 까닭을 주석으로 설명하기도 한다. 두 가지 구현 전략이 있었고 둘 중 하나를 택했으면 주석으로 근거를 설명할 만한 가치가 있는지 고려해보자.

5.4.2 코드를 설명하지 말자

"+i; // i를 증가시킨다"처럼 쓸데없이 서술적인 주석은 너무 뻔하다. 복잡한 알고리즘을 장황하게 주석으로 설명한 뒤 알고리즘 구현이 나오면 더 미묘해지기도 한다. 너무 복잡한 알고리즘이라 설명 없이는 절대 이해할 수 없는 경우를 제외하고는 코드를 힘들게 다시 글로 설명하지 말자. 군이 알고리즘을 설명해야 한다면 주석보다는 알고리즘을 다시 작성하는 편을 고려해봐야 할 것이다.

> **핵심개념 ✱** 사실(fact) 하나에 소스 코드도 하나라는 황금률을 지키자. 주석에서 코드를 반복하지 말자.

5.4.3 코드를 대신하지 말자

프로그래밍 언어로 표현할 수 있는 무언가를 주석에서 서술하고 있다면(예를 들어 // 이 변수는 foo 클래스로만 접근해야 한다) 실제 구문으로 어떻게 표현할지 떠올려 보자.

복잡한 알고리즘의 동작 방식을 설명하느라 주석을 너무 많이 쓰고 있다 느껴지면 멈추자. 일단 무슨 일이 일어나는지 설명하려 했다는 점에서 스스로 칭찬하자. 그리고 나서 코드나 알고리즘을 더 명쾌하게 바꿀 수 없는지 고민하자.

- 어쩌면 잘 명명된 함수 몇 개로 코드를 나눠 프로그램 로직을 반영할 수 있을 것이다.
- 주석으로 변수 사용법을 설명하지 말고 변수 이름을 바꾸자. 대개 작성하려던 주석을 보면 변수명을 무엇으로 해야 할지 알 수 있다!
- 항상 참이어야 하는 조건을 문서화하고 있다면 어서션을 작성해야 한다.
- 코드를 너무 조급하게 최적화하지(그래서 혼란스럽게 만들지) 않아도 된다는 점을 명심하자.

> **핵심개념 ✱** 빽빽한 주석으로 코드를 설명 중이라면 잠시 멈추자. 혹시 더 큰 문제를 해결해야 하지 않을까?

5.4.4 허투루 쓰지 말자

좋은 주석 역시 코드와 마찬가지로 일반적으로 몇 번의 반복을 거쳐 품질을 높여간다. 주석은 아래와 같아야 한다.

5.4.4.1 의외의 상황을 설명한다

특이하거나 예상을 벗어나거나 놀랄만한 코드가 있으면 주석으로 설명하자. 문제를 완전히 잊었다가 다시 마주쳤을 때 크게 고마울 것이다. 제2의 해결책이 구체적으로 존재하면 운영 체제 이슈를 밝힌 후 주석으로 언급하자.

다른 한편으로 보면 뻔한 내용은 설명할 필요가 없다는 뜻이기도 하다. 절대로 코드를 반복하지 말자!

5.4.4.2 진실을 말한다

주석이 주석이 아닌 경우는 언제일까? 주석이 거짓말을 할 때다. 물론 일부러 거짓으로 작성하지는 않겠지만 우연히, 특히 이미 주석이 달린 코드를 수정할 경우 오해의 소지가 생기기 쉽다. 시간이 흐른 뒤 코드를 변경하면 십중팔구 주석이 부정확해질 텐데 이는 137쪽의 "주석 다루기"에서 대응 전략을 설명하겠다.

5.4.4.3 가치가 있다

재치 있고 수수께끼 같은 주석이 재미있기도 하고 아마 많이 쓰지도 않겠지만 그래도 넣지 말자. 방해가 되고 혼동을 가져온다. 비속어나 특정 그룹만 이해하는 농담, 쓸데없이 비판적인 주석은 피하자. 코드가 한 달 혹은 일년 후 어디로 가 있을지 모르니 향후 곤혹스러울 주석은 쓰지 말자.

5.4.4.4 명확하다

주석의 목적은 코드에 주를 달아 설명하는 것이다. 애매해서는 안 된다. 가능한 한 구체적으로 쓰자(그렇다고 매 줄마다 논문을 쓰라는 말은 아니다). 누군가 주석을 읽은 다음 그 뜻에 의문을 품는다면 코드를 더 안 좋게 바꾼 것이고 이해력까지 떨어뜨린 것이다.

5.4.4.5 이해할 수 있다

매번 문법적으로 올바르고 완벽한 문장으로 주석을 작성하지 않아도 된다. 다만 읽기 쉬워야 한다. 재치있게 축약한 단어는 대개 독자, 특히 타국어를 쓰는 독자를 골치 아프게 할 뿐이다.

> **핵심개념 ★** 주석으로 무엇을 작성하려는지 잘 생각해 보고, 생각 없이 입력하지 말자. 코드 맥락에서 다시 읽어보자. 올바른 정보가 들어 있는가?

경험담

다양한 프로그래머가 모여 있는 기업을 컨설팅해 준 적이 있다. 어떤 프로그래머는 모국어가 영어였고, 어떤 프로그래머는 모국어가 그리스어였다. 그리스인은 모두 훌륭히 영어를 구사했지만 영어를 쓰는 사람 중 그리스어를 할 줄 아는 이는 아무도 없었다(당연한 얘기지만).

그리스인 프로그래머 중 한 명이 그리스어로 주석을 작성했길래 정중히 부탁해 보았으나 관례를 바꾸려 하지 않았다. 영어를 쓰는 프로그래머는 그야말로 모두 그리스어라서(all Greek to me, 뭐가 뭔지 하나도 모르겠다는 뜻의 숙어) 주석을 전혀 읽지 못했다.

5.4.5 주의를 흩뜨리지 말자

주석은 주변 코드를 명확하게 하려는 것이니 코드와 관계 없는 내용은 전부 빼야 한다. 주석은 가치를 더하기만 해야 한다. 다음과 같은 내용은 주석에 넣지 말자.

5.4.5.1 과거

그동안 어떻게 해왔는지에 대한 기록은 유지하지 않아도 된다. 이는 버전 관리 시스템의 역할이다. 과거 코드가 복사된 주석이나 예전 알고리즘 설명은 굳이 필요 없다.

5.4.5.2 불필요한 코드

주석으로 코드를 막아 무용지물로 만들지 말자. 헷갈린다. 심지어 특공대 스타일 (commando style)로 (바지도, 디버거도, printf도 없이) 디버깅할 때도 제거해야 하는 코드를 주석 블록 속에 숨겨 놓지 말자. C의 #ifdef 0 ... #endif 같은 역할을 하는 구조체를 사용하자. 이러한 구조체를 사용하면 의도가 보다 명확히 전달된다(나중에 다시 돌아올지 모르고 깔끔히 정리해버릴 경우 특히 유용하다).

5.4.5.3 아스키 예술 작품

아스키로 만든 예술적인 작품이나 이 밖에 코드를 더 기발하게 강조하려는 시도는 애초에 하지 말자. 가령 아래처럼 말이다.

```
aBadExample(n, foo(wibble));
//                ^^^
//                내가 제일 좋아하는
//                함수
```

위 코드는 가변 폭 글꼴을 지원하는 에디터에서 매우 이상하게 보인다. 주석은 유지 보수를 두 배로 늘리려고 두는 것이 아니다!

5.4.5.4 블록 끝

if 문의 닫는 괄호 뒤에 // end if (a < 1)를 두듯이 제어 블록 끝부분마다 주석을 다는 프로그래머가 있다. 이해할 틈도 없이 넘어가야 할 쓸모없는 주석 유형이다. 블록의 끝은 블록의 시작과 같은 페이지에서 보여야 하고 코드를 적절히 배치해 시작과 끝을 분명히 해야 한다. 그 밖의 장황한 요소는 불필요하다.

5.5 실전

다음 예제는 지금까지 살펴본 주석 달기 원칙을 잘 보여준다. 아래 C++ 코드 조각을 보자. 관용적 비판은 차치하고 무엇을 하는지 전혀 감이 잡히지 않는다.

```cpp
for (int i = 0; i < wlst.sz(); ++i)
k(wlst[i]);
```

정말 고약하다. 개선의 여지가 있으니 한번 해보자. 적절한 배치 규칙을 적용하고 주석을 약간만 추가해도 코드가 덜 아리송해진다.

```cpp
// 위젯 리스트 내 모든 위젯을 순회한다
for (int i = 0; i < wlst.sz(); ++i)
{
    // 이 위젯을 출력한다
    k(wlst[i]);
}
```

훨씬 나아졌다! 코드로 무엇을 하려는지 명백해졌다. 그래도 마음에 쏙 들지 않는다. 적절한 함수명과 변수명을 부여하면 코드 자체로 설명되니 주석이 아예 필요 없다.

```cpp
for (int i = 0; i < widgets.size(); ++i)
{
    printWidget(widgets[i]);
}
```

보다시피 i를 더 긴 이름으로 다시 명명하지 않았다. i는 아주 작은 범위에 쓰이는 루프 변수다. loopCounter라 부르기는 다소 지나칠뿐더러 분명 코드를 더 읽기 어렵게 만들었을 것이다.

주석이 하나도 남지 않았다는 사실은 결코 놀라운 일이 아니다. "형편없는 코드는 설명하지 말고 다시 작성하자"[커니핸 플라우거 78]는 커니핸과 플라우거의 충고를 명심하자.

5.6 미학적(aesthetics) 주석

주석을 어떻게 서식화할지를 두고 열띤 논쟁을 벌이는 소리를 분명 들어봤을 것이다. 단 하나의 진정한(One True Way) 서식화 방법을 규정하지는 않겠으나(물론 그런 방법도 없거니와) 몇 가지 측면을 진지하게 고려해야 한다. 엄격한 지시라기보다는 개인적 취향에 따른 가이드라인 정도로 받아들였으면 좋겠다.

5.6.1 일관성

주석은 항상 명확하고 일관되어야 한다. 주석 배치 방법을 하나 골라 고수하자. 프로그래머마다 미적 감각이 다르니 자신에게 맞는 것을 고르자. 하우스 스타일이 있으면 반드시 사용하고, 없으면 (훌륭한) 기존 코드를 검토해 그 코드의 스타일을 따르자.

항상 대문자로 시작해야 하는가와 같은 주석 작성과 관련된 가벼운 포매팅 이슈들이 사소해 보일 수 있다. 하지만 주석 전체를 무작위로 대문자화하면 코드 응집력이 부족하다는 방증으로서 프로그래머가 코드를 작성할 때 그다지 신중히 생각하지 않은 것처럼 여겨진다.

5.6.2 알아보기 쉬운 블록 주석

구문 강조(syntax highlighting) 에디터를 쓰면 주석이 눈에 잘 들어온다. 하지만 너무 의존하지 말자. 코드는 흑백 출력물로 읽힐 수도 있고 구문 배색을 지원하지 않는 에디터에서 읽힐 수도 있다. 그래도 쉽게 주석을 읽을 수 있어야 한다.

이때 몇 가지 전략이 가능한데 특히 블록 주석이 유용하다. 시작과 끝 표시자(가령 C와 C++에서 /*과 */)를 별개 행에 두면 눈에 확 띈다. 블록 주석의 왼편에 여백 문자를 두는 방법도 단일 항목처럼 보이는 데 한몫한다.

```
/*
 * 전체 코드 묶음 사이에서
 * 블록 주석으로 눈에 들어와
 * 훨씬 읽기 쉽다
 */
```

위 방법이 아래 방법보다 훨씬 낫다.

```
/*
주석이 몇 줄에 걸쳐
    늘어나든
여백 문자는 전혀 쓰지 않는다.
*/
```

들쭉날쭉 난장판이 되지 않으려면 최소한 주석 텍스트끼리라도 정렬하자.

5.6.3 주석 들여쓰기

주석은 코드에 영향을 미쳐서도 논리적인 흐름을 깨뜨려서도 안 된다. 주석을 다는 코드와 똑같이 들여쓰기하자. 그래야 주석에 올바른 코드 수준을 적용한 듯이 보인다. 아래처럼 생긴 코드는 뚫어져라 쳐다보게 된다.

```
void strangeCommentStyle()
{
    for (int n = 0; n < JUST_ENOUGH_TIMES; ++n)
    {
// 이 주석은 아래 행에 대한 중요한 주석이다.
        doSomethingMeaningful(n);
// 하지만 솔직히 말해 굉장히 헷갈린다.
        anotherUsefulOperation(n);
    }
}
```

괄호가 없는 루프(물론 좋은 방법은 아니다)의 경우 한 줄짜리 루프 본문 명령문 앞에는 주석을 넣지 말자. 온갖 재앙을 불러온다. 주석을 넣고 싶으면 루프 본문 전체를 괄호로 감싸자. 이편이 훨씬 안전하다.

5.6.4 줄 끝 주석

주석은 대개 별도의 행에 놓이지만 코드 명령문 뒤에 짧은 한 줄 주석을 두기도 한다. 관행상 주석을 넓게 띄워 코드와 명확히 구분하는 것이 좋다. 예제로 살펴보자.

```
class HandyExample
{
public:
    ... 공개 항목 나열 ...
private:
    int appleCount;          // End-of-line 주석:
    bool isFatherADustman;   // 코드에서
    int favoriteNumber;      // 눈에 잘 띄게 만들자
}
```

주석 배치를 활용해 코드 레이아웃을 개선한 좋은 예다. 변수 선언 바로 뒤에 줄 끝(end-of-line)* 주석을 두면 들쭉날쭉이 되어 읽다 보면 절로 눈이 찡그려진다.

---

* **역주** 한 줄(line comment) 주석과 줄 끝(end-of-line) 주석은 //을 쓰지만, 용법에 차이를 둔 표현이므로 구분하여 옮긴다.

5.6.5 코드를 읽기 편하게 해준다

주석은 대개 설명하려는 코드 아래 대신 위에 작성된다. 이로써 소스 코드는 마치 책처럼 아래로 내려가며 읽힌다. 주석을 보며 독자는 앞으로 나올 내용에 대비한다.

여백까지 써서 주석을 달면 코드를 "문단"처럼 나눌 수 있다. 주석은 달성하려는 목표를 약간의 글로 설명한다. 뒤이어 바로 코드가 나오고 이어서 빈 줄, 이어서 다음 블록이 나온다. 이는 일종의 관례로써 코드 줄 사이에 끼인 주석은 괄호나 각주 속 명령문처럼 느껴지는 반면 코드 줄 앞에 빈 줄이 들어간 주석이 나오면 문단의 시작처럼 느껴진다.

> **핵심개념 ★** 주석도 코드 서술의 하나다. 자연스레 읽힐 수 있도록 쓰자.

5.6.6 유지 보수 비용이 낮은 스타일을 고르자

코드 작성에 집중해야 할 시기에 주석을 손보느라 시간을 허비하지 않으려면 유지 보수 비용이 낮은 주석 스타일을 고르는 편이 합리적이다.

어떤 C 코더는 왼쪽 여백에 별표 한 줄, 추가로 오른쪽 여백에 별표 한 줄을 두어 주석 블록을 만든다. 보기에는 멋져도 여백에 맞게 텍스트 문단을 조정하려면 작업량이 어마어마하다. 다른 일로 넘어가지 못하고 오른쪽에 있는 별표를 직접 다시 배치해야 한다. 탭으로 여백을 만들면 더 끔찍하다. 탭 중지(tab stop) 크기를 다르게 사용하는 누군가가 파일을 열 경우 원래 프로그래머가 대체 무엇을 하려던 건지 도통 알 수 없다. 보기 흉하고 형편없이 정렬된 별표투성이니 말이다.

일례로 앞서 봤던 줄 끝 주석 역시 정렬하기 몹시 수고롭다. 얼마나 감수할 수 있을지는 저마다 다르다. 보기 좋은 소스 코드와 유지 보수 비용 사이에는 항상 균형이 존재한다. 못생긴 코드보다는 약간의 수고를 감수하는 편이 낫지 않을까.

5.6.7 방파제

주석은 보통 코드 영역을 나누는 방파제(breakwater)로 쓰인다. 이때 개발자의 미적 감각이 아주 중요하다. 프로그래머는 중요한 주석(새로운 코드 영역이다)과 사소한 주석(함수 속 몇 줄을 설명한다)을 구분하기 위해 스키마를 다르게 사용한다. 여러 클래스가 구현된 소스 파일을 보면 주요 영역 사이에 아마 아래 같은 코드가 있을 것이다.

```
/***********************************************************
 * foo 클래스 구현
 ***********************************************************/
```

어떤 프로그래머는 함수 사이에 커다란 주석 작품 블록을 넣는다. 또한, 어떤 프로그래머는 줄을 그어 구분할 요량으로 기다란 한 줄 주석을 넣는다. 저자는 함수 사이에 그냥 빈 줄 두 세 개를 넣는다. 함수가 너무 커서 시작과 끝을 알리는 시각적 단서를 넣어야 할 정도라면 코드를 수정해야 한다.

주석마다 무조건 이렇게 눈에 띄는 규칙으로 강조하지 말자. 아무것도 강조되지 않는다. 인상적인 아스키 작품 대신 적절한 들여쓰기와 구조로 코드를 묶어야 한다.

그래도 방파제 주석을 잘 고르면 파일을 빠르게 탐색하는 데 도움이 된다.

5.6.8 플래그

주석은 코드 내 인라인 플래그(flag)로도 쓰인다. 주석 규칙은 꽤 여러 가지다. 아직도 파일 곳곳에서 //XXX, //FIXME, //TODO 같은 주석이 보인다. 뛰어난 구문 강조 에디터는 이러한 주석을 자동으로 도드라지게 표시한다. XXX는 골칫거리 코드나 다시 작업해야 하는 코드를 나타낸다. TODO는 보통 나중에 작업해야 할 누락된 기능을 나타낸다.[*] FIXME는 고장 났다고 알려진 코드를 나타낸다.[**]

5.6.9 파일 헤더 주석

어떤 소스 파일이든 파일 내용을 설명하는 주석 블록으로 시작해야 한다. 헤더는 파일을 열자마자 바로 알고 싶은 필수 정보를 제공하는 간략한 개요이자 서문이다. 이러한 헤더가 있어야 새 코드를 위해 쓰고 버릴 용도로 프로그래밍한 것이 아니라 정성 들여 만든 파일임을 보일 수 있고 이로써 파일을 연 프로그래머가 파일 내용에 확신을 하게 된다.

---

[*] TODO 주석에 유의하자. 대신 절대 놓칠 일 없는 TODO 예외를 던지는 편이 나을지도 모른다. 누락된 코드를 깜빡 잊고 구현하지 않더라도 프로그램이 알기 쉽게 실패할 것이다.

[**] 역주 아파치 톰캣의 StandardContext.java에는 FIXME로 주석 처리된 코드가 7.0부터 9.0까지 삭제되지 않고, 수정되지 않고 남아 있는 것을 볼 수 있다. 7.0은 2011년에, 9.0은 2018년에 출시되었고, 10.0은 미리보기 버전이 출시되었다. FIXME 코드가 오랜 기간 고쳐지지 않는 점을 이해한다면 즉시 코드를 수정하고 FIXME를 남기지 않는 것이 더 좋다.
   • URL: http://www.howsoftworks.net/tomccata/9.0.29/StandardContext
   • 잊혀진 FIXME: // FIXME: Older spec revisions may still check this
   • 참고도서: 〈유지 보수 가능한 코딩의 기술 자바편〉(길벗, 2017)

헤더에서 함수와 클래스, 전역 변수, 파일에 정의된 모든 요소 목록 등을 제공해야 한다고 주장하는 개발자도 있다. 이러한 주석은 금세 뒤처지기 마련이라 유지 보수 측면에서 보면 재앙에 가깝다. 파일 헤더에 꼭 들어가야 하는 정보는 파일의 목적(가령 foo 인터페이스의 구현), 그리고 소유권과 판권을 설명한 저작권 명세다.

빌드 중에 소스 파일을 자동으로 생성하는 경우에는 출처가 아주 명확히(이를테면 큼직하고 무시무시한 대문자로) 명시된 주석 헤더가 소스 파일에 포함되도록 조치해야 한다. 이렇게 해야 누군가 실수로 파일을 편집하는 일 없이 이어지는 빌드에서 해당 내용이 다시 생성된다.

헤더에 저자(들)나 수정자, 마지막 수정 날짜처럼 쉽게 뒤처질 정보는 넣지 말자. 자주 업데이트되지 않을뿐더러 오해를 낳기 쉽다. 어차피 버전 관리 시스템에 나온다. 그간의 수정 내역을 보여주는 소스 파일 히스토리도 마찬가지다. 소스 제어 시스템에서 볼 수 있으니 파일에서 반복하지 않아도 된다. 더군다나 열 페이지짜리 수정 히스토리를 스크롤해야 코드가 시작되는 파일이라면 일하기 얼마나 답답하겠는가. 그래서 헤더를 파일 끝에 두기도 하나 그래도 파일은 지나치게 크고 로딩은 느리며 작업하기 성가시다.

알맞은 위치에 놓인 주석

5장에서는 실제 소스 코드에 들어가는 코드 주석에 초점을 맞추고 있다. 하지만 다음과 같은 다른 주석 유형도 주변에 존재한다.

체크인/체크아웃 주석

버전 관리 시스템은 프로젝트 생애에 걸쳐 각 파일이 어떻게 수정됐는지 히스토리를 관리한다. 각 수정본과 메타데이터, 최소한 프로그래머가 제공한 체크인 주석(check-in comment)이라도 같이 넣어준다. 현재 어느 파일을 사용 중인지 감시하는 경우 체크아웃 주석(checkout comment)까지 기록할 수 있다. 이러한 주석을 활용해 무엇을 바꾸는 중인지 설명함으로써 나중을 위한 기록을 남기게 된다.

체크인과 체크아웃 주석은 아주 유용하니 신중히 작성해야 한다. 다음과 같이 작성하자.

- 짧다(모든 수정 기록을 빠르게 탐색할 수 있도록).
- 정확하다(정보를 잘못 이해하거나 쓸모없는 히스토리가 되지 않도록).
- 완전하다(버전 간 diff를 직접 수행하지 않아도 파일에서 일어난 변경을 모두 알 수 있도록).

어떻게 바뀌었는지가 아니라 무엇을 왜 바꾸었는지 설명하자. 코드를 어떻게 수정했는지는 파일 버전 간 차이를 보면 알 수 있다.

체크인과 체크아웃 주석은 과거에 관한 주석이다. 버그 추적 참조(bug tracking reference)도 마찬가지다. 과거 정보를 소스 코드 주석으로 넣지 말자. 사실 하나당 소스 코드 하나임을 명심하자.

README 파일

README는 소스 코드 파일과 같은 디렉터리에 들어가는 평범한 텍스트 파일이다. 형식적인 명세와 코드 주석 중간쯤 되는 유용한 설명서다. 각 파일의 역할이나 파일 계층 구조에 대한 실용적인 정보를 포함하는 경우가 많으며 기본적으로 짧은 메모다.

README는 깊은 고민 없이 마구잡이로 작성되거나 유지 보수가 잘 되지 못한 채 금세 구식이 되기 쉬워 상당히 안타깝다. README 파일이 보이면 유용한 정보가 들어 있지 않을까 하고 자연스레 열어보게 된다. README의 존재는 누군가 소스 파일을 한데 모으며 고심하고 있었음을, 설명할 만한 무언가, 말해줄 만한 무언가가 있었음을 시사한다.

5.7 주석 다루기

주석은 코드를 작성할 때 사용하기 편한 도구다. 하지만 잘못 사용하지 않게 조심해야 한다.

5.7.1 루틴 작성 지원

일반적인 루틴(routine) 작성은 먼저 주석으로 구조를 만든 후 나중에 각 주석 줄 아래에 코드를 채우는 식으로 이뤄진다. 이 방식을 취할 때는 코드 작성이 끝난 뒤 남아 있는 주석이 여전히 쓸모가 있는지 자문해 봐야 한다. 앞서 논했던 기준에 따라 평가한 다음 필요에 따라 수정하거나 제거하자. 절대 그대로 지나치지 말자.

새 루틴을 자유롭게 작성한 후 나중에 필요한 주석을 추가하는 방식도 있다. 다만 깜빡하고 추가하지 않거나 작성 시점에는 코드의 동작 방식을 너무 잘 알다 보니 최상의 주석을 작성하지 못할 위험이 있다. 숙련된 프로그래머는 코드를 작성하며 주석을 단다. 연습하다 보면 적당한 수준이 가능된다.

앞서 봤던 TODO 같은 플래그를 과감히 사용해 자기만의 표식으로 사용하자. 이렇게 하면 다소 미진한 부분을 제대로 매듭짓지 못해 난처할 일이 없다. 전체 코드 기반에서 이 주석을 쉽게 찾아냄으로써 코드를 완성하려면 무엇을 더 해야 하는지 알 수 있다.

5.7.2 버그 수정 알림

아주 흔하면서도 미심쩍은 주석 관례 중 하나가 결함을 고친 부분에 알림을 두는 것이다.

함수를 읽다 보면 아래 같은 주석이 갑자기 튀어나온다.

```
// <버그 참고> - blah.foo()가
// <어떤 조건>을 적절히 처리하지 못했기에
// blah.foo2() 메서드로 변경
blah.foo2();
```

(개발 과정에서 일어난 일을 알려주려던) 의도는 좋으나 이러한 주석은 도리어 해가 될 때가 많다. 진짜 문제를 알고 싶으면 버그 추적 시스템에서 결함을 찾아 그 파일의 이전 버전을 가져온 후 무엇이 바뀌었는지 조사하면 된다. 이렇게까지 해야 하는 버그 수정은 아주 드물어서 초보자는 대부분 아무것도 모른 체 더없이 행복하게 작업한다. 버그 수정 주석은 이어지는 개발 단계와 유지 보수 과정에서 급격히 늘어나고 열외나 한물간 정보, 주요 실행 흐름을 방해하는 요소가 되어 소스 코드를 어지럽힌다.

한편에서는 단번에 이해하기 어려운 수정인 경우 나중에 코드를 수정할 누군가가 버그를 다시 일으키지 못하도록 주석을 삽입해야 한다고 주장한다. 하지만 설령 이렇게 적절한 상황에서도 정작 버그 수정 알림을 두기 보다는 예상치 못한 상황을 설명하게 된다.

> **핵심개념★** 주석은 현재에 살아야지 과거에 살면 안 된다. 이미 변한 것을 설명하거나 과거에 무엇을 했는지 언급하지 말자.

5.7.3 부패한 주석

주석은 부패한다. 현실적으로 어떤 코드든 아무렇게나 유지 보수하면 눈에 거슬리는 티가 생겨나고 본래의 깔끔한 디자인이 사라지며 부패하기 쉽다. 그런데 주석은 여느 코드보다 훨씬 빠르게 부패하는 것처럼 보인다. 주석에서 설명하는 코드보다 주석이 금방 뒤처져 버린다. 아주 골칫거리다.

> **경험담**
>
> 예전에 작업했던 코드 영역에 A와 B 기능을 아직 구현하지 않았음이라는 주석이 달려 있었다. 둘 다 필요한 기능이라서 모두 직접 작성했다. 다 끝내고 나서야 그 노력이 모두 물거품이었음을, 즉 B 기능이 이미 구현되어 있음을 알게 됐고, 게다가 A 기능은 이미 B 구현에서 처리하고 있어 중복이었다. 코드를 개발했던 프로그래머가 부정확한 주석을 제거했다면 다른 많은 작업에 시간을 할애할 수 있었을 것이다.

해법은 간단하다. 코드를 고치거나 추가하거나 수정할 때 그 주변의 모든 주석도 고치거나 추가하거나 수정하자. 그저 두세 줄 손보고 넘어가지 말자. 코드 변경으로 인해 주석이 거짓이 되도록 두지 말자. 그러기 위해서는 반드시 주석을 최신 상태로 유지하기 쉽게끔 만들어야지 아니면 업데이트되지 않는다. 주석을 모호한 위치에 두지 말고 그 주석이 설명하는 코드 영역과 분명하게 연결하자.

> **핵심개념 ☆**　코드를 변경하면 주변 주석도 전부 정비하자.

코드 블록을 주석 처리한 채로 두는 것 역시 좋지 못한 습관이다. 일 년 후 코드를 다시 살펴보거나 다른 프로그래머가 그 코드를 우연히 발견했을 때 혼선이 발생한다. 주석 블록 속에 코드가 있으면 왜 주석 안에 있는 건지 궁금해진다. 완성하지 못한 수정본일까? 아직 진행 중인 부분일까? 아예 동작한 적이 없던 코드일까? 나머지 코드는 기능적으로 완벽할까?

코드를 왜 주석 처리했는지 설명하는 메모를 남기거나 아예 제거하자. 소스 제어 시스템에서 언제든 다시 확인할 수 있다. 무언가를 임시로 뚝딱 만드는 중이더라도 마무리 짓는 것을 잊지 않도록 자기 자신에게 메모를 남기자.

5.7.4 유지 보수와 무의미한 주석

만든지 오래된 코드 기반을 읽다가 무의미한 주석을 발견하더라도 심각하게 위험하지 않은 이상 그대로 두는 편이 최선이다. 주석은 주변 코드의 (낮은) 품질을 간파하는 데 유용하니 향후 유지 보수할 프로그래머를 위한 경고로서 남겨 두자. 물론 실제로 코드를 개선하던 중이라면 하던대로 주석을 고치자. 정말로 잘못됐거나 오해를 일으키는 주석을 찾았다면 코드 유지 보수 차원에서 다시 작성하자.

xxx 같은 흥미로운 영역 플래그를 익혀서 진지하고 주의 깊게 대하자. 주석 처리된 출력문도 유심히 살피자. 틀림없이 과거에 문제가 됐던 영역이라는 표시이니 코드를 신중히 다루자!

주석 부패에 유의하자. 주석에 이것은 foo.c에 정의돼 있다고 적혀있다 해서 지금도 그러리란 법은 없다. 늘 코드를 믿고 주석은 의심하자.

5.8 요약

뛰어난 글은 본 대로 표현하기 때문에 두 번 말할 필요가 없다.

_델모어 슈와르츠

주석을 참 많이도 작성한다. 코드를 많이 작성하니 당연하다. 그러니 올바른 유형의 주석을 어떻게 작성하는지 배워야 하며, 그렇지 못할 경우 코드는 부적절하고 유효기간도 지난 주석의 무게를 못 이겨 무너져 내릴지도 모른다.

주석이 그 주석을 단 코드보다 중요할 수는 없다. 주석을 사용해도 나쁜 코드를 좋게 바꿀 수는 없다. 주석이 전혀 필요 없는 자체 문서화 코드를 만들려고 해야 한다.

현명한 프로그래머

- 소수의 정말 좋은 주석을 작성하려 한다.
- 이유를 설명하는 주석을 작성한다.
- 과도한 주석보다는 좋은 코드를 작성하려고 힘쓴다.
- 타당하고 유용한 주석을 작성한다.

형편없는 프로그래머

- 좋은 주석과 나쁜 주석 간 차이를 모른다.
- 방법을 설명하는 주석을 작성한다.
- 자신만 이해하는 주석이라도 개의치 않는다.
- 다량의 주석으로 형편없는 코드를 뒷받침한다.
- 중복된 정보(예를 들어 버전 히스토리 등)로 소스 파일을 가득 채운다.

5.9 참고

2장: 잘 세운 계획

코드 배치와 표현 체계가 주석 배치 방식에 영향을 미친다.

3장: 이름이 왜 중요할까?

자체 문서화 코드를 만드는 한 가지 방법은 좋은 이름 고르기다.

4장: 무엇을 작성해야 하나

무수한 주석을 무의미하게 만드는 전략인 자체 문서화 코드를 논한다. 문학적 프로그래밍 기법도 설명한다.

18장: 소스 안전 생활화

버전 관리 시스템에 파일 히스토리가 저장되니 주석으로 설명하지 않아도 된다.

5.10 생각해 보기

다음 질문에 대한 자세한 설명은 588쪽 "정답과 설명"에 나와 있다.

5.10.1 궁리하기

1 아래 코드 유형별로 주석의 요구(need)와 내용(content)이 어떻게 다를까?

    a   저수준 어셈블리 언어(기계 코드)

    b   셸 스크립트

    c   단일 파일 테스트 도구

    d   대규모 C/C++ 프로젝트

2 소스 코드 줄 중 주석의 비율을 계산하는 도구가 있다. 얼마나 유용할까? 이 수치가 주석 품질을 가늠하는 데 있어 얼마나 정확할까?

3 이해할 수 없는 코드를 마주치면 다음 중 어떤 방법을 고려하는 편이 더 좋을까? 주석을 추가해 무슨 일이 일어나고 있는지 설명하는 방법 혹은 변수/함수/타입을 더 서술적인 이름으로 다시 명명하는 방법? 어떤 방식이 더 쉬울까? 어떤 방식이 더 안전할까?

4 코드 주석 블록으로 C/C++ API를 설명하는 경우 함수를 선언한 공개 헤더 파일과 구현이 포함된 소스 파일 중 어디에 넣어야 할까? 각각의 장단점은 무엇일까?

5.10.2 스스로 살피기

1 최근에 작업했던 소스 파일을 주의 깊게 살펴보자. 주석을 어떻게 달았는지 검토하자. 솔직히 조금이라도 훌륭한가? (분명 코드를 읽으며 몇 개를 바꿨을 것이다!)

2 자신만 알아볼 수 있을 정도로 두서없이 끄적인 주석이 아니라 정말 가치 있는 주석이라고 어떻게 확신하는가?

3 함께 작업하는 개발자가 모두 같은 표준을 따르고 거의 비슷하게 주석을 다는가?

   a 주석을 가장 잘 작성하는 사람은 누구인가? 왜 그렇게 생각하는가? 누가 최악이었나? 개인의 평균적인 코딩 품질과 주석 간 얼마나 상관관계가 있는가?

   b 코딩 표준이 주어지면 팀에서 작성하는 주석의 품질이 높아질 거라 생각하는가?

4 히스토리 로깅 정보를 각 소스 파일에 넣는가? 만약 그렇다면 아래에 답하라.

   a 혹시 로깅 정보를 수동으로 관리하는가? 버전 관리 시스템이 자동으로 넣어줄텐데 왜 그렇게 하는가? 히스토리가 더 정확하게 관리되는가?

   b 정말로 적절한 관례인가? 로깅 정보가 얼마나 자주 필요한가? 별개의 메커니즘이 아닌 소스 파일에 두는 방법이 왜 더 나은가?

5 다른 사람의 코드에 주석을 작성할 때 이니셜이나 어떤 표식을 남기는가? 주석에 날짜를 적은 적이 있는가? 언제 그리고 왜 그렇게 했으며 유용한 관례인가? 누군가의 이니셜과 타임스탬프가 남아 있어 유용했던 적이 있는가?

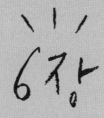

6장

사람은 실수하기 마련이다

불가피한 상황에 대처하기 – 코드 속 오류 상황

오류를 피하는 유일한 방법은 오류를 찾아내는 것이고,
오류를 찾아내는 유일한 방법은 자유롭게 질문하는 것임을 우리는 알고 있다.
_J. 로버트 오펜하이머

6장에서 다룰 내용

- 발생하는 오류 유형
- 올바른 오류 처리
- 오류를 일으키는 법
- 불확실성에 대비한 프로그래밍

살다 보면 누구나 한 가지 깨달음에 도달하는데, 세상은 예상대로 흘러가지 않는다는 사실이다. 한 살짜리 내 친구 톰은 자기보다 네 배나 큰 의자를 올라가다 이를 깨달았다. 그는 꼭대기까지 올라갈 셈이었다. 아주 뜻밖에도 가구 더미 아래에 깔리며 무산됐지만.

세상이 어딘가 고장 난 걸까? 잘못된 걸까? 아니다. 세상은 지난 수백만 년 동안 천천히 즐겁게 나아가고 있으며 머지않은 미래에도 그럴 것이다. 잘못되고 바로 잡아야 할 대상은 우리의 기대다. 옛말에 나쁜 일은 일어나기 마련이니 헤쳐나가자고 했다. 현실 세계와 그 세계의 예기치 못한 방식에 대처할 수 있도록 코드를 작성해야 한다.

이를 더 어렵게 만드는 요인은 세상이 대부분 예상대로 돌아가다 보니 자꾸 안심이 되어 잘못된 안도감에 빠져드는 것이다. 인간의 뇌는 안전장치가 내장되어 있어 대처가 가능하게끔 짜여 있다. 현관문을 벽돌로 막으면 뇌가 그 상황을 처리해 주는 덕분에 예상치 못한 벽에 부딪히기 전에 걸음을 멈춘다. 하지만 프로그램은 그렇게 영리하지 못하다. 벽돌 벽이 어디에 있고 벽돌에 부딪히면 어떻게 해야 하는지 알려줘야 한다.

프로그램 내 모든 요소가 항상 순조롭게 실행되리라 미리 넘겨짚지 말자. 세상은 예상대로 돌아가지 않으니 코드 속 가능한 오류 상황을 전부 다뤄야 한다. 말은 쉬우나 이 문장 하나 때문에 고생 시작이다.

6.1 오류가 시작되는 곳

> 뜻밖의 상황을 예측하는 것은 대단히 현대적인 지성을 보여준다.
>
> _오스카 와일드

오류는 발생할 수 있고 반드시 발생한다. 거의 모든 연산에서 적절치 못한 결과가 나올 수 있다. 오류는 발생 전에 미리 알고 있다는 점에서 불완전한 프로그램에서 비롯되는 버그와는 엄연히 다르다. 가령 열려던 데이터베이스 파일이 삭제됐거나 디스크가 어느 순간 가득 차거나 뒤이은 저장 연산이 실패하거나 접근 중인 웹 서비스를 잠시 사용하지 못하는 경우가 그러하다.

이러한 오류 상황을 처리하는 코드를 작성해 놓지 않으면 언젠가 반드시 버그가 발생하고 프로그램이 의도대로 동작하지 못하는 상황이 온다. 하지만 오류가 드물게 발생하면 버그를 감지하기 상당히 힘들다! 버그는 9장에서 살펴보겠다.

오류의 원인은 천 가지도 넘지만 결국 아래 세 범주 중 하나에 속한다.

사용자 오류

어리석은 사용자는 개발자의 애정이 듬뿍 담긴 프로그램을 거칠게 다룬다. 잘못된 입력을 집어넣거나 아주 터무니없는 연산을 시도한다. 훌륭한 프로그램은 실수를 잡아내고 사용자가 고치도록 유도한다. 사용자를 모욕한다든지 모호하게 보채지 않는다.

프로그래머 오류

사용자는 정확히 필요한 곳만 건드리는데 코드가 고장 난다. 이는 다른 곳에 있던 버그, 즉 프로그래머가 들여놓은 결함 때문인데 사용자는 손쓸 방도가 없다(한 번 시도해보고 나서 다음부터는 피할 수밖에 없다). (이상적으로) 이러한 오류 유형은 절대 발생해서는 안 된다.

이때 악순환이 발생한다. 처리되지 않은 오류가 버그를 일으킨다. 이어서 그 버그는 다른 코드 영역에서 또 다른 오류 상황을 발생시킨다. 방어적 프로그래밍을 중요한 관례로 여기는 까닭이 여기에 있다.

이례적 상황

사용자는 정확히 필요한 곳만 건드리고 프로그래머 역시 잘못한 일이 없다. 가혹한 운명의 장난으로 불가피한 어떤 상황과 마주친 것이다. 네트워크 연결에 실패했거나 프린터 잉크가 떨어졌거나 하드 디스크에 남아 있는 공간이 없거나 말이다.

코드에서 각 오류 유형에 대응하려면 잘 짜여진 전략을 준비해야 한다. 오류를 감지해 사용자에게 팝업 메시지 상자로 보고하거나 중간 단계 코드 계층에서 감지해 고객 코드에 프로그램적으로 알릴 수도 있다. 두 경우 모두 원칙은 같다. 문제를 처리할 방법을 사람이 고르든 코드에서 결정을 내리든 누군가는 오류가 발생했음을 알리고 행동할 책임이 있다.

> **핵심개념★** 오류 처리를 중요하게 여기자. 코드 안정성은 오류 처리에 달렸다.

오류는 종속된 컴포넌트에서 발생하고 호출자가 처리할 수 있도록 위쪽으로 전달된다. 이어지는 절에서 다양한 보고 방식을 살펴보겠다. 프로그램 실행을 제어하려면 아래를 할 수 있어야 한다.

- 무언가 잘못됐을 때 오류를 일으킨다.
- 발생 가능한 오류 보고를 전부 감지한다.

- 오류 보고를 적절히 처리한다.
- 처리할 수 없는 오류는 전파한다.

오류는 처리하기 까다롭다. 대체로 오류가 발생한 시점에 하던 작업과 무관하다(오류 대부분이 "이례적 상황" 범주에 해당한다). 게다가 프로그램이 어떻게 잘못될 수 있을까 대신 프로그램이 무엇을 해야 할까에 집중하고 싶어 하니 재미가 없다. 그러나 오류를 제대로 관리하지 않으면 프로그램은 바위 대신 모래 위에 지어진 성처럼 불안정하다. 바람이나 비가 올 조짐만 보여도 무너져 내린다.

6.2 오류 보고 메커니즘

오류 정보를 고객 코드로 전파하기 위해 흔히 쓰이는 전략 몇 가지를 소개하겠다. 앞으로 각 전략을 활용하는 코드를 보게 될 테니 각각의 사용법을 알아두자. 각 오류 보고(error-reporting) 기법이 어떻게 다른지 살펴보고 메커니즘별로 어떤 상황에 적합한지 눈여겨보자.

메커니즘에 따라 오류 지역성(locality of error)이 달라진다. 발생하자마자 발견되는 오류는 시간(time) 지역적 오류다. 실제 오류가 발생한 위치와 아주 가까이에서(혹은 심지어 바로 거기서) 발견되는 오류는 공간(space) 지역적 오류다. 어떤 메커니즘은 오류 지역성을 좁혀 무슨 일이 일어났는지(오류 코드 등) 쉽게 알 수 있도록 하는 데 중점을 둔다. 어떤 메커니즘은 오류 지역성을 넓혀 보통의 코드와 오류 처리 로직(예외 등)을 분리하는 데 중점을 둔다.

보고 메커니즘은 주로 아키텍처적 결정(architectural decision)에 따라 좌우된다. 설계자가 예외 클래스에 대한 동종(homogeneous) 계층 구조 정의를 중요시할 수도 있고 오류 처리 코드를 통일하는 단일 공유 원인 코드 목록 정의를 중요시할 수도 있다.

6.2.1 보고하지 않기

가장 간단한 오류 보고 메커니즘은 신경 쓰지 않기(don't botter)다. 프로그램이 기이하고 종잡을 수 없는 방식으로 동작하다가 무작위로 충돌하기 원한다면 이 방법이 제격이다.

오류가 발생했는데 어찌할 바를 모른다는 이유로 무턱대고 오류를 무시하는 방법은 현실적인 대안이 아니다. 함수를 계속 동작시킬 수는 없겠지만 함수 계약을 충족하지 못한 채 반환하면 불확실한 모순 상태로 남겨진다.

오류를 무시하는 대신 문제가 발생할 때마다 중지시키는 방법도 있다. 코드 곳곳에서 오류를 처리하는 방법보다는 쉬우나 그렇다고 잘 설계된 해결책이라 할 수도 없다!

6.2.2 값 반환하기

그다음으로 간단한 메커니즘은 함수에서 성공/실패 값을 반환하는 방법이다. 불 반환값은 단순히 그렇다 또는 아니다란 답만 제공한다. 더 나은 접근법은 가능한 종료 상태를 모두 나열하고 대응하는 원인 코드(reason code)를 반환하는 것이다. 이때 어떤 한 값은 성공을, 나머지는 수많은 다양한 실패 사례를 나타낸다. 전체 코드 기반에 걸쳐 상태 값 목록을 공유할 경우 함수는 가능한 값들의 부분 집합을 반환하게 된다. 따라서 호출자가 얻을 수 있는 값에 대해 문서화해야 한다.

이 메커니즘은 데이터를 반환하지 않는 프로시저에서는 무리 없이 동작하나 데이터와 오류 코드를 함께 반환하면 복잡해진다. 연결 리스트(linked list)를 따라가다 원소 수를 반환하는 int count() 함수가 있을 때 리스트 구조에 문제가 있음을 어떻게 알릴 수 있을까? 방법은 세 가지다.

- 반환값과 오류 코드를 둘 다 포함하는 복합(compound) 데이터 타입(또는 튜플)을 반환한다. C 언어 부류에서는 상당히 다루기 힘든 타입이라 거의 쓰이지 않는다.
- 함수 인자로 오류 코드를 돌려 보낸다. C++나 닷넷에서는 이 인자를 참조로 전달할 수 있다. C에서는 포인터로 변수에 접근하게 한다. 반환값과 인자를 구분할 문법적 방법이 없다 보니 알아보기 어렵고 직관적이지 않다.
- 실패를 나타내는 반환값 범위를 예약해 두는 방법도 있다. count 예제에서 음수는 어차피 의미 없는 답이니 모든 음수를 오류 원인 코드로 지정할 수 있다. 이럴 때 흔히 음수를 택한다. 포인터 반환값에는 유효하지 않은 특정한 값, 관례상 0(또는 널)을 지정할 수 있다. 자바와 C#에서는 null 객체 참조를 반환하기도 한다.

  이 기법이 항상 잘 동작하지는 않는다. 각 반환값이 똑같이 의미가 있고 동등하게 발생하면 오류 범위를 예약하기 어렵다. 또한, 성공값으로 쓸 수 있는 범위가 줄어드는 부수 효과도 발생한다. 음수를 쓰면 딱 그만큼 사용 가능한 양수가 줄어든다.[*]

---

[*] unsigned int를 쓰면 signed int의 부호 비트를 재사용하므로 사용 가능한 값의 개수가 두 배로 늘어난다.

6.2.3 오류 상태 변수

함수의 반환값과 오류 상태 보고 사이에서 일어나는 논쟁을 잠재우기 위한 방법이다. 함수에서 원인 코드를 반환하는 대신 공유 전역 오류 변수에 할당한다. 함수 호출이 끝나면 반드시 이 상태 변수를 검사해 함수가 성공적으로 완료됐는지 확인해야 한다.

공유 변수를 쓰면 함수 서명에 생기는 혼란과 어수선함이 줄고 반환값의 데이터 범위에도 지장이 없다. 하지만 별도 채널로 전달되는 오류를 놓치거나 고의로 무시할 가능성이 크다. 또한, 스레드 안전 관점에서 공유 전역 변수는 치명적이다.

C 표준 라이브러리는 errno 변수로 이 기법을 사용한다. 시맨틱이 아주 미묘해서 표준 라이브러리 기능을 사용하려면 먼저 수동으로 errno를 비워줘야 한다. 자주 버그를 일으키고 라이브러리 함수를 호출할 때마다 해야 하니 번거롭다. 설상가상으로 C 표준 라이브러리 함수가 전부 errno를 쓰는 것도 아니라 일관성도 떨어진다.

기능상 반환값을 쓰는 것과 차이가 없으나 쓰지 말아야 할 이유가 충분하다. 이렇게 오류 보고를 작성하지 말고 최대한 주의해서 기존 구현을 사용하자.

6.2.4 예외

예외는 언어에서 지원하는 오류 처리 기능 중 하나이나 지원하지 않는 언어도 있다. 예외는 정상적인 실행 흐름과 예외적인(exceptional) 경우, 다시 말해 함수가 실패했고 계약을 이행할 수 없는 경우를 구분하는 역할을 한다. 처리할 수 없는 문제에 맞닥뜨리면 코드는 완전히 멈추고 예외(exception), 즉 오류를 나타내는 객체를 던진다. 이어서 언어 런타임은 예외 처리 코드를 찾을 때까지 자동으로 호출 스택을 따라간다. 프로그램이 처리할 수 있는 곳에서 오류는 중지된다.

예외 처리 후 진행 방식에 따라 연산 모델이 둘로 나뉜다.

종료 모델(termination model)
예외를 잡았던 핸들러부터 실행을 계속한다. C++와 닷넷, 자바가 지원하는 동작이다.

재개 모델(resumption model)
예외가 발생했던 지점부터 실행을 재개한다.

종료 모델을 쓰는 편이 이해하기는 더 쉽지만, 궁극적인 제어가 불가능하다. 종료 모델은 오류 처리(error handling)(오류를 알아챘을 때 코드를 실행할 수 있다)만 허용하고 결함 수정(fault rectification)(문제를 고치고 다시 시도해 볼 수 있는 기회)은 허용하지 않는다.

예외를 무시해서는 안 된다. 잡아서 처리하지 않으면 호출 스택 꼭대기까지 전파돼 프로그램을 완전히 중지시켜 버리기 일쑤다. 언어 런타임은 호출 스택을 되돌아가며 알아서 자원을 정리한다. 그래서 오류 처리 코드를 직접 작성하는 것보다 예외가 더 깔끔하고 안전하다. 하지만 대충 만든 코드로 예외를 던지면 메모리 누수와 자원 해제 문제가 발생한다.* 예외 안전(exception-safe) 코드를 작성하기 위해 각별히 신경 써야 한다. 참고에서 더 자세히 설명하겠다.

예외 안전에 관한 잠깐 소개

회복탄력적(resilient) 코드는 예외 안전(exception safe)이어야 한다. 중간에 어떤 예외가 발생하더라도 올바르게(아래에서 알아볼 올바르게의 정의에 따라) 동작해야 한다. 코드 자체에서 어떤 예외가 잡히든지 간에 말이다.

예외 중립(exception-neutral) 코드는 예외를 호출자에 전달할 뿐 무엇도 소모하거나 변경하지 않는다. 템플릿 타입은 템플릿 구현자가 이해하지 못할 온갖 유형의 예외를 생성할 수 있기 때문에 C++ 템플릿 코드 같은 제네릭 프로그램에서 중요한 개념이다.

예외 안전은 몇 가지 수준으로 나뉜다. 호출 코드 보장 관점에서 설명할 수 있다. 각각 아래만큼 보장한다.

기본 보장
함수에서 예외가 발생하면(수행한 연산이나 또 다른 함수 호출에서 발생) 자원 누수가 일어나지 않는다. 코드 상태는 일관되나(가령 계속해서 올바르게 코드를 사용할 수 있으나) 알려진 상태로 남지 않을 수 있다. 예를 들어 컨테이너에 10개 항목을 추가해야 하는 어떤 멤버 함수에서 예외가 컨테이너를 통해 전파됐다고 치자. 컨테이너는 계속 쓸 수 있지만, 어쩌면 객체를 전혀 삽입하지 못했을 수도, 10개를 전부 삽입했을 수도, 다른 객체가 추가됐을 수도 있다.

강력한 보장
기초 보장보다 훨씬 엄격하다. 예외가 코드를 타고 전파되면 프로그램 상태는 전혀 바뀌지 않는다. 어떤 객체도 변경되지 않고 어떤 전역 변수도 바뀌지 않는다. 앞선 예에서는 컨테이너에 무엇도 삽입되지 않는다.

예외 불가(nothrow) 보장
마지막 보장이 가장 제한적이다. 연산에서 절대 예외를 던질 수 없다. 예외 중립 코드라면 함수에서 예외를 던지는 것 말고는 무엇도 할 수 없다는 뜻이다. 어디까지 보장할지는 전적으로 개발자의 선택에 달렸다. 보장을 더 제한할수록 코드를 더 널리 (재)사용할 수 있다. 강력한 보장을 구현하려면 일반적으로 예

---

* 예를 들어 메모리 블록을 할당했다가 예외 전파 초기에 종료하는 경우다. 이때 할당된 메모리는 누수된다. 이러한 문제 때문에 예외를 다루는 코드를 작성하기가 까다롭다.

외 불가 보장을 제공하는 함수가 여럿 필요하다.

특히 소멸자는 반드시 예외 불가 보장으로 작성해야 한다는 점을 알아두자.[*] 그렇지 않으면 예외 처리 시도가 전부 허사다. 예외가 있어야 스택이 풀려나가며 객체 소멸자가 자동으로 호출된다. 예외를 처리하는 동안에는 예외 발생이 허용되지 않는다.

예외를 처리하는 코드는 예외를 일으키는 코드와 임의로 아주 멀리 떨어져 있을 수 있다. 예외는 주로 객체 지향 언어에서 지원하며, 객체 지향 언어에서는 예외 클래스들의 계층 구조로 오류를 정의한다. 핸들러는 선택하기에 따라 아주 구체적인 오류 클래스(리프(leaf) 클래스를 받아들여서) 혹은 더 일반적인 오류 범주(기반(base) 클래스를 받아들여서)를 잡을 수도 있다. 생성자 내 오류를 알릴 때 특히 예외가 유용하다.

예외에는 대가가 따른다. 언어 지원이 성능 불이익을 초래하는 꼴이다. 실제로 영향이 크지는 않으며 예외 처리 명령문 주변에서만 예외 핸들러가 컴파일러의 최적화 기회를 감소시키는 식이다. 그렇다고 예외에 문제가 있다는 말은 아니다. 어떤 오류도 처리하지 않았을 때의 비용과 비교해 봤을 때 예외에 들이는 비용은 아주 정당하다.

6.2.5 시그널

시그널(signal)은 좀 더 극단적인 보고 메커니즘으로서 실행 환경이 실행 중인 프로그램에 오류를 알릴 때 주로 쓰인다. 운영 체제는 수치 연산 보조 프로세서(math coprocessor)가 발생시키는 부동소수점 예외(floating point exception) 같은 수많은 예외 이벤트를 끌어모은다. 이처럼 명확한 오류 이벤트는 애플리케이션에 시그널로 전달되고, 이 시그널은 지정된 시그널 핸들러(signal handler) 함수로 들어가 프로그램의 정상적인 실행 흐름을 방해한다. 프로그램이 언제든 시그널을 받을 수 있으니 코드에서 시그널을 처리할 수 있어야한다. 시그널 핸들러가 완료되면 프로그램은 방해받았던 그 지점부터 실행을 계속한다.

시그널은 하드웨어 인터럽트와 소프트웨어적으로 동등하다. 유닉스 개념이며 현재 대부분의 플랫폼에서 제공된다(기본 버전은 ISO C 표준[ISO 99]에 들어 있다). 운영 체제는 각시그널에 맞는 기본 핸들러를 제공하는데, 어떤 핸들러는 아무 일도 하지 않고 어떤 핸들러는 간결한 오류 메시지와 함께 프로그램을 중지시킨다. 사용자 정의 핸들러로 오버라이드할 수 있다.

---

[*] 최소한 C++와 자바에서 그렇다. C#에서는 ~X()가 변형된 종료자(finalizer)임에도 불구하고 어리석게도 소멸자(destructor)라 명명했다. C# 소멸자에서 예외를 던지면 결과가 다르다.

C에는 프로그램 종료, 실행 정지(suspend)/지속(continue) 요청, 수치 연산 오류 같은 시그널 이벤트가 정의돼 있다. 어떤 환경에서는 기초 목록을 확장해 더 많은 이벤트를 제공하기도 한다.

6.3 오류 감지

오류를 감지하는 방법은 당연히 오류를 보고하는 메커니즘에 의해 좌우된다. 실제로 다음과 같은 방법이 쓰인다.

반환값

함수의 반환 코드를 보고 함수가 실패했는지 알아낸다. 함수 호출을 통해 암묵적으로 성공 여부를 검사한다는 점에서 실패 테스트는 함수 호출 동작과 매우 밀접하게 관련된다. 얻어낸 정보로 무엇을 할지는 개발자의 몫이다.

오류 상태 변수

함수 호출 후 오류 상태(error status) 변수를 검사해야 한다. C의 errno 연산 모델을 따른다면 함수를 호출할 때마다 오류를 테스트하지 않아도 된다. 먼저 errno를 리셋한 후 원하는 만큼 표준 라이브러리 함수를 연달아 호출한다. 그 후 errno를 검사한다. 오류 값이 들어 있으면 함수 중 하나가 실패했다는 뜻이다. 어떤 함수가 실패했는지 당연히 알 수 없으나 몰라도 괜찮다면 이러한 오류 감지 방식이 능률적이다.

예외

종속된 함수 밖으로 예외를 전파하는 경우 그 예외를 잡아서 처리할지 아니면 무시하고 예외를 한 단계 위로 넘길지 선택할 수 있다. 어떤 예외 유형이 던져질지 미리 알아야만 그 정보에 기반해 고를 수 있다. 문서화가 존재해야만(그리고 그 문서화를 신뢰해야만) 알 수 있는 정보다.

자바의 예외 구현은 코드 자체에 문서화가 들어간다. 프로그래머는 메서드마다 어떤 예외를 던질 수 있는지 함수 서명의 일부로서 예외 명세(exception specification)를 작성해야 한다. 이러한 방식을 강제하는 주류 언어로는 자바가 유일하다. 컴파일러가 정적 검사를 수행하는 덕분에 목록에 없는 예외라고 해서 새어 나갈 일은 없다.*

---

* C++도 예외 명세를 지원하나 사용 여부는 선택이다. 여러 가지 이유가 있으나 특히 성능상 이유로 관용적으로 피하는 편이다. 자바와 달리 명세가 런타임에 적용된다.

시그널

시그널을 감지하는 방법은 딱 하나다. 시그널을 위한 핸들러를 설치해야 한다. 의무는 아니다. 시그널 핸들러를 설치하지 않고 기본 동작만 허용하기로 정할 수도 있다.

여러 코드가 커다란 시스템으로 합쳐지면 틀림없이 둘 이상의 방법으로 오류를 감지해야 할 테고 심지어 한 함수에서 그럴 수도 있다. 어떤 감지 메커니즘을 사용하든 핵심은 다음과 같다.

> **핵심개념 ★** 어떤 오류가 보고되든 절대 무시하지 말자. 오류 보고 채널이 존재하는 데는 이유가 있다.

오류가 나머지 코드에 영향을 전혀 미치지 않더라도 항상 오류 감지 스캐폴딩(scaffolding)을 작성해 두는 것이 훌륭한 관행이다. 함수가 실패할 수 있음을 알고 있고 일부러 실패를 무시하는 쪽을 택했다고 유지 보수 프로그래머에게 명확히 알릴 수 있다.

코드를 통해 예외를 전파시켰으면 예외를 무시한 것이 아니다. 예외는 무시할 수 없다. 더 높은 수준에서 처리되도록 했을 뿐이다. 이 부분에서 예외 처리 철학이 크게 갈린다. 어떤 설명 방식이 가장 적절한지 다소 불분명하다. 단순히 예외를 다시 throw하는 try/catch 블록을 작성해야 할까, 코드가 예외 안전이라고 주장하는 주석을 작성해야 할까, 아니면 아무것도 하지 말아야 할까? 예외 동작을 문서화하는 쪽이 좋겠다.

6.4 오류 처리

> 진실을 사랑하고 허물을 용서하라.
>
> _볼테르

오류는 발생한다. 지금까지 오류를 어떻게 그리고 언제 발견하는지 알아봤다. 지금부터는 그래서 오류를 어떻게 할 지다. 어려운 질문이다. 상황과 오류의 경중에 따라, 즉 문제를 바로잡고 연산을 다시 시도할 수 있는지 아니면 개의치 않고 진행할 수 있는지에 따라 답은 크게 달라진다. 이러한 사치조차 부릴 수 없을 때가 많다. 오류가 종말의 시작을 예고하기도 하니까. 다른 무언가가 잘못되기 전에 깨끗이 치우고 재빨리 종료하는 편이 최선이다.

이러한 결정을 내리려면 상황을 잘 알고 있어야 한다. 다음과 같은 핵심 오류 정보를 파악하자.

어디서 비롯됐는지

오류를 어디서 처리할 지와는 분명히 구별된다. 원인이 핵심 시스템 컴포넌트인가 혹은 주변 모듈인가? 이러한 정보가 오류 보고에 담겨 있을 수 있다. 없으면 직접 알아낸다.

무엇을 하려던 중이었는지

무엇이 오류를 유발했는가? 해결책에 대한 단서를 얻을 수 있다. 오류 보고에는 이러한 종류의 정보가 거의 없으니 맥락을 통해 어떤 함수가 호출됐는지 알아낸다.

왜 잘못됐는지

문제의 본질이 무엇인가? 그저 일반적인 오류 클래스가 아니라 정확히 무슨 일이 일어났는지 알아야 한다. 잘못된 연산을 얼마나 완료했는가? 전부 혹은 전혀면 좋겠지만 일반적으로 프로그램은 둘의 중간 즈음에 놓인다.

언제 발생했는지

오류의 시간 지역성을 말한다. 시스템이 단순히 실패했는가, 아니면 실패했음을 알 때까지 두 시간이 넘게 걸렸는가?

오류의 심각성

문제별로 경중이 다르나 일단 감지되고 나면 모든 오류가 동일하다. 문제를 이해하고 해결하지 않으면 이어나갈 수 없다. 오류의 심각성은 주로 호출자에 따라, 즉 호출자가 오류를 회복하거나 피하기 얼마나 용이한지에 따라 달라진다.

어떻게 고치는지

아주 뻔할 수도(플로피 디스크를 넣어서 다시 시도한다든지) 있고 아닐 수도(함수 인자를 일관되게 수정해야 한다든지) 있다. 대부분 이미 가지고 있는 정보로 이러한 사실을 이끌어내야 한다.

이 정도 수준의 정보면 각 오류를 처리할 전략을 수립할 수 있다. 깜빡 잊고 잠재적인 오류를 처리할 핸들러를 삽입하지 않으면 버그가 발생해 재현하고 추적하기 어려운 버그로 나타날 가능성이 크니 모든 오류 상황을 신중히 고려하자.

6.4.1 언제 오류를 처리할까?

각 오류를 언제 처리해야 할까? 이는 감지되는 시점과 별개로 봐야 한다. 두 가지 관점이 있다.

최대한 빠르게

오류를 감지했을 때 처리하자. 문제가 발생한 원인 근처에서 오류를 처리하니 중요한 맥락 정보를 유지할 수 있어 오류 처리 코드가 보다 명확해진다. 잘 알려진 자체 문서화 코드 기법 중 하나다. 각 오류를 문제 가까이에서 해결함으로써 유효하지 않은 상태의 코드를 덜 통과하게 된다.

주로 오류 코드를 반환하는 함수에서 가장 좋은 방법이다.

최대한 늦게

오류 처리를 최대한 뒤로 미루는 방법도 있다. 오류를 감지하는 코드에서 오류를 어떻게 처리할지 거의 모른다는 점을 인정한 것이다. 보통 코드가 쓰인 맥락에 따라 결정된다. 파일 누락 오류 같은 경우 문서를 로딩할 때는 사용자에게 보고되기도 하나 환경 설정(preferences) 파일을 찾을 때는 조용히 삼켜지기도 한다.

이럴 때 예외가 이상적이다. 오류 처리 방법을 알 때까지 매 단계를 거치며 예외를 전파한다. 이처럼 감지와 처리를 분리함으로써 더 명료해지기도 하지만 코드가 더 복잡해질 수도 있다. 오류 처리를 일부러 미룬 것인지 불분명할뿐더러 실제 오류를 처리하려 할 때는 오류가 어디서 비롯됐는지 명확하지 않다.

이론상 "비즈니스 로직"과 오류 처리를 구분 짓는 편이 좋다. 하지만 자원 정리와 비즈니스 로직은 서로 얽힐 수밖에 없어서 대개는 그러기 어려운 데다 별개로 작성하면 코드가 더 길고 복잡해질 수 있다. 그래도 오류 처리 코드를 일원화하면 어디서 찾아야 할지 알고 중지/지속 정책을 여러 함수로 흩어 놓는 대신 한 장소에 둘 수 있다는 장점이 있다.

토머스 제퍼슨은 "문제가 생기느니 늦춰지는 편이 낫다."고 말했다. 이 말에는 언제 오류를 처리하느냐보다 실제 오류를 처리하느냐가 훨씬 중요하다는 진리가 담겨 있다. 그렇다 하더라도 이해하기 힘들고 맥락을 벗어난 오류 처리가 되지 않을 절충안을 고르되 우회하다가 혹은 오류를 처리할 길이 막혀 정상적인 코드를 망가뜨리지 않도록 최대한 경계하자.

> **핵심개념 ★** 오류를 올바르게 처리할만한 충분한 정보를 얻으면 즉시 가장 적절한 맥락에서 오류를 처리하자.

6.4.2 가능한 조치

드디어 오류를 잡았다. 처리할 태세를 갖췄다. 이제 어떻게 할 것인가? 부디 무엇을 하든 정확한 프로그램 연산을 위해 필요한 것이기를 바란다. 회복 기법을 모두 나열할 수는 없으나 일반적으로 아래 조치를 고려해 볼 법하다.

로깅

규모가 상당히 큰 프로젝트라면 이미 로깅 기능을 이용하고 있어야 한다. 로그는 주요 추적 정보를 수집하고 심각한 문제를 조사하는 진입점으로 쓰인다.

로그는 프로그램 생애에 걸쳐 일어나는 흥미로운 이벤트를 기록한 것으로서 내부 동작을 철저히 조사하고 실행 경로를 재현할 수 있게 해준다. 따라서 마주친 모든 오류를 프로그램 로그에 상세히 남겨야 한다. 이러한 오류야말로 가장 흥미롭고 효과적인 이벤트에 속하니 말이다. 앞서 나열한 목록대로 가능한 관련 정보를 모두 기록하자.

대참사가 예상되는 정말 이해하기 어려운 오류라면 프로그램에 "집에 전화하라(phone home)"고 하는 편이 나을 수 있다. 더 조사해 볼 수 있도록 프로그램 자체의 스냅샷이나 오류 로그의 복사본을 개발자에게 전송하는 것이다.

로깅 이후 무엇을 하느냐는 전혀 다른 문제다.

보고

프로그램은 더 이상 할 수 있는 게 없을 때만 사용자에게 오류를 보고해야 한다. 사용자는 사소하고 쓸모없는 정보 수천 개를 받을 필요도, 무의미한 질문에 계속 시달릴 이유도 없다. 정말 필요한 때를 대비해 상호 작용을 아끼자. 회복할 수 있는 상황이면 보고하지 말자. 이벤트는 무조건 로깅하되 조용히 넘어가자. 언젠가 사용자가 관심이 생겼을 때 이벤트 로그를 읽을 수 있는 메커니즘을 제공하자.

물론 사용자만 고칠 수 있는 문제가 있다. 이럴 때는 문제를 바로 보고함으로써 사용자에게 상황을 해결할 혹은 어떻게 계속해 나갈지 결정할 최선의 기회를 부여하는 것이 좋다.

이러한 종류의 보고가 가능하려면 당연히 대화형 프로그램이어야 한다. 깊이 내장된 임베디드 시스템은 스스로 처리할 수밖에 없다. 식기 세척기에 대화 상자를 띄울 수는 없지 않은가.

회복

곧장 멈추는 것만이 유일하게 취할 수 있는 조치일 때가 있다. 하지만 오류라고 해서 전부 파국으로 치닫지는 않는다. 프로그램에서 파일을 저장하면 언젠가 디스크는 가득 차고 저장 연산은 실패한다. 사용자는 프로그램이 올바르게 계속 실행되기를 바라니 대비하자.

코드에서 오류를 마주쳤고 어떻게 해야 할지 모르겠다면 오류를 위로 전달하자. 호출자에 회복 능력이 있을 가능성이 더 높다.

무시

완벽하게 설명하려고 넣었을 뿐이다. 지금쯤은 오류를 무시하라는 제안을 가볍게 거절하는 경지에 이르렀기 바란다. 오류 처리는 완전히 잊고 그저 운에 기대기로 작정했다면 행운을 빈다. 어떤 소프트웨어 패키지든 버그는 대부분 바로 여기서 시작된다. 시스템을 오동작시키는 오류의 존재를 무시하면 필연적으로 몇 시간씩 디버깅할 수밖에 없다.

하지만 오류가 불쑥 발생했을 때 아무것도 하지 않아도 되는 코드를 작성할 수는 있다. 엄연히 모순인가? 그렇지 않다. 일관되지 않은 세상에 대처하는 코드, 오류에 직면해도 올바르게 계속 실행될 코드를 얼마든지 작성할 수 있다. 단, 대부분 상당히 난해해진다. 이 방식을 택할 경우 코드에서 명확히 해줘야 한다. 백지상태에서 부정확하게 잘못 해석될 위험을 괜히 무릅쓰지 말자.

> **핵심개념** ★ 오류를 무시한다고 시간이 절약되지 않는다. 오류 핸들러 작성에 들이는 시간보다 프로그램이 형편없이 동작한 원인을 살피는 시간이 더 오래 걸린다.

전파

종속 함수 호출에 실패하면 실행을 이어 나가기 어려울 수 있는데도 달리 무엇을 해야 할지 모를 때가 있다. 방법은 깨끗이 정리하고 오류 보고를 위로 전파하는 것뿐이다. 이때 선택지가 생긴다. 두 가지 오류 전파 방법을 소개하겠다.

- 받았던 오류 정보를 그대로 올려 보낸다(같은 원인 코드를 반환하거나 예외를 전파한다).
- 정보를 재해석해 위 단계에 더 의미 있는 메시지를 전달한다(다른 원인 코드를 반환하거나 예외를 잡아 감싼다).

이렇게 자문해 보자. 오류가 모듈 인터페이스로 알 수 있는 개념과 연관이 있는가? 만약 그렇다면 오류를 똑같이 전파해도 괜찮다. 그렇지 않는다면 현재 모듈 인터페이스의 맥락에 맞는 오류 보고를 골라 적합한 수준으로 재구성하자. 이는 훌륭한 자체 문서화 코드 기법이다.

6.4.3 코드 암시

코드로 직접 보자! 지금부터 코드 속 오류 처리가 뜻하는 바를 살펴보는 시간을 가져 보자. 앞으로 살펴보겠지만, 프로그램의 근본적인 로직을 왜곡하고 비틀지 않는 훌륭한 오류 처리를 작성하기란 쉽지 않다.

우선 평범한 오류 처리 구조를 구현한 코드를 살펴보겠다. 그렇다고 이 구조가 오류 허용(error-tolerant) 코드를 작성하는 현명한 방식이라는 뜻은 아니다. 다음 코드는 각각 실패할지 모를 세 함수를 순차적으로 호출하며 그 과정에서 중간 연산을 수행한다. 무엇이 문제인지 찾아보자.

```
void nastyErrorHandling()
{
    if (operationOne())
    {
        ... 무언가 한다 ...
        if (operationTwo())
        {
            ... 무언가 다른 일을 한다 ...
            if (operationThree())
            {
                ... 더 한다 ...
            }
        }
    }
}
```

문법적으로는 문제가 전혀 없으니 코드는 잘 동작한다. 현실적으로 유지 보수하기 달갑지 않은 방식이다. 수행할 연산이 많을수록 코드는 점점 더 깊이 중첩되고 읽기 어려워진다. 이렇게 오류를 처리하면 금세 난잡한 조건문 더미가 된다. 결국 코드의 동작을 제대로 반영할 수 없게 되고, 중간 연산들이 서로 다른 수준으로 중첩되더라도 똑같이 중요해 보일 수 있다.

이러한 문제를 방지할 수 있을까? 몇 가지 방법으로 가능하다. 먼저 중첩을 평평하게 펴는 방법이 있다. 의미는 그대로지만 다음처럼 상태 변수 ok의 값에 따라 제어 흐름이 바뀌니 복잡도가 달라진다.

```
void flattenedErrorHandling()
{
    bool ok = operationOne();
    if (ok)
    {
        ... 무언가 한다 ...
        ok = operationTwo();
    }
    if (ok) {
        ... 무언가 다른 일을 한다 ...
        ok = operationThree();
    }
    if (ok) {
        ... 더 한다 ...
```

```
    }
    if (!ok) {
        ... 오류가 나면 자원을 정리한다 ...
    }
}
```

어떤 오류가 발생하든 마지막에 자원을 정리할 기회까지 생겼다. 이렇게 하면 모든 실패를
깨끗이 처리할까? 아마 아닐 것이다. 오류가 발생하기 전 함수를 얼마나 실행했느냐에 따
라 자원을 얼마나 정리해야 하는지 달라지기 때문이다. 자원 정리 방법은 두 가지다.

- 실패 가능성이 있는 연산이 종료될 때마다 소소하게 자원 정리를 수행하고 조기에 반환하자. 자원 정리 코
  드가 중복되나 어쩔 수 없다. 무언가를 많이 할수록 해야 할 자원 정리도 늘어나니 종료 지점마다 점진적으
  로 풀어나가야 한다.

  앞 예제에서 연산마다 메모리를 할당하면 조기 종료 지점마다 현재까지 할당된 자원을 전부 해제해야 한다.
  깊이 들어갈수록 더 많이 해제해야 한다. 결국 상당히 복잡하고 반복적인 오류 처리 코드가 들어감에 따라
  함수는 점점 커지고 이해하기가 점점 어려워진다.

- 자원 정리 코드를 함수 끝에 한 번만 작성하되 지저분한 것만 정리하는 식으로 작성하자. 더 깔끔하기는 한데
  무심코 함수 중간에 조기 반환을 삽입했다가는 클린업 코드를 건너뛰게 된다.

반드시 단일 진입 지점, 단일 종료 지점 함수로 작성하겠다는 고집만 없으면 아래 예제처럼
별도의 제어 흐름 변수를 쓰지 않고도 가능하다.* 하지만 자원 정리 코드가 다시 없어져 버린
다. 단순하게 바꿨더니 실제 의도가 더 잘 드러난다.

```
void shortCircuitErrorHandling()
{
    if (!operationOne()) return;
    ... 무언가 한다 ...
    if (!operationTwo()) return;
    ... 무언가 다른 일을 한다 ...
    if (!operationThree()) return;
    ... 더 한다 ...
}
```

단락 평가(short-circuit) 종료와 자원 정리 요구사항을 모두 충족시키기 위해 다음과 같은
방식이 등장했는데 주로 저수준 시스템 코드에 쓰인다. 해로운 goto를 유효하게 사용하는
유일한 방식이라고 옹호하는 진영도 있다. 하지만 납득하기 어렵다.

---

* 이 코드는 절대 SESE가 아니지만 앞선 코드도 마찬가지라 할 수 있다. 분명 종료 지점이 맨 끝에 하나뿐인데도 제어 흐름이 부자연
  스러워 조기 종료처럼 보이고, 어쩌면 똑같이 종료 지점이 여럿일지 모른다. 무엇을 하는 중인지 신중히 생각하지 않다가는 SESE
  같은 규칙에 얽매여 형편없는 코드가 나올 수 있음을 보여주는 좋은 예다.

```
void gotoHell()
{
    if (!operationOne()) goto error;
    ... 무언가 한다 ...
    if (!operationTwo()) goto error;
    ... 무언가 다른 일을 한다 ...
    if (!operationThree()) goto error; .
    .. 더 한다 ...
    return;
error:
    ... 오류 이후 자원을 정리한다 ...
}
```

C++에서는 스마트 포인터 같은 자원 획득 초기화(Resource Acquisition Is Initialization, RAII) 기법을 사용해 이와 같은 어처구니없는 코드를 방지할 수 있다.[스트롭스트룹 97] 여기에 예외 안전이라는 보너스까지 주어져 예외가 함수를 너무 일찍 종료시켜도 할당된 자원이 자동으로 해제된다. 이러한 기법은 복잡도를 별개의 제어 흐름으로 분리시켜 앞서 살펴본 여러 문제를 방지한다.

앞 예제를 예외를 사용하도록 바꾸면 (C++와 자바, C#에서) 아마 다음과 같을 텐데, 이때 종속 함수가 오류 코드를 반환하는 대신 예외를 던진다고 가정한다.

```
void exceptionalHandling()
{
    try
    {
        operationOne();
        ... 무언가 한다 ...
        operationTwo();
        ... 무언가 다른 일을 한다 ...
        operationThree();
        ... 더 한다 ...
    }
    catch (...)
    {
        ... 오류 이후 자원을 정리한다 ...
    }
}
```

아주 기초적인 예외 예제일 뿐이지만 예외가 얼마나 깔끔할 수 있는지 보여준다. 만약 자원 누수가 전혀 없고 오류 처리를 더 높은 수준으로 무조건 전달한다면 try/catch 블록 없이도 안정적인 코드 디자인이 가능하다. 하지만 슬프게도 예외를 다루는 훌륭한 코드를 작성하려면 6장에서 다루는 내용 이상의 원리를 알아야 한다.

6.5 난동 부리기

다른 개발자가 일으킨 오류를 참을 만큼 참았다. 이제 형세를 역전 시켜 악역을 맡을 차례다. 직접 오류를 일으켜 보자. 함수를 작성하다 보면 호출자에 알려야 할 문제 상황이 발생하기 마련이다. 꼭 알리고 어떤 실패도 조용히 삼키고 넘어가지 말자. 설령 호출자가 문제와 마주쳐 무엇을 해야 할지 모를지라도 알고는 있어야 한다. 거짓말을 하며 잘못되지 않은 척하는 코드를 작성하지 말자.

어떤 보고 메커니즘을 사용해야 할까? 이는 대체로 아키텍처적인 결정이다. 프로젝트 규칙과 두루 쓰이는 언어 관용구를 따르자. 이러한 기능을 지원하는 언어는 주로 예외를 선호하나 프로젝트 전반에서 예외를 사용하는 경우에만 사용하자. 자바와 C#에서는 예외가 실행 런타임 속에 깊이 박혀 있다 보니 사실상 어떤 선택권도 없다. C++ 아키텍처에서는 예외를 지원하지 않는 플랫폼과의 이식성을 위해 또는 구식 C 코드와 상호 작용을 위해 이 기능을 쓰지 않기로 선택할 수도 있다.

종속 함수 호출에서 오류를 전파하는 전략은 이미 알아봤다. 여기서 주된 관심사는 실행 중에 직면한 새로운 문제를 어떻게 보고하는가이다. 오류를 어떻게 밝힐지는 개발자의 몫이나 오류를 보고할 때는 아래를 고려해야 한다.

- 먼저 적절히 자원을 정리했는가? 안정적인 코드는 오류가 발생하더라도 정말 부득이한 경우가 아닌 이상 자원이 새거나 일관적이지 않은 상태로 남지 않는다. 둘 중 하나가 발생하면 꼼꼼히 문서화해야 한다. 오류 발생 후 코드를 다시 호출할 때 무슨 일이 일어날지 생각해 보자. 계속해서 잘 동작하게끔 하자.
- 오류를 보고할 때 부적절한 정보가 외부로 새어 나가는 일이 없도록 하자. 호출자가 이해하고 조처를 할 수 있는 유용한 정보만 반환하자.
- 예외를 올바르게 사용하자. 특이한 반환값처럼 드물지만 오류는 아닌 경우에는 예외를 던지지 말자. 함수가 계약을 충족할 수 없을 때만 예외를 사용해 알리자. 자연스럽지 못한 방식으로(가령 실행 흐름 제어를 위해서) 예외를 사용하지 말자
- 일반적인 프로그램 실행 과정에서 결코 일어나서는 안 될 오류, 즉 진짜(genuine) 프로그래밍 오류를 잡는 중이면 어서션(assertion)을 고려하자(56쪽 "제약" 참고). 물론 예외를 써도 무방하며, 어서션이 촉발되면 예외를 던지도록 설정할 수 있는 어서션 메커니즘도 있다.
- 컴파일 타임에 할 수 있는 테스트는 모두 컴파일 타임에 끝내자. 오류를 빨리 감지해서 고칠수록 오류로 발생할 수 있는 번거로운 상황도 줄어든다.
- 오류를 무시할 수 없게끔 하자. 틈만 보이면 누군가 코드를 나쁜 방향으로 반드시 사용할 것이다. 이럴 때 예외가 유용한데, 단 예외를 일부러 숨겨야 한다.

어떤 유형의 오류에 주의해야 할까? 당연히 함수가 무엇을 하느냐에 따라 다르다. 아래는 각 함수에서 확인해야 할 일반적인 오류 점검 유형 목록이다.

- 모든 함수 인자를 확인하자. 인자가 올바르고 일관된 입력을 받게 하자. 이때 계약을 얼마나 엄격하게 작성했느냐에 따라 어서션 사용도 고려한다(잘못된 인자를 제공하는 것이 불법인가?).

- 실행 중 흥미로운 어떤 시점에서 불변을 만족하는지 확인하자.

- 외부 소스에서 들어온 값은 사용 전에 유효한지 확인하자. 파일 내용과 대화형 입력은 누락된 정보 없이 적절해야 한다.

- 시스템과 종속 함수 호출의 반환 상태를 전부 확인하자.

규칙에서 벗어난 예외

예외는 강력한 오류 보고 메커니즘이다. 잘만 사용하면 강력한 소프트웨어를 작성할 수 있게 해줌과 동시에 코드를 크게 간소화시킨다. 하지만 잘못 사용하면 치명적 무기가 되기도 한다.

과거에 임했던 어떤 프로젝트의 프로그래머들은 통상적으로 예외를 non-local goto 용도로 사용해 던짐으로써 while 루프를 탈출(break)하거나 재귀를 끝냈다. 흥미로운 방법이었고 처음에는 한편 매력적이기도 했다. 하지만 이러한 동작은 예외 남용에 불과하다. 관용적으로 예외가 쓰이는 방식이 아니다. 유지 보수 프로그래머는 복잡하고 불가사의하게 종료되는 루프 제어 흐름을 이해하지 못했고 결국 치명적 버그를 두 개 이상 일으켰다.

사용하는 언어의 관용구를 따르고 매력적인 코드 작성을 목표로 삼지 말자.

6.6 오류 처리

오류 일으키기와 오류 처리를 아우르는 보편적인 원칙은 어디서 실패가 발생했든 일관된 전략으로 실패를 처리하는 것이다. 아래는 프로그램 오류의 발생과 감지, 처리를 다루기 위해 일반적으로 고려할 사항이다.

- 오류를 야기할 만한 상황은 피하자. 반드시 잘 동작할 코드로 만들 수 있겠는가? 예를 들어 사전에 충분한 자원을 예약해서 할당 오류를 피하자. 메모리 풀이 보장되면 루틴은 메모리 제한에 시달리지 않는다. 물론 자원이 얼마나 필요한지 미리 알고 있어야만 가능하나 주로 알고 있다.

- 프로그램이나 루틴이 비정상적 상황에 처했을 때의 예상 동작을 정의하자. 이렇게 하면 코드가 얼마나 강력해야 하는지, 그래서 얼마나 철저히 오류를 처리해야 하는지 알 수 있다. 유서 깊은 GIGO 원칙을 지지하던 함수라면 아무 일도 없이 잘못된 출력을 생성하겠는가?[*]

- 어떤 컴포넌트가 어떤 오류 처리를 담당하는지 분명히 정의하자. 모듈 인터페이스에서 명시적으로 밝히자. 무엇이 항상 동작하고 무엇이 언젠가 실패할 수 있는지 고객에게 알리자.

- 자신의 프로그래밍 관례를 확인하자. 언제 오류 처리 코드를 작성하는가? 나중으로 미루다가는 처리해야 할 것을 반드시 잊게 될 테니 미루지 말자. 개발 테스트에서 문제가 드러날 때까지 기다렸다가 핸들러를 작성

---

[*] 쓰레기를 넣으면 쓰레기가 나온다(Garbage In, Garbage Out)의 줄임말. 쓰레기를 먹이면 기꺼이 쓰레기를 뱉는다.

하지 말자. 이는 공학적 접근 방식이 아니다.

- 오류를 잡으면서 징후나 원인을 알아챘는가? 바로 지금 고쳐야 할 문제의 원인을 찾은 것인지 혹은 이전 문제의 징후를 발견한 것인지 생각해 보자. 후자라면 많은 처리 코드를 여기서 작성할 것이 아니라 (이전의) 보다 적절한 오류 핸들러에 넣자.

> **핵심개념 ★** 실패할 수 있는 코드를 작성 중이면 동시에 모든 오류 감지와 처리까지 함께 작성하자. 나중으로 미루지 말자. 꼭 악당이 돼서 처리를 미뤄야겠다면 최소한 감지 스캐폴딩이라도 작성하자.

6.7 요약

> 사람은 실수하기 마련이다.
> 뉘우치는 것은 선이요, 고집을 부리는 것은 악이다.
>
> _벤저민 프랭클린

사람은 실수하기 마련이다(그런데 컴퓨터도 꽤 비슷해 보인다). 오류 처리는 아주 멋진 일이다.

코드 한 줄을 작성했으면 적절하고 철저한 오류 검사와 처리로 균형을 맞춰야 한다. 철저한 오류 처리가 없는 프로그램은 안정적일 수 없다. 언젠가 이해하기 어려운 오류가 발생할 테고 그 결과 프로그램은 갑자기 멈추고 만다.

오류와 실패 사례를 처리하는 일은 손이 많이 간다. 프로그래밍을 현실 세계에 가득한 시시콜콜한 디테일로 몰아 넣는다. 하지만 꼭 해야 한다. 작성한 코드의 90프로 정도는 예외 상황을 처리한다.[벤틀리 82] 정말 뜻밖의 통계값인 만큼 제대로 동작할 부분보다 잘못 동작할 부분에 더 노력을 쏟을 작정으로 코드를 작성하자.

현명한 프로그래머

- 좋은 의도에 좋은 코딩 사례를 겸비한다.
- 메인 코드를 작성하면서 오류 처리 코드를 작성한다.
- 모든 오류 가능성에 대비해 철두철미하게 코드를 작성한다.

형편없는 프로그래머

- 무엇을 하고 있는지에 대한 생각이나 검토 없이 되는 대로 코드를 작성한다.
- 코드를 작성하면서 발생하는 오류를 무시한다.
- 애초에 오류 조건을 고려한 적이 없으니 프로그램 고장을 추적하는 장황한 디버깅 세션을 수행하게 된다.

6.8 참고

1장: 방어 태세
적절한 맥락에서 오류를 전달하는 것 역시 여러 방어적 프로그래밍 기법 중 하나다.

4장: 무엇을 작성해야 하나
자체 문서화 코드가 되려면 오류 처리는 코드 내러티브에 있어 필수다.

9장: 결함 찾기
처리하지 못한 오류 조건은 코드에서 버그로 발생한다. 아래처럼 밀어 넣어진다(물론 애초에 피하는 것이 상책이다).

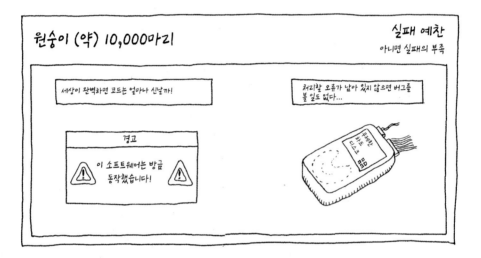

6.9 생각해 보기

다음 질문에 대한 자세한 설명은 590쪽 "정답과 설명"에 나와 있다.

6.9.1 궁리하기

1 반환값과 예외는 동등한 오류 보고 메커니즘일까? 입증하라.

2 튜플(tuple) 타입을 다르게 구현할 방법은 없을까? 프로그래밍 언어를 한 가지로 제한하지 말자. 반환값으로 튜플을 사용할 때 장단점은 각각 무엇인가?

3 언어마다 예외 구현이 어떻게 다른가?

4 시그널은 구식 유닉스 메커니즘이다. 예외 같은 현대적 기법이 있는데도 여전히 필요할까?

5 오류를 처리하는 최선의 코드는 무엇인가?

6 오류 처리 코드에서 발생하는 오류는 어떻게 처리해야 할까?

6.9.2 스스로 살피기

1 현재 코드 기반에서 얼마나 철저히 오류를 처리하는가? 오류 처리가 프로그램의 안정성에 어떤 기여를 하는가?

2 코드를 작성하며 자연스레 오류 처리까지 고려하는가 아니면 집중에 방해될까봐 나중에 다시 작업하는 방식을 선호하는가?

3 가장 최근에 작성하거나 임했던 (적당한 크기의) 함수로 돌아가 신중하게 코드 리뷰를 수행하자. 비정상적 실행과 잠재적 오류 상황을 전부 찾아보자. 이 중 얼마나 코드에서 실제로 처리했는가?

이제 다른 개발자에게 리뷰를 부탁하자. 부끄러워하지 말자! 그들이 더 찾아냈는가? 어떻게 찾았는가? 이 과정이 현재 작업 중인 코드에 주는 교훈은 무엇인가?

4 반환값이나 예외를 사용하면 오류 조건을 처리하고 떠올리기 쉬운가? 예외 안전(exception-safe) 코드를 작성하려면 무엇이 필요한지 확실히 알고 있는가?

memo

2부

코드의 비밀스러운 생애

2부에서는 코드 개발의 예술과 기술, 즉 통상적인 프로그래밍 과정을 살펴보겠다. 이러한 주제는 극비가 아닌데도,

이에 대한 전문가 토론을 들어보거나 자세히 쓰여진 책을 본 적이 아주 드물 것이다. 그럼에도 좋은 프로그램을 작성하고 싶다면 각 사례를 반드시 완벽하게 익혀야 한다. 코드 장인은 이러한 주제를 전부 빈틈없이 이해한다.

각 장은 다음과 같은 주제를 다룬다.

7장 | 프로그래머의 도구상자
프로그래밍 분야의 도구와 사용법을 알아본다.

8장 | 테스트할 시간
목적에 부합한다고 증명되기 전까지는, 즉 테스트가 끝날 때까지는 어떤 코드도 완벽하지 않다. 이렇게 만드는 기법을 알아보겠다.

9장 | 결함 찾기
불가피한 상황 처리: 코드에서 버그를 찾고 제거하는 법

10장 | 잭이 개발한 코드
코드 "빌드": 소스 코드를 실행 가능한 프로그램으로 바꾸는 과정

11장 | 속도의 필요성

코드 최적화에 필요한 아주 세부적인 사항을 살펴본다. 무엇, 왜, 언제, 어떻게

12장 | 불안 장애

소프트웨어 보안에 얽힌 골치 아픈 주제다. 고의적인 남용과 악의적인 공격으로부터 코드를 보호하는 법

각 주제는 코드 구성(construction)의 근간을 이루는 요소들이다. 소프트웨어 공장의 압박과 시간제한 속에서 이들은 단순히 기본 기술을 넘어 생존 전략이다. 경험을 거쳐 몸에 배어들기에 더 시급한 우려 사항, 즉 다음에 만들 시스템의 아키텍처나 변화하는 고객 요구사항, 다음 에스프레소 잔은 누가 가져올지 등에 귀중한 시간을 집중할 수 있다.

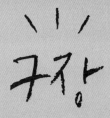

프로그래머의 도구상자

도구를 사용해 소프트웨어 구성하기

우리를 위태롭게 하는 것은 우리 자신보다 더 심오한 예술품이다.

_J. R. R. 톨킨

7장에서 다룰 내용

- 코드 구성에 쓰이는 도구
- 효과적인 도구 사용
- 보편적인 도구 유형

생산적인 장인이 되려면 훌륭한 도구 집합은 필수다. 배관공이 지닌 도구 상자 속 장비들은 어떤 임무든 도울 준비가 되어 있으나 만약 실패하면 다음에 수도가 터졌을 때 절대 쓰이지 못한다.

이러한 도구는 존재(existence)뿐 아니라 품질(quality)도 매우 중요하다. 훌륭한 장인이 형편없는 도구로 인해 명성을 잃기도 한다. 압축 밸브가 불량이면 배관공이 아무리 뛰어나도 여기저기 물이 샌다.

물론 숙련된 장인을 구분 짓는 잣대는 도구를 어떻게 사용하느냐다. 도구 혼자서는 아무것도 해내지 못한다. 전동 공구가 발명되기 전에도 목수는 완벽하리만치 정교한 가구를 만들 수 있었다. 도구는 더 단순했지만, 도구를 사용하는 목수의 기교가 아름다운 작품을 만들어냈다.

프로그래밍에서도 마찬가지다. 잘 해내려면 적절한 도구 키트가 뒷받침되어야 한다. 자신 있게 다룰 수 있고 어떻게 사용하는지 알고 당면한 목적에 부합하는 도구 말이다. 숙련된 장인과 훌륭한 도구, 그리고 도구를 다루는 솜씨가 갖춰져야 훌륭한 코드가 만들어진다.

굉장히 중요한 내용이다. 도구를 잘 사용해야 정말 생산적인 프로그래머로 우뚝 설 수 있다. 극단적으로는 이러한 도구가 프로젝트의 성공과 실패를 가로지르는 지름길을 제공하기도 한다. 맹렬히 나아가는 소프트웨어 공장의 속도를 따라잡기 위해서는 더 나은 코드를 더 빠르고 안정적으로 만들 수 있는 것이라면 무엇이든 집요하게 매달려야 한다.

2부의 다른 장은 특정 도구와 관련된 이슈를 다룬다. 7장은 소프트웨어 도구라는 주제 전체로 시작해 보겠다. 프로그래밍은 도구 없이 간단히 할 수 있는 분야가 아니다. 마치 병따개를 당연하게 사용하는 것처럼 컴파일러를 대수롭지 않게 여기면서 하루하루 무의식적으로 도구를 사용하는데, 얼마나 값비싼 병따개건 잘 동작할 때는 괜찮지만 고장 나면(또는 이상하게 생긴 캔을 열어야 할 때) 막막하다. 잘 동작하는 싸고 단순한 병따개가 고장 난 화려한 병따개보다 낫다.

7.1 소프트웨어 도구란?

소프트웨어를 구성하기 위해 다양한 도구를 사용한다. 너무 철학적으로 들리지 않았으면 좋겠는데, 도구는 프로그램을 만드는 프로그램이다. 소프트웨어를 만드는 데 쓰이는 모든 것이 일종의 도구다. 어떤 도구는 코드를 작성하게 해준다. 어떤 도구는 훌륭한 코드를 작성하게 해준다. 어떤 도구는 갓 작성된 코드를 어수선하지 않게 정리해준다.

소프트웨어 도구는 각양각색의 모습을 띄며 다양한 방식으로 동작한다. 당연히 도구가 놓인 플랫폼과 환경도 하나의 요인이겠지만 아래에서도 차이가 난다.

복잡도

어떤 도구는 수많은 기능과 상세한 설정을 지원하는 섬세한 환경 그 자체라고 볼 수 있다. 어떤 도구는 하나의 작업만 처리하는 아주 작은 유틸리티에 불과하다. 이러한 접근 방식에는 각각의 장단점이 있다.

- 기능이 풍부한 도구는 커피를 내리면서 동시에 도넛을 가져다 주는 방법을 터득했을 때 비로소 진가가 발휘된다. 마법 같은 수많은 기능을 잘 사용하지 못하면 그다지 유용하지 않다.
- 간단한 도구는 무엇을 하든 뻔하니 배우기 쉽다. 결과적으로 각 작업마다 하나씩 여러 도구를 사용하게 된다. 하지만 각각을 연결하면 인터페이스 접점이 많아져 늘 매끄럽게 어우러지지는 못 한다.

도구마다 쓰이는 범위가 달라서 아주 특정한 작업(텍스트 문자열로 파일 검색)부터 전체 프로젝트(협업 프로젝트 환경 관리)까지 못 하는 일이 없다.

사용 횟수

어떤 도구는 계속해서 쓰이기 때문에 그 도구 없이는 살 수 없다. 어떤 도구는 아주 드물게 쓰이나 막상 필요할 때 매우 유용하다.

인터페이스

어떤 도구는 보기 좋은 그래픽 사용자 인터페이스(Graphical User Interface, GUI)를 제공한다. 어떤 도구는 더 기본적인 명령 줄 인터페이스(Command-Line Interface, CLI)로 동작하며, 출력을 파일로 보낼 수 있다. 무엇을 선호하느냐는 뇌 구조와 익숙함에 달렸다.

윈도 유틸리티는 일체의 명령 줄 접근이 없는 그래픽 인터페이스를 주로 지원한다. 이와 정반대인 표준 유닉스 유틸리티는 스크립트를 이용해 쉽게 자동화하고 더 큰 도구로 통합할 수 있다. 인터페이스에 따라 도구의 능력을 어떻게 활용할지가 달라진다.

통합

어떤 도구는 더 큰 툴체인에 잘 들어맞아서 주로 그래픽 통합 개발 환경(Integrated Development Environment, IDE)에 포함된다. 독립형(stand-alone) 명령 줄 유틸리티는 대부분 데이터 필터처럼 동작해서 일반 텍스트 출력을 다른 도구의 입력으로 쓰일 만한 적절한 형태로 만든다.

하나로 합쳐진 GUI 인터페이스는 사용하기 아주 편리한 데다 통합되면서 생산성까지 크게 높아진다. 반면 원하는 대로 설정하는 데 시간이 걸리고 손이 많이 가는 명령 줄 도구의 기능을 완벽히 제공하는 경우가 드물다. 그에 반해 별도로 분리된 유닉스 도구는 엄청 강력하지만, 제각기 인터페이스가 애매하게 달라서 사용하기 어렵다.

비용

훌륭한 무료 도구가 많다.* 하지만 무료인 데는 이유가 있기 마련이다. 문서화가 더 형편 없다거나 지원이 적거나 기능 집합이 작은 경우가 허다하다. 물론 모두 그렇지는 않다. 어떤 무료 도구는 상응하는 유료 도구보다 월등히 우수하다.

어떤 도구에 얼마를 지불하든 자유지만 가격이 더 비싸다고 해서 제품이 더 낫다는 보장은 없다. 엄청 비싸고 대단히 형편없는 도구로 작업한 적이 있다. 결국 어떻게 됐겠는가...

품질

어떤 도구는 정말 훌륭하다. 어떤 도구는 정말 형편없다. 아주 끔찍했던 도구 두서너 개는 두 번 다시 보고 싶지 않다. 제 역할은 했으나 간신히 해냈고 완전히 고장 직전이었다. 하지만 그러한 도구 없이는 도무지 코드를 만들 수 없고 돈을 벌 수 없다. 당시 얼마나 자주 도구를 수정하려고 했었던지. 꿈에 나올 지경이다.

위와 같은 특징을 고려해 적절히 절충하며 도구를 고르게 된다. 당연히 자주 사용하는 도구 집합에 익숙해지고 배워서 그 도구로 생산성을 높여야 하나 도구에 의지하고 싶은 유혹에는 빠지지 말자. 윈도 사용자 대부분이 유닉스 스타일 개발을 멸시하고, 유닉스 해커는 명령 줄을 처리할 수 없다는 이유로 윈도 코더를 얕본다. 무시하자!

적당히 큰 프로젝트에 들어가 다양한 환경 속에서 작업해보기 바란다. 훌륭한 툴체인(tool chain)이 어떻게 구성되는지 깊이 이해해야 소프트웨어 도구에 대한 진정한 "세계관"을 얻을 수 있다.

---

* 소프트웨어 세계에서 무료란 두 가지를 뜻한다. 돈이 전혀 들지 않는다(도구를 얻는 데 비용이 전혀 들지 않는다)는 뜻의 무료와 제약 없이 말할 수 있다(오픈 소스 소프트웨어의 코드는 열어 보고 수정할 수 있다)는 뜻의 무료. 어떤 무료를 더 중요시할지는 얼마나 이상주의적이냐에 달렸다. 451쪽의 "라이선스"를 참고한다.

7.2 왜 도구에 신경 쓰는가?

주요 소프트웨어 도구 집합 없이는 프로그램을 만들 수 없다. 에디터나 컴파일러가 없으면 꼼짝도 못 한다. 없이도 그럭저럭 해낼 수 있는 도구일지라도 쓰임새가 있다. 생산성과 코드 품질, 솜씨를 향상시키려면 현재 사용 중인 도구에 관심을 조금 기울여 그 도구로 정말 무엇을 할 수 있는지 알아두면 좋다.

도구의 동작 방식과 쓰임새를 이해하면 올바르게 동작하는 코드를 더 잘, 그리고 더 빨리 만들 수 있다. 더 현명하게 도구를 사용할수록 더 똑똑한 프로그래머가 된다.

> **핵심개념 ★** 널리 쓰이는 도구를 완벽히 숙지하자. 시간을 조금만 투자해 도구에 능숙해지면 곧 보상이 돌아온다.

실제 도구를 사용하는 이유를 분명히 하자. 도구는 일을 가능하게 해 줄 뿐 대신해 주지 않는다. 소프트웨어 품질은 언제나 프로그래머의 역량에 의해 좌우된다. 컴파일러가 수 페이지의 오류 메시지를 뱉으면 이 문장을 떠올리자. 내가 작성한 코드다!

프로그래머마다 도구를 고르고 사용하는 태도가 천차만별이다. 어쨌든 깊숙이 내재된 심리학적 이유에 따른 것일 텐데, 사악한 천재성(Evil Genius)이 있느냐와 관련이 있다. 새로 맡은 일이 지루하면,

- 어떤 프로그래머는 공들여 직접 해낸다.
- 어떤 프로그래머는 스크립트 언어를 사용해 자동으로 수행하는 도구를 작성한다.
- 어떤 프로그래머는 같은 목적으로 작성된 기존 도구를 찾는 데 몇 시간을 할애한다.

문제를 해결할 수도 있는 도구가 주어지면,

- 어떤 프로그래머는 원하는 것에 충분히 가까워 질 때까지 손본다.
- 어떤 프로그래머는 문서화를 주의 깊게 읽고 정확히 무엇을 할 수 있는지 알아낸 후 도구를 사용하기 시작한다.

어떤 방식이 옳은가? 당연히 상황에 따라 다르다. 노련한 프로그래머가 된다는 것은 상황별로 요구하는 해법이 어떻게 다른지 이해하고 그 일에 적합한 도구를 사용한다는 의미다. 사람은 모두 다르고 모두 다르게 일하므로 내가 선호하지 않는 도구를 사용하는 동료가 가장 생산적일 수도 있다. 하지만 누군가 매일 C 코드를 어셈블리로 손수 바꾸고 있다면 분별력을 의심해 봐야 한다.

시간과 돈을 실용적으로 도구에 투자하자. 앞으로 도구를 어떻게 사용할지 생각해보자. 보상이 있을 때만 새 도구를 찾거나 작성하자. 매달 고작 한 시간씩 아껴 줄 도구를 작성하느라 한 주를 낭비하지 말자. 매일 한 시간씩 아껴 줄 도구를 작성하는 데 한 주를 쓰자.

> **핵심개념★** 실용적 관점에서 소프트웨어 도구를 대하자. 더 편리해질 경우에만 사용하자.

7.3 공부 벌레(power tool)

프로그래밍과 도구는 밀접하게 맞물려 있어서 슈퍼 프로그래머가 되려면 도구의 슈퍼 사용자가 되어야 한다. 무슨 뜻일까?

먼저 주변에 어떤 도구가 있는지 잘 파악해야 한다. 7.4절에서 프로그래머가 일반적으로 가지고 있어야 할 도구 목록을 훑어보겠다. 시중의 도구를 전부 알 필요는 없다. 어차피 엄청 따분한 저녁 식사 대화거리로 전락하고 말테니. 특정 제품이 아니라 일반적인 도구 카테고리만 알아도 의미 있게 한 발 나아간 것이다. 업무에 어울리는 도구를 찾을지, 스스로 도구를 작성할지, 아니면 업무를 직접 해낼지 선택하기 수월하다.

시간을 가지고 정보를 입수하자. 도구를 어디서 얻을 수 있는지 조사하자. 전문적으로 소프트웨어 도구를 파는 상점 외에도 인터넷에는 수많은 다운로드 사이트가 있다. 전혀 필요 없는 도구를 이미 설치했을 수도, 사용했던 도구가 얼마나 유용한지 진가를 몰랐을 수도 있다. 도구로부터 얻을 수 있는 이점을 잘 익혀서 훌륭하게 도구를 사용할 준비를 하자.

> **핵심개념★** 사용 가능한 도구 종류를 알아 두자. 당장 필요하지 않더라도 어디서 구할 수 있는지 알아 두자.

새 도구에 도전하고 시간을 투자해 배울 준비를 하자. 이는 아주 건전한 사고방식이다. 새 프로젝트를 시작하거나 새 플랫폼으로 이동하거나 새로운 유형의 문제에 맞닥뜨리거나 줄곧 쓰던 도구를 더 이상 쓸 수 없으면 새 도구를 찾아야만 한다. 하지만 그러한 상황에 내몰릴 때까지 가만히 있지 말고 현재 손에 넣을 수 있는 가장 좋은 도구를 사용하도록 하자.

기술 책이나 잡지를 읽고 전문 훈련 과정 수강에 시간을 쏟듯이 도구 실력을 키우는 데도 시간을 할애하자. 중요한 일인 만큼 그에 걸맞게 시간을 투자하자.

지금부터 고급 도구 사용자가 되기 위한 몇 가지 간단한 단계를 소개하겠다. 소프트웨어 구성 무기고에 들어 있는 각 도구별로 아래를 수행해보자.

7.3.1 무엇을 할 수 있는지 파악하자

무엇을 할 수 있어야 한다고 믿는 것 말고 정말로 무엇을 할 수 있는지 기능 집합을 파헤치자. 유용하게 사용하는 방법을 낱낱이 다 모른다 해도(어쩌면 아주 극소수만 아는 명령 줄 인자까지 찾아야 했을지도 모른) 무엇을 할 수 있는지 아는 것만으로 도움이 된다.

도구가 특별히 할 수 없는 것은 무엇인가? 경쟁 선상에 있는 도구가 제공하는 어떤 기능을 지원하지 않을 수도 있다. 이러한 제약을 알아둬야 언제 더 나은 도구로 바꿔야 할지 알게 된다.

7.3.2 용법을 배우자

오류 없이 도구를 수행했다고 해서 정확히 원하던 대로 수행했다는 뜻은 아니다. 도구를 적절하게 사용하는 법을 알아야 하고 원하는 대로 조종할 수 있다는 확신이 들어야 한다.

도구가 전체 툴체인과 어떻게 맞물리는가? 이에 따라 용법이 달라진다. 예를 들어 유닉스 도구끼리 이어 붙여서(piping), 즉 별개의 작은 도구들을 이어 더 커다란 유틸리티를 만들어 순차 필터(sequential filter)로 사용할 수 있다.* 각 도구의 능력을 어떻게 활용하는지 이해하고 어떻게 상호 운용하는지 알면 도구 사용 수준이 한 단계 올라간다.

각 도구를 사용하는 최선의 방법을 알아내자. 직접 호출하거나 GUI 인터페이스 어딘가에서 클릭하는 식이 아닐 수 있다. 자동으로 동작 가능한가? 컴파일러는 직접 호출되기보다 빌드 시스템을 통해 호출되는 경우가 많다.

7.3.3 어떤 업무에 유익한지 알아두자

각 도구가 현재 사용할 수 있는 다른 도구와 어떤 상황에 서로 어울리는지 알아 두자. 예를 들어 텍스트 에디터에 매크로를 기록한 키 입력(keystroke)을 설정하면 반복적인 동작에

---

* 이러한 방식에 대해 잘 모르면 부디 열심히 공부하기 바란다. 유닉스 명령어인 man bash로 시작하면 좋다. pipelines의 맨(man) 페이지를 찾아보자.

대해 시간을 아낄 수 있다. 일부는 마법 같은 sed 호출로 변경해도 괜찮다.* 하지만 이 경우에는 키 입력 매크로를 쓰는 편이 낫다. 저자 역시 이미 에디터에서 쓰고 있고 그래서 더 빨리 끝난다.

yacc** 사용법을 모르더라도 파서를 작성할 일이 전혀 없으면 yacc의 존재를 알아내려고 너무 애쓰지 않아도 된다.

> **핵심개념★** 업무에 적합한 도구를 사용하자. 닭 잡는 데 소 잡는 칼을 쓰지 말자.

7.3.4 동작하는지 확인하자

누구든 언젠가는 형편없는 도구의 피해자가 된다. 코드는 동작하지 않는데 왜 잘못 동작하는지 아무리 찾아봐도 설명이 없다. 절망에 휩싸여 닥치는 대로 이것저것 테스트해본다. 바람은 적절한 방향에서 불어오고 있는지, 조명은 제대로 고정됐는지 따위를 확인하며. 몇 시간이 지나서야 무언가 이상한 동작을 하는 신뢰할 수 없는 도구임을 깨닫는다.

컴파일러에서 결함이 있는 코드를 생성할 수 있다. 빌드 시스템에서 종속성이 어긋날 수 있다. 라이브러리에 버그가 숨어 있기도 하다. 머리카락을 쥐어뜯기 전에 이처럼 명백한 실패를 확인하는 법을 배워두자.

도구에서 소스 코드에 접근할 수 있으면 도구가 정확히 무엇을 하고 있는지 알아낼 수 있으니 어떤 문제를 진단하든 편리하다. 이러한 기능이 도구 집합을 선택하는 결정적 요인으로 작용하기도 한다.

7.3.5 더 알아낼 수 있는 확실한 경로를 두자

전부 알 필요는 없다. 알고 있는 누군가를 알면 된다.

도구의 설명서가 어디 있는지 파악하자. 누가 지원을 제공하는가? 어떻게 정보를 더 얻는가? 설명서와 릴리스 노트, 온라인 자원, 내부 도움말 파일, 맨 페이지를 찾아보자. 어디에 있고 필요할 때 어떻게 접근하는지 알아두자. 온라인 버전에 쓸만한 검색 도구와 적절한 색인이 있는가?

---

* sed는 스트림 에디터(stream editor) 명령 줄 유틸리티다. 다음 절에서 설명하겠다.

** 파서 생성기. 나중에 설명할 테니 신경 쓰지 말자.

7.3.6 언제 새로운 버전이 나오는지 알아두자

IT 업계의 기술이 빠르게 변하듯 도구도 놀라운 속도로 개발되는 듯 보인다. 어떤 도구는 유독 더 빨리 개발된다. 측면에 길고 빨간 줄무늬가 달린 새로운 위젯타이저(widgetizer) 버전이 나와도 설치하지 않는 경우가 대부분이다.

사용하는 도구에 관한 정보를 꾸준히 얻어야 뒤처지지 않으며 잠재적 버그를 지닌 지원받지 못하는 도구 키트로 남지 않는다. 하지만 신중하게 해야지 무턱대고 최신 버전을 따라가서는 안 된다. 때로는 최첨단 기술이 문제를 낳는다!

새 버전은 보지 못했던 버그를 포함하거나 더 비쌀 수 있다. 중대한 변경을 제공하고 안정성이 입증됐을 때 업그레이드를 결정하자. 테스트가 먼저다. 기존 코드에 대해 새 도구의 온전성 검사(sanity check)를 수행해 코드가 원래대로 동작하는지 확인하자.

> **핵심개념 ☆**   도구의 최신 개발 사항을 따라가되 경솔하게 업그레이드하지 말자.

7.4 어떤 도구를 쓸까?

소프트웨어 개발 도구는 믿기 어려울 정도로 많다. 지난 수년간 불쑥 생겨나는 까다로운 요구사항을 해결해가며 발전을 거듭해왔다. 여러 차례 반복했던 업무라면 이미 누군가 같은 기능을 하는 도구를 작성했을 확률이 높다.

정확히 어떤 도구로 도구 키트를 구성할지는 어떤 업무를 하느냐에 달렸다. 임베디드 플랫폼에 쓰이는 도구가 데스크톱 애플리케이션에 쓰이는 도구만큼 풍부하기는 어렵다. 이 절에서는 공통 컴포넌트를 고려하겠다. 어떤 컴포넌트는 너무 당연하지만 어떤 것은 덜 그렇다.

각 도구 클래스를 개별적으로 살펴보는 동안 현대 IDE에 이러한 별개 프로그램들이 하나의 간결한 인터페이스로 모여 있다는 점을 잊지 말자. 물론 편리하긴 하지만 아래에서 설명할 이유로 도구 하나하나가 독립적으로 어떻게 쓰이는지도 알아 둬야 한다.

- 도구가 지원하는 각 기능을 최대한 활용하는 방법을 알게 된다.
- IDE에 어떤 유용한 기능이 빠졌는지 알게 된다.

IDE는 대부분 모듈식이다. 더 나은 컴포넌트로 대체할 수 있고 지금 바로 쓸 수 없는 기능은 연결(plugin)해서 쓸 수 있다. 시중에 나온 도구 확장을 파악해서 IDE 환경을 향상시키자.

7.4.1 소스 편집 도구

도예가의 표현 수단은 흙이고, 조각가는 돌이며, 프로그래머는 코드다. 아주 기본적인 작업 대상물이니 소스 코드를 편리하게 작성하고 편집하고 검토할 수 있는 뛰어난 도구를 골라야 한다.

소스 코드 에디터

가장 중요한, 어쩌면 컴파일러보다 더 중요한 도구가 바로 에디터다. 컴파일러는 컴퓨터를 향하지만 에디터는 코더를 향한다. 게다가 그 에디터를 다루는 주체가 바로 코더다. 에디터 앞에서 프로그래밍 시간의 대부분을 보내는 만큼 좋은 에디터를 고르고 정말 잘 사용하는 방법을 배워두자. 텍스트 에디터 덕분에 생산성이 높아지면 코드 작성 실력이 급격히 성장한다.

> **핵심개념★** 어떤 코드 에디터를 고르느냐가 아주 중요하다. 코드 에디터에 따라 코드 작성 방법이 크게 달라진다.

단 하나의 진정한 소스 에디터(The One True Source Editor)는 굳이 자극하고 싶지 않은 해묵은 논쟁이지만 어쨌든 편안하고 요구사항을 충족하는 에디터를 골라야 한다. IDE에 임베딩된 에디터라고 해서 반드시 가장 뛰어난 에디터는 아니다. 한편으로는 IDE에 통합된 것이 엄청난 행운임을 깨닫기도 한다. 소스 코드를 편집하려면 에디터는 최소 아래 요건 정도는 충족해야 하지 않을까 싶다.

- (다양한 언어를 지원하는) 포괄적 문법 강조
- 간단한 문법 검사(예를 들어 일치하지 않는 괄호 강조)
- 훌륭한 증분 검색(incremental search) 기능(입력하는 중에 찾아주는 대화형 형태의 검색)
- 키보드 매크로 기록
- 높은 설정 기능
- 사용 중인 모든 플랫폼에의 이식성

저자의 에디터 요구사항과 선택은 독자와 다를 수 있으나 꼭 포함시켜야 할 기능을 적절히 나열했다고 생각한다. 위 기능을 최대한 활용하는 법을 배우는 데 투자하는 시간은 전혀 아깝지 않다. 생산성만 높아진다면 충분히 가치가 있다.

일의 종류에 따라 다른 유형의 에디터가 유용할 수도 있다. 바이너리 파일 에디터(주로 파일 내용을 16진수로 표시하며 흔히 헥사 에디터(hex editor)라 불림)와 XML 파일 에디터 같은 특정 파일 형식 전용 에디터도 있다.

빔(Vim)과 이맥스(Emacs)는 현재 거의 모든 플랫폼에서(아마 전기 토스터에서까지) 사용 가능한 유닉스 분야의 악명 높은 에디터다. IDE에 딸린 기본 에디터와 대조된다.

소스 조작 도구

유닉스 철학은 작은 명령 줄 도구들의 커다란 모음을 특징으로 한다. GUI 환경에도 각 도구에 대응하는 도구가 있으나 그만큼 강력하지도, 한데 잇기 쉽지도 않다. 물론 배우기에는 GUI 버전이 훨씬 간단하다.

아래 유닉스 명령어는 소스 코드를 살펴보고 수정하는 강력한 메커니즘을 제공한다.

diff

두 파일을 비교해 차이를 강조한다. 기본 diff는 콘솔에 출력하지만 더 정교한 그래픽 버전도 있다. 어떤 에디터는 두 파일을 양편에 나란히 표시하고 입력할 때마다 차이를 업데이트 해주고 차이를 비교한 상태에서 편집까지 가능하다. 한 번에 파일 세 개를 비교하는 diff도 있다.

sed

stream editor의 준말이다. sed는 한 번에 한 줄씩 파일을 읽으며 특별한 변환 규칙을 적용한다. 글로벌 검색과 대체 도구의 역할을 하며 항목을 재배열하고 패턴을 삽입하는 데 쓰인다.

awk

더 강력한 sed를 상상해 보자. awk 역시 텍스트 파일을 처리하는 패턴 매칭 프로그램의 하나다. 완전한 프로그래밍 언어를 구현하므로 상당히 고급 awk 스크립트를 작성해 복잡한 조작을 수행할 수 있다.

grep

파일에서 특정 문자 패턴을 찾는다. 이 패턴은 와일드카드 문자와 유연한 매칭 기준을 허용하는 미니 언어의 일종인 정규 표현식(regular expression)으로 표현된다.

find/locate

파일 시스템에서 파일을 찾는 도구다. 이름이나 날짜, 그 밖의 여러 기준으로 찾을 수 있다.

위 도구는 빙산의 일각이며 다른 도구도 많다. 가령 wc는 단어/문자 개수를 센다. 보석을 더 찾으려면 sort, paste, join, cut을 조사하자.

소스 탐색 도구

아주 큰 프로젝트의 코드 기반은 마치 도시 같다. 도시 계획자라도 뒷골목 하나하나까지 상세하게 알지 못한다. 몇 안 되는 택시기사만이 최적의 경로를 알 뿐이다. 일반 시민은 근처만 웬만큼 안다. 관광객은 버스에서 내리자마자 길을 잃는다.

코드를 체계화하고 간편한 검색과 탐색, 상호 참조를 수행함으로써 코드를 철저히 조사하고 파악하는데 유용한 도구 유형이 있다. 어떤 도구는 호출 그래프 트리를 생성해 시스템을 둘러싼 제어 흐름을 보여준다. 그래픽 맵을 만들기도 하고 에디터에 통합돼 자동 완성과 함수 호출 도움말 등을 지원하기도 한다. 이러한 도구는 코드 기반이 아주 크거나 안정된 프로젝트에 진입할 때 매우 유용하다.

LXR과 Doxygen, 그리고 유서 깊은 ctags 등이 무료로 사용 가능한 쓸만한 도구다.

버전 관리

소스 관리 도구는 "소스 관리" 절에서 다루기에 여기서는 자세히 설명하지않겠다. 핵심만 언급하면, 한 가지 도구는 반드시 사용해야지 그렇지 않으면 끔찍한 일이 벌어질지도 모른다는 사실이다.

소스 생성

소스 코드를 자동으로 생성하는 도구가 여럿 있다. 어떤 도구는 아주 뛰어나고 어떤 도구는 아주 무시무시하다.

LALR(1)Y* 파서 생성기인 yacc을 예로 들어보겠다. 입력 문법 규칙을 정의하면 yacc은 이 문법 규칙에 맞는 입력을 파싱하는 프로그램을 생성한다. C 코드 파서가 만들어지는데, 여기에는 항목을 파싱하며 기능을 추가할 수 있는 훅(hook)이 딸려 있다. bison도 마찬가지다.

사용자 인터페이스를 디자인할 수 있는 유형의 코드 생성 도구는 쉬지 않고 돌아가는 백엔드 코드를 생성한다. 이러한 도구는 특히 MFC처럼 복잡한 GUI 도구 키트에 쓰인다. 이만큼(this much) 일을 많이 하는 도구가 라이브러리에 필요하다는 것은 애초에 라이브러리

---

* 상당히 복잡한 문법(reasonably complex grammar)을 뜻하는 수수께끼 같은(게다가 따분한) 기술이다.

가 너무 복잡하다는(또는 근본적으로 어딘가 고장 났다는) 반증이다. 주의 깊게 대처하자!

마법사(wizard)는 나중에 변경하고 수정해야 할 수많은 스캐폴딩 코드를 작성하므로 마찬가지로 주의 깊게 다뤄야 한다. 시작하기 전에 생성된 코드를 완벽히 이해하지 못하면 자신의 무지에 뒤통수를 맞는다. 생성된 코드를 고치고 마법사를 반환하면 손편집한 내용이 전부 조용히 겹쳐 써진다. 뼈아프다.

반복되는 코드 영역을 생성하는 스크립트를 직접 작성하는 방법도 있다. 어떨 때는 코드를 더 잘 디자인할 수 있었음을 보여준다. 어떨 때는 아주 올바른 기술적 접근법이다. 한때 자동으로 코드를 생성해주는 펄 스크립트를 작성한 적이 있다. 생성기를 다 작성하고는 생성된 코드를 신뢰했다. 다른 프로그래머는 여느 코드 마법사처럼 의심스럽게 여겼을지도 모르겠다.

소스 정리기(beautifier)

이 도구는 누구나 이해할 수 있는(lowest common denominator) 획일적인 배치를 만듦으로써 소스 코드 서식(formatting)을 통일한다. 무언가 나아지는 만큼 아주 중요하고 유용한 서식을 파괴하는 부분도 있어 솔직히 도구로 얻는 이득에 비해 번거롭기는 하다.

7.4.2 코드 구성 도구

아무리 잘 만든 소스 코드라도 온종일 바라보기만 할 사람은 없다. 묘미는 그 코드가 무언가를 하게끔 하는 데 있다. 이러한 일을 너무 자주 하다 보니 아래에 나열된 도구가 배후에서 무엇을 하는지 전혀 신경 쓰지 않은 채 당연히 잘 동작할거라 가정해 버린다.

컴파일러

소스 에디터만큼이나 가장 많이 쓰이는 소프트웨어 도구다. 컴파일러가 알아서 소스 코드를 실행 가능한 프로그램으로 변환하다 보니 프로그램이 실패하는 방식에 깜짝 놀랄 수 있다. 자주 쓰이는 도구인 만큼 반드시 올바르게 쓸 수 있어야 한다. 컴파일러가 제공하는 옵션과 기능을 정말 모두 아는가? 대부분의 기업에는 빌드 도구를 올바르게 사용하게 돕는 고유의 빌드마스터(buildmaster)가 있으나 그렇다고 컴파일러에 문외한이어도 된다는 핑곗거리는 아니다.

- 어떤 최적화 수준이 적용돼 있고 생성된 코드에 어떤 영향을 미치는지 아는가? 무엇보다 최적화가 중요한 까닭은 디버거에서 코드가 얼마나 잘 실행될지, 심지어 어떤 컴파일러 버그를 일으킬 수 있는지까지 좌우하기 때문이다.

- 모든 경고를 활성화해서 컴파일하는가? 경고를 비활성화할 이유는 사실 하나도 없다(이미 경고 투성이인 레거시 코드를 유지 보수할 때 빼고는). 경고는 잠재적 오류를 강조해서 표시할 뿐 아니라 경고의 존재만으로도 코드에 대한 자신감이 생긴다.
- 컴파일러가 기본적으로 표준을 준수(standards-compliant)하는가? C++ ISO 표준[ISO 98]과 1999 C 표준[ISO 99], 자바 언어 표준[고슬링 외 00], C# ISO 표준[ISO 05]이 정의돼 있다. 컴파일러에 비표준 확장 (extension)이 있는가? 있다면 무엇이고 회피할 방법을 아는가?
- 올바른 CPU 명령어 집합에 맞게 코드를 생성하는가? 최신 인텔 초소형 칩에서만 실행할 생각이면 386 호환 코드를 대량 생산할 수도 있다. 컴파일러가 최대한 적절한 코드를 만들게끔 하자.

도구가 필요해...

수행해야 할 업무가 있다. 지루한 업무다. 게다가 반복적이다. 분명 컴퓨터가 하는 편이 더 나은 종류의 일이다. 그래야 오류가 덜 발생하고 덜 지루하고 더 빠르다. 애초에 그래서 컴퓨터가 개발된 것 아닌가! 이 업무를 대신해 줄 도구가 있는지 어떻게 알아낼까?

- 목록에 있으면 어떤 도구를 쓸 수 있는지 이미 알 것이다.
- 목록에 없더라도 이미 누군가 같은 종류의 문제를 겪었으리라 확신한다면 도움이 될 도구가 어딘가 있다는 뜻이다. 간편한 웹 검색으로 찾을 수 있는 일부 무작위 프로그램에 놀라게 될 것이다.
- 문제가 특이하다 싶으면 문제를 해결할 프로그램을 직접 작성해야 할 수도 있다. 자세한 내용은 187 쪽의 "스스로 만들기"를 참고한다.

도구를 찾을 때 조언을 최대한 많이 구하자.

- 다른 팀원에게 비슷한 경험이 있는지 묻는다.
- 웹을 검색해 적절한 뉴스 그룹을 읽는다.
- 도구 판매자에게 간다.

사용 가능한 도구 모음이 주어지면 첫 번째 절에서 살펴봤던 기준에 따라 충분히 정보를 습득한 후 선택해야 한다. 우선 요구사항을 정해야 결정할 수 있다. 도구가 꼭 무료여야 하는가? 아니면 지금 바로 구할 수 있느냐 여부가 더 중요한가? 팀원 모두가 사용하기 쉬워야 하는가? 얼마나 자주 사용할 예정이며 비용을 지불할 가치가 있는가?

크로스 컴파일러(cross compiler)는 개발 장비와 플랫폼이 다를 경우 쓰인다. 주로 임베디드 소프트웨어를 작성할 때 이용된다(비주얼 C++를 식기세척기에서 돌리기란 어렵지 않겠는가).

컴파일러는 링커와 어셈블러, 디버거, 프로파일러, 그 밖의 객체 파일 조작기(manipulator)를 포함하는 더 커다란 툴체인의 일부다.

유명한 컴파일러로는 gcc, clang, 마이크로소프트의 비주얼 C++ 등이 있다.

링커

링커(linker)는 컴파일러와 아주 긴밀하게 협력한다. 컴파일러가 생성하는 중간 객체 파일 (object file)을 모두 가져와 이어 붙임으로써 하나의 실행 가능한 코드 덩어리로 만든다. C 와 C++ 링커가 컴파일러와 아주 밀접하게 연결되어 있다 보니 실행 파일 하나가 양쪽 작업을 모두 하기도 한다. 자바와 C#의 링커는 런타임 환경과 맞물려 있다.

링커를 사용하기 전에 아래 사항을 확인하자.

- 바이너리(binary) 파일을 스트립(strip)하는가? 다시 말해 변수와 함수 이름 같은 디버깅 심볼을 제거하는가? 이러한 심볼은 디버거가 유용한 진단 정보를 표시할 때 쓰이나 실행 파일이 너무 커져서 로딩이 느려진다.
- 중복 코드 영역을 제거하는가?
- 실행 파일이 아닌 라이브러리 객체를 만들 수 있는가? 라이브러리에 대해 어떤 제어 권한이 있는가, 정적 (statically) 또는 동적(dynamically)으로 로딩하게 만들 수 있는가?

빌드 환경

전체 빌드 환경은 단순히 컴파일러와 링커가 아니다. 사용할 빌드 도구 유형은 유닉스의 make 프로그램이나 IDE의 빌드 기능이다. 이러한 도구는 컴파일 절차를 자동화해준다. 오픈 소스 유닉스 프로젝트에서는 주로 autoconf와 automake 도구를 사용해 빌드를 간소화한다.

통합 빌드 환경을 최대한 활용하는 법을 익혀야 하지만 그렇다고 각 구성 도구의 사용법을 몰라도 된다는 뜻은 아니다. 이러한 주제는 10장에서 보다 자세히 다루겠다.

테스트 툴체인

이 도구가 디버깅 도구가 아닌 코드 구성 도구에 속한다는 점에 주목하자. 안정적이고 품질이 뛰어난 소프트웨어를 생산하려면 적절한 테스트는 필수다. 그러나 일이 너무 많아 코드 작성이라는 중요한 업무에 방해를 받을까 봐서인지 종종 도외시된다. 이는 훌륭한 소프트웨어를 가로막는 가장 큰 위협 중 하나다. 올바르게 동작한다고 증명할 수 없는 한 절대 안정적인 코드를 구성할 수 없으며, 방법은 코드를 작성하면서 그 코드의 테스트를 구성하는 것뿐이다.

어떤 도구는 테스트 코드를 넣을 기본 코드(skeleton)를 제공해 단위 테스트를 자동화한다. 빌드 시스템에 쉽게 통합되는 도구라 테스트가 코드 구성 과정의 핵심 부분으로 자리 잡을 수 있다.

자동화된 단위 테스트뿐 아니라 테스트 데이터를 생성하고 테스트 케이스를 수립하는 도구도 있다. 특정 오류 조건(메모리 부족, 고부하 등)을 모델링하는 기능이 딸려 있어 타깃 플랫폼을 시뮬레이션해 볼 수 있는 도구도 있다.

7.4.3 디버깅과 조사 도구

실행 중인 코드의 특징을 분석하고 문제를 쉽게 추적할 수 있도록 돕는 도구다. 두 부분에서 문제가 발생하는 경우를 계속해서 보아 온 만큼 이는 언젠가 덮칠 잠재적 재앙이다. 238쪽 "말벌 스프레이, 민달팽이 퇴치제, 파리잡이 끈끈이"에서 조금 더 세밀히 살펴보겠다.

디버거

뛰어난 디버거가 있고 그 디버거의 사용법을 이해했다면 예상을 벗어난 동작을 추적하는 데 쓰는 개발 시간을 줄일 수 있다. 디버거는 프로그램 내 실행 경로를 조사하고 개입하고 변숫값을 조사하고 중단점(breakpoint)을 설정하고 흔히 실행 중인 코드를 해부할 수 있도록 해준다. 프로그램 곳곳에 printf 로깅 명령문을 뿌리는 방식보다 한층 더 정교하다.

GNU의 오픈 소스 디버거인 gdb는 떠올릴 수 있는 거의 모든 플랫폼에 이식돼 왔다. ddd는 gdb에 쓰이는 뛰어난 그래픽 인터페이스다. IDE와 툴체인마다 디버거가 존재한다.

프로파일러

코드가 허용할 수 없을 정도로 느리게 실행될 때 프로파일러 도구를 사용한다. 프로파일러는 실행 중인 각 코드 영역의 시간을 재고 병목을 찾아낸다. 타당한 최적화 목표 지점을 찾기 위해서인데 이러한 지점을 찾으면 자주 실행되지 않는 코드의 속도를 올리느라 헛되이 에너지를 소모하지 않는다.

코드 검사기(validator)

코드 검사기는 정적과 동적, 두 종류로 나뉜다. 정적 검사기는 컴파일러와 비슷한 방식으로 코드를 훑는다. 소스 파일을 검사해 잠재적 문제 영역과 결함이 있는 언어 용법을 찾아낸다. 유명한 검사기인 lint는 정적 검사를 수행해 C에서 일련의 공통 코딩 오류를 검사한다. 기능 대부분이 현대 컴파일러에 내장되어 있으나 추가로 검사할 수 있는 별도의 도구가 아직 남아 있다.

동적 검사기는 코드를 컴파일할 때 수정하고 조정한 후 런타임에 검사를 수행한다. 메모리 할당/경계 검사기(bounds checker)가 좋은 예다.* 동적으로 할당된 모든 메모리를 올바르게 해제시키고 배열 경계 밖으로 접근하지 못하게 막는다. 이러한 도구 덕분에 모호한 버그를 찾는 발품팔이가 줄어든다. 치료가 아닌 예방 메커니즘으로서 동작하므로 대부분의 상황에서 디버거보다 훨씬 유용하다. 프로그램에 고장 낼 기회가 주어지기 전에 결함을 찾아낸다.

측정 도구

코드 검사를 수행하는 도구이며 대개 정적 분석기 형태다(물론 동적 측정 도구도 있다). 측정 도구는 코드 품질에 대한 통계적 평가를 내린다. 통계는 오해의 소지가 있으나 통계적 평가 도구는 가장 불안정한 영역을 크게 강조해준다. 이러한 정보를 바탕으로 코드 리뷰를 수행할 특정 목표 영역을 고를 수 있다.

측정치는 대개 함수 기준으로 수집된다. 가장 기본적인 측정은 코드 줄 수와 코드 중 주석의 비율이다. 둘 다 딱히 유용한 정보는 전달하지 않는데 더 흥미로운 측정치가 많다. 결정점(decision point) 개수와 잠재적 제어 흐름을 고려하는 순환 복잡도(Cyclomatic Complexity)는 코드 복잡도를 나타내는 척도다. 순환 복잡도가 높으면 이해할 수 없는 코드란 뜻이며, 불안정하고 결함이 있을 가능성이 크다.

역어셈블러(disassembler)

기계 코드를 조사해서 실행 파일을 자세히 들여다볼 수 있게 하는 도구다. 디버거도 이러한 기능을 지원하지만 고급 역어셈블러는 바이너리 프로그램 파일에 대한 고급 언어 재해석을 생성해 어떤 심볼도 존재하지 않는 코드를 재구성하려 한다.

결함 추적

훌륭한 결함 추적 시스템은 시스템에서 발견된 버그를 추적할 수 있는 공유 데이터베이스를 제공한다. 동료가 결함을 보고하거나 질의하거나 할당하거나 주석을 남기거나 마침내 수정됐다고 표시할 수도 있다. 결함을 체계적으로 관리하지 않으면 놓치게 되고 결국 결함 있는 제품을 출시하게 되니 제품의 품질을 보장하려면 이러한 도구가 꼭 필요하다. 결함 정보를 수집해 저장해두면 제품 히스토리를 되돌아볼 때도 유용하다.

---

* 자바처럼 사회적 책임이 더 큰 언어는 언어 설계 자체에서 이러한 유형의 문제를 피한다.

7.4.4 언어 지원 도구

고급 언어로 작성하려면 여러 가지 지원을 받아야 한다. 언어 구현에서는 코딩할 수 있도록, 다시 말해 기계 코드의 늪에서 허우적대지 않고 더 쉽게 코딩할 수 있도록 필요한 모든 것을 제공한다.

언어

언어 자체가 바로 도구다. 어떤 언어는 다른 언어에 없는 고유한 기능을 제공한다. 부족한 기능은 별도의 도구를 프로그램 소스에 수행해서 채운다. 예를 들어 C에는 혹독한 비난을 받는 전처리기가 몹시 유용할 수 있고 다른 언어에는 텍스트 처리 패키지가 있다. (C++의 템플릿 같은) 제네릭 코드 기능과 사전/사후 조건 검사 역시 앞서 말한 도구만큼 유용한 언어 도구다.

여러 언어를 두루 경험해보는 것이 중요하다. 언어끼리 서로 어떻게 다른지, 어떤 업무에 적합한지, 약점은 무엇인지 알아두자. 그러면 주어진 업무에 가장 알맞은 언어를 고를 수 있다.

> **핵심개념※** 언어 몇 가지를 배워두자. 언어별로 문제에 접근하는 다양한 방식을 알려준다. 언어를 도구라 여기고 매 업무마다 가장 적절한 언어를 고르자.

런타임과 인터프리터

대부분의 언어는 런타임 지원이 받쳐 주지 않으면 사용할 수 없다. 인터프리터 언어(interpreted language)가 인터프리터(또는 가상 머신(virtual machine))에 의존하는 것과 달리 직접 컴파일 언어(compiled language)는 자신만의 지원 라이브러리가 필요하다. 이러한 라이브러리는 언어 자체와 긴밀하게 얽히는 경우가 많아 분리할 수 없다.

컴파일러를 고를 수 있듯 런타임에 다른 특징을 지닌 다른 언어 런타임을 고를 수도 있다.

자바의 JVM(자바 가상 머신, Java Virtual Machine)은 잘 알려진 언어 인터프리터다. C++ 표준 라이브러리는 핵심 언어 기능을 위한 기본 핸들러를 제공하는 식으로 언어를 지원한다. C# 언어도 마찬가지로 닷넷 환경의 런타임 지원에 의존한다.

컴포넌트와 라이브러리

뜻밖이겠지만 이 역시 도구다! 소프트웨어 컴포넌트를 재사용하고 필요한 라이브러리를 찾아 일을 대신하면 쓸데없이 시간을 낭비하지 않는다. 훌륭한 라이브러리는 여느 소프트웨어 도구 못지않게 생산성을 높여준다.

라이브러리마다 다양한 범위를 아우른다. 어떤 라이브러리는 운영 체제 전체를 방대하게 추상화한 계층을 제공하는 반면, 어떤 라이브러리는 작은 date 클래스를 제공하는, 아주 간단한 일을 한다. 세부 사항을 도맡아 처리하고 복잡도를 감춰버리니 신경 쓰지 않아도 된다. 스스로 작성하고 테스트하고 디버깅하는 데 시간을 할애하지 않아도 된다.

근래 모든 언어에는 어느 정도 수준의 라이브러리 지원이 딸려 온다. C++ STL은 확장 가능한 강력한 라이브러리를 대표하는 훌륭한 예다. 자바 언어와 닷넷 환경에는 알려진 것보다 훨씬 많은 표준 라이브러리가 딸려 있다. 다른 회사에도 영리 혹은 비영리 라이브러리가 아주 많다.

7.4.5 기타 도구

아직 끝나지 않았다. 앞으로 더 많은 도구를 만나보게 될 것이다. 7.6 "참고"에서 소프트웨어 도구를 다루는 페이지를 나열하겠다.

흥미로운 도구 유형을 조금 더 살펴보자.

문서화 도구

훌륭한 문서화는 잘 설계된 코드를 구성하는 핵심 요소로서 그 가치를 매길 수 없다. 다양한 도구를 활용해 소스 코드 내부와 별도 문서에 문서화를 작성할 수 있다(115쪽의 "실용적 자체 문서화 방법론"에서 살짝 다룬 바 있다). 훌륭한 워드 프로세서의 중요성을 절대 과소평가하지 말자.

문서화는 작성만 하면 끝이 아니라 읽혀야 한다. (든든한 서가를 갖춘) 훌륭한 온라인 도움말 시스템이 대단히 중요하다.

스스로 만들기

적합한 도구를 찾을 수 없고 직접 하려니 시간이 어마어마하게 걸리면 어떻게 해야 할까? 도구를 "스스로 만드는 것"에는 문제가 전혀 없다. 반복적으로 불쑥 요구되는 일이라면 사실 장기적으로 봤을 때 간단하게 도구를 개발하는 편이 시간을 아껴준다.

어떤 업무는 다른 업무에 비해 도구를 쓰는 편이 더 자연스럽다. 현실성 있는 목표인지 확인하고 그 노력이 비용 효율적 투자인지 검증하자.

아래는 일반적으로 도구를 생성하는 방법이다.

- 기존 도구를 새로운 방식으로 연결하자. 흔히 유닉스 파이프 메커니즘을 사용하며, 약간의 연결 코드를 작성할 가능성이 크다. 복잡한 명령 줄 주문을 셸 스크립트(윈도의 경우 배치 파일)로 표현하면 매번 타이핑하지 않아도 된다.
- 스크립트 언어를 사용하자. 소규모 자가 생산 도구는 대부분 종종 펄 같은 일종의 스크립트 언어로 작성된다. 스크립트 언어는 빠르고 다루기 쉬우면서 도구 작성에 필요한 지원을 제공할 만큼 충분히 강력하다.
- 완전한 프로그램을 처음부터 하나하나 만들자. 계속해서 사용할 아주 중요한 도구일 때만 취하는 방법이다. 그렇지 않으면 쏟은 노력이 모두 무용지물이 된다.

다음은 도구 작성시 고려할 사항이다.

- 고객. 도구가 얼마나 세련되어야 하는가? 조잡한 구석이 조금은 허용되는가? 자신과 그 외 개발자 한 명만 도구를 사용한다면 대처할 수 있다. 반대로 언젠가 까다로운 사용자에게 도구가 필요하면 취향에 맞게 다듬어야 한다.
- 기존 도구로부터 확장 가능한가?(명령어를 래핑하거나 플러그인을 만드는 식으로)

프로젝트 관리

관리와 협업 도구는 일정에 맞춰 일을 보고 및 추적하고, 결함을 처리하고, 팀 성과를 관찰할 수 있게 해준다. 관리 도구의 범위에 따라 변변찮은 프로그래머에게는 거의 필요 없을 수도 있다. 하지만 보다 비범한 시스템은 모든 사용자를 참여시키며 프로젝트 활동의 중심축이 되기도 한다.

7.5 요약

> 우리에게 도구를 주십시오. 그러면 일을 마무리 짓겠습니다.
>
> _윈스턴 처칠 경

도구가 있어야 소프트웨어 개발이 가능하다. 좋은 도구가 있으면 훨씬 수월하다.

사용할 도구 집합을 꼭 평가하자. 도구를 올바로 사용하는 법을 정말 아는가? 꼭 있어야 하는데 빠진 도구는 없는가? 가지고 있는 도구를 최대한 활용하고 있는가?

도구는 딱 그 도구의 사용자만큼만 뛰어나다. 서투른 목수는 연장만 탓한다는 속담에는 갖가지 진리가 담겨 있다. 못난 프로그래머는 도구가 아무리 많아도 못난 코드를 만든다. 실제로 도구가 심각하게 형편없는 코드를 만드는 데 일조하기도 한다. 도구 상자를 대하는 전문적이고 책임감 있는 태도를 발전시켜야 더 나은 프로그래머로 거듭날 수 있다.

현명한 프로그래머

- 지루한 작업을 계속해서 반복하기보다 한 번에 적절한 도구를 사용하는 법을 배우려 한다.
- 다양한 툴체인 모델을 이해하고 각각에 익숙하다.
- 도구의 노예가 되지 않고 도구의 도움으로 편리해진다.
- 사용하는 모든 것을 도구, 다시 말해 대체 가능한 유틸리티로 여긴다.
- 도구를 습관처럼 사용하니 생산적이다.

형편없는 프로그래머

- 몇 가지 도구의 사용법만 익혀 그 도구의 관점에서 모든 문제를 바라본다.
- 새 도구를 배우는 데 시간을 들이는 것을 꺼린다.
- 개발 환경 한 가지를 선택해 시작하고 꾸준히 사용할 뿐 다른 도구에 도전해 보거나 심지어 알아보려 하지도 않는다.
- 쓸만한 새 도구를 우연히 접해도 도구 상자에 넣지 않는다.

7.6 참고

10장: 잭이 개발한 코드

도구가 소프트웨어 빌드 과정을 도맡아 진행한다. 코드를 직접 컴파일한다고 상상해 보라!

13장: 훌륭한 디자인

한 절에서 특정 디자인 도구를 논하겠다.

18장: 소스 안전 생활화

버전 관리 도구 사용에 관한 장이다

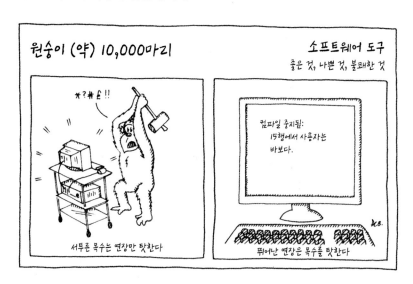

7.7 생각해 보기

다음 질문에 대한 자세한 설명은 593쪽 "정답과 설명"에 나와 있다.

7.7.1 궁리하기

1 팀원 전부가 같은 IDE를 쓰는 것과 각각 자신에게 가장 걸맞은 것을 고르는 것 중 무엇이 더 중요할까? 개발자마다 도구를 다르게 쓴다는 것은 어떤 의미일까?

2 어떤 프로그래머라도 자유자재로 사용할 수 있어야 하는 최소 도구 집합은 무엇일까?

3 명령 줄과 GUI 기반 도구 중 어느 쪽이 더 강력한가?

4 구성 도구 중 프로그램이 아닌 것이 있는가?

5 도구에서 다음 중 무엇이 가장 중요할까?

　a　상호운용성

　b　유연성

　c　개인화

　d　강력함

　e　사용과 배움의 용이성

7.7.2 스스로 살피기

1 가지고 있는 도구 상자에서 흔히 쓰이는 도구는 무엇인가? 어떤 도구를 매일 사용하는가? 일주일에 한두 번 쓰는 도구는 무엇인가? 가끔 쓰는 도구는 무엇인가?

　a　도구의 사용법을 얼마나 잘 아는가?

　b　모든 도구를 최대한 활용하는가?

　c　사용법을 어떻게 배웠는가? 도구 사용 기술을 늘리고자 시간을 투자해본 적 있는가?

　d　사용할 수 있는 최선의 도구인가?

2 도구를 어떻게 최신 버전으로 유지하는가? 최신의 최첨단 버전이 아니면 문제가 되는가?

3 (비주얼 개발 환경 같은) 통합 도구 집합을 선호하는가 아니면 개별적인 툴체인을 선호하는가? 서로의 이점이 무엇인가? 두 방식으로 작업해 본 경험이 얼마나 있는가?

4 기본값 댄(default Dan)인가 바꾸는 톰(tweaker Tom)인가? 즉, 에디터의 기본 설정을 그대로 쓰는가 아니면 더 이상 바꿀 수 없을 때까지 사용자 정의로 바꾸는가? 어느 편이 "더 나은" 방식인가?

5 소프트웨어 도구 예산을 어떻게 책정하는가? 예산만큼의 가치가 있을지 어떻게 판단하는가?

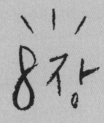

테스트할 시간

코드 테스트 마술

범사에 헤아려 좋은 것을 취하고
_데살로니가전서 1서 5장 21절

8장에서 다룰 내용

- 왜 코드를 테스트할까?
- 코드를 테스트할 책임은 누구에게 있을까?
- 어떻게 올바르게 테스트할까?
- 다양한 테스트 유형

마음껏 코드를 작성하자. 단, 한 가지는 확실하다. 절대 처음부터 완벽하게 동작하지 않는다. 아주 오래 심사숙고해서 디자인했더라도 소용없다. 소프트웨어 결함은 어떤 프로그램에도 침투하는 기이한 능력이 있다. 코드를 많이 작성할수록 결함도 늘어난다. 코드를 많이 작성하는 프로그래머 중에서 버그가 거의 없는 코드를 작성하는 프로그래머는 여태껏 보지 못했다.

그럼 어떻게 해야 할까? 코드를 테스트하면 된다. 테스트를 통해 숨어 있는 모든 문제를 찾고, 코드를 수정하며 코드 품질에 대한 신뢰를 이어간다. 자신을 얼마나 대단한 프로그래머라고 생각하든 간에 테스트하지 않은 소프트웨어를 출시하는 것은 자살 행위다. 테스트하지 않은 소프트웨어는 무조건 실패한다. 테스트는 생산 과정에서 필수다. 너무 많은 소프트웨어 공장에서 철저한 테스트의 중요성을 과소평가하거나 소프트웨어 출시 전 막바지 질주로 억지로 밀어 넣으려 한다.

테스트는 개발 과정 끄트머리로 밀려나 최종 프로그램 결과물이 괜찮은지 증명하라고 있는 것이 아니다. 한 일이 고작 이게 다라면 정말이지 아주 형편없는 코드가 나올 것이다. 테스트는 소프트웨어를 구성하는 핵심 기법이다. 매 코드 조각이 동작하는지 증명하는 것은 테스트에 의해서만 가능하고, 다시 말해 테스트가 끝났을 때만 말할 수 있다. 테스트가 없으면 어떻게 말할 수 있겠는가? 그토록 많은 소프트웨어 공장이 어떻게 제대로 된 테스트 없이 감히 빠져나가겠는가?

용어 정의

버그라는 용어는 대단히 연상적이고 지극히 모호하다. 단어의 뜻을 제대로 알지도 못하면서 쉽게 내뱉는다. 더 구체적인 용어를 사용하면 무엇을 하는지 정의하기 쉽다. 아래 정의는 IEEE 문헌[IEEE 84]의 영향을 받았다.

오류

오류는 개발자가 잘못한 것이다. 인간의 특정한 행위가 결함을 지닌 소프트웨어를 만든다. 예를 들어 코드에서 조건(C 배열에 접근하기 전 배열 크기 같은) 검사를 잊는 것이 오류다.

결함

결함은 소프트웨어에 내재된 오류의 결과다. 개발자가 오류를 만들면 이것이 코드 내에 결함을 야기한다. 애시당초 잠재된(latent) 문제다. 작성한 코드가 아예 실행되지 않으면 결함이 문제를 야기할 일도 없다. 소프트웨어를 실행하며 결함이 있는 코드를 자주 지나친다 한들 결함을 일으키는 특정한 방식으로 실행하지 않는 한 결함이 있는지 전혀 알아채지 못한다.

이 미묘한 차이가 디버깅을 힘들게 하는 요소로서 악명이 높다. 결함이 있는 코드 줄이 몇 년간 괜찮아 보이다가 어느 날 시스템이 이제껏 본 적 없는 가장 괴이한 짜증을 부리는데, 오래된 코드는 아주 오랫동안 안정적이었던터라 전혀 의심받지 않는다.

코드 리뷰에서 결함을 찾을 수도 있으나 실행 중인 프로그램에서는 결함을 식별해 낼 수 없다.

실패

결함이 발생하면 실패가 일어나기도 한다. 아닐 때도 있다. 진짜 신경써야 할 부분이 바로 결함의 발현인 실패다. 아마 유일하게 알아차릴 수 있는 현상이 아닐까 싶다. 실패는 프로그램의 요구사항, 다시 말해 기대 동작으로부터 시작된 프로그램 연산의 종착지다. 여기서부터는 철학에 가깝다. 나무가 숲에 떨어지면 소리가 날까? 실행 중인 프로그램에 버그가 나타나지 않아도 그 실수는 결함일까? 여기서 내린 정의들이 이 질문에 답하는 데 도움이 된다.

버그

버그라는 용어는 주로 결함과 동의어로 쓰이는 구어적 표현이다. 전해지는 이야기에 따르면 최초의 컴퓨터 버그는 진짜 벌레(bug)였다고 한다. 1947년 하버드에서 그레이스 호퍼 제독이 발견했다. 마크 II 에이큰 릴레이식 계산기(Mark II Aiken Relay Calculator) 속 계전기 사이에 끼인 나방이 기계 전체를 멈춰버렸다.*

8.1 현실성 검증

테스트란 무엇인가? 왜 테스트를 하는가? 이 두 가지 간단한 질문은 아주 명백해 보인다. 그럼에도 너무나 자주 적절한 소프트웨어 테스트가 이뤄지지 못한다. 혹은 적절한 생산 단계에서 수행되지 못한다. 훌륭한 테스트는 하나의 기술이다. 실제로 어떤 테스트를 수행하는 것으로 수많은 프로그래머가 달성하는 수준을 넘어선다. "테스트에 있어 단 하나의 가장 중요한 원칙은 테스트를 하는 것이다." [커니핸 파이크 99]

테스트와 디버깅은 비록 그 경계가 모호하고 종종 뒤죽박죽 섞이기는 해도 엄연히 별개이고 분리되어 있다. 테스트는 소프트웨어 내 결함의 존재 혹은 부재를 밝히는 체계적인 과정이다. 디버깅은 이처럼 결함이 있는 동작의 원인을 추적하는 행위이다. 테스트는 디버깅을, 디버깅은 수정을, 수정은 또 다른 테스트를 야기한다(고친 부분이 동작하는지 입증하기 위해 다시 테스트한다).

> **핵심개념★** 테스트는 디버깅이 아니다. 둘을 혼동하지 말자. 필요한 기술이 다르다. 언제 테스트하고 언제 디버깅하는지 알아 두자.

---

* **역주** 패치(patch, 천 조각)는 천공카드로 뚫은 구멍을 막는 행위를 말한다. 천공카드를 수정하는 행위 자체가 패치다. 패치는 옷에 난 구멍을 덧대다라는 뜻인데, 천공카드에 종이 테이프를 붙여서 수정하던 것에서 유래했다.

프로그래밍을 훌륭히 하고 있다면 디버깅보다 테스트를 훨씬 많이 하고 있을 것이다. 8장 "테스트할 시간"이 디버깅보다 앞서 나온 이유다.

소프트웨어 개발 과정을 통틀어 다양한 요소를 테스트한다.

- 무수한 문서들(documents)이 테스트 단계(보다 일반적으로 리뷰(review) 절차라 부름)를 거친다. 이렇게 함으로써 가령 요구사항 명세는 고객 요구를 올바르게 모델링하고, 기능(functional) 명세는 요구사항 명세를 구현하고, 다양한 하위 시스템 명세는 기능 명세를 충족할 만큼 완전해진다.
- 자연스럽게 뒤이어 구현 코드(code)가 개발자의 장비에서 테스트된다. 각 함수를 작성하며 한 줄씩 테스트하는 것부터 시작해 개개 모듈 테스트를 거쳐 코드 영역을 한데 이어 붙인 후의 통합 테스트까지 몇 가지 수준으로 테스트된다.
- 끝으로 최종 제품(product)을 테스트한다. 이 테스트 단계에서는 개발된 모든 코드 컴포넌트를 간접적으로 테스트하고(혹은 해야 하고) 각 컴포넌트에는 초점을 맞추지 않는다. 그저 프로그램이 전반적으로 명세대로 동작하는지 살핀다.[*]

  제품 테스트에는 여러 가지를 함께 고려해야 할 수도 있다. 무엇보다 시스템이 의도대로 기능하는지 확인하는 것이 가장 중요하다. 또한, (압축된 PC 소프트웨어 제품인 경우) 올바르게 설치해서 쓸 수 있는지 확인하기도 한다.

  제품 테스트는 QA 부서에서 수행한다. 제품이 어떻게 동작해야 하는지 정확히 알고 그대로 동작시키면서 제품에 정해진 모든 품질 기준을 충족시키는 것이 QA 부서의 역할이다.

8장에서는 중간 지점, 즉 소프트웨어 개발자로서 코드를 테스트하는 방법에 집중한다. 나머지 테스트 행위는 이 책의 범위를 벗어나는 별도의 방대한 주제다.

품질 보증

QA란 품질 보증(quality assurance)이다. 아주 고달프게 들리지 않는가? 그렇다고 품질 보증이 단순히 누구 혹은 무엇인가? QA란 이름은 소프트웨어 공장 근무자 무리와 개발 사례 양쪽 모두에 해당된다. QA를 올바르게 이해하려면 실제 정의에서 구어적 표현과 오해를 없애야 한다.

흔히 QA와 테스트를 하나로 오해하는데 둘은 상당히 다르다. 테스트는 소프트웨어가 원래 명세와 다르게 잘못 동작할 때를 감지하려는 것으로서 실질적으로는 감지(detection)에 가깝다. 진정한 QA는 예방(prevention)이다. QA는 절차와 개발 사례를 통해 고품질 소프트웨어가 생산되도록 한다. 테스트는 QA의 일부다. 소프트웨어 품질은 단순히 버그 개수로 논할 수 없다. 일정과 예산에 맞춰 출시되고 요구사항(requirement)과 기대(expectation)(두 가지가 다를 수 있다)를 모두 충족하는 소프트웨어를 말한다. 슬프게도 오늘날 소프트웨어 공장에서 출시되는 소프트웨어 중 고품질은 아직도 드물다.

소프트웨어 품질을 책임지는 주체는 누구일까? 조직의 테스트 부서(주로 QA 부서라 부름)는 제품 테스트에 전념하는 그룹이다. 프로그램이 출시해도 될 만큼 훌륭한지 최종적으로 결정한다. 이 역시 품질 퍼즐을 맞추는 중요한 조각이지만 전체 그림은 아니다. 개발 과정에 참여한 모두가 고품질 소프트웨어를

---

[*] 당연하게도 올바른 동작이 무엇인지 사전에 주의 깊게 명시되어 있을 테니 말이다.

만드는 데 열중하고, 코드가 완성된 후에는 추가할 수 있는 것이 아니다.

소프트웨어 품질을 감시하는 책임은 주로 제품 테스트를 수행하는 그룹 내 나머지 사람들이다. 그렇지 않을 경우 전반적인 QA는 프로젝트 매니저의 몫이고 테스터는 테스트만 한다.

8.2 누가, 언제, 무엇을, 왜?

효과적으로 소프트웨어를 테스트하려면 왜 테스트하고 누가 하고 테스트에 무엇이 수반되고 언제 이뤄져야 하는지 알아야 한다.

8.2.1 왜 테스트하는가?

소프트웨어 개발자의 입장에서 테스트 절차란 결함을 찾고 수정할 수 있도록, 같은 결함이 이후 버전에서 다시 나오지 않도록 존재한다.

테스트로는 결함이 없다고 증명할 수 없으며 결함의 존재만 드러낼 뿐이다. 테스트에서 어떤 버그도 찾지 못했다고 해서 꼭 버그가 없다는 뜻은 아니며 그저 아직 찾지 못했다는 의미다.

> 핵심개념 ★ 테스트는 결함의 존재만 밝혀낸다. 결함의 부재는 증명할 수 없다. 미흡한 테스트 묶음을 통과하는 코드에 쉽게 안심하지 말자.

개발 주기 마지막에 수행하는 소프트웨어 테스트는 또 다른 동기부여가 된다. 출시가 가능한지 증명하려면 소프트웨어 컴포넌트가 올바르고 결함을 포함하지 않는다고 입증(verifying)해야 할 뿐 아니라 애초에 수립된 요구사항을 확실히 충족하는지 검증(validate)해야 할 수도 있다. 검증은 인수(acceptance) 테스트의 한 형태다.

8.2.2 누가 테스트하는가?

소스 코드를 작성한 프로그래머에게 테스트할 책임이 있다. 이 문장을 이마에 거꾸로 새겨 아침마다 10분씩 거울에 비춰 보자.

소프트웨어 공장에서 겪는 고난에 환멸을 느낀 무수한 개발자가 코드를 쏟아 내고 테스트도 없이 무턱대고 QA에 배포한다. 무책임하고 전문성도 떨어진다. 장기적으로 볼 때 올바르게 테스트해야 시간과 노력이 덜 든다. 테스트하지 않은 코드를 제품으로 출시하는 행위는 굉장히 어리석을 뿐 아니라 테스트하지 않은 코드를 QA 부서에 제공하는 것만큼이나 잘못됐다. 물론 테스트가 QA 부서의 역할이지만 제품을 테스트하는 것이지 작성한 코드 줄을 테스트하는 것이 아니다. 개발자가 남겨둔, 모호하고 겉보기에는 아무 관련 없는 듯 자신을 드러내고 있는 바보 같은 코딩 오류를 찾아낼 가능성이 크다. 하지만 QA의 역할은 대충 코딩하는 프로그래머 뒷감당이 아니라 이전에 잡아낼 수 없던 보다 근본적인 오류를 찾는 일이다.

> **핵심개념★** 작성한 매 코드를 테스트해야 한다. 누군가 대신 해주기를 바라지 말자.

8.2.3 테스트에 무엇이 수반되는가?

소프트웨어를 작성할 때는 먼저 개개 함수와 데이터 구조 클래스를 만든 후 서로 이어 붙여 동작하는 시스템을 완성한다. 주된 테스트 전략은 테스트 코드라는 코드를 추가로 작성해 이러한 코드를 전부 돌려 보며 동작을 검증하는 것이다. 이렇게 하면 테스트 대상 주변에 찔러보고 쑤셔보고 몰아붙이는 벨트가 형성되면서 대응을 유발하고 그 대응이 올바른지 확인한다.

각 주요 클래스와 함수로 시작해 이처럼 작은 부분으로 이뤄진 상부 구조(superstructure)까지 돌아가며 시스템 단계별로 테스트 코드를 작성한다. 테스트마다 다음과 같은 사항을 확인하자.

- 정확히 어떤 코드 조각을 테스트하고 있는지. 이럴 때는 경계가 명확한 모듈이 유용한데 그 인터페이스가 바로 테스트 지점이다. 인터페이스가 모호하거나 복잡하면 테스트도 모호하고 복잡해진다.
- 테스트에 사용 중인 메서드(202쪽 "테스트 유형" 참고)
- 언제 끝날지. 영원히 테스트할 수도 있다 보니 가장 어려우면서도 가장 중요한 질문 중 하나다. 언제쯤 테스트 케이스를 충분히 돌려봤다고 말할 수 있을까?

코드를 검사(inspect)해 정확성(correctness)을 증명하는 테스트 전략도 보편적으로 쓰인다. 인간이 하는 행위임을 고려할 때 실패할 가능성이 크고 잘 정의된 요구사항도 필요하다. 일반적인 검사 기법이 코드 리뷰다(20장 참고). 코드 검사 도구가 큰 힘이 되지만 개발자를 대신해 모든 테스트를 마법처럼 행하지는 못 한다. 그때그때 주먹구구식으로 검사하는 경우가 허다해서 툭 하면 결함을 놓친다. 프로그램 내에서 테스트하는 방향을 추구하자. 8장 전반에 걸쳐 살펴보겠지만 이편이 더 이롭다. 둘을 조합하면 가장 효과적이다.

8.2.4 언제 테스트하는가?

코드를 작성하며 테스트함으로써 되도록 빨리 코딩 오류를 잡자. 이때가 오류를 고치기 가장 쉽고 영향을 받는 사람도 드물고 피해도 가장 작다. 철저한 초기 테스트는 소프트웨어 품질을 보장하는 가장 효과적인 방법이다.

개발 단계를 거치며 버그 비용*이 점점 커지므로 소프트웨어를 개발하는 중에(혹은 그보다 먼저) 코드 테스트를 가능한 한 빨리 시작해야 한다. 애자일 프로그래머에 의해 대중화된 테스트 주도 개발(test-driven development) 방식은 테스트를 핵심 구성 기법으로 내세우는데 이 방법에서는 테스트할 코드를 작성하기도 전에 테스트 코드를 먼저 작성한다.

> **핵심개념 ★** 효과적인 코드 테스트는 조기에 시작해 가장 피해가 적을 때 버그를 잡는다. 코드를 작성하기도 전에 테스트를 작성할 수 있다!

이는 가장 중요한 개념으로서 프로그래밍 루틴에 반드시 녹아 들어가야 한다. 코드 조각을 작성할 때마다 즉시 테스트를 작성하자. 아니면 테스트를 먼저 작성하자. 코드가 동작하는지 증명해서 더 진행해도 괜찮은지 확실히 하자. 이 시점에 테스트를 작성하지 않으면 증명되지 않은 채로 남겨지고 잠재적으로 버그가 있는 코드를 그대로 두게 된다. 코드 기반의 안전성이 무너진다. 버그와 맞닥뜨려도 (마지막 테스트 작성 이후 누적되어 온 쓰레기 더미 속에서) 어떤 코드 조각이 문제를 일으키는지 알 수가 없다. 결국 디버거를 켜게 되고 막대한 시간이 날아간다.

테스트 작성을 미루는 것은 멀찍이서, 다시 말해 무엇을 하려던 코드인지 잊었을 만큼 아주 나중에 혹은 별도의 코드 모듈을 테스트하다가 테스트한다는 뜻이다. 이러한 테스트는 효과적이지 못하고 십중팔구 테스트 작성을 아예 잊어버린다.

테스트 전략은 엄청난 영향을 미친다. 코드를 어떻게 작성할지 생각할 때 동시에 어떻게 테스트할지도 생각해야 한다. 이로써 코드 디자인 방식이 더 훌륭하게 다듬어진다. 209쪽의 "테스트 디자인"에서 이유를 알아보겠다.

기존 테스트를 용케 빠져나간 결함을 찾을 때마다 (우선 애초에 그 결함을 놓친 자신을 꾸짖은 후) 테스트 묶음에 새 테스트를 추가해야 한다. 새 테스트는 버그 수정본이 올바른지 증명한다. 또한, 버그는 향후 코드 수정이 발생할 때 불쑥 다시 살아날 수 있는데 이처럼 같

---

* 버그 비용에 대한 자세한 정보는 224쪽 "실패의 경제학"을 참고한다.

은 버그가 나중에 다시 출현해도 잡아낸다.

원칙대로 가능한 한 빨리 테스트를 작성했다 한들 얼마나 자주 실행할까? (컴퓨터의 지원을 받아) 할 수 있는 만큼은 아니더라도 인간의 힘으로 할 수 있는 한 자주 하자. 테스트를 더 자주 실행할수록 문제를 감지할 가능성도 커진다. 이는 지속적인 통합(continuous integration) 전략(262쪽 "자동화된 빌드" 참고)에 반영돼 있으며 왜 프로그램 내 테스트가 그토록 강력한지(반복해서 수행하기 쉬움) 보여준다.

8.3 테스트는 어렵지 않다...?

죽을 힘을 다해 테스트하지 않는 한 테스트는 정말 어렵다. 게다가 세심한 노력까지 요한다. 특정 코드 조각이 동작하는지 테스트하려면 아래를 입증할 테스트 하네스(test harness)*가 필요하다.

- 모든 유효한 입력에 대해 올바른 출력을 생성한다.
- 모든 유효하지 않은 입력에 대해 적절한 실패 동작을 생성한다.

말로는 그렇게 힘들어 보이지 않지만 아주 단순한 함수 빼고는 현실적으로 위와 같은 테스트를 완벽하게 수행할 수 없다. 유효한 입력 집합은 대개 아주 큰 데다 모든 입력을 개별적으로 테스트하기란 불가능하다. 소수의 대표 입력값 집합을 선별해야 한다. 유효하지 않은 입력 집합이 유효한 입력 집합보다 대체로 크기 때문에 소수의 유효하지 않은 대표 입력값 집합도 추려야 한다.

두 가지 예제로 설명해 보겠다. 첫 번째 함수는 테스트하기 쉽다.

```
bool logical_not(bool b)
{
    if (b)
        return false;
    else
        return true;
}
```

---

* 테스트를 위해 생성된 코드와 데이터

유효한 입력 집합의 크기는 2이고 유효하지 않은 입력은 없다. 함수 테스트 하네스가 간단하다는 뜻이다. 아마 다음과 같을 것이다.

```
void test_logical_not()
{
    assert(logical_not(true) == false);
    assert(logical_not(false) == true);
}
```

하지만 함수가 하는 일이 그다지 재미있지는 않다. 다음 함수를 보자(얼마나 명쾌한지에 대한 비평은 잠시 아끼자). 테스트하기 얼마나 더 어려울까?

```
int greatest_common_divisor(int a, int b)
{
    int low  = min(a, b);
    int high = max(a, b);

    int gcd = 0;
    for (int div = low; div > 0; --div)
    {
        if ((low % div == 0) && (high % div == 0))
            if (gcd < div)
                gcd = div;
    }
    return gcd;
}
```

코드 조각은 여전히 작지만 다음과 같은 이유로 테스트가 훨씬 어렵다.

* 매개변수는 두 개뿐이지만 유효 입력 집합이 너무 크다. 가능한 모든 값 조합을 테스트하려면 시간이 너무 오래 걸려 어림없다.* 매개변수가 늘어나면 문제는 기하급수적으로 커진다.
* 루프를 포함한다. 모든 형태의 브랜치(for 루프를 포함)는 복잡도와 실패 가능성을 높인다.
* 조건문이 있다. 각각이 동작하는지 확인하려면 각 조건 조합을 통과하며 실행되는 코드를 준비해야 한다.

작은 함수 하나에 이 정도다. 함수에 이미 결함이 있는데 혹시 눈치챘는가? 찾을 수 있는가? 그렇다면 10점 만점과 함께 금상을 수여하겠다.**

---

* 입력값이 클수록 for 루프가 더 오래 걸린다. 32비트짜리 int에(2^{64}만큼의 입력 조합이 있다는 뜻) 성능 좋은 고속 장비(가령 매 함수 호출에 1밀리 초가 걸리는. 이 정도면 굉장한 프로세서 캐시다)를 가정하면, 무작위 대입(brute-force) 테스트에 거의 6억 년이 걸린다! 물론 테스트 결과도 전혀 출력하지 않은 채로…

** 정답을 알고 싶으면 8장 "궁리하기"에 나오는 첫 번째 문제의 정답(596쪽)을 살펴보자.

위 세 문제가 소프트웨어 테스트를 더 어렵게 만드는 유일한 원인은 아니다. 테스트 복잡도를 높이는 요인은 무수히 많다.

코드 크기

코드가 커질수록 잠재적 결함 가능성도 커지고 유효성을 검증하기 위해 통과하며 추적해야 할 실행 경로도 늘어난다.

종속성

코드 조각 하나는 당연히 쉽게 테스트할 수 있다. 하지만 테스트 하네스로 무언가 하기 전에 나머지 코드 기반을 모두 붙여야 한다면 어떤 테스트를 작성하든 너무 힘들다(시간도 많이 든다). 이어 붙인 모든 코드 컴포넌트를 조정하기 아주 어려워서 아예 테스트를 하지 못하거나 혹은 종합적으로 하지 못한다. 테스트할 수 없는 디자인(untestable design)의 한 예다. 209쪽 "테스트 디자인"에서 해결책을 살펴보겠다.

이어지는 두 절 역시 여러 가지 내부 코드 종속성을 설명한다.

외부 입력

시스템의 외부 요소 상태에 의존한다면 이 역시 본질적으로 하나의 입력이다. 함수 매개변수와 달리 이러한 외부 입력은 특정 테스트 값으로 받을 수 있게 준비하기가 어렵다. 실행 중인 프로그램 내 다른 요소와의 타협 없이는 공유 전역 변수에 임의의 값을 할당할 수 없다.

외부 자극

코드는 함수 호출 외에 다른 자극에도 반응한다. 이러한 자극이 비동기식으로(아무 때나), 어떤 빈도로든 발생하면 처리하기 특히 까다롭다.

- 클래스는 아무 때나 불쑥 시스템 내 다른 요소의 콜백에 영향을 미친다.
- 하드웨어 인터페이스 코드는 물리적 장비의 상태 변화에 반응한다.
- 다른 시스템과의 상호 작용에 시간이 오래 걸릴 수 있다. 물리적 연결은 간섭받기 쉽다 보니 성능이 떨어지거나 네트워크 연결이 불안정할 수 있다.
- 사용자 인터페이스 코드는 사용자의 마우스 제스처(mouse gesture)에 따라 구동된다. 테스트 환경에서 GUI를 물리적으로 자동화하기란 어렵다.

인공적인 테스트 환경에서는 위와 같은 조건을 시뮬레이션하기 어렵고 특히 시간에 구애받는다(마우스 더블 클릭 속도나 하드웨어가 생성하는 인터럽트 주기 등).

메모리가 모자라거나 디스크 공간이 고갈되거나 네트워크 연결에 실패하는 등 예기치 않게 외부 영향이 발생하기도 한다. 지배적인 모든 환경 조건에 대처하는 강력한 코드를 만들어야 한다.

스레드

다중 스레드는 동시 실행 코드가 임의의 순서로 얽힐 수 있어 테스트가 더 복잡하다. 실행 경로 간 복잡한 상호 작용으로 인해 절대 반복할 수 없는 테스트도 있다. 교착 상태(deadlock)나 기아(starvation)로 이어지는 스레드 결함은 가뜩이나 발생시키기 어려운데 불쑥 발생해서 심각한 문제를 일으킨다.

실제 병렬 멀티프로세서 시스템에서의 프로그램 스레드 동작은 단일 프로세서 타임 슬라이싱(time-slicing) 환경에서 동시 실행을 시뮬레이션한 동작과 다르다.

진화

소프트웨어는 진화한다. 이러한 진화가 테스트를 망가뜨리기 쉽다. 요구사항이 고정되지 않으면, 다시 말해 API가 바뀌고 기능이 완전히 새로워지고 개발이 멈추지 않고 계속돼 전체 테스트 집합이 만들어지지 못하면 초기 테스트는 출시 시점에 실효성이 없다.

작성한 코드를 비롯해 모든 외부 코드에는 안정적인 인터페이스가 있어야 한다. 코드가 절대 멈춰 있지 않으니 현실적으로 터무니없는 이상이다. 그래서 코드와 함께 쉽게 수정할 수 있는 작고 융통성 있는 테스트를 만들어야 한다.

하드웨어 결함

결함은 소프트웨어뿐 아니라 하드웨어에도 존재한다. 임베딩 환경을 다룰 때는 금속을 상대하다 보니 주로 하드웨어 오류와 마주친다. 하드웨어 결함은 재현이 거의 불가능하고 자기도 모르게 소프트웨어를 먼저 의심하기 때문에 진단하고 수정하기 더 어려울 수 있다.

끔찍한 실패 방식

코드는 아주 여러 가지 흥미롭고 기이한 방식으로 갑자기 중단될 수 있다. 프로그램에 결함이 생기면 부정확한 출력(incorrect output) 말고도 다퉈야 할 적이 많다. 무한 루프와 교착 상태, 기아, 프로그램 충돌, 운영 체제 락업(lock-up), 그 밖의 잠재적인 실패가 못난 얼굴을 들이밀며 테스트를 다채롭고 흥미롭게 만든다. 걷잡을 수 없는 소프트웨어 실패는 하드웨어에 물리적 손상을 가하기도 한다!* 이를 검사하는 테스트 하네스를 작성하자.

테스트 하네스 작성은 그리 쉬운 일이 아니다. 컴포넌트끼리 이어지고 서로 의존하기 시작하면 소프트웨어의 복잡도는 급격히 높아진다. 온 문제가 힘을 합쳐 삶을 아주 복잡하게 꼬아 놓는다. 힘들기만 하면 다행인데 기술적으로도 소프트웨어를 철저하게 테스트하는 하네스를 작성할 수가 없다. 필요한 테스트 데이터를 모두 생성하고 모든 입력과 자극 집합에 대해 소프트웨어를 실행할 시간과 자원이 부족하다. 무작위 대입 방식은 순식간에 비현실적이 되고 테스트를 무시한 채 그냥 버그가 없기를 바라는 편이 더 편해 보인다.

아무리 열심히 테스트해도 결함이 없는 소프트웨어는 만들 수 없다. 테스트 코드 작성은 그만큼 어렵고 일반 코드 작성만큼 실력이 요구된다. 가장 철저한 테스트조차 빠져나가는 오류가 변함없이 꼭 생겨난다(연구에 따르면 가장 신중히 테스트한 소프트웨어조차도 코드 1000줄당 0.5~3개 정도의 오류 정도를 포함한다고 한다).[마이어 86] 현실 세계에서 테스트는 단지 소프트웨어가 충분하다(adequate)고만 증명할 뿐 소프트웨어가 무적이라고는 증명하지 못한다.

이 점을 유념하여 대다수의 소프트웨어 결함을 잡아낼 핵심 테스트에 집중해야 가장 효과적이다. 테스트를 고르는 방법은 잠시 후 알아보겠다.

8.4 테스트 유형

소프트웨어 테스트는 종류가 아주 다양하고 무엇이 더 낫다고 단언할 수 없다. 메서드마다 코드에 접근하는 방식이 다르고 각각 다른 클래스 결합을 잡아낸다. 모두 필요하다.

단위 테스트

단위 테스트(unit test)라는 용어는 코드의 모듈(module)(가령 라이브러리, 장치 드라이버, 프로토콜 스택 계층 등)을 테스트한다는 뜻으로 흔히 쓰이나 실제로는 각 클래스나 함수 같은 원자 단위 테스트를 뜻한다.

---

* 농담이 아니다. 68000 프로세서에는 문서화되지 않은 홀트 앤 캐치 파이어(halt and catch fire) 명령어가 있다. 이 명령어는 주소 행을 매우 빠르게 순환하면서 회로판을 과열시켜 화재를 일으킨 버스 테스트 연산이다.

단위 테스트는 완벽히 독립적으로 수행된다. 해당 단위와 인터페이스하는 무언가가 신뢰할 수 없는 외부 코드에 들어 있으면 스텁(stub)이나 시뮬레이터로 대체된다. 이로써 외부 영향으로 생기는 버그가 아니라 해당 단위 속 버그만 잡아낸다.

컴포넌트 테스트

단위 테스트보다 한 단계 나아가 둘 이상의 단위 조합을 하나의 컴포넌트로서 검증한다. 흔히 이를 단위 테스트라 여긴다.

통합 테스트

컴포넌트 조합을 시스템에서 하나로 합쳐 서로 올바르게 연결되는지 확인하며 테스트한다.

회귀 테스트

소프트웨어나 환경을 수정 또는 변경 후 다시 테스트하는 것이다. 회귀 테스트는 소프트웨어가 이전과 똑같이 동작하는지, 수정 과정에서 고장 난 것은 없는지 확인하기 위해 수행한다. 불안정한 소프트웨어를 다루다 보면 어떤 곳에서의 변경이 다른 곳에서 기이한 결함으로 나타난다. 회귀 테스트는 이러한 일을 방지한다.

얼마나 많은 테스트를 다시 해야 할지, 특히 개발 주기 막바지라면 더 정하기 어렵다. 자동화된 테스트 도구가 이러한 테스트 유형에 특히 유용하다. 210쪽 "직접 하지 않아도 돼!"에서 자세히 다루겠다.

부하(load) 테스트

예상되는 데이터 볼륨이 들어올 때 코드가 처리할 수 있는지 확인하기 위해 수행한다. 훌륭한 답을 생성하는 코드를 작성하기는 쉽지만, 적절한 때에 생성하는 것은 또 다른 문제다. 부하 테스트는 부정확한 버퍼 크기나 잘못된 메모리 사용, 부적절한 데이터베이스 디자인으로 발생하는 시스템 효율성과 관련된 문제를 해결하기도 한다. 부하 테스트는 프로그램이 예상대로 "확장(scale up)"되는지 확인한다.

스트레스(stress) 테스트

스트레스 테스트는 엄청난 양의 데이터를 단시간 내에 코드에 쏟아부어 어떻게 되는지 본다. 부하 테스트와 유사하며 주로 고가용성(high-availability) 시스템에 쓰인다. 스트레스 테스트는 시스템의 특징, 즉 과부하(overload)를 얼마나 버티는지 검사한다. 부하 테스트는 코드가 예상(expected) 수요를 감당할 수 있는지 보인다. 반면 스트레스 테스트는 코드가 무차별 공격에 와르르 무너져 버리지 않는지 알려준다. 코드가 반드시 항상 완벽하게 동작해야 하는 것은 아니나 적절하게 실패하고 잘 복구되어야 한다.

스트레스 테스트는 소프트웨어가 중단될 때까지 얼마나 밀어붙일 수 있는지 소프트웨어의 수용력(capacity)을 결정짓는다. 스레드를 사용하는 시스템이나 실시간 시스템에 특히 적절하다.

유지(soak) 테스트

유지 테스트는 스트레스 테스트와 비슷하다. 단, 며칠이나 몇 주, 길게는 몇 달 같이 긴 시간 동안 고부하로 실행함으로써 대량의 연산 실행 후 드러나는 성능 문제를 밝히는 것이 핵심이다. 유지 테스트는 이렇게까지 테스트하지 않으면 감지하지 못했을 결함을 찾아낸다. 내부 데이터 구조가 서서히 파괴되면서 결국에는 프로그램 충돌이나 성능 저하로 이어지는 작은 메모리 누수 같은 결함 말이다.

유용성(usability) 테스트

근시안적인 사용자라도 소프트웨어를 손쉽게 쓸 수 있는지 확인한다. 최종 사용자 테스트는 다양한 형태를 띠며 주로 유용성 연구실(usability lab)에서 매우 통제되고 잘 짜여진 조건하에 수행된다. 또한, 사용자가 무엇을 생각하는지 알기 위해 현실 세계 설정으로 맞춰 현장 실험(field trial)으로 소프트웨어를 테스트한다.

알파, 베타, 감마...

알파와 베타 테스트란 무엇일까? 흔한 용어지만 이 책에서 살펴봤던 다른 테스트와 같은 부류로 보기 어렵다. 코드 조각 구현이 아닌 최종 제품 테스트에 더 초점을 맞춘다. 그래도 알고 넘어가자.

다행히도 이러한 용어에는 정해진 정의가 없다. 회사마다 알파 또는 베타 상태의 소프트웨어가 무엇인지에 대한 개념이 각기 다르다. 모두 알다시피 알파 소프트웨어는 아주 이상적으로 만들어졌다가 공개되는 순간 허공으로 사라지기도 한다. 알파 또는 베타 소프트웨어는 초기에 피드백을 이끌어내고 자신감을 얻기 위해 사전 고객 프리뷰로서 주로 외부에 배포된다.

공통으로 아래처럼 해석된다.

알파 소프트웨어

첫 "코드 완성" 단계. 아직 버그가 아주 많이 있을 수 있고 완벽히 신뢰하기 어려울 수 있다. 뻔한 결함을 잠시 제처두면 알파 소프트웨어는 최종 제품이 어떤 모습일지 잘 보여준다.

베타 소프트웨어

알파 단계를 잘 거친 베타 소프트웨어에는 버그가 거의 없고 아주 소수의 문제만 남는다. 최종 제품과 크게 다르지 않다. 베타 테스트(즉 베타 소프트웨어 테스트)는 최종 배포 후보에 남아 있는 이슈를 해결하는 데 쓰인다. 대부분 현실 세계에서의 현장 실험을 포함한다.

단위 테스트와 컴포넌트 테스트를 작성할 때 블랙박스와 화이트 박스* 테스트라는 두 가지 방식으로 테스트 케이스를 고안한다.

블랙박스 테스트

기능 테스트(functional testing)라고도 불린다. 블랙박스 테스트는 의도한 기능과 실제 기능을 비교한다. 시험자는 코드 내부 동작을 볼 수 없다. 그래서 블랙박스(block box) 처럼 보인다. 디자이너와 시험자가 별개일 수 있다.**

블랙박스 테스트는 매 코드 줄을 테스트하려고 애쓰는 대신 소프트웨어의 명세를 충족하는지만, 즉 박스 한쪽 끝에 올바른 것을 넣으면 나머지 한쪽에서 올바른 것이 나오는지 확인한다. 따라서 명확한 명세와 문서화된 API가 없으면 블랙박스 테스트를 고안하기가 어렵다.

블랙박스 테스트 케이스는 소프트웨어 명세를 만들자마자 바로 디자인할 수 있다. 애초에 명세가 정확해야 하고 테스트를 고안한 후 바로 달라지면 안 된다.

화이트 박스 테스트

구조 테스트(structural testing)라고도 불린다. 코드 커버리지(code-coverage) 기반 접근법이다. 각 코드 줄을 체계적으로 면밀히 검토해 정확성을 보장한다. 블랙박스 속은 미리 들여다볼 수 없었지만 이제 할 수 있으며 실제로 한다. 그래서 때로는 화이트 박스 테스트를 글라스 박스 테스트라고도 부른다. 오로지 생성한 코드 줄 테스트만 할 뿐 명세 충족 여부는 보장하지 않는다.

화이트 박스 테스트에는 정적과 동적 방식이 있다. 정적 테스트는 코드를 실행하지 않고 대신 검사하고 차례차례 살펴보며 해법이 유효한지 확인한다. 동적 테스트는 코드를

---

* **편집** 블랙박스와 화이트 박스의 띄어쓰기는 맞춤법 규정을 준수합니다. 비슷한 예로 붙어는 붙이고 프랑스 어는 띄어 써야 하지만, 2017년 외래어 표기 개정을 통해 프랑스어도 붙이는 것으로 바뀌었습니다.

** 하지만 좋은 생각은 아니다. 대부분은 프로그래머 자신이 스스로 만든 코드에 대한 단위 테스트를 작성할 최선의 인물이다.

실행해 모든 코드 줄에 방문하고 모든 결정을 실행해 보며 경로와 분기문 테스트를 수행한다. 특정 경로를 실행하게끔 강제로 제어하려면 코드를 약간 수정해야 할 수도 있다. 이렇게 수정하는 편이 가능한 모든 동작 조합에 대해 테스트 케이스를 작성하는 것보다 쉬울지도 모른다.*

화이트 박스 테스트가 수고롭고 블랙박스 테스트보다 비용도 훨씬 크다 보니 많이 하지 않는 편이다. 게다가 화이트 박스 테스트 계획을 세우려면 먼저 완성된 코드가 있어야 한다. 전형적으로 블랙박스 테스트는 화이트 박스 테스트를 시작하기도 전에 끝난다. 이 단계에서 실패하면 비용이 훨씬 더 늘어난다. 수정본을 만들어 블랙박스 테스트를 다시 수행하고 새로운 화이트 박스 테스트를 고안해 실행해야 한다.

코드를 계측하고 테스트 커버리지를 측정하는 도구가 있다. 도구 지원 없이는 화이트 박스 테스트 때문에 머리가 터져버릴지도 모른다.

블랙박스 테스트는 누락(omission) 결함(소프트웨어가 명시된 동작을 빠뜨린 경우)을 찾아내는 반면 화이트 박스 테스트는 과오(commission) 결함(구현에 결함이 있는 경우)을 찾아낸다. 하나의 소프트웨어 단위를 완벽히 테스트하려면 블랙박스와 화이트 박스 테스트 모두 필요하다.

테스트 시간

아래 각 테스트 방법은 개발 과정 중 서로 다른 시점에서 활용된다. 아래 표에서 각 시점마다 어떤 테스트가 가장 중요한지 설명한다.

개발 단계	블랙과 화이트 박스 중 무엇?	이 개발 단계의 일반적인 테스트 방법	테스트 수행 주체
요구사항 수집	블랙	블랙박스 테스트 고안	개발자, QA
코드 디자인	블랙	블랙박스 테스트 고안	개발자, QA
코드 구성	블랙, 화이트	단위, 컴포넌트, 회귀	개발자
코드 통합	블랙, 화이트	컴포넌트, 통합, 회귀	개발자
알파 상태	블랙, 화이트	회귀, 부하, 스트레스, 유지, 유용성	개발자, QA
베타 상태	블랙, 화이트	회귀, 부하, 스트레스, 유지, 유용성	QA
배포 후보	블랙, 화이트	회귀, 부하, 스트레스, 유지	QA
배포	블랙, 화이트	이제 와서 너무 늦었다…	사용자(행운을 빈다)

---

* 실제로 소스 코드를 수정할 경우 엄밀히 말해 최종 실행 파일을 테스트하는 것이 아니니 우려스럽다.

8.5 단위 테스트 케이스 고르기

테스트는 꼭 해야 하는데 완벽한 테스트가 불가능하다면 가장 효과적인 테스트 집합을 현명하게 골라야 한다. 신중하고 체계적인 계획을 세워야 할 때다. 단순하게 코드를 벽에 붙이고 손에 들어오는 대로 발사하는 산탄총(scattergun) 방식을 취해 보자.

위 방식으로 어떤 결함을 찾아낼지도 모른다. 하지만 합리적이고 단계적인 테스트 방식 없이는 코드에 대한 올바른 자신감을 심어 주는 품질 테스트가 불가능하다. 산탄총 대신 정확한 시야를 가진 라이플총을 고른 후 코드에 신중히 조준 사격해 적절한 표식을 맞춤으로써 여전히 유효한지 확인해야 한다.

어디를 조준할까? 어떤 테스트 데이터를 집중 투하할지 어떻게 결정할까? 가능한 값을 전부 시도할 수는 없으니 소수의 적절한 입력을 골라야 한다. 계속해서 똑같은 문제 몇 가지만 드러내는 테스트가 아니라 소프트웨어의 결함을 드러낼 가능성이 가장 높은 테스트를 골라야 한다.

> **핵심개념★** 코드의 다양한 측면을 실험하는 포괄적인 테스트 묶음을 작성하자. 똑같은 결함을 반복해서 보여주는 테스트 15개가 보다 서로 다른 결함 15개를 드러내는 테스트 15개가 더 유용하다.

이렇게 하려면 코드 조각의 요구사항을 잘 파악해야 한다. 무엇을 하려는 코드인지 모르면 적절한 테스트 케이스를 작성할 수 없다. 완전히 잘못된 길로 들어설지도 모른다.

다음은 블랙박스 테스트의 테스트 케이스다.

올바른 입력

정상적인 상황에서 소프트웨어가 올바르게 동작하는지 보장하기 위해 올바른 입력 여러 개를 신중하게 고르자.

유효한 입력 값 범위를 모두 아우르자. 값을 가로지르는 중간값, 허용할 수 있는 입력 바로 아랫 경계 주변 값, 윗 경계 주변 값을 포함시키자.

잘못된 입력

올바른 입력만큼 일정수의 잘못된 입력을 신중하게 고르는 것도 중요하다. 소프트웨어가 강력하고, 유효하지 않은 입력이 들어와도 모호하게 답하지 않는다고 보장하기 위해서다.

다음과 같은 모든 종류의 잘못된 데이터를 고려해야 한다.

- 수적으로 너무 크거나 너무 작은 값(음수 값 처리를 종종 간과한다)
- 너무 길거나 너무 짧은 입력(문자열 길이가 고전적인 예다. 빈 문자열을 넣어 어떻게 되는지 본다던가 다양한 크기의 배열과 리스트를 넣어 보자)
- 내부적으로 일관되지 않은 데이터 값(함수 계약에 따라 다를 텐데 아마도 정해진 순서로 값이 들어오기를 바랄 것이다)

경곗값

오류의 밭이라 할 수 있는 경계 케이스(boundary case)를 모두 테스트하자. 유효한 입력 중 가장 높고 가장 낮은 값 같은 자연스러운 입력 경계(아마도 동작이 바뀜)를 찾아내자. 각 경계마다 아래 나열한 값에 대해 코드의 동작을 테스트하자.

- 경곗값 자체
- 경곗값 바로 위 값
- 경곗값 바로 아래 값

이로써 소프트웨어가 경계에서 올바르게 동작하도록 보장하고 적절한 때에 소프트웨어를 중지시킨다.

경계 테스트는 >= 대신 >를 입력하거나 루프 카운터 시작 값을 잘못 설정하는 등(0부터 셌는가, 1부터 셌는가?)의 아주 뻔한 실수를 잡아낸다. 세 가지 경계 테스트 모두 바로 이러한 종류의 실수를 확인하기 위함이다.

무작위 데이터

어림 짐작하지 않으려면 무작위로 생성된 입력 데이터 집합을 테스트하자. 의외로 효과적인 테스트 전략이다. 반복해서 무작위 데이터를 생성하고 적용할 수 있는 자동화된 테스트 하네스를 작성하면 테스트 없이는 절대 생각하지 못했을 감지하기 힘든 오류를 잡아낼 가능성이 더 높다.

0(Zero)

입력이 숫자면 항상 0인 경우를 테스트하자. 어떤 이유에서인지 프로그래머는 일종의 맹점인 0을 제대로 고려하지 못한다.

C와 C++ 포인터에 주로 unset이나 undefined를 뜻하는 0값이 주어진다. 코드에서 제로 포인터를 던져서 올바르게 대응하는지 살피자. 자바의 경우 null 객체 참조를 전달하면 유사한 효과를 볼 수 있다.

8.6 테스트 디자인

테스트할 인터페이스의 품질이 작성할 단위 테스트의 품질을 크게 좌우한다. 신중히 코드를 작성하고 검사와 입증이 쉽도록 명확히 디자인해야 테스트하기 쉽다. 다른 코드 조각에 덜 의존하도록, 다른 컴포넌트로 하드 코딩되는 링크가 없도록 API를 명확하게 만들면 된다. 이렇게 하면 간단히 컴포넌트를 테스트 환경에 넣어 다양하게 실험할 수 있다. 반면 다른 코드 영역과 밀접하게 엮이면 그 코드를 전부 테스트 환경으로 가져와 테스트할 단위와 올바르게 상호 작용하게끔 준비해야 한다. 테스트 범위가 제한되다 보니 쉽지 않을 때가 많고 대체로 불가능하다.

> **핵심개념★** 테스트하기 쉽도록 코드를 디자인하자.

위 규칙을 따르면 한 가지 유용한 부수 효과를 얻는다. 테스트 용이성을 염두해 코드를 구성하면 합리적이면서 이해하기 쉽고 유지 보수가 가능한 방식으로 구성된다. 컴포넌트 간 커플링을 줄고 응집력이 높아진다. 더 유연하고 사용하기 쉬우며 다양하게 설정하기도 쉽다.

또한, 테스트가 잘 됐으니 코드가 올바를 가능성도 훨씬 크다.

테스트부터 먼저 디자인해야 한다. 과거에 만든 컴포넌트에다 "테스트 가능한" 인터페이스를 끼워 넣기는 쉽지 않다. 또한 여러 코드가 기존 인터페이스를 따르면 그렇게 수정하기 어렵다. 정말 테스트 가능한 코드로 디자인하려면 코드와 단위 테스트를 함께 작성하는 것이 최선임을 꼭 기억하자.

몇 가지 간단한 디자인 규칙만 따른다면 테스트하기 아주 수월한 코드가 된다.

- 각 코드 영역에 문서화를 달고 불확실한 외부 의존성을 없애 독립적으로 만들자. 시스템 내 다른 요소로의 링크를 하드코딩하지 말자. 시스템 컴포넌트 혹은 테스트 시뮬레이터로 구현할 수 있는 추상 인터페이스를 사용하자.
- 전역 변수(또는 전역을 감싸는 싱글턴(singleton) 객체)에 의존하지 말자. 상태는 인자로 전달된 공유 구조에 모으자.
- 코드를 개별적으로 테스트할 수 있는 작고 이해하기 쉬운 바이트 크기의 덩어리로 쪼갬으로써 복잡도를 제한하자.
- 코드를 감시할 수 있게 만들어서 코드가 무엇을 하는지 보고 내부 상태를 질의하고 원하는 대로 연산하는지 확인하자.

8.7 직접 하지 않아도 돼!

온종일 테스트 장비에 달린 손잡이만 돌릴 수는 없다. 손수 계속 테스트를 호출하는 것은 그다지 멋진 프로그래밍 일상이 아니다. 회귀 테스트를 반복하다 보면 금세 지루해진다. 지루할 뿐 아니라 오래 걸리고 비효율적인 데다 사람이 하는 일이니 실수가 생긴다. 가장 좋은 테스트 규칙은 아주 간단하다. 자동화하자.

> **핵심개념 ★** 코드 테스트를 최대한 자동화하자. 테스트를 직접 돌리는 것보다 빠르고 쉬우며 훨씬 안전하다. 테스트는 대부분 정기적으로 수행된다.

외부 간섭 없이 테스트가 실행됐다면 빌드 중 검증 과정에서 테스트가 촉발됐다는 뜻이다. 이미 자동으로 단위 테스트가 실행됐고 통과됐음을 안 다음에 갓 생성된 소프트웨어를 다루게 된다. 이로써 허술한 프로그래밍 오류가 생기지 않고 새로 작업한 부분이 기존 코드를 고장 내지 않았음이 분명해진다.

> **핵심개념 ★** 단위 테스트를 빌드 과정에 포함시켜 실행하자.

테스트 실행을 제어하고 테스트 결과를 한 군데로 모으는 자동화된 스캐폴드(scaffold)를 사용하면 개개 테스트 코드 조각을 하나로 모을 수 있다. 테스트 하네스는 어떤 테스트가 이뤄졌는지 감시하고, 보다 복합적인 테스트 하네스는 테스트 결과 히스토리를 지속적으로 유지한다. 공통 자바 단위 테스트 프레임워크인 JUnit처럼 유명한 도구가 많다.

고도의 자동화는 회귀 테스트 중에 진가를 발휘한다. 전체 테스트 집합을 자동으로 실행하면 그 결과로 yes나 no라는 답이 나오니 코드 수정으로 뜻하지 않게 고장 난 것이 없다고 보장할 수 있다. 물론 회귀 테스트의 결과는 딱 그 하네스에 넣은 테스트만큼만 뛰어날 뿐이다.

자동화는 견고한 코드 개발의 핵심 기반이다. 현재 코드 기반에 반복되는 회귀 테스트로서 동작하는 자동화된 단위 테스트 묶음이 없다면 하나 만들자. 순식간에 품질이 높아질 것이다.

슬프게도 모든 테스트를 자동화할 수는 없다. 단위 테스트 라이브러리 함수는 비교적 쉬운데 사용자 인터페이스를 자동으로 테스트하기는 매우 어렵다. 무슨 수로 마우스 클릭을 모방하고 텍스트 문자열의 우르두어(Urdu) 변환을 검증하고 올바른 사운드 클립이 재생되는지 보장하겠는가?

8.8 실패의 단면

> 가장 위대한 영광은 한 번도 실패하지 않은 것이 아니라
> 실패할 때마다 다시 일어서는 데에 있다.
>
> _공자

테스트 중에 프로그램이 실패하면 어떻게 하는가? 디버깅하려고 성급하게 뛰어들기 전에 한발 뒤로 물러나 문제를 특징지어 보자. 바로 수정할 계획(또는 시간)이 없으면 특히나 더 그렇다. 아래 단계를 따라가며 실패의 본질을 정확하게 밝힘으로써 스스로 혹은 다른 개발자가 나중에 다시 돌아와 문제를 해결할 수 있게 하자.

1 그 당시 무엇을 하려던 중이었는지, 어떤 동작이 실패를 유발했는지에 주목하자
2 다시 시도해보자. 문제가 반복되는지, 얼마나 자주 불쑥 발생하는지, 동시 실행되던 다른 동작과 동시에 발생하는지 알아내자.
3 결함을 묘사하자. 충분히. 그리고 아주 구체적으로. 다음을 설명에 포함시키자.
   • 문제의 맥락
   • 문제를 재현할 수 있는 가장 간단한 단계

- 반복성과 발생 주기에 관한 정보
- 소프트웨어 버전, 정확한 빌드 번호, 사용한 하드웨어
- 관련 있을 법한 그 밖의 모든 것

4 기록하자. 잃어버리지 말자! 혼자 고쳐보려던 간단한 코딩 오류까지도 결함 추적 시스템에 정보를 저장하자 (212쪽 "이겨낼 수 있는가?" 참고).

5 실패를 드러낼 수 있는 가장 간단한 테스트 하네스를 작성하고 자동 테스트 묶음에 추가하자. 결함을 잃어 버리거나 무시하지 않게, 일단 수정되고 나면 개발 중에 다시 발생하지 않게 해준다.

테스트는 디버깅이 아니며 위 단계도 디버깅이 아님을 기억하자. 실패의 원인을 밝히거나 코드 내부를 엿보는 대신 그저 다른 개발자에게 문제를 설명할 충분한 정보를 얻는 과정이다.

누구든 반복할 수 있는 결함을 좋아한다. 반복해서 갑자기 중단되는 코드이기를 간절히 바란다. 그러면 문제를 재현하기 쉽고, 결과적으로 결함을 추적하고 잘 고쳤다고 증명하기도 쉽다. 끔찍한 실패는 불규칙적인 데다 무작위로 일어나 특징짓기 어렵다. 드러나는 데 지나치게 오래 걸리고 제멋대로인 실패는 악몽이다.

8.9 이겨낼 수 있는가?

결함을 찾아내려면 체계적이고 조직적이어야 한다. 또한, 결함을 관리하고 처리하는 일도 체계적이고 조직적이어야 한다. 코드를 배포하기(또는 소스 제어 시스템으로 넣기) 전에는 코드 개발자만 골칫거리에 시달린다. 하지만 손에서 떠나는 순간 코드는 스스로 살아나간 다. 결함에 신경 쓰는 사람은 더 이상 개발자 자신만이 아니다. 게임 참여자가 늘어날수록 아래처럼 규칙도 변한다.

- 프로그래머는 코드페이스(codeface), 즉 자신이나 다른 사람의 코드에서 문제를 찾는다.
- 코드 통합자는 하나로 합친 컴포넌트로서의 오류를 찾는다.
- QA 부서는 테스트하며 제품 결함을 찾는다.

여러 사람이 다양한 문제를 발견하는 동안 한편에서는 수정본을 만든다면 이 과정을 모두 총괄할 훌륭한 절차가 있는 편이 낫다. 그렇지 않으면 결과는 엉망이 되고 개발은 우르르 무너져 버린다.

8.9.1 결함 추적 시스템

결함 추적 시스템(fault-tracking system)은 결함을 다룰 중요한 무기다. 이 도구는 테스트 절차에 참여한 모두가 볼 수 있는 인터페이스가 딸린 특수한 데이터베이스다.

버그를 발견하고 처리함에 따라 데이터베이스에 소프트웨어의 상태를 업데이트한다. 이로써 결함 추적 도구는 프로젝트 결함 관리 절차(fault-management procedure)의 핵심 요소로 자리 잡는다. 일반적으로 다음과 같은 액션을 수행한다.

실패 보고

버그를 찾으면 결함 보고서(fault report)를 생성해 데이터베이스에 그 결함을 위한 새 항목(entry)을 만들자. 그래야 고유 멤버십 번호를 부여받은 결함 클럽의 완벽한 회원이 된다. 나중에 이 참조 번호로 고유하게 결함을 식별한다. 이렇게 하면 버그를 그냥 지나칠 수 없다. 소프트웨어를 출시하기 전에 반드시 처리되어야 한다.

책임 할당

특정 사람이 주목할 수 있도록 결함 보고에 표시한다. 각 문제를 고칠(또는 누군가 고치는지 확인할) 책임이 누구에게 있는지 정의한다. 이러한 소유 개념이 없으면 모든 프로그래머는 자신 외 누군가가 결함을 고치리라 생각하고 그 와중에 버그가 갈라진 틈으로 새어 나간다.

보고 우선순위 지정

결함 추적 시스템에 어떤 결함이 가장 중요한지 표시할 수 있다. 이따금 픽셀 하나가 오른쪽으로 옮겨지는 버튼보다 반복되는 실행 오류가 당연히 더 심각하다.

눈을 뗄 수 없는 결함과 소소한 골칫거리를 구분하면 개발자가 작업을 계획하고 어떤 결함을 먼저 고쳐야 할지 고르는 데 도움이 된다. 도구는 치명적인 결함부터 중간, 그리고 낮은 우선순위 이슈까지 다양한 심각도 수준을 지원함으로써 요청을 구별한다.

수정 완료 표시

수정이 끝나면 개발자가 이렇게 표시한다. 결함 보고는 닫히지 않은 채 입증받을 차례를 기다린다. 보고를 제출한 사람은 업무 자체는 위임할 수 있어도 수정본이 올바른지 테스트할 책임이 있다. 당연한 이야기지만 수정본은 절대 만든 사람이 입증해서는 안 된다.

보고 종료

입증이 끝나면 아득한 추억(그리고 아마도 프로젝트 통계) 정도로 남기며 보고를 닫을 수 있다.

다른 시나리오로도 보고가 닫힐 수 있다. 이슈가 결함이 아니라 그저 시스템의 특징이 거나 심지어 완벽하게 유효한 동작이었을 수도 있다. 시험자도 실수를 한다.

처리할 의도가 없는 보고는 다음 소프트웨어 버전에서 고칠 결함으로 표시하면서 닫는 대신 연기(defer)할 수 있다.

데이터베이스 질의

결함 추적 시스템에 다음과 같은 정보를 질의할 수 있다.

- 당연히 소프트웨어 버전이나 할당자, 우선순위 등으로 정렬된 전체 미해결 결함 보고 목록을 만들 수 있다.
- 자신에게 할당된 결함을 찾을 수 있다.
- 매 소프트웨어 버전마다 어떤 결함이 고쳐졌는지 보고서를 만들 수 있다. 릴리즈 노트(release note)를 준비할 때 유용하다.
- 개발 중에 결함이 얼마나 보고됐는지, 얼마나 고쳐졌는지, 생성 대비 종료 비율은 얼마인지 등 프로젝트 통계도 볼 수 있다. 그래프로 제시하면 소프트웨어가 얼마나 잘 진행 중인지에 대해 좋은 인상을 준다.

항목 수정

보고를 열어 내 정보를 변경할 수 있다. 아래처럼 말이다.

- 새로 발견한 정보에 주석 추가
- 예제 출력이 담긴 로그 파일을 추가해 문제 설명
- 다른 결함과 중복임을 표시해 혼란 방지

모질라 같은 유명한 프로젝트에서 개발된 버그질라(Bugzilla) 시스템처럼 상용 또는 무료 버전으로 사용 가능한 결함 추적 도구가 아주 많다.

8.9.2 버그 리뷰

출시 기한이 조금씩 다가오며 제품 개발 막바지에 다다를수록 버그 리뷰(bug review) 회의가 대략 일주일에 한 번꼴로 일상이 된다. 이러한 리뷰 회의는 기능은 완벽해졌으나 버그가 다 사라지지는 않았을 때 열리는 개발 절차의 긴 여정이다. 버그 리뷰는 관심 있는 그룹에 프로젝트 진행 상황에 대한 개요를 제공하고 남은 수정 작업 계획을 돕고 소프트웨어를 출시할 수 있도록 이끈다.

회의에는 다양한 분야의 사람들이 참석한다.

- 제품에 책임이 있는 소프트웨어 개발자(결국 수정할 주체)
- 결함의 맥락을 설명하고 버그 리뷰를 올바른 방향으로 이끄는 테스트 부서 대표(주로 회의를 소집하는 주체)
- 제품 관리자. 개략적인 진행 상황을 보고받아 모든 책임은 내가 진다(the buck stops here) 결정을 내린다.
- 버그가 딸린 제품을 팔아야 하는 홍보와 마케팅 부서 구성원(이들이 각 결함의 중요성을 어떻게 여기는지에 따라 어떤 결함을 고치고 어떤 결함을 조용히 숨길지 결정된다)

결함 추적 도구가 생성한 주요 결함 보고 목록을 회의 중에 차례로 논의한다. 필요에 따라 테스트나 개발 부서 구성원이 추가 정보를 제시하고 문제의 중요도에 대한 상업적 결정을 내린다. 수정 진행 보고서를 가지고 남아 있는 고약한 결함을 논의한다. 일이 너무 고되면 자원을 추가로 쓰자는 결정이 내려질 수도 있다.

이처럼 다양한 범위의 사람들이 모이면 회의가 갑자기 논점에서 벗어날 수 있으니 결정에 집중시키고 핵심을 찌르는 의지가 확고한 의장이 필요하다. 회의의 주제는 결함 보고와 결함 처리 방법이지 특정 코드 수정본이 아니다. 프로그래머는 기술적으로 말하기 좋아하고 모든 이슈를 회의에서 풀어내려 한다. 여기서 이러시면 안 됩니다.*

8.10 요약

테스트는 훌륭한 소프트웨어를 만드는 데 있어 아주 중요하다. 테스트의 품질이 최종 제품의 품질에 반영되긴 하지만 일반적으로 더 테스트할수록 더 나아진다. 형편없는 테스트는 아주 소수의 결함만 잡아내고 결함 있는 소프트웨어 배포로 이어진다.

테스트는 개개 함수부터 컴포넌트 통합을 거쳐 최종 조립된 프로그램까지 다양한 개발 단계에서 이뤄진다. 매 단계마다 체계적인 방법으로 소프트웨어 결함을 찾고 처리해야 한다.

자신의 코드를 테스트하는 것은 각 프로그래머의 책임이다. QA 부서는 버그가 있는 코드 말고도 처리해야 할 문제가 산더미다. 테스트를 수행할 여력이 없으니 개발 단계 막바지에는 소프트웨어 품질을 높일 수 없다. 개발 중인 코드와 테스트를 처음부터 함께 디자인해야 한다.

---

* 성공적인 회의를 이끄는 비결은 427쪽 "운명 마주하기"에서 설명한다.

현명한 프로그래머

- 모든 코드마다 테스트를 작성한다(심지어 가능하다면 코드를 작성하기 전에).
- 미시적(micro) 수준에서 테스트함으로써 어리석은 코딩 실수가 거시적(macro) 수준의 테스트를 흐리지 않게 한다.
- 테스트 전반에서 자신의 역할을 하며 제품 품질에 신경 쓰고 책임진다.

형편없는 프로그래머

- 테스트를 소프트웨어 개발에서 중요하고 핵심적인 부분으로 여기지 않고 다른 이의 역할이라 생각한다.
- 테스트되지 않은 코드를 QA 부서에 넘기고 테스트 중에 결함있는 동작을 발견하면 깜짝 놀란다
- 문제를 너무 늦게 발견해 삶이 더 꼬인다. 충분히 초기에 테스트하지 않아 어디서 발생했는지 찾기 어려운 많은 결함에 시달린다.

8.11 참고

9장: 결함 찾기
결함을 찾으면 해야 할 일. 버그를 찾고 고치는 과정.

20장: 완벽한 리뷰
코드 리뷰는 테스트 기법의 하나로 정적 코드 분석의 수동적 형태이다.

8.12 생각해 보기

다음 질문에 대한 자세한 설명은 596쪽 "정답과 설명"에 나와 있다.

8.12.1 궁리하기

1 8장 앞부분에 나왔던 greatest_common_divisor 코드 예제의 테스트 하네스를 작성하자. 최대한 철저하게 만들자. 테스트 케이스를 몇 개나 포함시켰는가?

   a 그중 얼마나 통과했는가?

   b 얼마나 실패했는가?

   c 테스트를 사용해 결함을 찾아내고 코드를 수정하자.

2 스프레드시트 애플리케이션과 자동 항공 조종 테스트는 어떻게 달라야 할까?

3 작성한 테스트 코드까지 전부 테스트해야 할까?

4 프로그래머의 테스트는 QA 부서 구성원의 테스트와 어떻게 다른가?

5 함수마다 테스트 하네스를 작성해야 할까?

6 테스트 주도 개발(test-driven development)은 모든 코드를 작성하기 전에 테스트를 먼저 작성하라고 권한다. 어떤 유형의 테스트를 작성해야 할까?

7 NULL(0) 포인터 인자 처리를 확인하는 C/C++ 테스트를 작성해야 할까? 이 테스트에 어떤 가치가 있을까?

8 초창기 코드 테스트는 최종 플랫폼에서 하지 않을 수도, 아직 접근 권한이 없을 수 있다. 대상 테스트 플랫폼에 접근할 때까지 테스트를 미루는 것이 가장 안전할까, 아니면 지금 속도를 내는 편이 좋을까?

9 다른 환경(고성능 서버나 임베디드 장치 등)에서 실행될 코드라면 테스트가 잘 대변하고 있고 적절한지 어떻게 확신할까?

10 테스트가 언제 끝났는지, 언제 테스트를 멈출 수 있는지 어떻게 알까? 어느 정도가 충분할까?

8.12.2 스스로 살피기

1 코드 중 몇 프로에 대해 테스트를 작성하는가? 만족하는가? 빌드 중에 자동으로 테스트하는가? 나머지 코드에는 어떤 유형의 테스트를 하겠는가? 적절한가? 어떻게 할 것인가?

2 QA 부서원과 관계는 원만한가? 개인적 평판이 어떤 것 같은가?

3 코드에서 오류를 찾으면 주로 어떻게 대응하는가?

4 코드 문제를 발견할 때마다 결함 보고서를 보관하는가?

5 프로젝트 공학자는 얼마나 많은 테스트를 할 것으로 예상되는가?

memo

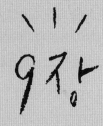

9장

결함 찾기

디버깅: 뭔가 잘못됐을 때 하는 것

난 실패하지 않았다. 동작하지 않는 10,000가지 방법을 찾았을 뿐이다.

_토머스 에디슨

9장에서 다룰 내용

- 버그는 어디서 생길까?
- 어떤 종류의 버그를 마주할까?
- 디버깅 기법: 찾고 고치기
- 디버깅 도구

완벽한 사람은 없다. 물론 나만 빼고. 나는 온종일 자리에 앉아 다른 개발자 코드에 담긴 지루한 문제를 풀어나간다. 테스트 부서에서는 소프트웨어가 여차여차해서 실패한다는 사실을 발견한다. 그러면 시스템을 샅샅이 조사해 프레드라는 프로그래머가 3년 전 잘못했음을 밝혀내고 수정해서 다시 테스트 부서로 돌려 보낸다.

물론 내가 이러한 기초적인 실수를 할 리 없다. 어림없다. 내 코드에는 빈틈이 없다. 완전무결하다. 저지방이고 콜레스테롤도 없다. 치밀한 계획 없이는 단 한 줄도 써 내려 가지 않는다. 특수하게 발생할 수 있는 경우를 전부 고려하지 않고는 명령문 하나 완성하지 않으며 타이핑도 신중해서 이제껏 한 번도 if 문에서 == 대신 =로 잘못 써본 적이 없다.

난 완전무결하다. 정말로.

음, 완전히는 아니려나.

9.1 삶의 진실

수습 프로그래머를 앉혀 놓고 삶의 진실을 터놓을 이는 아무도 없으리라 생각한다. 실은 이렇습니다. 새와 벌이 있습니다. 아, 그리고 벌레도요. 버그가 소프트웨어 구성의 불가피한 이면이라는 사실은 단순한 삶의 진실이다. 슬프지만 사실이다. 모든 부서와 심지어 업계조차 버그를 다루기 위해 존재한다.

누구나 배포된 소프트웨어에서 결함이 퍼져 나갈 것을 안다. 버그는 어떻게 그토록 놀라운 규칙성과 그처럼 광대한 규모로 나타날까? 전부 인간의 본성에서 비롯된다. 프로그램은 인간이 작성한다. 인간은 실수를 한다. 다양한 이유(혹은 변명)로 실수를 저지른다. 작업 중인 시스템을 충분히 이해하지 못해서 혹은 무엇을 구현하고 있는지 제대로 이해하지 못해서 실수가 나온다. 하지만 대부분은 하고 있는 일에 충분히 주의를 기울이지 않아서다. 대부분의 버그는 유념하지 않기 때문이다. 집에서 하는 놀이로 이를 아주 간단히 묘사하는 예제를 본 적이 있다.

- 도토리에서 자라나는 나무는? (Oak)
- 개구리가 내는 소리는? (Croak)
- 불에서 나오는 증기는? (Smoke)
- 달걀 흰자는?

정답은 yolk다. 맞는가? 잘 생각해 보라. 속지 않았다면 조금 전 건넨 경고로 주의를 기울여서일 것이다(어쨌든 자기 자신에게 점수를 주자). 하지만 누가 매번 잠재적으로 결함이 있는 코드 줄을 작성할거라 경고하겠는가. 그런 사람이 있다면 평생 점수를 줄 만하다.

프로그래머로서 누구나 잘못된 소프트웨어 상태에 대한 책임이 있다. 모두 유죄다. 죄책감을 떠안고 사는 법을 배울까 아니면 죗값을 치를까? 반응은 두 가지다. 한쪽은 결함이 아니라 특징이라 주장한다. 변명을 지어 내고 결함을 무시한다. 결함이 드러나면 위대한 철학자 바트 심슨의 말을 빌어 대답한다. "나는 한 적 없다. 누구도 내가 그렇게 하는 것을 보지 못했다. 당신은 아무것도 증명할 수 없다!"[심슨 가족 91] 그리고는 컴파일러 오작동이나 운영 체제 결함, 예상치 못한 기후 변화, 스스로 생각하는 컴퓨터에 화살을 돌린다. 혹은 이 절을 시작하는 문단에서 넌지시 내비쳤듯이 다른 이를 탓한다. 강력한 테플론(Teflon) 우비가 아주 편리한 프로그래밍 도구다.

하지만 반대편, 즉 소프트웨어 오류가 전적으로 피할 수 없는 것은 아님을 인정하는 쪽을 지지해야 한다. 무심코 저지른 많은 실수를 개선 심지어 예방할 수 있고 책임감 있는 프로그래머라면 상응하는 조치를 취해야 한다. 주요 무기는 방어적 프로그래밍과 합리적 테스트다. 9장에서는 버그가 그물에서 빠져나갔을 때 쓸 수 있는 훌륭한 디버깅 기법을 살펴보겠다.

9.2 야수의 본성

일반적인 통념과 달리 버그라는 용어는 컴퓨터가 출현하기 이전부터 쓰였다. 1870년대 토머스 에디슨은 전기 회로 속 버그를 이야기했다. 최초로 기록된 컴퓨터 버그는 하버드대의 마크 II 에이큰 릴레이식 계산기(Mark II Aiken Relay Calculator) 이야기 속에 나온다. 컴퓨터가 방 하나를 가득 채우던 컴퓨터 초창기 시절인 1945년, 나방 하나가 날아들어 회로 속으로 깊이 파고들려 안간힘을 쓰면서 시스템이 실패했다. 일지에는 버그가 발생했던 첫 번째 실제 사례라고 작성했다. 후대를 위해 스미스소니언 협회에 보관 중이다.

버그는 골치 아픈 문제다. 하지만 정말로 버그란 무엇일까? 192쪽 "용어 정의"에서 올바른 명명법을 설명한 바 있다. 어떤 종류의 버그가 나타날지 알아두고 어떻게 생겨나고 생존하고 사라지는지 파악해 두면 도움이 된다.

9.2.1 천 미터 상공에서 내려다보기

소프트웨어 버그는 몇 가지 광범위한 범주로 나뉘는데 이를 알아두면 버그를 밝혀내기 편하다. 애초에 유독 찾기 어려운 버그는 그 버그가 속하는 범주와 관련이 있다. 한 걸음 물러나 멀리서 눈을 가늘게 뜨고 살펴보면 다음과 같은 세 가지 범주의 버그가 모습을 드러낸다.

컴파일 실패

긴 시간을 쏟아 작성한 코드가 컴파일에 실패하면 정말 짜증 난다. 진짜 테스트에 착수하지 못하고 되돌아가 지루한 오타나 인자 타입 불일치를 고치고 컴파일러가 다시 실행되기를 기다려야 한다. 놀랍게도 컴파일 실패가 가장 나은 오류 유형이다. 왜냐고? 찾고 고치기 가장 쉬우니까. 가장 가까이 있고 가장 분명하다.*

결함을 늦게 감지할수록 수정 비용도 늘어난다. 224쪽 "실패의 경제학"에서 보이겠다. 각 결함을 더 빨리 잡고 고칠수록 더 빨리 넘어가고 덜 소란스럽고 비용도 적게 든다. 컴파일 실패는 알아채기 아주 쉽고(더 정확히 말하면 모른 체하기 어렵고) 대부분 고치기도 쉽다. 완벽히 처리하기 전에는 프로그램을 실행할 수 없다.

대다수의 컴파일 실패는 잘못된 인자 개수 혹은 인자 타입으로 함수를 호출하는 등 어리석은 문법 실수나 단순 실수에서 비롯된다. 생성 파일(makefile) 내 결함이나 링크 단계 오류(아마 함수 구현이 없거나) 심지어 디스크 공간이 모자란 빌드 서버 때문인 경우도 있다.

런타임 충돌

컴파일 오류를 다 고치고 실행 파일이 생성되면 즐겁게 실행시킨다. 그런데 고장 난다. 아마 무작위로 날아든 우주방사선을 탓하며 소리지르고 투덜거릴 것이다. 60번째 고장 뒤에는 컴퓨터를 창 밖으로 던지겠다고 협박한다. 이러한 오류 유형이 컴파일 오류보다 훨씬 다루기 까다로우나 그래도 상당히 단순하다.

컴파일 오류처럼 아주 분명하기 때문이다. 이미 죽은 프로그램과 말다툼할 수는 없다. 고장을 "기능"이라고 할 수는 없다. 프로그램이 멈추고 죽으면 되돌아가 어디서 프로그램이 잘못됐는지 알아내기 시작할 수 있다. 단서(고장 전에 어떤 입력 시퀀스가 들어왔는지, 고장 전에 그 입력으로 무엇을 했는지)를 조금 얻고 도구를 활용해 정보를 더 얻을 수 있다(자세한 내용은 잠시 후에 설명한다).

---

* 오류가 발생하면 중지됐다가 적절한 진단 메시지를 제공하는 멀쩡한 빌드 환경인 경우에 그렇다.

예상치 못한 동작

프로그램이 죽지는 않는데 바로 없어지지 않으면 정말 끔찍하다. 갑자기 잘못된 동작을 한다. 파란 네모를 예상했는데 노란 세모가 튀어나온다. 좌절하든 말든 완전히 무시한 채 코드는 계속해서 두서없이 즐겁게 진행된다. 왜 노란 세모가 나타났을까? 게릴라 객체로 이뤄진 전투 부대가 프로그램을 전복시켰을까? 30분 전에 실행된 코드 깊은 곳에 숨겨진 아주 사소한 논리 문제일 가능성이 가장 크다. 꼭 찾기 바란다.

실패는 결함이 있는 코드 한 줄로 인해 스스로 모습을 드러낼 수도 있고 가정이 크게 어긋나는 상호 연결 모듈 몇 개를 서로 연결했을 때만 드러날 수도 있다.

9.2.2 땅에서 바라보기

런타임 오류를 조금만 더 자세히 들여다보면 오류들을 일정한 그룹으로 묶을 수 있다는 사실을 알 수 있다.

조금씩 이동하며 런타임 오류를 더 자세히 들여다보면 더 많은 결함 부류가 분명하게 드러난다. 작은 가시에 찔리는 고통부터 참수형에 이르는 순으로 나열해 보겠다.

구문 오류

컴파일러가 빌드 중에 대부분 잡아내지만 감지되지 못한 채 빠져나가는 언어 문법 오류도 있다. 예상 밖의 기이한 동작을 일으킨다. C 부류 언어에서 구문 오류는 주로 아래 중 하나다.

- 조건 표현식에서 == 자리에 =를 두거나 && 자리에 &를 두는 실수
- 세미콜론을 깜빡하거나 잘못된 자리(대표적으로 for 문 다음)에 두는 실수
- 루프 명령문을 중괄호로 둘러싸지 않는 실수
- 괄호 간 불일치

위와 같은 오류를 저지르지 않을 가장 간단한 방법은 모든 컴파일러 경고를 활성화시키는 것이다. 현대 컴파일러는 이러한 문제를 대부분 알려준다.

> *핵심개념* ★ 컴파일러 경고를 모두 활성화해서 코드를 빌드하자. 잠재적 문제로 곤란해지기 전에 미리 강조해준다.

실패의 경제학

디버깅 기술은 8장의 주제인 코드 테스트와 깊은 관련이 있다. 테스트는 디버깅해야 할 결함을 찾아낸다. 주제를 두 장으로 나눠 다룬 까닭은 지식 분야가 서로 다르기 때문이다. 하지만 둘 다 안정적인 소프트웨어 개발의 기초다.

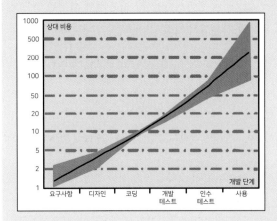

소프트웨어 공장의 맹렬한 기세는 빠르고 싸게 코드를 만들라고 독려한다. 이러한 서두름은 버그 투성이일 뿐 아니라 일정도 크게 밀린 소프트웨어 프로젝트로 이어진다. 기한을 맞추지 못한 소프트웨어는 난처하고 곤란하기만 할 뿐 아니라 기업에 재앙을 초래할 수도 있는 심각한 문제다.

실제로 더 오래 테스트를 무시하고 버그를 남겨둘수록 상황은 나빠진다. 위 그래프는 개발 절차가 진행되며 악화되는 버그의 영향을 나타낸다. 어떤 생산 단계에서 버그가 발견되느냐에 따라 오류를 찾고 고치는 평균 비용을 보여준다.[보엠 81]

그래프로 알 수 있듯이 시간이 흐를수록 비용이 급격히 증가한다(비용 축이 로그 척도임에 주목하자). 설상가상으로 프로젝트 마감 기한이 다가올수록 더 적은 시간 내에 철저하게 테스트를 수행해야 한다. 임박한 마감 기한에 대한 압박으로 고칠 때마다 새로운 결함을 집어넣을 가능성이 더 커져 디버깅이 훨씬 험난하다.

고통을 줄이고 무수한 디버깅 스트레스를 막으려면 코드를 초기에 철저히 테스트하자. 어떤 버그든 더 큰 고민에 빠지기 전에 최대한 발견하자마자 완전히 없애자. 여러 가지 방법들이 정립되어 있는데, 애자인 소프트웨어 개발 요소 중 하나인 테스트 주도 개발을 살펴보자.

빌드 오류

런타임 결함 자체로는 아니더라도 빌드 오류는 런타임에만 모습을 들어낼 수 있다. 아주 뛰어난 빌드 시스템이라도 세심히 지켜보고 항상 의심하자. 이 점을 의식하면 컴파일러 버그를 마주칠 일이 드물다. 하지만 항상 자신이 만들었다고 생각한 코드를 실행하리란 법은 없다.

이러한 경우를 몇 번 겪어 봤다. 빌드 시스템이 프로그램 혹은 공유 라이브러리를 다시 빌드하는 데 실패했었다(아마 생성 파일(makefile)에 적절한 종속성 정보가 들어있지 않았거나 기존 실행 파일에 잘못된 타임스탬프가 찍혀 있어서). 수정본을 테스트할 때마다 매번 나도 모르게 오래된 버그가 있는 코드를 실행하고 있었다. 빌드 시스템을 흐트러뜨릴 방법은 여러 가지지만 최악은 마치 나병에 걸린 팔처럼 실패하는지도 모를 때다.

원인을 알아내는 데 시간이 제법 걸릴 수 있다. 그러니 무슨 일이 일어나고 있는지에 대해 경계심이 들면 프로젝트 전체를 비운 후 처음부터 다시 개발하는 것이 합리적이다. 이 과정에서 잠재적인 빌드 시스템 문제를 모두 해결해야 한다.*

기본적인 의미(semantic) 버그

런타임 결함의 대다수는 부정확한 동작을 일으키는 아주 간단한 오류 때문이다. 고전적인 예는 초기화하지 않은 변수 사용인데 추적하기 꽤 어렵다. 해당 변수가 사용하는 메모리 위치에 있었던 가비지 값에 따라 프로그램 동작이 달라진다. 한 번은 문제없이 동작해도 다음번에는 실패할 수 있다. 기본적인 의미 결함은 다음과 같다.

- 부동소수점 변수를 동등(또는 부등) 비교**
- 숫자 오버플로를 처리하지 않는 계산식 작성
- 암묵적인 타입 변환으로 발생하는 올림 오류(char의 부호를 잃는 것이 대표적)
- if (foo < 0)이라고 작성한 후 unsigned int foo 선언 – 이런!

이러한 유형의 의미 오류는 주로 정적 분석 도구가 잡아낸다.

의미 버그

조사 도구에서 잡히지 않고 은밀히 퍼지는 오류는 발견하기 훨씬 어렵다. 의미 버그는 잘못된 위치에 쓰인 잘못된 변수나 함수 입력 인자의 유효성 검증 누락, 잘못된 루프 사용 등 낮은 수준의 오류일 수 있다. 또는 API를 잘못 호출하거나 객체 상태를 내부적으로 일관되게 유지하지 못하는 등 더 높은 수준의 생각의 오류일 수 있다. 메모리 관련 오류가 주로 이 부류에 속하는데 실행 중인 코드를 변질시키고 비틀어 전혀 예상치 못한 터무니 없는 방식으로 동작시키기 때문에 유독 찾기 어렵다.

---

* build clean 기능을 신뢰한다고 가정한다. 완벽하게 하려면 전체 프로젝트를 삭제하고 새로 체크아웃한다. 혹은 수동으로 모든 중간 객체 파일과 라이브러리, 실행 파일을 삭제한다. 큰 프로젝트에서는 두 방법 모두 심하게 지루하다. 그것이 인생이다(C'est la vie).

** 부동소수점 연산은 무언가를 말해줄 만큼 정확한 비교를 제공하기에는 너무 대략적이라 비교가 유효하지 않다.

프로그램은 자주 이상하게 동작한다. 유일한 위안은 정확히 시키는 대로 하고 있다는 것뿐이다.

가장 좋은 런타임 실패는 반복할 수 있는 실패다. 재현할 수 있으면 테스트를 작성하고 원인을 추적하기 훨씬 쉽다. 일어났다 말았다 하는 실패는 주로 메모리 오염이다.

9.2.3 입체적으로 바라보기

말끔한 박스 속으로 정리했으니 이제 확대해서 일반적인 의미 결함 유형을 살펴보자.

세그먼테이션 결함

보호 결함(protection fault)이라고도 불리는 세그먼테이션 결함은 프로그램에 할당되지 않은 메모리 위치에 접근하는 것에서 비롯된다. 운영 체제는 애플리케이션을 중지시키고 주로 유용한 진단 정보와 함께 일종의 오류 메시지를 생성한다.

세그먼테이션 결함은 포인터를 포함하는 오류를 입력하거나 포인터 연산을 엉망으로 해서 아주 쉽게 일으킬 수 있다. *segfault*를 일으키는 일반적인 C 오탈자는 scanf("%d", number);다. number 앞에 &가 없으면 scanf는 number의 (가비지) 값이 참조하는 메모리 위치에 데이터를 작성하려고, 프로그램은 휙! 한 줄기 연기처럼 사라진다. 정말 운이 나쁘면 우연히 number에 유효한 메모리 주소 값이 들어간다. 그러면 코드는 방금 작성했던 메모리가 실제 사용될 때까지 문제가 전혀 없는 것처럼 계속 실행되고, 이제 당신의 운명은 신께 달렸다.

메모리 오버런(overrun)

배열이나 벡터, 그 외 사용자 정의 구조체 등의 데이터 구조를 이미 할당됐던 메모리에 작성하면 발생한다. 파란 모니터 뒤편으로 값을 넘기면 프로그램 내 다른 부분에 데이터가 들어간다. 안전하지 않은(unprotected) 운영 체제에서 실행 중이라면 다른 프로세스나 운영 체제 자체 데이터까지 건드릴지도 모른다.

메모리 오버런은 흔하면서 감지하기 어렵다. 주된 증상은 오버런 시점 훨씬 이후, 아마도 수천 개의 명령 후 드러나는 무작위로 발생하는 예상치 못한 동작이다. 운이 좋다면 메모리 오버런이 유효하지 않은 메모리 주소를 건드려 무시하기 어려운 세그먼테이션 오류(segfault)가 발생한다. 가능한 이러한 재앙으로부터 안전할 데이터 구조를 사용하자.

메모리 누수(leak)

가비지 컬렉션이 없는 언어는 끊임없이 위협받는다.* 메모리가 필요하면 런타임에게 정중히 부탁해야 한다(C에서는 malloc, C++에서는 new를 써서). 예의를 차려야 하고 다 끝나면 돌려줘야 한다(C에서는 free, C++에서는 delete로). 무례하게 메모리 해제를 깜빡하면 프로그램은 서서히 점점 더 많은 컴퓨터의 희소 자원을 소비한다. 처음에는 알아채지 못할 수 있지만, 메모리 페이지가 디스크를 오가며 요동침에 따라 컴퓨터의 응답이 점진적으로 느려진다.

메모리 누수 관련 오류 부류는 두 가지가 더 있는데, 잦은 메모리 블록 해제로 발생하는 예상치 못한 환경적 실패, 그리고 파일 핸들이나 네트워크 연결 같은 희소 자원을 주의 깊게 관리하지 않는 경우다(수동으로 얻은 자원은 전부 수동으로 해제해야 함을 명심하자).

메모리 고갈

파일 핸들이나 그 외 관리 자원 고갈은 언제든 일어날 수 있다. 흔치 않지만(현대 컴퓨터의 메모리가 얼마나 큰데 어떻게 이런 일이 가능할까?) 그렇다고 잠재적인 실패 가능성을 무시할 변명은 되지 못한다. 대충 짠 코드는 충분히 검사하지 못하니 결국 제한적인 환경에서 실행할 경우 아주 불안정하게 수행된다. 그래서 항상 메모리 할당이나 파일 시스템 호출 반환 상태를 검증해야 한다.

어떤 운영 체제는 메모리 할당을 호출할 때 예약만 하고 아직 할당하지 않은 메모리 페이지의 포인터를 반환함으로써 절대 실패를 반환하지 않는다. 프로그램이 페이지에 접근하는 순간 운영 체제 메커니즘이 접근을 제어해 실제 그 페이지에 메모리를 할당하고 정상적인 프로그램 연산을 재개한다. 이렇게 하면 사용 가능한 메모리가 실제 고갈되기 전까지는 무조건 정확하게 동작한다. 이로써 관련 할당이 발생하고 한참 있다가 프로그램에 오류 신호가 전달된다.**

수학 오류

이 오류는 부동소수점 예외나 부정확한 수학적 구성, 오버플로/언더플로, 실패할 수 있는 표현식(가령 0으로 나누는 등) 등 여러 가지 형태를 띤다. 심지어 float로 출력하려 했는데 printf("%f")에 int를 전달해도 프로그램은 수학 오류로 실패한다.

---

* 가비지 컬렉션을 지원하는 언어라도 메모리 누수가 있을 수 있다. 두 개의 객체 참조를 서로 주고받은 후 그대로 두어 보자. 고급 가비지 컬렉터가 없는 한 결코 정리되지 않는다.

** 리눅스의 경우 최소한 가상 메모리 주소 공간을 모두 소비할 때까지는 분명 이렇게 동작한다. 이 시점에 malloc이 0을 반환할 수도 있으나 시스템은 미처 알 기회도 갖지 못하고 멈출 것이다.

프로그램 정지

주로 잘못된 프로그램 로직으로 인해 발생한다. 종료 케이스를 잘못 만들어 발생하는 무한 루프가 가장 흔하다. 교착 상태(deadlock)와 스레드 코드 속 경합 조건(race condition), 절대 발생하지 않을 이벤트를 기다리는 이벤트 주도 코드도 여기에 해당한다. 하지만 실행 중인 프로그램을 방해해 어디서 코드가 멎었는지 알아내고 중지된 원인을 밝히기 상당히 쉽다.

운영 체제와 언어, 환경에 따라 용어를 달리 사용해 이러한 오류를 다양한 방식으로 보고한다. 제 무덤을 팔만 한 기능을 제공하지 않는 식으로 오류 클래스 전체를 방지하는 언어도 있다. 가령 자바에는 포인터가 없고 그렇다 보니 자동으로 사용자의 모든 메모리 접근을 확인한다.

9.3 해충 박멸

소프트웨어 속 버그 제거는 어렵다. 버그를 발견하고 문제를 진단하고 원치 않던 동작의 흔적을 완벽히 없애고 버그가 다른 곳에서 발생하지 않도록 하고 이 모든 작업 중에 코드를 고장 내지 않으려 애써야 한다. 결함을 찾는 첫 번째 단계만도 심각한 골칫거리다. 인간은 글을 쓰며 실수를 저지르는데 읽을 때도 딱 그만큼 실수를 저지른다. 작성해 둔 산문이나 코드를 읽을 때 자연스레 쓰려고 했던 것을 읽게 되지 실제 쓰인 내용을 읽게 되지 않는다. 결함이 있는 코드는 눈에 잘 띄지 않는다. 컴파일러는 그다지 도움이 안 된다. 실은 오히려 지나치게 규칙을 따른다. 딱 부탁한 것만 만들 뿐 바라던 것은 만들지 않는다.

어떤 프로그래머는 동료보다 유독 결함이 적고(60퍼센트 정도까지 적게) 더 빠르게(3퍼센트까지 시간을 줄여서) 결함을 찾아 고치고 그 와중에 결함을 거의 만들지 않는다.[굴드 75] 어떻게 하는 것일까? 이들은 당연히 일에 더 집중하고 더 큰 그림을 마음 속에 새겨둔 체 미세적인 관점에서 작성 중인 코드에 주목한다.

이것이 디버깅의 오의(art)다. 디버깅은 익힐 수 있는 기술에 가깝다. 효과적인 디버거가 되는 방법은 경험으로 터득한다. 이는 우리 모두 풍부한 경험으로 얻을 수 있는 것이다.

디버깅에서 단 하나의 가장 중요한 규칙은 다음과 같다. 두뇌를 사용하자. 생각하자. 무엇을 하고 있는지 고려하자. 무언가 동작하는 것처럼 보이기 전까지는 함부로 코드 조각을 마구 난도질하며 허둥대지 말자.

해충을 박멸하는 방법은 두 가지다. 빠르고 지저분한 저차원적 방법(low road)과 이론적으로 올바른 고차원적 방법(high road)이다. 저차원적 방법이 언뜻 훌륭한 지름길 같으나 실제로는 더 느리기도 하고 고차원적 방법을 따르는 것이 원래보다 더 노력이 들기도 하니 둘 다 알고 있어야 한다.

9.3.1 저차원적 방법

버그는 정말 단순하다. 원인이 분명하다. 크게 생각할 필요도 없다, 그렇지 않은가? 때로는 몇 가지 간단한 테스트로 빠르게 문제를 집어내 재빠르게 수정하는 방식이 좋은 결과를 가져온다. 그렇다고 버그를 잡는 적당한 방법일까? 그럴 수도 있겠지만 언제나 통하리라고 안도하지 말자. 수많은 프로그래머가 무얼 하는지 전혀 모르면서 아무 생각 없이 코드를 어설프게 손보고 만지작거리고 찌르고 들쑤신다. 그중 유용한 것은 거의 없고 그저 다른 무수한 결함 뒤로 본래 문제를 감출 뿐이다.

빠르고 지저분하게 찌르겠다고 일부러 마음 먹었다면 스스로 시간을 확고히 제한하자. 오전 내내 "딱 한 번만 더"하는 식으로 보내지 말자. 정해 둔 시간이 다 되면 이 책에서 설명한 보다 체계적인 방식을 취하자.

어림짐작이 기대 이상의 성공을 거둬 결함을 찾았다면 생각 장비(thinking gear)를 다시 사용하자. 236쪽 "결함을 고치는 방법"을 살펴보고 신중하게 심사숙고해서 변경하자. 찾기 쉬웠다고 해서 꼭 해결법도 단순하지는 않다.

9.3.2 고차원적 방법

더 나은 디버깅 기법은 더 체계적이고 신중하다. 이 기법에서는 버그 제거에 두 가지 측면이 있다고 본다. 버그를 일으킨 결함을 찾는 것, 그리고 그 결함을 고치는 것이다.

각각 극복해야 할 도전 과제와 풀어야 할 문제를 뜻한다. 후자는 쉽게 잊어버리고 일단 결함을 찾고 나면 수정하기 쉽고 뻔할 거라고 간주해 버린다. 이렇게 믿지 말자. 이어지는 절에서 두 가지 측면을 자세히 다루고 적절한 접근법을 간결하게 설명하겠다. 하지만 우선 디버깅 게임을 좌지우지하는 몇 가지 주요 원리를 살펴보자.

- 결함을 얼마나 쉽게 찾을지는 그 결함이 숨겨진 코드를 얼마나 잘 아느냐에 달렸다. 아무 코드에나 불쑥 뛰어들어 그 구조와 동작 방식에 대해 아무것도 모른 체로 코드에 대해 판단을 내리기는 어렵다. 그러니 새로운 코드를 디버깅해야 한다면 먼저 그 코드를 익히는 시간을 가지자.

> **핵심개념** ★ 디버깅할 코드를 익히자. 이해하지 못한 코드에서는 절대 오류를 찾을 수 없다.

- 또한, 디버깅 용이성은 실행 중인 프로그램에 얼마나 많이 관여하고 상태를 조사할 수 있는지 등 실행 환경에 대한 제어권을 얼마나 갖고 있느냐에 달렸다. 임베딩 프로그래밍에는 도구 지원이 희박해 디버깅이 무척 어려울 수 있다. 혹은 바보 같은 실수를 할 일이 거의 없을 환경에서 실행할 수도 있는데 이때 작은 실수가 더 커다란 결과로 이어질지 모른다.
- 디버깅 무기고에서 가장 강력한 무기 중 하나가 다른 이의 코드를 향한 올곧은 비평이 뒤섞인 불신이다. 잘못된 동작의 원인은 무엇이든 될 수 있으니 진단 시 가장 아닐 것 같은 후보부터 제거하기 시작해야 한다.

> **핵심개념** ★ 결함을 찾을 때는 전부 의심하자. 관련이 전혀 없을 것이라 지레 짐작하지 말고 가장 일어날 가능성이 작은 원인부터 먼저 제거하자. 무엇도 가정하지 말자.

9.4 버그 사냥

어떻게 버그를 찾을까? 세 단계로 이뤄진 간단한 절차가 있었다면 이미 배워서 지금쯤 프로그램이 완벽할 것이다. 현재는 그런 절차가 없고 프로그램은 완벽하지 못하다. 버그 사냥 지혜를 한번 짜내 보자.

9.4.1 컴파일 타임 오류

컴파일 타임 오류가 상대적으로 처리하기 쉬우니 먼저 살펴보겠다. 컴파일러는 반갑지 않은 무언가와 마주치면 일반적으로 그냥 한 번 불평하고 끝내지 않고 빗발치는 오류 메시지를 연이어 쏟아 내며 삶 전반에 대해 잔뜩 불평할 기회로 여긴다. 컴파일러는 그렇게 하도록 명령받았고 어떤 오류를 마주하든 컴파일러 스스로 다시 회복하려 한 후 파싱을 이어나간다. 좀처럼 잘 해내지 못하지만 코드가 엉망인데 누가 비난할 수 있겠는가?

결론은 연달아 나온 컴파일러 메시지는 상당히 임의적이고 무관할 수 있다는 사실이다. 가장 먼저 보고된 오류를 살펴보고 그 문제를 해결하자. 어찌 되었건 리스트 아래도 쭉 훑어보자. 유용한 오류가 있을지도 모르나 주로 없다.

사례 연구 1: 상상해보자

프로그램
그래픽 인터페이스를 지원하는 비교적 작은 유틸리티

문제
이 프로그램은 업데이트된 "모양과 기능", 즉 새 아이콘과 새 레이아웃으로 디자인됐다. 기존 인터페이스는 옵션으로 설정하도록 남겨두기로 했다. 다시 개발하면서 배포 직전에 누군가 레거시 인터페이스를 사용하기 전까지는 전부 올바르게 동작했다. 윈도가 뜨자마자 제대로 보기도 못하고 프로그램은 충돌했다.

진행 사항
감사하게도 정확히 재현할 수 있는 문제였다. 디버거에서 프로그램을 작동시켰더니 실패 지점은 UI 라이브러리 깊숙한 곳, 이미지 렌더링 코드 속에 있는 것으로 밝혀졌다.

조사해보니 유효하지 않은 그래픽이 쓰여서 실패한 것으로 보였다. 프로그램은 메모리 위치가 0인 곳의 아이콘을 표시하려 했고 널 참조가 충돌을 일으켰다. 호출 스택을 따라가 어떤 그래픽이 보였어야 했는지 알아봤다. 이러한 정보를 가지고 레거시 그래픽 디렉터리를 대충 살펴보니 특정 아이콘이 없었다.

당연히 "어떤 아이콘도 로드되지 않음"을 뜻하는 0 포인터 값을 반환하며 윈도 생성자 속 아이콘 로드 연산이 실패했다. 작성자는 그래픽이 항상 보일거라 가정하고는 이 반환값을 한 번도 확인하지 않았다. 두 부분을 수정한다.

- 모든 아이콘 로드 루틴의 반환값을 확인해 그외 누락된 그래픽을 더 적절하게 처리한다.
- 누락된 그래픽을 올바른 디렉터리에 넣는다.

수정 시간
문제를 추적하고 결함을 고치고 수정을 검증하는 데 몇 시간 소요

얻은 교훈
- 모든 함수 반환 코드를 확인하자. 생각하지 못한 부분에서 실패할 수 있다.
- 모든 프로그램 기능, 특히 자주 쓰이지 않는 희귀한 조건을 가능한 한 즉시 테스트하자.

핵심개념★ 빌드에 실패하면 가장 첫 컴파일 오류를 살피자. 뒤이은 메시지보다 훨씬 더 신뢰하자.

컴파일러 품질에 따라 첫 컴파일 오류도 모호하거나 오해의 소지가 있을 수 있다(오류가 무슨 뜻인지 도무지 모르겠다면 다른 컴파일러를 사용해 보자). 하드코어 C++ 템플릿 코드는 어떤 컴파일러에서는 신비로운 템플릿 주문을 무수히 열거하며 상당히 인상깊은 오류를 유발하기도 한다.

구문 오류는 대부분 컴파일러가 보고하는 바로 그 줄에서 발생하나 실제로는 가끔 앞 줄일 때가 있다. 컴파일러는 터무니없게도 그다음 줄에 구문 오류가 있다고 불평한다.*

링커 오류는 전반적으로 훨씬 더 명확하다. 링커는 함수나 라이브러리가 빠졌다고 알려 주니 얼른 가서 찾아야(또는 작성해야) 한다. 이따금 링커는 C++ 문제와 관련된 불가사의한 v테이블(가상 함수의 메모리 포인터 테이블)에 대해 불평하는데, 이는 주로 소멸자(destructor)나 그와 유사한 구현이 누락됐다는 징후이다.

9.4.2 런타임 오류

런타임 오류는 보다 전략적이어야 한다. 프로그램에 버그가 있으면 코드 내 어딘가 참이라고 믿었던 조건문이 거짓일 가능성이 크다. 버그를 찾는다는 것은 그 조건문이 더 이상 참이 아닌 위치를 찾을 때까지 스스로 생각하는 것이 과연 올바른지 확인하는 과정이다. 실제 코드의 동작 방식에 관한 모델을 개발하고 애초에 어떻게 동작하기를 의도했는지와 비교해야 한다. 바람직한 방법은 이를 체계적으로 하는 것뿐이다.

> **핵심개념** 디버깅은 결함의 위치에 서서히 다가가는 체계적인 활동이다. 단순한 수수께끼처럼 여기지 말자.

과학적 방법(scientific method)이란 과학자가 세계에 대한 정확한 표현을 개발할 때 쓰이는 절차다. 우리가 하려는 것과 비슷하게 들리지 않는가? 과학적 방법에는 네 단계가 있다.

1. 현상을 관찰한다.
2. 그 현상을 설명할 가설을 세운다.
3. 가설을 사용해 또 다른 관찰의 결과를 예측한다.
4. 실험을 수행해 이러한 예측을 테스트한다.

현상에 대한 모델을 만드는 대신 잘못된 현상을 제거하려는 것이지만 정말 고치고 싶다면 결함을 이해해야 한다. 과학적 방법은 훌륭한 디버깅의 근간이니 위 단계가 어떻게 반영되는지 알아보자.

---

* 심지어 C++에는 더 깜짝 놀랄만한 경우가 있는데, 그 앞 줄이 다른 파일에 있을 수 있다! 헤더 파일 내 클래스 선언 끝에 세미콜론(;)을 깜빡 하면 구현 파일 첫 줄이 어긋난다. 컴파일러는 아주 아리송한 오류를 던진다.

9.4.2.1 실패를 찾자

프로그램이 예상대로 동작하지 않는다고 눈치챈 순간부터 모든 것은 시작된다. 충돌하든 파란 네모 대신 노란 세모를 띄우든 무언가 잘못됐음을 인식하고 고쳐야 한다. 가장 먼저 결함 보고를 결함 데이터베이스에 올리자(213쪽 "결함 추적 시스템" 참고). 한창 다른 버그를 추적 중이었거나 결함을 바로 처리할 시간이 모자랄 경우 특히 유용하다. 기록을 남김으로써 결함을 잃어버리지 않는다. 그저 머리 속으로만 기억해 나중에 문제로 돌아오려고 하면 잊어버리고 만다.

무작정 돌진해 우연히 발견했던 버그를 찾으려 하지 말고 결함이 있는 동작의 본질부터 밝혀내자. 다음과 같은 질문에 답해 문제를 최대한 완벽하게 특징짓자. 시간에 구애받는가? 입력이나 시스템 부하, 프로그램 상태에 따라 달라지는가? 제대로 이해하지 못하고 버그를 고치기 시작하면 증상이 사라질 때까지 코드를 바꿀 뿐이다. 그저 원인만 감췄다면 똑같은 결함이 다른 곳에서 불쑥 발생한다.

과거에는 코드가 동작했는가? 버전 관리 시스템을 되돌아 훑어보면서 마지막으로 동작했던 버전을 찾은 후 동작하는 코드와 현재 결함있는 버전을 비교하자.

9.4.2.2 실패를 재현하자

실패를 특징짓는 단계와 나란히 진행된다. 안정적으로 문제를 발생시키기 위해 취해야 하는 단계를 만들어내자. 방법이 둘 이상이면 전부 문서화하자.

> **핵심개념 ★** 결함을 찾는 첫 번째 단계는 어떻게 안정적으로 재현하는지 알아내는 것이다.

버그를 재현하기 어려울 것 같으면 덫을 놓아 버그가 발생할 때 어떤 정보를 얻어낼 수 있는지 보는 방법이 최선이다. 이처럼 실패가 불안정할 때는 수집한 정보를 주의 깊게 기록하자. 문제가 다시 발생할 때까지 꽤 오래 걸릴 수 있다.

9.4.2.3 결함의 위치를 찾자

중요한 문제다. 흔적을 찾았으니 이제 배웠던대로 야수를 추적하고 그 위치를 정확히 찾아내야 한다. 말처럼 쉽지 않다. 셜록 홈즈처럼 실패에 원인이 될 수 없거나 올바르게 동작하는 것을 전부 제거해 나가는 과정이다. 진행하면 할수록 점점 더 정보를 많이 모아야 함을 깨닫게 되고 대답을 들을수록 질문이 더 생겨난다. 새로운 테스트를 뽑아야 할 수도 있다. 코드의 지저분하고 은밀한 부분을 뒤져야 할 수도 있다.

실패에 대해 알아낸 내용을 분석하자. 속단하지 말고 용의자 코드 목록을 만들자. 원인을 암시하는 이벤트 패턴이 있는지 확인하자. 있다면 문제를 보여줄 입력과 출력을 기록해 두자.

실제로 결함이 발생한 곳일 가능성이 작더라도 우선 오류가 발현되는 지점에서 조사를 시작하면 좋다. 어떤 모듈에서 실패가 드러났다고 해서 그 모듈에 반드시 책임이 있지는 않음을 잊지 말자. 프로그램이 충돌하면 디버거가 실패한 코드 줄과 그 시점에 모든 변숫값과 함수 호출자를 알려주니 결함의 위치를 밝히기 쉽다. 충돌하지 않았으면 잘못된 동작이 발생한 위치부터 시작하자. 거기서부터 제어 흐름을 따라 되돌아가며 코드가 각 지점에서 예상대로 수행 중이었는지 확인하자.

> 핵심개념 ★ 아는 부분, 가령 프로그램 충돌 지점부터 시작하자. 거기서부터 실패의 원인을 되짚자.

버그 사냥 전략은 일반적으로 다음과 같다.

- 최악은 실패 여부를 보기 위해 무작위로 변경하는 것이다. 미숙한 방식이다(전문가는 최소한 과학적으로라도 보이게끔 한다!).
- 훨씬 나은 전략은 분할 정복(divide and conquer)이다. 어떤 결함이 스무 단계로 이뤄진 함수 하나에서 발생했다고 치자. 열 번째 단계 이후 중간 결과를 출력하거나 중단점(breakpoint)을 설정해 디버거에서 조사해 보자. 그 값이 맞으면 결함은 이 단계 이후 명령어에 있는 것이고, 아니면 이전 명령어에 있는 것이다. 해당 명령어에 대해 결함에 다가갈 때까지 이 과정을 반복하자.
- 드라이 런(dry run, 예행 연습, 모의 실습, 시운전) 기법도 있다. 직감에 의존해 오류를 찾기보다 스스로 컴퓨터 역할을 수행해 시운전으로 프로그램 실행을 따라가고 모든 중간값을 계산해 최종 결과를 얻는 방법이다.

9.4.2.4 문제를 이해하자

결함이 어디 숨어 있는지 알아냈다면 진짜 문제를 이해해야 한다. == 대신 =를 쓴 것(아차!)과 같은 간단한 구문 오류라면 그렇게 어렵지 않다. 보다 복잡한 의미 문제면 어쩌면 문제의 일부분만 알아챘는지도 모르니 시작하기에 앞서 문제를 정확히 밝히고 문제가 드러날 수 있는 모든 경로를 확실히 알아야 한다.

결함은 주로 아주 미묘하다. 코드는 정확히 해야 하는 대로 그리고 처음 작성할 때 어떻게 하리라 생각했던 대로 돌아간다! 문제는 결함이 있는 가정(가정이 얼마나 사악한지 기억나는가?)이다. 특이한 경우에 대해 함수 작성자와 호출자는 다른 동작이 허용될 수 있다고 쉽게 추정해 버린다. 역추적해서 문제의 원인이 무엇인지, 다른 코드 조각에 같은 실수가 없었는지 정확히 파악하자.

이것이 버그에 맞서 싸우는 핵심 원칙이다. 지키지 않으면 코드를 고칠 때마다 결함을 더 만들어내는 프로그래머 대열에 합류하게 될 것이다.

9.4.2.5 테스트를 만들자

테스트 케이스를 작성해 실패를 시연하자. 영리한 개발자는 "재현하자" 단계에서 이미 했을지도 모르겠다. 아직 아니라면 지금 바로 하나 작성하고 싶을 것이다. 새로 다진 이해를 바탕으로 철저히 테스트하자.

9.4.2.6 결함을 고치자

이제 쉬운 부분으로 넘어왔다. 골칫거리를 고치기만 하면 된다! 실제로 정말 쉬워야 한다. 실패의 원인을 정확히 이해하고 실패를 드러낼 재현 방법도 찾았다. 정보를 두둑이 얻었으니 수정은 거의 식은 죽 먹기다. 대다수의 프로그래머가 처음 두 단계를 뛰어넘는 바람에 버그 수정을 어렵게 여긴다.

결함 수정은 이어지는 절에서 더 자세히 들여다보겠다.

9.4.2.7 고친 코드를 증명하자

테스트 케이스를 작성한 이유를 이제 알게 된다. 다시 실행해 세상이 조금 더 나아졌는지 증명하자. 해당 결함이 향후 다시 일어나지 않도록 하기 위해 테스트 케이스를 회귀 테스트 묶음에 추가할 수 있다.

다 됐다! 게임 끝, 미션 완료다. 수고했다. 하지만...

9.4.2.8 모든 방법이 통하지 않으면

위 과정을 전부 따라도 해결되지 못할 때가 있다. 화가 나고 이가 갈린다. 이 정도로 일이 틀어지면 나는 항상 누군가에게 문제를 전체적으로 설명해 도움을 구한다. 설명하다 보면 모든 것이 제자리로 맞아 들어갈 때 내내 놓쳤던 주요 정보 한 조각이 눈에 띈다. 시도해서 살펴보자. 페어 프로그래밍(pair programming)이 그토록 성공적인 전략인 이유가 여기에 있다.

9.5 결함을 고치는 방법

눈치챘겠지만 앞선 절에 비해 이 절이 훨씬 짧다. 참 이상하다. 결국 문제는 그 빌어먹을 결함을 찾는 일이다. 어디 있는지만 알아내면 수정은 쉽다.

하지만 쉽다고 안심하지 말자. 오동작의 원인을 진단했더라도 생각을 멈추지 말자. 고치는 중에 고장 내지 않는 것도 아주 중요하다. 화단에서 잡초를 뽑으려다 무언가를 짓밟는 일이 의외로 잦다.

> **핵심개념★** 최대한 주의를 기울여 버그를 수정하자. 고치는 중에 다른 것을 고장 내는 위험을 무릅쓰지 말자.

코드를 수정하며 항상 자문하자, 이렇게 바꾸면 무엇이 달라질까? 수정이 하나의 독립된 명령문인지 혹은 주변 코드 조각에 영향을 미치는지에 유의하자. 변경의 영향이 그 함수를 호출하는 코드까지 미칠 수 있는가? 그 함수의 동작을 미묘하게 바꾸는가?

사례 연구 2: 상상해보자

프로그램

가전 기기를 제어하는 임베디드 소프트웨어

문제

일주일에 한 번씩 반복되는 연산 후 발생하는 무작위 잠금. 기기가 완전히 죽었다. UI 응답도, 네트워크 연결도, 심지어 처리되는 인터럽트도 없이 프로세서가 완전히 정지됐다. 도무지 쉽게 원인을 알아낼 방법이 특히나 끔찍했다.

진행 사항

잠금은 아주 드물게 일어나서 추적하기 몹시 어려웠다. 원인을 정확히 찾아내기 위해 무수한 테스트를 시도하며 각 테스트를 한 주씩 돌아가게 했다. 우선 사용 패턴을 달리해 결함을 더 빨리 일으킬 수 있는지, 그래서 무엇이 결함을 야기하고 있는지 밝히려 했다. 이러한 테스트로는 별다른 차이가 없었다.

잠금이라는 특성 상 심각한 하드웨어 문제를 암시하는 듯 보였다. 여러 메인보드 버전에서 다양한 주변 컴포넌트와 서로 다른 CPU 버전으로 소프트웨어를 실행해 보았다. 수 주에 걸쳐 테스트했지만 여전히 문제의 원인에 전혀 근접하지 못했고 머리카락은 빠지기 시작했다(게다가 남은 머리는 회색으로 변했고). 어떻게 설정해도 소프트웨어는 마찬가지로 약 한 주간 실행 후 잠겼다.

다음으로 한 일은 시스템에서 이런저런 코드 영역을 제거해보는 것이었다. 많은 반복 테스트 끝에 하나의 컴포넌트로 문제를 좁혀 나갔다. 그 컴포넌트가 빌드에 속하면 잠금이 일어났지만 빠지면 일어나지 않았다. 마침내, 길이 보였다!

이 소프트웨어 컴포넌트가 문제를 일으킨 이유를 밝히기가 쉽지 않았다. 그 컴포넌트는 외부 라이브러리 위에 놓여 있고 그 자체로는 코어 운영 체제 라이브러리에 기반해 빌드되었다. 결국 이 핵심 운영 체제 라이브러리가 최신 버전으로 업그레이드됐으나 외부 라이브러리는 다시 빌드되지 않았음을 찾아냈다. 계속해서 부적절한 코드 조각을 찾아내 링크했다. 이론적으로는 이렇게 해도 차이가 없어야 하지만 운영 체제 라이브러리 변경이 바이너리 호환(binary compatible)인 것으로 짐작됐다. 외부 라이브러리를 다시 빌드하니 문제가 완전히 사라졌다.

수정 시간
전체 과정에 네 달가량 걸렸다. 그 기간 동안 수많은 사람이 거쳐갔고 무수한 테스트 자원이 소모됐으며 여러 하드웨어 장비가 쓰였고 상상 이상으로 많은 리뷰 회의가 열렸다. 버그를 추적할수록 고약한 상처가 남았고 회사는 어마어마한 고통을 떠안았다(비용은 말할 것도 없다).

얻은 교훈
감지하기 힘든 버전 불일치를 막으려면 어떤 컴포넌트가 변경되든 항상 전체 소프트웨어 플랫폼을 다시 빌드하자.

또 다른 증상(symptom)을 그저 숨긴 것이 아니라 정말로 문제의 근본 원인(cause)을 찾은 것인지 스스로 납득시키자. 그래야 올바른 위치를 수정했다고 확신할 수 있다. 연관된 모듈에서 비슷한 실수가 없었는지 생각해 보고 필요하면 가서 고치자.*

> **핵심개념 ★** 버그를 고칠 때 같은 실수가 연관된 코드 영역에 도사리고 있지 않은지 확인하자. 결함이 발생하는 곳을 전부 수정해 마지막으로 한 번 더 버그를 몰살시키자.

끝으로 실수로부터 배우자. 배우지 않으면 영원히 같은 오류를 반복할 수밖에 없다. 계속 실수하게 되는 단순한 프로그래밍 오류인가 아니면 알고리즘을 잘못 적용하는 것처럼 보다 근본적인 오류인가?

> **핵심개념 ★** 각 결함을 수정할 때마다 교훈을 얻자. 어떻게 대비할 수 있었을까? 어떻게 더 빨리 발견할 수 있었을까?

---

* 약간만 수정해 코드를 중복해서 사용하는 복사하여 붙여넣기(copy and paste) 프로그래밍이 왜 좋지 않은지 보여준다. 무심코 버그를 복사해 이후에는 한 곳에서 한 번에 수정할 수 없으니 아주 위험하다.

9.6 예방

누구나 "치료보다는 예방"이라고 말한다. 버그가 퍼져 나가지 않게 관리하는 가장 좋은 방법은 버그를 들여 놓지 않는 것이다. 슬프게도 이러한 이상에 완벽하게 도달할 수는 없다. 문제 해결이라는 프로그래밍의 본질 상 계속 어려울 것이다. 문제를 올바르게 풀어야 할뿐 아니라 시작하기 전에 전체 문제를 완전히 이해해야 한다. 그렇지만 신중한 방어적 프로그래밍으로 많은 문제를 피할 수 있다. 훌륭한 프로그래밍은 원칙과 세심한 주의를 뜻한다. 철저한 테스트는 소프트웨어를 출시할 때 결함이 빠져나가지 않도록 막아준다.

방대하게 설명할 수도 있으나 모든 예방 조언은 결국 하나의 간단한 문장으로 요약된다. 두뇌를 사용하자. 끝.

9.7 말벌 스프레이, 민달팽이 퇴치제, 파리잡이 끈끈이

유용한 디버깅 도구가 많으니 도구를 이용하지 않는 것은 어리석다. 어떤 도구는 상호적(interactive)이라 실행 중에 코드를 검사할 수 있다. 비상호적(noninteractive)인 도구는 주로 코드 필터나 파서로서 실행되어 프로그램에 대한 정보와 분석을 생성한다. 이러한 도구가 디버깅 시간을 어떻게 현저히 줄이는지 알아보자.

9.7.1 디버거

가장 잘 알려진 디버깅 도구로서 이름과 도구의 목적이 일치하지 않는다. 디버거는 실행 중인 프로그램의 내부를 볼 수 있고 뒤져볼 수 있는 상호적 도구다. 제어 흐름을 따라 변수 내용을 조사하고 향후 중단(interruption)시킬 수 있도록 코드에 중단점(breakpoint)을 설정하고 심지어 원하는 대로 임의의 코드 영역을 실행할 수 있다.

디버거는 형태와 크기가 여러 가지다. 명령 줄 도구도 있고 그래픽 애플리케이션도 있다. 어떤 개발 플랫폼에도 최소 하나 이상의 디버거가 있다(최근에는 gdb가 보편적으로 쓰여 모든 플랫폼에 이식되는 것 같다).

디버거는 실행 파일에 남아 있는 심볼에 의존한다(심볼은 컴파일러의 내부 정보 요소로서 주로 최종 링크 단계에서 제거된다). 디버거는 이러한 심볼을 사용해 함수와 변수명에 대한 정보와 소스 파일의 위치를 제공한다.

디버거는 풍부하고 강력한 도구지만 자주 오용 또는 악용되고 실제로 좋은 디버깅을 방해하기도 한다. 프로그래머는 잘못된 변숫값을 관찰하며 곁길로 새고 잘못된 함수에 발을 들인 다음 다시 돌아가 풀려고 했던 문제에 대해 생각하는 것을 잊어버리고는 프로그램 추적을 쉽게 마무리 지어 버린다. 실패에 대해 조금만 더 생각해 보면 디버거로 추적하는 것보다 구체적인 결함을 훨씬 더 빨리 찾아낼 수도 있다.

> **핵심개념★** 설명할 수 없는 동작이 일어나면 디버거를 조금만 사용하자. 일상적으로 코드의 동작 방식을 이해하기 위한 대안으로서 사용하지 말자.

9.7.2 메모리 접근 검증자

실행 중인 프로그램에 메모리 누수와 오버런이 없는지 검사하는 상호적 도구다. 존재하는지도 몰랐던 메모리 해제 오류가 일어난 영역을 밝혀내는 데 아주 유용하다.

9.7.3 시스템 호출 추적

리눅스의 strace 같은 시스템 호출 추적 유틸리티는 애플리케이션에서 발행된 모든 시스템 호출을 보여준다. 둘러싼 환경과 프로그램 간 상호 작용을 확인하기 좋고 일어나지 않은 외부 실행 중에 멈춘 것처럼 보일 때 특히 유용하다.

9.7.4 코어 덤프

프로그램이 비정상적으로 종료됐을 때 운영 체제가 생성하는 스냅샷을 말하는 유닉스 용어다. 이 용어는 페라이트 코어(ferrite core) 메모리로 된 구식 장비에서 파생됐다. 당시 덤프 파일이 오늘날까지도 코어라 불린다. 프로그램이 죽은 시점에 프로그램의 메모리 복사본과 CPU 레지스터의 상태, 함수 호출 스택을 포함한다. 분석기(주로 디버거)에서 코어 덤프를 로드하면 다량의 유용한 정보를 밝혀낼 수 있다.

9.7.5 로깅

로깅 기능을 사용하면 실행 중인 애플리케이션에 대해 프로그래밍 방식으로 정보를 생성할 수 있다. 풍부한 로깅 시스템은 출력 우선순위 할당(가령 디버그, 경고, 치명적)을 지원하고 런타임에 특정 메시지 수준을 걸러낸다. 프로그램 로그가 제공하는 동작 히스토리는 실패가 일어난 상황을 집어내는 데 유용하다.

(운영 체제 환경의 일부 혹은 외부 라이브러리 속) 훌륭한 로깅 기능이 없더라도 print 문을 필요에 따라 코드 곳곳에 뿌려 두면 같은 효과를 얻을 수 있다. 하지만 이러한 출력은 정상적인 프로그램 출력을 방해하니 프로덕션 코드 배포판에서 꼼꼼히 제거해야 한다.

기본적인 print 명령도 쓸 수 없을 때가 있다. 하드웨어를 새로 들인 적이 있는데 얻었던 진단 정보라고는 8 세그먼트 LED 디스플레이 하나와 여분 시스템 버스에 부착된 스코프가 전부였다. 노력만 한다면 전구 몇 개에 얼마나 많은 정보를 넣을 수 있는지 정말 인상적이었다!

로깅에는 부정적인 측면도 있다. 프로그램이 느리게 실행되고 실행 파일 크기가 커지고 로깅으로 인한 버그가 생길 수도 있다. 프로그램 충돌이 로그 메시지가 들어 있는 버퍼를 파괴하는 로깅 시스템이라면 프로그램 충돌을 추적하는 데 아무 쓸모가 없다. 로깅 메커니즘의 동작 방식을 잘 알아두고 진단 print 문을 항상 버퍼링되지 않는 출력 스트림으로 전송하자.

9.7.5.1 정적 분석기

잠재적 문제를 찾아 소스 코드를 검사하는 비상호적 도구다. 컴파일러를 최고 경고 단계로 설정하면 대부분 기초 정적 분석을 수행하지만 좋은 분석 도구는 이보다 훨씬 훌륭하다. 어떤 제품은 문제가 있는 코드, 정의되지 않은 동작, 이식할 수 없는 구조체의 사용을 감지해 위험한 프로그래밍 사례를 찾아내고, 코드 메트릭을 제공하고, 코딩 표준을 지키게 하고, 자동 테스트 하네스(harness)를 생성한다.

정적 분석 도구를 편리한 안전망으로 사용하면 문제를 일으키기 전에 많은 오류를 없앨 수 있다. 컴파일러 제조사 대신 여러 회사의 정적 분석기를 사용하는 것이 실용적이다. 두 회사가 동일한 가정 집합이나 실수를 저지를 가능성은 극히 낮다.

9.8 요약

> 그때부터 쭉 내 인생의 많은 시간이 내가 만든 프로그램 속 실수를
> 찾는 데 쓰이고 있음을 깨달았던 그 순간이 잊히지 않는다.
>
> _모리스 윌크스

죽음과 세금(인생에서 불가피한 것)처럼 버그를 피하려고 아무리 열심히 노력해도 버그는 발생한다. 물론 앞선 두 가지는 온갖 종류의 주름 방지 크림을 바르고 교묘하게 돈을 다뤄 효과를 완화시킬 수도 있지만, 결함이 생겼을 때 어떻게 처리할지 모르면 코드는 끝장이다.

디버깅은 발전시킬 수 있는 기술이다. 어림짐작에 기대지 않고 체계적으로 찾아내고, 깊이 생각해 고친다.

현명한 프로그래머

- 버그를 키우지 않는다. 애초에 버그가 생기지 않도록 신중히 코드를 작성한다.
- 코드가 무엇을 하는지 이해하고 철저한 테스트를 작성해 쉽게 고장 나지 않게 한다.
- 전투 계획도 없이 성급하게 돌진하기보다는 체계적이고 주의 깊게 버그를 찾는다.
- 한계를 알고 막히면 다른 이에게 결함을 찾을 도움을 구한다.
- "간단히" 고칠 때조차도 코드를 신중히 변경한다.

형편없는 프로그래머

- 디버깅하지 않는다. 형편없는 코드의 바다로 가라앉아 허우적거린다.
- 코드가 무엇을 하는지 밝혀내느라 삶의 대부분을 디버거에서 허비한다.
- 실패가 드러나면 숨기려 한다. 적극적으로 디버깅을 피한다.
- 코드 품질과 결함을 고칠 자신의 능력에 대해 비현실적인 기대를 품는다.
- 진짜 원인을 찾아 문제를 뒤쫓기보다 증상을 숨기며 버그를 "고친다".

9.9 참고

1장: 방어 태세
코드 기반을 닦기도 전에 버그를 예방하는 법.

8장: 테스트할 시간
결함이 존재하는지 알아야 결함을 고칠 수 있다. 철저한 테스트는 소프트웨어를 출시할 때 결함이 빠져 나가지 못하게 하는 예방 메커니즘이다.

20장: 완벽한 리뷰
코드 리뷰는 버그를 찾아내고 없애는 데 유용하고 그렇지 않았으면 감지되지 못했을 문제 영역을 발견한다.

9.10 생각해 보기

다음 질문에 대한 자세한 설명은 601쪽 "정답과 설명"에 나와 있다.

9.10.1 궁리하기

1 결함은 그 코드를 작성했던 원래 프로그래머가 수정하는 것이 최선일까? 아니면 문제를 발견한 프로그래머가 수정하는 것이 더 좋을까?

2 언제 디버거를 쓰고 언제 머리를 써야 하는지 어떻게 알 수 있을까?

3 익숙하지 않은 코드의 결함을 찾아 수정하기 전에 먼저 그 코드를 익혀야 한다. 하지만 소프트웨어 공장의 시간 압박은 종종 수정할 프로그램을 공부하고 이해하는 데 필요한 시간을 할애하지 못하게 한다. 최선의 방법은 무엇일까?

4 메모리 누수 버그를 피하는 훌륭한 기법을 설명하라.

5 보다 체계적인 방식을 취하는 대신 빠르게 결함을 찾고 고치려고 시도해 보는 것은 어떤 상황에 적절할까?

9.10.2 스스로 살피기

1 얼마나 많은 디버깅 기법과 도구를 일상적으로 사용하는가? 유용하다고 느꼈던 다른 도구는 없는가?

2 사용 중인 언어의 일반적인 문제와 위험은 무엇인가? 이러한 종류의 버그를 코드에서 어떻게 보호하는가?

3 코드에서 발생하는 버그 대부분이 엉성한 프로그래밍 오류인가 아니면 보다 감지하기 힘든 이슈인가?

4 사용 중인 플랫폼에서 디버거를 사용하는 법을 아는가? 얼마나 일상적으로 디버거를 사용하는가? 아래를 어떻게 하는지 설명하라.

   a 돌아가는 길(backtrace) 만들기

   b 변숫값 검사하기

   c 어떤 구조체 내 필드 값 검사하기

   d 임의의 함수 실행하기

   e 스레드 문맥 교환하기

memo

잭이 개발한 코드

소스 코드를 실행 가능한 코드로 바꾸는 메커니즘

네가 오랫동안 이룩한 것을 누군가 하룻밤 새 무너뜨릴 수 있다.

그래도 무언가 이룩하라.

_테레사 수녀

10장에서 다룰 내용

- 소프트웨어를 어떻게 빌드할까?
- 다양한 프로그래밍 구성 언어 모델
- 훌륭한 빌드 시스템의 메커니즘
- 출시 버전 빌드

프로그래머(Geekus maximus)는 대개 자연 서식지에서 영묘한 모니터 빛 앞에 웅크리고 앉아 텍스트 에디터에 심오한 구두점 문자 조합을 입력하는 모습으로 발견된다. 이따금 이 소심한 짐승은 커피나 피자 같은 먹이를 찾아 은신처의 테두리를 벗어난다. 이내 안전한 곳으로 다시 돌아와 키보드 앞에서 의식을 이어간다.

온전한 언어 구조체를 입력하는 것만을 프로그래밍이라 한다면 일은 한결 수월하다. 물론 소문이 무성한 셀 수 없이 많은 원숭이와 그들의 무수한 텍스트 에디터로 대체되는 위험을 감수해야겠지만. 이렇게 하는 대신 컴파일러(혹은 인터프리터)로 소스 코드를 실행함으로써 의도한 대로 기능하는 무언가를 얻어야 한다. 늘 그렇듯 한 번에 되지는 않는다. 치우고 다시 하자.

신중하게 갈고 닦아진 고급 언어를 배포할 수 있는 실행 파일로 변환하는 작업을 흔히 코드 빌드(building)라 부른다(흔히 이 용어가 메이크(making)나 컴파일(compiling)과 자주 바꿔 쓰인다는 점을 곧 알게 될 것이다).

빌드는 프로그래밍의 기초적인 부분이라서 빌드를 수행하지 않고는 코드를 개발할 수 없다. 그러니 생성된 코드에 확신을 가지려면 무엇이 포함되고 어떻게 프로젝트 빌드 시스템이 동작하는지 반드시 이해해야 한다. 미묘한 쟁점이 많은데 특히 코드 기반이 적정 규모에 도달하면 더 그렇다. 흥미롭게도 거의 모든 프로그래밍 교재에서 이러한 주제를 얼버무리고 넘어간다. 실제 빌드 복잡도가 전혀 드러나지 않는 파일 하나짜리 예제 프로그램을 내놓는다.

대다수 개발자가 사용하는 IDE의 빌드 시스템에 의존하지만, 그래도 그 시스템의 동작 방식을 이해해야 하는 부담이 사라지는 것은 아니다. 버튼 하나로 모든 코드가 생성되면 편하기는 해도 C 컴파일러에 어떤 옵션이 전달됐는지 혹은 오브젝트 파일을 어느 정도 수준으로 조작했는지 모르니 실제로 제어할 수 없다. 명령 줄 프롬프트에서 build 명령어 하나를 입력해도 마찬가지다. 내부에서 무슨 일이 일어나는지 이해해야 반복적으로 안정된 빌드를 수행할 수 있다.

10.1 언어 장벽

프로그래밍 언어는 종류가 여러 가지고 저마다 소스 코드로부터 실행 가능한 프로그램을 구성하는 기계적 절차가 다르다. 어떤 구성 모델은 더 복잡하기도 하고 각각 장단점이 있다.

주요 메커니즘은 인터프리터(interpreted) 언어, 컴파일(compiled) 언어, 바이트 컴파일 (byte-compiled) 언어, 세 가지다. 그림 10-1로 살펴보자.

▼ **그림 10-1** 프로그래밍 언어 빌드와 실행 방법

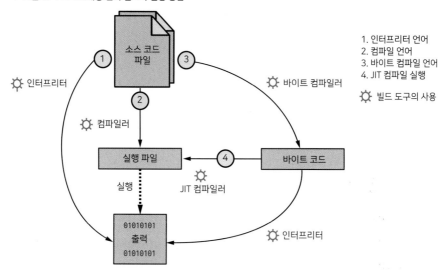

정말 소프트웨어를 짓는가(build)?

개발자가 하는 일을 "전통적인" 건축 산업과 동일시해 프로그래밍을 주로 건축(building)과 비유한다. 둘 다 구성(construction) 과정이다 보니 뚜렷한 유사점이 많다. 실은 이미 크리스토퍼 알렉산더의 건축 공사에서 배운 소프트웨어 패턴 동향으로서(331쪽 "디자인 패턴" 참고) 두 원리 간 모종의 중복과 협력을 보아 왔다.

이러한 비유가 어디까지 이어지는지 실제로 얼마나 유용한지 이해하는 것이 매우 중요하다. 완벽한 비유란 없다. 철학적이고 조금 벗어난 이야기지만 비교가 개발 방식에 불가피하게 악영향을 미치니 정말 중요하다. 상황에 따라 비유가 유용하지만 어떤 경우에는 완벽하지 않다(심지어 잠재적으로 해로울 수도 있다).

좋은 쪽

집을 짓는 물리적 구성 과정과 비슷하게 무에서 시작해 차곡차곡 한 층씩 쌓으며 빌드한다. 구성을 시작하기 전에 요구사항 수집 과정을 거치고 신중한 디자인과 아키텍처를 수행해야 한다. 정원 창고는 아마 별다른 계획 없이 만들 수 있겠지만 미리 계획하지 않은 고층 건물이 멀쩡히 서 있으리라 기대하는 것은 어리석으니 사전에 진지한 디자인과 계획이 필요하다. 소프트웨어 구성도 정확히 마찬가지다.

나쁜 쪽

하지만 어떤 부분에서는 비유가 잘 통하지 않는다. 소프트웨어 구성의 기초 계층은 건물의 기반보다 더 쉽게 수정할 수 있다. 물리적 체계보다 소프트웨어 체계를 해체하는 비용이 작다. 소프트웨어 세상에서는 프로토타입을 만들고 분석할 수 있는 기회가 물리적 세상보다 더 자주 주어진다는 뜻이다.

현실 세계의 건물에는 음향 공학 원리가 적용된다. 이는 법규로 명시되어 있으며 공공 책임으로서 강제된다. 많은 소프트웨어 회사는 모욕을 당해도 공학적 원리를 알 수 없다.

이상한 쪽

시스템 개념과 디자인, 구현 테스트로 구성되는 전체 개발 절차는 물리적 구성 과정과 정말 유사하다. 하지만 10장에서 실제로 생각해 볼 내용은 미묘하게 다르다. 컴파일(compilation)과 이러한 종류의 빌드 작업에 수반되는 절차 위주로 다룬다. 이 부분에서도 비유는 살짝 거리가 있다. 어떤 소스 코드를 새로 복사할 때마다 실행 가능한 프로그램을 만들고 "빌드"하는데, 이것이 10장에서 살펴볼 내용이다. 두 가지 의미의 "빌드"를 명확히 구분하자.

소프트웨어 빌드 절차에는 함수를 수정하면 시스템 재빌드를 수행해야 한다는 그만의 규칙이 있다. 이에 반해 문짝에 페인트를 칠할 때마다 집에 있는 벽을 다시 지을 필요는 없다.

10.1.1 인터프리터 언어

인터프리터 언어로 작성된 코드는 특정 빌드 단계를 거치지 않아도 된다. 코드 작성 후 인터프리터에 코드가 어디 있는지만 알리면 인터프리터가 실시간으로 파싱하고 명령에 따라 행동한다. 일반적인 인터프리터 언어는 펄, 파이썬, 자바스크립트다. 객체 지향 언어 대다수가 인터프리팅되는데, 이는 근래에 컴퓨터가 적당한 속도로 인터프리터를 더 잘 실행할 수 있게 되면서 객체 지향 언어가 개발된 영향이 크다.

인터프리터 언어의 주된 장점은 개발 속도다. 중간 컴파일 단계가 없어 매 변경을 아주 빠르게 테스트할 수 있다. 또한, 플랫폼 독립적이라 유명한 언어 인터프리터는 여러 플랫폼에서 다양하게 실행된다. 그 인터프리터가 이식된 어느 플랫폼에서든 프로그램이 동작한다.

하지만 인터프리팅된 프로그램에는 몇 가지 단점이 있다. 언어 런타임에 읽고 파싱하고 인터프리팅하고 각 코드 명령문에 따라 행동해야 하니 똑같이 컴파일된 프로그램보다 느리게 실행된다. 일이 너무 많다. 다만 현대 장비는 아주 빨라서 아주 계산 집약적인 애플리케이션에서만 문제가 될 뿐이다. 다양한 인터프리터 기법으로 코드 성능을 향상시킬 수 있다. 어떤 언어는 실행 전에 미리 소스 파일을 컴파일하거나(시동이 느려진다) 각 함수를 실행하기 직전에 컴파일하는 JIT(Just-In-Time) 컴파일을 이용한다(매 함수를 처음 호출할 때 느려진다). 대부분의 프로그램에서 크게 오버헤드가 없고 JIT 컴파일된 코드의 성능은 네이티브 컴파일 코드와 거의 차이가 없다.

스크립트(scripting) 언어가 주로 인터프리팅된다. 이러한 언어는 의심스러운 코드에 아주 관대하고(느슨한 언어 규칙과 약한 형검사(weak typing)로) 복잡한 기능은 피함으로써 아주 빠른 개발 주기를 지원한다. 스크립트 언어는 주로 다른 유틸리티를 보다 편리하게 호출하기 위한 중간 다리로 쓰인다. 유닉스 셸 스크립트와 윈도 배치 파일, Tcl 등이 있다.

10.1.2 컴파일 언어

컴파일 언어는 빌드 툴체인을 이용해 소스 코드 파일을 타깃 플랫폼에서 실행될 기계 명령으로 변환한다. 타깃 실행 플랫폼은 대부분 개발 플랫폼과 동일하지만 임베디드 개발자는 종종 PC에서 개발한 후 크로스 컴파일러를 사용해 아주 다양한 장비에서 실행되게 한다. 대규모 프로젝트는 단계를 나눠 컴파일된다. 각 소스 파일은 중간 목적 파일(object file)로 컴파일되고 이후 최종 실행 파일로 링킹된다. 이러한 빌드 모델은 그림 10-2에 나오는 것처럼 각 재료가 섞이고(컴파일되고) 최종적으로 함께 구워지는(링킹되는) 케이크 굽기에 비유된다.

▼ **그림 10-2** 컴파일 제과

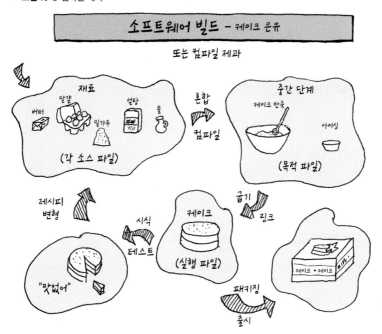

구조(structured) 언어는 대부분 컴파일되지만 C와 C++가 가장 대중적인 컴파일 언어다. 본질적으로 컴파일된 애플리케이션은 대응 관계에 있는 (최소한 JIT 컴파일 없이) 인터프리팅된 애플리케이션보다 빠르게 실행되지만 대부분 계산 집약적 애플리케이션이 아니므로 대부분의 시간을 중지된 채 보내며 사용자나 디스크, 네트워크 입력을 기다리니 실제로

거의 알아채기 힘들다.

컴파일 언어 빌드 절차는 인터프리터보다 복잡해서 실패할 지점이 더 많다. 애플리케이션을 실행할 타깃 플랫폼이 바뀔 때마다 애플리케이션을 다시 컴파일해야 한다.*

10.1.3 바이트 컴파일 언어

바이트 컴파일 언어는 인터프리터와 컴파일 언어 중간쯤에 위치한다. 컴파일 단계가 있지만, 실행 가능한 네이티브 프로그램은 생성하지 않는다. 대신 가상 머신(virtual machine)에서 실행할 수 있는 의사 기계어(pseudo machine language)인 바이트 코드로 된 파일을 만든다. 자바와 C#이 대표적인 바이트 컴파일 언어다.

일반적으로 바이트 코드를 실행하면 동등한 컴파일 바이너리를 실행할 때보다 느릴 것이라 오해한다. 항상 그렇지는 않다. JIT 최적화기가 코드를 훨씬 빠르게 만들어 줄 똑똑한 결정을 내릴 수도 있다(예를 들어 자신을 실행 중인 하드웨어에 정확히 맞춤으로써).

절충안인 바이트 컴파일러는 앞선 두 방법의 장단점 몇 가지를 이어받는다. 바이트 코드는 가상 머신이 이식된 어떤 플랫폼에서든 실행될 수 있는 이식성을 지닌다(어떤 언어 런타임은 유독 더 폭넓게 이식되기도 한다).

10.2 자세히 들여다보기

컴파일(그리고 바이트 컴파일) 빌드 모델이 이해하기 가장 어려운 만큼 소프트웨어 컴파일에 무엇이 필요한지 조사해보자. 새로 훈련받은 프로그래머 중에 제대로 이해하는 사람이 얼마나 적은지 알면 깜짝 놀랄 테니 기본 원칙부터 시작하자. 이미 알고 있다면 건너뛰어도 무방하다.

제대로 이해하려면 IDE에 재빌드 작업을 전부 다시 맡기지 말고 각 수동 단계를 스스로 생각해 보는 것이 가장 좋다. 간단한 프로그램을 개발하는 5단계 이야기로 설명하겠다.

1 C로 코딩된 새 프로젝트를 시작 중이다. 이 프로젝트는 소프트웨어 개발 세계의 온갖 병폐를 해결하고 새로운 세계 평화의 시대로 안내할 것이다. 하지만 가진 것이라곤 main이 들어 있는 파일 하나가 전부다. 어딘가에서 시작해야 한다.

---

* 타깃 플랫폼은 프로세서 타입과 호스트 운영 체제와는 구분된다. 사용 가능한 주변 하드웨어 같은 다른 요인이 더 중요할 수 있다.

파일 하나짜리 프로그램을 빌드하고 실행하기는 쉽다. compiler main.c를 입력하면* 실행하고 테스트할 실행 파일이 튀어나온다. 간단하다.

2. 프로그램이 점점 커진다. 각 부분을 쉽게 정리할 수 있도록 각각의 기능 블록 하나씩을 담아 프로그램을 여러 파일로 쪼갠다. 빌드 절차는 여전히 간단하다. compiler main.c func1.c func2.c를 입력한다. 똑같은 실행 가능한 프로그램이 튀어나오고 앞서와 같이 테스트는 개발자의 몫이다. 별거 없다.

3. 머지않아 어떤 코드 영역이 마치 독립형 라이브러리처럼 독립된 관심사를 포함하는 진정한 개별 컴포넌트임을 깨닫는다. 유사한 코드 영역을 한데 묶어 서로 다른 디렉터리에 넣으면 이해하기 쉽다. 이제 프로젝트는 영역을 넓혀 가기 시작한다. 새로운 파일 구조를 쉽게 빌드하는 방법은 실행 파일을 빌드하지 않고 중간 목적 파일만 빌드하는 컴파일러 호출을 사용해 각 소스 파일을 직접 컴파일하는 것이다. 이후 main.c가 컴파일되고 중간 목적 파일과 함께 링크된다. 이때 컴파일러에 어떤 디렉터리에 있는 인클루드(include) 파일을 알려줘야 할 수도 있다. 일이 조금씩 복잡해지고 있다.

새로운 디렉터리 중 하나에 들어 있는 코드를 변경하면 항상 그 디렉터리에 컴파일 명령을 실행해야 하고 이어서 최종적으로 "모두 링크하라"는 명령을 한 번 더 내려야 한다. 상당히 수동적이다. 게다가 다른 디렉터리에서 사용 중인 헤더 파일을 변경하면 그 디렉터리들을 전부 다시 빌드해야 한다. 잊어버리면 링커가 틀림없이 아리송한 불평을 쏟아 낼 것이다.

어마어마한 명령 줄 짐을 덜려면 각 디렉터리를 돌아다니며 필요한 빌드 명령을 내릴 셸 스크립트(윈도라면 배치 파일)를 작성하자. 지저분한 작업과 지루한 컴파일러 인자가 모두 숨겨지니 쓸데없고 사소한 빌드 관련 사항을 외울 필요 없이 편한 마음으로 더 중요한 코드 개발에 몰입할 수 있다.

4. 이러한 하위 디렉터리는 나중에 진정한 독립형 라이브러리가 되고 다른 프로젝트에도 쓰인다. 이때 좀 더 사용하기 편하게 코드를 깔끔히 정리하고(정돈하고) 사용자가 볼 적절한 설명서를 추가하고 이어서 목적 파일이 아닌 공유 라이브러리(shared libraries)를 생성하도록 빌드 명령어를 바꾼다. 빌드 스크립트를 몇 군데 더 바꿔야 하지만 비교적 잘 보이지 않는 변화이고 그렇게 힘들지도 않다.

5. 개발은 한동안 이렇게 이어진다. 빠르게 코드가 추가된다. 새 하위 디렉터리와 하위의 하위 디렉터리가 계속 생성된다. 파일 구조는 상당히 깔끔해 보이지만 빌드 시간이 문제다. 빌드 스크립트를 구동할 때마다 모든 소스 파일을 심지어 변경되지 않은 것까지 다시 컴파일한다. 스스로 모든 변경을 추적하고 하위 디렉터리 빌드를 다시 직접 명령하고 싶을 수도 있다(아마 디렉터리별로 빌드 스크립트를 생성하는 정도로 타협해서). 프로젝트가 너무 커져서 종속성을 놓칠 가능성도 크다. 이렇게 되면 빌드 오류 혹은 훨씬 감지하기 힘든 문제를 해결하기 어려워진다(가령 동작 중에 링킹을 중지하지는 않지만 프로그램을 잘못 동작시키는 결함이 드러날 수 있다).

이제 개발은 위기에 몰렸다. 코드 빌드에 쓰이는 시스템을 신뢰할 수 없다. 그 시스템은 안전하지 않다. 완벽하게 치우고 처음부터 다시 빌드했다면 믿을 수 있는 것은 실행 파일뿐이다.

위 상황에 가장 적합한 도구를 살펴보자. 고전적인 해법은 재치 있게도 make라 불리는 명령 줄 프로그램이다.[펠드만 78] make는 중간 목적 파일과 컴파일 규칙을 대신 처리하고, 더 중요하게는 어떤 파일이 어떤 파일에 종속성이 있는지 추적한다. 필요한 빌드 규칙을 제공하는 makefile을 작성해 무엇을 할지 명령한다. 소스 파일 타임스탬프를 보고 마지막 make 이후 무엇이 바뀌었는지 확인한 후 그 파일과 종속성이 있는 파일까지 함께 다시 컴

---

* 하나의 예일 뿐 당연히 compiler는 C 컴파일러를 부르는 명령어로 대체할 수 있다.

파일한다. 앞서 작성했던 스크립트를 소프트웨어의 컴파일과 재컴파일 작업에 특화한 더 똑똑한 버전이다.

지난 수년간 변변치 않은 다양한 make 변형이 등장했고 근래에는 그럴듯한 GUI 허울까지 입혀진 것도 많다. GNU Make가 가장 널리 쓰이는 도구 중 하나다(무료이자 아주 유연하다). Make 예찬을 아직 접하지 못했다면 254쪽 "Make: 관광 안내서"에 기본 연산이 나와 있다.

이 밖에도 여러 빌드 시스템이 대중적으로 쓰인다. SCons, Ant, NAnt, Jam 등이 있다. 각각 특정 빌드 환경 유형(가령 NAnt는 닷넷 프로젝트 빌드에 쓰인다)이나 특별한 품질(많은 도구가 make 문법 간소화에 주력하는데 꽤 특이하다!)에 특화되어 있다.

10.3 빌드 만들기

소프트웨어 구성(construction)이라는 늪에 빠져 빌드 절차와 관련된 주요 쟁점 몇 가지를 살펴봤다. 모든 소프트웨어 빌드 절차는 근본적으로 둘 이상의 소스 파일을 입력으로 받아 일종의 실행 가능한 프로그램을 다른 한편으로 내뱉는다. 심지어 실행 파일과 도움말 파일, 설치 프로그램 등을 포함해 전체를 말끔하게 패키징해 CD에 바로 기록할 수 있는 배포판 전체를 만들기도 한다.

용어와 조건

다음은 주요 소프트웨어 개발 용어다.

소스 코드
소스 코드는 물리적으로 작성한 파일에 저장되고 대개 고수준 언어로 만든다. 언어 구조체는 적절한 도구를 사용해 동작하는 프로그램으로 변환할 수 있다.

컴파일(compilation)
소스 코드는 두 가지 방식 중 하나로 실행 파일로 변환된다. 하나는 소스 코드를 실행 가능한 프로그램으로 컴파일하는 것이다. 또한, 다른 방법은 소스 코드를 실시간으로 인터프리팅하는 것이다. 프로그램을 실행하며 언어 런타임이 소스 코드를 파싱하고 명령에 따라 행동한다.

빌드
컴파일과 자주 동의어로 쓰이는 모호한 용어다. 컴파일은 구성 단계 중 하나지만 빌드는 전체 구성 과정을 뜻한다. make라는 용어가 유사하게 모호한 방식으로 쓰이는데 더 큰 문제는 유명한 소프트웨어 빌드 도구의 이름이기도 하다는 점이다.

목적 코드(object code)

목적 코드는 목적 파일에 들어 있다. 소스 코드 파일을 컴파일한 버전을 말한다. 객체 코드가 바로 실행 파일은 아니며 이 코드는 다른 코드 파일에 의존한다(대부분의 프로그램이 둘 이상의 소스 파일로 만들어진다). 실행 파일(executable)을 만들려면 목적 파일을 다른 목적 파일과 링킹해야 한다.

라이브러리

코드 라이브러리는 목적 파일과 비슷하다. 컴파일된 코드 모음일 뿐 그 자체로 전체 프로그램은 아니다. 라이브러리는 어떤 프로그램에든 통합될 수 있는 유용한 기능을 응집해 놓은 모음이다. 라이브러리는 정적 또는 동적일 수 있다. 정적 라이브러리는 목적 파일처럼 링킹되는 반면 동적 라이브러리는 애플리케이션이 실행될 때 그 애플리케이션에 의해 동적으로 로딩된다.

기계 코드(machine code)

어떤 컴파일 단계는 목적 파일이 아닌 기계 코드를 만든다. 기계 코드는 프로그램을 위한 CPU 명령을 정확히 표현한 소스 코드 형태다. 기계 코드는 어셈블러에 의해 진짜 CPU 명령어로 변환되는데 그래서 어셈블리 코드라고도 불린다.

어셈블리어로 작성되는 저수준 운영 체제 라이브러리와 임베디드 프로그램도 있으나 일반적으로 고수준 언어로 작업하며 어셈블리가 내부 컴파일러 동작을 대신한다.

링킹(linking)

링커는 둘 이상의 목적 파일을 합쳐 최종 실행 파일 또는 부분적으로 링킹된 코드 라이브러리를 만든다.

실행 파일(executable)

컴파일이나 링킹 단계의 결과물이다. 컴퓨터에서 바로 실행할 수 있는 독립적인 프로그램이다.

10장의 제목에서 넉살 좋게 차용했던 점층적(cumulative) 이야기*처럼 소프트웨어가 성장하고 발달할수록 빌드 절차도 그와 함께 성장하고 발달한다. 어쩌면 당신의 소프트웨어는 위 예제처럼 기본 상태로 시작하지 않았을지도 모르나 빌드 스캐폴딩은 간단하게 시작해 스캐폴딩으로 만들어지는 코드와 함께 발전하는 경향이 있다. 큰 프로젝트의 빌드 절차는 매우 혼란스러워서 주로 적절한 설명서가 필요하다. 소스 파일 하나를 컴파일하는 동작은 빌드 먹이 사슬의 최하단에 있고, 이 간단한 동작 위에 작업이 추가로 쌓여 나간다.

빌드 절차는 단순히 소스 파일 컴파일만이 아니다. 템플릿으로 텍스트 등록 파일(registration file)을 준비하거나 UI를 위한 다국어 문자열을 만들거나 소스 해상도를 목적지 형식에 맞게 그래픽 파일을 변환하는 것도 포함한다. 실제로 모든 동작을 빌드 시스템에 넣어 정상적인 빌드 과정으로 실행할 수도 있다. 다만 모든 도구가 스크립트 가능(scriptable)이어야, 즉 다른 프로그램(가령 make)에 의해 실행될 수 있어야 한다.

---

* 역주 랜돌프 칼데콧이 지은 〈잭이 지은 집(This Is the House That Jack Built)〉은 점층적 구조를 띄는 동화다.

빌드 시스템을 별개가 아닌 전체 소스 트리의 일부로 여겨야 한다. makefile은 다른 소스 파일처럼 버전 관리 시스템으로 제어되고 소스 파일과 함께 유지 보수되는 여느 소스 파일 같은 프로그램의 일부다. makefile 없이는 애플리케이션을 생성할 수 없다.

> **핵심개념★** 빌드 시스템을 소스 트리의 한 부분으로 여기고 함께 유지 보수하자. 둘은 서로 밀접하게 얽힌다.

make: 관광 안내서

make는 프로그래밍 세계에서 가장 널리 쓰이는 빌드 시스템 중 하나다. make가 무엇이고 무엇을 할 수 있는지 아주 빠르고 간단하게 소개하겠다.

make는 주로 빌드하려는 소스 코드와 같은 디렉터리에 들어 있는 makefile이 주도한다. makefile에는 애플리케이션 빌드 방법을 설명하는 규칙이 들어 있다. 각 규칙은 타깃(즉 빌드할 프로그램이나 중간 라이브러리)을 설명하고 그 타깃의 종속성과 타깃 생성 방법을 자세히 열거한다. 파일 내 주석은 #으로 시작한다. 다음은 (가상의 compiler 프로그램으로 소스를 빌드하는) 간단한 예제다.

```
# 첫 번째 규칙은 다음과 같다.
# ".c 파일로 .o 파일을 빌드할 수 있고 아래 명령어로 한다"
# $<과 $@은 소스와 타깃 파일을 나타내는 매직 파일명이다.
# 보다시피 make 문법은 약간 아리송하다...
%.o: %.c
   compiler -object $@ $<


# 아래 규칙은 다음과 같다. "myapp 프로그램은 아래 세 개의
# .o 파일로 빌드하고 아래처럼 함께 링킹한다."
myapp: main.o func1.o func2.o
   linker -output $@ main.o func1.o func2.o
```

흔히 쓰이는 방법이다. 위 코드를 매직 파일명인 Makefile로 저장하고 make myapp 명령을 내리면 파일을 로드하고 파싱한다. myapp에는 .o 파일이 필요하니 제공된 규칙대로 각 .c 파일부터 먼저 빌드한다. 이후 linker 명령어가 실행되면서 애플리케이션을 생성한다.

처리하기 더 쉽게 말끔히 정리하는 방법이 많다. 예를 들어 makefile에 변수를 정의하면 myapp 규칙이 아래처럼 한결 보기 편해진다.

```
OBJECT_FILES=main.o func1.o func2.o
myapp: $(OBJECT_FILES)
   linker -output $@ $(OBJECT_FILES)
```

기본적인 make 용법에 관한 더 자세한 설명은 이 책의 범위를 벗어나지만 모든 개발자가 꼭 알아야 한다. 유용한 기능이 수두룩하다. GUI 빌드 도구는 본질적으로 이러한 기능을 감싸는 래퍼(wrapper)로서 자세한 Makefile 작성을 내부적으로 숨긴다. 일반적으로 시작하기는 더 쉽지만, 고급 빌드 구성을 수행하기는 번거롭다.

10.4 훌륭한 빌드 시스템이란 무엇일까?

다음은 훌륭한 빌드 시스템이 갖는 주요 품질이다.

10.4.1 단순성

빌드 시스템은 빌드 전문가뿐 아니라 모든 프로그래머가 이해하기 쉬워야 한다. 모든 개발자가 빌드를 수행할 수 있어야 하며, 그렇지 못하면 어떤 작업도 해낼 수 없다. 빌드 시스템이 너무 복잡하면 실제 쓸모가 없다. 반드시 다음과 같아야 한다.

배우기 쉽다

다시 말해서 팀에 합류한 새로운 개발자가 소프트웨어 빌드 방법을 재빠르게 이해할 수 있어야 한다. 빌드 절차를 숙달하기 전까지는 생산성이 떨어진다. 빌드가 어떻게 동작하는지 스스로 알아내 빌드를 수행하는 것이 통과 의례(rite of passage)처럼 여겨지던 회사에서 일한 적이 있다. 쓸데없는 사고방식일 뿐 아니라 아주 위험하다. 코드 빌드 방법을 아는 이가 실제로 모두 떠나버리면 어떻게 되겠는가?

소프트웨어가 성장할수록 규모도 커지고 이해하기 어려워진다. 빌드 시스템이 소프트웨어와 함께 성장할수록 빌드 시스템도 커지고 이해하기 어려워진다. 새 기능이 추가될 때마다 빌드는 더 영리해지고 더 아리송해진다. 복잡도를 이겨내야 한다.

준비하기 쉽다

빌드를 준비한다는 것은 다음을 뜻한다.

- 깨끗한 PC 가져오기(딱 호스트 운영 체제만 새로 복사한)
- 필요한 소프트웨어 전부 설치하기(컴파일러, 번역기(translator), 소스 컨트롤, 설치 프로그램, 패치와 서비스팩)
- 필요한 라이브러리 전부 설치하기(올바른 버전인지에 주의)
- 빌드를 수행할 올바른 환경 만들기(디렉터리 구조 설정, 환경 변수 할당, 올바른 도구 라이선스 획득 등)

명확하게 설명된 준비 과정 없이 어떻게 빌드 절차를 반복할 수 있다고 확신하겠는가?

당연하다

일반적이고 잘 알려진 빌드 도구를 사용하는 것이 가장 좋다. 모두가 그러한 도구를 기대하고 어떻게 사용하는지 알고 있어 학습 곡선이 덜 가파르다. 아무도 진정으로 이해하지 못하는 복잡한 빌드 도구는 굉장히 우려된다.*

10.4.2 획일성

반드시 모두가 같은 빌드 시스템을 사용해야 한다. 그렇지 않으면 똑같은 소프트웨어를 빌드하는 것이 아니다. 서로 다른 빌드 메커니즘(누구는 IDE를, 누구는 Makefile을 쓰는 것)이 언뜻 동등해 보여도 유지 보수 수고와 잠재적 오류 가능성이 커진다. 컴파일러 옵션이 달라 다른 실행 파일이 만들어지는 등 미묘한 차이가 생길 수 있다.

이는 소스 트리와 빌드 시스템을 함께 유지 보수하라는 요구사항과 딱 맞아 떨어진다. 빌드 시스템이 물리적으로 정말 코드의 일부라면 무시할 수도 피할 수도 없다.

> **핵심개념★** 프로젝트에 참여한 모든 프로그래머가 같은 빌드 환경을 사용해야 한다. 그렇지 않고서는 모두 똑같은 소프트웨어를 개발하고 있는 것이 아니다.

아주 당연한데도 잘못하기 쉽다. 모두 행복하게 Makefile을 공유한다 해도 다른 차이가 저도 모르게 생겨난다. 라이브러리, 도구, 빌드 스크립트의 버전 불일치로 인해 전부 서로 다른 프로그램을 개발할 수 있다.

10.4.3 반복성과 안정성

빌드는 결정적이고 안정적이어야 한다. 빌드를 수행하기 전에 입력 파일 집합을 쉽게 결정할 수 있어야 한다. 하나의 파일 집합에 대해 두 개의 빌드를 수행하면 양쪽 다 정확히 똑같은 실행 파일을 내뱉어야 한다. 빌드는 반복 가능해야 한다.

> **핵심개념★** 훌륭한 빌드 시스템은 물리적으로 동일한 바이너리 파일을 반복적으로 생성하게 해준다.

이렇게 해야 소스 파일 집합을 버전 관리 시스템에 특정 소프트웨어 버전으로 표시(또는 파일 집합을 백업 장소에 보관)할 수 있고 향후 언제든 동일한 빌드를 여러 번 수행할 수 있다.

---

* GNU Make보다 더 똑똑하다는 도구에 대한 불신이 깊었는데 아마 GNU Make는 나머지 똑똑한 make 도구보다 나에 대해 더 많이 알고 있을 것이다. GNU Make는 꽤 충분히 똑똑하다, 늘 고맙다네!

아주 중요한 부분이다. 주요 고객이 소프트웨어 구버전에서 중대한 버그를 발견할지도 모르는데 그 버전으로 돌아가 똑같은 프로그램을 생성할 수 없다면 그 결함을 찾는 일은 고사하고 실패도 다시 재현할 수 없다.

> **핵심개념 ★** 3년 전 소스 트리를 가져와 올바르게 다시 빌드할 수 있어야 한다.

빌드 절차가 다시 만들 수 없는 바이너리 파일을 생성한다면 걱정스러운 일이다. 빌드 결과물이 음력을 따른다면 세상은 정말 이해하기 어려운 곳이 될 것이다. C의 __DATE__처럼 잠재적으로 바뀔 수 있는 정보를 쓸데없이 이용하는 일을 소스 파일에서 최소한으로 줄여야 한다는 뜻이다.

빌드는 언제나 완벽하게 동작해야 한다. 즉 안정적이어야 한다. 이틀에 한 번꼴로 실패하거나 가끔씩 고장 나는 바이너리 파일을 만든다면 백해무익(worse than useless)하고 아주 위험하다. 올바른 바이너리 파일을 테스트하고 있다고 어떻게 확신하겠는가? 회사가 만족스러운 제품을 출시하고 있다고 어떻게 확신하겠는가? 빌드 시스템과 관련된 문제는 실제로 개발을 방해한다.

빌드는 대부분 눈에 보이지 않아야 한다. 유일하게 신경 쓸 부분은 동작시키는 방법이며 최종적으로 제대로 된 결과물이 나오리라는 자신이 있어야 한다.

10.4.4 원자성

이상적인 빌드 시스템은 조작되지 않은 바닐라 소스(vanilla source)*를 받아 인간의 개입 없이 한꺼번에 컴파일한다. 빌드를 수행하기 위해 거쳐야 하는 특별한 단계가 있어서는 안 된다. 다른 애플리케이션을 중간에 작동시키거나 파일을 가져와야 해서는 안 된다. 둘 이상의 명령어로 빌드를 수행해서도 안 된다. 이렇게 하면 어차피 언젠가 잊혀질 정보를 머릿속에 담아 둘 필요가 없다. 모든 빌드 매직은 안전한 위치, 즉 빌드 스크립트 자체에 문서화된다. 빌드는 항상 반복 가능하다. 안전하다.

> **핵심개념 ★** 훌륭한 빌드는 단 한 단계로 표현된다. 버튼 하나만 누르거나 명령어 하나만 내려야 한다.

---

* **역주** 바닐라는 아이스크림에서 가장 기본이 되는 향이다. 마찬가지로 바닐라 소스는 수정이나 패치가 없는 원본 그대로의 코드를 뜻한다.

이러한 이상에 도달할 수 없다면(그리고 경우에서 전혀 벗어나지 않는다면) 빌드는 덜 수동적일수록 좋다. 각 수동 단계마다 완벽한 설명서가 필요하다. 과정을 아래처럼 나누는 것이 적절하다(실은 바람직하다).

1 바닐라 소스를 가져온다.
2 빌드한다.
3 배포판을 만든다.

코드 빌드 개념이 코드 획득과 어떻게 구분되는지 보자. 어떤 소스 버전으로 시작했느냐에 따라 같은 빌드 명령이 잠재적으로 어떤 소프트웨어 버전이든 만들 수 있다. 프로그램 패키징 역시 별도의 단계다. 개발 중에 전체 설치 패키지를 만드느라 시간을 낭비하고 싶지는 않다.

> **경험담**
>
> 빌드는 반드시 반복 가능해야 한다. 어떤 소프트웨어 출시 버전이든 다시 만들 수 있어야 한다. 그렇지 못하면 곤경에 빠진다. 이 문제로 고군분투하던 회사에서 일한 적이 있다.
>
> 고객 컴퓨터 속 코드를 실제로 바꾼 적이 있는데 변경 내용을 버전 관리 시스템 속 원본에 복사하지 않았다. 고객은 그 뒤로 "공식" 소프트웨어 배포판을 실행하지 않았다. 시간이 흘러 고객은 중대한 버그를 발견했고 프로그래머는 버그를 재현할 수 없었다. 물론 누구도 이유를 밝혀내지 못했는데, 고객 컴퓨터 내 변경은 잊힌 지 오래였기 때문이다.
>
> 왜 이렇게 했을까? 제대로 하는 것(가령 메인 코드 기반에서 버그를 고치고 테스트하고 공식 소프트웨어 배포판을 만들고 고객에게 전달하고 적절한 승인을 얻고 설치 전에 종료 승인(sign-off)하는 것)보다 빠르고 간편하게 바꾸는 편이 훨씬 편했기 때문이다. 고객의 사업이 소프트웨어에 달렸고 전체 생산 라인이 버그 수정을 기다리고 있으면 비겁한 행동을 저지르고픈 유혹이 상당하다.

10.4.5 오류 대처

개발이 끝나고 완성된 코드 위로 먼지가 쌓일 때쯤에는 빌드 오류가 전혀 없다. 하지만 개발 중에는 여기저기서 뭔가가 고장 난다. 빌드 시스템이 대처해서 오류 처리를 도와야 한다.

- 빌드 시스템은 오류가 나면 동작을 멈춰야 한다. 일단 멈춘 후 무엇이 고장 났고 어디서 고칠 수 있는지에 대해 의심의 여지가 없도록 명확하게 해야 한다. 계속 빌드를 수행하면 지나친 첫 번째 오류의 결과로 틀림없이 다른 문제가 발생한다. 이 문제는 이해하기 아주 어렵다. 정신 건강을 위해 절대 이 규칙을 어기지 말자!
- 빌드 시스템은 하나의 빌드 단계가 실패하면 불완전한 객체를 전부 제거해야 한다. 그렇지 않으면 다음번 빌드를 수행할 때 그 파일이 실제로 온전하다고 가정해 파일을 챙긴다. 이렇게 되면 엄청난 고통이 뒤따른다. 마법처럼 자신을 숨겼던 오류가 얼마나 재미있을지 상상해보라.

- 빌드는 시끄러워서는 안 된다. 빌드 절차와 크게 관련이 없고 작성한 소스 코드에 달렸다.[*] 코드가 컴파일러 경고를 생성하면 그 코드에 살펴봐야 할 무언가가 있는 것이다. 더 나은 코드를 작성해 컴파일러를 침묵시키자. 수많은 어리석은 경고가 반드시 읽어야 하는 은밀한 메시지를 가릴 수도 있다.

  최대한 마음의 평화를 얻으려면 모든 컴파일러 경고를 활성화해서 빌드하자. 경고를 끄면 문제를 해결하지 못하고 숨길 뿐이다.

  이러한 조언이 정말로 유효하려면 처음부터 따라야 한다. 프로젝트를 시작할 때 빌드 과정을 생각해 보자. 이미 코드를 많이 작성한 후 모든 경고를 활성화하라는 플래그를 추가하려고 하면 바로 경고가 쏟아진다. 거의 대부분 재빨리 플래그를 다시 끄고 아무 일도 없던 척한다. 편하려면 무얼 못하겠는가. 실제로 계속해 나갈 수 있을 때 시작해야 한다.

10.5 빌드 기법

품질 우려를 논했으니 다음은 빌드 시스템의 실질적인 측면을 논할 차례다. 구체적으로 설명하기 위해 특수 빌드 시스템인 make와 Makefile을 자주 언급하겠지만 너무 걱정하지 말자. 문법적 차이만 있을 뿐 다른 빌드 시스템도 유사한 규칙을 따른다(심지어 상당히 그래픽적인 시스템도).

10.5.1 타깃 선택

makefile은 타깃 빌드 방법을 설명하는 규칙을 정의한다(용어는 살짝 다를지라도 다른 빌드 시스템 역시 아주 유사한 방식으로 동작함을 기억하자). 시스템은 중간 타깃을 추론하며 동시에 빌드할 만큼 충분히 똑똑하다. makefile 하나에 여러 타깃이 들어 있다. 이로써 한 빌드 시스템으로 다음과 같이 다양한 결과물을 생성할 수 있다.

- 별개의 프로그램(두 프로그램이 공통 코드 컴포넌트를 포함하고 빌드 소스 트리 내에 들어 있을 때 흔히 보인다)
- 애플리케이션을 빌드하기 위한 여러 타깃 플랫폼(가령 윈도/애플/리눅스 버전 또는 데스크톱/PDA 배포판)
- 제품 변형(완전한 릴리스 빌드 또는 저장/인쇄가 비활성화된 데모 버전)
- 개발 빌드(디버깅 지원이 활성화되고 로깅이 켜져 있고 어서션이 치명적인)
- 서로 다른 빌드 수준(내부 라이브러리만 빌드, 애플리케이션 빌드, 전체 배포판 빌드)

"데모 PDA" 빌드처럼 타깃을 조금씩 조합해야 할 수도 있다.[**] 각 타깃을 한 장소에서 빌

---

[*] 컴파일러 경고를 비활성화해 침묵시키면 되니 실제로는 가능하다. 하지만 문제를 잘못 해결하는 방법이다.

[**] 이 경우 메커니즘이 변한다. 한 번에 타깃 하나만 빌드할 수 있으니 "데모"는 타깃이라기보다 오히려 빌드 구성에 가깝다.

드하도록 소스 트리를 디자인할 수도 있다. make만 입력하지 않고 make desktop이나 make pda를 입력하면 적절한 실행 파일이 튀어나온다(make 뒤에 나오는 이름이 빌드를 시도할 규칙이다).

이렇게 하면 각 타깃마다 별도의 소스 트리를 두는 방식에 비해 커다란 이점이 있다. 코드 대부분이 동일한 소스 트리 몇 개를 유지 보수하는 일은 치열하고 오류가 발생하기 쉬운 작업이다. 수정 중 하나를 모든 코드 복사본에 적용하는 일을 잊어버리기 쉽다.*

그럼 타깃 규칙끼리 무엇이 다를까? 실제 차이는 몇 가지로 압축된다.

- 빌드될 파일(예를 들어 save_release.c나 save_demo.c)
- 컴파일러에 전달될 매크로 정의(예를 들어 컴파일러는 DEMO_VERSION 매크로를 미리 정의해 save.c 내에서 적절한 #ifdefed 코드를 선별한다)
- 사용되는 컴파일러 옵션(예를 들어 디버깅 지원 활성화)
- 빌드 시 선택하는 도구 세트나 환경(예를 들어 타깃 플랫폼에 맞는 올바른 컴파일러 사용하기)

미세하게 다른 온갖 종류의 타깃을 얼마든지 만들 수 있지만, 빌드 시스템이 복잡하고 다루기 힘들어질 가능성도 열린다. 어떤 선택은 빌드 구성 옵션으로 바뀐다. 어떤 설정은 실제로 코드 설치 시점에 혹은 심지어 런타임에 이뤄진다. 테스트가 필요한 빌드 개수가 줄어든다면 이 방식이 더 좋다..

---

make로 인생이 바뀐다

이 책에서 살펴보고 있는 많은 이슈는 C 스타일 개발 주기, 즉 컴파일러가 소스 파일로부터 목적 코드와 라이브러리를 생성하고 최종 실행 파일로 링킹되는 주기에 꽤 한정되어 있다. 다른 모델을 따르는 언어도 있다. 자바는 빌드 절차를 크게 간소화한다. javac 컴파일러가 make 역할을 떠맡아 종속성 검증을 자동으로 수행한다. 특정 빌드 트리 구조를 강제해 더 제한적이지만 그로 인해 삶이 더 편리해진다.

간단한 자바 프로그램에는 정교한 빌드 시스템이 필요 없다. javac 명령어 하나면 안전하게 세상을 다시 빌드할 수 있다. 하지만 상당히 큰 자바 프로젝트는 주로 make를 활용한다.** 지금껏 알아봤듯이 빌드에는 소스 컴파일 말고도 많은 것이 포함된다. 지원 파일을 준비하고 자동화된 테스트를 수행하고 최종 배포판을 생성할 메커니즘이 필요하다. make는 이런 것들로부터 자유로운, 훌륭한 프레임워크이니 완전히 쓸모없지는 않다.

---

* 이 위험한 방식이 버전 관리 시스템에서 한 프로젝트 내 여러 분기문을 유지 보수하는 방식과 어떻게 다른지 주목하자. 버전 관리 시스템은 분기문에 따른 변경을 병합(merge)하고 쉽게 분기문 간 차이를 비교하는 메커니즘을 제공한다.
** 역주 자바 빌드와 자동화 도구는 발전해서 그레이들(Gradle), 메이븐(Maven) 등이 널리 쓰이고 있다. 메이븐은 의존성 관리와 빌드를 자동화했고, 그레이들은 메이븐의 기능에 추가로 점진적인 빌드 등의 기능을 갖췄다.

10.5.2 정리(housekeeping)

정의하는 타깃 규칙마다 모든 빌드 연산을 되돌리고 프로그램 실행 파일과 중간 라이브러리, 목적 파일, 빌드 중에 생성된 그 밖의 파일을 제거하는 정리(clean) 규칙이 있어야 한다. 소스 트리는 원래의 깨끗한 상태로 되돌아가야 한다. 잘 돌아갔는지 증명하기는 상대적으로 쉽다.*

다시 말해 물리적으로 소스 파일을 변경하는 빌드 시스템이 위험하다는 뜻이기도 하다. 변경을 어떻게 쉽게 되돌릴 수 있을까? 원래 파일을 템플릿으로 사용해 수정을 다른 출력 파일로 보내야 한다.

정리 규칙은 좋은 관리 관례다. 빌드 괴물에게 따라 잡혔다고 생각할 때 모든 것을 쉽게 뒤바꿀 수 있고 처음부터 다시 빌드할 수 있다.

> **핵심개념★** 빌드 규칙마다 동작을 되돌리는 정리 규칙을 두자.

10.5.3 종속성

빌드 시스템은 어떤 파일이 어떤 파일에 따라 달라지는지 어떻게 알까? 초능력이 없는 한 어려운 일이니 주변에서 도움을 얻자.

개발자는 종속성 정보를 make가 원하는 형식으로 작성해 makefile 규칙에 제공한다. make는 종속성 트리를 빌드해 따르고 각 파일의 타임스탬프를 검사하고 수정 후 어떤 부분을 다시 빌드해야 하는지 알아낸다.

실행 파일 빌드 규칙이라면 어떤 목적 파일과 라이브러리가 그 실행 파일을 이루는지만 명시하면 되니 상당히 간단하다. 하지만 소스 파일마다 힘들게 종속성 정보를 명시하고 싶지는 않다. #include된 파일이 틀림없이 많을 것이고 이들 각각이 또 많은 파일을 #include할 것이다. 아주 긴 목록이다. 우선 잘못 입력하기 아주 쉽고 최신 버전에 맞지 않을 가능성도 아주 크다. 새 #include를 추가하고는 그에 맞게 makefile을 변경하는 일을 분명 잊어버리고 말 것이다.

---

* 빌드하고, 정리하고, 시작 상태와 차이가 있는지 트리를 확인하면 된다.

대체 누가 이러한 종속성 정보를 알까? 모든 소스 파일 종속성을 실제로 추적하는 빌드 시스템 내 단 하나의 컴포넌트인 컴파일러가 안다. 훌륭한 컴파일러에는 종속성 정보를 뽑아주는 유용한 옵션이 있다. 종속성 정보를 모아 적절하게 형식화한 파일에 넣은 후 그 파일을 종속성 트리에 포함시키는 make 규칙을 작성하는 것이 요령이다.

10.5.4 자동화된 빌드

빌드 과정이 원자적이면, 즉 명령어 하나만 내리는 단순한 일이면 쉽게 전체 소스 트리를 밤사이에 빌드하도록 설정할 수 있다.* 정기적인 야간 빌드는 낮 동안 개발된 코드를 가져와 전체 빌드 과정을 적용한다. 이는 장점이 넘치는 몹시 유용한 사례다.

- 매일 아침마다 최신의 새로운 복사본이 있다. 개발자는 주로 자신만의 작은 세상에서 낮 시간을 보내고 자신의 코드를 동료의 체크인(check-in)과 동기화하는 것을 잊어버린다. 이 기법은 모든 코드가 올바르게 결합되는지 확인해주어 힘들지 않은 통합 테스트를 제공한다.

- 개발자가 별도로 무언가 하지 않아도 초기에 빌드 문제를 찾아낸다. 아침에 책상 앞에 앉아 한 손에 커피를 들고 소스 트리가 빌드 가능한 상태에 있는지 확인할 수 있다. 자신만의 빌드가 완료되기를 기다리지 않고도 어디서부터 고쳐야 할지 바로 안다.

- 야간 빌드에 자동화된 회귀(regression)와 부하(stress) 테스트를 추가할 수 있다. 누군가 코드를 사용하기 전에 코드를 예비(sanity) 테스트할 좋은 방법이다. 낮 동안에는 빌드할 때마다 전체 테스트 묶음을 실행할 시간이 없을지도 모르는데 놓치는 부분이 없게 해준다. 강력한 검증 메커니즘이다.

- 야간 빌드가 프로젝트 진행 척도로 쓰일 수 있다. 야간 테스트 결과를 게시하자. 테스트를 더 많이 통과할수록 개발자는 성취감을 느낀다.

- 야간 빌드로 실제 제품 릴리스를 만들 수 있다. 명령어 입력 실수나 잘못된 설정, 그 외 인간의 실수가 없는 빌드라고 신뢰할 수 있다.

- 소프트웨어 빌드 방법을 정말 아는지, 빌드 절차가 정말 원자적인지 보일 수 있다. 자동 빌드를 실행해 보지 않고 어떻게 빌드 과정이 다른 활동, 가령 개발자 중 하나가 기존 빌드 트리를 먼저 정리하는 등을 필요로 하지 않는지 알 수 있겠는가?

> 핵심개념★ 자동화된 소프트웨어 빌드를 만들자. 자동 빌드를 사용해 코드 기반을 일관된 상태로 유지하자.

자동화된 빌드는 대규모 시스템(전부 빌드하는 데 몇 시간씩 걸리는 시스템)이나 여러 사람이 함께 작업하는 시스템(각 개발자가 필요할 때 가장 최근 시스템 소스의 복사본을 가지지 못할 수도 있는 시스템)에 특히 유용하다.

---

* 유닉스의 크론(cron) 유틸리티나 윈도의 예약 작업(Scheduled Task) 기능을 사용하면 시간 지연(time-delayed) 명령을 설정할 수 있다.

야간 빌드에서는 빌드 로그(빌드 과정의 출력)를 수집해 공개적으로 접근 가능하게 만드는 것이 좋은 관례다. 빌드에 실패하면 그 결과를 주변에 이메일로 돌려 문제를 강조하는 것도 좋다. 빌드를 실행할 때마다, 특히나 무언가 잘못됐다면 무슨 일이 일어났는지 꼭 알아야 한다.

야간 빌드는 프로젝트 개발에서 가장 중요한 핵심적인 부분이다. 빌드가 성공적이면 코드는 유익하고 적절하게 개발된다. 많은 프로젝트에서 소스 트리 내 무엇도 고장 내지 말라는 훌륭한 규칙을 강요한다. 밤새 빌드되는 동안 고장 난 코드를 체크인하다가 매우 고통스럽고 불편한 상황에 처할 수 있다(공개적인 망신까지 포함해). 두 번째는 빌드가 고장 나면 그것은 모두의 책임이다라는 규칙이다. 야간 빌드에 실패하면 그 빌드가 다시 동작할 때까지 모든 개발자가 일손을 놓아야 한다.

자동 빌드 과정을 최대로 활용하려면 소스 저장소가 변경될 때마다 빌드를 수행하는 도구를 사용한다. 이를 지속적인 통합(continuous integration)이라 부르는데 언제든지 코드가 일관되고 빌드 가능한지 확인할 수 있는 강력한 방법이다.

10.5.5 빌드 구성

훌륭한 빌드 시스템은 빌드별로 특정 기능을 구성할 수 있게 해준다. IDE 내 옵션을 통해 가능하지만 주로 Makefile에 변수(variable)를 정의해 설정한다. 변수는 다양한 위치에서 만들어진다.

* 호출하는 환경으로부터 상속된다.
* make의 명령 줄에서 설정된다.
* Makefile 내에 명시적으로 정의된다.

구성 변수는 흔히 아래 방식으로 쓰인다.

* 빌드 트리의 루트를 가리키는 PROJECT_ROOT 변수를 정의한다. 이로써 빌드 시스템은 가령 헤더 파일로의 경로를 설정하기 위해 다른 파일을 어디서 찾아야 할지 알 수 있다. 개발 장비에서 빌드 트리의 위치를 하드 코딩하기는 정말 싫다. 그렇게 하면 절대 옮길 수도, 두 개의 빌드 트리를 동시에 관리할 수도 없다.
* 다른 변수로 각 외부 라이브러리를 어디서 찾을지 명시한다(테스트 목적으로 빌드가 다양한 버전을 가리킬 수 있도록).
* 생성할 빌드 유형을 명시한다(가령 개발 또는 릴리스).
* 각 빌드 도구(가령 컴파일러나 링커)를 호출하는 명령을 한 변수에 넣는다. 이로써 다양한 명령 줄 인자 집합을 테스트하거나 여러 판매 회사의 도구를 이용하기 쉬워진다.

Makefile에 기본값을 정의할 수 있다. 이렇게 하면 사용 가능한 옵션을 모두 설명하고 각 구성 옵션에 대해 매번 값을 제공하지 않아도 된다는 장점이 있다.

10.5.6 재귀 메이크

소스 코드는 자연스레 디렉터리로 중첩된다. 대규모 프로젝트 내 모든 파일이 한 디렉터리에 있으면 급격히 다루기 힘들어진다. 소스 트리가 중첩되니 빌드 시스템도 같이 중첩된다. 복잡도가 커지는 것이 아니라 중첩을 수용하며 빌드 시스템이 보다 유연해진다.

컴파일러를 호출하듯이 어떤 디렉터리 내 Makefile이 또 다른 make 명령을 내려 종속된 디렉터리 내 Makefile을 호출할 수 있다. 재귀 메이크(recursive make)라 알려진 흔한 기법이다. 각 하위 디렉터리를 재귀적으로 방문하는 빌드 시스템은 거기서 컴포넌트를 빌드한 후 상위 디렉터리 내 컴포넌트 빌드로 돌아온다. 이런 식으로 프로젝트 루트 디렉터리에서 make를 입력해 전체 코드 기반을 빌드하거나 하위 컴포넌트의 디렉터리에서 부분 빌드를 수행할 수 있다. 빌드하고 싶은 것은 무엇이든 빌드된다.

재귀 메이크로 빌드 컴포넌트를 분류하고 관리할 수 있지만, 몇 가지 문제도 야기한다. 느리고(많은 자식 프로세스에 하위 디렉터리를 순회하라고 명령하니), 각 자식 make가 전체 빌드 트리에서 자신의 부분만 보다 보니 종속성 정보가 부정확할 수 있다. 재귀 메이크가 보이면 조심하자. 가능하면 비재귀적인 빌드 시스템을 만들자(자세한 내용은 606쪽에 있는 10장 "궁리하기" 7번 문제의 정답을 참고한다).

10.6 이제 출시해 주세요

특히 더 중요하고 신경 써서 준비해야 하는 빌드가 있다. 코드 개발 과정에서가 아니라 특수한 목적으로 만들어진 빌드인 릴리스 빌드(release build)가 그렇다. 릴리스는 베타 버전이나 첫 번째 공식 제품 릴리스, 유지 보수 릴리스 같은 흥미로운 이벤트 중 하나다. 내부 개발 마일스톤이나 테스트 부서를 위한 임시 릴리스일 수도 있다. 이러한 빌드는 회사 밖을 벗어나지 않지만 외부 릴리스만큼 높이 평가된다. 공식 릴리스를 대비한 화재 대피 훈련에 가깝다.

빌드 시스템을 신중히 만들었다면 릴리스 빌드에 추가로 준비할 것은 없다. 하지만 이 중요한 빌드를 심사숙고해서 다뤄야 하니 어떤 빌드 이슈도 최종 실행 파일을 위태롭게 하지 않게끔 하자. 릴리스 빌드에서 주된 관심사는 다음과 같다.

- 릴리스 빌드는 누군가 빌드하다 만 개발 트리가 아닌 바닐라 소스 트리로 만들어야 한다. 처음부터 시작하자. 빌드하고 있는 소스 파일의 정확한 상태를 알아야 한다. 조의 컴퓨터에 있는 파일이 "충분히 알맞은" 상태에 있으리라고 신뢰하지 말자.

- 빌드 자체를 하기 전에 특정 단계를 두어 어떤 소스 코드와 어떤 특정 파일 버전을 이 릴리스에 포함시켜야 할지 밝혀낸다. 이후 어떤 식으로든, 주로 소스 제어 시스템에서 태깅하거나 레이블링하는 식으로 표식을 남긴다. 이제 릴리스 파일 집합을 언제든 복구할 수 있다.

- 멋진 코드명이든 단순히 빌드 번호든 각 릴리스 빌드를 식별할 특정한 이름이 있다. 이 이름은 코드와 함께 표시했던 소스 제어 레이블과 일치해야 한다. 결함을 조사할 때 "5번 빌드"에 대해 얘기 중이라고 서로 동의했다면 조화롭게 일하는 것이다. 누군가는 5번 빌드로 작업하고 있는데 다른 이가 6번 빌드에서 결함을 찾았다면 똑같은 이슈를 보고 있는지 어떻게 알겠는가?

> **핵심개념 ★** 릴리스 빌드는 항상 바닐라 소스로 만든다. 항상 이 원래 그대로의 소스를 소스 제어 혹은 백업 아카이브로부터 추출할 수 있게 하자.

- 코드 빌드 후 CD를 준비하거나 설명서를 추가하거나 라이선싱 정보를 통합하거나 등 추가 패키징 단계가 있을 수 있다. 이 단계도 자동화해야 한다.

- 향후 참조를 위해 각 릴리스를 보관하고 저장해야 한다. 당연히 최종적으로 빌드된 실행 파일의 복사본을 사용자에게 전달된 어떤 형태로(있는 그대로 보내지는 Zip 파일이든 자동 압축 해제되는 EXE든) 저장한다. 가능하다면 빌드 트리의 최종 상태도 보관해야 하지만 주로 거대하고 비현실적이다.

- 최소한 실행한 명령어의 정확한 시퀀스와 생성된 응답인 빌드 로그는 보관해야 한다. 이러한 로그로 기존 빌드를 되돌아볼 수 있고 어떤 컴파일러 오류를 못 보고 지나쳤는지 혹은 빌드 중에 정확히 어떤 일이 있었는지 알 수 있다. 때로는 오래 전에 단절된 몇 년 전 제품 버전이 보고된 결함에 대한 단서를 주기도 한다.

- 릴리스 노트(release note)는 각 릴리스마다 무엇이 바뀌었는지 설명한다. 정확히 무엇을 빌드하고 있느냐에 따라 고객을 대상으로 한 문서일 수도 아닐 수도 있다. 이러한 노트 역시 보관해야 한다. 대부분의 릴리스 노트는 마지막 릴리스 이후의 변경을 설명하고 공식 설명서와 알려진 이슈, 업그레이드 설명을 출력한 후 업데이트를 포함한다. 릴리스 과정에서 중요한 부분이며 간과해서는 안 된다.

- 릴리스 빌드를 수행할 때 올바른 컴파일러 옵션 집합을 선택해야 하며 개발 빌드에 사용된 집합에 따라 다를 수 있다. 가령 디버깅 지원을 끈다. 또한, 어느 정도 수준의 코드 최적화가 적절한지도 골라야 한다. 최적화는 주로 최적화기가 실행하는데 특히 오래 걸리기 때문에 개발 빌드에서는 비활성화될 수 있다. 빌드 트리가 아주 크면 참기 어려워진다. 하지만 최적화기를 초고속으로 높이면 코드를 고장 내는 컴파일러 버그가 드러날 수도 있다. 수준을 신중하게 선택해야(그리고 테스트해야) 한다.

- 개발과 릴리스 빌드에 컴파일러 옵션 집합을 다르게 사용하려면 조심하자. 마감 기한이 가까워지기 한참 전에 릴리스 빌드를 정기적으로 테스트해야 한다. 릴리스와 개발 빌드 간 차이점을 최소화하는 데 목표를 두자.

> **핵심개념 ★** 개발 빌드뿐 아니라 애플리케이션의 릴리스 설정도 꼭 테스트하자. 미묘한 차이가 코드 동작에 불리하게 영향을 미칠 수 있다.

릴리스 빌드 생성이 비교적 복잡한 작업이고 반드시 제대로 이해해야 하므로 주로 팀원(아마도 코더 중 하나, 아마도 QA 부서 중 누군가)을 지명해 책임을 위임한다. 각 빌드가 똑같이 높은 품질을 유지할 수 있도록 그 책임자가 프로젝트를 위한 모든 릴리스 빌드를 만든다. 릴리스 빌드는 빌드 시스템뿐만 아니라 그 절차에 의해서도 크게 좌우된다.

지식의 (소스) 나무

모든 코드는 디렉터리와 소스 파일을 보관하는 파일 구조인 소스 트리(source tree) 안에 있다. 이 트리의 구조에 따라 코드를 다루기 얼마나 쉬운지가 결정된다. 지저분한 파일 덩어리는 깔끔하게 정리된 계층 구조보다 이해하기 훨씬 힘들다. 소스 파일 구조를 유리하게 이용하면 개발이 더 쉬워진다. 빌드 시스템은 물리적으로 소스 트리의 일부라서 트리 구조는 빌드 시스템과 밀접한 관련이 있다(그래서 빌드 트리라는 용어를 소스 트리와 번갈아 쓴다). 한쪽을 수정하면 다른 한쪽도 건드려야 한다.

코드는 별도 모듈과 라이브러리, 애플리케이션으로 나뉜다. 좋은 소스 트리는 이러한 구조를 반영한다. 코드 구성은 디렉터리를 논리적 분류 메커니즘으로 사용해 파일로 깔끔하게 매핑되어야 한다. 이렇게 하면 프로그래머 각자가 자신만의 독립적인 디렉터리 내에서 작업하고 적정한 안전거리를 유지하며 다른 이의 작업물과 크게 동떨어짐으로써 다수의 프로그래머가 개발에 참여하기가 용이해진다.

라이브러리

각 라이브러리를 독립된 디렉터리에 두자. 트리 구조를 사용해 라이브러리 인터페이스(공개 헤더 파일)를 비공개 구현 상세와 구분 짓자. 공개 API를 컴파일러의 룩업 경로에 있는 디렉터리에 넣고 비공개 헤더는 멀리 떨어뜨려 두는 것이 좋다.

애플리케이션

엄밀히 말해 공개 파일이 없어 구성하기 더 쉽다. 라이브러리와 링킹된 소스 파일 컬렉션뿐이다. 그렇다 하더라도 각 애플리케이션을 각각의 디렉터리로 감싸 경계를 명확히 하자. 별도의 구성 부분을 차지할 만큼 충분히 큰 애플리케이션이면 하위 디렉터리나 심지어 라이브러리로 구분해 별도로 빌드해야 한다. 빌드 트리에 프로그램 구조를 반영시키자.

외부 코드

소스 트리는 외부 작업물과 직접 개발한 코드를 명확히 구분해서 표시해야 한다. 시간이 흐를수록 프로젝트는 외부 코드에 의존한다. 공통 라이브러리를 외부 세계(민간 판매 회사나 무료 소프트웨어 프로젝트, 심지어 회사의 다른 부서)로부터 들여온다. 외부 파일은 별도로 유지해야 한다.

그 외

프로그램 설명서가 소스 트리 안에 있을 수 있다. 설명서가 참조하는 코드 옆 디렉터리에 넣자. 그래픽과 그 밖의 지원 파일도 마찬가지다.

10.7 다재다능 빌드마스터?

많은 조직에서 주로 빌드마스터(buildmaster)라 불리는 빌드 기술자(build engineer) 역할을 이행할 특정 인물을 고용한다. 빌드 시스템 유지 보수가 그의 역할이다. 릴리스 일정을 계획하고 관리하는 역할도 맡을 수 있고 혹은 순수하게 기술적 역할일 수도 있다. 빌드마스터는 빌드 시스템을 상세하게 꿰뚫는다. 시스템을 설정하고 요청에 따라 새 타깃을 추가하고 야간 빌드 스크립트를 유지 보수하는 등의 일을 한다. 또한, 빌드마스터는 빌드 시스템 설명서를 보유하고 아마도 소스 제어 시스템까지 관리할 것이다.

빌드마스터는 릴리스 빌드까지 수행하므로 주로 컴포넌트 안정성을 추적하는 일에 깊이 관여한다. 릴리스 과정의 신뢰도와 안전을 보장하는 임무를 맡는다.

빌드마스터가 항상 특정한 정규직은 아니며 때로는 한 프로그래머가 이 일을 동시에 하기도 한다.

10.8 요약

> 쌓아 올리기보다 무너뜨리기가 더 쉽다.
>
> _라틴어 속담

올바른 도구만 있으면 표면적으로 소프트웨어 빌드는 어렵지 않다. 하지만 도구를 올바르게 쓰는 법을 알아야 한다. 빌드 시스템의 품질이 무엇보다 중요하다. 안전하고 안정적인 빌드 과정 없이는 현실적으로 견고한 코드를 개발할 수 없다. 생산을 위해 신뢰할 수 있는 릴리스 빌드를 만드는 것은 훨씬 더 복잡한 문제다. 철저한 방식과 명확한 절차가 요구된다. 빌드 시스템을 매일 바꿀 필요는 없으나 빌드를 명령하려면 무슨 일이 일어나는지에 대한 이해가 있어야 한다.

훌륭한 빌드를 수행하기란 쉬운 일이 아니다. 소문이 무성한 셀 수 없이 많은 원숭이가 이 역할을 가로채기는 힘들다. 어쨌거나 그들은 수많은 텍스트 에디터 중 무엇이 더 나은지 논하느라 너무 바쁘다.

현명한 프로그래머

- 자신의 빌드 시스템이 어떻게 동작하는지, 어떻게 사용하는지, 어떻게 확장하는지 알고 있다.
- 단순하고 원자적인 빌드 시스템을 만들고 소스 코드와 나란히 유지 보수한다.
- 가능한 한 많은 빌드 활동을 자동화한다.
- 야간 빌드를 사용해 통합 문제를 해결한다.

형편없는 프로그래머

- 빌드 시스템 기법을 무시하고 어리석은 빌드 문제에 발목이 잡힌다.
- 빌드 시스템이 얼마나 불안전하고 신뢰할 수 없는지 신경 쓰지 않는다.
- 상당히 적대적인 방식으로 신입사원이 자신의 바로크풍의 빌드 절차를 알게 되기를 기대한다.
- 정의된 릴리스 절차를 따르지 않고 릴리스 빌드를 서둘러 준비해 생성한다.

10.9 참고

9장: 결함 찾기

빌드 오류에 대처하는 법을 설명한다.

18장: 소스 안전 생활화

빌드 트리는 소스 제어 시스템 내에 보관되며 둘은 밀접한 관련이 있다.

10.10 생각해 보기

다음 질문에 대한 자세한 설명은 603쪽 "정답과 설명"에 나와 있다.

10.10.1 궁리하기

1 왜 쓸만한 통합 개발 환경을 가진 사람들이 버튼 하나만 누르면 프로젝트를 빌드할 수 있는데 명령 줄 make 유틸리티 사용을 꺼릴까?

2 왜 소스 코드 추출을 빌드와 별도 단계로 나눠야 할까?

3 구성 단계에서 만들어진 중간 파일(가령 목적 파일)은 어디에 두어야 할까?

4 자동화된 테스트 묶음을 빌드 시스템에 추가할 경우 소프트웨어 빌드 후 자동으로 실행해야 할까 아니면 별도의 명령을 내려 테스트를 호출해야 할까?

5 야간 빌드는 디버그 혹은 릴리스 빌드 중 무엇이어야 할까?

6 컴파일러로부터 자동으로 종속성 정보를 생성하는 make 규칙을 작성하자. 이 정보를 Makefile에서 어떻게 쓰는지 보이자.

7 재귀 make는 디렉터리 몇 개에 흩어진 모듈식 빌드 시스템을 생성하는 일반적인 방법이다. 하지만 근본적으로 결함이 있다. 문제점을 설명하고 대안을 제시하라.

10.10.2 스스로 살피기

1 사용 중인 빌드 시스템에서 다양한 컴파일 유형을 어떻게 수행하는지 아는가? 같은 소스로부터 같은 makefile로 애플리케이션의 디버그 또는 릴리스 버전을 어떻게 빌드하는가?

2 현재 프로젝트의 빌드 과정은 얼마나 뛰어난가? 10장에 나오는 특징에 비춰 좋게 평가되는가? 어떻게 개선할 수 있을까? 아래를 하기 얼마나 쉬운가?

    a 새 파일 라이브러리에 추가하기

    b 새 코드 디렉터리 추가하기

    c 코드의 파일을 옮기거나 다시 명명하기

    d 다른 빌드 구성(가령 데모 빌드) 추가하기

    e 소스 트리의 한 복사본으로 두 가지 설정을 빌드하되 둘 간의 정리 없이 하기

3 빌드 시스템을 처음부터 만들어 본 적 있는가? 시스템을 특정한 디자인으로 이끈 것은 무엇인가?

4 누구나 빌드 시스템 내 결함 때문에 가끔씩 괴롭다. 빌드 스크립트 프로그래밍은 실제 코드를 프로그래밍할 때만큼이나 버그를 만들 가능성이 크다.

어떤 빌드 오류 유형에 시달려 봤으며, 어떻게 고치거나 혹은 대비할 수 있었을까?

memo

11장

속도의 필요성

프로그램 최적화와 효율적 코드 작성

인생에는 서두르는 것 말고도 더 많은 것이 있다.

_마하트마 간디

11장에서 다룰 내용

- 효율적 코드가 중요한 이유
- 효율적 코드 디자인
- 기존 코드 성능 향상

생활 곳곳에 패스트푸드 문화가 자리 잡혀 있다. 전날 도착해야 하는 저녁 식사, 빨라야 하는 차, 즉각적인 여흥. 코드도 빛처럼 빠르게 실행되어야 한다. 결과를 원한다. 지금 바로.

아이러니하게도 빠른 프로그램을 작성하려면 긴 시간이 걸린다.

저명한 컴퓨터 과학자인 W.A.울프가 "맹목적인 어리석음을 포함해 그 어떤 이유보다도 효율성이라는 명목으로 (효율성을 달성하지도 못하면서) 더 많은 컴퓨팅 죄를 저지른다."[울프 72]고 말한 것처럼 최적화는 소프트웨어 개발에서 떼려야 뗄 수 없는 공포다.

최적화는 누구나 의견을 제시하는 진부한 주제이고 누누이 똑같은 조언이 반복돼 왔다. 하지만 그럼에도 많은 코드가 여전히 현명하게 개발되지 못한다. 최적화는 좋은 생각 같지만 프로그래머는 너무나 자주 실수를 저지른다. 효율성에 빠져 곁길로 새고 성능이라는 미명 아래 잘못된 코드를 작성하고 불필요하게 최적화하고 잘못된 종류의 최적화를 적용한다.

11장에서는 최적화를 다룬다. 익숙한 길을 걷겠지만 새로운 풍경을 찾는다. 걱정하지 말자, 주제가 최적화면 그리 오래 걸리지 않을 테니.

11.1 최적화란?

최적화(optimization)라는 단어는 순전히 더 낫게 만드는 것, 향상시키는 것을 뜻한다. 이쪽 세계에서는 일반적으로 시간을 다투어 프로그램의 성능을 측정함으로써 "코드를 더 빨리 실행시키는 것"으로 여긴다. 하지만 빙산의 일각이다. 프로그램에 따라 요구사항이 달라서 어떤 프로그램에 "더 좋은" 것이 다른 프로그램에도 꼭 "더 좋지"는 않다. 소프트웨어 최적화는 실제로 아래 중 하나를 뜻한다.

- 프로그램 실행 속도 증가
- 실행 파일 크기 감소
- 코드 품질 향상
- 출력 정확도 증가
- 시동 시간 최소화
- 데이터 처리량 증가(실행 속도와 다를 수 있다)
- 저장 공간 오버헤드 감소(가령 데이터베이스 크기)

전통적인 최적화 통념은 M.A. 잭슨의 악명 높은 최적화 법칙으로 요약된다.

1 하지 말라.

2 (전문가라면) 그래도 하지 말라.

다시 말해서 무슨 수를 써서라도 최적화를 피해야 한다. 일단 무시하고 개발이 끝난 후 코드가 충분히 빨리 실행되지 못할 때만 고려하자. 핵심은 찔렀으나 잠재적으로 오해의 소지가 있고 해로울 지나치게 단순한 관점이다. 성능은 코드가 단 한 줄도 작성되지 않은 변변찮은 개발 초기부터 아주 타당한 고려사항이다.

코드 성능은 다음과 같은 많은 요인에 의해 좌우된다.

- 실행 플랫폼
- 배치나 설치 설정
- 아키텍처적 소프트웨어 결정
- 낮은 수준의 모듈 디자인
- 레거시 산물(가령 시스템의 오래된 부분과 상호 작용해야 하는 요구사항)
- 각 소스 코드 줄의 품질

이 중에 몇 가지는 소프트웨어 시스템 전반에서 필수이며 프로그램을 다 작성하고 나면 바로잡기 쉽지 않을 효율성 문제다. 개개 코드 줄이 미치는 영향이 얼마나 작은지에 주목하자. 성능에 영향을 미치는 요소는 훨씬 많다. 개발 과정 단계마다 성능 이슈를 처리하고 발생하는 문제를 모두 다뤄야 한다. 어떤 의미에서 최적화는 (특별히 계획된 활동은 아니지만) 전 개발 단계에 걸쳐 지속되는 관심사다.

> **핵심개념 ★** 개발 막바지에 재빨리 고치겠다는 희망을 품지 말고 처음부터 프로그램 성능을 고려하고 무시하지 말자.

하지만 어떤 코드가 빠르고 느린지에 대한 개인적 판단에 비추어 아주 고통스러운 코드를 작성하는 변명 거리로 삼지 말자. 병목이 어디인지에 대한 프로그래머의 직감은 아주 숙련된 프로그래머라도 거의 틀린다. 이어지는 절에서 이러한 코드 작성 딜레마를 해결할 실용적인 해법을 알아보겠다.

하지만 황금률이 먼저다. 코드 최적화를 조금이라도 고려하기 전에 아래 조언을 명심하자.

정확한 코드가 빠른 코드보다 훨씬 중요하다. 잘못된 답에는 아무리 빨리 도달해도 소용없다.

빠른 코드보다 정확한 코드를 제공하는 데 시간과 노력을 더 쏟아야 한다. 뒤이은 최적화가 이 정확성을 해쳐서는 안 된다.

경험담

작성한 모듈이 믿을 수 없을 정도로 느리게 실행된 적이 있다. 프로파일링해서 문제를 코드 한 줄로 좁혔다. 이 코드는 자주 호출됐고 버퍼에 원소 하나를 덧붙였다.

조사해보니 버퍼(작성한 것이 아니라 원래 있었던 것)는 가득 찰 때마다 한 원소씩 스스로 확장했다. 다시 말해 원소를 덧붙일 때마다 할당하고 복사하고 전체 버퍼를 해제하고 있었다. 이런. 말할 것도 없이 이러한 동작은 원한 적이 없다.

이는 최적이 아닌 프로그램이 어떻게 나오는지 보여주었다. 바로 규모가 커지면서다. 일부러 느린 프로그램을 작성할 개발자는 거의 없다. 소프트웨어 컴포넌트를 이어 붙여 더 큰 시스템으로 만들면서 코드의 성능 특징을 쉽게 가정해 버리고 결국 심한 충격을 받는다.

11.2 무엇이 코드를 최적이 아니게 만드는가?

코드를 향상시키려면 무엇이 느리게 만드는지 혹은 부풀리는지, 아니면 성능을 떨어뜨리는지 알아야 한다. 이를 바탕으로 향후 코드 최적화 기법이 정해진다. 이 단계에서는 무엇에 맞서 싸우고 있는지 알면 유용하다.

복잡도

불필요한 복잡도가 문제다. 할 일이 많을수록 코드는 느리게 실행된다. 작업량을 줄이거나 더 간단하고 빠른 업무들로 나누면 성능이 크게 향상된다.

역참조(indirection)

알려진 모든 프로그래밍 문제를 풀 해결책으로 널리 추천되는 방법으로 악명 높은 프로그래머 격언인 모든 문제는 역참조로 해결할 수 있다로 요약된다. 하지만 동시에 많은 느린 코드의 원인이다. 이러한 비판은 주로 현재 객체 지향 디자인을 겨냥한 전통적인 절차적 프로그래머에 의해 무너진다.

중복

중복은 대개 피할 수 있고 필연적으로 코드 성능을 떨어뜨린다. 형태가 여러 가지인데 예를 들어 비용이 큰 연산이나 원격 프로시저 호출의 결과를 캐싱하는 데 실패하는 등 이다. 다시 계산할 때마다 소중한 효율성이 낭비된다. 중복 코드 영역은 실행 파일 크기 를 쓸데없이 늘린다.

잘못된 디자인

잘못된 디자인은 잘못된 코드로 반드시 이어진다. 예를 들어 연관된 단위를 서로 멀리 (가령 모듈 경계 너머로) 떨어뜨리면 상호 작용이 느려진다. 잘못된 디자인은 가장 중요 하고 가장 미묘하고 가장 어려운 성능 문제를 일으킬 수 있다.

입출력

외부 세계와 프로그램 간 커뮤니케이션인 입력과 출력은 매우 흔한 병목이다. (사용자 나 디스크, 네트워크 연결을 오가는) 입력이나 출력을 기다리느라 실행이 중지된 프로 그램은 성능이 형편없을 수밖에 없다.

위 목록이 완벽하지는 않지만 최적의 코드를 작성하는 법을 조사할 때 무엇을 생각하면 좋 을지 잘 알게 된다.

11.3 왜 최적화하면 안 되는가?

초기 컴퓨터는 아주 느렸기에 역사적으로 최적화는 필수 기술이었다. 적당한 시간 안에 프 로그램이 완료시키려면 많은 기술이 필요했고 각 기계 명령어를 손수 손봐야 했다. 근래에 는 PC 혁명이 소프트웨어 개발의 단면을 바꿔 놓은 덕분에 그다지 중요하지 않다. 보통은 예전과 정반대로 컴퓨팅 파워가 남아 돈다. 최적화가 더 이상 중요하지 않게 보일 수 있다.

하지만 꼭 그렇지는 않다. 소프트웨어 공장은 아직도 고성능 코드를 요하는 상황으로 내몰 고 주의를 기울이지 못하면 마지막 몇 분을 미친듯이 최적화를 향해 달려야 한다. 하지만 가능한 한 코드 최적화를 피하기 바란다. 최적화에는 부정적인 측면이 많다.

속도에는 늘 대가가 따른다. 코드 최적화는 가치 있는 품질 하나와 맞바꾸는 행위다. 코드 의 어떤 면이 더 나빠진다. 잘 되면 (정확히 식별된) 더 가치 있는 품질이 좋아진다. 이러한 트레이드오프가 코드 최적화를 피해야 하는 가장 큰 이유다.

가독성 상실

최적화된 코드가 최적화하기 전만큼 명쾌하게 읽히는 경우는 드물다. 최적화된 버전은 그 본질상 로직 구현이 딱 부러지지도 간단하지도 않다. 성능을 위해 가독성과 깔끔한 코드 디자인을 희생한다. "최적화된" 코드 대부분은 보기 불편하고 이해하기 어렵다.

복잡도 증가

특별한 비밀을 활용하거나(이로 인해 모듈 커플링이 늘어난다) 플랫폼에 특화된 지식을 이용한 더 똑똑한 구현이 복잡도를 늘린다. 복잡도는 훌륭한 코드의 적이다.

유지 보수 및 확장의 어려움

늘어난 복잡도와 가독성 부족으로 코드는 유지 보수하기 더 어려워진다. 알고리즘을 명확하게 제시하지 않으면 코드가 버그를 감추기 더 쉽다. 최적화는 감지하기 힘든 새로운 결함을 추가하는 확실한 방법이다. 코드는 더 부자연스럽고 이해하기 어려워지므로 결함을 찾기 어렵다. 최적화는 위험한 코드를 낳는다.

또한, 코드의 확장성을 저해한다. 최적화는 주로 더 많은 가정을 세우고 보편성과 미래 성장을 제한한다.

상충 발생

최적화는 주로 플랫폼에 크게 특정된다. 다른 플랫폼을 희생해 한 플랫폼에서 특정 연산을 더 빠르게 만들 수 있다. 어떤 프로세서 타입에 맞는 최적의 데이터 타입을 고르면 다른 프로세서에서는 느리게 실행될 수 있다.

노력 낭비

최적화 역시 해야 할 일 중 하나다. 다행히 충분히 할 수 있다. 코드가 적절히 동작하면 더 긴급한 문제에 집중해야 한다.

코드 최적화는 오래 걸리고 진짜 원인을 찾아내기 어렵다. 잘못된 코드를 최적화하면 소중한 에너지를 많이 낭비하게 된다.

그래서 최적화는 관심사 목록 저 아래 있어야 한다. 코드 최적화의 필요성과 결함을 고치거나 새 기능을 추가하거나 제품을 전달하는 요구사항 간 균형을 맞추자. 최적화는 대개 가치가 없거나 비경제적이다. 게다가 처음부터 효율적인 코드 작성에 주의를 기울이면 최적화할 필요가 거의 없다.

11.3.1 대안

보통 코드 최적화는 실제 필요하지 않을 때 수행된다. 기존의 고품질 코드를 바꾸지 않고도 사용해 볼 수 대안들이 여럿 있다. 최적화에 너무 집중하기 전에 아래 방법을 고려하자.

- 이 정도 성능이면 허용할 수 있는가, 정말 그 정도로 형편없나?
- 더 빠른 장비에서 프로그램을 실행시키자. 터무니없이 당연한 이야기지만 실행 플랫폼을 충분히 제어할 수 있으면 코드를 만지작거리는 데 시간을 소모하는 것보다 더 빠른 컴퓨터를 쓰는 편이 더 경제적일 수 있다. 평균적인 프로젝트 기간이 주어지는 경우 완료할 때까지 프로세서는 상당히 빠를 것이다. 그렇게까지 빠르지 않으면 동일한 물리적 공간 속에 CPU 코어 개수를 두 배로 늘린다.

  모든 문제가, 특히 병목이 느린 저장소 시스템처럼 실행 속도가 아니면 더 빠른 CPU로 해결되지는 않는다. 더 빠른 CPU가 훨씬 더 성능을 떨어뜨리기도 하고 더 빠르게 실행하다 스레드 잠김(thread-locking) 문제를 악화시키기도 한다.
- 하드웨어 해결안을 찾자. 전용 부동소수점 유닛을 추가해 연산 속도를 올리거나 더 큰 프로세서 캐시를 추가하거나 메모리 용량을 늘리거나 더 나은 네트워크 연결을 사용하거나 대역폭이 더 넓은 디스크 컨트롤러를 쓰자
- CPU 부하가 줄어들도록 타깃 플랫폼을 다시 설정하자. 백그라운드 작업이나 불필요한 하드웨어를 비활성화하자. 메모리를 많이 잡아먹는 프로세스는 피하자.
- 느린 코드를 백그라운드 스레드로 비동기식으로 실행하자. 무얼 하는지도 모른 체 임박해서 스레드를 추가하는 것은 망하는 지름길이지만 신중한 스레드 디자인이 느린 연산을 용인할 수 있을 정도로 상당히 수용할 수 있다.
- 사용자가 속도를 인지하는 데 영향을 미치는 사용자 인터페이스 요소에 공을 들이자. 코드 실행에 1초 이상 걸려도 GUI 버튼은 즉각 바뀌게 하자. 긴 연산 동안 멈춰 있는 프로그램은 고장 난 것처럼 보이니 느린 작업에 대해서는 진행률 측정기(progress meter)를 구현하자. 연산 진행에 대한 시각적 피드백은 성능 품질이 더 나은 듯한 인상을 준다.
- 방치된 연산을 고려해 시스템을 디자인해서 누구도 실행 속도를 모르게 하자. 작업을 대기시킬(queuing) 깔끔한 UI가 딸린 배치 프로세싱 프로그램을 만들자.
- 모든 성능 피처를 이용하기 위해 더 공격적인 최적화기가 딸린 보다 최신 컴파일러를 시도하거나 가장 특정한 프로세서 변형(추가 명령어와 확장이 모두 활성화된)을 코드의 목표로 삼자.

> *핵심개념 ☆* 코드를 최적화할 대안을 찾는다. 프로그램 성능을 어떤 식으로든 높일 수 있는가?

11.4 왜 최적화할까?

코드 최적화의 위험을 알아봤으니 이제 코드를 최적화하려는 어리석은 생각을 포기해야 할까? 그렇지 않다. 가능하다면 최적화를 피해야 하지만 최적화가 중요한 상황도 꽤 많다. 대중적인 통념과 반대로 어떤 분야에서는 결국 최적화를 요구한다.

- 게임 프로그래밍에는 항상 아주 숙련된 코드가 필요하다. PC 파워가 진일보했음에도 시장은 더 현실적인 그래픽과 더 인상적인 인공 지능 알고리즘을 요구한다. 이는 실행 환경을 한계까지 몰아가야만 가능하다. 몹시 어려운 분야라서 더 빠른 새 하드웨어가 출시될 때마다 게임 프로그래머는 아직도 마지막 성능 한 방울까지 짜내야 한다.
- 디지털 신호 처리(Digital Signal Processing, DSP)야말로 고성능이 필요하다. 디지털 신호 처리기는 대량의 데이터에 대해 빠른 디지털 필터링을 수행하기 위해 특별히 최적화된 전용 장비다. 속도가 중요하지 않으면 사용할 일이 없다. 개발자는 프로세서가 하는 일을 항상 높은 수준에서 제어하기 원하므로 디지털 신호 처리 프로그래밍은 일반적으로 컴파일러 최적화에 크게 의존하지 않는다. 디지털 신호 처리 프로그래머는 이러한 장비를 최대 성능까지 끌어올리는 데 아주 능숙하다.
- 깊숙이 임베딩된 플랫폼처럼 자원이 제한된 환경에서는 사용 가능한 하드웨어로 적정한 성능을 달성하기 위해 고군분투한다. 허용할 수 있는 서비스 품질에 이르도록 코드를 갈고 닦거나 장비의 빠듯한 메모리에 맞출 수 있게 힘써야 한다.
- 실시간 시스템은 뚜렷하게 명시된 기간 내에 연산을 완료할 수 있는 적시 실행에 의존한다. 알고리즘을 신중히 다듬고 정해진 시간제한 내에 실행할 수 있는지 증명해야 한다.
- 금융권이나 과학 연구에서 수치해석 프로그래밍은 고성능이 필요하다. 이 거대한 시스템은 벡터 연산과 병렬 계산 같은 전용 수치 연산을 지원하는 아주 큰 컴퓨터에서 실행된다.

범용 프로그래밍에서 최적화는 심각한 고려 사항이 아닐지 모르지만 최적화가 정말 중요한 기술인 경우도 많다. 성능은 요구사항 문서에 거의 명시되지 않지만 그래도 고객은 프로그램이 받아들일 수 없을 정도로 느리게 실행되면 불평한다. 대안이 없고 코드가 적절히 수행되지 못하면 최적화해야 한다.

최적화할 이유는 최적화하지 말아야 할 이유보다 적다. 최적화해야 하는 특별한 이유가 없다면 피해야 한다. 하지만 꼭 최적화해야 한다면 잘하는 법을 알고 시작하자.

> **핵심개념 ★** 코드를 정말로 최적화해야 할 때를 알아두되 처음부터 효율적인 고품질 코드를 작성하는 편이 낫다.

11.5 하나씩 살펴보기

그럼 어떻게 최적화할까? 구체적인 코드 최적화 목록을 배우기보다 올바른 최적화 방식을 이해하는 것이 훨씬 중요하다. 당황하지 말자, 나중에 프로그래밍 기법을 알아보겠지만 이처럼 보다 넓은 최적화 프로세스 맥락에서 읽혀야 한다.

다음은 프로그램 속도를 높이는 6가지 단계다.

1 너무 느린지 알아내고 최적화가 꼭 필요한지 증명하자.
2 가장 느린 코드를 찾자. 이 지점을 목표로 삼자.
3 최적화 대상의 성능을 테스트하자.
4 코드를 최적화하자.
5 최적화된 코드가 동작하는지 테스트하자(아주 중요하다).
6 속도가 빨라졌는지 테스트하고 다음으로 무엇을 할지 정하자.

아주 일이 많아 보이지만 위 단계를 따르지 않으면 시간과 노력이 허사가 되고 하나도 빨라지지 않은 제 기능도 못하는 코드가 되고 말 것이다. 실행 속도를 향상시키려는 것이 아니면 위 단계를 그에 맞게 조정하자. 예를 들어 어떤 데이터 구조가 메모리를 전부 소비하는지 밝혀내 그 구조를 대상으로 메모리 소모 문제를 해결하자.

최적화를 수행할수록 코드 가독성은 떨어지니 명확한 목표를 두고 최적화를 시작해야 한다. 어느 정도 성능 수준이 요구되는지 파악해서 충분히 빨라지면 멈추자. 조금이라도 더 성능을 올리려고 계속 하고 싶어진다.

최적화 가능성이 제대로 열리려면 외부 요인이 코드 동작 방식을 바꾸지 않게 대단히 주의해야 한다. 의식하지 못한 채 세상이 바뀌면 현실적으로 측정치를 비교할 수 없다. 아주 중요한 기법 두 가지가 도움이 된다.

> **핵심개념 ★** 다른 작업물과 분리해서 코드를 최적화해야 한 작업의 결과가 다른 작업의 결과를 흐리지 않는다.

그리고 하나 더.

> **핵심개념 ★** 프로그램의 개발 빌드 말고 릴리스 빌드를 최적화하자.

디버깅 추적 정보와 목적 파일 심볼 등이 포함된 릴리스 빌드는 개발 빌드와 매우 다르게 실행된다.

각 최적화 단계별로 보다 자세히 살펴보자.

11.5.1 최적화 필요성 증명

가장 먼저 정말로 최적화가 필요한지 확실히 해야 한다. 코드 성능이 허용할 만한 수준이면 바꾸는 의미가 없다. 커누스는 "가령 시간을 약 97%로 줄이는 등의 소소한 효율성은 잊어버려야 한다, 너무 이른 최적화는 악의 근원이다."고 말했다. 최적화하지 말아야 할 설득력 있는 이유는 넘쳐나니 가장 빠르고 안전한 최적화 기법은 최적화할 필요가 없다고 증명하는 것이다.

프로그램 요구사항이나 유용성 연구를 토대로 결정을 내리자. 이러한 정보를 바탕으로 새 기능을 추가하고 버그를 고치는 대신 최적화에 더 우선순위를 두어도 되는지 결정할 수 있다.

11.5.2 가장 느린 코드 찾기

대다수 프로그래머가 이 부분에서 실수를 한다. 최적화에 시간을 할애할 작정이면 차이를 불러올 코드를 대상으로 해야 한다. 연구 결과에 따르면 평균 프로그래밍 시간의 80% 이상을 전체 코드의 20% 이하에 쓴다고 한다. [보엠 87] 이를 80/20의 법칙이라 부른다.* 다루는 코드가 상대적으로 작아 누락되기 아주 쉽고 결국 드물게 실행되는 코드를 최적화하느라 괜히 애쓸 수도 있다.

프로그램에서 비교적 최적화하기 쉬운 어떤 부분을 발견하더라도 잘 실행되지 않는 코드라면 최적화해도 소용없다. 이러한 상황에서는 빠른 코드보다 명쾌한 코드가 더 낫다.

어디에 집중해야 할지 어떻게 알아낼까? 가장 효과적인 기법은 프로파일러(profiler) 사용이다. 이 도구는 프로그램의 제어 흐름 시간을 측정한다. 실행 시간의 80%가 어디서 쓰이는지 보여주니 어디에 노력을 집중해야 할지 알 수 있다.

흔히 오해하는데 프로파일러는 가장 느린 코드를 알려주지 않는다. 실제로는 CPU가 가장 많은 시간을 소모한 코드를 알려준다. 미묘하게 다르다.** 결과를 해석하고 머리를 써야 한다. 프로그램은 실행 시간 대부분을 더 이상 개선할 수 없는 완벽하게 유효한 함수 몇 개에서 보낼 수 있다. 항상 최적화가 가능하지는 않으며 물리학 법칙에 가로막히기도 한다.

뛰어난 상용 프로그램과 무료로 사용 가능한 도구를 포함해 우리 주변에는 벤치마킹 프로

---

* 심지어 조금 더 나아가 90/10의 법칙(90/10 rule)을 주장하기도 한다.
** 모든 코드는 CPU 클럭 속도와 운영 체제가 효율적으로 조정하는 다른 프로세스 개수, 스레드 우선순위에 따라 일정한 속도로 실행된다.

그램이 많다. 괜찮은 프로파일러라면 비용을 들여도 아깝지 않다. 최적화는 당연히 시간을 잡아먹는데 시간도 값비싼 재화다. 프로파일러가 없으면 다음과 같은 시간 측정 기법 몇 가지를 사용해보자.

- 코드 도처에 수동으로 시간을 재는 테스트를 넣자. 정확한 클럭 소스를 사용하고 클럭을 읽는 데 걸리는 시간이 프로그램 성능에 크게 영향을 미치지 않게 하자.
- 매 함수가 호출되는 횟수를 세자(디버그 라이브러리에서 지원하기도 한다).
- 컴파일러가 제공하는 훅을 활용해 매 함수에 진입하거나 종료될 때 자신만의 회계 코드를 삽입하자. 이러한 수단을 제공하는 컴파일러가 많고 같은 메커니즘으로 구현된 프로파일러도 있다.
- 제어가 어디쯤인지 보기 위해 디버거에서 주기적으로 프로그램을 인터럽트해 프로그램 카운터를 샘플링하자. 다중 스레드 프로그램이면 쉽지 않고 수동이라 매우 느리다. 실행 환경을 제어할 수 있으면 스캐폴딩을 만들고 고유한 형태의 프로파일러를 효과적으로 작성함으로써 이러한 테스트를 자동화할 수 있다.
- 개개 함수가 전체 프로그램 실행 시간을 얼마나 느리게 만드는지 테스트하자. 속도 저하의 원인으로 의심되는 함수가 있으면 연이어 두 번 호출하고 실행 시간이 달라지는지 측정하자.* 프로그램을 실행하는 데 10%가 더 걸렸다면 그 함수에 대략 실행 시간의 10%가 소모된다는 뜻이다. 이 방법을 아주 기본적인 시간 측정 테스트로 사용하자.

프로파일링할 때 현실 세계의 이벤트를 시뮬레이션할 현실성 있는 입력 데이터를 쓰도록 하자. 코드 실행 방식은 어떤 입력을 집어넣는지, 입력이 코드를 어떻게 이끌어가는지에 따라 급격히 달라지니 실제 대표할 수 있는 입력 집합을 제공하자. 가능하면 라이브 시스템에서 실제 입력 데이터 집합을 가져오자.

서로 다른 데이터 집합을 프로파일링해서 차이가 나는지 보자. 아주 기본적인 집합, 사용 빈도가 높은 집합, 여러 개의 일반 사용 집합을 고르자. 별난 입력 데이터 집합 하나에 대해 최적화하지 않게 막아준다.

> **핵심개념★** 현실 세계에서 프로그램이 어떻게 쓰일지 보일 수 있도록 프로파일링 테스트 데이터를 신중히 고르자. 그렇지 않으면 잘 실행되지 않는 프로그램 코드를 최적화하는 일이 생긴다.

프로파일러(혹은 그와 동등한 것)는 최적화 대상을 고르기에 훌륭한 시발점이지만 아주 근본적인 문제를 쉽게 놓칠 수 있다. 프로파일러는 현재 디자인에 한해 코드가 어떻게 실행되는지 보여주고 코드 단 개선만 권장한다. 더 큰 디자인 이슈도 살펴봐야 한다. 성능 저하는 함수 하나 때문이 아니라 더 널리 퍼진 디자인 결함 때문일 수 있다. 그렇다면 더 열

---

* 함수가 꼭 두 배 느리게 실행되리란 법은 없다. 파일 시스템 버퍼나 CPU 메모리 캐시가 반복된 코드 영역의 성능을 개선시킨다. 정량적(quantitative)이기보다는 정성적(qualitative)인 대강의 가이드 정도로 여기기 바란다.

심히 파고들어야 바로잡을 수 있다. 정립된 성능 요구사항을 바탕으로 초기 코드 디자인을 제대로 구성하는 것이 얼마나 중요한지 보여준다.

> **핵심개념★** 프로그램 비효율성의 원인을 전적으로 프로파일러에만 의존해서 찾지 말자. 중요한 문제를 놓칠 수 있다.

위 단계를 모두 따르면 성능 개선으로 가장 이득을 볼 코드 영역이 밝혀진다. 이제 공격할 차례다.

11.5.3 코드 테스트

최적화를 진행하는 세 테스트 단계를 이미 알고 있다. 대상이 되는 각 코드에 대해 먼저 최적화 전에 성능을 테스트하고 최적화가 이뤄진 후에도 코드가 올바르게 동작하는지 확인한 후 최적화 이후의 성능을 테스트한다.

흔히 프로그래머는 두 번째 단계를 깜빡하고 최적화된 코드가 모든 상황에서 예전처럼 올바르게 동작하는지 확인하지 않는다. 정상적인 연산 모드는 확인하기 쉬워도 천성적으로 희귀한 경우를 하나도 빠짐없이 테스트하기는 어렵다. 뒤늦게 기이한 버그가 나타나는 원인이니 엄격하게 하자.

수정 전후에 코드 성능을 측정해서 정말 차이가 나는지, 더 나은 방향으로 바뀌었는지 반드시 확인해야 한다. "최적화(optimization)"가 자신도 모르게 부정적 최적화(pessimization)가 될 수 있다. 가지고 있는 프로파일러를 사용하거나 시간 측정 장치를 직접 만들어 넣어 시간 측정 테스트를 수행한다.

> **핵심개념★** 전후 측정 없이 절대 코드를 최적화하지 말자.

다음은 시간 측정 테스트를 실행할 때 아주 중요하게 고려할 사항이다.

- 똑같이 테스트할 수 있도록 똑같은 입력 데이터로 사전, 사후 테스트를 모두 실행한다. 이렇게 하지 않으면 사과와 사과를 비교하는 것이 아니니 테스트가 무의미하다. 프로파일링 단계에서 사용했던 실제 대표 데이터와 같은 종류로 이뤄진 자동화된 테스트 묶음이 최선이다(210쪽 "직접 하지 않아도 돼!" 참고).
- CPU 부하나 가용 메모리 용량 같은 요인이 측정에 영향을 미치지 않도록 동일한 지배적 조건하에 테스트를 실행하자.
- 테스트가 사용자 입력에 따라 달라지지 않도록 하자. 인간으로 인해 시간 변동 폭이 커질 수 있다. 테스트 절차의 모든 측면을 자동화하자.

11.5.4 코드 최적화

최적화 기법은 이어지는 절에서 알아보겠다. 속도를 높이는 일은 작은 코드 영역을 간단히 리팩터링하는 것부터 시작해 만만찮은 디자인 단 변경까지 다양하다. 요령은 코드를 전혀 망가뜨리지 않으면서 최적화하는 것이다.

찾아낸 코드를 최적화할 방법이 얼마나 다양한지 알아본 후 최선을 고르자. 한 번에 하나씩만 변경해야 덜 위험하고 무엇이 성능을 가장 향상시켰는지 더 잘 알 수 있다. 가장 예상하지 못한 부분에서 최적화 효과가 가장 크게 나타나기도 한다.

11.5.5 최적화 이후

최적화된 코드를 벤치마킹해 성공적으로 수정했음을 꼭 증명하자. 최적화에 실패하면 제거하자. 변경을 철회하자. 이전 코드 버전으로 되돌릴 수 있는 소스 제어 시스템이 유용하게 쓰이는 순간이다.

아주 살짝 좋아진 최적화도 제거하자. 그다지 대단하지 않은 최적화보다는 명쾌한 코드가 낫다(성능에 그렇게 목매지 않고 헤쳐나갈 다른 방법이 없다면).

11.6 최적화 기법

충분히 오래 피해 왔고 지금부터 진짜 골치 아픈 세부 사항을 살펴볼 차례다. 앞서 개략적으로 설명한 최적화 절차를 따랐다면 프로그램이 형편없이 수행되고 있음을 증명했을 테고 최악의 코드 장본인을 찾았을 것이다. 이제 정상화해야 한다. 무엇을 할 수 있을까?

고를 수 있는 최적화 팔레트가 펼쳐져 있다. 정확한 문제 원인과 달성하고자 하는 목표(예를 들어 실행 속도 증가나 코드 크기 감소), 개선할 정도에 따라 가장 적절한 방법이 정해진다.

최적화는 크게 디자인 변경과 코드 변경, 두 부류로 나뉜다. 디자인단 변경은 주로 코드단 변경보다 성능에 훨씬 지대한 영향을 미친다. 비효율적인 디자인은 잘못된 소스 코드 몇 줄보다 효율성을 더 억누르니 비록 어렵기는 해도 디자인 수정의 이익이 더 크다.

대부분 실행 속도 증가가 목표다. 속도 기반 최적화 전략은 다음과 같다.

- 느린 코드 속도 향상
- 느린 코드 덜 실행하기
- 정말 필요할 때까지 느린 코드 지연시키기

그 밖의 일반적인 최적화 목표는 메모리 소모 감소(주로 데이터 표현을 바꾸거나 메모리 소비 패턴을 바꾸거나 한 번에 접근하는 데이터양을 줄이거나)나 실행 파일 크기 감소(기능을 제거하거나 공통점을 활용해서)다. 앞으로 알아보겠지만 대부분의 속도 증가가 메모리 소모를 늘려서 이뤄지거나 그 반대로 등 이러한 목표끼리 상충하는 일이 잦다.

11.6.1 디자인 변경

소프트웨어의 내부 디자인을 개선하는 대규모 수정인 거시(macro) 최적화다. 형편없는 디자인은 고치기 어렵다. 프로젝트의 출시 기한이 다가올수록 디자인 변경은 위험이 너무 크다 보니 거의 수행되지 않는다.* 결국 코드단에서 작게 수정하는 식으로 균열을 메꾼다.

충분히 용감하다면 다음과 같은 유형의 디자인 최적화를 수행할 수 있다.

- 캐싱이나 버퍼링 계층을 추가해 느린 데이터 접근을 개선하거나 너무 긴 재계산을 방지한다. 아는 값을 미리 계산해서 바로 접근할 수 있게 저장하자.
- 자원 풀을 만들어 객체 할당 오버헤드를 줄인다. 예를 들어 메모리를 미리 할당하거나 매번 반복적으로 파일을 열고 닫지 말고 파일 열기(files open) 모음을 보관한다. 이 기법은 주로 메모리 할당 속도를 올리는 데 쓰이고, 구식 운영 체제 메모리 할당 루틴은 단순하게 스레드를 쓰지 못하게 디자인됐다. 이 루틴의 락(lock)은 끔찍한 성능을 내는 다중 스레드 애플리케이션을 교착 상태에 빠뜨린다.
- 정확성이 조금 떨어져도 되면 정확성을 희생해 속도를 높인다. 확실한 예가 부동소수점 정확도를 버리는 것이다. 부동소수점 장치(Floating-Point Unit, FPU) 하드웨어가 없는 많은 디바이스는 대신 더 느린 부동소수점 장치 에뮬레이션 소프트웨어를 활용한다. 수 해상도(numeric resolution)를 희생해 부동소수점 연산 라이브러리로 바꾸면 느린 에뮬레이터를 쓰지 않아도 된다. C++에서는 추상 데이터 타입 기능을 이용하면 되니 특히 쉽다.
- 정확성은 데이터 타입에 따라서만 정해지는 것이 아니다. 이 전략은 알고리즘 사용이나 출력 품질까지 훨씬 더 깊이 관여한다. 느리지만 정확한 연산과 빠르지만 근사치인 연산 모드 중에 선택할 수 있도록 아마 사용자에게 기회를 줄 것이다.
- 데이터 저장소 형식이나 디스크에 기록된 표현을 고속 연산에 더 적합한 형태로 바꾼다. 가령 바이너리 형식(binary format)을 사용해 텍스트 파일 파싱 속도를 올린다. 압축 파일을 전송하거나 저장해 네트워크 대역폭을 줄인다.
- 병렬을 활용하고 스레드를 사용해 한 가지 액션으로 잇따라 직렬화되지 않게 한다. 프로세서 속도 증가가 차츰 느려지면서 CPU 제조업체는 갈수록 멀티코어, 멀티파이프라인 프로세서를 도입하고 있다. 이를 효과

---

* 슬프게도 주로 프로젝트 마감 기한에 다다라서야 누군가 성능이 떨어진다는 사실을 알아챈다.

적으로 사용하려면 본질적으로 코드를 스레드 모델로 디자인해야 한다. 최적화 전쟁의 최전선도 급속히 이쪽 노선으로 이동 중이다.

- 과도한 잠금(locking)을 피하거나 제거해서 효율적으로 스레딩한다. 지나친 잠금은 동시성을 억제하고 오버헤드를 낳고 주로 데드락(deadlock)으로 이어진다. 정적 검사를 활용해 어떤 락이 필요하고 아닌지 보이자.

- 예외를 과용하지 않는다. 예외는 컴파일러 최적화에 제약을 주고 너무 자주 쓰이면 연산을 시의적절하게 수행할 수 없다.

- 코드 공간을 절약해 주는 특정 언어 기능을 포기한다. 어떤 C++ 컴파일러에서는 실시간 타입 정보(Run-Time Type Information, RTTI)와 예외를 비활성화해 결과적으로 실행 파일 크기를 줄일 수 있다.

- 기능을 제거한다. 가장 빠른 코드는 아예 실행되지 않는 코드다. 함수는 일부 불필요한 작업을 포함해 일을 너무 많이 하면 느려진다. 군더더기는 제거하자. 프로그램 내 다른 위치로 옮기자. 정말 필요할 때까지 작업을 연기하자.

- 속도를 위해 디자인 품질과 타협한다. 예를 들어 역참조를 줄이고 커플링을 늘린다. 캡슐화를 깨고 클래스의 프라이빗 구현을 공개 인터페이스로 내보내 이렇게 할 수 있다. 모듈 경계를 무너뜨리면 디자인에 복구할 수 없는 손상이 남는다. 가능하면 지장이 적은 최적화 메커니즘을 먼저 시도하자.

복잡도 표기

알고리즘 복잡도(algorithmic complexity)는 알고리즘이 얼마나 잘 확장되는지, 즉 입력 크기에 비례한 실행 시간을 나타내는 척도다. 여러 구현 방식의 성능 특징을 빠르게 비교할 수 있는 정성적(qualitative) 수학 모델이다. (CPU 속도나 운영 체제 구성 등에 따라 크게 좌우되므로) 정확한 실행 시간은 재지 않는다.

복잡도는 알고리즘이 수행해야 하는 작업량, 즉 실행할 기본 연산 개수에 의해 결정된다. 기본 연산이란 산술 연산, 할당, 테스트, 데이터 읽기/쓰기 같은 것들이다. 알고리즘 복잡도는 수행된 연산 개수를 정확히 세는 대신 이 값과 문제 크기와의 관련성만 고려한다. 주로 알고리즘의 최악의 성능, 다시 말해 최대해야 할 일을 알고자 한다. 최선과 평균 시간 복잡도까지 비교하면 좋다.

알고리즘 복잡도는 독일의 수 이론가인 에드문트 란다우가 고안한 빅오(Big O) 표기로 표현된다. 입력 크기가 n인 문제에 대해 복잡도는 다음과 같다.

$O(1)$: 1차

상수 시간(constant time) 알고리즘이다. 입력 집합이 얼마나 크든 작업을 완료하는 데 항상 똑같은 시간이 걸린다. 가장 좋은 성능 특징이다.

$O(n)$: n차

선형 시간(linear time) 알고리즘의 복잡도는 입력 크기와 똑같이 증가한다. 연결 리스트를 탐색할 때 리스트 크기가 커지는 만큼 노드를 더 방문하므로 연산 횟수는 리스트 크기와 직접적인 연관이 있다.

$O(n^2)$: n^2차

성능이 나빠지기 시작하는 지점이다. 복잡도가 입력 크기가 커지는 비율보다 빠르게 증가한다. 2차 시간(quadratic time) 알고리즘은 데이터 집합이 작으면 괜찮아 보이지만 큰 데이터 집합에는 대단히 오래 걸린다. 버블 정렬 알고리즘이 $O(n^2)$이다.

물론 복잡도는 어떤 차수든 가능하다. 퀵 정렬 알고리즘은 평균 $O(n \log n)$이다. $O(n)$보다 나쁘지만

O(n^2)보다는 낮다. 느린 버블 정렬 알고리즘을 위한 간단한 최적화 방법은 무료로 사용 가능한 퀵 정렬 구현이 많으니 퀵 정렬 알고리즘으로 대체하는 것이다.

이러한 빅오 표현은 상수나 낮은 차수 상수는 포함하지 않는다. O(2n+6) 같은 복잡도는 거의 볼 일이 없다. n이 충분히 커지면 이러한 상수와 낮은 차수 상수 난쟁이들은 의미가 없다.

디자인단에서 이뤄지는 주된 최적화는 알고리즘이나 데이터 구조 개선이다. 대부분의 속도 저하나 메모리 소모는 둘 중 하나 또는 둘 다 잘못 골라서 생기는데, 차후 변경으로 개선된다.

11.6.1.1 알고리즘

알고리즘은 실행 속도에 매우 큰 영향을 미친다. 작은 로컬 테스트에서는 그럭저럭 동작하던 함수가 현실 세계 데이터가 던져지면 확장되지 못할 수 있다. 프로파일링을 통해 코드가 특정 루틴을 실행하는 데 대부분의 시간을 쓴다고 밝혀졌으면 그 루틴을 빠르게 만들어야 한다. 우선 코드단에서 명령어마다 조금씩 개선해 나가는 방법이 있다. 더 나은 방법은 전체 알고리즘을 더 효율적인 버전으로 바꾸는 것이다.

현실적인 예제 하나를 살펴보자. 루프를 1000번 실행하는 알고리즘이 있다. 매 반복을 실행할 때마다 5ms가 걸린다. 따라서 연산은 5초 후 끝난다. 루프 속 코드를 바꿔서 매 반복마다 1ms씩 줄일 수 있으면 1초가 절약된다. 나쁘지 않다. 하지만 반복에 7ms가 걸리고 딱 100번만 반복하는 다른 알고리즘을 대신 플러그인할 수 있다. 그러면 거의 4.5초가 절약되니 훨씬 낫다.

따라서 코드 몇 줄을 바꾸는 대신 근본적인 알고리즘을 변경해 최적화하는 방향을 고려하자. 컴퓨터 과학 세상에는 고를 수 있는 알고리즘이 많고 코드가 특별히 심각한 상태가 아니라면 언제든 더 나은 알고리즘을 골라 획기적인 성능 향상을 볼 수 있다.

> **핵심개념 ★** 알고리즘 구현을 고치는 것보다 느린 알고리즘을 더 빠른 변형으로 바꾸는 편이 낫다.

11.6.1.2 데이터 구조

데이터 구조는 어떤 알고리즘을 선택하느냐와 크게 관련이 있는데 어떤 알고리즘에는 특정 데이터 구조가 필요하다든지 혹은 그 반대다. 지나치게 메모리를 소모하는 프로그램은 아마 실행 속도는 느려질 수 있지만, 데이터 저장소 형식을 바꾸면 문제가 개선될 수 있다. 항목이 1,000개인 리스트를 빨리 검색하려면 검색 시간에 O(n)이 걸리는 선형 배열에 저장하지 말고 성능이 O(log n)인 (더 큰) 이진 트리를 사용하자.

다른 데이터 구조를 고른다고 해서 새 표현을 직접 구현할 필요는 거의 없다. 대부분의 언어는 일반적인 데이터 구조를 모두 포함하는 라이브러리를 지원한다.

11.6.2 코드 변경

이제 불안한 마음으로 정말 진절머리 나는 일을 슬금슬금 시작해보자. 조그맣고 근시안적인 미시적(micro) 수준의 코드 수정 최적화 말이다. 여러 가지 방법으로 소스 코드를 들쑤셔 성능을 높일 수 있다. 가장 잘 동작하는 방법을 알아내려면 실험해야 한다. 어떤 변경은 잘 동작하고 어떤 변경은 거의 영향이 없거나 심지어 부정적인 영향을 미친다.* 어떤 변경은 컴파일러의 최적화기가 하는 일을 방해해 놀랄 만큼 결과를 더 망친다.

가장 먼저 할 일은 쉽다. 컴파일러 최적화를 켜거나 최적화 수준을 높인다. 최적화기는 실행 시간이 아주 길어서 대규모 프로젝트의 빌드 시간을 크게 증가시키기 때문에 개발 빌드에서는 주로 비활성화된다. 최적화기를 설정해가며 어떤 영향을 미치는지 테스트하자. 많은 컴파일러가 속도를 높이거나 코드 크기를 줄이는 방향으로 최적화한다.

알아는 두되 일반적으로 피하면 좋을 아주 낮은 수준의 최적화가 몇 가지 있다. 컴파일러가 대신 수행할 수 있는 변경 유형이라 최적화기를 켰다면 이미 살펴봤을 부분이다. 최적화기를 활성화하고 최대한 활용하자. 직접 변경할 필요가 거의 없어 참 다행이다. 이러한 변경은 핵심 로직을 이상하게 뒤틀어서 코드의 가독성을 엉망진창으로 만든다. 정말 필요하다고 증명할 수 있고 최적화기가 아직 하지 않았고 더 나은 대안이 없을 때만 이러한 최적화 중 하나의 사용을 고려하자.

루프 풀기(unrolling)

본문이 아주 짧은 루프는 루프 속 연산 자체보다 루프 스캐폴딩(scaffolding) 비용이 더 크다. 루프를 펼쳐 오버헤드를 없애자. 10번 반복하는 루프를 연달은 10개 명령문으로 바꾸자.

루프가 크면 부분적으로 펼치는 방법이 더 낫다. 반복할 때마다 연산 4개를 수행하고 루프 계수를 한 번에 4씩 증가시킬 수 있다. 하지만 루프가 펼쳐진 정수만큼 순회하지 않을 경우 문제가 된다.

---

* 파싱된 코드에 복합적인 검사를 수행해 속도를 증가시키는 설정 집합을 알아내고 가장 적절한 설정을 골라야 한다.

코드 즉시 처리(inlining)

소규모 연산에 대해 함수를 호출하면 오버헤드가 지나치게 클 수 있다. 코드를 함수로 나누면 코드가 명확해지고, 재사용을 통해 일관성이 생기고, 변경할 영역을 분리하는 등 이점이 아주 많다. 그래도 성능 향상을 위해 호출자와 피호출자를 하나로 합쳐 제거할 수 있다.

상수 폴딩(constant folding)

상숫값을 포함하는 연산을 컴파일 타임에 계산해 런타임에 할 작업량을 줄인다. return 6+4;라는 간단한 표현식은 return 10;으로 줄일 수 있다. 큰 연산식의 항을 순서에 맞게 정렬하면 두 상수를 한 번에 가져와 더 간단한 부분식으로 줄일 수 있다.

프로그래머가 return 6+4;처럼 뻔한 코드를 작성할 일은 드물다. 하지만 매크로 확장(macro expansion) 이후에는 이러한 종류의 표현식이 흔하다.

컴파일 타임으로 이동

컴파일 타임에 할 수 있는 일은 상수 폴딩 말고도 더 있다. 많은 조건 테스트를 정적으로 증명해 코드에서 제거할 수 있다. 음수 테스트를 부호 없는 데이터 타입을 사용해 없애듯이 완벽히 피할 수 있는 테스트도 있다.

강도(strength) 완화하기

한 연산을 더 빨리 실행되는 동등한 연산으로 대체하는 방법이다. 산술 연산이 형편없이 느린 CPU에서 특히 중요하다. 가령 정수 곱셈과 나눗셈을 상수 시프트나 더하기로 바꾸자. 프로세서가 시프트 연산을 더 빠르게 수행하면 x/4를 x>>2로 교체할 수 있다.

부분식

공통 부분식 삭제(common subexpression elimination)는 값이 변경되지 않은 표현식의 재계산을 방지한다. 코드로 보면 다음과 같다.

```
int first = (a * b) + 10;
int second = (a * b) / c;
```

(a * b) 표현식을 두 번 평가(evaluate)한다. 한 번으로 충분하다. 공통 부분식을 뽑아내 다음과 같이 대체한다.

```
int temp = a * b;
int first = temp + 10;
int second = temp / c;
```

불필요한 코드(dead code) 삭제

불필요한 코드는 작성하지 말자. 프로그램에 꼭 필요하지 않으면 제거하자. 정적 분석에서 사용하지 않는 함수나 실행되지 않을 코드 영역을 알려준다. 모두 제거하자.

위 방법들은 달갑지 않은 코드 최적화인 반면 아래 방법들은 조금 더 사회적으로 용인된다. 프로그램 속도 증가에 중점을 둔다.

- 느린 함수를 반복해서 호출하고 있는 경우 너무 자주 호출하지 말자. 함수 결과를 캐싱해 값을 재사용하자. 코드는 덜 명쾌하지만 프로그램은 더 빠르게 실행된다.

- 함수를 다른 언어로 다시 구현하자. 예를 들어 자바 네이티브 인터페이스(Java Native Interface, JNI) 기능을 사용해 주요 자바 함수를 C로 다시 작성하자. JIT 코드 인터프리터는 실행 속도 측면에서 아직 종래의 컴파일러를 따라가지 못한다.

  어떤 언어가 다른 언어보다 빠르다고 막연히 가정하지 말자. JNI를 써도 차이가 별로 없다는 사실은 많은 프로그래머를 당황시킨다. 흔히 객체 지향 언어가 절차적 언어보다 훨씬 느리다고 주장한다. 이는 거짓이다. 형편없는 객체 지향 코드는 느릴 수 있지만, 형편없는 절차적 코드도 느리긴 매한 가지다. C로 작성된 객체 지향 방식 코드는 훌륭한 C++ 코드보다 느릴 가능성이 크다. C++ 컴파일러가 요구사항에 더 잘 맞는 메서드 발송(method dispatch) 코드를 생성하기 때문이다.

- 성능 개선을 위해 코드 순서를 바꾸자.

  정말 필요할 때까지 작업을 미루자. 파일을 사용하기 직전까지 열지 말자. 필요하지 않은 값은 기다렸다가 필요할 때 계산하자. 코드가 어떤 함수 없이도 동작하면 함수를 호출하지 말자.

  검사를 함수 맨 위로 올려서 불필요한 작업을 피하자. 조기 반환 가능한 테스트를 함수 가장 위 혹은 중간에 놓을 수 있으면 가장 위에 두자. 빠르게 검사해서 지연을 피하자.

  불변(invariant) 계산은 루프 밖으로 빼자. 가장 감지하기 힘든 문제의 원인이 루프 조건이다. for (int n = 0; n < tree.appleCount(); ++n)이라고 작성했는데 appleCount()가 호출할 때마다 항목을 천 개씩 센다면 루프는 아주 오래 걸린다. 세기 연산을 루프 앞으로 옮기자.

```
int appleCount = tree.appleCount();
for (int n = 0; n < appleCount; ++n)
{
    ... 무언가 한다 ...
}
```

하지만 프로파일링부터 해서 정말 문제가 루프에 있는지 증명하는 것이 먼저다. 위 예는 어떻게 최적화가 특정 실행 환경에 국한되는지 잘 보여준다. C#에서는 최적화한 버전이 더 느릴 수 있는데, JIT 컴파일러가 이해하고 자체적으로 최적화할 수 있는 양식은 최적화하지 않은 코드이기 때문이다.

- 연산이 복잡하면 공간을 더 내어 주고 시간을 아끼는 룩업 테이블(lookup table)을 사용하자. 예를 들어 개별적으로 각자 값을 계산하는 삼각함수 집합을 작성하지 말고 반환값을 미리 계산해 배열에 저장하자. 배열 속 가장 가까운 인덱스로 입력값을 매핑하자.

- 단락 평가(short-circuit evaluation)를 활용하자. 실패할 것 같은 테스트를 앞에 놓아 시간을 아끼자. if (condition_one && condition_two)라는 조건식에서 condition_one이 통계적으로 condition_two

보다 실패할 가능성이 커야 한다(물론 condition_one이 condition_two의 유효성(validity)을 좌우하지 않는 경우에만).

- 괜히 시간 낭비하지 말고 이미 성능이 조율된 표준 루틴을 재사용하자. 라이브러리 작성자가 이미 신중하게 코드를 갈고 닦았을 테니. 단 최적화 지향점이 달랐을 수도 있음을 감안하자. 가령 임베디드 제품은 속도 대신 메모리 소모를 고려해 프로파일링했을 가능성이 크다.

다음은 크기에 초점을 맞춘 코드단 최적화다.

- 실행 직전에 코드를 압축 해제하는 압축된 실행 파일을 만든다. 실행할 프로그램 크기에는 변화가 없을 수 있지만, 필요한 저장소 공간을 줄여준다.* 한정된 플래시 메모리에 프로그램을 저장할 때 의미가 있다.
- 공통 코드를 공유 함수로 넣어 중복을 피하자.
- 거의 쓰이지 않는 함수를 옮기자. 동적 로딩 라이브러리나 별도 프로그램에 넣자.

물론 가장 힘든 최악의 최적화 기법은 CPU를 완벽히 제어하고 정확히 원하는 대로(자기 무덤을 파는 것도 포함) 할 수 있는 하나의 환경인 어셈블리로 코드 영역을 다시 구현하는 것이다. 최후의 수단이자 거의 쓸 일이 없다. 요즘에는 컴파일러가 충분히 받아들일 만한 코드를 만드는 데다 "최적화된" 기계어 코드 영역을 작성하고 디버깅하고 유지 보수하는 데 쏟는 시간에 비해 이득이 너무 작다.

11.7 효율적인 코드 작성

최적화하지 않는 것이 최선이라면 어떻게 해야 코드 성능 개선의 필요성이 사라질까? 그 해답은 개발 막바지에 품질을 짜내는 대신 처음부터 적절한 서비스 품질 제공을 도모하는 성능을 위한 디자인(design for performance)이다.

한편에서는 따르기 너무 위험하다고 주장한다. 실제로 자칫 방심했다가는 잠재적 위험이 도사린다. 개발을 진행하며 최적화하려 하면 기대에 못 미치는 저급한 수준으로 작성하게 되고 온통 미미한 성능 개선과 우회하는 인터페이스뿐인 형편없고 임시방편적인 코드가 탄생한다.

외견상 대립되는 두 견해를 아우를 방법은 없을까? 실제로는 상충하지 않으니 어렵지 않다. 아래 두 전략은 상호 보완적이다.

---

* 프로그램 구동 시간을 줄여주는 반가운 면도 있다. 압축된 실행 파일은 디스크에서 훨씬 빠르게 로딩된다.

- 효율적인 코드를 작성하자.
- 코드 최적화는 나중으로 미루자.

지금 명확하고 훌륭하고 효율적인 코드를 작성하면 나중에 혹독한 최적화를 수행하지 않아도 된다. 처음부터 어떤 최적화가 필요한지 알기 어려우니 우선 가능한 한 단순하게 작성하고 프로파일링으로 병목을 증명할 수 있을 때만 최적화한다.

이 방법에는 명백한 결점이 있다. 만약 (빠른 검색을 수행해야 하는 프로그램이라) 뛰어난 검색 성능을 가진 데이터 구조가 필요하면 배열보다는 이진 트리를 고르자.* 그러한 요구 사항을 전혀 모를 때는 잘 동작할 가장 적절한 구조를 택하자. 그래도 가장 쉬운 방법은 아닐 수 있다. 원시 C 배열은 관리하기 어려운 데이터 구조다.

각 모듈을 디자인할 때 무턱대고 성능을 쫓지 말고 필요할 때 노력을 집중하자. 매 단계마다 규정된 성능 요구사항을 파악하고 선택한 방법이 이러한 요구사항을 어떻게 충족시키는지 밝히자. 요구되는 성능 수준을 알면 그에 맞는 효율성을 갖도록 디자인하기 더 쉽다. 또한, 성능 목표를 달성했는지 증명할 명쾌한 테스트를 작성하기도 수월하다.

다음은 효율성을 높이면서 향후 최적화까지 지원하는 간단한 디자인 방법이다.

- 원격 장비에서 구현될 수 있거나 네트워크 또는 느린 데이터 저장소 시스템에 접근하는 함수 의존도를 최소화한다.
- 대상 배치(target deployment)와 프로그램이 어떻게 실행됐으면 하는지 파악해 상황에 맞춰 잘 동작하도록 디자인한다.
- 다른 영역을 건드리지 않으면서 쉽게 속도를 올릴 수 있도록 모듈식(modular) 코드를 작성한다.

부정적 최적화(pessimization)

세심하게 측정하지 않으면 최적이 전혀 아닌 최적화를 작성하고 만다. 어떤 상황에서 더할 나위 없이 훌륭했던 최적화가 다른 상황에서는 성능 재앙이 되기도 한다. 사례 연구를 살펴보자. 증거물 A: 쓰기 시 복사(Copy-On-Write) 문자열 최적화다.

1990년경 C++ 표준 라이브러리 구현에 적용된 유명한 최적화. 강도 높은 문자열 조작을 수행하던 프로그램이 긴 문자열을 복사할 때 실행 속도와 메모리 소모 양 측면에서 모두 심각한 오버헤드에 시달렸다. 긴 문자열 복사는 대량의 데이터를 복제하고 옮기는 일이다. 임시 객체인 수많은 문자열 복사본이 자동으로 생성됐다가 곧 버려지고 실제로는 수정되지 않는다. 비용이 큰 복사 연산 없이도 해결할 방법이 있다.

---

* 하지만 늘 그렇듯 꼭 그렇게 단순하지 않아도 된다. (이진 트리 노드는 메모리에 뿔뿔이 흩어지기 쉬우니) 캐시 일관성(cache coherence)은 주로 배열이 더 낫다. 정렬된 배열도 고려해 볼만하다. 측정하고, 측정하고, 또 측정하자.

쓰기 시 복사(Copy-On-Write, COW) 최적화는 string 데이터 타입을 smart pointer 형태로 바꾼다. 실제 문자열 데이터는 (숨겨진) 공유 표현(shared representation)에 저장된다. string 복사 연산은 전체 문자열 내용을 복제할 필요 없이 비용이 적은 스마트 포인터 복사(새 스마트 포인터를 공유 표현에 붙이는)만 수행하면 된다. 공유 문자열을 수정하는 경우에만 내부 표현을 복사하고 스마트 포인터를 다시 매핑한다. 이 최적화로 다량의 불필요한 복사 연산을 피할 수 있다.

단일 스레드 프로그램에서는 COW가 잘 동작했고 속도도 크게 향상됐다. 하지만 COW 문자열을 사용하는 다중 스레드 프로그램에서 문제가 드러났다(사실 단일 스레드 프로그램에서 다중 스레드 지원으로 COW 문자열 클래스를 생성해도 마찬가지다). COW 구현은 복사 연산에 아주 보수적인 스레드 잠금(locking)이 필요하고 이러한 락이 주요 병목이 된다.

11.8 요약

기술 진보는 단지 과거로 되돌아가는 더 효율적 수단을 제공할 뿐이다.

_올더스 헉슬리

흔히 생각하는 것만큼 고성능 코드는 중요하지 않다. 이따금 소매를 걷어붙이고 정말 코드를 손봐야 할 때도 있지만, 최적화는 적극적으로 피해야 하는 일이다. 이렇게 하려면 개발을 시작하기 전에 소프트웨어의 성능 요구사항을 잘 알아야 한다. 디자인 단계마다 그에 맞는 서비스 품질을 제공해야 한다. 그러면 최적화할 필요가 없다.

최적화해야 한다면 아주 체계적으로 접근하고 철저하게 측정하자. 목표를 명확히 하고 단계마다 목표에 근접하고 있는지 증명하자. 감이 아닌 확실한 자료를 바탕으로 하자. 코드를 작성할 때 반드시 효율성을 염두에 두고 디자인하되 품질은 타협하지 말자. 코드단 성능은 문제가 있다고 증명될 때만 신경 쓰자.

현명한 프로그래머	형편없는 프로그래머
• 정말 필요하다고 증명되지 않으면 최적화하지 않는다. • 깊이 생각하고 측정하는 방식으로 체계적으로 최적화하려 한다. • 코드단 최적화에 의존하기 전에 대안을 찾고 디자인 개선을 연구한다. • 코드 품질을 망가뜨리지 않을 최적화를 택한다.	• 코드가 부족하다고 증명되지 않았는데 최적화를 시작한다. • 측정이나 조사 없이 일단 뛰어 들어 병목이라 생각되는 코드를 공격한다. • 최적화가 다른 코드 영역과 이용 패턴에 미칠 전반적인 영향, 즉 더 큰 그림을 고려하지 않는다. • 코드 품질보다 속도를 중요하게 여긴다.

11.9 참고

1장: 방어 태세

추가된 방어 코드와 자주 충돌하는 "불필요한" 코드를 없애는 최적화.

4장: 무엇을 작성해야 하나

코드 최적화의 필요성은 주로 자체 문서화 코드와 상충한다.

13장: 훌륭한 디자인

프로젝트를 시작할 때부터 코드 기반에 효율성을 디자인해야 한다.

19장: 명시적으로

얼마나 최적화해야 할지 알려면 구성을 시작하기에 앞서 성능 요구사항이 철저하게 명시되어야 한다.

11.10 생각해 보기

다음 질문에 대한 자세한 설명은 610쪽 "정답과 설명"에 나와 있다.

11.10.1 궁리하기

1 최적화는 코드 품질 하나를 희생해 다른 가치 있는 품질을 얻는 트레이드오프 과정이다. 성능 향상을 이끄는 트레이드오프 유형을 설명하라.

2 277쪽 "왜 최적화일까?"에 나열된 최적화 대안 각각을 살펴보자. 만약에 있다면 어떤 트레이드오프가 있을지 설명하라.

3 아래 용어와 서로 간에 관계를 정확히 설명하라.

- 성능
- 효율성
- 최적화

4 느린 프로그램에 있을 법한 병목은 무엇인가?

5 최적화 요구를 어떻게 피할 수 있을까? 비효율적인 코드를 작성하지 않게 해주는 방법은 무엇일까?

6 다중 스레드는 최적화에 어떤 영향을 미치는가?

7 효율적인 코드를 작성하면 안 될까? 애초에 왜 고성능 알고리즘을 작성할 수 없는 것일까?

8 List 데이터 타입은 배열로 구현된다. 아래 List 메서드의 최악의 알고리즘 복잡도는 각각 무엇인가?

   a 생성자

   b append – 리스트 끝에 새 항목을 덧붙인다

   c insert – 주어진 위치에 맞게 두 리스트 항목 사이에 새 항목을 밀어 넣는다

   d isEmpty – 리스트에 항목이 없으면 true를 반환한다

   e contains – 리스트가 명시된 항목을 포함하면 true를 반환한다

   f get – 주어진 인덱스에 있는 항목을 반환한다

11.10.2 스스로 살피기

1 (솔직히) 현재 프로젝트에서 코드 성능이 얼마나 중요한가? 이러한 성능 요구사항의 동기는 무엇인가?

2 가장 최근에 했던 최적화에서

   a 프로파일러를 사용했는가?

   b 그렇다면 측정 결과 얼마나 향상됐는가?

   c 아니라면 향상시켰는지 어떻게 알았는가?

   d 최적화 이후 코드가 정상적으로 동작하는지 테스트했는가?

   e 그렇다면 얼마나 철저히 테스트했는가?

   f 아니라면 왜 하지 않았는가? 모든 경우에 코드가 정상적으로 동작한다고 어떻게 확신했는가?

3 현재 작업 중인 코드에 아직 최적화를 시도하지 않았다면 어느 부분이 가장 느리고 어디서 메모리를 가장 많이 소비할지 추측해보자. 이제 프로파일러를 돌려 보자. 추측이 얼마나 정확했는가?

4 프로그램의 성능 요구사항을 얼마나 잘 명시하는가? 이러한 기준을 충족시키는지 테스트할 구체적인 계획이 있는가?

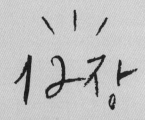

12장

불안 장애

안전한 프로그램 작성

안전이란 대개 미신이다. 그것은 사실상 존재하지 않는다...
인생은 대담한 모험이거나 아니면 아무것도 아니다.
_헬렌 켈러

12장에서 다룰 내용

- 운영 코드로의 보안 위협
- 해커가 코드를 약용하는 방식
- 코드 취약점을 줄이는 기법

불과 얼마 전까지만 해도 컴퓨터는 접근성이 매우 떨어졌다. 소수의 장비만 있던 컴퓨터 세상은 몇몇 조직의 소유물이었고 고도로 훈련된 개발자로 이뤄진 소규모 팀에서만 접근했다. 그 시절 컴퓨터 보안은 알맞은 실험실 가운을 걸치고 보안 카드를 내밀어 문 앞 경비원을 통과하는 정도였다.

빠르게 오늘로 돌아와 보자. 이제는 당시 컴퓨터 기사들이 꿈도 꾸지 못했던 컴퓨팅 성능을 주머니에 넣어 다닌다. 컴퓨터는 풍족하고, 더 적절히 표현하면 고도로 연결되어 있다.

컴퓨터 시스템을 오고 가는 데이터양은 하루가 다르게 늘어난다. 프로그래머는 이러한 데이터를 저장하고 조작하고 해석하고 전송하는 프로그램을 작성한다. 소프트웨어는 정보가 분실되지 않게, 즉 악의적인 공격자의 손에 들어가거나 뜻하지 않게 목격되거나 심지어 홀연히 사라지지 않도록 보호해야 한다. 회사 기밀이 새어 나가면 재정적으로 파산할 수도 있으니 대단히 중요한 일이다. 민감한 개인 정보(은행 계좌나 신용 카드 정보 등)가 누군가에게 악용되는 일은 누구도 바라지 않는다. 대다수의 소프트웨어 시스템은 일정 수준의 보안이 필요하다.*

안전한 소프트웨어를 만드는 것은 누구의 책임일까? 슬프게도 우리가 떠안을 골칫거리다. 제품 보안을 주의 깊게 고려하지 않으면 결국 안전하지 않은 구멍 난 프로그램을 작성하고는 보상을 얻어낸다.

소프트웨어 보안은 정말 중요한 문제지만 대부분의 개발자가 아주 서투르다. 유명한 제품에 새 보안 취약점이 생겼다거나 시스템 무결성을 손상시키는 바이러스가 나타났다는 이야기가 하루가 멀다 하고 들린다.

보안은 이 책에서 살필 범위를 훌쩍 넘어서는 아주 큰 주제다. 훈련과 경험이 훨씬 더 필요한 매우 전문적인 분야다. 하지만 현대 소프트웨어 공학 수업에서는 심지어 기초조차 충분히 다루지 못한다. 12장에서는 보안 이슈를 강조하고 문제를 알아보고 코드를 보호할 기본적인 몇 가지 기법을 배우는 데 목표를 둔다.

---

* 앞으로 알아보겠지만 민감함 데이터를 처리하든 아니든 항상 보안은 필요하다. 아무리 사소한 컴포넌트라도 공개 인터페이스가 딸리면 시스템 전반의 보안에 위협이 된다.

12.1 위험

> 안전을 지나치게 강조해 피해를 보느니
> 과도한 불안과 걱정으로 조롱받는 편이 낫다.
>
> _에드먼드 버크

누군가 당신의 시스템을 공격하려는 이유는 무엇일까? 아마 원하는 무언가가 있어서일 것이다. 다음과 같은 것들 말이다.

- 프로세싱 성능
- 데이터 전송 기능(가령 스팸)
- 은밀하게 저장된 정보
- 설치된 소프트웨어 같은 특정 능력
- 더 흥미로운 원격 시스템과의 연결성

단순히 재미를 위해서 혹은 반감을 품고 컴퓨터 자원에 지장을 주어 손해를 끼치려고 공격할 수도 있다. 악의적인 공격자는 위험에 노출된 쉬운 먹이를 찾아 숨어 있지만, 프로그램에서 우연히 잘못된 청중에게 정보를 내보내 보안 취약점이 생길 수도 있다. 운이 좋은 사용자가 그 정보를 악용해 해를 가한다.

> **핵심개념 ★** 소유하고 있는 중요한 자산을 파악하자. 특별히 민감한 정보나 공격자가 원할 만한 특정 능력이 있는가? 보호하자.

피해를 주는 공격 유형을 이해하려면 전체 컴퓨터 시스템(컴퓨터 몇 대와 네트워크, 여러 협업 애플리케이션으로 구성)을 보호하는 일과 안전한 프로그램 하나를 작성하는 일을 구분해야 한다. 둘 다 컴퓨터 보안에 있어 중요한 측면이고 필수적이라 경계가 모호하다. 후자가 전자의 일부다. 안전하지 않은 프로그램 딱 하나가 전체 컴퓨터 시스템(이나 네트워크)를 불안정하게 만든다.

다음은 일반적인 보안 위험과 실행 중인 실시간 컴퓨터 시스템을 위태롭게 하는 요인이다.

- 도둑이 노트북이나 PDA를 가져가 보호되지 않은 민감한 데이터를 읽는다. 훔친 장비로 회사의 모든 방어망을 그대로 통과하는 간단한 루트를 만들어 사설망에 자동으로 접속하게 설정한다. 아주 심각한 보안 위협이자 코드에서 보호하기 어려운 경우다! 컴퓨터 도둑이 즉시 접근하기 어려운 시스템을 작성하는 수밖에 없다.
- 결함이 있는 입력 루틴을 악용해 여러 형태의 위협이 이뤄지고, 심지어 전체 장비로의 접근 권한을 얻은 공격자가 나타난다(302쪽 "버퍼 오버런"에서 알아보겠다).

안전하지 않은 공개 네트워크 인터페이스를 통한 침입이 특히 위험하다. GUI 인터페이스의 취약점은 실제 그 UI를 사용하는 사람만 악용할 수 있는 반면 공개 네트워크에서 안전하지 않은 시스템이 실행되면 전체 세계가 무너질지도 모른다.

- 제한된 접근 권한을 가진 사용자가 더 높은 보안 수준을 얻기 위해 시스템을 속여 권한 상승(privilege escalation)이 일어난다. 공격자는 진짜 사용자일 수도, 그냥 시스템에 침입한 누군가일 수도 있다. 공격자의 궁극적인 목표는 장비를 완전히 제어할 수 있는 루트(root)나 관리자(administrator) 권한을 얻는 것이다.

- 메시지가 암호화되지 않은 채 안전하지 않은 매개체(가령 인터넷)를 오가면 마치 전화 도청처럼 도중에 어떤 컴퓨터에서든 데이터를 뽑아내 읽을 수 있다. 하나의 변형이 중간자 공격(man-in-the-middle attack)이다. 공격자의 장비는 수신자처럼 위장해 양 전송자 사이에서 데이터를 염탐한다.

- 어떤 시스템에든 신뢰할 수 있는 소수의 사용자가 있다. 권한을 가진 사용자가 악의적으로 건드려서는 안 될 데이터를 복사하고 공유해 사정없이 파괴하거나 잘못된 데이터를 집어넣어 컴퓨터 시스템의 품질을 저해한다.

  막아내기 어려운 문제다. 모든 사용자가 자신에게 지정된 시스템 접근 수준에 따라 책임감있게 행동한다고 신뢰할 수 있어야 한다. 신뢰할 수 없는 사용자를 신뢰할 수 있게 고치는 프로그램은 만들 수 없다. 보안이 단순히 코드 작성 말고도 관리와 정책을 수반하는 것임을 잘 보여준다.

- 부주의한 사용자(혹은 부주의한 관리자)가 쓸데없이 시스템을 열어 두어 취약하게 만들 수 있다. 예를 들어 보겠다.

  - 로그오프를 깜빡한다. 세션 제한시간이 없으면 누군가 프로그램을 다시 시작할 수 있다.

  - 하나가 동작할 때까지 계속해서 로그인을 시도하는 사전 기반 암호 해독(dictionary-based password cracking) 도구를 사용하는 공격자가 많다. 사용자는 기억하고 추측하기 쉬운 암호를 고른다. 약하고 추측하기 쉬운 암호를 허용하는 시스템은 취약하다. 보다 안전한 시스템은 로그인에 몇 번 실패하면 사용자 계정을 중지시킨다.

  - 사람이나 사무실 물건, 심지어 버려지는 쓰레기에서 중요한 정보를 얻어내는 기술인 사회공학(social engineering)이 컴퓨터 시스템에 파고드는 기술보다 일반적으로 훨씬 쉽다(게다가 주로 더 빠르다). 사람은 컴퓨터보다 속이기 쉽고 공격자 역시 이 사실을 알고 있다.

  - 구식 소프트웨어를 설치하면 여러 위험이 뒤따른다. 많은 판매 회사가 보안 경고(또는 고시)와 소프트웨어 패치를 발행한다. 관리자는 최신 기술에 뒤떨어져 시스템을 공격받게 놔두기 쉽다.

- 엄격하게 권한을 부여하지 않으면, 가령 보통의 사용자가 모두의 월급 명세를 읽듯이 사용자가 시스템의 민감한 부분에 접근할 수 있다. 해결책은 데이터베이스 파일에 올바른 접근 허가를 내주는 것만큼이나 기초적이다.

- 바이러스 공격(흔히 이메일 첨부로 확산되는 악의적인 자기 복제(self-replicating) 프로그램), 트로이안(겉보기에는 평화로운 소프트웨어 속에 숨겨진 악의적인 프로그램), 스파이웨어(웹 페이지 방문 기록 등 사용자를 몰래 감시하는 트로이 목마의 한 형태)가 장비를 감염시키고 온갖 아수라장이 펼쳐진다. 예를 들어 키 자동 기록기(keystroke logger)로 가장 복잡한 암호까지 수집할 수 있다.

- "깨끗하게"(암호화하지 않고) 데이터를 저장하는 것, 그것도 심지어 메모리에 저장하는 것은 위험하다. 메모리는 많은 프로그래머의 생각처럼 안전하지 않아서 바이러스나 트로이안이 컴퓨터 메모리를 훑어 흥미로운 여러 정보 조각을 빼가고 이를 공격자가 악용할 수 있다.

시스템에 진입할 방법이 많아질수록 위험도는 높아진다. 입력 방식이 늘고(웹 접근이나 명령 줄, GUI), 개별적인 입력이 늘고(서로 다른 창, 프롬프트, 웹 양식, XML 피드), 사용자가 늘수록(암호를 발견할 누군가가 생길 가능성이 높다) 위험하다. 출력이 늘수록 표시 코드에 버그가 드러나고 잘못된 정보가 새어 나갈 가능성도 크다.

> **핵심개념 ★** 컴퓨터 시스템이 복잡할수록 보안 취약점을 내재할 가능성도 커진다. 따라서 최대한 단순하게 소프트웨어를 작성하자!

12.2 적

누군가 시간과 노력을 들여 애플리케이션을 해킹하려 하다니 잘 믿기지 않는다. 하지만 분명히 존재한다. 그들은 재능이 있고 의욕적이고 인내심이 아주 뛰어나다. 안전한 소프트웨어를 작성하기 위한 전쟁을 치르려면 적이 누구인지 알아야 한다. 적이 정확히 무엇을 하고, 어떻게 하고, 어떤 도구를 쓰고 목적이 무엇인지 파악해야 한다. 그래야 대응할 전략을 짤 수 있다.

> **보안 지식**
>
> ___
>
> 다음은 보안 문제를 이해하는 데 필요한 용어들이다.
>
> **결함**
> 보안 결함(security flaw)은 애플리케이션에서 의도하지 않았던 문제다. 프로그램 결함이다(192쪽 "용어 정의" 참고). 모든 결함이 보안 문제는 아니다.
>
> **취약점**
> 결함으로 인해 프로그램이 안전하지 않을 수 있을 때 취약점이 생긴다.
>
> **익스플로잇**
> 의도하지 않은, 게다가 안전하지도 않은 동작을 하게 만드는 프로그램 취약점을 부당하게 이용하는 자동화된 도구(혹은 수동적인 방법)다. 취약점이 전부 다 발견되고 악용(exploit)되는 것은 아니다(이를 행운이라 부른다).

누가

공격자는 평범한 사기꾼이나 재능 있는 크래커, 아마추어 크래커(script kiddie)(자동 해킹 스크립트를 돌리는 크래커를 폄하하는 명칭, 약간의 기술만으로 잘 알려진 취약점을 악용한다), 회사를 속이는 정직하지 못한 직원, 부당 해고에 복수하려는 불만을 품은 퇴직자일 수 있다.

크래커는 박식하다. 크래커만의 하위문화가 있어 지식을 넘겨주고 사용하기 쉬운 해킹 도구를 나눠 준다. 이러한 문화를 모르면 무고하고 순수하다는 뜻이 아니라 그저 착해 빠져서 가장 단순한 공격에도 쉽게 당한다는 뜻이다.

어디서

어디든 뻗어 있는 네트워크 덕분에 공격자는 어디에나 어느 대륙에든 어떤 종류의 컴퓨터든 사용해 존재한다. 공격자 대부분은 흔적을 감추는 데 아주 뛰어나서 인터넷으로 작업하면 몹시 찾기 어렵다. 주로 더 대담한 공격을 위해 사용하기 쉬운 장비를 위장용으로 해킹한다.

언제

언제든 밤낮을 가리지 않고 공격할 수 있다. 한쪽이 낮이면 대륙 너머 나머지 한쪽은 밤이다. 업무 시간 외에도 24시간 내내 안전한 프로그램을 실행해야 한다.

왜

잠재적인 공격자가 이렇게나 많으니 공격의 동기도 다양하다. 악의를 품고(정치 운동가가 회사를 망치려 하거나 도둑이 은행 계좌에 접근하려고) 혹은 재미로(장난꾸러기 학생이 웹사이트에 웃기는 배너를 달려고) 할 수 있다. 호기심으로(해커가 네트워크 인프라가 어떤 모양인지 알고 싶거나 본인의 해킹 실력을 시험하려고) 혹은 우발적으로(사용자가 봐서는 안 되는 데이터를 우연히 보고 유리하게 사용하는 법을 알아내려고) 할 수도 있다.

네트워크 세계에서는 마주치기 전까지 실제 누가 적인지 잘 모른다. 마주친다 해도 얼룩진 디지털 잔해에서 법의학 기술로 알아낼 수 있는 것이 없어 모를 수 있다. 하지만 여느 훌륭한 보이스카우트처럼 대비하자. 취약점을 못 본 체하고 누구도 시스템을 공격하는 데 흥미가 없으리라 가정하지 말자. 틀림없이 누군가 있다.

> **핵심개념 ★** 취약점을 무시하고 천하무적인 척 굴지 말자. 무조건 누군가 어딘가에서 코드를 악용하려 하고 있다.

크래커 대 해커

두 용어는 종종 혼동되고 적절하지 못하게 쓰인다. 올바른 정의는 다음과 같다.

크래커(cracker)

허가받지 않은 접근을 얻기 위해 컴퓨터 시스템의 취약점을 고의로 악용하는 사람

해커(hacker)

종종 크래커를 뜻하는 용어로 부정확하게 쓰이는데 해커는 정말 코드를 마음대로 주무르는, 코드를 작업하는 사람이다. 1970년대 괴짜 프로그래머 부류에서 자부심을 가지고 썼던 용어다.

화이트햇(white-hat)

화이트햇 해커는 일어날 결과를 고려하고 크래커의 활동과 비윤리적 컴퓨터 사용을 경멸한다. 자신의 작업이 사회의 이익을 위한 것이라 믿는다.

블랙햇(black-hat)

컴퓨터 시스템 어뷰징을 즐기는 어둠의 편에 서 있는 프로그래머다. 옳지 못한 방법으로 시스템을 사용하는 데 적극적인 크래커다. 다른 이의 재산이나 사생활을 존중하지 않는다.

12.3 변명을 해보자면

공격자는 어떻게 그렇게 자주 코드에 침입할 수 있는 것일까? 우리에게 없거나 (아직 배우지 못해) 전혀 모르는 무기를 갖추고 있어서다. 도구, 지식, 기술, 전부 공격자에게 유리하다. 하지만 차이를 가장 크게 벌리는 한 가지 핵심 이점은 바로 시간이다. 소프트웨어 공장의 열기 속에서 프로그래머는 인간이 해낼 수 있는 가장 많은(아마도 그것보다 조금 더 많은) 코드를, 그것도 제시간에 만들라고 강요받는다. 이 코드는 요구사항(기능, 유용성, 가독성 등)을 모두 충족시켜야 하니 보안 같은 "주변적인" 문제에 주력할 시간이 거의 없다. 이러한 부담이 없는 공격자는 시스템의 복잡성을 배울 시간이 충분하고 다양한 각도로 공격하라고 배운다.

게임은 그들에게 유리하다. 소프트웨어 개발자는 시스템의 가능한 모든 지점을 방어해야 하는데 공격자는 가장 약한 부분을 골라 집중 공격한다. 개발자는 알려진 악용(exploit)만 방어하는데 공격자는 시간을 가지고 알려지지 않은 취약점을 얼마든지 찾아낸다. 개발자는 끊임없이 공격을 살펴야 하는데 공격자는 제멋대로 공격한다. 개발자는 나머지 세상과 매끄럽게 동작하는 훌륭하고 깨끗한 소프트웨어를 작성해야 하는데 공격자는 아주 비열하게 공격해온다.

소프트웨어 보안은 가련하고 혹사 당한 프로그래머에게 추가적이면서도 중요한 문제와 도전 과제를 끝없이 제시한다. 무슨 뜻일까? 그저 더 잘해야 한다는 뜻이다. 정보를 더 얻고 무기를 더 갖추고 적을 더 잘 알고 코드 작성법을 더 알아야 한다. 처음부터 보안을 염두해 디자인하고 개발 절차와 계획에 포함시켜야 한다.

12.4 취약한 부분

이 골치 아픈 상황에서 프로그래머는 안전한 코드를 작성할 책임이 있으니 소프트웨어의 약점을 조사해 어디에 노력을 집중할지 알아내자. 공격자가 파고들 구체적인 코드 취약점 유형을 알아보겠다.

12.4.1 안전하지 않은 디자인과 아키텍처

가장 본질적인 결함이자 그래서 가장 고치기 어려운 결함이다. 아키텍처 단에서 보안을 고려하지 않으면 여기저기서 보안 실수가 튀어나온다. 암호화되지 않은 데이터를 공개 네트워크로 전송하고 이를 접근하기 쉬운 매개체에 저장하고 알려진 보안 결함이 있는 소프트웨어 서비스를 실행한다.

개발을 시작하자마자 보안을 떠올려야 한다. 모든 시스템 컴포넌트의 보안 허점을 알아야 한다. 컴퓨터 시스템은 가장 안전하지 않은 부분만큼만 안전하고, 이 부분이 스스로 작성한 코드가 아닐 수도 있다. 예를 들어 자바 프로그램은 그 프로그램을 실행하는 JVM보다 안전할 수 없다.

12.4.2 버퍼 오버런

대다수 애플리케이션은 오픈 네트워크 포트로 수신하거나 웹 브라우저 또는 GUI 인터페이스에서 들어오는 입력을 처리하는 등 공개적으로 접근 가능하다. 이러한 입력 루틴이 보안에서 실패하는 주된 지점이다.

C 코드 프로그램은 표준 라이브러리 함수인 sscanf를 사용해 입력을 파싱하는 경우가 많다. C 표준 라이브러리에 속하고 C 코드에 자주 등장하면서 뻔뻔스럽게도 sscanf는 안전

하지 않은 코드를 작성하는 미묘한 방식을 제공한다.*

코드로 살펴보자.**

```c
void parse_user_input(const char *input)
{
    /* 먼저 입력 문자열을 파싱한다 */
    int my_number;
    char my_string[100];
    sscanf(input, "%d %s", &my_number, my_string);
    ... 이제 사용하자 ...
}
```

눈에 띄는 문제가 보이는가? 문법에 맞지 않은 input 문자열(100자를 넘는 문자열)은 my_string 버퍼를 오버런하고 임의의 데이터로 유효하지 않은 메모리 주소를 더럽힌다.

어떤 메모리를 망가뜨렸냐에 따라 결과는 달라진다. 어떤 때는 아주 아주 운이 좋아서 아무 영향 없이 프로그램이 진행된다.*** 어떤 때는 프로그램은 진행되지만 미묘하게 다르게 동작하는데, 발견하기 어렵고 디버깅하기 헷갈린다. 어떤 때는 프로그램이 비정상 종료되면서 다른 필수 시스템 컴포넌트까지 함께 다운시키기도 한다. 하지만 최악은 나눠진 데이터가 CPU 실행 경로 어딘가에 쓰이는 경우다. 생각보다 흔히 발생하고 이렇게 되면 공격자가 잠재적으로 완벽한 접근 권한을 얻어 해당 장비에서 임의의 코드를 실행할 수 있다.

앞 예제처럼 오버런은 버퍼가 스택에 있을 때 가장 악용하기 쉽다. 스택에 저장된 함수 호출 반환 주소를 겹쳐 써서 CPU 동작을 명령하는 식이다. 하지만 힙 기반 버퍼라도 버퍼 오버런을 악용할 수 있다.

12.4.3 임베디드 쿼리 문자열

프로그램을 다운시키거나 임의의 코드를 실행하거나 권한이 없는 데이터를 노릴 때 사용하는 공격 유형이다. 버퍼 오버런과 비슷하게 입력 파싱 실패가 일어나야 하지만 버퍼 경계를 무너뜨리는 대신 프로그램이 정제되지 않은 입력에 취할 동작을 악용한다.

C 프로그램에서 발생하는 고전적인 예가 형식 문자열 공격(format string attack)이다. 범

---

* C로 만든 예제이고 C 코드에서 흔하지만 이러한 익스플로잇이 결코 C에만 국한되는 이야기는 아니다.

** 역주 Visual Studio에서는 sscanf 대신에 sscanf_s를 사용해야 한다.

*** 달리 생각하면 아주 불운하다. 테스트할 때 결함을 알아채지 못했다. 이 결함은 프로덕션 코드에 들어가 크래커가 악용하기만을 기다린다.

인은 주로 아래처럼 쓰이는 printf 함수(와 그 변형)다.

```
void parse_user_input(const char *input)
{
    printf(input);
}
```

악의적인 사용자는 입력 문자열에 (%s나 %x 같은) printf 형식 토큰(format token)을 넣어 정확히 어떤 형태로 printf를 호출했느냐에 따라 프로그램이 스택이나 심지어 메모리 속에 있는 데이터를 출력하게 만든다. 공격자는 비슷한 책략으로 (%n 형식 토큰을 악용해) 메모리 위치에 임의의 데이터를 작성하기도 한다.

해결책은 찾기 어렵지 않다. printf("%s", input)으로 작성하면 input이 형식 문자열로 해석되지 않으니 문제가 생기지 않는다.

임베디드 쿼리가 악의적으로 프로그램을 악용하는 상황은 이 밖에도 많다. 공격자는 데이터베이스 애플리케이션에 슬그머니 SQL 문을 넣어 임의의 데이터베이스 룩업을 수행한다.

보안이 허술한 웹 기반 애플리케이션에서는 교차 사이트 스크립팅(cross-site scripting) 익스플로잇이라는 변형도 보인다. 공격자의 입력에서 시작해 웹 애플리케이션을 거쳐 최종적으로 희생자의 브라우저에 드러나는 식으로 공격이 시스템 전반에 걸쳐 이뤄지므로 이러한 이름이 붙었다. 웹 기반 메시징 시스템에서는 페이지를 보는 모든 브라우저가 공격자의 가짜 주석을 렌더링한다. 메시지에 자바스크립트 코드가 숨겨져 있으면 브라우저는 사용자 모르게 그 코드를 실행한다.

12.4.4 경합 조건

미묘한 이벤트 순서대로 움직이는 시스템을 악용해 의도하지 않은 동작을 일으키거나 코드를 다운시킬 수 있다. 복잡한 스레딩 모델을 따르거나 여러 협업 프로세스로 구성된 시스템에서 흔히 일어난다.

스레드 프로그램은 두 워커 스레드 간 메모리 풀을 공유할 수 있다. 적절히 보호하지 않으면 작성자 스레드가 내보일 생각이 없었던 기밀 트랜잭션의 일부나 다른 사용자의 정보 같은 버퍼 내 정보를 다른 스레드가 읽을 수 있다.

스레드 애플리케이션에서만 생기는 문제가 아니다. 아래 유닉스 C 코드 조각을 보자. 코드는 출력을 파일로 덤프한 후 파일 권한을 변경한다.

```
fd = open("filename");            /* 새 파일을 생성한다 */
/* A지점 (설명 참고) */
write(fd, some_data, data_size);  /* 데이터를 쓴다 */
close(fd);                        /* 파일을 닫는다 */
chmod("filename", 0777);          /* 특수한 권한을 부여한다 */
```

공격자가 악용할 경합이 보인다. A지점에서 파일을 제거하고 공격자 파일로 링크를 교체하면 공격자는 특별한 권한을 가진 파일을 얻는다. 이 파일로 시스템을 더 악용할지도 모른다.

12.4.5 정수 오버플로

수학 구조체를 주의 깊게 사용하지 않으면 비정상적인 방식으로 프로그램이 제어를 잃는다. 변수 타입이 산술 연산의 결과를 표현하기에 너무 작으면 정수 오버플로가 발생한다. 비부호 8비트 데이터 타입(uint8_t)은 아래 C 연산을 틀리게 만든다.

```
uint8_t a = 254 + 2;
```

8비트로는 255까지만 셀 수 있으니 a는 예상을 벗어나 256 대신 0이 된다. 공격자는 아주 큰 입력값을 넣어 오버플로를 일으키고 의도하지 않은 프로그램 결과를 이끌어낸다. 자칫 심각한 문제로 이어질 수도 있다. 아래 C 코드는 정수 오버플로로 인해 발생할 힙 오버런(heap overrun)을 보여준다.

```
void parse_user_input(const char* input) {
    uint8_t length = strlen(input) + 11; /* uint8_t이 오버플로되면 */
    char *copy = malloc(length); /* 할당 크기가 너무 작을 수 있다 */
    if (copy)
    {
        sprintf(copy, "Input is: %s", input);
        /* 저런, 버퍼를 오버런할지도... */
    }
}
```

uint8_t을 문자열 길이 변수로 사용할 리 없지만, 데이터 타입이 더 커도 똑같은 문제가 드러난다. 일반적인 연산에서는 잘 일어나지 않지만 그래도(마찬가지로) 악용할 수 있다.

뺄셈 연산(정수 언더플로라 부른다)과 부호화한 타입과 비부호 타입 간 할당, 잘못된 타입 캐스팅, 곱셈이나 나눗셈에서도 같은 문제 유형이 발생한다.

12.5 보호 라켓

안전을 꾀할수록 잃는 것이 늘어난다.

_브라이언 트레이시

앞서 봤듯이 소프트웨어 구성은 건물 짓기와 닮았다(247쪽 "정말 소프트웨어를 짓는가?"와 14장 참고). 문과 창을 걸어 잠그고 경비를 고용하고 보안 메커니즘(도난 경보기, 전자 출입 카드, 신분 배지 등)을 늘리며 집을 보호하듯이 어떻게 프로그램을 안전하게 만드는지 배워야 한다. 하지만 한시도 경계를 늦춰서는 안 된다. 아무리 고급 잠금 장치를 써도 문은 조금 열려 있을 수 있고 도난 경보기를 설정하지 않았을 수도 있다.

소프트웨어 보안 전략은 다양한 수준에 적용된다.

시스템 설치
정밀한 운영 체제 구성, 네트워크 인프라, 실행 중인 애플리케이션의 버전 번호가 보안에 중대한 영향을 미친다.

소프트웨어 시스템 디자인
사용자가 시간제한 없이 계속 로그인 상태로 머물 수 있는지, 하위 시스템 간 어떻게 커뮤니케이션하는지, 어떤 프로토콜을 사용하는지 같은 디자인 이슈를 처리해야 한다.

프로그램 구현
프로그램에 결함이 없어야 한다. 버그가 있는 코드는 보안 취약점을 드러낸다.

시스템 사용 절차
매번 부정확하게 쓰이는 소프트웨어 시스템은 위험에 노출되기 마련이다. 물론 견고한 디자인으로 최대한 막아야겠지만 사용자 역시 문제를 일으키지 말라고 배워야 한다. 자신의 이름과 암호를 PC 옆 종이에 적어두는 사용자가 얼마나 많은가?

안전한 시스템을 만들기란 결코 쉽지 않다. 보안과 기능 간 절충 없이는 불가능하다. 시스템이 더 안전할수록 시스템은 덜 유용하다. 가장 안전한 시스템에는 입력도 출력도 없고, 누군가 공격할 지점이 없다. 그래서 별로 하는 일도 없다. 가장 단순한 시스템에는 인증이 없고 누구나 어디든 자유롭게 접근할 수 있어 보안이 아주 허술하다. 균형을 이뤄야 한다. 애플리케이션 종류와 민감도, 감지된 공격 위험을 고려해야 한다. 이러한 보안 요구사항

(security requirement)을 매우 명확히 해야 적절하게 안전한 코드를 작성할 수 있다.

건물을 보호하는 조치를 취하듯이 다음과 같은 기법으로 악의적인 공격자로부터 소프트웨어를 보호한다.

12.5.1 시스템 설치 기법

애플리케이션이 얼마나 뛰어나든 타깃 시스템이 안전하지 않으면 프로그램은 취약할 수 있다. 아무리 안전한 애플리케이션이라도 특정 운용 환경에서, 즉 특정 운영 체제에서, 특정 하드웨어에서, 네트워크에서, 그리고 특정 사용자 집합을 대상으로 실행된다. 공격자는 실제 코드만큼이나 이 중 하나를 노릴 가능성이 크다.

- 신뢰할 수 없고 잠재적으로 안전하지 않은 프로그램은 컴퓨터 시스템에서 실행하지 말자.

  여기서 의문이 생긴다. 소프트웨어를 어떻게 신뢰할까? (의향이 있다면) 오픈 소스 소프트웨어를 감사해 올바른지 증명한다. 혹은 다수가 쓰면 안전하겠거니 믿으며 모두가 사용하는 소프트웨어를 선택한다(단, 그 소프트웨어에서 취약점이 발견되면 당신을 포함해 많은 사람이 업데이트해야 한다). 혹은 어떤 평판이 의미 있는 지표이기를 바라며 그 평판에 근거해 공급업자를 고른다.

> **핵심개념 ★** 신뢰할 수 있는 소프트웨어만 컴퓨터 시스템에서 실행하자. 신뢰 여부를 결정할 명확한 정책을 두자.

- 방화벽과 스팸, 바이러스 필터 같은 보안 기술을 이용하자. 크래커가 은밀하게 드나들게 놔두지 말자.
- 권한을 가진 악의적인 사용자에 대비하기 위해 모든 연산을 로깅하고 누가 언제 무엇을 했는지 기록하자. 모든 데이터 저장소를 주기적으로 백업해서 가짜 변경으로 인해 훌륭한 작업물이 사라지는 일이 없게 하자.
- 시스템 접근 경로를 최소화하고 각 사용자에게 최소한의 권한 집합만 부여하고 사용자 풀(pool)을 최대한 줄이자.
- 시스템을 올바르게 설정하자. 어떤 운영 체제는 기본적으로 보안이 아주 허술하게, 사실상 크래커가 곧장 들어오게 설정된다. 이러한 시스템을 설정할 때는 완벽하게 보호하는 법을 반드시 익혀야 한다.
- 허니팟(honeypot)을 설치해 공격자가 실제 시스템보다 더 쉽게 발견할 유인 장비로 쓰자. 충분히 그럴싸하면 허니팟에 침입하느라 에너지를 소모하고 주요 장비는 영향을 받지 않을 것이다. 허니팟에 가해진 위협을 알아채 공격자가 소중한 데이터에 가까이 접근하기 전에 공격자를 멀리 쫓아 내자.

12.5.2 소프트웨어 디자인 기법

보안 이야기에 꼭 등장하는 핵심적인 내용이다. 개발 주기가 끝날 무렵에 코드에 보안을 넣으려 하면 실패한다. 보안은 시스템 아키텍처와 디자인에서 근본적인 요소여야 한다.

보안은 모든 소프트웨어 아키텍처에서 핵심적인 측면이다. 초기 개발 과정에서 얼버무리고 넘어가는 것은 큰 실수다.

가장 단순한 소프트웨어 디자인에는 공격 지점이 가장 적고 따라서 보호하기 가장 쉽다. 더 복잡한 디자인에는 자연스레 구성 요소 간 상호 작용이 늘어나고 따라서 크래커가 공격할 지점이 많아진다. 99.9%의 프로그래머는 사막 한 가운데 비밀 장소에 있는 지하 벙커 속 밀봉된 상자 안에서 프로그램을 실행할 수 없으니 가능한 한 단순하게 디자인할 수 있는 방법을 생각해내야 한다.

코드를 디자인하면서 어뷰징을 적극적으로 막아내는 방법을 떠올리자. 승리 전략을 알아보겠다.

- 입력 개수를 제한해서 디자인하고 모든 커뮤니케이션이 시스템 내 한 지점을 통과하게 하자. 이렇게 하면 공격자가 하나의 (안전한) 병목을 통해서만 코드에 들어올 수 있고 절대 모든 코드를 넘어 다닐 수 없다. 공격자는 격리된 코드에만 영향을 미치기 때문에 보안 수고를 한 곳에 집중할 수 있다.*
- 최대한 권한을 제한해 프로그램을 실행하자. 꼭 필요할 때만 시스템 슈퍼 사용자로서 프로그램을 실행하고 평상시보다 더욱 세심하게 신경 쓰자. 특히 setuid를 실행하는 유닉스 프로그램을 각별히 신경 써야 하는데, setuid는 어떤 사용자든 실행할 수 있지만, 일단 실행하면 특수한 시스템 권한을 부여받기 때문이다.
- 정말 필요하지 않은 기능은 모두 빼자. 개발 시간이 감소할 뿐 아니라 버그가 나타날 소프트웨어가 사라지니 버그가 프로그램에 침입할 여지도 줄어든다. 코드가 단순할수록 더 안전할 가능성이 크다.
- 안전하지 않은 라이브러리는 사용하지 말자. 안전하지 않은 라이브러리란 안전하게 만드는 법을 모르는 라이브러리를 전부 아우른다. 예를 들어 GUI 라이브러리는 대부분 보안을 염두해서 디자인하지 않으니 슈퍼 사용자로서 실행하는 프로그램에서는 사용하지 말자.

프로그램 디자인 시 잘 알려지고 안전한 외부 컴포넌트만 사용하자.

- 실행 환경에서 보안 문제를 어떻게 처리하느냐에 따라 코드를 조정하자. 가령 닷넷 런타임이 제공하는 코드 접근 보안(code access security) 인프라는 신뢰할 수 있는 누군가가 서명한 코드 호출임을 보장한다. 잠재적인 문제가 모두 사라지지는 않고(기업의 개인 키(private key)는 언제든 분실될 수 있다) 올바르게 사용하는 법도 배워야 하지만 실제 보안 문제를 처리하는 데 유용하다.
- 민감한 데이터를 저장하지 말자. 해야 한다면 엿보는 누군가가 읽을 수 없도록 암호화하자. 기밀을 다룰 때는 보관 장소에 주의를 기울이자. 민감한 정보가 들어 있는 메모리 페이지를 잠그지 않으면 운영 체제 가상 메모리 매니저가 하드 디스크에 스왑하는 동안 공격자가 읽을 수 있다.
- 사용자에게 기밀을 얻을 때 주의하자. 암호를 보이게 표시하지 말자.

---

* 물론 그렇게 간단할 리 없다. 버퍼 오버런은 코드 어디서든 발생할 수 있고 늘 긴장을 늦춰서는 안 된다. 하지만 대부분의 보안 취약점은 프로그램 입력 지점 혹은 그 주변에서 발생한다.

은닉을 통한 보안(security through obscurity)이라는 전략이 가장 평범하면서도 실제로 가장 많이 쓰인다. 모든 소프트웨어 디자인과 구현을 단순히 벽 뒤로 숨김으로써 누구도 코드 동작 방식을 알아내 어뷰징할 방법을 찾지 못하게 한다. 은닉이란 어떤 공격자도 찾지 못하기를 바라며 주요 컴퓨터 시스템을 감춘다는 뜻이다.

이 계획에는 결함이 있다. 시스템은 언젠가 반드시 발견되고 공격당한다.

이 전략은 의식하지 못한 채 쓰이기도 하고, 시스템 디자인에서 깜빡하고 보안을 전혀 고려하지 못했다면 아주 유리하게 작용한다. 단 누군가 실제로 시스템을 위험에 빠뜨릴 때까지만 유용하다. 그다음은 완전히 다른 문제다.

> **핵심개념 ★**   소프트웨어가 공격당할 것이라 가정하고 이 점을 고려해 모든 부분을 디자인하자.

12.5.3 코드 구현 기법

방탄(bulletproof) 시스템 디자인을 갖추면 소프트웨어는 고장 나지 않을까? 슬프게도 아니다. 코드 속 결함을 발판 삼아 보안 익스플로잇이 어떻게 혼란을 일으키는지 이미 알아봤다.

코드는 공격자가 침입을 시도하는 가장 일반적인 경로이자 전쟁이 치뤄지는 최전선이다. 아무리 뛰어난 코드라도 훌륭한 시스템 디자인 없이는 공격에 취약할 수 있으나 아키텍처 기반을 탄탄하게 다졌다면 이제 안전한 코드로 강력한 방어벽을 쌓아야 한다. 올바른 코드가 꼭 안전한 코드는 아니다.

- 방어적 프로그래밍은 견고한 코드를 만드는 주요 기법이다. 무엇도 가정하지 않은 채 안전한 프로그래밍이란 정확히 무엇인지를 중점적으로 다룬다. 편집증을 미덕으로 여기고 사용자가 프로그램을 예상대로 혹은 의도한 대로 이용할 것이라 가정하지 않는다.

  "모든 입력을 검사하라"(사용자 입력, 구동 명령, 환경 변수 등)와 "모든 연산을 검증하라" 같은 간단한 방어 규칙으로 셀 수 없이 많은 보안 취약점이 코드에서 사라진다.
- 보안 감사(security audit)를 수행하자. 보안 감사란 보안 전문가가 수행하는 세심한 소스 코드 리뷰다. 보안 결함은 평범한 테스트가 아니라 보통의 테스터가 일반적으로 떠올리지 못하는 특이한 사용 조합에서 발견된다(가령 버퍼 오버런을 일으키는 아주 긴 입력 시퀀스).
- 자식 프로세스는 아주 신중하게 복제(spawn)하자. 공격자가 하위 태스크를 전달해 임의의 기능을 제어할 수 있다. C의 system 함수는 최대한 사용을 미루자.
- 철저하게 테스트하고 디버깅하자. 최대한 엄격하게 버그를 밀어내자. 충돌 위험이 있는 코드는 실행 중인 시스템을 바로 중지시킬 수 있으니 작성하지 말자.

- 공격자가 경합 조건을 유리하게 악용하지 못하도록 모든 연산을 원자적 트랜잭션(atomic transaction)으로 감싸자. 304쪽 "경합 조건"에 나오는 chmod 예제에서 파일명으로 파일을 chmod하는 대신 파일 열기 핸들에 fchmod를 사용하면 된다. 공격자가 파일을 대체하더라도 정확히 어떤 파일을 변경하고 있는지 아니 문제가 되지 않는다.

12.5.4 절차적 기법

이 기법으로 너무 서툴지 않은 사용자를 선별할 수도 있지만(그런 호사를 누릴 수 있다면) 주로 훈련과 교육에 쓰인다.

사용자는 아무에게도 암호를 말하지 말고 중요한 PC에는 아무 소프트웨어나 설치하지 않으며 시스템을 규정된 대로만 사용하는 등 안전한 동작 사례를 배워야 한다. 하지만 아무리 성실한 사람도 실수를 저지른다. 실수를 최대한 줄일 수 있게 디자인하고 그 결과가 너무 가혹하지 않기를 바라자.

12.6 요약

안전은 죽음과 비슷하다.

_테네시 윌리엄스

프로그래밍은 전쟁이다.

보안은 현대 소프트웨어 개발의 근본적인 이슈로서 회피하고 외면할 수 없다. 현실도피주의자는 형편없는 코드를 작성할 뿐이다. 더 뛰어난 디자인과 더 훌륭한 시스템 아키텍처, 더 깊은 문제 인식으로 대부분의 보안 위험을 방지할 수 있다. 위험의 심각성을 고려할 때 시스템을 안전하게 만들어야 할 이유는 충분하다.

현명한 프로그래머

- 작업 중인 각 프로젝트의 보안 요구사항을 이해한다.
- 저도 모르게 일반적인 보안 취약점을 방지하는 코드를 작성한다.
- 보안을 염두해 각 시스템을 디자인하고 나중에 가서 끼워 넣지 않는다.
- 보안 테스트 전략을 구축한다.

형편없는 프로그래머

- 중요하지 않은 문제라며 보안을 무시한다.
- 자신을 보안 전문가로 여긴다(실제로 보안 전문가는 아주 소수다).
- 취약점을 발견해야, 더 나아가 코드에 위협을 가해야 프로그램의 보안 결함을 고려한다.
- 디자인과 아키텍처 단에서는 보안을 무시하다가 코드를 작성하면서 관심을 가진다.

12.7 참고

1장: 방어 태세

방어적 프로그래밍은 안전한 코드를 작성하는 주된 기법이다.

8장: 테스트할 시간

소프트웨어의 보안 이슈를 철저히 테스트해야 한다.

13장: 훌륭한 디자인

보안 디자인은 코드 영역 디자인만큼 중요하다.

14장: 소프트웨어 아키텍처

보안은 컴퓨터 시스템 아키텍처의 근본적인 이슈 중 하나다. 시작하면서 디자인해야 한다.

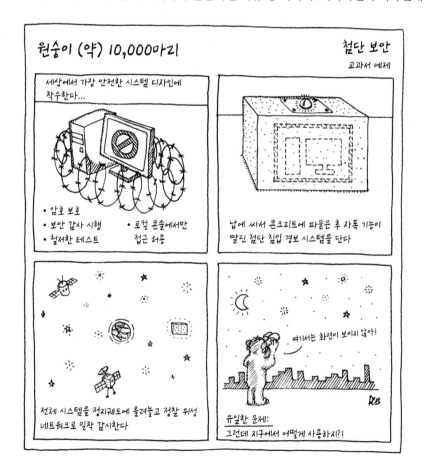

12.8 생각해 보기

다음 질문에 대한 자세한 설명은 614쪽 "정답과 설명"에 나와 있다.

12.8.1 궁리하기

1 "안전한" 프로그램이란 무엇일까?.

2 안전한 프로그램에서는 어떤 입력을 검증해야 할까? 어떤 종류의 검증이 필요할까?

3 신뢰할 수 있는 사용자 풀로부터 공격이 발생하면 어떻게 보호해야 할까?

4 악용할만한 버퍼 오버런은 어디에서 발생할까? 특히 어떤 함수에서 버퍼 오버런이 발생하기 쉬운가?

5 버퍼 오버런을 완벽하게 방지할 수 있을까?

6 애플리케이션에 쓰이는 메모리는 어떻게 보호할까?

7 C와 C++는 다른 언어보다 근본적으로 덜 안전할까?

8 C로 쌓은 경험 덕분에 C++는 더 낫고 더 안전하게 디자인된 언어가 되었는가?

9 프로그램이 언제 위험에 처하는지 어떻게 알까?

12.8.2 스스로 살피기

1 현재 프로젝트의 보안 요구사항은 무엇인가? 이러한 요구사항은 어떻게 수립했는가? 요구사항을 누가 알고 있는가? 어디에 문서화했는가?

2 출시했던 애플리케이션 중 최악의 보안 버그는 무엇인가?

3 애플리케이션에 보안 공고를 얼마나 게시했는가?

4 보안 감사를 시행해 본 적 있는가? 어떤 종류의 결함이 드러났는가?

5 어떤 부류가 현재 시스템을 공격할 가능성이 가장 높은가? 아래 요소로부터 어떤 영향을 받는가?

- 회사
- 사용자 유형
- 제품 유형
- 제품 인지도
- 경쟁 상대
- 실행할 플랫폼
- 시스템의 유대감과 대중적 인지도

3부

코드 형태

훌륭한 와인과 달리 코드는 묵힌다고 나아지지 않는다. 개가 쌓아 놓은 것 같은 작은 더미로 쌓아 올리기 시작하면 코끼리가 쌓아 놓은 것 같은 거대한 더미로 끝날 수밖에 없다.

공공연하게 소프트웨어 공장은 끊임없이 코끼리 같이 거대한 코드 더미를 만들어 내고는 그 피해를 고스란히 받고 있다. 제품은 향후 요구 사항을 따라갈 만한 적응력이 떨어지고 확장이 불가능하며 유연하지 못한 데다 심지어 개발하기도 어렵다. 결국 기한과 예산에 맞춰 출시하지 못한다. 프로그래머로서 자존심 상하는 일일 뿐 아니라 관리자의 금전적 손해도 막심하다.

어떻게 해야 할까? 한 가지 방법은 애초에 코드 개발 자체를 시작하지 않는 것인데 현실적으로 불가능하다. 남은 방법은 전체 시스템 구조 관점에서 코드를 개발하는 것이다. 좋은 코드는 어쩌다 만들어지지 않는다. 사전 계획과 디자인에 역점을 두고 신중히 개발한 제품이다. 또한 개발 중에 마주칠 불가피한 문제와 변경에 대처할 수 있을 만한 기민한 개발 방식을 따른 제품이다.

각 장은 다음과 같은 주제를 다룬다.

13장 | 훌륭한 디자인

코드 미시적(micro) 디자인: 개별 코드 모듈을 위한 저수준의 구성 팁

14장 | 소프트웨어 아키텍처

소프트웨어 개발의 첫 구성 단계인 더 큰 규모의 시스템 디자인

15장 | 소프트웨어 진화 혹은 소프트웨어 혁명?

시간이 지남에 따라 어떻게 소프트웨어가 성장하고 확장하는지 살펴보며 새 작업물을 기존 코드 기반에 접목하는 실용적인 조언도 덧붙인다.

이는 하면 좋고 안 해도 그만인 선택 사항이 아니다. 개발의 필수 단계이고, 따라서 고품질 소프트웨어 생산에 있어 대단히 중요하다. 위험을 무릅쓰고 무시하지 말자.

13장

훌륭한 디자인

훌륭한 소프트웨어 디자인 만들기

여럿이 힘을 모아 말을 만들었더니 낙타가 되더라.

_알렉 이시고니스 경

13장에서 다룰 내용

- 코드 내부 디자인
- 무엇을 왜 디자인하는가?
- 훌륭한 디자인은 어떤 형태인가?
- 디자인 도구와 방법론

한숨만 나오는 코드가 있다.

임베디드 제품의 장치 드라이버를 직접 작성해야 했던 적이 있다. 운영 체제와의 드라이버 인터페이스가 꽤 복잡했다. 사용 중인 하드웨어와의 인터페이스 역시 만만치 않았다. 정신을 부여 잡기 위해 코드를 두 부분으로 나눴다. 먼저 하드웨어에 접근해 데이터 버퍼링을 수행하고 간단한 API로 버퍼링된 데이터에 접근하는 내부 라이브러리를 작성했다. 이어 별도의 계층을 두어 내부 라이브러리에 비해 아주 세심한 주의를 요하는 운영 체제 드라이버 인터페이스를 구현했다. 장치 드라이버의 구조는 그림 13-1과 같았다.

시간이 흘러 하드웨어 제조업자가 해당 장치 드라이버의 구현 샘플을 보냈다. 아무 생각 없이 작성한 코드가 틀림없었다. 복잡한 운영 체제 인터페이스와 하드웨어 로직을 전혀 이해할 수 없는 방식으로 촘촘히 섞어 놓은 무질서한 난장판이었다. 대략적인 구조는 그림 13-2와 같다.

▼ **그림 13-1** 피트의 멀쩡한 소프트웨어 디자인

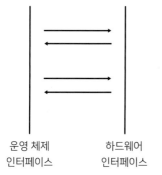

운영 체제　　　　하드웨어
인터페이스　　　　인터페이스

▼ **그림 13-2** 소프트웨어를 디자인하지 않는 방법

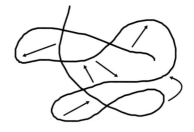

자화자찬이 아니다(물론 그럴 필요도 없지만). 이러한 예시를 든 이유는 간단하다. 첫 번째 디자인이 더 낫다. 단순해서 이해하기 쉽고 구현하기도 쉽고 결과적으로 유지 보수가 쉽다.

C.A.R. 호어는 "소프트웨어 디자인을 구성하는 방식은 두 가지다. 하나는 당연히 어떤 결점도 없도록 아주 단순하게 구성하는 것이고, 나머지는 당연한 결점이 없도록 아주 복잡하게 구성하는 것이다. 첫 번째 방법이 훨씬 어렵다."라고 말했다.[호어 81]

코드의 디자인 품질은 숙련된 프로그래머라는 표식 중 하나다. 13장에서는 무엇이 훌륭한 디자인을 이루는지 살펴보고 고품질 소프트웨어 디자인을 만드는 방법을 알아보겠다.

13.1 프로그래밍이 곧 디자인이다

흔히 "디자인"을 코드 작성으로 넘어가기 전에 완전히 끝내야 하는 단계로 여긴다. 이렇게 하면 결과물은 통칭 코드 몽키(code monkey)도 충분히 구현할 수 있는 디자인 명세(design specification) 형태다.

진실은 이와 전혀 다르다. 코드를 작성하는 행위인 프로그래밍이 바로 디자인 활동(design activity)이다.

아무리 상세한 명세라도 빈틈은 있고, 빈틈이 없는 명세는 분명 코드다. 디자인 문서 안에 모든 내용을 세세하게 다 설명할 수는 없다. 프로그래밍은 초기 디자인 결정이 옳은지 입증하고 남아 있는 디자인 작업을 수행하는 행위다. 결함과 모순, 오류를 드러내고 해결 방도를 모색한다. "어떤 프로그래머는 프로그래밍하며 디자인을 한다고 생각하지 않는데 코드를 작성할 때는 항상 명시적으로든 암묵적으로든 디자인을 하고 있는 것이다."[페이지 존스 96]

> **핵심개념★** 프로그래밍은 디자인 활동이다. 기계적인 코드 생성이 아니라 창조적이고 예술적인 행위다.

훌륭한 개발 절차는 이 점을 인식해 적절한 시기에 주저 없이 코드를 작성한다. 익스트림 프로그래밍(extreme programming) 전문가는 디자인이 곧 코드라고 주장한다.[벡 99] 별도의 디자인 활동도, 디자이너 팀도 없다. 코드를 개선하고 확장해서 디자인을 끊임없이 개선하고 확장하는 주체가 프로그래머. 이러한 개념이 반영된 테스트 주도 디자인(test-driven design) 방식은 코드 테스트를 코드보다 먼저 작성해 디자인 입증 도구로 활용한다. 아주 현명한 태도다.

미리 생각하지 않고 코드를 거침없이 써 내려 가도 된다는 의미로 들리는가? 절대 아니다! 텍스트 에디터를 켜 놓고 무엇을 작성할지 계획해서는 안 된다. 루트도 정하지 않은 채 베를린에서 로마까지 드라이브하는 것과 비슷하다. 북쪽이 어딘지도 모르면서 모스크바에 가 있을지도 모른다. 당연히 디자인이 먼저다.

> **핵심개념★** 무작정 입력하지 말고 생각부터 하자, 일관된 디자인을 수립하자. 아니면 무질서한 코드가 나올 수밖에 없다.

13.2 무엇을 디자인할까?

프로그래머는 당연히 코드 구조를 디자인한다. 하지만 개발 절차 단계마다 그 의미가 다르다. 매 단계에서 디자인은 수행할 작업을 여러 구성 요소로 나눠 각각의 동작 방식을 알아내는 과정이다.

소프트웨어 디자인 단계는 다음과 같다.

시스템 아키텍처

시스템을 전반적으로 살펴보고 주요 하위 시스템을 알아내 하위 시스템 간 커뮤니케이션 방식을 고안한다. 아키텍처 디자인은 시스템 전반의 성능과 특징에 가장 큰 영향을 미치며 개개 코드 줄에는 거의 영향이 없다. 가장 주된 디자인 활동으로서 14장에서 따로 다루겠다. 13장에서는 이어지는 디자인 단계들을 아우르는 코드 내부 디자인을 다룬다.

모듈/컴포넌트

아키텍처상의 하위 시스템은 바로 코드로 구현하기에 너무 큰 경우가 많고, 따라서 다음 단계는 각 하위 시스템을 이해하기 쉬운 모듈로 나누는 것이다. 모듈 단 디자인은 대부분 막연하다. 어떤 면에서 "모듈"은 실제로 존재하지 않는다. 디자인 방식에 따라 모듈의 의미가 달라져서 코드의 논리적 덩어리나 자바 패키지 같은 물리적 단위, C++/C# 네임스페이스 혹은 재사용 가능한 라이브러리를 뜻하기도 한다. 클래스 계층 구조나 심지어 독립된 실행 파일일 수도 있다.

모듈 디자인 단계에서는 주로 공개된 인터페이스를 생성한다. 코드 모듈 간, 그리고 코드를 작성하는 프로그래머 팀 간 엄격하게 계약을 맺으므로 나중에 쉽게 바꿀 수 없다.

클래스와 데이터 타입

이어서 모듈을 바이트 크기의 덩어리로 나눈다. 인터페이스 디자인은 형식이 크게 정해져 있지 않아 모듈 뒤에서 쉽게 바뀌는 경향이 있다. 코드를 직접 수정하며 미시적 디자인을 수행하려고 해서다. 이러한 욕구를 떨쳐내야 한다. 문제를 해결하는 최선의 코드가 아닌 머릿속에 가장 먼저 떠오르는 코드로 작성하지 않으려면 말이다.

함수

피라미드 최하단의 디자인 단계라고 가벼이 여기면 안 된다. 프로그램은 루틴으로 구성되므로 루틴을 형편없이 디자인하면 전체 시스템이 악화된다. 정확히 어떤 함수가 필요한지 확실히 정한 후 함수가 내부적으로 어떻게 동작할지, 제어 흐름을 어떻게 전달할지, 어떤 알고리즘을 사용할지 디자인한다.* 보통은 문서화된 절차가 아닌 정신적 활동(mental exercise)이지만 그래도 성실하게 디자인해야 한다.

13.3 왜 이렇게 야단법석일까?

아무도 형편없는 디자인을 옹호하지 않는데도 형편없이 디자인된 코드가 사방에 넘쳐난다. 이는 최전선에서 몇 년을 보낸 개발자의 코드를 보면 고스란히 드러난다(전투 경험으로 다져진 베테랑은 이미 고개를 끄덕이며 머릿속에 자신의 경험담을 떠올리고 있을 것이다). 대체 왜일까?

엉성한 디자인은 프로그래머의 경험 부족에서 비롯되기도 하지만 훌륭한 디자인에 투자했을 시간까지 전부 쥐어 짜내는 소프트웨어 공장의 상업적 압박 때문인 경우가 더 많다. 누구도 가련하고 저항적인 코더에게 귀 기울여주지 않는다. 현실 세계의 프로그래밍은 다른 무엇보다 기한 내에 소프트웨어를 출시하는 데 목표를 둔다. 아이러니하게도 올바르게 디자인했을 때보다 형편없이 디자인했을 때 궁극적으로 비용이 더 든다. "제대로 할 시간은 없으면서 꼭 두 번 할 시간은 있더라."라는 말처럼 말이다.

올바른 디자인은 아주 아주 중요하다. 코드 디자인은 코드가 만들어지는 기반이다. 잘못 디자인하면 불안정하고 안전하지 못하고 목적에 어긋나는 위험한 코드가 나온다. 형편없는 디자인 기반은 마치 피사의 사탑 같은 소프트웨어를 탄생시킨다.

견고하게 디자인한 코드는 아래와 같다.

- 작성하기 쉽다(전략이 명확하고 상호 작용이 분명하다).
- 이해하기 쉽다.
- 고치기 쉽다(문제 발생 지점을 찾을 수 있다).
- 버그가 덜 생긴다(프로그램 오류가 아리송한 디자인 문제로 덮이지 않는다).
- 변화에 탄력적이다(확장하고 수정하기 쉽게 디자인된다).

---

* 핵심 알고리즘은 주로 함수 여러 개로 구현되며 이러한 함수는 모듈 디자인 단계에서 결정된다.

13.4 좋은 소프트웨어 디자인

프로그래밍 문제에는 여러 가지 코드 디자인이 가능하다. 그중 하나를 찾는 것이 프로그래머의 역할이다. 가장 좋은 디자인으로. 최소한 쓸만한 디자인으로라도. 만만치 않다...

- 디자인이 제대로 동작할지 어떻게 알까? 어떤 공격이든 막아낼 전략을 완성하고 자신 있게 구현을 시작한다. 시간이 지나 예상치 못한 문제가 불쑥 발생한다. 처음부터 다시 시작할 수밖에 없다.
- 디자인이 모두 마무리됐는지 어떻게 알까? 실제 구현해서 동작 여부를 확인하기 전까지는 알 수 없다. 예측할 수 없는 문제가 늘 발생하니 실전에 들어가 디자인을 구현하고 완벽한지 확인해야 한다. 문제의 본질을 이해하기 시작하는 것조차 여러 시도를 거쳐야만 가능하다. 이러한 지식을 갖춰야 다시 올바르게 문제를 해결해 볼 수 있다.
- 문제를 해결하는 최선의 방법인지 어떻게 알까? 모든 가능성을 시험해 보지 않으면 알 수 없다. 현실적으로 말이 안 된다. 그러면 쓸 만한지는 어떻게 알까? 성능 요구사항은 시스템을 실제로 수행하기 전까지는 절대 알 수 없다.

최선의 디자인 방식에서는 위 질문들의 답을 찾는다. 다음과 같은 특징을 지닌다.

반복한다

조금씩 디자인하고 구현한 후 영향을 평가해 다음 디자인에 반영함으로써 예상치 못한 사고를 상당수 피한다. 이와 같은 증분 구성(incremental construction) 방식은 매우 강력하다.

조심스럽다

한 번에 너무 많이 디자인하려 하지 말자. 여러 디자인 결정이 뒤섞여 실패가 발생할 수 있다. 실패할 여지를 줄이면 진행하기 수월하다. 광범위하고 어설픈 조치보다는 작고 확실한 조치가 성공 가능성이 크다.

현실적이다

관행적으로 쓰이는 디자인 절차가 통하지 않을 때도 있다. 수립된 요구사항의 품질, 팀의 숙련도, 엄격한 절차 적용 여부 등에 따라 디자인 품질이 달라진다. 훌륭한 디자인으로 다듬으려면 경험이 중요하므로 가능한 방법론 중 최선을 취해 프로그래머의 직감에 맡기는 편이 현실적이다.

정보에 밝다

해결할 문제와 그 해결책이 만족시켜야 할 품질에 대해 명확히 알려면 모든 요구사항과 동기부여 원칙을 완벽히 이해해야 한다. 자칫 잘못된 문제를 풀 수도 있다. 이러한 정보를 바탕으로 초기에 올바른 디자인 결정이 내려지고 이 중 어떤 결정은 되돌리기 어렵다.

어떤 전체 개발 방법론(자세한 설명은 519쪽 "프로그래밍 스타일" 참고)을 쓰느냐에 따라 당연히 디자인 방식도 달라진다. 훌륭한 디자인 절차를 통해 훌륭한 디자인이 탄생하지만 예외도 있다. 결국에는 디자인 결정의 품질이 디자인의 품질을 좌우한다. 어떤 트레이드오프를 택하느냐에 의해 디자인은 변한다. 속도를 고려한 디자인이 확장성을 고려한 디자인과 다르듯이 말이다. 궁극적으로 옳거나 그른 디자인은 없다. 그저 훌륭한 디자인과 형편없는 디자인이 있을 뿐.

훌륭한 디자인에는 여러 흥미로운 특징이 따르는데 반대되는 특징을 지닌다면 형편없는 디자인이라는 뚜렷한 표시다. 각 특징을 알아보자.

13.4.1 단순성

코드가 잘 디자인됐느냐를 가늠하는 가장 중요한 특징이다. 단순한 디자인은 이해하기 쉽고 불필요한 티와 흠이 없으며 구현하기 수월하다. 논리 정연하고 일관된다.

단순한 코드란 더 이상 작아질 수 없을 만큼 작은 코드다. 수학자 블레즈 파스칼이 "편지가 길어서 죄송합니다만, 짧게 쓸 시간이 없었습니다."라고 말했듯이 여기에는 노력이 필요하다. 코드가 얼마나 작아야 하는지 신중하게 결정하고 그대로 작성하자. 기능이야 나중에 얼마든지 코드로 추가할 수 있지만, 서로 밀접하게 얽히면 제거하기 아주 어렵다.

협상

소프트웨어 디자인은 시스템을 어떤 구성 요소로 나눌지, 대립되는 주장 간에 어떻게 균형을 이룰지 선택해 나가는 과정이다. 이러한 트레이드오프를 통해 최종 디자인을 구체화시킨다.
일반적으로 어떤 줄다리기 게임이 펼쳐지는지 알아보자.

확장성 대 단순성
확장성을 고려한 디자인은 향후 코드를 끼워 넣을 수 있는 여러 인터페이스 지점과 새로운 요구사항을 수용할 수 있는 보편적인 스캐폴딩을 제공한다. 단순성은 우회적인 조치가 필요 없게, 그리고 너무 일반적인 코드가 되지 않게 해준다.

효율성 대 안전성
주요 연산에 백도어(back door)가 들어가거나 간접 접근을 줄이려고 커플링을 크게 늘리는 것처럼 흔히 성능을 높이면 디자인의 순수성이 떨어진다. 일반적으로 고도로 최적화된 시스템은 덜 명료하고 변화에 유연하지 못하다.

그렇다고 효율적으로 디자인하지 말라는 뜻이 아니다. 단순성 덕분에 잘 수행되는 훌륭한 디자인이 당연히 많다.

기능 대 개발 수고

프로젝트 초창기에는 기능을 천 개쯤 넣으려 하고 기한 안에 (빠르지 않는다면 내일) 출시할 수 있다고 합리적으로 생각한다. 무한대의 원숭이와 무한대의 PC 없이는 어림 없다. 기능이 많을수록 구현에 오래 걸린다.

어떤 특징에 중점을 둘지는 프로젝트 요구사항에 따라 다르다. 요구사항을 사전에 명확히 해야 하는 이유가 여기에 있다.

게으름이 득이 될 수 있다. 최대한 일을 뒤로 미룰 수 있게 디자인하고 눈 앞의 문제에만 집중하자.

> **핵심개념** ✱　작을수록 좋다. 적은 양으로 많은 일을 하는 단순한 코드를 추구하자.

디자인이 단순하다고 쉽게 보면 안 된다. 시간이 걸린다. 아주 기초적인 프로그램을 제외하고는 최종 해결책에 도달하려면 방대한 정보를 샅샅이 살펴야 한다. 디자인이 훌륭한 코드는 보기에는 당연해 보여도 단순하게 만들기 위해 아마 깊이 생각(하고 여러모로 리팩터링)했을 것이다.

> **핵심개념** ✱　단순하게 만드는 일은 복잡하다. 코드 구조가 당연해 보인다고 디자인하기 쉬웠을 것이라 지레 짐작하지 말자.

잘못된 컴포넌트 분해와 무분별한 스레드 확산, 부적절한 알고리즘 선택, 복잡한 명명 체계, 과도하거나 부적절한 모듈 종속성 등 디자인을 필요 이상으로 복잡하게 만드는 요인은 여러 가지다.

13.4.2 간결성

간결성(elegance)은 디자인의 미적 측면을 나타내며 주로 단순성과 함께 설명된다. 코드가 장식적이거나 혼동을 줄 만큼 기발하거나 과도하게 복잡하지 않다는 뜻이다. 디자인이 훌륭한 코드는 구조상 아름답다. 다음과 같아야 한다.

- 제어 흐름이 적절하게 시스템을 통과한다. 연산 하나가 인자 형식을 16개 표현으로 바꿔가며 끝내 무시될 때까지 모든 모듈을 통과하지 않는다.
- 각 요소마다 특유의 가치 있는 무언가를 보태며 서로 보완한다.

- 온갖 특수한 경우로 디자인이 벌집이 되지 않는다.
- 비슷한 것끼리 연관시킨다.
- 예상치 못한 사고가 도사리지 않는다.
- 변경 지역성이 작다, 즉 코드 한 군데를 간단히 변경하는데 코드 여기 저기를 수정하지 않아도 된다.

훌륭한 디자인은 균형과 심미성을 떼 놓고 설명할 수 없다. 프로그래밍을 예술이라고까지는 말하지 않겠지만, 누군가는 설득력 있는 예로 이러한 주장을 뒷받침할 수도 있다. 간결성과 단순성은 위에 나열한 특징 대부분을 가능케 한다.

13.4.3 모듈성

디자인 문제를 공략하다 보면 자연스레 모듈(module)이나 컴포넌트(component)라 불리는 요소로 나누게 된다. 하위 시스템, 라이브러리, 패키지, 클래스 등으로 나뉜다. 각 요소는 본래 문제보다 덜 복잡하면서도 한데 합치면 완벽한 해법을 이룬다. 어떻게 분해하느냐가 핵심이다.

모듈성의 특징은 응집력(cohesion)과 커플링(coupling)으로 요약된다. 모듈은 다음과 같아야 한다.

강한 응집력

응집력(cohesion)은 기능이 서로 얼마나 관련되는지, 모듈 내 각 요소가 일률적으로 얼마나 잘 동작하는지를 나타내는 척도다. 응집력은 모듈에 일관성을 부여하는 일종의 접착제다.

약하게 응집된 모듈은 잘못 나눴다는 증거다. 모듈마다 명확하게 정의된 역할이 있어야 하고 관련 없는 여러 기능이 섞이면 안 된다(한숨이 나올 정도로 흔한 utils 네임스페이스처럼. 꼭 작성해야만 했을까?).

약한 커플링

커플링(coupling)은 모듈 간에 서로 얼마나 얽혀있느냐를 측정하는 상호 의존성 척도다. 가장 단순한 디자인은 모듈에 커플링이 거의 없고 그래서 서로 덜 의존한다. 물론 모듈을 완벽하게 디커플링할 수는 없다. 그러면 절대 함께 어우러져 동작하지 않는다!

모듈은 다양한 방법으로 서로 연결된다. 때로는 간접적이고 때로는 직접적이다. 다른 모듈에 있는 함수를 호출할 수 있고 다른 모듈에 의해 호출될 수 있다. 다른 모듈 속 데이터 타입을 사용하거나 데이터(아마 변수나 파일)를 공유할 수도 있다. 훌륭한 소프트웨어 디자인은 꼭 필요한 경우에 한해 커뮤니케이션 경로를 만든다. 이러한 커뮤니케이션 경로가 코드 디자인을 결정짓는 요소 중 하나다.

경로를 찾으면 각 모듈을 독립적으로 작업하고 별개로 테스트할 수 있다. 이것이 모듈성의 장점이다. 작업을 프로그래머들끼리 나눌 수 있다. 그래도 조심하자. 콘웨이 법칙(Conway's law)은 "네 팀이 협력해 컴파일러를 만들면 경로가 네 개인 컴파일러가 나올 수 있다"(404쪽 "조직과 코드 구조" 참고)고 말하면서 소프트웨어 구조가 팀 구조를 따라갈 수 있다고 경고한다. 합리적으로 나누되 팀 구조가 아닌 문제 자체에 기반하자.

> **핵심개념 ★** 커플링을 최소화한 내부적으로 응집된 모듈을 디자인하자. 문제 범위를 유효하게 나누도록 분할해야 한다.

13.4.4 훌륭한 인터페이스

모듈은 관심사를 분리하고 문제를 분할한다. 모듈마다 내부 구현을 가려주는 공개 퍼사드(façade)인 인터페이스(interface)가 정의된다. 이러한 연산 집합을 보통 애플리케이션 프로그래밍 인터페이스(Application Programming Interface, API)라 부른다. 모듈 기능에 접근하는 유일한 경로이며 인터페이스의 품질이 적어도 외부에서 보기에는 그 모듈의 품질을 결정한다.

> **핵심개념 ★** 사용자가 넘어서는 안 되는 한계를 정하자. 즉 명확한 API와 인터페이스를 찾자.

훌륭한 인터페이스를 만들려면 아래 단계를 따르자.

1 고객과 고객이 원하는 것을 찾아낸다.

2 제공자와 제공자가 할 수 있는 것을 찾아낸다.

사용자와 구현자를 각각 정확히 밝혀내고 각자의 요구를 이해하지 않고서는 인터페이스와 깔끔하게 분리할 수 없다. 이러한 정보가 명확해져야 사용자를 만족시키고 실제 구현 가능한 인터페이스를 생성할 가능성이 열린다.

잘못된 디자인은 잘못된 위치에 연산을 두는데, 결국 애플리케이션 로직을 따라가기 힘들고 디자인을 확장하기 어렵다. 그 결과 모듈 커플링이 늘어나고 응집력이 감소된다.

3 필요한 인터페이스 유형을 추론한다.

함수나 클래스, 네트워크 프로토콜인가 혹은 다른 무엇인가? 아마 기능을 제공하는 주체에 따라 좌우되겠지만 다른 식으로 기능을 제공하고자 인터페이스를 감쌀 수도 있다. 예를 들어 CORBA 객체를 라이브러리로 감싸면 협업 컴퓨터망으로 기능이 공개된다.

4 연산의 특징을 결정한다.

실제로 어떤 기능을 제공해야 하는가? 그 기능이 고객의 구체적인 요구사항보다 보편적인가? 어떤 함수에 든 아직 나가지 못한 더 유용한 연산이 있기 마련이다.

인터페이스의 본질과 특징을 떠올려 볼 수 있는 몇 가지 핵심 원리가 있다. 그림 13-3에 나오듯이 다음과 같다.

분할

인터페이스는 연결 지점을 만듦과 동시에 고객과 구현자를 구분 짓는다. 정의된 방식으로만 커뮤니케이션할 수 있고, 즉각적인 방식으로는 할 수 없다.

디자인이 훌륭한 코드는 역할(role)과 책임(responsibility)을 명확하게 정의한다. 시스템의 주 사용자가 누구인지, 무엇을 하려는 것인지 알아야 깔끔하고 효율적인 인터페이스가 만들어진다.

우리집이 좋은 예다. 주된 인터페이스는 정문이다. 정문은 거주자를 방문객과 분리하고 만날 장소를 정한다. 창문과 전화, 굴뚝처럼 다른 일을 하는 다른 인터페이스도 많다.

추상화

추상화는 보는 이가 세부 사항은 선택적으로 무시하며 주요 결정에 집중할 수 있게 해준다. 복잡도에 맞설 수 있게 보다 단순한 표현 뒤로 실체를 깔끔하게 정리한다. 특히 객체 지향 디자인에서 중요한 개념이다. 인터페이스 디자인에서는 사용자에게 정확히 무엇이 중요하고 사용자로부터 무엇을 유용하게 감출 수 있는지 신중하게 선별해 추상화를 만든다.

과일 바구니가 생기면 그 안에 어떤 과일이 들어 있든 우선 "맨 위에 있는 과일로 먹자" 뒤이어 "그 아래 과일로 먹자"라며 즐겁게 떠든다. 자몽은 껍질을 벗겨야 하고, 대황(rhubarb)은 끓여서 설탕에 절여 먹어야 하는데 말이다. 이러한 세부 사항은 "먹다"라는 추상 뒤로 숨겨진다. 과일을 먹었는지가 중요하지 어떻게(how)는 중요하지 않다.*

추상화는 계층 구조를 형성한다. 건축가냐 입자 물리학자냐 은행장이냐에 따라 서로 다른 추상화 수준(levels of abstraction)에서 우리집을 바라본다. 각자 아래처럼 바라볼 것이다.

- 여러 개의 방
- 벽과 바닥, 천장 배열

---

* 다수의 물리적 동작을 하나의 논리 추상 뒤로 감추는 기능을 다형성(polymorphism)이라 부르며 522쪽 "다형성"에서 설명하겠다.

- 벽돌과 목재 구성
- 분자, 심지어 원자 집합
- 갚아야 할 대출금

압축

대규모 연산을 보다 간단한 연산으로 표현하는 인터페이스 기능이다. 압축은 주로 훌륭한 추상화의 결과물이지만 추상화를 잘못하면 더 장황한 코드가 되기도 한다.

대체성

인터페이스 구현을 같은 조건에 부합하는 다른 구현으로 대체할 수 있다. 프로그램에 정렬 인터페이스가 정의되어 있으면 그 인터페이스 뒤에서 어떤 알고리즘이든 사용할 수 있다. 퀵 정렬이나 힙 정렬 혹은 (맙소사!) 버블 정렬도 가능하다. 인터페이스를 통해 보여지는 동작만 같으면 언제든 알고리즘을 바꿀 수 있다.

클래스 상속 계층 구조로 보면 어떤 객체든 상위 타입으로 대체할 수 있다.

우리집에 찾아와 정문을 열어 달라고 초인종(doorbell)을 누른다. 초인종은 벨(bell) 메커니즘과 연결되는 스위치로 쓰였는데 방금 무선 초인종을 발명했다. 그래도 달라지는 것은 없다. 초인종을 누르면 주인이 나타나니 실제로 바뀌었는지 인지하지 못한다.

▼ **그림 13-3** 집에서 제공하는 인터페이스

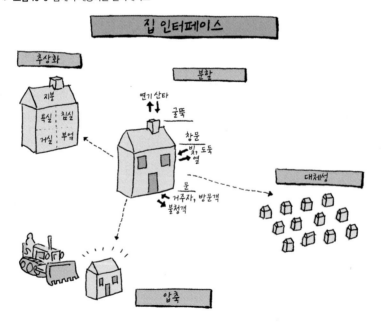

13.4.5 확장성

디자인이 훌륭한 코드는 필요에 따라 추가 기능을 적절한 위치에 끼워 넣을 수 있다. 다만 향후 잠재적인 수정에 전부 대응하려는 욕심으로 지나치게 복잡한 코드로 만들 위험이 있다.

동적으로 로딩되는 플러그인이나 상단에 추상 인터페이스가 놓인 엄선된 클래스 계층 구조, 심지어 완전히 논리적이고 유연한 코드 구조 등 소프트웨어 스캐폴딩을 통해 확장성을 높일 수 있다.

> **핵심개념★** 확장성을 고려해 디자인하되 너무 일반화 시키지 말자. 프로그램이 아닌 운영 체제를 작성하게 된다.

훌륭한 디자이너는 자신의 소프트웨어가 어떻게 확장될지 고심한다. 확장성을 높이려고 무작위로 훅을 심은 코드는 실제로 품질이 떨어질 수 있다.

13.4.6 중복 피하기

디자인이 훌륭한 코드에는 중복이 없고 절대 스스로 반복하지 않는다. 중복은 간결하고 단순한 디자인의 적이다. 불필요하게 중복된 코드는 불안정한 프로그램으로 이어진다. 예를 들어 미세하게 다른 두 코드 조각이 있을 때 비슷한 한쪽에서 버그를 찾아 고치고 나머지 한쪽의 버그 수정은 잊을 수 있다. 명백하게 코드 안전을 위협하는 행위다.

중복은 주로 에디터에서 코드를 복사하는 잘라 붙이기 프로그래밍(cut-and-paste programming) 때문에 발생한다. 전체 시스템을 이해하지 못한 프로그래머가 쓸데없이 시간을 낭비한 덕분에 알아채기 더 어렵다.

- 서로 별개인 코드 영역의 동작이 아주 비슷하면 적절한 인자를 포함하는 함수로 일반화하자. 이제 한 곳에서만 결함을 수정하면 된다. 함수를 서술적으로 명명하면 코드 의도가 더 명확해진다.
- 클래스가 서로 비슷하면 어떤 기능을 상위 클래스로 넣을 수 있거나 공통 동작을 설명하는 인터페이스가 누락됐다는 뜻이다.

> **핵심개념★** 한 번에 하자. 잘하자. 중복을 피하자.

13.4.7 이식성

디자인이 훌륭하다고 꼭 이식 가능하지는 않으며 코드 요구사항에 따라 다르다. 플랫폼 종속은 다양한 방법으로 막을 수 있으나 불필요한 이식성으로 코드가 위태로워졌다면 잘못 디자인한 것이다. 훌륭한 디자인은 적절히 이식 가능하고 문제가 발생해야 비로소 이식성 이슈를 처리한다.

한 번쯤 들어 본 이야기다. 코드가 절대 다른 환경에서 실행될 리 없으니 이에 대응하도록 디자인하지 않았다. 향후 개발에서 예상치 못하게 새로운 런타임 플랫폼을 요구했다. 새 프로그램을 작성하는 것보다 기존 프로그램을 조정하는 편이 더 간단했다. 코드는 이식성이 떨어졌고 교차 플랫폼 지원하려고 리팩터링하거나 다시 디자인하기에는 시간이 여의치 않았다. 결국 어떻게 됐을까? 회복할 수 없을 만큼 디자인이 뒤틀린, #ifdef NEW_PLATFORM 구조체 투성이인 복잡한 코드가 나왔다. 엔지니어가 프로그래밍한 코드가 아니라 철학자가 파헤친 코드였다.

운영 체제 종속적인 구조나 하드웨어 종속적인 코드 영역은 신중히 결정을 내리자. 결국에는 도움이 되고 성능이나 명확성을 해치지 않는다(오히려 명확성을 향상시키기도 한다). 오래된 가정을 다시 세우려면 비용이 크니 최대한 디자인 초기 단계에 고려하자.

플랫폼 추상 계층(운영 체제 인터페이스 함수 몇 개보다 간단한 겉표면일 수 있다)을 만드는 방식이 일반적이다. 이 계층을 각 플랫폼별로 다르게 구현하면 된다.

> **핵심개념★** 나중에 생각 나서 급하게 처리하지 말고 코드 디자인에서 코드 이식성을 고려하자.

13.4.8 관용적

당연히 훌륭한 디자인은 디자인 방법론(519쪽 "프로그래밍 스타일" 참고)과 구현 언어의 관용구(idiom)에 맞는 최선의 모범 사례를 활용한다. 모범 사례를 적용하면 다른 프로그래머가 코드 구조를 바로 이해할 수 있다.

구현 언어(고정될 수도 있고 디자인 도메인의 일부일 수도 있다)가 주어지면 그 언어를 잘 사용하는 법을 알아야 한다. 가령 C++에는 코드 디자인 방식에 크게 영향을 주는 자원 획득 초기화와 연산자 오버로딩 같은 관용구가 있다. 배워두자. 이해하자. 사용하자.

13.4.9 문서화

끝으로 문서화 역시 훌륭한 디자인에서 빠질 수 없는 특징이다. 읽는 이 스스로 구조를 추론해서는 안 된다. 보다 고급 디자인을 추구한다면 더욱 중요하다. 디자인이 아주 단순하니 문서화도 작아야 한다.

한쪽 끝에서는 명세로 아키텍처 디자인을 설명한다. 나머지 한쪽 끝에서는 자체 문서화 코드로 함수를 설명한다. 중간에서는 문학적 프로그래밍으로 API를 문서화한다.

13.5 코드 디자인 방법

> 항상 다음으로 큰 맥락을 고려해 디자인하자.
> 방 안에 놓인 의자, 집 안에 있는 방, 환경 속에 놓인 집, 도시 계획 속 환경
>
> _엘리엘 사리넨

디자인을 잘하는 방법을 어떻게 배울까? 좋은 디자이너는 타고나는가 만들어지는가? 디자인을 배우거나 이해할 수 있는가? 훌륭한 디자인 재능을 타고난 프로그래머는 마치 디자인하듯이 두뇌가 동작한다. 자연스럽게 미적 특징을 알아보고 문제를 충분히 이해해 균형 잡힌 판단을 내린다. 그래도 더 효과적으로 디자인하는 방법을 익힐 수 있다.

갓 태어났을 때는 도예에 재능이 전혀 없었다. (그런 사람이 있기는 할까?) 아직도 형편없지만 한 번 배워본 적은 있다. 방법을 깨닫자 (알아볼 수 있을 만한) 도자기 모양이 나왔다. 연습하면 훨씬 나아지겠지만 그래도 절대 장인은 못 될 것이다.

마찬가지로 태어나자마자 코드를 디자인할 줄 아는 사람은 없다. 배워야 한다. 지금까지 디자인 방법론과 훌륭한 공학적 사례를 배웠다. 반복 가능한 절차를 수립해 디자인하기 위해서지만 장인 정신을 대신할 수는 없다. 창조적인 사고 과정과 혁신적인 디자인 구성은 전수하기 정말 어렵고 언제나 이를 완벽히 이해하는 더 뛰어난 디자이너가 나올 것이다.

뛰어난 소프트웨어 디자인은 심미적이다. 이러한 디지털 예술품을 창조하려면 기술과 경험, 연습이 필요하다. 13장에서 소프트웨어 디자인 방법을 하나하나 묘사할 수는 없다. 다소 부끄럽지만 훌륭한 디자인을 만들 수 있었다면 지금쯤 부자가 됐을 것이다. 좋은 디자이너가 되려면 훌륭한 디자인에 필요한 요소를 이해하고 잘못된 디자인 특성을 피하는 법을 배워야 한다. 그리고 연습해야 한다. 오랫동안.

개인의 능력 외에도 프로그래머는 디자인 방법과 도구의 힘을 빌려볼 수 있다. 이러한 방법과 도구가 어떤 도움이 되는지(또는 안 되는지) 알아보며 13장을 마치겠다.

13.5.1 디자인 방법과 절차

소프트웨어 디자인 방법론은 여러 가지다. 어떤 방법론은 절차보다 표기를 강조한다. 직감적인(seat of your pants) 디자인보다는 체계적인 방식이 나은데, 기업 사례와 문화에서는 주로 어떤 방식을 권하는가? 한 가지 절차에 너무 얽매이면 그 절차의 아주 작은 세부 사항까지 만족시키느라 창조성이 억눌리기 쉬우니 항상 경계하자.

근래의 디자인 방법은 두 부류로 나뉘며 각각 기반이 되는 핵심 디자인 철학은 다음과 같다.

구조화 디자인

시스템 기능을 더 작은 연속된 연산 집합으로 나누는 기능 분할(functional decomposition)을 바탕으로 한다. 주된 구조화 장치는 루틴이며 루틴의 계층 구조를 구성해 디자인한다. 구조화 디자인은 문제를 더 이상 쪼갤 수 없을 때까지 순차적으로 더 작은 절차로 분할하는 분할 정복(divide-and-conquer) 방식으로 설명된다.

주요 정복 노선은 하향식(top-down)과 상향식(bottom-up) 두 가지다.

- 당연히 하향식 방식은 전체 문제에서 시작해 더 작은 행위로 나눠진다. 더 이상 나눌 필요가 없을 때까지 차례차례 독립적 단위로 디자인한다.
- 이와 반대로 상향식 디자인은 가장 작은 기능 단위, 즉 시스템이 해야 한다고 알고 있는 단순한 작업부터 시작한다. 이어서 전체 해법에 도달할 때까지 기능을 서로 이어 붙인다.

실제로는 두 방식을 동시에 사용하며 둘 사이 어딘가 만족하는 지점에서 디자인 절차가 끝난다.

객체 지향 디자인

구조화 디자인은 시스템이 수행해야 할 연산 표현에 초점을 맞추는 반면 객체 지향 디자인은 시스템 내 데이터에 초점을 맞춘다. 객체(object)라 알려진 서로 상호 작용하는 개별 단위들의 집합으로 소프트웨어를 모델링한다.

객체 지향 디자인은 문제 영역의 주요 객체를 찾아내고 특징을 정의한다. 객체가 제공할 연산과 관련 객체를 고려해 객체의 동작을 수립한다. 필요한 구현 도메인 객체까지 추가해 객체로 디자인을 구성한다. 객체 동작과 상호 작용이 모두 정해지면 디자인이 완료된다.

객체 지향 디자인을 수행하지 않는 것이 종종 부끄러울 만큼 객체 지향 프로그래밍은 소프트웨어 디자인 세계의 구세주, 세계 평화로 안내하는 새로운 패러다임으로 일컬어진다. 하지만 훨씬 어려운 문제의 복잡도를 소프트웨어 디자인으로 해결하며 기대에 크게 부응하고 있다.

디자인 방법과 절차는 519쪽 "프로그래밍 스타일"에서 더욱 자세히 설명하겠다.

디자인 패턴

지난 몇 년 사이에 패턴(pattern)은 객체 지향 프로그래밍 커뮤니티 내에서 유행어가 됐다. 크리스토퍼 알렉산더의 건축 이론[알렉산더 79]의 소프트웨어 버전이라 할 수 있는 디자인 패턴은 "4인방(Gang of Four)"이라는 애칭으로 알려진 저자가 저술한(그래서 흔히 GoF의 디자인 패턴이라 불린다) 〈디자인 패턴: 재사용 가능한 소프트웨어의 요소〉(Design Pattern: Elements of Reusable Software)라는 책으로 유명세를 탔다.[감마 외 94]

패턴은 검증된 디자인 해결안에 쓰이는 용어를 규정하고 각 패턴은 객체 간 협력 구조를 알아보기 쉽게 묘사한다. 기발하게 고안된 디자인은 아니지만 동작한다고 알려진 실제 코드(real code)에 반복적으로 등장한다. 패턴 언어(pattern language)는 디자인 패턴 목록을 수집하여 분석한 후 서로 어떤 관련이 있고 어떻게 보완하는지 보여준다. 언어 속 각 패턴은 맥락(context), 문제(problem), 해결안(solution)을 설명하는 공통 형식을 따른다. 이러한 정보를 기반으로 디자인에 패턴을 적절히 적용할 수 있다.

패턴은 소프트웨어 시스템의 여러 단계에 나타난다. 아키텍처 패턴은 시스템 구성에 막대한 영향을 미친다. 디자인 패턴은 중간 수준의 소프트웨어 컴포넌트 간 협업이다. 언어 단 패턴은 흔히 언어 관용구(idiom)라 불리는 구체적인 코드 기법이다.

디자인 패턴 용어는 흔히 쓰이는 말로 표현되는데, 이것만 봐도 디자인 패턴이 얼마나 유용한지 알 수 있다. 프로그래머는 어댑터(adaptor), 옵저버(observer), 팩토리(factory), 싱글턴(singleton)을 거리낌 없이 언급하며 이야기를 나눈다.

디자인 패턴은 이렇게 짧은 설명으로 제대로 다룰 수 없을 만큼 방대하다. 정말 유용한 개념이고 시간을 투자해 배울 가치가 충분하다. GoF 책을 비롯해 관련 자료를 읽어 보자.

13.5.2 디자인 도구

디자인은 결국 코드로 표현되지만 보통은 더 추상적인 수준에서 만들어야 효과적이다. 도구를 사용해 무엇을 만들고자 했는지, 이미 무엇을 만들었는지 설명하면 디자인을 떠올리고 디자인을 더 효과적으로 만들고 다른 프로그래머와 디자인을 주고받기 유리하다.

어떤 면에서 방법론도 도구지만 다양한 도구가 더 넓은 범위에서 방법론을 뒷받침하며 디자인을 지원한다.

표기법

멋진 그림은 언어만큼 유용하다. 다양한 그래픽 표기법을 사용해 디자인을 쉽게 그림으로 표현할 수 있다. 대부분은 순식간에 유행했다가 더 멋지게 상자와 선을 그리는 방법으로 대체되며 소리 소문 없이 사라진다. 현재는 통합 모델링 언어(Unified Modeling Language, UML)가 가장 유명하고 잘 규정된 표기법이다. 소프트웨어 개발 과정에서 생성된 거의 모든 산물을 모델링하고 설명할 수 있는 표준 방법을 제공한다. 실제로 아주 포괄적으로 발전했고, 소프트웨어를 넘어 하드웨어나 비즈니스 절차, 심지어 조직 구조를 시각화하는 데도 쓰인다.

표기법은 편리하게 소프트웨어 디자인을 표현하고 생각하고 논할 수 있는 매개체다. 두 가지 목적으로 쓰인다.

- "아무 쪽지에나" 디자인을 재빨리 휘갈기고 화이트보드에 생각을 공유한다.
- 정해진 형식으로 디자인을 설명한다.

제정신을 잃지 않고 두 번째 목적을 달성하려면 전용 그림 도구를 사용해 다이어그램을 자동으로 생성해야 한다. 아니면 다이어그램을 업데이트하기 힘들고 코드를 개발하며 현실과 동떨어진다. 상자와 선을 그리는 일 말고 더 유용한 일에 시간을 쏟자.

필수 디자인 요소를 커뮤니케이션하는 방법으로만 즐겁게 표기법을 사용하고 지나치게 형식적으로 사용하려 애쓰지 말자. 커뮤니케이션 방법을 아는 것만으로도 충분하니 모든 그림 유형에서 모든 마름모와 점선이 무엇을 의미하는지에 지나치게 얽매이지 말자.

디자인 패턴

검증된 디자인 기법의 용어를 제공하고 이를 실전에 어떻게 적용하는지 보여주는 강력한 디자인 도구다. 디자인 패턴은 331쪽 "디자인 패턴"에서 더 상세히 논했다.

순서도(flowchart)

알고리즘 시각화에 쓰이는 특별한 그래픽 표기 유형이다. 전체적인 개요를 제공하기 좋지만 코드보다 덜 정확하고 코드 변경 시 함께 바꿔야 한다. 그러니 꼭 필요할 때만 사용하는 것이 최선이다.

의사 코드(pseudocode)

의사 코드는 대략적으로 함수를 구현하는 데 유용하다. 소프트웨어 디자인에서 가장 기이한 발명품 중 하나로 일종의 피진(pidgin) 영어처럼 자연어와 프로그래밍 언어 중간에 존재한다. 특정 언어의 문법과 구문에서 자유롭다는 이점이 있다. 언어 메카닉에 신경 쓰지 않고 해야 할 일에 집중할 수 있고 명확하게 하기 위해 기술적 설명을 마음껏 넣을 수 있다.

다만 부정적 측면을 감수할 만큼 보상이 크지는 않다. 의사 코드를 구현 언어로 변환해야 하니 말이다. 애초에 구현 언어로 작성했다면 이러한 수고를 아꼈을 텐데. 의사 코드를 디자인 문서화로 사용하면 코드에 맞춰 동기화해야 한다.

훨씬 더 터무니없는 발명품은 형식화된 의사 코드인 프로그램 디자인 언어(Program Design Language, PDL)다. 만들 당시에는 나름의 이유가 있었을 텐데. 그때의 의사 코드 컴파일러가 정말 궁금하다.

코드 내 디자인

형식에 얽매이지 않는 유용한 코드 디자인 방식이다. 초기 디자인 단계에서 코드 내 모든 API와 하단 인터페이스를 찾아낸 후 구현 없이 그럴듯한 값을 반환하는 스텁(stub)만 작성하고 각각의 역할을 설명하는 주석을 단다. 디자인이 완성 단계에 이르면 이미 많은 코드가 시스템에 작성되어 있다.

다만 디자인이 유동적이지 못한 것이 단점이다. 디자인을 바꾸면 바꿀수록 껍데기만 있는 코드를 바꿔야 한다.

CASE 도구

컴퓨터 지원 소프트웨어 공학(Computer-Aided Software Engineering, CASE) 도구는 반복적인 일을 자동화하고 작업 흐름을 관리하며 디자인 절차 전체 혹은 일부를 지원한다. 대부분 멋진 그림으로부터 (다양한 품질의) 코드를 생성할 수 있다. 심지어 어떤 도구는 코드가 수정되면 그림을 업데이트한다. 이를 양방향 공학(round-trip engineering 또는 round-tripping)이라 부른다. 다수의 프로그래머 팀이 협업해 하나의 대규모 디자인에 기여할 수 있도록 지원하는 CASE 도구도 많다.

알아두면 좋을 CASE 도구 부류는 빠르게 개발되는 애플리케이션을 위한 환경인 급속도 애플리케이션 개발(Rapid Application Development, RAD) 도구다. 특정 영역(주로 간단한 UI 위주 애플리케이션)에서 잘 동작하는 경향이 있고 범용 소프트웨어 디자인 모델에는 적합하지 않다.

> **핵심개념 ★** 디자인 도구와 방법론을 맹목적으로 따르지 말고 정말 도움이 될 때만 사용하는 실용적 태도를 취하자

13.6 요약

> 극도의 복잡함에서 극도의 단순함이 나온다.
>
> _윈스턴 처칠

좋은 코드는 디자인이 뛰어나다. 기분 좋게 만드는 미적 매력이 있다. 코드를 작성하기 전에 디자인을 미리 고안하지 않으면 보기 싫게 뒤죽박죽 된다. 깔끔한 구조, 향후 확장 가능성, 올바른 인터페이스, 적절한 추상, 이식성 요구사항 등을 고려하자. 단순성과 간결성을 추구하자.

디자인은 강력한 장인 정신 요소를 내포한다. 풍부한 경험과 축적된 기술이 최선의 디자인을 만든다. 궁극적으로 좋은 디자이너가 좋은 디자인을 만든다. 평범한 프로그래머는 훌륭한 디자인을 만들지 못한다.

현명한 프로그래머

- 정상적인 코드를 수정할 때 아무것도 바뀌게 하지 않는다.
- 프로그래밍을 창조적 과정으로 여기고 코드에 예술적 요소를 섞어 넣는다.
- 코딩에 착수하기 전에 코드 구조를 먼저 생각한다.
- 추가 작업을 하기 전에 지저분한 코드를 깔끔히 정리하고 리팩터링할 필요를 느낀다.
- 다른 소프트웨어의 디자인을 끊임없이 들여다보고 성공과 실패에 대한 지식을 쌓는다.

형편없는 프로그래머

- 공이 가득 찰 때까지 점점 더 코드를 밀어 넣어 단단하게 만들고는 결과에 대해 불평한다.
- 디자인이 형편없다는 사실을 알아채지 못하거나 빽빽한 코드를 다뤄도 불쾌감을 전혀 느끼지 않는다.
- 재빨리 개발한 후 누군가 난장판을 치우게 떠넘기기 좋아한다.
- 개발 중인 코드의 내부 디자인을 중시하거나 존중하지 않고 무심하게 디자인을 짓밟는다.

13.7 참고

8장: 테스트할 시간

테스트하기 쉽도록, 즉 코드가 올바르게 동작하는지 증명하기 쉽도록 코드를 디자인하는 방법을 설명한다.

14장: 소프트웨어 아키텍처

가장 높은 수준의 소프트웨어 디자인을 소프트웨어 아키텍처(software architecture)라 부른다. 13장에서 다뤘던 것처럼 나름의 고유한 문제가 있다.

19장: 명시적으로

소프트웨어 디자인은 주로 명세 문서에 작성된다.

22장: 프로그램 레시피

디자인은 전체 소프트웨어 개발 절차와 잘 부합해야 한다.

23장: 외부 제약

어떤 시스템 유형을 개발하느냐에 따라 필연적으로 소프트웨어 내부 디자인이 달라진다.

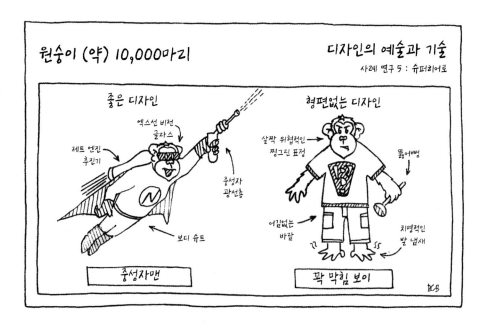

13.8 생각해 보기

다음 질문에 대한 자세한 설명은 618쪽 "정답과 설명"에 나와 있다.

13.8.1 궁리하기

1 프로젝트 규모가 소프트웨어 디자인과 디자인에 수반되는 작업에 어떤 영향을 미칠까?

2 문서화가 잘 된 형편없는 디자인이 문서화가 안 된 훌륭한 디자인보다 나을까?

3 코드 조각의 디자인 품질을 어떻게 판단할까? 단순성, 간결성, 모듈성 정도 등을 어떻게 측정할까?

4 디자인은 팀 활동일까? 팀워크 능력은 좋은 디자인에 얼마나 영향을 미칠까?

5 프로젝트마다 방법론을 다르게 하는 편이 더 적절할까?

6 디자인이 매우 응집됐는지 혹은 약하게 커플링 됐는지 어떻게 알아낼까?

7 과거 비슷한 디자인 문제를 해결했으면 현재 문제의 난이도를 알기 쉬울까?

8 디자인을 실험할 여력이 있는가?

13.8.2 스스로 살피기

1 과거로 돌아가 코드 디자인 방법을 어떻게 배웠는지 떠올려 보자. 어떻게 해야 완전 초보자에게 획득한 지식을 전달할 수 있을까?

2 특정 디자인 방법론을 사용했던 경험을 떠올려보자. 좋은 경험인가 나쁜 경험인가? 결과 코드는 어땠나? 어떤 방법이 더 나았을 것 같은가?

3 사용 중인 방법론을 엄격하게 고수해야 한다고 생각하는가?

4 디자인이 가장 뛰어났던 코드는 무엇인가? 최악의 디자인은?

5 프로그래밍 언어는 종교처럼 논쟁할 대상이 아니라 디자인을 구현하는 필수 도구다. 언어 관용구를 아는 것이 정말 중요할까?

6 프로그래밍을 무엇이라고 생각하는가? 공학 분야(engineering discipline)인가, 기술(craft)인가, 예술(art)인가?

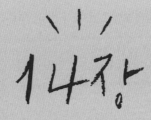

소프트웨어 아키텍처

소프트웨어 디자인 기반 다지기

건축은 공간을 낭비하는 방법의 예술입니다.

_필립 존슨

14장에서 다룰 내용

- 소프트웨어 아키텍처란
- 소프트웨어 아키텍처와 코드 디자인은 어떻게 다른가?
- 훌륭한 아키텍처의 특성
- 주요 아키텍처 스타일 둘러보기

도시로 들어가자. 도심 한복판에서 서자. 주변을 둘러보자. 이례적인 장소를 택하지만 않았다면 건축 연대와 방식이 제각각인 빌딩 숲에 둘러싸인다. 어떤 건물은 주변과 교감하며 잘 어울린다. 어떤 건물은 완전히 겉돈다. 어떤 건물은 미적으로 아름답고 균형이 잘 잡혀 있다. 어떤 건물은 너무 추하다. 어떤 건물은 100년이 지나도 그 자리에 있다. 다수는 사라진다.

건물을 설계했던 건축가는 종이에 그리기 전에 여러 요소를 고려했다. 설계를 진행하는 내내 실제로 건물이 세워질 수 있도록 신중하고 체계적으로 작업했고 사용자 요구사항과 시공 방식, 유지 보수성, 심미성 등 상충하는 요구사항 간 균형을 맞췄다.

소프트웨어는 벽돌과 회반죽으로 만들지 않지만 똑같은 심사숙고 과정을 거쳐야 시스템이 유사한 요건을 충족한다. 인간은 소프트웨어가 나오기 훨씬 전부터 건물을 지었으니 한 가지는 확실하다. 훌륭한 소프트웨어 아키텍처에 어떤 요소가 필요한지 아직 다 알려지지 않았다.

소프트웨어 아키텍처의 세계로 잠시 비집고 들어가 일반적인 아키텍처 패턴을 살펴보고 소프트웨어 아키텍처가 실제로 무엇이고 또 무엇이 아닌지, 어떤 목적으로 쓰이는지 알아보자.

지하에서의 이동(underground movement)

문서화되지 않은 대량의 소프트웨어를 생산한 프로젝트에 뒤늦게 참여한 적이 있다. 소프트웨어는 계획이나 목적 없이, 구성 절차를 이끄는 설계자도 없이 개발된 상태였다. 당연히 아주 끔찍했다. 전체 소프트웨어의 실제 동작 방식을 파악해야 할 필요성이 생기자 비로소 시스템 아키텍처 다이어그램이 만들어졌다. 컴포넌트가 너무 많고(게다가 대부분 중복이었다) 서로 부적절하게 연결된 데다 커뮤니케이션 방식도 제각각이라 다이어그램은 의미가 다른 여러 색의 선으로 촘촘히 얽히고 빽빽하게 뒤섞였다. 마치 여러 색의 페인트통에 빠졌던 거미가 사무실 전체에 현란한 거미줄을 지은 듯했다.

그리고 내 차례가 됐다. 영국 지하철을 그렸다고 해도 과언이 아니다. 시스템은 지하철과 거의 다를 바 없었고 아주 완벽히 헷갈렸다. 목표 지점에 다다르는 경로가 무수히 많다 보니 사실상 외부인은 전혀 이해할 수 없었으며 여전히 설계도는 현실을 지나치게 단순화시킨 모양이었다. 외판원이 봤다면 아주 짜증 날 만한 시스템이었다.

아키텍처적 비전의 부재는 소프트웨어에 분명하게 드러났다. 기능이 마구잡이로 모듈에 흩어져 소프트웨어는 다루기도 힘들고 이해하기도 어려웠다. 결국 소프트웨어를 버리는 것만이 소프트웨어로 할 수 있는 유용한 일인 지경에 이르렀다.

건축 공사만큼 소프트웨어 구성에도 아키텍처가 정말 중요하다.

14.1 소프트웨어 아키텍처란?

소프트웨어 아키텍처란 그저 건축 비유를 조금 더 세부적으로 확장한 용어에 지나지 않을까?(247쪽 "정말 소프트웨어를 짓는가?" 참고) 그렇더라도 진짜 유용한 개념이다. 소프트웨어 아키텍처를 고차원 디자인(high-level design)이라고도 하는데 어떤 용어를 쓰든 의미는 같다. 아키텍처라고 설명하면 개념이 더 와 닿는다.

14.1.1 소프트웨어 청사진

건축가는 건물 청사진을 마련하고 소프트웨어 설계자는 소프트웨어 시스템 청사진을 마련한다. 그러나 건물 청사진은 아주 세밀한 설계도로서 주요 기능을 전부 포함하는 반면 소프트웨어 아키텍처는 고차원적 정의로서 세세한 설명을 피한다. 미시적이 아니라 거시적이다.

이처럼 거시적인 관점에서는 상세 구현을 감추고 소프트웨어의 핵심 내부 구조와 기본 동작 특성만 드러낸다. 아키텍처적 측면에서는 다음을 수행한다.

- 필수적인 소프트웨어 모듈을 찾는다(이때는 기능 덩어리(blob)를 의미하는 컴포넌트나 라이브러리라고 불러도 상관없다)
- 어떤 컴포넌트끼리 커뮤니케이션하는지 알아낸다
- 시스템 속 주요 인터페이스의 특징을 찾아 파악하고 다양한 하위 시스템의 올바른 역할과 책임을 명확히 한다

이러한 정보를 알면 각 요소가 어떻게 동작하는지 일일이 모르더라도 시스템 전반을 추론할 수 있다. 아키텍처는 향후 개발하기 알맞은 프레임워크를 제공한다. 팀별로 어떻게 업무를 분담할지 알려주고 다양한 구현 전략을 가능하게 해준다.

아키텍처는 시스템 구성만 묘사하는 것이 아니라 점차 시스템을 어떻게 확장해야 하는지도 알려준다. 대규모 팀에서 프로그램을 보다 간결하게 개발하려면 소프트웨어를 어떻게 조정하고 각 모듈에 무엇을 넣고 모듈을 서로 어떻게 연결할지에 대한 명확하고 통합된 비전이 있어야 한다.

> **핵심개념 ☆** 아키텍처는 디자인과 향후 소프트웨어 시스템 성장에 가장 크게 영향을 미친다. 따라서 반드시 개발 초기에 올바르게 이해해야 한다.

코딩에 앞서 미리 수행하는 아키텍처 디자인은 문제 영역(problem domain)(풀어야 할 현실 세계 문제)과 해법 영역(solution domain)을 매핑시킬 첫 기회다. 두 영역 사이에 목표와 행위 간 늘 단순한 1대 1 관계가 성립하지 않으므로 아키텍처를 통해 한 측면에서 나머지 측면을 생각해 볼 수 있다.

소프트웨어 아키텍처에서 정확히 무엇을 다뤄야 하는지는 프로젝트에 따라 다르다. 대상 플랫폼에 구애받지 않고 여러 언어와 기술을 사용해 다양한 장비에 쓰일 아키텍처를 구현할 수도 있다. 그래도 다음을 유념하자.

- 어떤 프로젝트에서는, 특히 임베디드 디자인에서는 특정 하드웨어 컴포넌트를 명시해야 할 수 있다.
- 분산 시스템에서는 장비와 프로세서 개수, 프로세서 간 작업 분할이 아키텍처적 이슈일 수 있다. 최소 및 평균 시스템 설정을 고려해야 한다.
- 특정 알고리즘이나 데이터 구조가 전체 디자인의 기반이면(가능성은 희박하지만) 아키텍처에서 설명해야 할 수 있다.

항상 균형을 유지해야 한다. 아키텍처 단계에서 정해지는 정보가 많을수록 향후 디자인이나 구현 단계에서 기동력이 떨어진다.

14.1.2 관점

물리적인 건축에서는 건물 하나에 물리적 구조, 배선, 배관 등 다양한 도안 혹은 관점을 사용한다. 비슷하게 아키텍처 디자인에서도 다양한 소프트웨어 관점(view)을 개발한다. 흔히 아래 네 가지 관점을 떠올린다.

개념적 관점(conceptual view)
논리적 관점(logical view)이라고도 불리며 시스템의 주요 요소와 요소 간 상호 연결을 보여준다.

구현 관점(implementation view)
실제 구현 모듈 관점에서 바라보는 것으로서 간결한 개념적 관점과 다를 수 있다.

프로세스 관점(process view)
작업(task), 프로세스, 커뮤니케이션 측면에서 동적 구조를 보이기 위해 디자인하며 고도의 동시 실행이 일어날 때 가장 유용하다.

배치 관점(deployment view)

분산 시스템에서 물리적 노드로 어떻게 작업을 할당하는지 보일 때 사용한다. 예를 들어 데이터베이스 서버와 웹 인터페이스 게이트웨이 팜(farm)에 기능을 분할해야 할 수 있다.

처음부터 전부 만들 필요는 없다. 개발을 진행하며 특정 관점이 만들어진다. 아키텍처 초기 단계에서 주 결과물은 개념적 관점이며 14장에서 집중적으로 다루려 한다.

도움이 되기를 바라며

소프트웨어 아키텍처는 초기 코드 구조뿐 아니라 소프트웨어 공장의 중심부까지 광범위하게 연결되어 있다. 지속해서 기술과 실용 양 측면에 영향을 준다. 아키텍처는 코드가 어떻게 발전해 나가고 팀원이 서로 어떻게 협력해 코드를 확장하는지에 영향을 미치고, 소프트웨어 디자인은 작업 흐름에 영향을 미친다. 3계층 아키텍처를 사용하면 각각을 작업하는 세 개 팀이 생겨난다. 관리자도 세 그룹, 경영 보고 라인도 세 개일 것이다. 누군가의 초기 디자인 결정이 당신이 할 일을 좌우한다.

아키텍처에 따라 소프트웨어가 얼마나 유연할지, 코드 기반이 향후 요구사항을 얼마나 잘 수용할지 결정되므로 궁극적으로 기업의 상업적 성패가 달렸다. 형편없는 아키텍처는 불편한데 그치지 않고 생계까지 위협한다. 중대한 문제다.

프로그래머가 가장 직접적으로 영향을 받는다. 일의 재미가 다르다. 초기 디자인이 제대로 됐다면 2초면 끝났을 아주 작은 기능을 넣느라 고생하고 싶을 사람은 아무도 없다. 일을 시작할 때 설계자가 생각한 것이 아닌 스스로 그래야 한다고 생각하는 것을 아키텍처에서 지원하는지 확인하자.

14.1.3 언제 어디에서 할까?

아키텍처는 아키텍처 명세(architecture specification)처럼 상상력이 풍부한 이름이 달린 고급 문서에 담긴다. 이 명세는 시스템 구조를 설명하고 시스템이 어떻게 요구사항을 충족하는지 보이며 성능 요구사항에 도달하기 위한 전략과 고장 허용(fault tolerance)을 충분히 달성하는 방법 같은 주요 이슈를 포함한다.

> **핵심개념 ★** 시스템 아키텍처는 프로그래머와 관리자, 설치 프로그램, 운영자 등 (심지어 고객까지) 참여한 누구든 볼 수 있는 문서로 공개적으로 보관하자.

아키텍처는 첫 시스템 디자인이다. 즉 요구사항 수립 후 첫 번째 개발 단계이다. 프로젝트에 가장 중대한 영향을 미칠 디자인 결정을 검토하고 검증할 최초의 기회이니만큼 명세를 반드시 미리 생성하자. 취약점과 잠재적 문제를 찾아낼 수 있다. 초기에 잘못된 결정을 되돌리면 시간과 노력, 비용이 크게 절감된다. 시스템 기반을 세우고 다량의 코드를 개발한 뒤에는 그 기반을 뒤흔드는 대가가 너무 크다.

아키텍처도 디자인의 하나라 모듈 디자인이나 하단 코드 디자인과 어느 정도 겹치지만 엄연히 별개다. 이후 상세 디자인 과정에서 시스템 아키텍처가 바뀌기도 한다. 이는 자연스럽고 정상적이다.

누구의 역할일까?

앞서 알아봤듯이 소프트웨어 아키텍처는 프로그래머뿐 아니라 프로젝트 참여자 모두에게 영향을 미친다. 그에 반해 아키텍처는 상대적으로 훨씬 소규모 그룹에서 결정된다. 책임이 막중하다.

아키텍처 디자이너를 소프트웨어 설계자(software architect)라 부른다. 제법 거창한 데다 엔지니어처럼 다소 논쟁의 여지가 있다. 설계자라는 호칭에 걸맞은 "진짜" 설계자가 되려면 연구하고 자격을 부여받고 전문적 성취를 이뤄내야 한다. 소프트웨어 세계에는 이러한 요구사항이 없다.

소프트웨어 설계자는 개발 주기 초기에 작업했던 프로젝트 개시자 중 하나다. 개발이 진행되면서 프로그래머가 참여해 이렇게 수립된 아키텍처를 구현한다.

하지만 전문 아키텍처 경험을 덜 요구하는 작은 프로젝트에서는 프로그래머 스스로 아키텍처를 고안한다. 비장의 카드는 필요 없다. 아키텍처 디자인에 기여할 수 있도록 대비하자.

14.1.4 어디에 쓰일까?

아키텍처는 최초의 시스템 디자인이다. 하지만 아주 오랫동안 쓰인다. 다음과 같은 목적으로 시스템 아키텍처를 사용한다.

검증

아키텍처는 향후 무엇이 만들어질지 처음으로 검증해 볼 기회다. 아키텍처로 시스템이 요구사항을 모두 충족하는지 가상으로 점검할 수 있다. 현실적으로 실현 가능한지 확인할 수 있다. 디자인이 내부적으로 일관되도록, 예외적인 경우나 불필요한 핵 없이 잘 들어맞도록 할 수 있다. 상위 디자인에서의 심각한 결함은 하단에서 더 위험한 핵(hack)으로 이어질 뿐이다.

아키텍처는 작업이 중복되지 않게, 노력이 헛되지 않게, 불필요한 반복이 없게 해준다. 아키텍처를 통해 전략에 빈틈이 없는지, 필요한 기능을 모두 포함하는지 확인할 수 있다. 별개 영역들을 매끄럽게 합칠 수 있다.

커뮤니케이션

아키텍처 명세로 시스템 설계자, 구현자, 메인테이너(maintainer), 테스터, 고객, 운영자(manager) 등 모든 이해 당사자 간에 디자인을 공유한다. 아키텍처 명세는 시스템을 이해하는 주된 통로이자 변경이 있을 때마다 항상 최신 정보를 유지해야 하는 중요한 문서다.

> **핵심개념 ★** 아키텍처 명세는 시스템 구성을 공유하는 필수 도구다. 항상 소프트웨어와 동기화하자.

아키텍처는 문제 영역과 해법 영역을 매핑해 시스템 비전을 전달한다. 시스템이 개념적 일관성(conceptual integrity)을 유지하도록 조화롭게 확장할 방법을 아키텍처에서 분명하게 밝혀야 한다.[브룩스 95] 아키텍처는 암묵적으로 규칙 집합을 제공하고 하나의 스타일 요소를 포함한다. 예를 들어 CORBA 인프라가 쓰인 디자인에는 맞춤형 소켓 기반 커뮤니케이션이 딸린 컴포넌트를 새로 넣으면 안 된다.

아키텍처는 지나치게 형식에 얽매이지 않으면서 자연스럽게 다음 디자인 단계로 넘어갈 경로를 제공한다.

선택

아키텍처가 있으면 결정을 내리기 수월하다. 예를 들어 제조–구매 의사결정을 가리고 데이터베이스 필요 여부를 결정하고 오류 처리 전략을 명확히 해준다. 프로젝트에서 특히 더 위험한 부분을 알리고 위험을 최소화할 계획을 세우는 역할도 한다. 설계자의 주된 목표는 예상되는 모든 조건하에(일부 예외적인 조건을 포함해) 설계대로 개발하는 것이니 소프트웨어 구조를 유연하게 만들어야 한다. 바람이 살짝 불거나 하중이 늘어난다고 무너지면 안 된다.

이와 같이 시스템 전반을 아우르는 관점을 가져야 요구사항을 충족하며 디자인을 적절히 절충할 수 있다. 이러한 주요 이슈들은 개발 막바지가 아닌 시작 시에 고려된다.

> **핵심개념 ★** 아키텍처 맥락에서 소프트웨어 디자인을 결정하자. 시스템 비전과 전략에 따라 일하고 있는지 늘 확인하자. 일체 도움이 되지 않는 혹을 덧붙이지 말자.

14.1.5 컴포넌트와 연결로 만들자

아키텍처는 컴포넌트(component)와 연결(connection)을 묘사한다. 각각의 개수와 종류가 아키텍처에서 결정된다.

14.1.5.1 컴포넌트

아키텍처는 컴포넌트가 아키텍처 측면에서 어떤 역할을 하느냐에 관계없이 각 컴포넌트에 대한 정보를 수집한다. 컴포넌트는 객체나 프로세스, 라이브러리, 데이터베이스, 외부 제품일 수 있다. 시스템 내 각 컴포넌트는 하나하나가 명확하고 논리적인 단위다. 저마다 한 가지 일을 훌륭히 수행한다. 평상적인 기능을 하는 특정 모듈을 제외하고는 어떤 컴포넌트도 필요 이상으로 많은 기능을 수행하지 않는다.

아키텍처 단에서는 컴포넌트 구현 이슈는 깊이 고려하지 않고 노출된 기능과 외부로 보여질 주요 인터페이스만 설명한다. 컴포넌트의 가시성(visibility), 즉 컴포넌트에서 무엇을 볼 수 있고 없는지, 무엇이 그 컴포넌트를 볼 수 있고 없는지를 정의한다. 곧 알아보겠지만 아키텍처 스타일에 따라 가시성 규칙이 다르다.

설계자 대 판매자

초기 개발이나 향후 개발에서 제품 요구사항을 충족하지 못한다면 아키텍처가 미흡한 것이다. 기술적 우위만이 디자인 품질의 전부가 아니다. 기술 이슈 외에 제품 관리와 판매 고려 사항까지 해결해야 한다.

아무도 원하지 않는 제품은 개발해봐야 소용없다. 어마어마한 시간 낭비다. 기술적 고려 사항에 판매 요구사항이 누락되면 중대한 사업 기회를 놓칠 수 있다. 판매 부서는 판매 전략(일회성 수수료를 부과하는지 혹은 라이선싱/결제 모델을 이용하는지)과 시장에서의 제품 위치(최고급 제품인지, 기능이 다양한 제품인지, 고가 혹은 저가 제품인지, 대량 생산 제품인지), 시스템을 관통하는 독창적인 브랜드의 중요성 같은 핵심 사업 목표를 결정한다.

때로는 괄목할 만한 아키텍처가 차별화된 판매 요소(unique selling point)로 작용해 강력한 경쟁 우위를 점하는 데 기여하기도 한다. 내부 시스템 구조에 민감하지 않은 시장이더라도 시장 지위를 굳건히 유지하려면 향후 고객 요구사항을 예상하고 처리할 아키텍처가 꼭 필요하다.

기업의 전반적인 전략과 맞아 떨어지는 소프트웨어를 생산하는 방법과 고객이 정말 뛰어나다고 생각하는 솔루션이 무엇인지 이해하려면 기술 설계자와 판매 의사 결정자가 긴밀히 협력해야 한다. 소프트웨어 아키텍처는 사용성, 안정성, 업데이트 가능성, 확장성 같은 판매 이슈를 다룬다. 각각 소프트웨어 디자인에 실질적으로 영향을 미친다. 다양한 과금 형태만 지원해도 프로젝트의 수익성이 크게 높아지는데, 로깅이 풍부해지면 트랜잭션 당 결재가 가능해 제품 수익이 증가한다. 다만 보안과 사기 방지 수단까지 고려해 아키텍처를 고안해야 할 수 있다.

판매 요구사항은 기술적 아키텍처에 반영된다. 기술적 고려 사항은 다시 판매 전략에 반영된다. 경쟁 제품 사이에서 두각을 나타낼 제품을 생성하기 위해 기술적 비전과 전략적 비전이 만날 때 정말 훌륭한 아키텍처가 탄생한다.

14.1.5.2 연결

아키텍처는 컴포넌트 간 연결(connection)을 찾고 그 특징을 설명한다. 연결이란 간단한 함수 호출이나 파이프를 통한 데이터 흐름이다. 이벤트 핸들러나 운영 체제 또는 네트워크 메커니즘을 통한 메시지 전달일 수도 있다. 동기식(요청을 모두 처리할 때까지 호출자를 블록함) 또는 비동기식(제어를 즉시 호출자에 넘기고 회신할 응답을 준비함) 연결이 있다. 연결에 따라 시스템을 둘러싼 제어 흐름이 달라지므로 매우 중요하다.

간접적으로(그래서 상당히 미묘하게) 커뮤니케이션이 일어날 때가 있다. 예를 들어 공동 게시판에 메시지를 올리는 대신 컴포넌트끼리 특정 자원을 공유해 그 자원으로 소통하는 경우다. 종속 컴포넌트나 공유 메모리 영역, 파일 내용처럼 아주 기초적인 방법 역시 공유 커뮤니케이션 통로 중 하나다.

14.2 훌륭한 아키텍처란?

훌륭한 아키텍처의 핵심은 단순성(simplicity)이다. 소수의 정선된 모듈과 합리적인 커뮤니케이션 통로를 지향한다. 또한 알기 쉬워야 하는데, 이는 주로 그림으로 표현해야 한다는 뜻이다. 누구나 알다시피 "그림은 천 마디 말을 한다".

> **핵심개념★** 훌륭한 시스템 아키텍처는 단순하다. 문단 하나로 설명할 수 있고 간결한 그림 하나로 요약할 수 있다.

설계가 뛰어난 시스템에는 컴포넌트가 너무 적지도 너무 많지도 않다. 이 기준은 문제 규모에 따라 확장된다. 프로그램이 작으면 모듈 몇 개와 간단한 상호 연결만 포함하는 메모지 크기 정도의 아키텍처로 적절하다(심지어 충분할 수도 있다). 시스템이 크면 당연히 더 공을 들여야 하고 메모지도 더 커야 한다.

세분화된 컴포넌트가 너무 많으면 혼란스럽고 다루기 어려운 아키텍처가 된다. 설계자가 너무 자세히 설명한 것이다. 컴포넌트가 너무 적으면 모듈별로 일이 많다는 뜻으로 구조가 명확하지 않고 유지 보수가 어렵고 확장하기 힘들다. 중간에서 적절히 균형을 이뤄야 한다.

아키텍처는 모듈 내부 동작을 일일이 나열하지 않는다. 이는 모듈 디자인에서 할 일이다. 각 모듈이 나머지 시스템을 거의 모르게끔 만들어야 한다. 아키텍처 디자인 단계 역시 다른 단계와 마찬가지로 약한 커플링과 강한 응집력을 목표로 한다(323쪽 "모듈성" 참고).

아키텍처 명세에서는 어떤 디자인 결정을 내렸는지 열거하며 여러 전략 중 해당 방식을 택한 이유를 분명하게 설명한다. 다른 대안을 장황하게 설명할 필요는 없으나 선택한 아키텍처가 타당하고 진지하게 생각한 결과임을 보여야 한다. 아키텍처 명세에는 시스템의 주 목적이 명확하게 드러나야 한다. 예를 들어 확장성과 성능은 서로 목표하는 바가 달라 아키텍처 디자인 결정도 달라진다.

뛰어난 아키텍처는 조작성이 높아 결정을 바꿀 수 있다. 외부 컴포넌트를 추상 인터페이스로 감싸 버전을 교체할 수 있다고 아키텍처에 명시하는 식이다. 또는 개발 중에 구현을 쉽게 바꿀 수 있는 기술을 제안할 수도 있다. 프로젝트가 가속화되면서 어떤 구현이 올바른지 점점 명확해진다. 항상 처음부터 분명하지는 않다. 훌륭한 아키텍처는 유연해서 이처럼 불확실한 초기에 신속하게 디자인할 수 있는 메커니즘을 제공한다. 아키텍처는 상충하는 요구사항 간 균형을 맞추는 첫 번째 중심축으로서 어떻게 품질을 절충하는지 보여준다.

아키텍처는 명확하고 모호하지 않아야 한다. 이미 만들어진 유명한 아키텍처 스타일이나 프레임워크가 가장 좋은 선택지다(다음 절에서 더 자세히 다루겠다). 아키텍처는 이해하고 다루기 쉬워야 한다.

훌륭한 디자인처럼 훌륭한 아키텍처에도 기분이 좋아지는 특별한 미적 매력이 있다.

14.3 아키텍처 스타일

형태는 기능에 따른다.

_루이스 헨리 설리번

여러 건축 양식이 혼재된 거대한 고딩 양식 성당과 고아한 빅토리아 양식 예배당처럼 혹은 웅장한 고층 건물과 1970년대 공중화장실처럼 시스템의 기반으로 삼으면 좋을 유명한 소프트웨어 아키텍처 스타일이 많다. 좋든 안 좋든 다양한 이유로 스타일을 선택하는데, 보통은 견고한 기술적 근거나 설계자의 경험, 심지어 현재 유행 중인 스타일이 무엇이냐에 기반한다. 아키텍처마다 특징이 다르다.

- 데이터 표현과 알고리즘, 기능 요구 변경에 따른 탄력성
- 모듈을 분리하고 연결하는 방법
- 이해가능성
- 성능 요구사항을 수용하는 능력
- 컴포넌트 재사용성에 대한 고려

실제로 한 시스템에 여러 아키텍처 스타일이 섞여 있기도 하다. 한쪽에서는 파이프와 필터 프로세스로 데이터를 처리하고 나머지 시스템에서는 컴포넌트 기반 아키텍처를 이용한다.

> **핵심개념⭐** 주요 아키텍처 스타일을 알아두고 장단점을 파악하자. 기존 소프트웨어를 거부감없이 다루고 적절한 시스템 디자인을 수행하기 좋다.

이어지는 절에서 일반적인 아키텍처 스타일 몇 가지를 설명하겠다. 그리고 파스타와 비교하겠다.

14.3.1 아키텍처 생략

시스템에는 항상 아키텍처가 있으나 저자의 런던 지하철 프로젝트처럼 꼭 미리 계획된 아키텍처는 아닐 수 있다. 머지않아 이 불운한 사태는 개발팀의 골칫거리가 된다. 엉망진창 소프트웨어가 나온다.

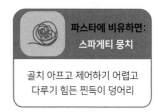

**파스타에 비유하면:
스파게티 뭉치**

골치 아프고 제어하기 어렵고
다루기 힘든 찐득이 덩어리

좋은 소프트웨어를 만들려면 반드시 아키텍처를 정의해야 한다. 아키텍처를 계획하지 않으면 개발을 시작하기도 전에 이미 불행한 결말이 정해진 것과 다름없다.

14.3.2 계층형 아키텍처

개념적으로 가장 흔히 쓰이는 아키텍처 스타일일 것이다. 빌딩 블록(building-block) 방식을 활용해 시스템을 계층 구조로 묘사한다. 한눈에 이해할 수 있는 아주 단순한 모델이라 심지어 비기술자도 요지를 금세 파악할 수 있다.

각 컴포넌트는 스택에서 하나의 블록으로 표현된다. 스택에서의 위치는 어느 단계에 무엇이 위치하는지, 컴포넌트끼리 어떻게 연관되는지, 어떤 컴포넌트가 어떤 컴포넌트를 "볼 수" 있는지를 나타낸다. 블록은 같은 층에 여러 개가 나란히 놓일 수도 있고 두 층에 걸쳐 있을 수도 있다.

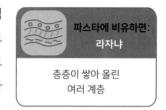

파스타에 비유하면:
라자냐

층층이 쌓아 올린
여러 계층

네트워크 커뮤니케이션 시스템에 쓰이는 OSI 7계층 참조 모델(OSI 7-layer reference model)이 잘 알려진 예다.[ISO 84] 더 흥미로운 예는 그림 14-1에 나오는 구들리프 7계층 트라이플 참조 모델(Goodliffe 7-layer trifle reference model)이다.

▼ **그림 14-1** 구들리프 7계층 트라이플 참조 모델

시스템이 실제로 물리적 장치와 상호 작용하는 경우 스택 최하단에는 하드웨어 인터페이스가 놓인다. 아니라면 최하단은 운영 체제나 코바(CORBA) 등의 미들웨어 기술 같은 가장 기본적인 서비스가 차지한다. 최상단은 사용자와 상호 작용할 화려한 인터페이스가 차지할 가능성이 크다. 집 지붕이 지구 핵 속 마그마를 걱정하지 않아도 되듯이 스택을 쌓아 올릴수록 하드웨어와 점점 멀어지며 다행히도 중간 계층이 보호해준다.

하위 계층은 언제든 전부 버리고 새 구현을 넣을 수 있다. 시스템은 예전과 똑같이 기능한다. 똑같은 C++ 코드를 C++ 환경을 지원하는 어떤 컴퓨팅 플랫폼에서든 실행할 수 있다는 것, 이것이 핵심이다. (가령) 기술적 차이를 메워주는 운영 체제 계층만 있다면 애플리케이션 코드를 수정하지 않고도 하드웨어 플랫폼을 교체할 수 있다. 얼마나 편리한가.

상위 계층은 바로 하위 계층의 공개 인터페이스를 사용한다. 하단의 공개 인터페이스 사용 여부는 계층 정의에 달렸다. 트라이플 스택의 셰리 브릭처럼 다이어그램을 조작해 나타내 기도 한다. 같은 계층에 있는 컴포넌트 간 연결 여부는 엄격하게 정의되지 않는다. 상위 계층에 있는 컴포넌트는 당연히 무엇도 사용할 수 없으며 이 규칙이 깨지면 계층형 아키텍처가 아니라 단지 스택 모양의 의미 없는 그림일 뿐이다.

보다시피 계층 그림에는 정해진 형식이 없는 경우가 대부분이다. 상자의 상대적인 크기와 위치로 컴포넌트의 중요도를 나타내는데, 보통 이 정도면 전반적으로 파악하기 충분하다. 컴포넌트 간 연결은 내포적이고 커뮤니케이션 방법은 아예 다루지 않는다(하지만 RS232 시리얼 포트로 기가바이트 데이터를 전송할 리 없으니 시스템 효율성 측면에서는 중대한 아키텍처 이슈일 수 있다).

14.3.3 파이프와 필터 아키텍처

파스타에 비유하면:
카넬로니

특수한 상황에 아주 적합한
훌륭한 데이터 전달자

시스템을 통과하는 데이터의 논리적 흐름을 모델링하는 아키텍처다. 데이터를 읽고 처리하고 다시 내뱉는 모듈들을 순차적으로 나열해 구현한다. 체인은 데이터 생성기(사용자 인터페이스 혹은 하드웨어에서 입력을 가져오는 로직)로 시작한다. 마지막은 데이터 수신기(컴퓨터 화면이나 로그 파일)다. 어디선가 들어 본 구식 전화 게임의 디지털 버전처럼 보인다. 데이터는 파이프를 통해 흘러가고 도중에 다양한 필터를 지난다. 변환은 점진적으로 이뤄진다. 각 필터는 단순히 한 가지 일만 하고 내부 상태가 거의 없다.

파이프와 필터 아키텍처에는 각 필터 간 데이터 구조가 잘 정의돼 있어야 한다. 파이프로 전달하려면 출력 데이터를 거듭 인코딩하고 뒤 필터에서 매번 다시 파싱하는 암묵적 오버헤드가 든다. 그래서 데이터 스트림이 주로 단순한 플레인 텍스트 형식이다.

이 아키텍처에서는 파이프라인에 새 필터를 넣는 식으로 쉽게 기능을 추가할 수 있다. 치명적인 단점은 오류 처리다. 수신기에서 문제를 발견하면 파이프라인 어디에서 오류가 생겼는지 파악하기 어렵다. 오류 코드를 출력까지 전달하려면 인코딩을 더 해야 하고 여러 모듈에서 일률적으로 처리해야 하니 상당히 번거롭다. 필터에 별도의 오류 채널(가령 stderr)을 도입할 수 있지만, 오류 메시지와 뒤섞이기 쉽다.

14.3.4 클라이언트/서버 아키텍처

전형적인 네트워크 기반 아키텍처인 클라이언트/서버 모델은 기능을 클라이언트와 서버라는 두 핵심 요소로 분리한다. 각 요소 간 업무 분담 면에서 구식 메인프레임 (mainframe) 스타일의 네트워크 디자인과는 다르다. 메인프레임의 "클라이언트"는 키보드 입력만 받아 전송할 줄 아는 출력 화면이 딸린 터미널이다.

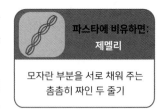

파스타에 비유하면:
제멜리

모자란 부분을 서로 채워 주는 촘촘히 짜인 두 줄기

클라이언트/서버 아키텍처의 클라이언트는 더 풍부하고 더 똑똑하며 주로 데이터를 대화형 그래픽 형태로 표현한다. 두 요소의 역할을 더 자세히 살펴보자.

서버

서버는 클라이언트에게 잘 정의된 명확한 서비스를 제공한다. 주로 특정 기능을 제공하거나 자원(공유 파일이나 프린터, 데이터베이스, 공용(pooled) 처리 능력) 관리에 특화된 강력한 컴퓨터다.

서버는 클라이언트의 요청을 기다렸다가 응답한다. 고객 연결을 동시에 무제한으로 처리할 수도 있고 사용 패턴에 제약이 있을 수도 있다.

클라이언트

클라이언트는 서버가 제공하는 서비스를 소비한다. 요청을 전송하고 반환받은 결과를 처리한다. 한 가지 역할만 하는 전용 클라이언트도 있고, 여러 기능을 제공하는 클라이언트도 있다(예를 들어 표준 데스크톱 PC에서 실행되는 "클라이언트" 애플리케이션이 웹 브라우징이나 이메일 확인까지 수행한다).

서로 다른 유형의 클라이언트가 서버 한 대를 이용하며 동일한 요청 집합을 각자 다르게 처리할 수 있다. 어떤 클라이언트는 웹 기반이고, 어떤 클라이언트는 GUI 인터페이스를 지원하고, 어떤 클라이언트는 명령 줄 접근을 제공하는 식이다.

클라이언트/서버 방식은 이름에서 유추할 수 있듯이 2계층(two-tier) 아키텍처라고도 불린다. 아주 흔하고 소프트웨어 개발 세계에서 두루두루 쓰인다. 클라이언트와 서버는 다양한 수단으로 커뮤니케이션한다. 표준 네트워크 프로토콜이 가장 간단하나 원격 프로시저 호출(RPC, remote procedure call)이나 원격 SQL 데이터베이스 쿼리, 심지어 애플리케이션별로 전용 프로토콜을 쓰기도 한다.

두 컴포넌트 간 작업 분할 방식도 다양하다. 클라이언트와 서버 어느 쪽에서든 핵심 애플리케이션 로직(비즈니스 로직이라고도 부름)을 실행할 수 있는데 클라이언트가 얼마나 지능적이고 전문적이냐에 달렸다. 클라이언트에 애플리케이션 로직이 많이 몰릴수록 중앙 서버의 장점이 사라지며 비슷한 기능을 여러 클라이언트에서 다시 구현해야 하니 디자인 유연성이 떨어진다. 클라이언트는 주로 공개된 서버 기능에 걸맞은 휴먼 인터페이스를 제공하는 데 초점을 둔다.

계층(중간 계층(middle tier))을 하나 더 넣어 2계층 디자인을 확장하기도 한다. 클라이언트 애플리케이션(이 경우 무조건 인터페이스로만 쓰임)과 백엔드 데이터 저장소와 분리해 새 컴포넌트를 추가하고 비즈니스 로직이 들어가도록 명시적으로 디자인한다. 이를 3계층 (three-tier) 아키텍처라 부른다.

클라이언트/서버 방식은 모든 네트워크 노드의 능력이나 중요도가 동등한 P2P(peer-to-peer) 아키텍처와는 다르다. P2P 아키텍처는 효율적으로 사용하기는 어려우나 결함에 강하다. 클라이언트/서버 디자인은 (소프트웨어 결함이나 정기 점검 등으로 인해) 서버가 마비되면 제대로 기능하지 못한다. 서버가 정상으로 돌아올 때까지 어떤 클라이언트도 동작하지 않는다. 그래서 일반적으로 클라이언트/서버 설치에는 전체 시스템을 끊임없이 순조롭게 실행시켜 줄 지정된 관리자가 필요하다.

인터페이스 한 대 때리기(치기)

소프트웨어를 구성하는 핵심 원칙인 모듈성(modularity)은 시스템을 대체 가능한 컴포넌트로 디자인한다는 뜻이다. "레고 블록" 방식으로 구성한다고 보면 된다. 올바르게 디자인했다면 파란 네모 블록을 빼내 조금 더 멋진 빨간 네모 블록으로 교체할 수 있다. 모양과 크기가 같고 연결 블록 종류도 같으면 똑같은 구멍에 딱 맞게 들어가 같은 역할을 수행할 것이다.

이를 소프트웨어로 어떻게 구현할까? 인터페이스를 정의하면 된다. 인터페이스는 연결점이자 컴포넌트 경계다. 인터페이스는 (적어도 외부에서 보여지는) 각 컴포넌트의 크기와 모양을 정의하고 어떻게 하면 동일한 조건하에 교체할 수 있는지 결정한다. 주요 인터페이스 유형을 살펴보자.

API

애플리케이션 프로그래밍 인터페이스는 물리적으로 링킹된 애플리케이션 내 함수 모음이다. 어떤 API를 구현한 컴포넌트를 교체하려면 모든 함수를 다시 구현해 코드를 다시 링킹하기만 하면 된다.

클래스 계층 구조

추상 "인터페이스" 클래스를 디자인한다(자바와 C#에서는 실제로 `interface`를 정의한다). 이후 이 클래스로부터 상속받아 인터페이스를 구현한 구체(concrete) 구현을 얼마든지 제공할 수 있다.

14.3.5 컴포넌트 기반 아키텍처

이 아키텍처는 단일 구조 형식에서 벗어나 제어를 분산시
켜 별도의 여러 협업 컴포넌트로 분리한다. 객체 지향 방식
을 따르지만 꼭 객체 지향 언어로 구현하지 않아도 된다.
각 컴포넌트의 공개 인터페이스는 전형적으로 인터페이스
정의 언어로 정의되며 구현과 완전히 분리되지만 (닷넷의

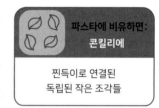

파스타에 비유하면: 콘킬리에

찐득이로 연결된
독립된 작은 조각들

내장 컴포넌트 지원처럼) 구현 코드 자체에서 결정하는 컴포넌트 기술도 있다.

컴포넌트 기반 디자인의 매력은 조립식 컴포넌트를 합쳐서 빠르게 애플리케이션을 만드
는 소위 플러그 앤 플레이 방식이다. 지금까지 얼마나 성공적이었냐는 아직 논쟁거리다.
모든 컴포넌트가 재사용 가능하도록 디자인되지 않을뿐더러(이는 무척 어려운 일이다) 정
확히 원하는 일을 수행할 컴포넌트를 찾기가 항상 쉽지는 않다. UI의 경우에는 잘 알려진
프레임워크와 공인된 시장이 있으니 그나마 낫다.

컴포넌트 기반 아키텍처의 핵심은 컴포넌트를 끼워 넣을 수 있고 그 존재를 알리고 제공
할 서비스를 선전할 수 있는 커뮤니케이션 인프라 혹은 미들웨어(middleware)다. 두 컴포
넌트를 하드웨어적으로 직접 연결하는 대신 미들웨어 메커니즘을 통해 정보를 찾는 방식
으로 컴포넌트를 사용한다. 잘 알려진 미들웨어 플랫폼으로는 코바(CORBA), 자바빈즈,
COM 등이 있으며 각각 장단점이 다르다.

컴포넌트*는 본질적으로 하나의 구현 단위다. 하나(혹은 그 이상)의 특정 공개 IDL 인터페이스 역할을 수행한다. 여기서 인터페이스란 컴포넌트 고객과 컴포넌트가 상호 작용하는 방식이다. 다른 방법은 없다. 고객은 어떻게 컴포넌트가 구현됐는지 보다 그 인터페이스의 인스턴스를 다루는 데 관심이 있다.

각 컴포넌트는 독립된 별개 코드 조각이다. 컴포넌트는 인터페이스 뒤에서 로직(아마도 비즈니스 로직이나 사용자 인터페이스 활동)을 구현하고 지역적 혹은 공개(가령 파일 저장소나 데이터베이스 컴포넌트)일 수 있는 데이터를 포함한다. 컴포넌트끼리 잘 몰라도 상관없다. 커플링이 지나치게 강한 아키텍처는 혼란만 가득한 단일체(monolithic) 시스템에 지나지 않는다.

컴포넌트 기반 아키텍처는 서로 다른 장비에 있는 컴포넌트로 네트워크화한 환경에서 효율적으로 쓰일 수 있지만, 단일 장비 설치에도 쉽게 존재한다. 어떤 미들웨어를 쓰느냐에 따라 다르다.

14.3.6 프레임워크

프로젝트에 맞는 새 아키텍처를 개발하는 대신 기존 애플리케이션 프레임워크를 가져다가 스켈레톤에 개발을 덧붙이는 편이 더 적절할 수 있다. 프레임워크는 확장 가능한 코드 라이브러리(주로 협력 클래스 집합)로서 특정 문제 도메인에 적합한 재사용 가능한 디자인을 만들어 낸다. 프레

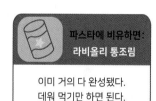

**파스타에 비유하면:
라비올리 통조림**

이미 거의 다 완성됐다.
데워 먹기만 하면 된다.

임워크 작업의 대부분은 사용자 대신 알아서 처리되고 나머지는 공백 기입(fill-in-the-blanks) 방식을 따른다. 프레임워크가 다르면 아키텍처 모델도 달라서 어떤 프레임워크를 사용하면 그 프레임워크에 특화된 스타일을 따르게 된다.

프레임워크는 코드와 상호 작용하는 방식에 있어서 전통적인 라이브러리와 다르다. 라이브러리를 쓸 경우 사용자가 직접 라이브러리 컴포넌트를 명시적으로 호출한다. 프레임워크는 정 반대라서 프레임워크가 구조와 제어 흐름을 감독한다. 프레임워크는 필요에 따라 사용자가 제공한 코드를 호출한다.

---

* 앞서 컴포넌트를 수명이 짧은 구현 단위인 모듈로 설명했었다. 하지만 14장에서는 컴포넌트 기반 아키텍처에 특화된 정의를 새로 내린다. 헷갈리겠지만 용어에는 여러 의미가 부여되기 마련이다.

아키텍처 디자인 패턴(architectural design pattern)은 기성 프레임워크와 어깨를 나란히 하는 기법이다. 패턴은 아키텍처 스타일이 아니지만 소규모 아키텍처 템플릿이다. 반복되는 커뮤니케이션 구조를 찾아 소수의 협업 컴포넌트로 구성한 미시적 아키텍처(micro-architecture)다. 아키텍처 패턴은 아키텍처 디자인 단에서 공통 컴포넌트 구조를 설명하고 이 구조가 주어진 상황에서 요구사항을 어떻게 달성하는지 보인다. 패턴은 디자인 모범 사례를 모아 놓은 것으로서 유명한 GoF 책[감마 외 94]과 다수의 후속 출판물(331쪽 "디자인 패턴" 참고)에 나와 있다.

14.4 요약

로마의 건축가 비트루비우스는 훌륭한 건축 설계를 이루는 요소에 대해 시대를 초월하는 명언을 남겼다. 바로 견고성(firmitas)과 유용성(utilitas), 아름다움(venustas)이다. 소프트웨어 아키텍처도 마찬가지다. 명확하고 소통하기 쉬운 아키텍처가 없으면 응집된 내부 구조가 없는 소프트웨어 프로젝트로 이어진다. 고장 나기 쉽고 불안정하고 보기 흉하다. 언젠가 한계에 마주친다.

온통 파스타에 빗대 설명했더니 슬슬 배가 고프다. 7계층 참조 트라이플이나 만들러 가야겠다...

현명한 프로그래머

- 소프트웨어 아키텍처를 잘 알고 아키텍처에 맞춰 새 코드를 작성한다.
- 디자인 시나리오별로 적절한 아키텍처를 적용한다.
- 소프트웨어 디자인의 미학을 알기에 아름답고 간결한 단순한 아키텍처를 만든다.
- 계속해서 업데이트되는 실시간 문서에 시스템 아키텍처를 기록한다.
- 디자인 개선의 일환으로 아키텍처 문제를 다시 시스템 설계자에게 전달한다.

형편없는 프로그래머

- 전반적인 아키텍처 비전을 무시하고 코드를 작성하니 도무지 이해해 줄 수 없는 결함과 통합되지 못한 컴포넌트가 생겨난다.
- 코딩에 뛰어들기 전에 수준 높은 디자인을 수행하지 못하고 아키텍처 단에서 대안을 전혀 고려하지 않는다.
- 머릿속 혹은 전혀 업데이트되지 않는 명세에 아키텍처 정보를 숨겨 둔다.
- 아키텍처가 부적절해도 신경 쓰지 않고 하단의 문제를 수정하지 않은 채 잘못 디자인된 코드를 더 추가한다, 굳이 더 큰 골칫덩어리를 건드릴 마음이 없다.

14.5 참고

12장: 불안 장애

시스템 아키텍처에서 보안 우려 사항을 다뤄야 한다.

13장: 훌륭한 디자인

코드 디자인은 이어지는 코드 구성 단계다.

15장: 소프트웨어 진화 혹은 소프트웨어 혁명?

소프트웨어의 시작이 아키텍처이기는 해도 결코 소프트웨어 개발을 이끌어 나가는 유일한 요소는 아니다.

22장: 프로그램 레시피

아키텍처 디자인이 소프트웨어 개발 절차와 어우러지는 때

14.6 생각해 보기

다음 질문에 대한 자세한 설명은 602쪽 "정답과 설명"에 나와 있다.

14.6.1 궁리하기

1 아키텍처가 마무리되고 소프트웨어 디자인이 시작되는 지점을 정의하라.

2 형편없는 아키텍처는 시스템에 어떤 식으로 영향을 미치는가? 아키텍처 결함이 영향을 미치지 않는 부분이 있는가?

3 아키텍처에 결함이 생기면 쉽게 고칠 수 있는가?

4 아키텍처는 아래 요소에 얼마나 영향을 미치는가?

   a 시스템 설정

   b 로깅

   c 오류 처리

   d 보안

5 소프트웨어 설계자라 불리려면 어떤 경험 혹은 자격이 필요할까?

6 판매 전략이 아키텍처에 영향을 미쳐야 할까? 그렇다면 어떻게 미쳐야 할까? 그렇지 않는다면 왜일까?

7 확장성을 어떻게 설계할까? 성능은 어떻게 설계할까? 이러한 디자인 목표가 시스템에 어떤 영향을 미치고 어떻게 서로 도움을 주는가?

14.6.2 스스로 살피기

1 얼마나 다양한 범위의 아키텍처 스타일에 익숙한가? 가장 경험이 많은 아키텍처 스타일은 무엇이며 작성하는 소프트웨어에 어떤 영향을 미치는가?

2 개인적으로 성공하거나 실패했던 아키텍처 관련 경험이 있는가?

3 현재 프로젝트 내 모든 개발자를 불러 독립적으로(누구와도 대화하지 않고) 그리고 시스템 설명서나 코드에 대한 참조 없이 시스템 아키텍처를 그림으로 나타내게 하자. 서로의 그림을 비교해 보자. 상대적인 예술성을 제외하고 각 개발자의 노력을 보면 어떤 생각이 드는가?

4 현재 프로젝트에 보편적으로 사용 가능한 아키텍처 설명이 있는가? 어떻게 최신으로 유지하는가? 어떤 종류의 뷰를 사용하는가? 신입 또는 잠재적 고객에게 시스템을 설명해야 할 경우 실제 무엇을 문서화해야 할까?

5 시장 경쟁자의 아키텍처와 자신의 시스템 아키텍처를 어떻게 비교할까? 프로젝트의 성공을 결정짓기 위해 아키텍처를 어떻게 정의해 왔는가?

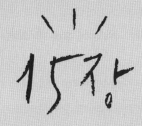

소프트웨어 진화 혹은
소프트웨어 혁명?

코드는 어떻게 발전하는가?

바꾼다고 무언가 나아질 것이라 단정할 수 없지만,
그저 할 수 있는 말은 더 나아지려면 바꿔야 한다는 것이다.
_G. C. 리히텐베르크

15장에서 다룰 내용

• 소프트웨어의 발전 방식
• 소프트웨어 부패, 부패는 어떻게 시작되는가
• 낡은 코드 리스크 관리 비법

소프트웨어가 나무처럼 자랄 수만 있다면. 비옥한 프로그래밍 토양에 아이디어 씨앗을 심고 물을 주고 기다릴 것이다. 세심하게 돌볼 것이다. 비료를 주고 볕이 잘 들게 하고 새가 못 오게 쫓을 것이다. 이윽고 코드 씨앗이 싹을 틔우고 프로그램 나무가 충분히 자라면 세상에 내보일 수 있다. 기능을 더 넣으려면 계속 물을 주고 비료를 뿌리며 더 키운다. 나무 기둥은 새로 난 가지를 받치기 위해 더 단단해지고 프로그램은 완벽히 균형을 잡는다. 원하지 않는 방향으로 자라더라도 약간만 가지치기하면 금세 곧게 만들 수 있다.

불행히도 현실 세계는 이와 다르다. 전혀 다르다.

소프트웨어는 살아 움직인다. 감각도 없고 유기체도 아니지만 저만의 삶이 있다. 창안되고 지속적으로 성장하고 마침내 성숙해진다. 이후 존경과 감탄을 기대하며 넓은 세상으로 나아가 생을 이어간다. 중년이 되어 군살이 찌고 젊은 외모를 잃을 때까지 계속 성장하는 경우도 있다. 시간이 흘러 지치고 늙으면 마침내 은퇴를 결심하고 평화롭게 죽음을 맞이할 디지털 농장으로 물러난다.

15장에서는 특히 초기 개발 단계 이후 소프트웨어를 어떻게 발전시켜 나가는지 살펴본다. 사려 깊게 돌봐줘야 하는데도 프로그램은 마땅히 받아야 할 보살핌과 관심을 좀처럼 받지 못한다. 이른 나이에 목숨을 앗아갈 천천히 퍼지는 코드 암을 예방하려면 어떻게 해야 할까?

거슬러 올라가 이 질문에 답하겠다. 잘못 성장한 코드에 어떤 문제가 숨어있는지 살펴보고 코드를 성장시키는 방법을 모색하고 더 건강한 소프트웨어를 개발하기 위한 전략을 알아보겠다.

소프트웨어 구성에 대한 비유

앞서 건축에 빗대어 건축이 소프트웨어 구성 절차에 암시하는 바를 논했다(247쪽 "정말 소프트웨어를 짓는가?" 참고). 15장에서는 다른 비유를 들어보겠다. 프로그래밍 방법론을 바라보는 새로운 시야를 얻기 위해서다.

성장하는 소프트웨어

새 기능을 추가해 기존 소프트웨어를 확장하는 방식에 비유한 말이다. 버그 수정은 성장이 아니라 코드의 병든 부분을 돌보는 일이다.

무언가 더해지면서 코드가 성장하지만 프로그래밍과 나무의 성장은 꼭 맞는 비유가 아니다. 묘목에 비해 코드는 성장을 제어하고 영향을 주기 훨씬 쉽다. 느릿느릿 조금씩 붙여가며 진주를 만드는 굴과 오히려 비슷하다.

> **진화하는 소프트웨어**
>
> 소프트웨어 진화(evolution) 역시 흔한 구성 비유 중 하나다. 소프트웨어는 세포 하나짜리 코드 유기체로 시작해 서서히 더 크고 복잡한 야수로 성장한다. 이는 점진적 과정이며 소프트웨어는 수많은 진화 단계를 거치며 커진다. 하지만 생물학적 진화와 몇 가지 큰 차이가 있다.
>
> - 사람이 의도적으로 코드를 변경한다. 소프트웨어는 스스로 성장하지 않는다.
> - 최선의 디자인을 고르기 위해 자연 선택(natural selection)을 이용하지 않는다. 프로그램 하나를 여러 가지로 변형해 개발할 시간도 의향도 없다.
>
> 진화론적 발전을 어느 정도 본 따 코드 품질을 반복적으로 향상시킬 기회는 반드시 있다. 이전 출시에서 얻은 경험을 바탕으로 천연 서식지에서 더 오래 살아남도록 코드를 적응시킬 수 있다.

15.1 소프트웨어 부패

> 푸르를 때는 아직 자라는 중이다. 다 익으면 썩는다.
>
> _레이 크록

좋은 코드에도 문제는 생긴다. 시작이 얼마나 훌륭했든 의도가 얼마나 떳떳했든 디자인이 얼마나 순수하고 첫 출시에서 구현이 얼마나 깔끔했든 시간은 아무리 훌륭한 제품도 비틀고 뒤튼다. 코드 생애 중에 얼마든지 코드에 티와 흠이 생길 수 있으니 결코 과소평가하지 말자.

소프트웨어가 생애 초기 단계에만 성장한다고 흔히들 오해한다. 소프트웨어 개발 단계 중 유지 보수 단계가 항상 제일 길다. 초기 디자인이나 개발 작업과 마찬가지로 모든 노력이 보상받지 못함에도 전체 노력의 대부분을 쏟는 단계다. 유명한 컴퓨터 과학 교수인 B.W. 보헴은 전체 개발 시간의 40~80%가 유지 보수에 쓰인다고 밝혔다.[보헴 76]

소프트웨어는 출시 후에도 절대 멈춰 있지 않는다. 아무리 테스트를 많이 했어도 고쳐야 할 결함이 꼭 나온다. 고객은 새 기능을 요구한다. 요구사항은 개발팀을 방해하는 골칫거리가 된다. 개발하며 세웠던 가정이 현실 세계에 맞지 않다고 판명되면 조정할 수밖에 없다. 결론적으로 프로젝트가 끝났다고 생각한 이후 코드를 더 많이 작성하게 된다.

초기 개발 단계에는 코드를 완벽히 제어하고 정해진 시간 동안 요리조리 다뤄볼 수 있다. 출시 후에는 제약이 생긴다. 아래는 현실적으로 생겨나는 제약들이다.

- 세심히 테스트한 코드 기반에 영향을 덜 주려면 변경을 최소화해야 한다.
- 공개 API는 이미 고객이 사용 중이라 수정하기 더 어렵다.
- 사용자는 UI에 익숙하니 타당한 근거 없이 바꿀 수 없다.

(잘못됐을 수도 있는) 개발자의 선입견에 따른 심리적 제약도 있다.

- 코드는 항상 이렇게 동작해 왔으니 저렇게 바꿀 수 없다.
- 뒤늦게 아키텍처를 조정하기 너무 힘들다.
- 제품이 그렇게 오래 가지 않을 테니 이제 와서 올바르게 수정하기에는 시간이나 비용이 아깝다.

단순히 이해가 부족한 것도 일종의 제약인데, 유지 보수 프로그래머가 원래 저자의 정신 코드 모델을 이해하지 못하면 부적절하게 수정하고 만다.

기존 제품 유지 보수와 새로운 버전 개발은 종이 한 장 차이다. 구분 자체가 무의미하다. 하지만 어느 쪽을 택하든 대부분 다른 누군가가, 때로는 원래 저자가 원래 코드 기반을 수정한다. 이때 부패가 시작된다. 어떻게 해도 코드가 부패하는 해도 문제 안 해도 문제인 상황이다.

코드를 다시 열어보지 않고 수정 사항이 반영된 최신 버전으로 업데이트하지 않으면 프로그램은 퇴화한다. 설상가상으로 운영 체제가 바뀌거나 가정이 실효성을 잃으면 아예 동작을 멈춘다. 이를 극명하게 보여주는 예가 Y2K 버그다.* 경쟁 솔루션이 기능을 늘려 인기가 높아져도 프로그램은 부패한다. 그대로 둔 코드 역시 천천히 쇠퇴한다.

코드가 확장과 수정을 거듭하며 성장해도 부패할 수 있다. 프로그래머가 결함을 수정하며 부수 효과로 결함을 더 만드는 경우가 많기 때문이다. 브룩스가 발견한 바에 따르면 수정본의 40%에서 새 결함이 등장한다.[브룩스 95] 무명의 음악가가 지은 "프로그래머의 권주가(Drinking Song)" ("벽장에 있는 맥주 99병" 멜로디에 맞춰 부르는 노래)에서 함축적으로 묘사하고 있다.

> 코드에 작은 버그 99개, 코드에 버그 99개,
> 버그 하나 고치고 다시 컴파일 하면 코드에 작은 버그 101개
> (버그가 0이 될 때까지 반복)

---

* 많은 예전(구식) 프로그램이 2000년도에 동작하지 않으리라 예상됐었고, 그래서 프로그래머는 년도를 두 자리 숫자로 인코딩하는 편이 안전하다고 여겼다. 1976 대신 76처럼 말이다. 숫자가 00으로 바뀌면서 모든 날짜 계산이 실패했다(예측에서 벗어났다).

심지어 수정본에 버그가 없어도 코드는 혼란에 빠지곤 한다. 대충 만든 수정본이 더해지고 더해지며 향후 유지 보수를 더 어렵게 만들고 디자인 수명을 감소시킨다. 나무에 비유하면 이해하기 쉽다. 나무 꼭대기에서 무거운 가지가 자라는데 무엇도 기둥을 지탱하지 않으면 전체 코드 기반의 안정성이 떨어진다. 결국 흔들리고 만다. 건강한 나무는 이렇게 자라지 않는다. 코드라고 왜 다르겠는가.

> **핵심개념 ★** 코드 수정이 품질을 자주 저하시킨다는 사실을 명심하자. 시스템을 악화시키는 변경을 그대로 지나치지 말자.

전부 너무 비관적으로 들리는가? 세심히 관리하면 코드는 절대 부패하지 않을까? 아마 그렇겠지만 오늘날 소프트웨어 공장은 코드를 제대로 보살피지 못한다. 문화적인 문제다. 수정본은 간편하고 저렴해야 한다. 프로그램은 원래 의도보다 더 오래 살아남는 습성이 있다. 빠르게 만들어진 수많은 코드가 기대 수명을 훨씬 넘어 계속 쓰인다.

15.2 경고 신호

코드 탐지기를 작동시켜 코드 부패를 지속적으로 감시하자. 명백한 징후를 알아차리자. 부패는 명확성을 떨어뜨리거나 시스템을 복잡하게 만드는 변경에서 비롯된다. 쓸데없는 복잡도는 다양한 형태로 생겨난다.

다음과 같은 번쩍이는 빨간 불빛과 경적 소리에 주의하자.

- 긴 클래스와 복잡한 함수로 뒤덮여 코드가 어수선하다.
- 함수명이 난해하거나 오해를 불러일으킨다. 함수명으로 알 수 없는 뜻밖의 부수 효과가 함수에 들어 있다.
- 구조가 없어서 어떤 기능을 어디서 찾아야 할지 분명하지 않다.
- 중복이 있다. 여기저기 흩어진 별개 코드 조각이 똑같은 기능을 수행한다.
- 커플링이 강하다. 모듈 간 상호 연결 및 종속성이 복잡하면 작은 변경마저 전체 코드로 파급되고 심지어 겉보기에는 연관 없어 보이는 모듈까지 영향을 받는다(323쪽 "모듈성" 참고).
- 데이터가 시스템을 통과하며 반복적으로 여러 표현으로 변환된다(예를 들어 출력 데이터가 std::string, char*, Unicode, UTF-8로 변환됐다가 다시 원래대로 변환된다)
- 새 기능이 무분별하게 추가되면서 간결했던 인터페이스의 범위가 지나치게 광범위해지면 API가 모호해진다.
- 코드 리비전이 일어날 때 API가 급격히 바뀐다.
- 다른 코드를 간편하게 개발하기 위해 프라이빗 구현을 공개 API로 뺀다.

- 원인이 아닌 증상을 고치는 수정본으로 코드를 어지럽힌다. 이러한 해결책은 실제 문제를 감춘다. 시스템 핵심부에 결함을 숨겨둔 채 가장자리를 이러한 코드로 채운다.
- 함수 인자가 지나치게 길다. 대부분은 이러한 인자를 쓰지 않고 종속 함수 호출로 넘긴다.
- 너무 두려워 개선할 생각조차 들지 않는 코드가 있다. 개선이 될지 알아채기 힘들게 고장이 날지 심지어 더 안 좋아질지 알 수가 없다.
- 문서화 지원도 없이 새 기능이 추가된다. 기존 문서가 쓸모없어진다.
- 경고를 무수히 늘어놓으며 시끄럽게 컴파일된다.
- 손대지 마시오 같은 주석이 들어 있다.

이러한 부패 형태 중 대다수는 특히 코드에서 드러나고 간단한 검사나 특정 도구로 확인할 수 있다. 하지만 어떤 부패는 구문적인 요소가 아니라 주로 보다 높은 수준에서 드러나기에 더 미묘하고 눈에 잘 띄지 않는다. 원래 코드 아키텍처를 따르지 않거나 미묘하게 프로그램 규칙을 회피하는 수정은 시스템에 깊숙이 들어가지 않는 한 발견하기 훨씬 어렵다.

> **핵심개념★** 코드 부패를 감지하는 법을 배우자. 경고 신호를 알아차리고 최대한 신중하게 부패한 코드를 처리하자.

왜 코드는 이렇게 엉망이 될까? 답은 간단하다. 복잡도(complexity) 때문이다. 프로그램은 프로그램의 컴포넌트 디자인인 아키텍처와 각 코드의 구현인 인터페이스 등 여러 단계로 조직된 거대한 정보 모음이다. 프로젝트에 임하기 전에 알아둬야 할 내용이 많다. 기한은 빠듯한데 코드 몇 줄이 전체와 어떻게 맞아 떨어지는지는 고사하고 실제로 어떻게 동작하는지 알아낼 시간도 부족하다. 이렇게 방대한 복잡도를 다루는 법은 아직 배우지 못했다.

15.3 코드는 어떻게 성장할까?

요구사항을 고정하고 완벽히 디자인하고 완벽히 코딩하고 통합하고 테스트하고 출시하는 전형적 모델을 따르는 코드 개발은 세상에 없다. 만들어 놓은 코드 기반은 예기치 않게 변경된다. 어떻게든 새 코드가 들어간다. 코드 개발은 계속해서 바뀌는 목표를 쫓는 점진적인 개발 주기이다.

코드는 아래 메커니즘 중 하나로 성장하는데, 가장 좋지 못한 방법부터 나열하겠다.

운(luck)

코드를 만드는 가장 무섭고도 아주 흔한 방식이다. 운에 기대 성장한 코드에 디자인이 있을 리 만무하다. 앞뒤 생각 없이 변경한다. 우연히 구조가 생겨나고 동작하는 것 자체가 기적이다.

애초에 코드가 신중히 디자인됐더라도 유지 보수 단계에서 이 태평한 방식을 따르기도 한다. 어떻게든 되겠지(hit-and-hope) 방식의 수정본은 중간에 문제만 더 늘리고 향후 실제로 수정하기 더 어렵게 만든다.

부착(accretion)

새 기능을 넣어야 한다. 제대로 하려면 핵심 모듈 몇 개를 잇는 인터페이스를 파헤쳐 다량의 코드를 변경해야 한다. 이렇게 할 시간도 없을뿐더러 설사 있다 해도 너무 복잡할 것 같다. 그래서 다른 코드 더미를 끼워 넣는다. 이 코드는 기존 모듈 중 하나, 어쩌면 모듈 몇 개와 관련이 있다. 저만의 특수한 우회 인터페이스를 사용해 다른 모듈과 상호 작용한다. 아주 빠르게 일이 마무리된다.

보다시피 도저히 말도 안 되는 조잡한 인터페이스다. 성능도 당연히 형편없다. 모듈마다 더 이상 명확한 역할과 책임도 없다. 간결한 디자인이 사라지고 향후 유지 보수는 끔찍해진다. 하지만 쉽게 이해할 수 있고 어쨌든 현재로서는 올바르게 바꿀 시간도 없다.

나중에나 제대로 할 수 있으려나...

재작성(rewrite)

작업 중인 코드가 정말 형편없다는, 다시 말해 난해하고 취약하고 확장할 수 없다는 사실을 깨달으면 다시 작성해야 한다. 이미 한 번 경험이 있으니 처음 문제를 코딩할 때보다 다시 작성할 때가 더 빠르고 안전한 편이다. 하지만 실제로 다시 작성하는 일은 드물다. 용기와 비전이 필요해서다.

재작성은 한 번에 너무 많은 코드를 공략할수록 위험하다. 전체 제품 재작성과 문제가 있는 함수 혹은 클래스 재작성은 전혀 다른 문제다. 모듈화와 관심사 분리가 잘 되어 있으면 전체 시스템을 다시 작성할 필요 없이 원래 인터페이스는 그대로 두고 작업 중인 모듈만 손보면 된다. 인터페이스가 형편없거나 시스템이 충분히 모듈화되어 있지 않으면 다시 작성해야 하니 작업량이 매우 많다.

리팩터링

형식적으로 재작성의 사촌뻘이다. 코드가 대부분 괜찮은데 약간 손봐야 한다면 불편한 부분을 리팩터링(refactoring)할 수 있다. 리팩터링은 코드의 외부 동작을 바꾸지 않으면서 내부 구조를 개선하기 위해 코드 본문을 조금 변경하는 과정이다. 리팩터링은 향후 작업이 더 쉽도록 디자인을 개선한다. 성능 향상이 아닌 단순히 디자인 개선이다. 완전히 다시 작성하는 것만큼 과감하지는 않아도 이미 있는 코드에 연이어 부드러운 메시지를 던진다.

리팩터링은 하나의 코드 수정 유형을 일컫는 그럴듯한 이름이다. 마틴 파울러는 리팩터링을 형식화하며 다수의 이해하기 쉬운 소규모 코드 개선을 설명했다.[파울러 99]

성장을 위한 디자인

나중에 코드를 어떻게 확장할지 종종 생각한다. 어떤 기능은 다음 출시까지 미뤄진다. 시스템을 신중히 디자인하면 나중에 기능을 추가하기 쉽다. 이렇게 해도 디자인 작업이 더 힘들지는 경우는 거의 없다.

향후 어떤 기능 집합이 추가될지 모르더라도 신중하게 디자인하면 성장할 여지가 생긴다. 확장 가능한 시스템은 새 기능이 들어갈 지점을 제공한다. 그러나 시스템이 어떻게 확장될지 실마리가 전혀 없을 때 미래를 추측해 보는, 보이지 않는 허상을 좇는 훈련이 되지 않도록 주의하자.* 확장성이 높을수록 복잡도도 커진다. 복잡도가 어느 정도여

---

* 전도서 2장 11절

야 하는지 올바르게 유추하면 좋으나 잘못 유추하면 쓸데없이 복잡한 시스템이 만들어진다. 이것이 지나친 설계(over-design)의 위험이며 특히 여럿이 디자인할 때 발생하기 쉽다.

익스트림 프로그래밍으로 대표되는 학파는 어떤 상황이 주어져도 동작할만한 가장 단순한 디자인을 주장한다. 이 디자인은 (최초의 단순한 디자인이 얼마나 유연한지에 따라) 성장에 중점을 둔 디자인과 상충할 수 있다. 디자인에서 정확히 어느 정도 성장을 고려해야 할지 정하기 어려우나 균형은 반드시 맞춰야 한다.

카오스 이론(chaos theory)

코드는 당연히 디자인에 따라 만들어지지만 코드를 개발하는 조직과 코드 히스토리 역시 큰 영향을 미친다. 여러 해 전에 특히 사용자 인터페이스 코드가 엉망인 프로젝트에 참여한 적이 있다. (대부분) 동작했으나 도무지 이해할 수가 없었고 명확하지 않은 아키텍처와 미로 같은 실행 경로로 뒤얽힌 빽빽한 로직 덩어리였다. 그럴 만한 이유는 바로 히스토리였다.

애초에 코드는 최소한의 명세와 함께 고객 한 명을 위한 간단한 일회성 TV UI로 만들어졌다. 성공적으로 개발됐고 목적을 충분히 달성했다. 슬프게도 이야기는 거기서 끝나지 않았다.

뒤이어 다른 형태를 원하는 두 번째 고객에게 팔렸다. 두 번째 UI(외관)가 만들어졌다. 이후 다른 나라에 사는 또 다른 고객에게 팔리며 새로운 UI와 함께 국제화가 포함됐다. 세 번째 고객은 기존에 없던 UI 기능을 원했고 해당 기능이 들어갔다. 이야기는 끝없이 이어졌다. 아주 오랫동안. 이제 UI에서 예전 모습을 찾아볼 수 없고 유지 보수도 불가능하다. 전체 시스템은 언제나 일시적 시스템이었기에 매번 재빨리 개발된 코드가 추가됐다.

최초 디자인에 기능을 전부 포함했다면 코드는 여전히 날렵하고 논리적이었을 것이다. 하지만 처음부터 일이 너무 많은 데다 기업에서 애당초 프로젝트를 개시하지도 않았을 것이다. 가엾은 프로그래머들이 이처럼 가혹한 현실 세계에서 일하는 중이다.

15.4 불가능을 믿다

이토록 형편없는 코드와 이렇게나 많은 지저분한 수정본이 생겨나는 이유는 제대로 해내려면 시간을 더 쏟아야 한다는 잘못된 관념에서 비롯됐을 가능성이 크다. 디버깅에 쏟는 시간과 향후 변경 용이성을 감안하면 분명 틀린 가정이다. 잘 만든 해결책은 아니더라도 수정본 하나를 재빨리 만들면 결함 보고 하나를 닫을 수 있다. 진짜 장인은 코드에 한 일에 책임을 진다.

기업의 경영진은 수정본이 빨리 나오기를 기대한다. 빈약하게 세운 깃대 위에 5톤짜리 콘크리트 블록을 올리면 금세 무너진다는 사실은 관리자에게 아주 쉽게 증명할 수 있다. 내부를 이해시키기는 조금 더 어렵다. 소프트웨어에 관해서라면 같은 메시지를 전달하기 훨씬 어렵다. 관리자는 도저히 이해하지 못한다. 적어도 그들에게 프로그래머는 신비로운 어둠의 마술을 부리고 무적의 힘을 가진 마법사다. 무엇을 할지 알려주고 기한을 정해주면 그저 무수한 밤샘 코딩이 필요할 뿐 그대로 이뤄진다.

재능있고 헌신적인 프로그래머들이 때때로 이 기대에 부응한다. 그러나 실질적으로는 상황을 더 악화시킨다. 이제부터 운영진은 이 전략이 항상 통하리라 믿는다. 더 큰 문제는 그렇지 못할 경우 개발자 탓으로 여긴다. 안타깝게도 성급히 개발된 소프트웨어는 결국 더 이상 확장하지 못하는 시점, 정말이지 그냥 쓰러져 어딘가에서 조용히 마지막 휴식을 취하고 싶은 시점이 반드시 온다. 경영진으로서는 달갑지 않다.[*]

점진적으로 조금씩 소프트웨어를 개발하는 기업 문화에서는 코드를 성장시키기 쉽다(320쪽 "반복한다"과 533쪽 "반복적이고 점진적인 개발" 참고). 디자인 전략에 진화가 내재되고 변화를 수용하기 위해 코드를 다시 작성한다. 작은 곡괭이 하나로 딱 20초 안에 단일 코드 조직을 공략해야 한다면 말도 안 되는 방법이지만 드문 일도 아니다.

15.5 무엇을 할 수 있을까?

> 신은 내게 바꿀 수 없는 일을 인정할 평온과 무언가를 바꿀 용기,
> 둘의 차이를 깨닫는 지혜를 주셨다.
>
> _레이 크록

진화하는 코드 기반에서 어떤 문제가 생기는지 살펴봤으니 이제 어떻게 헤쳐나갈까? 어떤 전략으로 문제를 막을 수 있을까?

일단 문제를 인식하는 것이 가장 중요한 첫 번째 단계다. 코드 품질을 고려하지 않고 허둥지둥 개발하는 프로그래머가 너무나 많다. 최대한 빨리 사용자의 불만을 잠재울 수 있으면

---

[*] 지나친 일반화지만 그렇게 틀린 말도 아니다. 많은 관리자가 한때 프로그래머였고 서로 간의 갈등을 이해한다. 좋은 관리자는 프로그래머의 반론에 귀를 기울인다. 좋은 프로그래머는 조직장이 귀를 기울이게 만든다. 하지만 이렇게 되는 일은 드물고 소프트웨어는 문제를 일으킨다.

코드가 어떤 상태로 바뀌든 신경 쓰지 않는다. 향후 다른 누군가가 처리하게 된다.

> **핵심개념 ★** 양심적으로 코딩하자. 뛰어난 프로그래머는 지금 작성하는 데 얼마나 노력을 쏟아야 하느냐보다 몇 년 후 코드가 어떻게 보일지에 더 신경 쓴다.

15.5.1 새 코드 작성

레거시(기존) 코드를 다루는 법을 살펴보기 앞서 향후 유지 보수에 큰 힘이 될 완전히 새 코드를 만드는 몇 가지 전략을 알아보겠다.

- 모듈 간 상호 연결을 고려하고 커플링을 최대한 줄인다. 모든 모듈이 의존하는 하나의 중앙 모듈을 두지 않는다. 중앙 모듈을 두면 어떤 변경이 시스템 내 모듈에 전부 영향을 준다.
- 모듈성과 정보 은닉(323쪽 "모듈성" 참고)은 현대 소프트웨어 공학의 토대이다. 시스템의 한 부분에서 일어날 것 같은 변화는 분리시키고 시스템을 더 끈끈하게 만들어 변화에 유연해지자.
- 확장성과 유연성을 디자인하되 앞서 봤듯이 복잡도를 희생하지 않아야 한다. 근래의 컴포넌트/객체 기반 패러다임은 더 높은 재사용성과 확장성을 보장한다. 코드 모듈 간 명확한 인터페이스 지점도 제공한다. 하지만 인터페이스가 향후 확장을 지원하지 않으면 코드는 성장할 수 없다. 고심해서 시스템 인터페이스를 만들자.
- 훌륭한 문서화와 명확하고 알기 쉽게 명명한 API가 딸린, 이해하고 다루기 쉬운 간결하고 명쾌한 코드를 작성하자. 인터페이스를 문서화할 때 문학적 프로그래밍 도구를 고려하자.
- 키스(KISS)하자. 즉 제발 단순하게 하자(Keep It Simple, Stupid). 너무 복잡하게, 그리고 지나치게 기술적으로 만들지 말자. 코드를 더 빠르게 실행할 수 있는 좋은 방법일 것 같을 때 말고 성능 이슈가 있을 때만 알고리즘을 최적화하자. 단순성이 성능보다 대부분 더 중요하고 향후 유지 보수도 당연히 더 수월하다.

> **핵심개념 ★** 변경 용이성(modifiability)을 고려해 새 코드를 작성하자. 읽기 쉽고 확장 가능하고 단순하게 만들자.

15.5.2 기존 코드 유지 보수

좋은 코드를 유지 보수할 때는 나쁜 코드를 유지 보수할 때와 다른 전략이 필요하다. 전자는 디자인 무결성을 세심하게 보호해야 하고 부적절한 요소를 넣지 말아야 한다. 후자는 문제를 더 악화시키지 말아야 하고 가능한 유지 보수 중에 향상시켜야 한다. 문제가 된 코드를 다시 작성할 수 없을 때는 간단한 리팩터링이 크게 도움이 된다.

코드를 변경하기 전에 다음과 같은 관리상의 문제를 고려하자.

- 필요한 변경에 우선순위를 매기자. 각 변경의 중요도를 각각의 복잡도와 조율하고 무엇을 먼저 해야 하는지 결정하자. 먼저 바꿨을 때 향후 작업에 영향을 주는 변경이 있는가?

- 꼭 필요한 변경만 하자. 고장 나지 않았으면 고치지 말자. 코드 여기저기를 명확한 근거 없이 필요할 것 같다는 이유로 "개선하지" 말자. 정말 필요한 변경만 하자. 앞으로 작업할 잘못된 코드를 리팩터링하자. 나머지는 그대로 두자.

- 한 번에 몇 가지를 변경하는지 관찰하자. 여러 가지 변경을 직접 병행하는 것은 아주 기발하거나 혹은 어리석은 일인데 대부분 후자다. 한 번에 하나씩 하자. 신중하게.

  여럿이 동시에 같은 코드를 작업 중일 때는 주변에 무엇이 바뀌고 있는지 알아야 한다. 별개 수정본이 너무 많아 뜻밖의 방식으로 충돌할 위험이 있다. 개발자 한 명이 체계적으로 변경해야 코드가 어디로 뻗어 나가고 어디에 가장 주의해야 하는지 가장 명확하게 알 수 있다. 몇 명이 동시에 변경하면 누구도 이해하거나 알아차리지 못하게 코드에 너무 많은 일을 하는 셈이다.

  > **핵심개념★** 세심하게 변경을 관리하자. 작업 중인 코드 영역 주변에서 누가 코드를 수정하려 하는지 알아야 한다.

- 개발하면서 초기 코드를 리뷰해야 하듯이 뒤 이은 변경도 리뷰해야 한다. 공식 리뷰를 구성하고 코드의 원래 저자를 비롯해 여러 리뷰어를 참여시키자. 조금만 코드를 확장해도 미묘한 버그가 새로 생기기 쉽다. 리뷰는 이러한 오류 대부분을 잡아낸다.

  > **핵심개념★** 민감한 변화를 리뷰하자, 특히 출시 준비 기간에는. 아무리 간단한 변경이라도 다른 코드를 고장 낼 수 있다.

코드페이스로 나온 후에는 어떻게 코드를 다룰까? 몇 가지 실용적인 제안을 해보겠다.

- 잘 변경하려면 어떤 코드를 다루고 있는지 잘 알아야 한다. 파일이나 코드 모듈을 변경하기 전에 아래를 알아 두자.
  - 전체 시스템 내 어디에 위치하는지
  - 어떤 상호 종속성이 있는지(가령 변경 시 어떤 컴포넌트가 영향을 받는지)
  - 코드를 만들 때 어떤 가정을 세웠었는지(부디 코드 명세에 설명되어 있기를)
  - 기존 변경 히스토리

  코드 품질을 검사하자. 생각보다 쉽고 코드를 얼마나 쉽게 다룰 수 있는지 금세 감이 잡힌다. 코드를 시각화하고 품질 지수를 생성하는 도구를 사용하는 것도 유용하다. 이러한 도구는 보석 같은 정보가 숨겨져 있을 때 빛을 발한다. 관련 있는 문서화를 전부 수집하여 분석하자.

- 올바른 사고방식을 갖자. 딱 코드 하나만 더 같은 사고방식은 지양하자. 나중에 버려지거나 다시 작성할 것이라 생각해서 코드를 밀어 놓지 말자. 그럴 리 없다.

  361쪽 "경고 신호" 목록에 있는 경고 신호에 촉각을 곤두세우자. 변경 후 코드 기반이 이러한 상태 중 하나에 가깝게 바뀌면 코드를 리팩터링해서 문제를 해결하자. 발생한 문제에 책임을 지자.

  다시 디자인할 상황에 대비하자. 필요에 따라 코드를 헤집어 대수술을 하는 일을 두려워 말자. 지금 당장은 변경에 (시간과 노력 관점에서) 비용이 들어도 나중에 다 보상받는다. 코드를 다루기 훨씬 쉬워진다. 레거시 코드라면 경제성이 없다고 여길 수 있다. 큰 돈을 벌어 들이고 있고 점차 사라질 가능성도 희박한 레거시 코드면 어떻게 하겠는가. 나중에 많이 다룰 코드 영역이면 향후 확장이 가능한 코드 구조로 만들자.

- 새로 추가하는 코드에 종속성을 늘리지 말자. 커플링이 강할수록 코드는 복잡해지고 차후 변경하기 어렵다.

- 어떤 코드를 유지 보수하든 선호하는 스타일이나 하우스 스타일이 아니더라도 그 소스 코드의 프로그래밍 스타일을 따르자. 파일에 여러 형식의 코드가 들어 있으면 헷갈리고 다루기 어렵다. 적당히 필요한 만큼만 표현을 깔끔하게 정리하되 다만 버전 간 소스 코드를 diff하기 조금 더 힘들다는 점은 감안하자. 작업 중인 코드 주변 주석은 지우지 말자(139쪽 "유지 보수와 무의미한 주석" 참고).

- 코드의 테스트 묶음을 실행해 무언가 고장 나지 않았는지 확인하자. 철저한 회귀 테스트만이 변경을 확신할 유일한 방법이다.

  적절한 테스트 묶음을 포함시키고 정기적으로 실행하자.

- 진짜 원인을 파악해서 결함을 고치고 있는가? 결함을 일으킬 테스트 하네스를 작성하자. 이러한 하네스는 원인을 제대로 이해하고 있는지, 수정본이 잘 만들어졌는지 증명한다. 하네스를 회귀 테스트 묶음에 추가하자.

  제대로 수정했으면 비슷한 결함이 또 있는지 코드 기반을 살피자. 이 단계를 간과하면 결과가 크게 달라진다. 문제는 주로 몰려다니니 하나씩 모습을 드러낼 때마다 서서히 없애기 보다는 일격에 물리치는 편이 훨씬 쉽다.

- 잘못 변경했으면 재빨리 되돌리자. 쓸모없는 코드로 어수선하게 만들지 말자.

명색이 코드 장인이라면 대충 빨리하려는 압박에서 꼭 벗어나야 한다. 신중히 심사숙고해서 변경하려고 노력하자. 불행히도 프로그래머는 상아탑 속에 머물지 못하고 전선에서는 때로 타협해야 한다. 이론상 올바른 방법으로만 끝까지 해내기란 상업적으로 불가능하다.

왜 그토록 많은 코드가 불안정하고 신뢰할 수 없고 위험한지 설명해주는 대목이다. 하지만 왜 세상에 존재하는 코드가 전부 그러한지도 말해준다. 소프트웨어를 출시하려는 상업적 추진력이 없으면 프로그래머는 소프트웨어를 올바르게 만들기 위해 끊임없이 변경하며 쓰고 다시 쓰고를 반복할 것이다. 소프트웨어가 완성되기 이미 훨씬 전에 기업은 망하고 만다.

그래도 향후 수정할 계획 없이 현실적인(하지만 달갑지 않은) 변경은 하지 말자. 개발 일정에 정리 작업을 넣자.

15.6 요약

> 만물의 변화는 달콤하다.
>
> _아리스토텔레스

아리스토텔레스의 말에 전적으로 동의할 수는 없다. 뒤편에서는 변화가 정말 고통스러울 수 있다. 코드 변경은 세심히 관리해야 한다. 그래야 좋은 프로그램이 불안정한 골칫덩이로 전락하지 않고 더 위대한 프로그램으로 진화한다.

코드 디자인을 보존하고 누구나 공감할 수 있게 변경하며 소프트웨어를 잘 유지 보수하고 올바르게 확장해야 한다. 유지 보수가 쉬울 것이라는 기대는 버리자. 아마 다시 작성하고 다시 디자인하고 리팩터링하는 데 많은 시간을 투자해야 할 것이다.

현명한 프로그래머	형편없는 프로그래머
• 깔끔한 구조와 논리적인 레이아웃을 가진 유지 보수 가능한 소프트웨어를 작성한다.	• 유지 보수 프로그래머의 요구사항을 생각하지 않고 복잡한 코드를 만든다.
• 형편없는 코드를 알아 보고 대처할 준비를 한다.	• 오래된 코드는 유지 보수하려 하지 않고, 문제를 고치기 보다 무시하는 쪽을 택한다.
• 코드를 다루기 전에 코드와 저자가 품었던 심성 모델을 최대한 이해하려 한다.	• 좋은 해결책을 생각해내기 보다 손쉬운 패치를 선호한다.
• 작업 중인 코드의 품질에 유념하고 어설프게 대충 고친 코드는 거부한다.	• 찾아낼 수 있는 온갖 손쉬운 방법을 동원해 간편하고 지저분한 수정본으로 코드를 채운다.
	• 실제로 고칠 필요가 없는 코드를 만지작거리며 엉뚱한 곳에 집중한다.

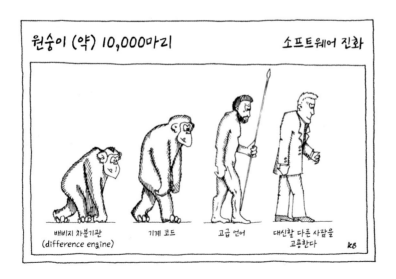

원숭이 (약) 10,000마리   소프트웨어 진화

배비지 차분기관 (difference engine) / 기계 코드 / 고급 언어 / 대신할 다른 사람을 고용한다

15.7 참고

17장: 뭉쳐야 산다

팀을 이뤄 소프트웨어를 만들고 유지 보수한다. 팀 역학(team dynamics)은 최종 코드 형태에 영향을 반드시 미친다.

18장: 소스 안전 생활화

코드 개발 히스토리는 버전 관리 시스템에 기록된다.

22장: 프로그램 레시피

소프트웨어 개발 주기: 소프트웨어를 만들고 성장시키기 위해 따르는 절차.

15.8 생각해 보기

다음 질문에 대한 자세한 설명은 624쪽 "정답과 설명"에 나와 있다.

15.8.1 궁리하기

1 소프트웨어 성장을 가장 잘 설명한 비유는 무엇인가?

2 도입부에서 프로그램 개발을 다채로운 생애와 비유했는데, 그렇다면 아래 현실 세계 이벤트는 프로그램의 무엇과 대응되는가?

- 수정
- 탄생
- 성장기
- 성년
- 드넓은 현실 세계로 나아가기
- 중년
- 피로도 증가
- 은퇴
- 죽음

3 소프트웨어 생애에 끝이 있는가? 다시 새롭게 시작하기 전까지 프로그램을 얼마나 오래 개발하고 다룰 수 있는가?

4 코드 기반의 크기가 프로젝트의 성숙도와 부합하는가?

5 코드를 유지 보수할 때 하위 호환성(backward compatibility)이 얼마나 중요한가?

6 코드를 변경하거나 혹은 그대로 내버려 두면 코드가 더 빨리 부패할 가능성이 클까?

15.8.2 스스로 살피기

1 작성한 코드가 대부분 새로 작성한 코드인가 아니면 기존 소스를 수정한 것인가?

   a 새로 만든 코드라면 전체 시스템을 새로 만들었는가 아니면 기존 시스템에 새 확장을 만들었는가?

   b 이것이 코드 작성 방식에 영향을 미치는가? 미친다면 어떤 식으로?

2 이미 만들어진 코드 기반을 다뤄 본 경험이 있는가? 있다면,

   a 현재의 기술 역량에 어떤 영향을 주었는가? 어떤 교훈을 얻었는가?

   b 대체로 좋은 코드였는가 아니면 형편없는 코드였는가? 어떤 부분에서 부정적인 판단을 내렸는가?

3 코드 품질이 떨어지게 변경한 적이 있는가? 왜 그랬는가?

4 현재 프로젝트는 얼마나 많은 리비전(revision)을 거쳤는가?

   a 리비전이 바뀔 때 기능상 얼마나 많이 바뀌었는가? 코드는 어떻게 바뀌었는가?

   b 운에 기대 혹은 디자인에 따라 아니면 그 중간으로 성장했는가? 현재 상황에서 어떻게 확실히 알 수 있는가?

5 한 번에 한 명의 프로그래머만 변경할 수 있도록 팀에서 코드를 보호하는 방법은 무엇인가?

4부

프로그래머 무리?

**좁은 방들이 다닥다닥 음울하고 길게 이어져 있다. 영혼 농장 같다. 말도 안 되는 일정
이 걸린 고된 작업, 관리 부실, 형편없는 소프트웨어. 인공 조명과 지독히 맛없는 커피.**

소프트웨어 공장에 온 것을 환영한다.

어떤 프로그래머는 사무실을 옮겨 다니는 프리랜서다. 어떤 프로그래머는 재미 삼아 집
에서 오픈 소스 코드를 만든다. 하지만 대부분은 시시한 소프트웨어 공장에서 아직도 열
정적으로 사랑한다는 이유로 시간을 바치고 일상을 보낸다.

프로그래머는 천성적으로 비사교적이며 컴파일러와 웹 브라우저 회사를 좋아하는 재미
난 무리다. 하지만 명품 소프트웨어를 만들려면 본능을 거스르고 함께 일할 수밖에 없
다. 앞으로 알아보겠지만 소프트웨어의 품질은 프로그래머와 프로그래머 간 협업의 품
질로 결정된다. 현실 세계에 대처할 철저한 전략 없이는 망한다.

4부에서는 문화와 역학(dynamics)이 코드 형태에 어떤 영향을 미치는지 알아보겠다. 각
장은 다음과 같은 주제를 다룬다.

16장 | 코드 몽키

강력한 프로그래머의 필수 능력과 개인적 자질

17장 | 뭉쳐야 산다

효과적이고 생산적인 소프트웨어 팀으로 일하는 방법

18장 | 소스 안전 생활화

여러 프로그래머가 공유하는 소스 코드 관리: 재앙과 심적 고통 방지

그렇다면 프로그래머 그룹을 뜻하는 집합 명사는 무엇일까? 분명히 떼(swarm)는 아니다. 조직적으로 빠르고 희귀한 것과 거리가 멀다. 무리(pride)도 아니다. 사자처럼 사납지도 않고 뽐낼 만한 것도 만들지 않는다. (최소한 C 부류 코더에게) 답은 분명하다. 집합 명사는 프로그래머 한 쌍(brace)이다.

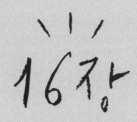

16장

코드 몽키

올바른 프로그래밍 사고방식과 접근법 키우기

우리는 아주 평범한 별에 사는 진화한 원숭이에 불과하다.
하지만 우주를 이해한다. 그래서 인류가 특별한 것이다.

_스티븐 호킹

16장에서 다룰 내용

- 다양한 프로그래머 사고방식
- 어떤 프로그래밍 방식을 타고났는지 알아내기
- 뛰어난 프로그래머의 특징
- 성공적인 협업 비결

깜짝 퀴즈: 전구를 갈려면 몇 명의 프로그래머가 필요할까?

1 0명. 절전 기능이 동작했을 뿐 전구는 멀쩡하다

2 딱 1명, 다만 피자와 커피를 잔뜩 쌓아 두고 밤을 지새야 한다

3 20명. 본래 문제를 해결할 1명과 그로 인한 골칫거리를 디버깅할 19명*

정답은? 누가 하느냐에 따라 모두 정답이 될 수 있다. 프로그래머마다 일하는 방식이 다르고 같은 문제를 해결하는 다양한 방법이 있다.** 언제나 방법은 하나가 아니고 프로그래머의 사고방식에 따라 상당히 다른 결정을 내린다.

지금까지 줄곧 훌륭한 프로그래머가 지녀야 할 사고방식을 알아봤다. 16장에서는 특히 프로그래머의 사고방식과 각각의 장단점, 그리고 성공적인 프로그래밍에 꼭 필요한 사고방식을 집중적으로 살펴본다. 코딩 업무에 접근하는 방식과 다른 프로그래머와 관계를 맺는 방법도 설명한다. 이윽고 최고의 코더가 되려면 어떤 면모를 갖춰야 하는지 놀라운 결론을 내린다.

16.1 몽키 비즈니스

소프트웨어 공장에는 괴짜와 사회 부적응자, 즉 희한한 코드 몽키(code monkey)들이 한데 모여 있다. 다양한 기술 수준과 사고방식을 지닌 코드 몽키가 모여 공동의 목표를 추구하며 중요한 소프트웨어 시스템을 개발한다.

서로 어떻게 협력하고 어떤 코드 유형을 작성하느냐가 기술 역량만큼이나 프로그래밍 사고방식에 영향을 미친다. 모두가 성실하고 실리적이고 근면한 천재면 훨씬 뛰어난 소프트웨어가 버그도 없이 정해진 예산 내에서 일정에 맞춰 출시될 것이다. 하지만 누구도 완벽하지 않은 데다 이는 안타깝게도 작성하는 코드에 고스란히 드러난다.

이에 맞설 전략을 찾기 위해 프로그래머에 대한 정형화된 이미지를 모아 놓은 갤러리로 안내하겠다. 일전에 소프트웨어 공장에서 직접 만나봤던 프로그래머 유형을 모아 놓은 것이다. 물론 일반화한 목록일 뿐이니 목록에 없는 부류이거나 동시에 여러 부류에 속하는 프로그래머도 존재한다.

---

* 농담이 아니다. 평생 전구를 두 번 갈아 본 친구가 있다. 한번은 카펫에 온통 유리 조각이 흩날렸다. 다음번에는 결국 전기 기사를 불러 전등 소켓을 끼워야 했다.

** 펄 프로그래머가 외우는 주문

그래도 이 뻔뻔한 분류는 중요한 사실을 드러내고 개선 방법을 일러준다. 다음과 같은 내용을 알아보겠다.

- 코드 몽키 유형별 동기 부여 요소
- 유형별 협업 방식
- 각 코드 몽키가 나아갈 방향
- 각각으로부터 배울 점

각 코드 몽키 설명을 읽을 때마다 자문하자.

- 자신이 해당 프로그래머 유형인가? 자신의 프로그래밍 스타일이 설명과 얼마나 부합하는가? 코딩 방식을 개선하기 위해 어떤 교훈을 얻을 수 있을까?
- 해당 프로그래머 유형을 얼마나 알고 있는가? 친한 동료인가? 어떻게 하면 그와의 업무 효율을 높일까?

16.1.1 열혈 코더(eager coder)

이 책을 읽는 프로그래머 대부분이 아마 이러한 특성을 지녔을 테니 이 남자*부터 시작하자. 열혈 코더는 빠르고 번개 같아서 코딩을 하며 생각한다. 충동적이고 타고난 프로그래머로서 아이디어가 떠오르자마자 코드를 작성한다. 잠시 멈추고 생각을 먼저 하지 않는다. 그래서 기술적 능력은 아주 뛰어난데 반해 작성한 코드에서 진면목을 찾아보기 어렵다.

열혈 코더는 유행하는 새 기능이나 관용구를 주로 쓰려 한다. 새로운 방법을 써보려는 열망은 적절하지 않은 곳에 기술을 적용한다는 뜻이기도 하다.

강점

코드 양 관점에서 보면 열혈 코더는 생산적이다. 코드를 많이 작성한다. 새로운 기술을 배우기 좋아하고 프로그래밍에 아주 열정적, 아니 심지어 격정적이다. 열혈 코더는 자신의 일을 사랑하며 진심으로 좋은 코드를 만들고 싶어 한다.

약점

자유 분방한 열정은 열혈 코더를 성급하게 만들고 생각 없이 코드 에디터로 바로 뛰어들게 한다. 분명 코드를 많이 작성하지만 너무 빨리 쓰다 보니 결함이 생긴다. 열혈 코더는 디버깅에 오랜 시간을 쏟는다. 조금이라도 미리 생각해 보면 어리석은 오류를 많이 줄일 수 있고 부주의한 실수를 바로잡느라 시간을 허비하지 않아도 된다.

---

* 내용을 뚜렷하게 전달하기 위해 코드 몽키는 남자로 묘사하겠다.

안타깝게도 열혈 코더는 디버깅을 정말 못 한다. 코딩에 뛰어들 때처럼 디버깅에도 바로 뛰어든다. 체계적이지 않으니 막다른 골목으로 결함을 몰아가는 데 오래 걸린다.

열혈 코더는 시간을 제대로 예측하지 못한다. 모두 정상적으로 진행되는 경우에 한해서는 합리적으로 예측하나 절대 계획대로 되지 않으니 항상 예상보다 더 걸린다.

보완할 점

열정을 잃지 말자. 열정은 프로그래머의 가장 훌륭한 자질 중 하나다. 당신은 프로그램이 잘 동작할 때, 한 걸음 떨어져 코드의 아름다움을 감상할 때 행복을 느끼니 이렇게 할 현실적인 방법을 찾자. 코드 개발에 단위 테스트를 포함시키는 것도 좋은 방법이다. 하지만 대부분 다음과 같은 짤막한 조언 한 마디면 된다. 잠시 멈추고 생각하자. 서두르지 말자. 포스트잇에 THINK라고 적어 모니터 한 켠에 붙여 놓는 등 기본적인 방법도 좋으니 개인에 맞는 규율을 찾자!

협업 방법

일을 잘하고 있을 때는 함께 프로그래밍하기 가장 좋은 부류다. 열혈 코더의 에너지를 무의미하게 흘려보내지 말고 생산적인 코드로 돌려주는 것이 비결이다. 페어 프로그래밍(pair programming)하기 아주 좋은 상대다.

하루도 빠짐없이 열혈 코더에게 무엇을 하고 있는지, 계획이 무엇인지 묻자. 디자인에 관심을 보이자. 진심으로 디자인에 대해 생각해 볼 수 있게 북돋을 것이다! 열혈 코더가 꼭 무언가를 만들어야 한다면 조기 출시를 부탁하고 단위 테스트도 필요하다고 알리자.

적절히 관리해주면 열혈 코더가 규율을 지키는 데 도움이 된다. 프로젝트 일정에 열혈 코더의 시간을 신중히 배치하자(열혈 코더의 일정까지 직접 짜 줄 필요는 없다).

16.1.2 코드 몽키(code monkey)

정말로 셀 수 없이 많은 원숭이가 필요할 때는 이 친구를 가장 먼저 찾게 된다(하지만 권하고 싶지 않다. 끝도 없이 원숭이만 고르고 있을 테니!).

코드 몽키는 견고하지만 평범한 코드를 작성한다. 주어진 과제를 충실히 묵묵하게 해내며 다음 과제를 받을 준비를 한다. 시시한 일을 하다 보니 그런트 프로그래머(grunt programmer)라고도 불리는데 다소 부당하다.

코드 몽키는 성격이 조용하다. 좋은 자리로 가기를 두려워하다 보니 따분한 프로젝트로 밀려난다. 개척자는 더 흥미로운 코드를 작성하러 떠나는 반면, 코드 몽키는 오래된 코드 기반을 운영하며 유지 보수 프로그래머로서의 틈새시장을 개척한다.

주니어 코드 몽키는 일정 시간 동안 멘토링을 받으며 배우고 성장하지만 위험이 적은 일을 맡는다. 경력이 쌓인 코드 몽키는 제자리걸음만 하다 코드 몽키로 은퇴한다. 그리고 아주 행복해한다.

강점

꽤 잘, 그것도 시간에 맞춰 맡은 일을 해낸다. 코드 몽키는 믿음직스러우며 대부분은 집중해야 하는 중요한 때에 더 노력을 쏟는다.

열혈 코더와 달리 코드 몽키는 시간을 잘 예측한다. 체계적이고 철저하다.

약점

코드 몽키는 신중하고 체계적이나 정해진 틀에서 좀처럼 벗어나지 못한다. 디자인 재능과 직관력이 부족하다. 잠재적 문제를 고심하지 않고 기존 코드 디자인 관례를 무조건적으로 따른다. 디자인에 책임이 없으니 발생하는 문제를 등한시하며 앞장서 문제를 조사하고 고치는 일이 드물다.

코드 몽키는 새로운 기술에 관심이 전혀 없어 가르치기 어렵다.

보완할 점

새로운 분야를 개척하고 책무를 넓히고 싶은가? 그렇다면 개인 프로젝트로 훈련하면서 기술력부터 다지자. 책을 꺼내 새 기술을 연구하자.

책임을 더 안고 디자인 작업에 참여하고 싶다고 제안하자. 현재 일에서 주도적으로 나서서 가능한 실패 지점을 조기에 잡아 내고 실패를 방지할 계획을 세우자.

협업 방법

기술력이 더 있다고 책임이 더 크다고 코드 몽키를 얕보지 말자. 코드를 칭찬하고 코드를 개선할 방법을 알려주며 용기를 북돋아 주자.

유지 보수 프로그래머(즉 유지 보수 코드 몽키)가 최대한 쉽게 일할 수 있도록 코드를 신경 써서 작성하자.

16.1.3 고수(guru)

전설적이고 신비로운 천재, 다시 말해 프로그램 귀재다. 고수는 대체로 조용하고 겸손하며 조금 독특하다.* 뛰어난 코드를 작성하지만 다른 사람과 잘 소통하지 못한다.

고수는 누구의 간섭도 받지 않으며 프레임워크, 아키텍처, 커널 같은 기초적인 것에 공을 들인다. 동료로부터 마땅한 존경(과 때로는 두려움)을 받는다.

전지적 시점의 고수는 모든 것을 알고 모든 것을 본다. 어떤 기술 토론에든 점잖게 모습을 드러내 전문적 의견을 내놓는다.

강점

고수는 노련한 마술사다. 최신 기술을 전부 파악하고 어떤 오래된 기술이 더 뛰어난지 알고 있다(애당초 멋진 기술은 다 고수가 만들었다). 경험이 풍부하며 고칠 데가 없는 유지 보수 가능한 코드를 작성한다.

뛰어난 고수는 배울 점이 아주 많은 훌륭한 스승이다.

약점

고수는 보통 의사소통에 약하다. 늘 말문이 막히는 것은 아니나 생각이 아주 빠르고 평범한 인간의 생각을 뛰어넘으니 이해하기 어렵다. 고수와 대화하면 스스로 어리석게 느껴지거나 혼란스럽거나 혹은 둘 다.

의사소통 능력이 떨어질수록 고수는 좋은 스승이 되지 못한다. 고수는 왜 다른 이들이 자신만큼 알지 못하는지 혹은 왜 자신만큼 빨리 생각하지 못하는지 좀처럼 이해하지 못한다.

보완할 점

구름에서 내려와 현실 세계에 살아 보자. 모두가 자신만큼 빠르리라 또는 자신과 똑같은 방식으로 생각하리라 기대하지 말자. 무언가를 간단명료하게 설명하려면 많은 기술이 필요하다. 연습하자.

협업 방법

고수를 만나면 가르침을 받자. 단순히 기술적 부분 외에도 최대한 흡수하자. 고수로 우

---

* "평범한" 프로그래머에 비해 조금 더 독특하다는 뜻일 뿐이다. 유별나다(eccentric)라고 하는 편이 어쩌면 더 정중한 표현이겠다.

뚝 서려면 어떤 기질과 성격이 뒷받침되어야 한다. 즉 지식은 있으나 교만하지 않아야 한다. 이 부분에 주시하자.

16.1.4 반쪽짜리 고수(demiguru)

반쪽짜리 고수는 자신을 천재라 여긴다. 현실은 그렇지 않다. 유식하게 떠들지만 온통 빈 껍데기다.

아마 가장 위험한 코드 몽키 유형이 아닐까 싶다. 반쪽짜리 고수는 일이 터지기 전까지는 잘 알아채지 못한다. 그럴듯하고 자신감 있게 이야기하니 관리자는 그를 천재인 줄 안다.

반쪽짜리 고수는 주로 고수보다 시끄럽다. 더 뽐내고 거만하다. 권위있는 자리에 자신을 앉힌다(반면 고수는 동료들이 전문가로 인정한다).

강점

반쪽짜리 고수에게 강점이 전혀 없다고 지레 짐작하기 쉬우나 그의 놀라운 자산은 스스로에 대한 확신이다. 자신의 능력을 믿고 뛰어난 품질 코드를 작성한다고 확신해야 한다. 다만…

약점

반쪽짜리 고수의 치명적 약점은 스스로에 대한 확신이다. 자신의 능력을 과대평가하며 그가 내린 결정이 프로젝트의 성공을 위태롭게 한다. 반쪽짜리 고수의 존재는 심각한 골칫거리다.

반쪽짜리 고수는 심지어 그가 직장을 옮긴 후에도 계속 문제를 일으킨다. 그가 남긴 형편없는 디자인과 몹시도 기발한 코드가 일으키는 문제를 해결해야 한다.

보완할 점

지금 바로 자신의 능력에 대해 가장 정직한 평가를 내리자. 과장하지 말자. 포부는 좋지만 다른 모습을 가장하는 것은 좋지 않다.

일부러 그러는 것이 아닐 수 있으니 할 수 있는 것과 없는 것을 객관적으로 살피자. 자신이 얼마나 중요하거나 똑똑해 보일까 대신 소프트웨어의 품질에 더 신경 쓰자.

협업 방법

아주 아주 신중해지자.

반쪽짜리 고수인지 알아챘다면 일단 반은 성공이나 다름없다. 그가 일으킬 대부분의 위험은 미처 그를 알아채지 못했을 때 발생한다. 반쪽짜리 고수를 세심히 지켜보자. 내뱉은 말 중 쓰레기를 가려내고 잘못된 디자인을 해결하려 노력하고 형편없는 코드를 검사하자.

16.1.5 거만한 천재

고수와 미묘하게 다르지만 중요한 변형 중 하나다. 아주 뛰어난 프로그래머이며 빠르고 효율적이고 질 좋은 코드를 작성한다. 완벽한 고수는 아니어도 박식하다. 하지만 자신의 능력을 스스로 너무 잘 알다 보니 자만심에 차 있고 거들먹거리고 상대를 비하한다.

천재는 대부분 스스로가 맞고 항상 자신의 올바른 견해가 다른 이의 잘못된 생각보다 뛰어남을 보여야 하니 끝없이 따지기를 좋아한다. 그렇게 하는 데 익숙하다. 가장 짜증 나는 일은 대부분 그가 실제로 옳아서 웬만한 논쟁에서 진다는 점이다. 혹시 틀리더라도 자신의 의견이 옳은 논쟁으로 넘어갈 때까지 입을 가만두지 않는다.

강점

천재는 기술 역량이 상당하다. 기술적 우위를 제공할 수 있고 모두의 동의를 얻어 팀에 촉매 역할을 한다.

약점

천재는 틀렸다고 입증되는 것을 싫어하고 항상 자신이 옳아야 한다고 생각한다. 일인자여야 한다고 느낀다. 천재는 모든 것을 속속들이 아니까. 모른다고 절대 대답하지 못하니 철저히 겸손을 떨며 모면할 수밖에 없는 고통을 겪는다.

보완할 점

모두가 신의 경지에 도달하지는 못하나 존경할만한 훌륭한 프로그래머가 많다. 이 점을 잊지 말자. 겸손을 실천하고 다른 이의 의견을 존중하자.

더 풍부한 경험에서 비롯된 의견을 내는 사람을 찾아 배움을 얻자. 절대 부풀리거나 경험 부족을 숨기지 말자. 한 것과 모르는 것에 솔직해지자.

협업 방법

반드시 천재에게 존경을 표하고 그 천재 주변의 다른 프로그래머를 존중하자. 건설적이지 못한 언쟁을 벌이지 말자. 다만 생각을 굽히지 말고 합리적인 의견과 견해를 주장하

자. 기죽지 말자. 천재와 기술적 이슈를 논하다 보면 더 나은 프로그래머가 될 수 있으니 감정에 치우치지 않는 법을 먼저 배우자. 자신이 옳다면 함께 논쟁할 협력자를 구하자.

자만하거나 사사건건 따지지 않도록 스스로 유의하자.

인신공격

이러한 프로그래머 사고방식 분류는 그다지 체계적이지 못하다. 심리학자는 더 정형화된 성격 분류를 고안해냈다. 프로그래머를 괴짜라 부르는 권위 있는 방식으로. 특별히 소프트웨어 개발 세계에 맞춰 고안하지는 않았으나 실제로 프로그래머 행동에 대한 귀중한 통찰력을 준다.

아마 가장 유명한 도구는 마이어 브릭스 성격 유형 지표(Myers Briggs Type Indicator, MBTI)일 것이다.[브릭스 80] MBTI는 네 개의 축으로 성격을 분해해서 외향형이냐(E, extrovert)냐 내향형이냐(I, introvert), 감각형(S, sensing)이냐 직관형(N, intuitive)이냐, 사고형(T, thinking)이냐 감정형(F, feeling)이냐, 판단형(J, judging)이냐 인식형(P, perceiving)이냐로 분류한다. 이러한 분류의 결과로 네 글자로 이뤄진 설명어가 나오는데 코드 몽키는 흔히 ISTJ다.

벨빈의 팀 역할(Team Roles)은 행동하고 참여하고 다른 이와 상호 작용하는 특별한 경향을 정의한 사고방식 분류다.[벨빈 81] 이 분류는 타고난 사회적 행동과 관계 형성 능력을 특징 지음으로써 그것이 어떻게 팀 발전을 돕거나 저해하는지 알아내는 도구다. 성격 유형이 팀워크 능력에 어떤 영향을 미치는지 보여준다. 벨빈은 아홉 가지 행동 규칙을 찾아냈는데, 세 개의 행동 지향적 성격, 세 개의 인간 중심적 성격, 세 개의 지적 성격을 포함한다. 이를 이해하면 상호 보완적 능력을 지닌 사람을 모아 효과적인 팀을 만들 수 있다. 만약 프로그래머가 전부 조정자(coordinator)면 무엇도 해낼 수 없을 것이다.

두 성격 분류 모두 저자의 프로그래머 분류와 1대 1로 매핑되지 않는다. 물론 영장류도 등장하지 않는다.

16.1.6 카우보이

카우보이는 힘든 일은 일부러 피하는 못된 프로그래머다. 최대한 지름길을 찾아 간다. 이 부류를 해커(hacker)라고 잘못 분류하기도 한다. 고전적 의미에서 카우보이는 해커가 아니다. 해커는 용감무쌍한 코더를 위풍당당하게 묘사하기 위해 괴짜에게 쓰이는 용어다.*

강점

카우보이가 만든 코드는 동작하나 딱히 멋지지는 않다. 카우보이는 새로운 기술을 배우고 싶어하지만 시간을 내는 일은 거의 없다(너무 고되니까).

---

* 무지한 이들은 크래커(cracker)를 뜻하는 말로 잘못 쓰기도 한다. 크래커는 컴퓨터 시스템에 몰래 침입하는 사람이다. 301쪽 "크래커 대 해커" 참고.

약점

카우보이 코드는 고치는 데 오래 걸린다. 그가 남긴 여파는 썩 기분 좋지 않다. 카우보이 코드에는 항상 수정과 재작업, 리팩터링이 필요하다. 카우보이는 제한된 기술 스펙트럼을 사용하며 실제 공학적 기술도 전혀 없다.

보완할 점

올바른 의미에서 코드를 핵(hack)하는 법을 배우자. 결과물에 자부심을 가지고 시간을 더 쏟자. 실패를 인정하고 개선하려 해보자.

협업 방법

절대 카우보이의 집에 들어가지 말자. 그의 코드를 기준으로 판단하는 것은 스스로 화를 자초하는 길이다! 악의 없이 그저 약간 게으를 뿐임을 이해하자. 코드 리뷰를 준비하자. 페어 프로그래밍을 시키자(카우보이는 열혈 코더와 잘 어울릴 것 같다. 큰 소동을 보고 싶으면 플래너와 짝 지어주자).

16.1.7 플래너

플래너는 일에 대해 생각을 너무 많이 하기 때문에 코드를 작성하기 이미 오래 전에 프로젝트가 폐지된다.

미리 계획하고 응집력 있는 디자인을 수립해야 하는 것이 당연하지만 플래너는 주변에 단단한 보호막을 친 다음 끝날 때까지 외부와 어떤 접촉도 하지 않는다. 그 사이 주변 환경이 전부 바뀐다.

플래너는 많이 연구하고 읽으며 배움을 멈추지 않는다. 유명한 플래너 부류가 절차쟁이(Process Weenie)다. "올바른 개발 절차"를 꿰뚫고 있으나 마감 기한을 맞추거나 끝까지 해내는 일에 약하다(절차쟁이는 결국 중간 관리자에 오른 후 해고 수순을 밟는다).

강점

실제 디자인을 한다. 생각이란 것을 한다. 무분별한 코드를 만들지 않는다.

약점

플래너가 작업에 착수하면 과잉 디자인(over design)이라는 매우 현실적 위험에 맞닥뜨린다. 아주 복잡한 시스템을 만들려 한다. 플래너는 분석 마비*(analysis paralysis)를 일으키는 주된 원인으로서 이렇게 되면 해결 방안 프로토타이핑과 구축 대신 방법론과 모델링 쪽으로 개발이 치우친다. 플래너는 아주 긴 문서를 만들고 두 시간 간격으로 회의를 소집하기 좋아한다.

생각에 오랜 시간을 쏟고 실행에 충분한 시간을 쓰지 않는다. 아는 것이 많으나 이론에서 실천으로 옮기는 데 실패한다.

보완할 점

사전에 세심하게 설계하는 것도 물론 중요하지만 증분 개발과 프로토타이핑으로 디자인을 입증하는 방향도 고려하자. 실제 디자인을 구현할 때까지 디자인을 다 못하는 상황도 있기 마련이다. 구현 시점에서야 모든 문제가 밝혀지는 때문이다.

계획과 실천 사이에서 더 나은 균형을 이루자. 끔찍한 코드를 작성하는 편이 디자인에 오랜 시간을 쓰는 것보다 낫다고 스스로 위로하자. 디자인은 고치기 훨씬 어렵다.

협업 방법

플래너의 작업과 관련된 모든 일정과 마감 기한을 사전에 합의하자. 디자인 완료(design complete) 일정을 추가하자. 디자인 작업이 중요하게 간주됐으니 플래너는 즐겁게 일정에 맞춰 디자인을 완료할 것이다. 이 정도면 플래너를 움직이기 충분하다.

되도록 플래너와 회의하지 말자. 안건을 정하는 방법을 논하느라 한 시간은 걸린다.

16.1.8 베테랑

이 나이 든 소년은 유행에 뒤처진 시니어 프로그래머다. 가만히 앉아 좋았던 옛 시절 추억, 정수 덧셈 결과를 저장할 메모리가 충분치 않아 천공 카드와 기계를 쓰던 이야기를 들어보자.

베테랑은 여전히 가장 좋아하는 일을 하고 있음에 행복할 수도, 무수히 놓친 승진에 씁쓸할 수도 있다. 그 과정을 지켜 봤고 답을 잘 알고 있으며 새 기술을 배우려 하지 않는다(새로 배울 기술이란 없으며 그저 똑같은 낡은 생각을 다시 포장하는 것뿐이라고 말할 것이다). 새 언어를 배우기를 꺼린다. "C++는 필요 없어. 어셈블러로 완벽하게 해낼 수 있어, 신경 써 줘서 고마워."

---

* **역주** 정보 과다로 인한 분석 불능

베테랑은 바보에게 관대하지 않다. 다소 괴팍스럽고 쉽게 짜증 낸다.

강점

다년간 프로그래밍을 했으니 상당한 경험과 지혜를 가지고 있다. 성숙한 태도로 코딩한다. 좋은 프로그램과 형편없는 프로그램을 가르는 특성과 흔한 함정을 피하는 방법을 안다.

약점

베테랑은 자진해서 새 기술을 배우지 않는다. 많은 것을 할 수 있는 것처럼 보였는데 그다지 쓸모없었던 유행하는 아이디어에 신물이 났으며 다소 느린데다 변화를 수용하지 않을 수 있다.

기업의 무능력을 수년간 겪은 덕분에 인내심이 부족하다. 빡빡한 마감 기한과 불합리한 관리자를 무수히 상대해 왔다.

보완할 점

젊고 더 열정적인 프로그래머에게 너무 비판적으로 굴지 말자. 당신도 한때 그와 같았고 당신의 코드는 형편없지 않았다, 아닌가?

협업 방법

네가 얼마나 쉽게 그것을 가졌는지 넌 전혀 몰라, 이 철딱서니 없는 프로그래머야. 베테랑과 얽혔다가는 소프트웨어 공장에서 어떻게 이렇게 오래 살아남았는지 잔뜩 듣게 된다. 베테랑과의 전투를 현명하게 고르자. 존경을 표하되 신이 아닌 동료로서 대하자.

베테랑의 동기를 이해하자. 그가 좋아서 프로그래밍을 하는 것인지 직업상 궁지에 몰려서 인지 파악하자.

16.1.9 추종자

추종자는 세뇌된 전향자로서 빅코(BigCo, 큰 회사)가 만든 것은 전부 훌륭하다고 맹목적으로 믿는 신봉자다. 10대 소녀가 록스타를 우상화하듯 프로그래머에게도 아이돌이 있다. 열정에 휩싸인 추종자는 무보수 기술 전도사를 자청한다. 업무가 주어질 때마다 빅코 제품을 포함시킨다.

추종자는 다른 모든 방법은 배제한 채 빅코만 따르며 대안은 거의 알지 못한다. 현재 빅코 제품 라인 중 품질이 떨어지는 제품은 분명 다음 버전에 수정될 테니 즉시 업그레이드하면 된다.*

강점

빅코 제품을 속속들이 알고 있어 그 제품들을 기반으로 정말 훌륭한 디자인을 만들어낸다. 그 기술에 한해서는 생산적이지만 다른 익숙하지 않은 기법이 더 효과적일 수 있으니 꼭 가장 생산적인 것은 아니다.

약점

추종자란 객관적이지 못하고 실용적이지 않다는 뜻이다. 빅코를 대신할 더 뛰어난 디자인을 놓치고 있을 수 있다. 더 큰 문제는 추종자가 빅코에 대해 끊임없이 과장하는 것이다.

보완할 점

누구도 당신이 그토록 사랑하는 빅코에게서 돌아설 것이라 기대하지 않는다. 빅코의 기술을 이해하고 효율적으로 사용하는 방법을 아는 것도 가치가 있다. 다양한 방식과 발상의 전환을 수용하자. 거만한 태도를 취하거나 속단하지 말자.

협업 방법

추종자와 철학적 논쟁을 벌이지 말자. 선호하는 기술의 장점을 설명하려 들지 말자, 어차피 듣지 않는다. 한 번의 대화만으로 당신도 추종자가 될 수 있으니 조심하자. 그에게는 전염성이 있다.

프로젝트가 중대한 디자인 단계에 있지 않은 한 추종자는 일반적으로 문제가 되지 않는다(게다가 멀리서 지켜보면 재미있다). 중요한 디자인 단계에 들어서면 문제 도메인에 대한 명확하고 편파적이지 않은 관점을 제공하며 모든 구현 방식의 철저한 평가를 강조하자. 그가 옳을 수도 있음을 기억하자.

소모적인 언쟁을 해야 한다면 주장하는 방식의 강점과 상대방의 약점에 대한 정확하고 상세한 정보를 철저히 준비해서 상대하자.

---

* 추종자는 소프트웨어 판매자만 우상화하지 않는다. 오픈 소스 지지자일 수도 있고 한물간 소프트웨어 패키지를 동경할 수도 있다.

16.1.10 외골수 프로그래머

기술에 열광하는 전형적인 괴짜다. 기술이 인생의 전부이며 아마 꿈에도 나올 것이다.

외골수 프로그래머는 놀라울 정도로 한 가지 일에만 몰두한다. 집으로 일을 가져가 전체 시스템을 디자인하고 작성한 후 주요 버그를 수정하고 나머지 프로젝트를 어떻게 구현할지에 대한 계획까지 짜서 출근한다. 당신이 아침을 먹기도 전에 모두 끝낸다.

강점

외골수 프로그래머는 집중력이 있고 의지가 굳다. 프로젝트를 잘 진행시키든 애쓰다 죽든 둘 중 하나다. 공수가 심하게 더 들어도 거리낌이 전혀 없고 마감 기한이 다가올수록 더 도움이 된다.

약점

모두가 자기만큼 강박적이고 집중력이 있기를 기대하며 그렇지 못하면 못마땅해 한다. 무엇보다 끊임없이 문제와 너무 가까이 붙어 있다 보니 무언가를 간과하는 것이 가장 큰 위험이다.

보완할 점

신경을 끄기 위해 우표 수집이든 뭐든 시작하자. 일만 하고 놀지 않으면 바보가 된다. 아마 그래 봤자 신경도 안 쓰겠지만.

협업 방법

일하기 아주 좋은 파트너다. 열정은 전염되고 외골수의 합류로 프로젝트는 빠르게 진행된다. 하지만 외골수가 장악하게 두지 말자. 조금이라도 기회가 생기면 당신의 일까지 전부 해버린다! 언뜻 편해 보여도 결국 낯선 코드를 유지 보수할 사람은 당신이다. 이러한 번거로움을 감수할 가치가 없다.

외골수에게 개인적 삶이 없다고 걱정 말고, 신이 주신 모든 시간을 전부 프로젝트에 쏟아부어야 한다고 부담 가질 필요도 없다. 느긋한 하룻밤 휴식이 때로는 최고의 디자인 도구다.

16.1.11 게으름뱅이

게으름뱅이는 일하기 싫어하는 굼벵이다. 일에 너무 시달린 것처럼 보이는 법을 터득했기 때문에 알아채기 어렵다. 그의 "디자인"은 컴퓨터 카드놀이고 그의 "연구"는 인터넷에서 스포츠카를 보는 것이며 그의 "구현"은 개인적인 일을 하는 것이다. 게으름뱅이는 모든 과제를 적극적으로 피한다(어떡하죠, 그 일을 하기에는 제가 너무 바쁘네요).

더 교묘한 게으름뱅이는 해야 할 일이 아니라 본인이 원하는 일이나 해야 된다고 생각하는 일만 한다. 쉬지 않고 일하는데도 일이 끝나는 법이 없다.

게으름뱅이는 놀 줄 안다. 자주 파티를 하고 주로 책상 아래에서 잠을 잔다. 술집에서 만나면 점심시간이 아니고서야 식단은 대부분 커피다.

어쩌면 실패한 프로젝트가 너무 많아 일할 욕구가 사라져 버린 번아웃 상태일 수 있다.

강점
최소한 놀 줄 안다.

약점
게으름뱅이는 분명 골칫거리다. 어려운 문제를 해결하려면 실제로 긴 시간이 걸리므로 게으름을 피운다고 증명하기 쉽지 않다. 프로그래머가 게을러서가 아니라 그저 문제를 빨리 해결할 능력이 부족한 경우도 있다.

보완할 점
도덕심을 키우고 조금 더 노력을 기울여 보자. 아니라면 죄책감을 안고 살아가는 법을 배워야 한다.

협업 방법
게으름뱅이에 대해 불평하지 않는 것이 상책이다. 자기 자신에게도 결점이 있지 않은가. 때가 되면 마땅한 대가를 치를 것이다.

자신은 효율적으로 일하고 있고 일정 지연은 게으름뱅이 탓이라는 것을 증명할 수단을 강구하자. 체계적으로 업무 일지를 쓰는 것도 한 가지 방편이다. 마감 기한을 명확히 하는 것만으로도 보통은 게으름뱅이를 일하게 할 수 있다. 아무리 절박해도 게으름뱅이 일까지 대신 하지 말자. 다음에도 그렇게 해주기만 바랄 것이다.

에너지를 다 소진하지 말고 일하면서 즐거움을 찾으려 애쓰자. 그러면 이따금 술집에서 게으름뱅이와 마주칠 것이다.

16.1.12 마지못해 맡은 팀 리더

기술적으로 더 승진할 경로가 없어 팀 리더로 승진한 개발자는 조직의 전형적인 모습이다.

딱 봐도 그 자리가 몹시 불편해 보인다. 적절한 기술이 없어 뒤처지지 않기 위해 고군분투한다. 그도 프로그래머이며 프로그래밍을 하고 싶다. 천성적으로 사람을 잘 조직하거나 관리하지 못하며 의사소통도 서툴다.

프로그래머는 대부분 아주 끔찍한 리더가 된다. 특수한 기술적 능력과 조직적 능력을 모두 갖춰야 하니 진정으로 훌륭한 소프트웨어 팀 리더는 아주 극소수다.

마지못해 맡은 팀 리더는 상당히 온화하고 우유부단한 편이다. 그렇지 않고서야 팀장 자리를 왜 수락했겠는가. 일정 차질과 형편없는 소프트웨어는 모두 그의 탓이며 개발팀과 경영진은 양쪽에서 점점 압박한다. 마침내 번아웃에 이를 때까지 서서히 지쳐간다.

강점

마지못해 맡은 팀 리더는 프로그래머가 겪는 곤경을 진심으로 이해한다. 자신도 겪어봤고 또 돌아가고 싶다. 소프트웨어 출시가 지연될 때 경영진이 프로그래머를 괴롭히지 못하도록 스스로 기꺼이 책임을 떠맡는 경우가 허다하다. 업무 위임에 서툴듯이 책임 소재 역시 잘 따지지 못한다.

약점

팀 리더가 코드를 작성하는 순간 코드는 엉망이 된다. 코드를 작성하거나 디자인하거나 충분히 신중히 테스트할 시간이 절대적으로 부족하다. 마지못해 맡은 팀 리더는 순진하게도 팀 리딩 업무와 꼬박 하루가 걸릴 코딩 일정을 동시에 잡는다. 도저히 그 안에 끝내지 못하고 그래서 마지못해 맡은 팀 리더는 뒤처지지 않으려 사무실에서 점점 더 오래 머무른다. 조직을 잘 정비하지 못하고 관리자에게 제대로 해명하지 못하고 팀원을 적절히 관리하지 못한다.

보완할 점

교육을 받자. 얼른.

자리가 불편하면 직무 변경을 요청하자. 이는 패배를 인정하는 것이 아니라 좋아하지도 않는 일에 에너지를 소모하는 것이 무의미해서다. 관리 능력이나 열정이 누구에게나 있지 않다. 능력과 열정을 표출할 수 있는 분야로 옮기자.

극도로 어려운 상황도 헤쳐나가겠다면 회사의 승진 경로를 바꾸려 해보자. 관리직만이 시니어 개발자의 다음 단계가 아님을 회사에 알리자. 제대로 된 관리자가 될 프로그래머는 소수이고 그들의 두뇌는 전혀 다른 식으로 짜여 있다.

협업 방법

팀 리더의 고충을 이해하고 도울 수 있는 일은 무엇이든 하자. 정기적으로 보고서를 올리고 일정 내에 일을 마치자. 마감 기한을 넘길 것 같으면 팀 리더에게 사전에 알려 대비할 수 있게 하자.

16.1.13 바로 당신

예의상 이 호기심 가득한 짐승에 대해서는 더 말하지 않겠다. 슬프게도 구제할 길이 없는 사람도 있다.

16.2 이상적 프로그래머

이렇게 여러 부류가 혼란스럽게 뒤섞이니 개발자가 기이한 무리인 것은 확실하다. 앞서 나열한 코드 몽키 중 어떤 부류가 되려고 해야 할까? 어떤 코드 몽키끼리 합쳐야 이상적 프로그래머(ideal programmer)가 될까?

안타깝게도 현실 세계에 완벽한 프로그래머는 없으며 그 괴물은 세간에 떠도는 전설일 뿐이다. 다시 말해 이론적 물음이지만 답을 찾으면 무엇을 추구해야 할지 보인다.

전설로 떠도는 이상적 프로그래머는 다음과 같은 면모를 지닌다.

정치적

기이한 코드 몽키뿐 아니라 소프트웨어 공장에 살고 있는 훨씬 더 많은 생명체, 즉 관리자, 테스터, 지원 부서, 고객, 사용자 등이 저지르는 사소한 잘못도 처리할 수 있는 외교적 수완이 있어야 한다.

관계적

다른 사람과 잘 협력한다. 자기 코드만 우선시하지 않고 공공의 이익을 위한 일이라면 궂은 일도 마다하지 않는다. 의사소통에 능해서 말하는 만큼 듣는다.

예술적

정교한 해결책을 디자인하고 수준 높은 구현의 미적 측면을 알아본다.

기술적 천재

견고하면서 아주 강력한 코드를 작성한다. 기술 스펙트럼이 넓고 언제 어떻게 적용해야 할지 안다.

위 목록을 다시 읽어 보면 어떤 프로그래머가 되어야 할지 아주 분명해진다. 아직도 모르겠다면 아래처럼 간단히 설명하겠다. 이상적 프로그래머는 다음과 같다.*

이렇게 되기를 갈망하자.

16.3 그럼 이제 무엇을 할까?

> 가장 현명한 자와 가장 어리석은 자만이 절대 바뀌지 않는다.
>
> _공자

코드 몽키 우리를 들여다보며 웃음거리 삼는 일도 재미있기는 한데 대체 어떻게 해야 할까? 아무것도 하지 않으면 단순한 흥밋거리에 지나지 않으며 항상 해왔던 똑같은 어리석은 행동을 반복하며 지나갈 뿐이다.

프로그래머로서 실력을 높이려면 바뀌어야 한다. 변하기란 쉽지 않다, 본성에 반하는 일이다. 속담에도 있듯이 표범도 자기 얼룩을 바꿀 수는 없다. 바꾸면 더 이상 표범이 아니다. 어쩌면 여기에 핵심이 있다. 더 많은 사람이 영양이나 코뿔소여야 한다.

여유를 가지고 아래 질문을 잠시 생각해 보자. 16장 끝에 나오는 활동지(action sheet)에 답을 적어두면 좀 더 유용하다.

---

* 역주 prat은 멍청이라는 뜻의 속어.

1 어떤 코드 몽키 유형과 가장 비슷한가? 자기 자신에게 솔직했다면 각 유형에 조금씩 해당할 것이다. 자신을 가장 잘 설명하는 하나 혹은 두 가지 유형을 가려내자.

2 자신의 강점과 약점은 무엇인가?

3 해당하는 코드 몽키 설명을 다시 훑어보고 실질적으로 무엇을 바꿀 수 있을지 살펴보자. 잘못된 사고방식을 극복하려면 구체적으로 어떤 방법이 필요할까? 올바른 사고방식은 어떻게 활용하면 좋을까?

> 핵심개념 ★ 스스로 어떤 유형의 프로그래머인지 알아 두자. 자신의 강점을 어떻게 활용하고 약점을 어떻게 보완할지 알아내자.

16.4 가장 어리석은 인간

어떻게 바꿔어야 할지 떠올려 보기 위해 각 코드 몽키에게서 얻을 수 있는 교훈은 무엇일까? 성격적 결함은 각자 다르지만 몇 가지 올바른 사고방식과 공통으로 향상할 수 있는 부분을 아래처럼 요약해 볼 수 있다. 훌륭한 프로그래머가 되려면 이렇게 되는 법을 배워야 한다.

풀어 말하면 다음과 같다.

팀플레이어(Team player)

다른 사람과 효과적으로 일하는 법을 배우자. 동료들의 특성을 이해하려 노력하고 더 적절히 대응하는 법을 배우자.

정직과 겸손(Honest and humble)

자신의 능력을 이성적으로 판단해서 강점과 약점을 알아 두자. 더 능력 있는 척 하지 말자. 타인을 돕고 더 효과적으로 일하려는 태도를 취하자.

끊임없는 개선(Improving constantly)

무엇을 알든, 경험이 얼마나 많든, 코드가 얼마나 뛰어나든 항상 더 배우고, 새 기술을 습득하고, 잘못된 사고방식을 바로잡을 수 있다. 공자는 "진정한 앎은 자신이 얼마나 모르는지 아는 것이다."라고 말했다. 완벽하지 않음을 인정하자. 좋은 프로그래머는 끊임없이 자신을 향상시킨다.

숙고(Considerate)

무엇을 하고 있는지 늘 생각하도록 스스로 훈련하자. 바보 같은 실수는 부주의에서 생겨난다. 항상 생각을 하자. 어떤 코드를 작성하든 미리 무엇을 하려는지 생각하자. 그리고 아무리 간단한 변경이라도 작성한 코드를 다시 읽자.

열정(Keen)

열혈 코더의 열정을 간직하려고 노력하자. 새 기술을 배우기 좋아하면 끊임없이 읽고 실제로 해보자. 정기적으로 쉴 때 업무 효율이 높으면 휴가 계획을 잡자! 새로운 도전에 직면하기 좋아하면 가장 자극받을 수 있는 곳으로 옮기자.

재미없고 지루해지면 사고방식이 흐트러지고 나아가 코드 품질이 떨어진다.

16.5 요약

> 진화한 남자는 아무리 품행이 점잖아도
> 기껏해야 면도한 원숭이일 뿐이다!
>
> _길버트와 설리번

프로그래머는 사회적 동물이다(그런데도 뜻밖에 사회적 능력이 부족하다). 더 큰 사회 구조(부서나 회사, 오픈 소스 문화)에 속하는 긴밀히 협력할 프로그래머 팀 없이는 뛰어난 대규모 소프트웨어 시스템을 만들 수 없으니 마지못해 사회적이 된다.

프로그래머마다 약점과 특징이 있다. 기저에 깔린 사고방식이 코딩 방식과 팀 동료와 관계를 맺는 방식을 형성하고 이것이 프로그램을 얼마나 잘 짜느냐에 영향을 미친다.

아주 뛰어난 프로그래머가 되려면 올바르고 긍정적인 사고방식을 길러야 한다. thick prat을 지향하자.

현명한 프로그래머

- PRAT이다, 정치적(Politician)이고 관계적(Relational)이고 예술적(Artistic)이고 기술적(Technical)이다.
- THICK이다, 팀플레이어(Team Player)고 정직(Honest)하고 겸손(Humble)하며 끊임없이 개선(Improving constantly)하고 숙고(Considerate)하고 열정적(Keen)이다.

형편없는 프로그래머

- 좋은 코드 작성에 관심이 전혀 없다.
- 팀으로 일하지 못한다.
- 실제보다 더 잘 보이려 애쓴다.
- 자신을 개선하려 하지 않아 정체된다.

16.6 참고

17장: 뭉쳐야 산다

팀 역학(team dynamics)을 더 자세히 다룬다.

16.7 활동지

아래 활동지를 보자. 천천히 공란을 채운 후 배운 내용을 어떻게 실행에 옮길지 생각해 보자.

시간을 가지고 심사숙고해서 아래 서식을 채우자.
자세한 설명은 코드 몽키 설명을 참고한다.

나는 . . .

가장 부합하는 코드 몽키에 표시하자.

둘 이상에 속한다고 생각하면 다른 코드 몽키에도 표시한다. 셋 이상이라면 좋은 정신과 의사를 추천해 주고 싶다.

- ☐ 열혈 코더
- ☐ 코드 몽키
- ☐ 고수
- ☐ 반쪽짜리 고수
- ☐ 거만한 천재
- ☐ 카우보이
- ☐ 플래너
- ☐ 베테랑
- ☐ 추종자
- ☐ 외골수 프로그래머
- ☐ 게으름뱅이
- ☐ 마지못해 맡은 팀 리더

내 강점은 . . .

가장 뛰어난 특징, 기술, 능력이라 생각되는 점을 나열하자. 코드 몽키 설명과 비교해 보자.

- •
- •
- •
- •

내 약점은 . . .

가장 부족한 특징, 기술, 능력이라 생각되는 점을 나열하자. 코드 몽키 설명과 비교해 보자.

- •
- •
- •
- •

내가 성장할 방법은 . . .

강점을 활용할 방법과 약점을 보완하거나 나아지게 할 방법은 무엇일까?

- •
- •
- •
- •

함께 일하는 사람은 . . .

가장 가까이 일하는 프로그래머를 떠올려 보자. 어떤 코드 몽키 유형인가? 부합하는 유형에 전부 표시하자.

상호 작용을 더 잘할 방법을 생각해 보자. 성격 유형을 알면 보다 효과적으로 일할 수 있을까?

- ☐ 열혈 코더
- ☐ 코드 몽키
- ☐ 고수
- ☐ 반쪽짜리 고수
- ☐ 거만한 천재
- ☐ 카우보이
- ☐ 플래너
- ☐ 베테랑
- ☐ 추종자
- ☐ 외골수 프로그래머
- ☐ 게으름뱅이
- ☐ 마지못해 맡은 팀 리더

우리 팀이 성장할 방법은 . . .

하나의 팀으로서 어떻게 소프트웨어를 더 잘 작성할 수 있을까? 구체적으로 어떤 조치를 취하면 될까?

- •
- •
- •

16.8 생각해 보기

다음 질문에 대한 자세한 설명은 628쪽 "정답과 설명"에 나와 있다.

16.8.1 궁리하기

1 전구를 교체하려면 진짜로 몇 명의 프로그래머가 필요한가?

2 열정적이지만 덜 숙련된(무능하다는 뜻은 아니다) 프로그래머와 재능은 뛰어나지만 열정이 없는 프로그래머 중 어느 쪽이 더 나은가?

   a 누가 작성한 코드가 더 나은가?

   b 누가 더 뛰어난 프로그래머인가? (앞선 질문과 다르다)

      기술력과 사고방식 중 무엇이 작성하는 코드에 더 영향을 미치는가?

3 코드 "유산"에 따라 작성할 프로그램 유형이 달라진다. 다음은 각각 어떤 코드 유형을 작성하게 되는가?

   a "토이" 프로그램

   b 완전히 새로운 시스템

   c 기존 시스템 확장

   d 오래된 코드 기반 유지 보수 작업

4 프로그래밍을 하나의 예술로 볼 경우 직관과 계획 사이에서 어떻게 균형을 맞춰야 할까? 프로그래밍할 때 직관을 따르는가 아니면 계획을 따르는가?

16.8.2 스스로 살피기

1 앞 쪽의 활동지를 아직 다 못 했으면 신중히 채우자. 개선할 방법을 찾고 그대로 실천하자!

2 개발팀 내 프로그래머가 어떤 코딩 방식을 타고났는지 알아볼 수 있는 재미있는 게임을 준비해 보았다.

팀

인원이 너무 많으면 프로그래머를 3~5명 정도로 작게 쪼개자.

과제

프로그래머 팀이 새 제품 개발을 맡았다. 주어진 시간 내에 시스템을 디자인하자. 컴포넌트로 어떻게 분해할지 설명하고 팀원 간에 업무를 나누자.

아직은 코드를 작성하지 않아도 된다(어찌어찌 동작하는 프로토타입을 만들면 가산점을 받을 수도 있지만!). 완벽주의에 얽매이지 말고(시간이 많지 않다), 동작하는 무언가를 우선 디자인하기 시작하자.

시스템

나사(NASA)의 대규모 인원 감축으로 다음 화성 탐사를 위한 제어 소프트웨어는 오로지 이 팀에서 작성하게 됐다. 다음과 같은 기능을 지원해야 한다.

- 여기저기 돌아다닌다.
- 사진을 찍는다.
- 대기 상태를 측정한다.
- 지구 관제 센터와 통신한다.
- 매우 안정적이다.

시간제한

드디어 재미있는 부분이다. 주어진 시간은 딱 5분이다. 물론 완전히 말도 안 되지만 프로젝트 기간을 보여주는 좋은 비유다(기한을 못 맞추는 일이 없기를...).

과제 종료 후

팀원들이 얼마나 조화롭게 일했는지 살펴보자. 어느 팀이 가장 성공적이었는가? 어느 팀이 실패했는가? 왜 그랬는가? 각자 어떤 방식으로 업무에 접근했는가? 과제의 결과물보다는 각자 과제를 수행하기 위해 어떻게 시도했는지가 중요하다.

이러한 질문에 답함으로써 각 팀원이 어떤 코드 몽키 유형에 가장 부합하는지 상당히 분명히 드러난다.

17장

뭉쳐야 산다

팀워크 그리고 개개 프로그래머

성공 공식에서 가장 중요한 한 가지는
사람들과 조화롭게 지내는 법을 아는 것이다.
_시어도어 루즈벨트

17장에서 다룰 내용

- 팀으로 소프트웨어 개발하기
- 개발팀 유형
- 효과적 팀워크를 위한 조언과 기술

토요일 밤, 팝콘과 음료수를 옆에 끼고 편히 앉아 영화를 기다리는 중이다. 아마 컴퓨터라고는 전혀 모르는 친구가 이상한 낌새를 채지 못한 채 옆에 앉아 있을 것이다. 당연히 그 영화가 매트릭스라고는 말하지 않았을 테니.

지금 보고 있는 작품은 영화의 완성을 위해 여러 팀이 헌신적으로 협력하고 방대한 노력을 쏟아부어 탄생시킨 산물이다. 절대 그 과정을 다 알 수 없겠지만 상상도 못 할 맨아워(맨데이(man-days)와 "신화적인" 맨먼스(man-months)까지)가 영화에 바쳐졌다.

그래도 영화를 볼 때는 정말 공을 들일 만한 영화였는지 생각해봐야 한다.

이처럼 거대한 노력의 조화를 소프트웨어 작성 방식에 빗대 보자. 혼자 힘으로 영화를 만들면 결과는 부실할 것이다. 영화는, 최소한 조금이라도 훌륭한 영화는 혼자서 만들 수 없다. 편집까지 끝난 영화 완성본이 TV에 나오려면 마케팅, 생산, 유통, 소매 등 공수가 더 든다. 단독으로 "전문" 소프트웨어 패키지 전체를 만들 수 있으나 굉장히 오래 걸린다. 이윤을 추구하는 세계에서 어느 누가 그런 위험한 계약을 맺겠는가?

대부분의 직종에서 훌륭한 제품은 훌륭한 팀워크에서 나온다. 소프트웨어 개발이라고 다르지 않다. 오히려 프로젝트 존속에 꼭 필요하다. 무능한 팀에서는 모든 소프트웨어 개발 활동이 억압되고 헌신적인 몇몇이 거대한 역경을 헤쳐나가며 프로젝트 진행을 위해 고군분투한다. 뛰어난 프로그래머가 된다고 해서 뛰어난 소프트웨어 공학자가 되는 것은 아니다. 누군가는 다섯 줄 미만의 코드로 아주 정확하게 파이(PI)를 계산해낸다. 훌륭하다. 하지만 요구되는 능력이 더 많으며 이 중 하나가 바로 팀워크다.

> **핵심개념★** 팀워크는 고급 소프트웨어 개발자의 필수 능력이다.

17장에서는 프로그래머에게 필요한 팀워크를 알아보겠다. 훌륭한 팀워크는 어떻게 이뤄지고 어떻게 해야 개인이 팀에서 더 효과를 내는지 살펴보겠다.

17.1 큰 그림으로 보는 팀

수년 간 소프트웨어 제품 생산을 위해 여러 종류의 팀들이 힘을 합쳤다. 엄격한 구조와 정해진 절차를 따르는 매우 형식적인 팀(사무실형)부터 누구나 기여할 수 있고 기량에 따라 변경도 할 수 있는 새롭게 개척된 오픈 소스 움직임까지 매우 다양하다.

두 협력 방법 모두 대 성공도 거뒀고 큰 실패도 겪었다. IBM OS/360과 리눅스 커널은 양 진영의 주목할 만한 성공 사례다. 아리안 5호는 아주 유명한 실패작인데, 유럽에서 만든 이 발사체는 두 소프트웨어 팀이 공식적으로 정의된 인터페이스를 잘못 이해하는 바람에 첫 비행 중에 폭발했다. 흥미로운 오픈 소스 실패작은 모질라다. 넷스케이프는 빠른 개발과 향상을 기대하며 모질라의 코드를 오픈 소스로 썼다. 여러 해 동안 모질라를 개발했으나 다른 오픈 소스 프로젝트에 비해 실망스러웠다.

소프트웨어 개발자는 전형적으로 아주 다양한 팀 레벨에 참여한다. 각 레벨마다 역학 (dynamics)이 다르고 요구하는 기여 정도도 다르다. 아래 시나리오를 보자.

- 큰 프로젝트의 일부인 독립된 소프트웨어 컴포넌트를 개발 중이다. 혼자서 개발하거나 프로그래머 팀에 소속돼 개발할 수 있다. 1번 팀
- 이 컴포넌트는 더 폭넓은 제품에 걸 맞는다. 그 제품의 기여자(하드웨어 디자이너, 소프트웨어 개발자, 테스터, 경영진과 마케팅 같은 비엔지니어 직무)가 2번 팀이다.
- 여러 제품을 동시에 개발하고 있는 회사에 소속돼 있다. 3번 팀

규모가 큰 소프트웨어 개발 회사에서는 실제 팀워크 레벨이 더 늘어난다. 그림 17-1은 다양한 역학 관계를 예와 함께 보여준다. 팀 간(inter-team) 역학에서는 독립된 팀끼리 상호 작용할 때 팀워크 고려 사항이 가장 복잡하다. 정치적 문제와 운영상 실수는 조직 내 (intra-organizational) 협력을 방해한다. 회사는 사실상 하나의 거대한 팀이지만 부서와 그룹 사이에 "그들과 우리(them and us)" 사고방식이 자리한 경우는 드물다. 효과적으로 제품을 개발할 이상적 환경은 아니다.

▼ **그림 17-1** 팀워크 레벨

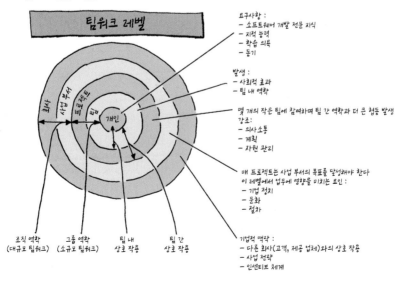

프로그래머는 더 낮은 팀 레벨, 즉 일상적인 개발팀 내 활동에 직접 관여한다. 이 세계를 가장 잘 통제하고 가장 큰 영향력을 지닌다. 디자인과 구현 결정을 내릴 권한과 팀 진행 상황을 보고할 권한을 가질 만큼 책임이 있다. 프로그래머는 더 높은 팀 레벨로 이어지는 영향에는 거의 책임이 없으나 "국소적인" 팀워크에 영향을 받듯이 바로 눈에 띄지는 않더라도 "전체적인" 팀워크에 영향을 받는다.

개발팀 규모에 따라 조직 먹이 사슬 내 팀 위치뿐 아니라 공유 중인 소프트웨어 구성 업무의 역학과 속성도 달라진다. 엔지니어가 한 명이면 소프트웨어 아키텍처와 디자인, 구현 업무를 전부 담당한다. 게다가 아무리 팀이 작더라도 성실히 요구사항을 수집하고 철저하게 테스트 계획을 수립해 진행해야 할 수 있다.

개발자가 늘어나면 프로그래밍 업무의 속성도 바로 바뀐다. 이제는 단순히 코딩 기술이 아니라 사회적 상호 관계, 협동, 의사소통 능력이 요구된다. 이 시점부터 팀워크 능력이 개발하는 소프트웨어에 좋게든 나쁘게든 영향을 미친다.

> **핵심개념★** 개발팀 내부 그리고 외부와의 상호 작용은 생산하는 코드에 영향을 미친다. 코드에 어떤 영향을 미치는지 잘 파악하자.

17.2 팀 구성

소프트웨어 개발팀의 구조는 팀 운영 방식과 팀원 간 책임 분담에 따라 형성될 수밖에 없다. 두 요인이 자연스레 코드 양과 작업 단위를 결정한다. 즉 팀 구성이 생산할 코드의 형태를 만드는 것이다.

17.2.1 운영 방식

코더를 모두 동등하게 대우하는 동료 방식으로 혹은 가장 뛰어난 프로그래머나 관리자가 이끄는 방식으로 프로젝트를 운영할 수 있다. 프로그래밍팀을 제품 생산 라인의 하나로 보고 상위 팀으로부터 디자인을 제공받아 명세에 따라 코드를 생산할 수도 있다.* 보다 진보한 소프트웨어 공학자에게 더 큰 자율성과 책임이 주어진다.

---

* 이때 경영진은 대체 가능한 상품(그런트)으로서의 프로그래머를 기대한다. 378쪽 "코드 몽키"를 참고하자.

업무는 장기적인 계획을 세워 몇 달 전에 미리 할당할 수도(금세 쓸모없어지고 부정확해질 수 있다) 개발자가 이전 작업을 끝내는 순간 각 작업 패키지를 배정함으로써 그때그때 할당할 수도 있다. 프로그래머는 각자 맡은 시스템 요소를 홀로 개발하거나 책무와 지식을 넓힐 요량으로 페어 프로그래밍을 통해 협력한다.

17.2.2 책임 분담

책임의 축을 어디로 두느냐에 따라 각 개발 업무를 프로그래머에게 어떻게 분배할지가 달라진다.

- 수직적 팀 구조(vertical team organization)에서는 여러 역할을 수행할 수 있는 다방면에 지식을 지닌 직원들로 팀을 꾸린다. 각자 업무를 분배받아 아키텍처와 디자인부터 시작해 구현과 통합을 거쳐 개발 테스트와 문서화까지 모두 도맡아 구현한다.

  이 방식의 주된 장점은 개발자가 더 광범위하게 기술을 습득하고 전체 소프트웨어 시스템에 더 능숙해진다는 점이다. 기능 하나를 핵심 개발자 한 명이 담당하면 디자인과 구현에 응집력이 생긴다. 하지만 다방면에 뛰어난 전문가는 보수가 높고 찾기 어렵다. 모든 분야에 전문 기술을 지닐 수 없으니 어떤 문제는 해결에 오래 걸린다. 다수의 개발자가 구현하니 분배된 기능 간 응집력이 떨어질 가능성이 크다. 정해진 연락 담당자가 없으니 고객은 더 많은 사람과 상대해야 하고, 각 개발자는 요구사항을 샅샅이 살피고 디자인을 검증할 입력을 제공해야 한다.

  이러한 형태의 팀워크가 가능하려면 공통 표준과 가이드라인을 정의해야 한다. 쓸데없이 시간을 허비하지 않도록 의사소통이 원활해야 한다. 마구잡이식의 혼란스러운 시스템이 만들어지지 않으려면 공통 아키텍처를 사전에 합의해야 한다,

- 이와 대조적으로 수평적 팀 구조(horizontally organized team)에서는 전문가로 팀을 꾸려 적절한 시기에 각자의 재능에 맞게 매 개발 업무를 여럿이서 분담한다. 전문가가 업무의 각 측면(요구사항 수집, 디자인, 코딩 등)을 수행하니 품질이 당연히 더 높다.

  수평적 구조는 수직적 구조와 여러 가지로 상반된다. 개개 업무 패키지 간 응집력이 생기는데 반해 참여하는 개발자가 늘어나 분배된 업무 집합끼리 일관성이 떨어질 위험이 있다. 팀 외부(고객이나 회사 내 다른 부서)와의 상호 작용은 소수의 전문가가 수행한다. 팀 측면으로 보나 외부 연락 측면으로 보나 이편이 관리하기 수월하다.

  전문가들의 시야가 좁아지지 않으려면 서로 조화롭게 일하고 각 업무 패키지를 정확히 파악할 수 있게 세심히 살펴야 한다. 각 개발 절차에 관여하는 사람이 많을수록 팀은 관리하기 어렵고 작업 흐름도 늘어난다. 수평적 구조에는 원활한 의사소통과 정해진 절차, 개발자 간 매끄러운 전달 과정이 필수다.

"올바른" 조직 유형이란 없다. 팀원, 팀 규모, 생산할 제품의 특징에 따라 적합한 유형이 결정된다. 실용적 방식은 아마 그 중간쯤일 것이다.

무엇이든 짝을 지어서 한다

페어 프로그래밍(pair programming)은 특히 애자일 개발 주기에서 인기 있는 협업 소프트웨어 개발 방식이다. 보다 효율적인 프로그래머가 된다고, 즉 결함이 더 적은 코드를 더 빠르게 만든다고 알려져 있다.

개발자 두 명이 동시에 같은 터미널로 함께 코딩한다. 한 명(드라이버)은 타자를 치고 나머지 한 명(내비게이터)은 머릿속으로 상황을 들여다보는 제 2의 눈이 되어 문제가 발생하기 전에 많은 실수를 잡아낸다. 둘은 주기적으로 역할을 교대한다. 드라이버가 놓친 결과를 내비게이터가 잡아내 코드를 타이핑할 때 시야가 좁아 생기는 흔한 위험을 제거한다. 어떤 문제를 풀든 둘이서 세 가지 이상의 방식을 고려하므로 최선의 코드 디자인을 고안할 가능성이 아주 높다. 협업 방식이 이처럼 긴밀하고 색다르기 때문에 페어 프로그래밍은 긍정적 사고방식을 지닌 천재적 프로그래머에게 가장 어울린다.

연구에 따르면 훈련받은 두 프로그래머는 어떤 일을 맡든 두 배 이상 생산적이라고 한다. 이코노미스트(The Economist)에 게재된 자료를 보면 "솔트레이크시티 내 유타대학교의 로리 윌리엄스는 독립적으로 일하는 프로그래머 두 명보다 페어 프로그래머가 속도는 15%밖에 느리지 않은 데 반해 버그가 15% 더 적음을 증명했다. 최초 프로그래밍에 비해 테스트와 디버깅에 드는 비용이 몇 배 더 크므로 이는 매우 인상적인 결과다."라고 나와 있다.[이코노미스트 01]

페어 프로그래밍에는 이점이 많다. 지식 전달을 촉진하고 멘토링을 지원하고 집중력을 높여 주고 근무 기강을 강화하고 방해꾼도 줄여준다(하염없이 허공을 응시하는 프로그래머 한 명보다 긴밀히 협력하는 두 사람을 아무래도 덜 방해하게 된다). 조기 실시간 검사 메커니즘, 다시 말해 즉각적인 코드 리뷰 기능을 대신하고 따라서 코드가 더 향상된다. 페어 프로그래밍도 일종의 사회적 과정이라 적절한 사람이 모이면 사기를 진작시킨다(물론 서로 삐걱거리면 득보다 실이 훨씬 크다). 프로그래머끼리 서로 친해지고 협업 방법을 더 잘 이해하게 된다. 페어 프로그래밍은 공동 코드 소유권을 장려하고 훌륭한 코딩 문화와 가치를 전파하고 개발 절차를 강조한다.

17.2.3 조직과 코드 구조

팀 조직은 팀에서 만드는 코드에 불가피하게 영향을 미친다. 이는 콘웨이 법칙(Conway's law)이라는 하나의 소프트웨어 전통으로 명시돼 있다. 간단히 설명하면 "4개 팀을 만들어 컴파일러 하나를 개발시키면 4단계로 빌드하는 컴파일러가 나온다"는 말이다. 코드에는 상호 작용하는 팀들의 구조와 역학이 반드시 반영되기 마련이다. 주요 소프트웨어 컴포넌트는 팀들이 모일 때 생겨나고 컴포넌트 간 커뮤니케이션은 팀 상호 작용에 따라 결정된다. 팀 간에 긴밀히 협력하면 컴포넌트 커뮤니케이션이 간단하고 명확하다. 팀끼리 서로 동떨어지면 코드 상호 작용도 어설프다.

그러니 당연히 팀 업무 간 명확한 인터페이스를 만들어 팀 간 상호 작용을 용이하게 해야 한다. 또한, 다른 컴포넌트의 내부를 파악하는 것이 가능하고 더 나은 방식일지라도 마찬가지이다. 이런 식으로 팀은 임의로 분할을 조성할 수 있고 의도가 아무리 훌륭해도 디자인 결정은 어쩔 수 없이 팀 구성에 따라 좌우된다.

물론 캡슐화와 추상에는 아무런 지장이 없으나 다만 합리적 근거를 바탕으로 디자인해야 한다. 오히려 개발 중인 코드를 바탕으로 팀 구성원과 조직을 정의해야 한다.

핵심개념★   팀을 중심으로 코드를 조직하지 말고 개발 중인 코드를 중심으로 팀을 조직하자.

17.3 팀워크 도구

몇 가지 기본적인 도구를 바탕으로 원활한 소프트웨어 팀을 조직할 수 있다. 이러한 도구를 사용하면 협업이 쉬워지고 혼란스러운 공동 개발이 능률적으로 돌아간다. 도구를 쓴다고 절로 프로그래머 특공대가 되지는 않지만 뛰어난 팀에 꼭 필요한 무기로서 소프트웨어 개발자 간 효과적 상호 작용을 위한 필수 조건이다.

소스 제어

개발팀의 핵심은 소스 코드이고 소스 코드는 소스 제어에 보관된다. 소스 제어는 누가 무엇을 언제 하는지 통제하고, 최신 코드 스냅샷을 제공하고, 변경을 관리하고, 실수를 롤백하고, 소스 코드 업데이트를 모두에게 알린다. 1인 프로젝트든 100명짜리 팀이든 소스 제어는 똑같이 필요하다.

결함 데이터베이스

앞서 결함 데이터베이스로 어떻게 편리하게 개발하는지 알아봤으나(213쪽 "결함 추적 시스템" 참고) 여기서는 결함 데이터베이스로 팀 간 상호 작용을 원활하게 하는 법을 살펴보자. 결함 추적 시스템은 테스트와 개발 사이에서 중심축 역할을 한다. 테스트와 복구 작업을 체계적으로 관리하고 결함에 우선순위를 매기고 개개인에게 문제를 할당하고 소프트웨어 내 계류 중인 수정본을 추적하는 역할을 한다. 결함이 개발자의 책임인지 테스터의 책임인지 알려준다.

그룹웨어

팀에는 효과적인 의사소통 인프라가 필요하고 특히 지리적으로 떨어져 있는 팀이라면 더욱더 그렇다. 공유 달력과 주소록, 회의 예약 시스템은 핵심 디지털 관리 도구다.

문서상으로 공유하고 협업할 메커니즘도 필요하다. 그룹 상호 작용을 돕는 위키(웹 기반 커뮤니티 문서화 도구)와 내부 뉴스 그룹(영구 저장소가 딸린 이메일 토론 게시판) 사용을 고려하자.

방법론

누구나 이해할 수 있는 정의된 개발 방법론을 확립해야 한다. 그렇지 않으면 작업이 혼란스러워지고 그때그때 임시방편으로 수행하게 된다. 어떤 개발자는 코드를 그냥 배포하는 반면 또 다른 개발자는 테스트와 디버깅이 철저하게 완료될 때까지 출시를 미룬다. 어떤 개발자는 복잡한 세부 명세가 완성될 때까지 모든 코딩을 멈추지만, 또 다른 개발자는 코드 프로토타이핑에 곧장 성급하게 뛰어든다. 이보다 더 작은 이슈로 어마어마한 논쟁이 일어난다.

방법론은 누가 어떤 업무를 담당하고 어떻게 업무를 진행하는지 개발 절차를 상세히 정의한다. 방법론이 마련되면 각 개발자는 무엇을 만들어야 하고 팀의 일부로서 어떻게 일해야 하는지 알게 된다. 팀 규모, 개발 중인 코드 유형, 재능, 경험, 팀원 역학에 맞는 적절한 방법론을 취해야 한다. 22장에서 설명하겠다.

프로젝트 계획

예측 가능한 방식으로 때맞춰 결과물을 만들려면 일종의 체계가 필요하다. 이는 개발 과정에서 누가 무엇을 하는지 상세히 나열한 프로젝트 계획이 있어야 가능하다. 제 역할을 하려면 합리적 추정을 기반으로 계획을 세워야 하고 변경이 필요할 때마다 업데이트되어야 한다.

프로그래머는 일정 추산을 못 하기로 악명이 높고 관리자는 계획을 못 세우기로 악명이 높다. 비현실적인 프로젝트 계획을 따르라고 강요해서는 안 된다. 진짜 어려운 문제로서 21장에서 파헤쳐 보겠다.

17.4 팀 병폐

> 성공을 거치며 만드는 것보다
> 실패를 이겨내며 만드는 것이 주로 더 쉽다.
>
> _마이클 아이스너

뛰어난 프로그래머와 훌륭한 조직을 갖춰도 때때로 팀은 제대로 기능하지 못한다. 결과물을 생산하지 못하는 이유는 매우 다양한데, 프로그래머 유형을 정형화했듯이 실패하는 개발팀의 범주를 나눠 보면 교훈을 얻어볼 수 있다.

이제부터 전형적인 팀 실패작 몇 가지를 나열하겠다. 각 팀마다 다음을 살펴본다.

- 몰락에 이르는 길
- 경고 신호(이 쪽 방향으로 치우치면 미리 알려주는 신호)
- 틀에 갇힌 팀을 바꾸는 법
- 그러한 팀에서(때로는 그러한 팀에도 불구하고) 성공적인 프로그래머가 되는 법[*]
  부디 현재 속한 팀이 아래 목록에 해당하지 않기를 바란다.

17.4.1 바벨탑

정확히 성경 속 건축가들처럼 바벨탑 팀 역시 심각한 의사소통 장애를 겪는다. 프로그래머가 의사소통에 실패하면 개발도 끝이다. 무언가 동작한다면 디자인이 아니라 운이 좋아서 일 가능성이 크다.

능률적이지 못한 의사소통은 개발자를 잘못된 가정으로 이끈다. 누구도 책임지지 않는 일이 생기고 잠재적 오류 사례가 무시되고 결함은 잊혀지고 프로그래머는 똑같은 일을 반복하고 인터페이스를 잘못 사용하고 문제는 해결되지 않고 누구도 진행 상황을 감시하지 않으니 미리 알아채지 못한 작은 차질이 프로젝트를 어마어마하게 지연시킨다.

본래 바벨 건축가들은 서로 다른 음성 언어 때문에 분열됐었다.[**] 하지만 넘어야 할 언어 장벽이 있으면 원활한 의사소통을 위해 더 노력하기 마련이라 다국적 프로젝트가 바벨 증후군을 앓는 일은 좀처럼 없다.

개발자를 분열시키는 것은 서로 다른 음성 언어만이 아니다. 서로 다른 배경, 방법론, 프로그래밍 언어, 심지어 성격도 팀원 간 오해를 불러일으킨다. 사소한 혼란의 씨앗을 방치하면 언젠가 자라나 분노와 좌절이 쌓여간다. 최악의 경우 바벨탑 팀은 서로 한 마디도 나누

---

[*] 제시한 전략이 일반적인 팀 문제를 해결한다고 주장할 수는 없으나 문제의 위험을 최소화하며 일을 해낼 수 있도록 일부러 근시안적 방법을 택한 것이다.

[**] 창세기 11장 1-9절

지 않는다. 멀찍이 떨어져 앉아 자기 할 일만 한다.

인접한 소프트웨어 팀 내부에서도 상호 작용하는 팀 간에도 같은 문제가 생길 수 있다. 개발자가 테스터와 제대로 대화하지 못하거나 관리 부서와 개발팀이 서로 단절될 경우 팀 외적으로도 바벨 증후군이 발생한다.

경고 신호

한 개발자가 다른 개발자에게 굳이 질문하고 싶지 않고 애쓸 가치도 없다고 느낀다면 팀이 바벨 쪽으로 가고 있다고 말할 수 있다. 상세 명세가 누락되고 코드 계약이 모호해지면 이러한 현상이 생겨난다. 오가는 이메일이 너무 많거나 너무 적어진다. 이메일이 너무 많으면 모두가 말하고 있는데 아무도 듣지 않는다는 뜻이다. 쉬지 않고 쏟아지는 이메일 공세를 따라갈 여력이 없는 것이다.

바벨로 향하는 팀에는 회의가 없고 프로젝트가 정확히 어떻게 진행 중인지 누구도 모른다. 무작위로 아무나 붙잡아 예정대로 개발 중이냐고 물으면 대답하지 못한다.

전환

대화를 나누자. 수문이 열릴 때까지 멈추지 말자! 머지않아 모두 대화를 나누게 된다.

바벨식 사고방식은 일단 부패가 시작되면 바로잡기 어렵다. 전례없이 사기가 떨어지고 무관심이 만연하고 누구도 바뀔 수 있다고 믿지 않기 때문이다. 가장 효과적인 전략은 팀 사기를 열심히 북돋아 개발자를 서로 밀착시키는 것이다. 사회적 활동으로 팀 개혁을 시도하자. 함께 음료를 마시며 간단히 기분 전환을 하는 등 팀워크 훈련을 수행하자. 점심에 피자를 사서 팀원끼리 같이 먹자.

그다음으로 서로 대화하게 만들 전략을 고안하자. 소수의 그룹을 만들어 새 기능을 자세히 들여다보게 하자. 일부 디자인 작업을 두 명에게 맡기자. 페어 프로그래밍을 도입하자.

성공 전략

이러한 상황에서 좋은 코드를 작성하려면 원칙대로 해야 한다. 업무 패키지에 뛰어들기 앞서 먼저 엄격히 정의하자. 필요하다면 직접 명세를 작성하고 관련자에게 메일을 보내 승인을 얻자(의견을 제시할 기한을 정해주고 피드백대로 되지 않을 수 있음을 명시하자). 그래야 서로 합의한 명세를 충족시켰을 때 프로젝트가 성공했다고 분명히 말할 수 있다.

외부 코드 인터페이스를 철저하게 제어해 코드가 무엇에 의존하고 외부에서는 코드에 무엇을 기대하는지 명확히 하자.

17.4.2 독재

확고한 의지와 강인한 성격을 지닌 (주로) 고도로 숙련된 프로그래머가 이끄는 진정한 원맨쇼 팀이다. 나머지 프로그래머는 무조건 예스맨이 되어 독재자의 지시를 군말 없이 따라야 한다.

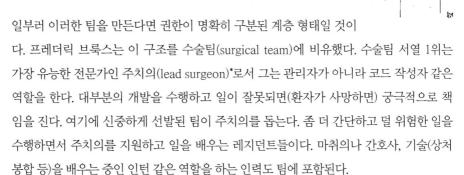

신중하게 뽑힌 인자한 리더와 그 리더를 존중하는 팀이라면 이 방식이 잘 통한다. 문제는 독재자의 성격이 리더 자리에 걸맞지 않을 때 혹은 독재자의 기술 수준이 떨어질 때 드러난다(381쪽 "반쪽짜리 고수" 참고). 리더의 자아가 팀에 개입하는 순간 팀은 곤경에 빠진다. 리더를 탓하며 불만이 쌓이다가 결국 제 기능을 못 한다.

일부러 이러한 팀을 만든다면 권한이 명확히 구분된 계층 형태일 것이다. 프레더릭 브룩스는 이 구조를 수술팀(surgical team)에 비유했다. 수술팀 서열 1위는 가장 유능한 전문가인 주치의(lead surgeon)*로서 그는 관리자가 아니라 코드 작성자 같은 역할을 한다. 대부분의 개발을 수행하고 일이 잘못되면(환자가 사망하면) 궁극적으로 책임을 진다. 여기에 신중하게 선발된 팀이 주치의를 돕는다. 좀 더 간단하고 덜 위험한 일을 수행하면서 주치의를 지원하고 일을 배우는 레지던트들이다. 마취의나 간호사, 기술(상처 봉합 등)을 배우는 중인 인턴 같은 역할을 하는 인력도 팀에 포함된다.

이러한 팀 유형이 위기에 처하는 상황은 두 가지다. 첫째 외부에서 독재자에게 관리자가 되라고 압박할 때다. 독재자의 기술적 전문성은 사실 관리 기술이 부족하다는 뜻이나 마찬가지다. 그는 점차 소프트웨어에 관심을 잃게 되고 프로젝트는 실패하게 된다. 두 번째 위험은 팀에서 인정받지 못하는 자칭 독재자다. 팀이 구조화되지 않고 독재자의 리더십도 지지하지 않으니 작업 흐름이 끊긴다.

경고 신호

미래의 독재자가 스스로 서서히 업무 역할의 중심을 조정하면서 권한 수준을 상정하기 때문에 독재자 팀은 주로 천천히 그리고 미묘하게 구조를 갖춰 나간다. 다음과 같은 말을 자주 하고 있다면 독재자 팀이 만들어 지는 중이다.

* …와 상의해야 할 수 있어
* 오, 그렇게 하면 …가 불평할 거야
* 하지만 …가 먼저 …부터 해야 한대

---

* 벨빈의 팀 역할 정의에 따르면 이 주치의는 주로 기술 전문가(technology specialist)다.

전환

팀 리더 자격이 없는 독재자라면 그대로 두어선 안 된다. 그 권위적 폭군이 언젠가 팀을 위협할 것이다. 독재자와 함께 문제를 해결하든지(사람은 바뀌기 어렵고 오만한 자존심을 지닌 이라면 특히 더 어렵기에 솔직히 거의 통하지 않을 것이다) 문제를 놓고 관리자와 정면으로 부딪쳐 왕좌에서 끌어내리자.

왕을 타도했으면 팀 구조 조정 혹은 새 왕이 필요하다. 주치의는 구하기 어려우니 팀을 구조 조정하는 편이 더 나을 것이다.

성공 전략

(제대로 기능하든 못하든) 독재 정권하에서는 자신의 권한과 책임 수준을 정하자. 이때 관리자나 팀 리더처럼 의견에 힘이 실리는 사람과 상의하자.

정당한 개발 역할을 확실히 정했더라도 여전히 독재자의 말을 잘 들어주고 함께 일해야 하며 독재자의 현 지위가 내키지 않아도 마찬가지다. 그렇지 않으면 협업하기 어렵고 상호 보완적 코드를 작성할 수 없다. 디자인을 서로 합의하지 않으면 소프트웨어는 동작하지 않는다.

독재자에게 결례를 범하거나 무례하게 굴지 말자. 팀 사기를 떨어뜨리고 화만 키울 뿐이다.

17.4.3 개발 민주주의

인간은 모두 평등하게 태어난다는 옛 속담보다 한층 발전된 개념이다. 기술 수준이 비슷하고 상호 보완적 성향을 띤 프로그래머 동료끼리 비계층적 방식으로 조직된 팀이다. 보스가 반드시 있어야 한다고 여기는 기업 세계에서는 흔치 않은 형태다. 자가 조직 팀이라는 개념은 상식에서 벗어나 보인다. 하지만 이 팀 모형은 지금까지 잘 동작해 왔다. 어떤 민주주의 팀은 현 프로젝트 단계에서 누구의 기술이 가장 필요한지에 따라 주기적으로 리더를 바꿔가며 운영된다. 대부분 리더가 딱히 정해져 있지 않 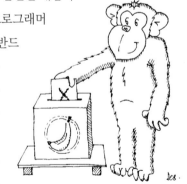 고 매 결정을 합의를 통해 도출한다. 오픈 소스 개발에서 주로 이러한 양식을 따른다.

속담의 나머지 반을 잊을 뻔 했다. 인간은 모두 평등하게 태어나지만 경험에 따라 다르게 자란다. 민주주의 팀 문화가 통하려면 특별한 팀원이 필요하다. 이처럼 기특한 원칙에 입각해 만들어진 팀은 팀이 성장하거나 특정 팀원(그룹에서 결정을 구체화시키는 사람)이 떠나면 방향을 잃고 헤매기 시작할 위험이 있다. 무엇도 합의에 이르지 못하고 때맞춰 결과물을 만들어 내지 못하면서 목표를 잃는다. 최악의 경우 팀은 어떤 이슈 하나에 매달려 끝없이 다투고 현실과 괴리되고 끝내 무엇도 달성하지 못한다.

끝도 없는 회의와 쳇바퀴식 토론으로 팀은 프로젝트 출시가 아니라 절차에 매달리는 분석 마비(analysis paralysis)라 불리는 위기에 처한다. 실제 민주주의처럼 난무하는 정치 공작 속에서 진짜 팀 사업이 길을 잃는 것이다.

결정을 못 내리는 무능한 리더를 만나면 뜻하지 않게 민주주의가 발전되기도 한다. 이렇게 갈피를 못 잡는 리더는 자신도 모르게 서서히 자취를 감춘다. 좌절한 팀원들은 결국 공동으로 리더의 역할을 떠맡아 결정을 내리고 개발 방향을 선택한다.

민주주의는 설사 의도적으로 만들어졌다 해도 위기가 닥치면 특히 곤란한 팀 구조다. 성격 갈등이 상황에 맞는 리더 선출을 가로 막을 정도면 외부에서 리더를 데려와 프로젝트를 지휘하게 해야 한다.

경고 신호

민주주의 팀에 문제가 생기면 의사 결정 비율이 급락하기 때문에 바로 감지할 수 있다. 소프트웨어팀에 리더가 있는데 누구도 리더가 망설이는 시간을 기다려주지 않고 그냥 넘어간다. 명목상 리더일 뿐 아무도 리더의 권한이나 목표 달성 능력을 인정하지 않는다.

리더십이 사라지면 아무도 업무에 대한 책임을 지지 않는다. 어떤 업무를 누가 완료해야 하는지 불분명하니 어떤 일도 마무리되지 못한다. 완성된 명세 없이, 눈에 보이는 진전 없이 몇 주가 흘러갈 수 있다.

개발 민주주의가 걷잡을 수 없는 지경에 이르면 아주 사소한 결정조차 위원회 방식으로 내몰리고 결론을 내리기까지 수 일이 걸린다. 혹은 다른 결정을 내릴 때까지 예라고 말하기로 한다. "오직 너희 말은 '옳다' 옳다, '아니라' 아니라 하라"* 이렇게 하지 않으면 누군가 생각을 바꿀 때마다 예전 코드를 헤집고 다시 개발하느라 많은 시간을 소모할 것이다.

---

* 마태복음 5장 37절, "Let your 'yes' be yes, and your 'no' be no"
  "예"가 Oui(프랑스어)이고 "아니요"가 Nein(독일어)일 수 있는 바벨 건축자만 아니라면!

또한, 한 번도 리더로 선출되지 못했던 주니어 프로그래머가 소외감을 느낄 수도 있다.

전환

민주주의는 보스 혼자 모든 결정을 내리는 병목을 없애는 것을 목표로 한다. 이 보스가 항상 최적의 결정권자는 아니기 때문이다(보스가 전문적이지 않으면 더욱더 그렇다). 제대로 기능하지 못하는 민주주의에는 의사 결정 절차가 없고 어떤 결정도 내리지 못한다. 정상적으로 민주주의를 운영하려면 리더십이 팀 내에서 자유롭게 돌아다니고 리더 교체가 쉬워야 한다. 잠재적 리더가 충분하지 않으면 민주주의를 채택하지 말자.

흐지부지 상태인 여타 프로젝트처럼 개발자와 관리자 양쪽이 문제를 알게 하자. 문제가 누구의 책임인지 명확히 하자. 자신의 책임이 아닐수록 더욱!

강력한 의지를 드러내며 우유부단한 민주주의를 바로잡으려 해보고 안일하게 문제를 계속 악화시키지 말자. 사고뭉치로 낙인 찍히더라도 결국에는 목표를 달성한 사람으로 알려질 것이다. 단 반발심에 반 독재자(demi-Dictator)가 되지 않도록 주의하자.

성공 전략

정신 건강을 위해 아주 간단한 결정조차 내리지 못하고 주저하는 사람은 피하자.

프로젝트에서 명확히 정의된 부분을 할당받고 분명하고 현실적인 마감 기한을 정하자. 불안정한 리더십이 나타나고 사라지기를 반복할 때 흔들리지 않을 주된 무기다.

17.4.4 인공위성 기지

핵심 개발팀에서 분리되어 나온 인공위성 팀에는 저만의 잠재적 골칫거리와 위험이 도사리는 세계가 따로 존재한다. 마치 잘린 팔다리처럼 팀 일부가 물리적으로 떨어져 있으면 응집력 있게 일하기 어렵다.

인공위성은 주변 부서 전체 혹은 지리적으로 분리된 소프트웨어 팀 일부를 말한다. 재택근무 (telecommuting)는 한 사람만 인공위성에 가 있는 특수한 경우다.

흔히 고위 경영진은 독립된 본사에 있는데 일상적인 프로그래밍 활동에 거의 관여하지 않으므로 문제가 되지 않는다. 그러나 개발팀 일부가 멀리 떨어져 있으면 무언가 조치를 해야 프로젝트를 성공시킬 수 있다. 분리된 팀끼리 저절로 협업이 이뤄지지 않으니 깊게 생각해 봐야 한다.

프로그래밍에서 개개인의 코드는 서로 밀접하게 상호 작용해야 하므로 팀 상호 작용 역시 긴밀해야 한다. 사람 간 상호 작용을 위협하는 요인은 코드도 위협한다. 인공위성 팀에는 다음과 같은 위협이 존재한다.

- 개발팀이 물리적으로 분리되면 커피 머신 옆에서 피어나는 허물없고 즉흥적인 대화가 불가능하다. 역동적으로 협력할 쉬운 길이 사라진다. 이로써 코드에 대한 공유 통찰력과 집단 이해 수준 역시 떨어진다.
- 개발 응집력이 부족하다. 지역별로 관례와 개발 문화가 (미약하게라도) 달라진다. 일관되지 못한 방법론으로 인해 작업 인계가 복잡해진다.
- 인공위성에 있는 개발자를 깊게 알지 못하니 신뢰와 친근함이 떨어질 수밖에 없다. 배타적(them and us) 사고방식이 생겨난다.
- 옛 속담에 "눈에서 멀어지면 마음에서도 멀어진다."는 말이 있다. 정기적으로 인공위성 프로그래머를 만나지 않으면 결국에는 잊혀지고 진행 상황을 놓치고 진행 중인 작업이 (기술적으로 혹은 절차적으로) 어떤 영향을 미치는지 생각해 보지 않게 된다.
- 인공위성과는 가장 간단한 대화조차 어렵다. 다른 프로그래머의 일정, 즉 회의 중인지 휴가 중인지 잘 알고 있어야 한다.
- 여러 국가가 참여한 프로젝트에는 표준 시간대 문제가 발생한다. 팀 간 의사소통 창구가 줄어들고 밤 시간이 늘어난다.

경고 신호

지리적으로 떨어진 팀은 물론이고 같은 사무실 안에 나눠진 팀도 주의가 필요하다. 개발자를 여러 방에 혹은 심지어 복도 맞은편으로 떨어뜨리면 인위적 분열이 발생해 협업을 방해할 수 있다.

부서 간 분리도 주의하자. 같은 문제가 발생할 수 있다. 예를 들어 테스트 부서와 개발자는 주로 같은 건물 내 다른 사무실로 혹은 아예 다른 지역으로 나뉜다. 팀 간에 꼭 필요한 상호 작용을 가로막고 QA 과정을 유동적이지 못하게 만드니 정말 안타까운 일이다.

전환

인공위성 기지 팀이라고 무조건 실패하는 것은 아니다. 주의 깊게 감시하고 관리해야 할 뿐이다. 충분히 대처할 수 있으나 몹시 불편하니 되도록 피하자.

팀을 유지할 필수 전략은 프로젝트 초기에 모든 팀원이 얼굴을 맞대고 회의하게 하는 것이다. 관계와 신뢰, 이해 형성에 도움이 된다. 정기적으로 회의하면 더욱 좋다. 팀이 모이면 음식과 음료를 제공하자. 서로 간에 긴장을 풀어주고 보다 사교적인 분위기를 조성해준다.

모함과의 협업과 합동이 최대한 적도록 인공위성에 업무를 배치하자. 어떤 의사소통 문제가 발생하든 영향을 최소화한다.

프로젝트 초창기에 분리된 업무 간 인터페이스를 정의해서 코드 상호 작용 문제를 방지하자. 단 가장 적절히 설계하려면 팀 중심의 코드 설계는 경계하자. 프로그래밍은 실용적 선택을 내리는 과정이니 신중히 선택하자.

그룹웨어는 효과적 의사소통을 위한 인공위성의 필수 도구다. 지역 간 인스턴트 메시지를 통한 커뮤니케이션도 고려하자. 그리고 하나 더, 전화를 두려워하지 말자!

성공 전략

멀리 떨어진 사람과 일해야 한다면 개인적으로 그리고 직업적으로 서로 잘 알아 두자. 큰 차이를 불러온다. 상대가 어떻게 반응할지, 언제 진지하게 임하고 언제 냉소적으로 바뀌는지 알게 된다. 곤란할 때만 전화하면 성격 나쁜 바보로 오해받기 쉬우니 인공위성 프로그래머에게 최대한 친절히 대하자.

멀리 떨어져 있는 사람이 정확히 누구인지 알아 두자. 이름을 모두 외우고 무엇을 하는지 어떻게 연락할지 알아내자. 의사소통 능력을 키우기 위해 노력하자. 필요하면 주저 없이 연락하고 바로 옆에 있었다면 이야기를 건넸을지 생각해 보자.

17.4.5 그랜드 캐니언

기술 수준과 경험이 스펙트럼 양 끝단에 있는 팀원들로 구성되는 팀이다. 기술 격차가 뚜렷해서 시니어 개발자와 주니어 개발자 간 건널 수 없는 아주 깊은 골이 생겼고 그 결과 두 그룹이 따로 성장했다. 이는 거의 모든 그랜드 캐니언 팀에 나타나는 사회적 현상이자 기술적 현상이다. 주니어는 주니어끼리 시니어는 시니어끼리 어울린다. 시니어 개발자가 고립된 지역으로 출근하고 주니어 개발자 역시 동떨어진 지역으로 출근하면 상황은 더 악화된다.

그랜드 캐니언 문화는 주로 역사적 이유로 생겨난다. 프로젝트는 소수 정예 개발자로 출발하는데 이들은 빠르게 아키텍처를 수립해 개념 증명(proof-of-concept) 코드를 출시해야 한다. 이렇다 보니 다 같이 모여 앉아 신속하고 응집력 있게 일하는 법을 저절로 익히게 된다. 프로젝트가 진척됨에 따라 프로그래머가 더 필요해지고 주니어 팀원이 영입된다. 새 팀원은 기존 사무실 배치로 인해 주변 자리로 배정받고 보다 작은 프로그래밍 업무를 할당받아 시스템 구조를 배운다.

세심히 살피지 않으면 시니어 개발자가 거만한 자세로 주니어 개발자를 얕잡아 본다. 작고 지루한 업무를 넘기고 신나고 멋진 설계 작업을 이어간다. 시니어 개발자는 주니어 개발자에게 더 큰 그림을 가르치려면 아주 오래 걸릴 것이라 생각하는데, 어느 정도 일리가 있다. 이렇게 되면 주니어 개발자가 책임을 맡아 더 재미난 프로그래밍을 할 기회가 완전히 사라진다. 점점 불만이 쌓이고 환상이 깨진다.

주니어 프로그래머는 일을 배우고 싶어 하며 젊은이 특유의 열의와 프로그래밍을 향한 열정을 지니고 있다. 시니어 프로그래머의 세계관은 완전히 다를 수(어쩌면 더 지쳐 있을 수도?) 있어서 경영진으로 승진하고 싶거나 시니어 개발 직무를 더 원할 수 있다. 이처럼 다양한 개인적 동기에 따라 주니어와 시니어는 서로 다른 방향으로 나아간다.

경고 신호

팀이 커질 때 잘 감시하자. 팀 통계를 신중히 살피고 업무를 어떻게 할당받는지 보자. 불안정한 팀에는 파벌이 생기니 팀의 사회적 역학도 관찰하자.

전환

그랜드 캐니언 팀은 서로 섞이지 못하고 양극화되는 것이 문제다. 둘을 섞을 전략을 써서 쉽게 해결할 수 있다. 몇 가지 예를 들어보겠다.

- 자리를 다시 배정해 두 부류를 사이사이에 배치하자. 아까운 개발 시간을 투자해야 하지만 단 하루의 책상 이동으로 생산을 수 주 앞당길 수 있다.
- 팀 회의를 도입해 정보를 나누자.
- 시니어와 주니어 프로그래머를 짝 지어 페어 프로그래밍을 시작하자. 주니어 프로그래머는 동력을 공급하고 시니어는 방향을 찾는다. 시니어에게는 훈련이자 주니어에게는 교육이다.
- 주니어 개발자를 훈련할 멘토링 제도를 도입하자. 기술 격차가 확연히 드러나겠지만 두 부류가 더 가까워진다.
- 전체 개발자의 직책을 한번 살펴보자. 위험하고 불필요한 서열을 조성하지는 않는가?

성공 전략

모두를 동등하게 동료로서 대하자.

- 시니어 프로그래머는 주니어가 배워야 한다는 사실을 인지하자. 당신도 한때는 초보였고 이 세상이 어떻게 돌아가는지 몰랐다. 재미있는 프로그래밍 업무를 독차지하지 말자. 다른 이에게 기꺼이 책임을 맡기자.
- 주니어 프로그래머는 더욱 도전적인 업무를 찾자. 더 배우자. 현재 일에 최선을 다해 더 큰 책임을 맡을 준비가 됐음을 보이자.

17.4.6 퀵 샌드(quicksand)

그저 사람 하나, 새콤한 사과 한 알, 요주의 인물 한 명이면 팀을 마비시키기 충분하다. 좋은 팀이 되려면 훌륭한 프로그래머 그룹이 필요하지만 나쁜 팀이 되려면 형편없는 프로그래머 한 명으로 족하다. 퀵 샌드에 빠진 팀은 저도 모르게 악당 팀원과 문제가 생긴다. 문제가 어디서 생겨났는지 아무도 모르고 장본인은 해를 끼칠 의도가 전혀 없으니 감지하기 어려울 수 있다.

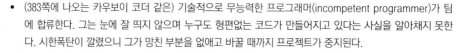

퀵 샌드에 빠지는 이유는 여러 가지다.

- (383쪽에 나오는 카우보이 코더 같은) 기술적으로 무능력한 프로그래머(incompetent programmer)가 팀에 합류한다. 그는 눈에 잘 띄지 않으며 누구도 형편없는 코드가 만들어지고 있다는 사실을 알아채지 못한다. 시한폭탄이 깔렸으니 그가 망친 부분을 없애고 바꿀 때까지 프로젝트가 중지된다.
- 사기를 고갈시키는(morale drain) 프로그래머가 먹구름을 드리우고 앉아 모든 열정과 생기를 빨아들이며 팀 전체 사기를 떨어뜨린다. 몇 주 만에 모두 코드를 작성할 의지가 사라지고 가장 가까운 다리로 가 뛰어내릴 생각에 잠긴다.
- 무능한 관리자(mis-manager)는 훌륭한 관리자와 정확히 반대로 행동한다. 끊임없이 결정을 번복하고 우선순위를 뒤바꾸고 근무 시간을 옮기고 고객에게 불가능한 것을 약속한다. 땅 밑이 계속 움직이니 팀원은 어디에 서 있는지 알 수가 없다.
- 시간 왜곡(time warp) 프로그래머는 상대성 원리를 왜곡해 주변 시간이 느리게 흘러가게 만든다. 무슨 일을 해도 처리하는 데 극도로 오래 걸린다. 그의 의견 때문에 결론이 나지 않고 코딩이 끝나지도 않으며 회의 개시를 못 해 항상 늦게 시작된다. 아주 중요한 일을 하는 중이라는 둥 항상 그럴싸하게 변명을 늘어놓지만 밀린 일을 산더미처럼 쌓아 놓을 뿐 아무것도 처리하지 않는다. 결국 다른 프로그래머는 질려서 다른 데로 가 버린다.

퀵 샌드 팀이라면 한 팀원의 단점이 전체 팀의 생산성을 순식간에 무너뜨릴 수 있다. 특히 그가 먹이 사슬 상단에 있다면 매우 위험하다. 책임이 클수록 결과는 더욱 끔찍하다.

경고 신호

팀에 어울리지 않는 사람을 찾아내자. 모두가 불만을 가진 사람이거나* (모두가 그를 피하는 바람에) 늘 혼자 일하는 프로그래머다.

전환

가장 극단적이면서 가장 쉬울 해결책은 퀵 샌드를 일으킨 원인을 없애는 것이다. 하지만 먼저 누군지 찾아야 하고 쉽지 않을 수 있다. 관리자 입장에서는 몇몇 사람들과 잘 어울리지 못한다고 해서 누군가를 차마 해고할 수 없기 때문에 불공정한 해고 요구를 매우 꺼린다. 메이저리그급 정도로 무능해야 계획대로 흘러간다.

따라서 퀵 샌드가 일으킬 혼란을 최소화할 방법을 찾든지 아니면 팀에 더 융화할 방법을 알아내야 한다.

성공 전략

가장 중요한 것, 퀵 샌드가 되지 말자!**

당신이 퀵 샌드가 아니라면 퀵 샌드 팀원에게서 영향을 받지 않도록 최대한 자신을 격리하자. 혈압 안정을 위해 그와의 상호 작용을 제한하자. 퀵 샌드의 코드에 지나치게 의존하지 말고 최대한 의견을 듣지 않으려 해보자. 퀵 샌드의 잘못된 관례에 얽매이지 말고 퀵 샌드와 정반대로 행동해 문제를 더 악화시키는 등 과잉 반응하지 말자.

회사의 무능한 관리자

한때 훌륭한 팀을 이뤘던 개발자들이 있다. 일을 즐겼다. 정말 열심히 일했다. 안타깝게도 관리가 (아무리 좋게 봐도) 그저 그랬다.

어느 이른 아침 (그날따라 일진이 사나워 보였던) 관리자가 회의를 소집하고는 개발자들이 "현실" 파악을 못 한다고 불평을 늘어놓았다. 게으른 데다 정해 준 기한(비현실적인 기한)을 지킨 적이 없다고 말이다(존재하지도 않은 제품을 미리 팔아 놓고서는). 관리자는 개발자들이 집중 근무 시간 사이에 때로로 자리를 비웠음을 알아챘고 그때부터 모두에게 그렇게 하라고 지시했다. 엄포를 놓으면서.

그리고 정말 그렇게 됐다.

프로그래머들은 그날 오후 아무 일도 하지 않았다. 전혀. 앞으로는 시간 외 근무는 절대 하지 않고 집중 근무 시간을 엄격히 지켜 일하기로 했다. 아마 생산성과 사기가 단번에 최소 50%는 떨어졌을 것이다.

---

* 뒷담화가 오가고 이것이 팀을 퀵 샌드로 빠뜨리는 요인 중 하나다. 누구도 문제에 정면으로 맞서지 않는다. 평지풍파를 일으키고 싶지 않은 것이다. 투자하라고 설득하는 것보다 퀵 샌드에 맞서는 데에 더 큰 노력이 필요하다.

** 누가복음 6장 42절

17.4.7 나그네쥐(lemming)

가장 가까운 절벽에서 뛰어내리고 싶어 하는 정신 나간 충동을 지닌 이 귀엽고 복슬복슬한 동물무리처럼 나그네쥐 팀은 너무나 기꺼이 주어진 업무에 순응하고 심지어 간절히 원한다. 설사 허구일지라도.

나그네쥐 팀은 아주 믿음직스럽고 충성스러운 팀원으로 구성된다. 기술력은 있으나 정해진 지시만 따를 뿐 그 이상은 내다보지 못한다. 열정과 열의는 가상하지만 비전을 지닌 팀원 없이는, 즉 이유(why)를 탐구하고 명세 너머 무엇이 정말 필요한지 살피는 팀원 없이는 요청받은 그대로 만들 뿐 필요한 것은 만들지 못할 위험에 끝없이 노출된다.

나그네쥐 팀은 특히 스타트업 기업의 요구에 취약하다. 관리자가 "이 코드를 빨리 작성하세요, 나중에 다시 제대로 만들면 됩니다."라고 말하는 순간부터 이 병폐는 시작된다. 나중은 절대 오지 않으며 오히려 나그네쥐들은 "기업에는 코드가 더 많이 더 빠르게 필요하니 이 코드도 그냥 빨리 끼워 넣으세요." 같은 말을 듣는다. 머지않아 어디선가 곡을 연주하면 춤을 추는 팀 문화가 자리 잡는다. 훨씬 더 힘든 업무와 끝없이 부패하는 코드 기반과 맞물려 일은 갈수록 서서히 더 어려워진다.

결국 팀은 20미터 높이의 절벽 바닥으로 떨어져 엉망진창이 된다.

경고 신호

현재 개발 중인 명세가 영 내키지 않는다면 나그네쥐 팀의 일원일 수 있다. 진행하는 프로젝트에 대한 신념이 없다면 그저 돈만 벌려는 코더에 불과하다. 부질없는 가능성에 기대 불합리한 일에 헌신하고 있으며 아무도 계획 속 허점에 이의를 제기하거나 지적하지 않는다면 나그네쥐 나라에 살고 있는 것이 틀림없다. 부디 즐겁기 지내기를.

전환

팀에서 하고 있는 일을 재검토하자. 개발을 멈추지 말되 고객 요구사항부터 최종 출시까지 제대로 살펴보자. 개발 중인 코드가 궁극적으로 필요한 것을 제공하겠는가? 코드 기반에서 수 년 내에 사라지거나 몇 년 후에 쓸모없어질 근시안적 코드인가?

성공 전략

주어진 업무에 의문을 품자. 업무의 동기를 이해하자. 올바른 프로그래밍 원칙을 고수하고 계획된 일정이 아니고서는 향후 코드를 수정할 수 있으리라 기대하지 말자.

17.5 단단한 팀워크 구축을 위한 개개인의 능력과 특성

누가 인정받는지 아무도 신경 쓰지 않으면 놀라운 일을 해낼 수 있다.

_로버트 예이츠

실패하지 않는 팀도 물론 있다. 이제부터 이 골치 아픈 상황을 이해하고 올바르게 해결할 방법을 알아보자. 17장 나머지 부분에서는 소프트웨어 개발팀을 개선하고 이러한 위험을 피할 만한 기법을 살펴보겠다. 도구와 기술이 생산성을 높여주기도 하지만 무엇보다 사람과 업무 간 인간적 관계를 크게 향상시킨다.

모든 소프트웨어 팀은 개개인이 모여 구성된다. 팀 성과를 높이려면 가장 가까운 것부터, 즉 팀 그리고 개발 협력에 대한 자신의 사고방식을 먼저 바꿔 보자. 모두가 관리자는 아니기에 이러한 사고방식이야말로 실제 변화를 일으킬 수 있는 핵심이다.

수준 높은 프로그래머가 되려면 수준 높은 팀 플레이어가 되어야 한다. 팀에서 능력을 발휘하는 팀원이 되려면 능숙한 프로그래밍 언어 실력이나 디자인 능력 이전에 비기술적 능력, 특성, 사고방식부터 키워나가야 한다.

17.5.1 의사소통

의사소통 없이는 팀워크가 불가능하다. 의사소통 없이는 부분 부분이 유기적으로 돌아가지 않는다. 의사소통 없이는 목표와 비전을 공유할 수 없다. 원활하게 의사소통하지 못하면 프로젝트는 무조건 실패한다.

팀 내에서는 엔지니어 간 대화, 전화 통화, 회의, 명세 작성, 이메일 교환, 보고서, 메신저 등 다양한 방식으로 의사소통한다. 간혹 그림도 한 수단이다! 매개체마다 사용 양상이 다르고 저마다 특정 토론 유형에 적합하다.

의사소통의 효과를 극대화하려면 관계자가 모두 참여해야(최소한 볼 수 있어야) 한다. 충분히 상세해야 하지만 시간이나 노력을 너무 소모해서도 안 된다. 또한, 적절한 매개체를 통해 이뤄져야 하는데, 가령 디자인 결정을 말로만 합의하고 구두로만 공유할 것이 아니라 작성된 명세에 포함시켜야 한다.

앞서 코드 자체가 이미 의사소통의 한 형태임을 살펴봤다. 프로그래머는 능숙하게 의사소통할 수 있어야 한다. 그러기 위해서는 다음과 같은 의사 전달 및 수용 능력을 갖춰야 한다.

- 아이디어가 명확하고 전반적으로 간결한 명료한 명세를 작성한다.
- 주의 깊게 듣고 내용을 잘 이해할 수 있도록 명세를 정확히 읽고 파악한다.

팀 내 의사소통 외에 팀 간 의사소통도 중요하다. 대부분의 기업에서 나타나는 잘못된 의사소통은 대표적으로 마케팅 부서와 엔지니어 사이에 일어난다. 마케팅 부서에서 엔지니어에게 무엇이 가능한지 묻지 않으면 기업은 만들 수 없는 제품을 팔게 된다. 이러한 문제는 순환적이라서 문제가 발생하고 피해를 당하면 (서로 원망하며) 두 팀 간 대화가 크게 줄어든다. 이후 같은 일이 몇 번이고 반복된다.

> **핵심개념★** 팀이 제대로 기능하려면 효과적인 의사소통 노선이 명확히 존재해야 한다. 노선을 수립하고 구축하자. 좋은 프로그래머는 의사소통에 뛰어나다.

17.5.2 겸손

꼭 필요한 특성이자 프로그래머에게 자주 결여되는 특성이다.

겸손한 프로그래머는 팀을 돕는 데 공헌하려 한다. 게으름을 피우며 남에게 일을 전부 떠넘기지 않는다. 가치 있는 공헌을 자신만 할 수 있다고 착각하지 않는다.

아무리 좋은 일이라도 혼자서 다 해낼 수 없으니 전부 독차지 할 수는 없다. 꼭 하고 싶은 일이라도 기꺼이 다른 팀원이 기여할 기회를 주어야 한다.

타인의 의견을 귀담아 듣고 존중해야 한다. 자신만 의견을 가진 것이 아니며 그 의견이 유일한 해결책도 아니다. 모든 문제에 대해 유일한 혹은 최선의 방법을 꼭 알 필요는 없다. 다른 의견을 주의 깊게 듣고 존중하고 타인의 일도 소중히 여기고 배움을 얻자.

17.5.3 갈등 해결

현실을 직시하자. 어떤 이는 기필코 상대방의 화를 돋워야 직성이 풀린다. 따라서 성숙하고 책임감 있는 태도를 지녀야 하며 갈등 상황을 피할 줄 알아야 한다. 갈등과 적개심은 팀실적을 크게 떨어뜨린다.

하지만 때로는 갈등을 동력 삼아 헤쳐나가는 와중에 팀워크가 단단해지기도 한다. 팀 동료끼리 서로 자극하고 도발하면서 최선의 디자인이 만들어진다. 의견 충돌이 아이디어의 타당성을 입증하는 일종의 정제 과정 역할을 한다. 비판적 시각으로 코드가 평가될 것임을 알면 집중하게 된다.

엄격히 공사를 구분해 개인이 아닌 팀을 위해 이러한 갈등을 건설적으로 활용하자.

의사소통 분류

지금처럼 고도로 연결된 사회에는 의사소통 방법이 다양하니 효과적으로 활용하는 법을 익혀 팀 상호작용을 돕고 촉진해야 한다. 방법은 각각의 역학과 에티켓, 장점을 이해하는 것이다.

전화

긴급히 회신을 요할 때 가장 유용한 의사소통 방식이지만 하고 있는 일을 중단시킨다. 따라서 시급하지 않은 문제로는 통화하기 불편하니 대신 다른 방법을 사용하자. 휴대폰은 기존 전화보다 훨씬 더 연결이 수월한데 이는 축복이자 동시에 저주다.

소리만으로는 상대방의 얼굴이나 미묘한 바디랭귀지 신호를 알아챌 수 없다. 전화로는 상대를 오해하고 부정확한 결론을 내리기 쉽다.

많은 컴퓨터 전문가가 전화 사용을 꺼린다. 그러지 말자. 긴박한 의사소통에는 이만한 것이 없다.

이메일

비동기식 대역 외(out-of-band) 의사소통 매개체다. 얼마나 긴급한지 명시할 수 있으나 실시간 대화가 아니니 회신이 즉각적이지 않다. 간편하게 첨부파일을 보낼 수 있고 편한 시간에 답신할 수 있는 다채로운 매체다. 여러 수신자에게 메모 방식으로 널리 알릴 때 주로 쓰인다. 이메일 히스토리는 상당히 영구적인 의사소통 기록을 제공한다. 이메일은 대단히 강력한 의사소통 메커니즘이다.

이메일의 노예가 되지 말고 이메일을 도구로 활용하는 법을 배워야 한다. 새로운 메일이 도착할 때마다 열어보지 말자. 코딩을 너무 자주 방해하고 생산성도 떨어진다. 이메일 읽는 시간을 정한 후 준수하자.

채팅

이메일보다 더 집중을 요하는 빠른 대화식 매개체이지만 전화보다는 무시하거나 제쳐 두기 쉽다. 흥미롭고 유용한 절충안이다.

보고서

보고서는 이메일에 비해 덜 대화식이고 더 영구적이다. 보고서와 명세는 공식 문서다(19장 참고). 오랜시간 준비하므로 잘못 해석될 여지가 적다. 일반적으로 보고서는 검토 후 합의가 이뤄지니 보다 구속력이 있다.

회의

이처럼 신기에 가까운 현대적 기술을 사용해도 얼굴을 맞대는 훌륭한 구식 대화만큼 빠르고 효과적으로 문제를 해결하지는 못 한다. 프로그래머는 툭하면 사람과의 상호 작용을 회피하는데(천성적으로 사회적인 부류가 아니다!) 회의는 팀워크를 구축하는 귀중한 수단이다. 427쪽 "운명 마주하기"에서 더 자세히 알아보자.

17.5.4 배움과 융통성

새로운 기술도 계속해서 배워야 하지만 팀으로 일하는 법도 배워야 한다. 이는 타고나는 재능이 아니다. 팀이 새로 만들어지면 함께 일하는 법, 서로를 상대하는 법, 각 팀원의 강점과 약점, 개인의 능력을 그룹에 이익이 되게끔 활용하는 법을 배워야 한다(428쪽 "팀 성장"에서 더 자세히 설명하겠다).

에머슨은 "내가 만나 본 사람은 전부 어떤 면에서 나보다 나았다."고 말했다. 동료로부터 무엇을 배울 수 있는지 살피자. 그들의 지식을 배우고 그들의 행동을 배우고 어떻게 대응하는지 배우자. 그들과 의사소통하는 법을 배우자. 정식 코드 리뷰부터 시작해 대화하며 들려줬던 지나가는 의견에 이르기까지 비판적 견해를 구하자.

융통성은 배움과 관련이 깊다. 현 상황에서 어떤 개발자도 해낼 수 없고 외부 인력을 가져다 쓸 수도 없는 어떤 요구가 팀에 생기면 방법을 찾아야 한다. 융통성을 발휘하는 프로그래머는 재빨리 새 기술을 배워 부족한 부분을 보완하고 팀에 기여한다.

17.5.5 자신의 한계 인식

할 수 없는 일 혹은 끝낼 수 없는 일임을 알고도 그 일에 헌신하고 있다면 관리자에게 가능한 한 빨리 알려야 한다. 그렇지 않으면 프로젝트 결과물을 내놓지 못해 결국 팀 전체가 고생하게 된다.

무능함을 인정하는 것을 나약함의 표시로 여기는 사람이 많다. 그렇지 않다. 팀의 실패 지점이 되기보다는 한계를 인정하는 편이 낫다. 훌륭한 관리자는 자원을 추가로 제공해 일을 끝낼 수 있게 도울 테고 그 과정에서 기존에 부족했던 새 기술을 배울 수 있다.

17.6 팀워크 수칙

몇 가지 중요한 교훈이 그룹 유전자에 심어지면 개개인의 소프트웨어 작성 방식이 달라진다. 이러한 교훈은 개인이 아닌 소프트웨어와 협업 개발에 중점을 둔다. 명심하자, 이러한 수칙이 팀에서 효과를 발휘하려면 분명한 목적을 가지고 변화를 줘야 한다. 좋은 생각이라고 무작정 동의하지 말고 늘 하던 대로 코딩하지 말자.

17.6.1 코드는 공동 소유다

자기 일에 텃세를 부리는 프로그래머가 수두룩하다. 프로그래밍은 지극히 개인적이고 창의적인 활동이니 그럴 수밖에. 정교한 모듈을 만들면 뿌듯하고 누군가 그 모듈을 짓밟아 명작을 망가뜨리는 상황은 상상할 수 없다. 신성 모독이나 다름없다.

하지만 효과적인 팀워크를 위해서는 소프트웨어 공장에 들어서기 전에 자존심부터 버려야 한다. "프레드가 내 코드를 건드렸어"라고 불평하지 말자. 그 코드는 당신 소유가 아니라 팀 소유이니 그것은 팀 차원의 노력이다. 이러한 사고방식을 지니지 못하면 프로그래머는 성공적인 소프트웨어 시스템이 아니라 자신만의 제국을 건설하고 만다.

> **핵심개념 ★** 어떤 프로그래머도 코드 기반의 어느 부분도 소유하지 못한다. 팀원 모두가 전체 코드에 접근해 필요에 따라 적절히 수정할 수 있다.

이러한 문화가 자리 잡혀야 팀원 각각이 자신만의 코드 섬을 통치하는 꼬마 프로그래머 왕 (Programmer King)이 될 위험이 사라진다. 어떤 개발자의 코드를 누구도 볼 수 없었다면 그 개발자가 프로젝트를 떠날 때 어떻게 되겠는가? 로컬 전문가가 사라지면서 팀에 막대한 피해를 준다.

작성한 코드에 부모 같은 책임감을 느끼고 보호하고 키우고 싶은 감정이 드는 것은 당연하다. 다만 건전하게 팀에 초점을 둬야 한다. 소유(ownership)가 아닌 코드 관리 (stewardship) 관점에서 생각하자. 관리인은 직접적인 책임이 없으며 소유주를 대신해 책임을 맡을 뿐이다. 코드를 보살피고 잡초를 뽑고 경계를 서는 것이 관리인의 주된 업무다. 믿을 만한 팀원에게 변경을 맡기고 궁극적으로 관리인이 확인하기도 하지만 주로 관리인이 모든 것을 바꾼다. 이것이 건설적인 코드 개발 방식이자 팀을 제대로 도울 방법이다.

17.6.2 타인의 코드를 존중하자

코드 소유가 사라질 만큼 개발 문화가 진보했어도 타인의 코드를 존중해야 한다. 마음대로 만지작거리지 말자. 특히 현재 개발 중인 코드라면. 막대한 혼란을 막기 위해서라도 다른 프로그래머의 코드는 바꿀 수 없다.

타인의 코드를 존중한다는 것은 사용하는 표현 방식과 디자인 선택을 존중한다는 뜻이다. 이유 없이 부적절하게 수정하지 말자. 오류 처리 방식을 존중하자. 변경했으면 타당한 견해를 밝히자.

코드 리뷰어를 당황하게 할 성급한 코드 수정은 되도록 피하자. 코드를 서둘러 동작하게 해야 할 때 슬며시 이렇게 하는데, 어딘가에서 조금만 변경해도 코드는 컴파일된다. 깜빡하고 변경 내용을 정리하지 않으면 금세 누군가의 코드가 망가진다. 일시적 수정이라도 세심히 처리하자.

17.6.3 코드 가이드라인

협력 개발로 타당한 코드를 생산하려면 팀에 코드 가이드라인이 있어야 한다. 코드 가이드라인이란 프로그래머가 작성해야 하는 코드 표준에 대한 지침으로서 시스템 내 모든 요소를 최소 품질 기준에 도달시키기 위한 지시 사항이다.

(모든 코드가 하나의 스타일을 따르면 좋겠지만 그래도) 코드 레이아웃 논쟁은 생기지 않게 해야 한다. 단 코드 문서화, 언어 사용, 공통 관용구, 인터페이스 생성, 아키텍처 디자인을 위한 표준과 메커니즘에 대해서는 합의를 이뤄야 한다.

위와 같은 가이드라인이 없는 팀이라도 구두로 전해지는 관례로써 가이드라인이 있다. 다만 이렇게 암묵적으로 전달되면 새 팀원이 코드 문화에 녹아들 때까지 기존 코드 기반에 부합하는 코드를 작성한다.

17.6.4 성공을 정의하자

무언가를 달성하고 있고 잘 협력하고 있다고 느끼려면 팀원에게 명확한 목적과 목표가 있어야 한다. 프로젝트 일정에 있는 이정표(milestone)가 좋은 동기 부여가 될 수 있으나 그 이상이 필요하다.

팀에서 성공이 무엇이고 어떻게 도달하는지 알려면 성공의 기준을 정의해야 한다. 현재 몸 담은 프로젝트에서 성공은 무엇을 뜻하는가? 적당한 품질*로 고객을 만족시키며 기한에 맞춰 출시하는 것인가, 정해진 수입을 올리는 것인가, 아니면 버그 개수를 몇 개 이하로 줄이는 것인가? 우선순위를 정해 프로그래머에게 개발 업무의 주된 동기를 알리자. 프로그래머가 무엇을 어떻게 하는지가 달라질 것이다.

---

* 품질은 어떻게 평가할 것인가?

17.6.5 책임을 정의하자

효과적인 팀에는 명확한 책임 구조가 정의돼 있다. 엄격한 서열과 다단계 관리 계층으로 이뤄진 끔찍하게 위계적인 구조를 떠올리면 안 된다. 이러한 팀 구조는 명확하고 알아보기 쉬워야 한다. 아래 사항을 분명히 하자.

- 누가 최종 결정권을 갖고 중요한 결정을 내리는가? 누가 예산을 관리하고, 누가 채용과 해고 결정하고, 누가 업무 우선순위를 매기고, 누가 디자인을 승인하고 코드 출시를 결정짓고 일정을 관리하는가? 모두 팀 내에서 이뤄져야 하는 역할은 아니지만 팀에서 반드시 알아야 할 역할들이다.
- 누구의 책임이고 프로젝트가 크게 실패하면 누가 징계를 받는가?
- 팀원들의 책임(responsibility)과 의무(accountability)는 무엇인가? 팀원에게 어떤 개인적 권한을 부여했고 무엇을 해야 하며 각자 누구를 책임져야 하는가?

17.6.6 번아웃을 막자

어떤 팀도 불가능한 목표를 가져서는 안 된다. 착수한 프로젝트에 온전성 검사(sanity check)를 수행하자. 실패할 수밖에 없음을 깨닫는 것이 곧 동기 부여다.

프로그래머에게 어떻게 업무가 분배되는지 감시하자. 소수의 팀원에게 어려운 업무 혹은 위험한 업무를 몰아주지 말자. 흔히 저지르는 실수인데 자칫 팀에서 프로그래머 왕(Programmer King)을 길러낼 수 있다. 추가 근무로 인해 혹은 실수로 생겨날 일을 걱정하다가 에너지를 모두 소진하면 프로젝트는 위기에 처하고 팀 사기는 떨어진다.

팀이 잘 해냈고 열심히 했다면 치하하자. 공개적으로 하자. 끊임없이 팀원을 칭찬하고 격려하자. 지지와 열의는 생각 이상으로 기분을 맑게 해준다.

반복해서 같은 유형의 업무를 하다 지치고 포기하기 전에 팀원끼리 업무를 섞자. 새로 배우고 새 기술을 개발할 기회를 모두에게 주자. "변화는 휴식만큼 중요하다." 개발 속도를 늦추기 어려운 상황이더라도 약간의 변주가 프로그래머 번아웃을 막아 준다.

17.7 팀 생애 주기

> 함께 모이는 것이 시작이고, 함께 있는 것이 진전이며,
>
> 함께 일하는 것이 성공이다.
>
> _헨리 포드

전체 생애를 고려해 소프트웨어팀을 살펴야 한다. 팀은 땅에서 불쑥 솟아나지 않으며 영원하지도 않다.

> 핵심개념✿ 성공적인 팀은 계획적으로 성장하고 발전하지 우연히 생기지 않는다.

팀 생애는 생성, 성장, 팀워크, 해체, 네 단계를 거친다. 매 단계마다 중점적인 활동이 다르다. 순서를 달리해 네 단계를 여러 번 반복할 수도 있으나 어쨌든 모든 팀은 각 단계를 거친다. 팀 생애는 재귀적 모형이라 메인 개발 프로젝트 팀에 속한 팀도 비슷한 과정을 거친다. 이어지는 절에서 각 단계를 자세히 살펴보자.

17.7.1 팀 생성

새 프로젝트가 곧 시작되려 한다. 개발팀이 필요하다. 제자리에! 준비! 출발! 임원진은 리더를 지명하고 리더는 팀을 협력하게 하는 역할을 맡는다. 팀원은 다른 팀에서 데려오거나 특별히 이 프로젝트를 위해 채용할 수 있다. 어디서 데려오든 효과적인 팀을 이루며 서로 잘 맞아야 한다. 프로젝트의 성패가 여기에(그리고 리더의 역할에) 달려 있다!

이제부터 시작이다. 핵심 팀원을 정하며 팀이 형성된다. 아직 초기 단계라 팀은 본격적으로 일을 시작하지 않았고 제대로 뭉치지도 못했다. 팀을 구축할 때는 다음과 같은 여러 가지 사항을 중대하게 고려해야 한다.

- 팀이 조직 먹이 사슬 내 어디쯤인지 확고히 하자. 어떤 팀과 상호 작용하는가? 상대 팀과의 의사소통 채널을 마련해야 부서 간 어떻게 업무가 진행되고 누구와 연락해야 하는지가 명확해 진다.
- 깊게 생각하자, 업무를 최대한 간소화할 수 있도록 팀 간 의사소통을 최소화하자. 이 단계에서 불필요한 관료적 간접 비용을 없애면 성공 가능성이 가장 높은 팀을 디자인할 수 있다.
- 팀이 효과를 발휘하려면 혼자서도 높은 성과를 낼 잠재력을 지닌 능숙하고 재능 있는 팀원이 필요하다. 주요 영역에 대한 경험과 전문 지식을 미리 지니고 있지 못하면 적절한 사람을 찾을 때까지 개발이 중지된다. 필요한 만큼 팀을 성장시킬 계획을 세우고 인력을 언제 더 충원해야 하는지 생각해 두자.
- 적절한 팀워크 모형을 골라 공개함으로써 팀이 임시 구조와 혼란스러운 업무 관행을 택하지 않게 하자. 최

대한 기민하게 업무를 수행할 수 있도록 불필요한 관리 비용과 내부 의사소통 경로가 없는 팀 구조를 마련하자.

팀을 만들 때 초기 목표는 평범한 그룹이 아니라 그 이상을 만드는 것이다. 그저 흔한 그룹이나 소규모 사교 클럽은 의미가 없다. 동기를 가지고 하나의 공통 목표를 추구하는 응집된 작업 단위가 필요하다.

팀이 무슨 목적으로 존재하는지 제대로 알기 전까지는 팀을 모으지 말자. 실제 할 일도 없이 일을 시작하라고 하고 다음 지시를 기다리게 두면 팀의 장기적 정신이 억눌려 개발되지 못한 잠재력으로 영원히 남는다. 모이자마자 일을 시작할 수 없으면 하나로 모으지 말자.

운명 마주하기

소프트웨어 공장에 갇힌 프로그래머는 금세 회의를 기피한다. 이유는 간단하다. 아주 끔찍한 회의에 끝도 없이 참석해야 하기 때문이다. 프로젝트가 실패하지 않도록 프로그래밍에 써야 할 소중한 시간을 회의에서 너무 많이 앗아간다. 똑같은 쟁점 몇 가지를 회의가 끝날 때까지 끝없이 논한다. 그러고는 무슨 말을 했는지 모두 잊어버리고 다음 회의에서 같은 내용을 반복한다.

소프트웨어팀을 효과적으로 운영하려면 효과적으로 회의를 이끌어가는 법을 배워야 한다. 약간의 계획과 원칙만 있으면 되니 그렇게 어렵지 않다. 회의를 최대한 활용할 수 있는 7가지 지침, 즉 일종의 전투 규칙을 살펴보자. 지침대로 따를 책임은 회의를 소집한 사람에게 있다.

1. 회의는 중요하고 불가피하다. 회의가 필요할 때 회의 소집을 꺼리지 말자. 다만 복도에서 나누는 허물없는 대화가 문제를 더 빨리 해결하고 비용도 적다면 회의를 요청하지 말자.

2. 회의 공지를 몇 시간 전이 아니라 며칠 전에 여유롭게 하자. 너무 적지도(의사 결정자가 불참해 무엇도 결정하지 못할 수 있다) 너무 많지도(모두 자기 의견을 들어달라고 아우성을 쳐 아무 일도 못할 수 있다) 않게 적당한 인원을 부르자.

3. 적당한 시간에 회의를 소집하자. 참석자의 절반 정도만 깨 있을 터무니없이 이른 아침이나 모두 피곤하고 지겹고 집에 가고 싶어 몸이 근질거리는 오후 늦게는 피하자.

4. 시간제한을 엄격히 정하고 미리 분명히 밝히자. 꼭 지키자. 그래야 참석자가 그 날 다른 일을 할 시간이 얼마나 남았는지 알 수 있다. 시간을 넘기면 다음 회의로 미루자.

5. 무엇에 관한 회의인지, 왜 참석해야 하는지 모두에게 알리자. 회의를 알릴 때 안건도 함께 전달하자. 미리 준비해야 하는 사람에게는 예상 질문을 알려주자.

6. 회의 장소를 알리자. 화이트보드, 컴퓨터, 심지어 의자(바보 같이 들리겠지만 종종 간과된다)까지 적절한 시설을 갖춘 곳으로 정하자.

7. 회의를 시작하기 전에 역할을 정의하자. 최소한 다음과 같은 역할이 필요하다.

의장
회의를 이끌고 주제와 안건에 맞게 토론을 주재한다. 적절한 해결책(다음 회의 일정일 수도 있다)으로 회의를 정시에 끝마치게 한다.

서기

회의록을 가져와 작성하고 이후 적절한 참석자(회의 참석자보다 더 많을 수 있다)에게 돌린다.

의사 결정자(들)

각 이슈에 대해 최종 결정을 내린다. 권한이 정의되지 않으면 토론이 결론 없이 맴돈다.

회의의 목적을 이해하자. 대부분의 회의는 정보 제공(정보 전파, 참석자는 대체로 어쩔 수 없이 듣고 있는 청중)이나 갈등 해소(긴급한 문제의 해결책 찾기))가 목적이다. 회의가 효과적으로 운영되려면 참석자 전부 이를 이해하고 그에 맞게 행동해야 한다. 개인적 용건은 정보 제공 회의를 순식간에 임의의 방향으로 끌고 가니 의장이 이를 알아채서 참석자가 개인적 목적을 위해 회의를 이용하지 못하게 막아야 한다.

17.7.2 팀 성장

팀 생성 후 핵심 팀원으로 팀이 채워지면 프로젝트는 번성하기 시작한다. 늘어나는 작업량을 수용하려면 팀은 반드시 성장해야 한다. 팀은 여러 가지 측면에서 성장한다. 수적으로도 성장해야 하지만 동시에 경험과 비전 면에서도 성장해야 한다. 안으로도 자라고 밖으로도 자라야 한다.

17.7.2.1 내적 팀 성장

함께 일하는 동안 팀원들은 개인적으로 그리고 직업적으로 서로 친해진다. 업무 패턴이 팀에 정착되고 코딩 문화가 자리 잡는다. 처음에는 이러한 양식과 문화가 슬며시 녹아들어야 하며 그래야 문화가 건전해지고 그 문화가 팀 구조와 목표에 보탬이 된다. 톰 디마르코는 개개 팀원이 응집된 팀으로 굳어지는 순간이라 해서 이를 젤링(jelling)이라 불렀다.[디마르코 99]

이 단계에서는 개인과 팀의 목표를 조정하고 개개인의 역할과 관계를 결정한다. 이 시점에서의 팀 분위기가 전체 프로젝트의 분위기를 조성하니 회의적인 태도나 비틀어진 의욕을 경계하자.

아직 팀 인프라가 규정되지 않았다면 일을 하면서 정해진다. 소스 제어와 그룹웨어 같은 도구가 구비된다. 프로젝트 명세를 작성하고 목표를 확고히 하고 일의 범위를 정한다.

17.7.2.2 외적 팀 성장

외적 성장은 팀원 증가로 나타난다. 가시적인 유형의 팀 성장이다. 절정에 이르면 팀에 다음과 같은 역할이 생겨난다. 꼭 한 사람에게 할당되는 직책은 아니며 팀 규모에 따라 다르다. 규모가 작은 팀에서는 팀원 한 명이 정규 또는 파트 타임으로 둘 이상의 역할을 떠맡는다. 규모가 큰 프로젝트에서는 어떤 역할에 부서 하나가 배정되기도 한다.

분석가

프로그래밍팀과 고객 간 연락 담당자이다. 분석가(문제 도메인 전문가라고도 불린다)는 현실 세계의 문제를 충분히 조사하고 이해해서 개발자가 구현할 수 있는 명세로 작성한다.

설계자

분석가의 요구사항에 맞게 시스템 구조를 고안하는 고급 디자인 권한이다.

데이터베이스 관리자

프로젝트에 맞는 데이터베이스 인프라를 디자인하고 배치한다.

디자이너

설계자 밑에서 일하면서 시스템 컴포넌트를 디자인한다. 주로 프로그래머가 수행하는 역할 중 하나다.

프로그래머

당연히 팀 전체에서 가장 중요한 역할이다!

프로젝트 책임자(manager)

중요한 결정을 내리며 프로젝트 전반을 책임진다. 책임자는 (예산, 마감 기한, 요구사항, 기능 집합, 소프트웨어 품질 같은) 프로젝트에 영향을 미치는 여러 요소 간 균형을 맞춘다.

프로젝트 관리자(administrator)

책임자를 지원하고 프로젝트팀의 일상적인 운영을 맡는다.

소프트웨어 품질 보증 엔지니어

QA 계획을 수립하고 생산된 코드를 적절한 수준에 부합하게 한다.

사용자 교육자

제품 설명서를 작성하고 올바른 마케팅 방향을 정하고 교육 일정을 짠다.

제품 출시 전문가

출시 엔지니어라고도 부른다. 최종 제품 패키징, 제조, 유통, 설치 방법을 계획한다.

운용/지원 엔지니어

최종 사용자에게 넘어가 실제 사용 중인 제품을 지원한다.

성공적인 프로젝트라면 위 활동을 모두 포함해야 한다. 각 역할의 필요성이 대두되면 요구가 극심해 지기 전에 인력을 보충해야 한다. 후보자의 성격 유형, 기술적 능력, 자격 요건을 모두 살피는 경영 통찰력을 갖춰야 팀원을 뽑을 수 있다. 팀이 수립된 이후 영입된 팀원은 업무 관례를 따르고 기존 팀원을 보완해야 한다.

17.7.3 팀워크

모두 제자리를 찾아 팀이 완벽하게 돌아가는 성능 지점이다. 톱니바퀴가 돌면서 소프트웨어 구성 절차가 맹렬히 진행된다.

팀은 생애의 대부분을 이 단계에서 보내며 프로젝트의 목표를 해결한다. 이를 위해 하나의 대규모 업무가 일련의 더 작은 업무들로 쪼개진다. 각 팀원은 작업 패키지를 할당받은 후 (프로젝트 회의나 긴밀한 의사소통 등을 통해) 발맞춰 움직인다. 완료된 업무는 서로 합쳐진다. 소프트웨어는 서서히 형상을 갖춰간다.

미리 정해진 개발 절차를 따르되 변화에 순응하며 예상 밖의 문제와 팀 내 변화, 무시무시한 요구사항 변화 증후군(Shifting Requirements Syndrome)에 맞서야 한다. 개발을 진행하며 각 팀원은 아직 해결되지 않은 이슈와 위험 요소를 찾아 처리한다.

이제 팀은 적절한 작업 속도를 찾고 매 진행 단계마다 목표를 달성하며 개발에 몰입해야 한다. 단 몰입이 지나쳐 틀에 갇히면 안 된다. 필요하다면 팀이 안주하거나 게을러지지 않도록, 진보를 가로막는 무능력한 팀원을 막을 수 있도록 업무 관례를 거리낌없이 개편하자.

17.7.4 팀 해체

엄청나게 지연된 프로젝트조차 결국에는 끝이 난다. 그 끝이 고객을 만족시키는 성공적인 소프트웨어일 수도, 실패한 제품과 조급하게 폐기된 개발일 수도 있다. 어느 쪽이든 프로젝트는 끝이 나고 팀은 프로젝트에서 분리된다.

개발을 처음 시작할 때부터 끝이 명확히 보여야 한다. 영원히 지속될 팀이나 무기한으로 일할 수 있는 팀은 없다. 완성하고자 하는 욕구가 실제로 동기를 부여하며 대다수 프로그래머는 맞추기 힘든 마감일에 직면하기 전까지는 그다지 노력을 쏟아붓지 않는다.

그래서 모든 팀은 프로젝트 완료 후 해체할지 흩어질지 다른 팀 유형(아마도 유지 보수나 지원)으로 전환할지 계획을 세워야 한다. 정상적인 완료와 비정상적인 완료 조건을 모두 계획에 포함시켜야 한다.

팀이 갑자기 해산되지는 않는다. 프로젝트는 예고도 없이 중단되지 않고 서서히 실패한다. 팀원이 필요 이상으로 많은 경우 대개 프로젝트에서 점진적으로 내보낸다. 자원을 소비하며 빈둥거리는 팀원은 어디에도 필요 없다. 팀에서 한 명씩 떠날 때마다 그 팀원이 지녔던 주요 지식과 결과물을 보관해 두자. 팀이 갈리는 사이에 정보가 빠져나가기 쉽다.

> 핵심개념★ 팀원이 떠날 때 정보가 손실되지 않게 하자. 인수인계를 하고 주요 지식을 전부 가져와 보관하자. 코드 문서화와 테스트 하네스, 유지 보수 설명을 포함시키자.

프로젝트가 막바지에 다다르면 팀은 어떻게 될까? 아래 중 하나를 택할 것이다.

- 제품을 유지 보수하는 지원 모드로 팀을 전환한다.
- 새 개발 업무(동일한 소프트웨어의 새로운 버전일 수 있다)를 시작한다.
- 프로젝트가 실패했다면 사후 검사를 실시한다.
- 또 다른 프로젝트에 착수하도록 팀을 분할한다(계약이 만료됐으면 돌려 보낸다).

팀을 다시 활용할지 해체할지는 매우 어려운 결정이라 그릇된 결정이 내려지는 일이 허다하다. 팀에서 어떤 프로젝트를 성공시켰다고 해서 꼭 다음 프로젝트도 성공시키리라는 법은 없다. 새 프로젝트에는 전혀 다른 기술 조합 혹은 새로운 개발 방식이 필요할 수 있다. 하지만 좋은 팀이라면 그대로 두는 것이 현명하다. 유능한 팀원과 효과적인 업무 문화가 잘 융화된 팀은 아주 드물다. 공연히 대담하게 없애지 말자.

선택의 순간이 오면 다음 프로젝트의 특성을 고려해 결정하자. 때로는 고려 대상이 자기 자신일 수 있다. 개발 조직이 작으면 프로젝트팀이 곧 개발팀 전체다. 프로그래머를 섞어 좋은 조합을 만들기가 도저히 불가능하므로 어떻게든 똑같은 팀원으로 다음 프로젝트를 꾸려나가야 한다.

사람의 힘!

소프트웨어 개발팀을 관리하고 존속시킬 몇 가지 간단한 지침을 알아보자. 프로그래머 없는 프로그램도 없으니 팀원의 잠재력을 끌어내고 협력을 도울 기법이 필요하다. 지금 당장 리더 직책을 맡고 있지 않더라도 팀을 어떻게 운영하고 팀원을 어떻게 대하는지 판단하는 간단한 척도로 사용할 수 있다. 앞서 살펴봤던 여러 지혜들을 실용적인 몇 마디로 응축해 보았다.

소수의 뛰어난 사람을 기용하자

팀이 커지면 의사소통 노선이 늘어나고 관리 비용도 커지며 잠재적인 실패 지점도 많아지고 비전을 서로 공유하기도 어렵다.

역량과 의욕에 맞게 업무를 부여하자

피터의 법칙(Peter Principle)*을 경계하자. 뛰어난 프로그래머는 자신에게 걸맞지 않은 혹은 관심 없는 관리직으로 승진해서는 안 된다.

사람에 투자하자

사람에게 무언가를 심어주면 더 많은 것을 얻게 된다. 빠르게 발전하는 기술 앞에서 뒤처지게 두지 말자. 경험을 쌓을 다른 곳으로 옮기기 전에.

전문가를 육성하지 말자

한 프로그래머가 특정 분야의 유일한 전문가가 되면 위험하다. 단일 실패 지점이 되기 때문이다.** 어떤 이는 적극적으로 프로그래머 왕이 되려 하고 또 어떤 이는 다른 일에는 손도 대보지 못하고 오로지 왕이 되도록 강요받는다. 새 도전 과제를 찾던 전문가는 결국 떠난다. 그러면 소프트웨어 유지 보수는 어떻게 되겠는가?

상호 보완적인 사람을 고르자

팀원 전부가 세계 최고 수준의 전문가일 수는 없다. 마찬가지로 전부 미숙 할리도 없다. 알맞게 기량을 조합해야 한다. 대인 관계 역시 잘 어울리고 협력하는 성격끼리 조합해야 한다.

실패 원인을 제거하자

맞지 않는 누군가는 빼야 한다. 쉽지 않지만 썩은 부분이 금세 전체를 망가뜨릴 수 있고 꾸물거리다가는 결과가 아주 참혹할 수 있다(416쪽 "퀵샌드" 참고). 상황을 손 놓고 지켜보거나 막연히 나아지길 바라지 말자. 문제에 맞서자.

팀원은 개발팀을 성공시킬 수도 망칠 수도 있다. 성공적인 조직은 팀원을 잘 고르고 각자의 잠재력을 활용한다.

17.8 요약

승패의 공로를 제대로 인정받으려면 팀으로 일해야 한다는
사실을 깨달아야 한다. 성공하면 서로 자기 덕이라고 우기지만
실패하면 아무도 나서지 않으니.

_필립 콜드웰

---

* 로렌스 J. 피터 박사가 창안한 이론이다. 성공적인 사람은 자신의 최대 능력 수준까지 승진하고 그 일을 해내면 역부족인 능력 수준까지 한 단계 더 승진한다.

** 프로젝트 책임자가 프로젝트의 트럭 수(truck number), 즉 트럭에 치여도 프로젝트에 아무 영향이 없이는 사람 수를 두고 하는 우스갯소리.

프로그래머는 오로지 훌륭한 코드 작성에만 매진하는데, 그렇다면 팀워크가 의미가 있는가? 당연히 있다. 소프트웨어 팀의 건전성과 구조는 코드의 건전성과 구조에 직접적으로 영향을 미친다. 서로 떼어 놓을 수 없는 관계다. 소프트웨어는 사람이 작성한다. 소프트웨어 컴포넌트가 서로 잘 어우러지고 원활히 의사소통하고 응집된 구조를 형성해야 하는 것처럼 소프트웨어를 만드는 프로그래머도 그래야 한다.

훌륭한 팀워크는 단순히 명확한 절차나 정해진 구조에서만 비롯되지 않는다. 훌륭한 팀워크는 훌륭한 개인에서 나온다. "전체는 부분의 합보다 크다."는 격언이 있다. 물론 모든 부분이 잘 동작할 때의 이야기다. 어느 한 부분이라도 실패하면 전체가 제대로 기능하지 못한다. 개인의 사고방식이 팀 특성에, 나아가 생산되는 코드에 영향을 미친다. 이러한 사고방식을 가다듬어 좋은 코드를 만들어야 한다. 타고난 사고방식과 대응 방식을 알면 프로그래밍 실력을 향상시킬 수 있다.

전문 프로그래머는 팀으로 일할 수 있어야 한다. 기술적 능력 외에 큰 조각 그림에 딱 들어맞는 조각을 만들 수 있는 능력을 갖춰야 한다. 타인과 의사소통하고 협력할 수 있어야 한다는 뜻이다. 자신의 역할을 이해해 적절히 수행하고 능력을 최대한 발휘한다는 뜻이다. 다른 팀원과 협력하고 자신이 아닌 팀에 중점을 둔다는 뜻이다.

나머지 장에서는 이러한 협업 주제를 몇 가지 더 발전시켜 소스 제어, 개발 방법론, 평가, 계획 기법을 다루겠다.

현명한 프로그래머

- 작성한 코드에 텃세를 부리지 않는다.
- 소프트웨어 시스템을 향상시키기 위해 어떤 개발 업무든 수행한다.
- 팀에 기여하며 배우고 성장하고, 팀을 희생시키지 않는 개인적 목표를 가진다.
- 의사소통에 능하고 다른 팀원에게 항상 귀 기울인다.
- 겸손하고 팀에 도움이 되고 다른 팀원을 존중하고 소중히 대한다.

형편없는 프로그래머

- 코드 제국을 건설하고 자신을 아주 귀한 존재로 만들려 한다.
- 마음에 드는 일만 하려 하고 가장 화려한 업무를 찾는다.
- 팀을 비효율적으로 만들면서까지 개인 용건을 해결한다.
- 항상 개인적 의견을 주장한다.
- 팀은 자신을 위해 존재하며 자신이 팀에서 최고이고 코딩 사회에 신이 내린 선물이라고 믿는다.

17.9 참고

16장: 코드 몽키
훌륭한 프로그래머의 개인적 능력과 특성

18장: 소스 안전 생활화
소스 제어 시스템이 없으면 소프트웨어 팀이 협력해서 코딩하기가 거의 불가능하다.

22장: 프로그램 레시피
팀 간 상호 작용과 함께 코드를 개발하는 방법에 대한 개발 방법론

17.10 활동지

아래 활동지를 보자. 천천히 공란을 채운 후 배운 내용을 어떻게 실행에 옮길지 생각해 보자.

시간을 가지고 심사숙고해서 아래 서식을 채우자. 솔직하게 답하자.

팀 인프라

아래 도구를 팀에서 어느 정도 사용 중인지 평가하자. 예/아니요로
표시하거나 1(아주 나쁨)부터 5(아주 좋음)의 척도를 매긴다.

	있다 (예/아니요)	이 도구의 관리자/선임자가 있다 (예/아니요)	제대로 사용 중이다 (예/아니요)	사용하기 쉽다 (1-5)	팀 활동에 잘 활용한다 (1-5)	전체적으로 팀 효과성에 공헌한다 (1-5)
소스 제어						
결함/버그 추적						
그룹웨어						
방법론/개발 절차						
프로젝트 계획						
명세						

위 도구 중에 효과적인 팀워크에 일조하는 도구가 하나도 없으면
이유는 무엇일까?

팀원

아래 문장을 1 (전혀 그렇지 않다)부터 3 (중간이다), 5 (매우 그렇다)의
척도로 평가하자.

- ☐ 다양한 기술을 지닌 팀원이 있다
- ☐ 코딩 직원의 이직률이 낮다
- ☐ 적절한 교육을 제공한다

- ☐ 필요한 직무가 팀에 모두 있고,(팀 성장 절 참고)
- ☐ 이러한 직무가 형식적으로 정의되어 있고 인정받는다
- ☐ 팀원이 모두 유능하다
- ☐ 팀원이 하나라도 없으면 팀이 돌아가지 않는다
- ☐ 일이 너무 많은 사람은 없다
- ☐ 문제를 일으키는 팀원이 있다
  (1 = 심각한 문제, 5 = 문제를 일으키는 팀원이 없다)
  - 무슨 문제인가?
  - 어떻게 해결할 수 있는가?

팀 구조와 업무

코드 구조 대 팀 구조
- ☐ 코드 디자인이 팀 구조를 형성한다
- ☐ 팀 구조가 코드 디자인을 형성한다
(거꾸로 점수를 매긴다: 1 = 매우 그렇다, 5 = 전혀 그렇지 않다)

문서화
- ☐ 소스 제어를 사용해 문서화를 잘 공유한다
- ☐ 회의록과 디자인 결정을 기록한다

업무 관례
- ☐ 멘토링 체계가 자리 잡혀 있다
- ☐ 페어 프로그래밍을 수행한다
- ☐ 코드 리뷰를 수행한다
- ☐ 문서 리뷰를 수행한다
- ☐ '코드 소유 문화'가 없다
- ☐ 명확한 코드 가이드라인이 있다

관리
- ☐ 관리가 잘 이뤄진다
- ☐ 팀 성공만큼 개인의 요구도 존중한다

계획에 대해
- ☐ 개발 계획이 존재한다
  - ☐ 모두 계획이 어디에 기록되어 있는지 안다
  - ☐ 최신 버전으로 유지된다
  - ☐ 모두 다음 마감 기한이 언제인지 안다
  - ☐ 마감 기한이 현실적이다
- ☐ 목표가 무엇인지 안다
- ☐ 목표를 어떻게 달성하고 있는지 안다

팀 건전성
- ☐ 팀에 동기 부여가 되고 있다
- ☐ 팀이 성장하고 있다(그래야 하는가?)
- ☐ 팀이 줄어들고 있다(그래야 하는가?)

의사소통
- ☐ 팀 의사소통이 효과적이다
- ☐ 유용한 회의가 원활하게 운영된다
- ☐ 다른 팀원들이 무엇을 하는지 안다
- ☐ 각 기술 분야의 담당자를 안다

큰 그림

조직에 속한 각 팀에 대해 아래 문장을 1 (절대 그렇지 않다)부터
5 (매우 그렇다)의 척도로 평가하자.
협업 중인 다른 팀에도 아래 목록을 적용해 보자.

	원활히 의사소통한다	좋은 관계를 맺고 있다	효과적으로 협업한다	그 팀에 누가 있는지 안다
다른 개발팀				
테스트				
마케팅				
운영				
고객				

리뷰

끝으로 모든 질문을 다시 훑어 보자.

- 이러한 대답들이 소속된 팀에 대해 무엇을 말해주는가?
- 대부분 높거나 혹은 낮은 점수를 획득했는가?
- 문제가 있는 부분을 어떤 방법으로 개선할 수 있을까?

17.11 생각해 보기

다음 질문에 대한 자세한 설명은 630쪽 "정답과 설명"에 나와 있다.

17.11.1 궁리하기

1 왜 팀으로 소프트웨어를 작성하는가? 실제로 시스템을 혼자 작성하는 것보다 좋은 점은 무엇인가?

2 훌륭한 팀워크와 잘못된 팀워크가 이뤄질 조짐을 설명하라. 훌륭한 팀워크의 전제 조건은 무엇이고 잘못된 팀워크의 특징은 무엇인가?

3 소프트웨어 팀워크와 소프트웨어 구성에 대한 비유를 비교해보자(247쪽 "정말 소프트웨어를 짓는가 (build)?" 참고). 비교를 통해 팀워크에 대한 통찰력을 얻을 수 있는가?

4 외부 요인과 내부 요인 중 무엇이 소프트웨어 개발팀의 효과(효율성, 실효성)을 가장 떨어뜨리는가?

5 팀 규모가 팀 역학에 어떤 영향을 미치는가?

6 미숙한 팀원이 문제를 일으키면 어떻게 빠져 나올 수 있을까?

17.11.2 스스로 살피기

1 현재 어떤 유형의 팀에서 일하고 있는가? 407쪽부터 418쪽에 나오는 고정 관념 중 무엇과 가장 비슷한가?

   a 디자인 때문에 팀 유형이 정해진 것인가?

   b 건전한 팀인가?

   c 변화가 필요한가?

   무엇이 훌륭한 팀워크를 방해했었는가? 앞 쪽의 활동지를 아직 끝내지 못했다면 신중하게 작성하자. 팀을 개선하는 법과 변화를 일으키는 법을 알아내자.

2 뛰어난 팀 플레이어인가? 어떻게 하면 팀 동료와 더 긴밀히 일하고 더 나은 소프트웨어를 만들 수 있을까?

3 현재 팀에서 소프트웨어 엔지니어의 책임은 정확히 무엇인가?

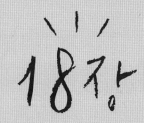

소스 안전 생활화

소스 제어(source control)와 자가 제어(self-control)

군자는 쉬는 중에도 위험이 닥칠 수 있음을 잊지 않는다.
안전한 상태에서도 파멸의 가능성을 잊지 않는다.
모든 것이 질서정연해도 무질서가 올 수 있음을 잊지 않는다.
그러므로 그를 따르는 자는 위험에 빠지지 않으며
그의 영토와 영토 내 일족은 살아남는다.
_공자

18장에서 다룰 내용

- 소스 코드 보호
- 소스 제어와 형상 관리
- 백업
- 소프트웨어 라이선싱

아주 정교한 다이아몬드 목걸이를 완성했는데 지나가던 도둑이 훔칠 수도 있는 문도 잠그지 않은 작업장에 방치할 보석 세공 명장이 있을까. 자동차 제조 회사에서 시장에 새 모델을 내놓는다고 해서 아무렴 기존 모델 지원과 서비스를 바로 멈출까. 양쪽 모두 귀중한 작업물을 무모하게 취급하는 직업상(그리고 재정상) 자살이나 다름없다.

이와 마찬가지로 작성하는 코드 역시 매우 소중하다. 시간과 노력을 들였으니 경제적으로나 감정적으로나 모두 중요하다. 여느 소중한 물건처럼 소스 코드도 안전하게 보호해야 하며 소스 코드를 고장 내거나 위태롭게 하거나 잃어버리지 않게 하는 업무 관례를 채택해야 한다.

> *핵심개념☆* 코드는 아주 소중하다. 코드를 존중하고 세심히 다루자.

18장에서는 경호원, 보디가드, 관리인이 되어 코드를 안전하게 보호하는 필수 기법을 알아보겠다. 누구(혹은 무엇)로부터 코드를 보호하는가? 모두가 각양각색의 멜로드라마를 찍으며 아래 상대에 맞서고 있다.

- 자기 자신 그리고 스스로 저지르는 어리석은 실수
- 팀 동료 그리고 그들의 어리석은 실수
- 협업 개발 절차에 내재된 문제
- (컴퓨터를 폭파시키고 하드 디스크를 날려버리는) 기술적 결함
- 소프트웨어를 악용하려는 도둑

18장에서 다룰 내용은 온전한 정신과 행복, 심지어 생계까지 좌우한다. 뒤에서 꾸벅꾸벅 조는 분들, 지금부터 집중하기를!

18.1 우리의 책임

양심적인 소프트웨어 장인이 되어 맡은 일에 책임을 져야 한다. 고품질 코드 작성이 전부가 아니라 다음과 같은 결과물을 만들어야 한다.

위험하지 않고 안전한
개발이 끝나고 몇 달 후 갑자기 사라져서는 안 되며 기업에서 일급 기밀 정보로 취급돼 누출되지 않아야 한다.

접근 가능한

적절한 사람이 쉽게 수정할 수 있어야 한다. 적절한 사람만이 볼 수 있고 다른 누구도 볼 수 없어야 한다.

재생산 가능한

출시 후에는 소스를 잃어버리거나 버리면 안 된다. 도구 버전이 올라가고 원래 언어를 더 이상 지원하지 않더라도 10년 후 정확히 똑같은 애플리케이션 이미지를 만들 수 있어야 한다.

유지 보수 가능한

좋은 프로그래밍 관용구를 사용해야 한다는 뜻만이 아니라 프로그래밍 팀 전체가 코드를 수정할 수 있어야 한다는 뜻이다. 둘 이상의 프로그래머가 재앙을 자초하지 않으면서 동시에 코드를 개발할 수 있는가? 새 제품 버전을 개발하는 중에도 기존 제품의 수정본과 업데이트를 만들 수 있는가?

안전한 개발 관례를 채택해 위 목표를 달성하자. 18장에서는 운영 중인 실행 파일*에 대한 보안이 아니라 개발 기법을 살펴본다. 이러한 이슈가 코드 작성 활동과 전혀 상관없어 보일 수 있지만, 그 중요성을 간과해서는 안 된다. 정교한 기술이란 최종 제품 만큼이나 생성 과정도 중요하다.

18.2 소스 제어

팀에서 협력해서 코드를 개발하려면 팀원 전부가 동시에 코드 기반에서 작업할 수 있어야 한다. 동시에 코드를 수정할 때 서로 간섭하지 않아야 하고 도중에 작업 내용을 잃어버리면 안 되니 말처럼 쉽지 않다. 몇 가지 저차원적 기술로 공동 코드 개발을 해볼 수 있다.

- 가장 기본적인 방법은 컴퓨터 한 대를 같이 쓰며 차례로 코드를 편집하는 것이다. 싸우지만 않는다면 의자 하나에 두 프로그래머가 앉을 리 없으니 코드 편집이 서로 부딪히지 않는다. 하지만 한 번에 한 사람만 코딩할 수 있어 생산성이 심하게 감소한다.

  잠재적 생산성 향상을 위해 장비 한 대에 의자 두 개를 놓고 페어 프로그래밍도 가능하다(404쪽 "무엇이든 짝을 지어서 한다" 참고). 하지만 세 명 이상의 프로그래머가 동시에 코드를 작업하려 하면 제대로 동작하지 않는다.

---

* 12장에서 다뤘던 내용이다.

- 혹은 네트워크 파일 서버로 코드를 공유하는 방법도 있다. 이렇게 하면 다른 개발자가 소스 파일을 볼 수 있고 심지어 나란히 코드를 편집할 수도 있다. 하지만 이상과는 거리가 멀다. 공유는 가능하나 두 사람이 동시에 같은 파일을 작업하는 것을 막을 수 없으니 안전하지 않다. 둘이 동시에 저장 버튼을 누르면 온갖 혼란이 발생하고 작업 내용도 사라진다. 빌드 중에 누군가 중앙 헤더 파일을 편집하면 어떻게 될까? 일관되지 못한 실행 파일이 만들어져 충돌하거나 몹시 종잡을 수 없는 방식으로 동작한다.

결국 프로그래밍팀은 원시적인 디지털 수프에서 진화하는 과정에서 중앙 저장소의 역할을 하며 접근을 제공하고 소스 코드 동시 수정을 통제하는 소스 제어(source control) 도구를 발명했다. 그러나 단독으로 개발할 때도 소스 제어는 꼭 필요하다. 앞으로 알아보겠지만 중앙 코드 저장소는 굉장히 유용한 기능이다.

> **핵심개념 ✸**   소스 제어는 소프트웨어 개발에 필수 도구다. 안전한 팀 협력을 위해 반드시 필요하다.

소스 제어는 여러 명이 같은 소스 코드 저장소를 적절한 제어하에 작업하게 해줌으로써 앞서 나열한 문제를 모두 해결한다. 각 개발자는 전용 공통 소스 저장소 복사본을 만들어(혹은 체크아웃해) 독립적으로 작업할 수 있다. 로컬 코드 변경이 새어 나가 타인의 작업을 망치지 못한다는 의미에서 이 복사본을 샌드박스(sandbox)라 부른다. 샌드박스는 저장소와의 재동기화를 소스 제어에 요청해서 필요하면 바로 타인의 변경까지 반영한 최신 상태를 받을 수 있다. 완료 후에는 다른 개발자가 볼 수 있게 변경이 메인 저장소로 커밋(혹은 체크인)된다.

이를 위해 소스 제어 시스템은 아래 두 접근 모델 중 하나를 따른다.

엄격한 잠금(strict locking)

파일 예약 메커니즘을 사용해서 물리적으로 사용자들이 동시에 같은 파일을 편집하지 못하도록 막는 시스템이다. 샌드박스 내 모든 파일은 기본적으로 읽기 전용이라 편집할 수 없다. 시스템에 foo.c를 편집하고 싶다고 알려야 쓰기 가능으로 바뀌고, 이후 변경을 커밋하거나 수정하지 않은 파일을 다시 내보낼 때까지 다른 누구도 그 파일을 편집할 수 없다.*

낙관적 잠금(optimistic locking)

사용자가 동시에 한 파일을 편집할 수 있는 보다 정교한 시스템이다. 예약 단계가 없고

---

* 그래서 파일을 너무 오래 잠그는 행위는 잘못된 관례로 여겨진다. 다른 프로그래머가 작업을 이어나가지 못할 수 있다. 이 접근 모델에 내재된 한계다.

샌드박스 파일은 항상 쓰기 가능이다. 변경은 체크인 시 함께 머지(merge)된다. 머지는 주로 자동으로 일어난다. 간혹 충돌이 발생하면 개발자가 수동으로 해야 한다(보통은 그리 어렵지 않다). (실제로는 무엇도 잠그지 않지만) 이를 낙관적 잠금이라 부른다.

개발자는 스스로 최선이라 생각하는 연산 모드에 대한 열정적 신념을 가지고 한 방식 또는 그 반대 방식을 깊이 신뢰한다. 동시 수정은 멀리 흩어진 개발자들이 인터넷을 통해 일할 때 가장 큰 효과를 발휘한다. 사람들을 이끌기 힘들 때는 처리할 장애물이 적은 편이 낫다. 수정할 때마다 파일을 잠그기가 점점 번거로울 수 있다.

경험담

잘못된 소스 코드 운영 정책이 소스 제어와 만나면 머리가 깨질 듯한 개발 두통을 야기할 수 있다. 겉보기에 멀쩡해 보이는 간단한 규칙이 뜻하지 않게 소프트웨어 개발을 억누른다.

유명한 회사에서 진행하던 대규모 프로젝트에서 엄격한 잠금 정책을 취한 적이 있다. 개발자가 동시에 같은 파일을 수정하지 못하도록 모든 코드 체크아웃을 배타적으로 하는 것이었다. 불행히도 모든 enum 을 한 소스 파일에 넣는 것이 코딩 정책이었다. 이 파일은 끊임없이 커지고 또 커졌다.

최종 결과는 모두가 예상하는 바대로다. 해당 파일은 체크아웃 병목이 됐다. 개발자는 이 파일에 쓸 수 있을 때까지 계속해서 하릴없이 기다릴 수밖에 없었다.

18.2.1 리비전 제어

소스 제어 시스템에 꼭 각 파일의 최신 리비전이 들어 있는 것은 아니다. 저장소는 매 체크인 간 차이를 기록한다. 이 중요한 리비전 정보 덕분에 전체 개발 히스토리에 걸쳐 어떤 파일의 어떤 버전이든 가져올 수 있다. 그래서 버전(또는 리비전이나 변경) 제어 시스템이라고도 부른다. 어떤 변경이든 완벽히 보존하는 아주 강력한 도구이니 마치 코드 타임머신이 생긴 것과 다름없다! 저장소가 지원하는 파일 버저닝(versioning) 덕분에 다음과 같이 할 수 있다.

- 어떤 변경이든 히스토리 내 아무 시점으로나 되돌릴 수 있다.
- 소스 코드를 작업하며 취했던 변경을 추적할 수 있다.
- 각 파일을 누가 언제 변경했는지 알 수 있다(심지어 한 개발자가 특정 제품에 대해 얼마나 일을 많이 했는지 알아내는 아주 복잡한 검색도 가능하다. 이러한 정보는 여러 해에 걸쳐 개발할 때 유용하다).
- 특정 날짜의 상태 그대로 저장소의 복사본을 체크아웃할 수 있다.

뛰어난 소스 제어 시스템이라면 명명된 레이블(또는 태그)을 만들어 이를 특정 파일 집합 버전과 연결시킬 수 있다. 중요한 저장소 상태를 표시해 둠으로써 나중에 이 레이블을 사용해 특정 코드 출시를 구성하는 모든 파일을 찾아내고 쉽게 추출하는 것이다. 제품 버전3을 작업하다가 주요 고객이 첫 번째 배포판에서 중대한 버그를 찾아내는 바람에 해당 코드를 빠르게 찾아야 할 경우 매우 유용하다.

체크인할 때마다 최소한 변경 사항을 설명한 글 정도는 메타데이터로 첨부할 수 있다. 이렇게 메시지를 남기면 파일의 리비전 로그만 둘러봐도 개발 개요가 파악된다. 보다 정교한 도구에서는 결함 보고에 대한 참조, 지원 문서, 테스트 데이터 같은 임의의 메타데이터를 파일 리비전에 추가할 수 있다.

뛰어난 소스 제어 도구는 파일 외에 디렉터리도 버저닝한다. 이렇게 하면 파일의 생성, 삭제, 이동, 이름 변경 같은 파일 구조 수정도 추적할 수 있다. 어떤 소스 제어 도구는 파일 기준으로 변경을 기록하므로 여러 파일을 한 번에 체크인하면 파일마다 각각 버저닝된다. 어떤 도구는 체인지세트(changeset)를 구현해 매 파일 변경 배치를 하나의 수정으로 기록한다. 이로써 어떤 작업이 여러 파일에 동시에 어떤 영향을 미쳤는지 시각화할 수 있다.

18.2.2 접근 제어

소스 코드 저장소는 사용자 컴퓨터에 로컬로 존재하거나 네트워크 연결로 접근해야 하는 원격 장비에 있을 수 있다. 적절한 보안 정책만 채택하면 개발자는 인터넷을 통해 세계 어디든 접근할 수 있으니 협력하는 개발자 간에 표준시간대가 달라 생기는 부담이 사라진다.

또한, 소스 제어 도구는 어떤 사용자가 코드 기반의 어느 부분에 접근할 수 있는지 제어한다. 이러한 방식으로 열람 규칙과 수정 권한을 시행한다. 주로 프로젝트의 빌드마스터가 소스 제어 도구 운영, 접근 권한 할당, 저장소 정리 책임을 맡는다. 무엇보다 소스 제어 관리자를 꼭 지정해야 한다. 모든 개발자에게 저장소 관리자 권한을 주면 괜히 만지작거리고 싶어지고 부주의하게 관리상 변경하게 된다. 의도가 아무리 좋아도 문제가 생긴다.

18.2.3 저장소에서 작업하기

리비전 제어 저장소에서 코드를 개발하는 방법은 두 가지다.

- 작고 잦은(little and often) 체크인 방식은 조금씩 변경할 때마다 매 파일을 체크인한다. 따라서 저장소에 각 파일의 리비전이 아주 많다. 이렇게 하면 개발 중 가한 변경을 추적하기 쉽고 파일 생애에 일어난 모든 수정을 시각화하기 좋다. 하지만 파일 리비전이 급증해 헷갈릴 수 있다.
- 이에 대한 대안(짐작건대 크고 드문(big and seldom) 방식)은 중요한 변경만 체크인하는 것이다. 제품을 출시할 때마다 혹은 어떤 코드 모듈에 성공적으로 기능 전체를 추가할 때마다 리비전을 체크인한다. 과거 코드의 특정 버전을 가져오기 더 쉽지만, 코드에 일어난 개개 변경을 모두 추적하기는 훨씬 어렵다.

작고 잦은 방식을 선호하자. 저장소 레이블을 사용하면 각 주요 마일스톤을 표시할 수 있으니 대안에서 제공하는 기능을 빠짐없이 제공할 수 있다.

코드 수정을 체크인할 때는 규칙을 준수해야 한다. 체크인 즉시 코드를 다른 개발자가 볼 수 있으니 우선 코드를 철저히 테스트하자. 빌드에 실패하거나 자동화된 단위 테스트를 통과하지 못하면 절대 체크인하지 말자. 당신이 일으킨 결함이 전체 팀을 서서히 중단시킬 경우 신뢰를 잃게 된다. 주의해서 일하라는 의미로 이러한 체크인에 대해 페널티를 부과하는 팀이 많다. 중징계는 아니며 그저 이메일을 통한 공개적 조롱이나 다음에 술 한잔 사는 정도다.

> **핵심개념 ★** 저장소를 주의 깊게 다루자. 다른 개발자의 작업을 중단시킬 고장 난 코드는 절대 체크인하지 말자.

18.2.4 트리에 브랜치 만들기

가장 강력한 소스 제어 기능 중 하나인 브랜칭(branching)은 파일이나 파일 집합에 다수의 병렬 개발 스트림을 만드는 메커니즘이다. 브랜치는 아래처럼 다양하게 활용된다.

- 코드 기반에 동시에 다수의 기능 추가
- 결함이 있을 수 있는 개발 중인 코드를 메인 코드 기반을 망가뜨리지 않으면서 체크인할 수 있는 개인 컴퓨팅 환경 제공
- 새 버전을 작업하는 동안 구 소프트웨어 버전 유지 보수

영상 처리 애플리케이션을 판매할 계획이고 새 드로잉 도구를 추가해야 한다고 가정하자. 이와 동시에 그 소스 코드를 새 운영 체제로 포팅하는 두 번째 개발 활동도 시작하고 싶다. 두 작업은 별개로 이뤄져야 하지만 결국에는 하나로 다시 합쳐진다. 이는 아주 흔한 개발 시나리오다. 업무별로 저장소에 브랜치(branch)를 생성해 메인 코드 개발 라인 대신 그 브랜치에 코드 리비전을 커밋한다. 이렇게 함으로써 두 작업이 별개의 세계로 나눠진다. 한 개발자는 드로잉 도구를 작업하고 다른 개발자는 포팅 활동에 집중한다. 서로 간섭하지 않는다.

이름에서 알 수 있듯이 브랜치는 저장소 내에 병렬 파일 리비전으로 구성된 트리 구조를 형성한다. 트렁크(trunk)(브랜치가 나오는 곳이니 당연히)라 불리는 코드 개발 라인이 언제나 최소 하나 존재한다. 그림 18-1을 보면 실제로 특정 파일을 어떻게 브랜칭하는지 알 수 있다. 코드를 생성하면(버전 1) 처음에는 트렁크(가운데 열)에서 개발한다. 버전 2에서 첫 번째 기능(새 드로잉 도구)의 브랜치를 생성하고 이 아래로 여러 차례 체크인을 수행한다. 이 중 무엇도 트렁크 코드에 영향을 주지 않는다. 트렁크에서 수행하는 작업이 동시에 진행되고 버전 3에서 포팅 작업을 수행할 두 번째 브랜치를 생성한다.

브랜치에서 진행한 작업은 다른 브랜치와 머징하거나 혹은 트렁크와 다시 머징할 수 있다. 예를 들어 브랜치에서 버그 픽스 작업을 시험해보고 안정적으로 증명되면 메인 코드에 다시 머징할 수 있다는 뜻이다. 개발하다 길이 보이지 않으면 트렁크에 아무 영향 없이 브랜치를 버릴 수 있다. 아주 유용하다. 앞 예제에서 첫 번째 브랜치는 버전 2.9에서 메인의 버전 4와 머징된다. 이로써 메인의 버전 5가 생겨난다. 이후 두 번째 브랜치도 메인과 머징된다.

▼ **그림 18-1** 버전 관리 시스템의 프로젝트 브랜칭

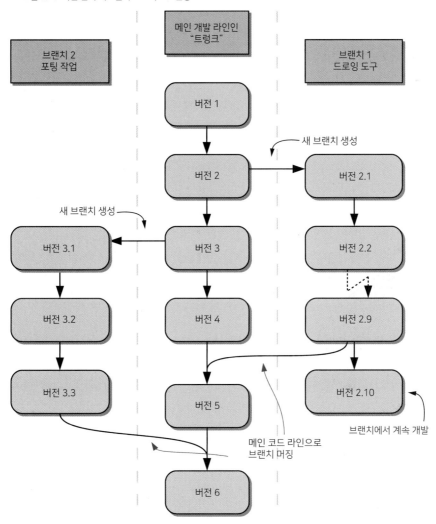

꼭 동시에 코드 기반에서 기능을 개발하지 않더라도 단선(single-track) 개발에 브랜칭이 유용하게 쓰일 수 있다. 이 구조는 트렁크 버전을 항상 완전하고 테스트된 제품으로, 또한, 아마도 코드의 최신 배포 버전으로 안정적으로 유지한다. 각 기능을 저만의 기능(또는 출시) 브랜치에서 개발하고 제품 자체도 이 브랜치에서 출시한다. 출시가 끝나면 다시 트렁크와 머징한 후 다음 기능을 위해 새 브랜치를 생성한다. 이러한 과정을 통해 메인 라인 코드가 개발 중에 잠재적으로 고장 날 가능성이 사라지고 관련 작업이 여러 다른 기능 개발 작업과 섞여 메인 라인에 흩어지는 대신 하나의 개발 브랜치로 모인다.

18.2.5 소스 제어의 간략한 역사

오픈 소스와 독점 라이선스로 사용할 수 있는 다양한 소스 제어 시스템이 많다. 보통은 회사 관행에 따라 소스 제어 시스템을 선택한다. ("늘 ...을 써 왔고 어떻게 동작하는지 알잖아.") 불행히도 그렇다고 꼭 가장 알맞거나 가장 뛰어난 도구는 아니다. 수많은 회사에서 레거시 시스템을 운영하는데 커다란 코드 더미를 하나의 소스 제어 시스템에서 또 다른 시스템으로 옮기는 투자 비용과 어려움은 도무지 엄두가 나지 않을 정도다.

버전 관리 시스템의 원조는 1972년 벨 연구소에서 개발한 SCCS(Source Code Control System)다. SCGS는 이후 RCS(Revision Control System)로 대체됐다. 현재 오픈 소스 세계에서 가장 대중적인 소스 제어 도구는 CVS(Concurrent Versions System)로 안타깝게도 조금씩 낡아가고 있다. 애초에 RGS 기반으로 만들어진 CVS는 여러 개발자가 동시에 같은 파일을 작업할 수 있는 협업 환경을 도입했다. RGS는 (440쪽 "엄격한 잠금"에서 설명한) 파일 예약 모델을 구현한 반면 CVS는 동시 작업이 가능하다. CVS를 잇는 후속 시스템인 서브버전(Subversion)이 근래 출시되면서 CVS의 단점을 대부분 개선했다.*

기능상 미묘한 차이가 있으나 대부분의 소스 제어 도구는 명령 줄과 GUI 퍼사드(façade)를 모두 지원한다. 둘 다 흔히 쓰이는 IDE에 내장 가능하다. 개인 프로젝트에 사용할 소스 제어 도구를 찾고 있다면 서브버전과 사용 가능한 GUI 프런트엔드 중 하나를 살펴보자.

18.3 형상 관리

소프트웨어 형상 관리는 소스 제어와 밀접하게 관련된 분야로 종종 소스 제어로 오인받기도 한다. 실제로는 소스 코드 저장소 그 이상이다.

용어와 정의

소스 제어는 전장에서 코드를 보호할 주된 무기다. 아주 필수적인 도구라 이 무기 없이는 어떤 소프트웨어 장인도 살아남을 수 없다. 앞서 이 도구를 묘사하는 다양한 이름을 알아봤는데 서로 구별없이 쓰이지만 저마다의 구체적 동작 방식이 드러난다.

---

* **역주** 리눅스를 만든 리누스 토르발스가 분산형 버전 관리 시스템인 Git을 2005년에 오픈 소스로 개발했습니다. 〈Code Craft〉는 2006년에 출간되었으니 당시에는 CVS, Subversion이 널리 쓰이고 있었습니다. 2008년 무료 Git 저장소 github.com이 등장하면서 대부분의 프로젝트가 CVS, SubVersion에서 Github로 이전했습니다. Git은 현재 가장 널리 쓰이는 버전 관리 소프트웨어가 되었습니다.

소스 제어

작성한 코드 파일을 관리하는 메커니즘으로 소스 코드 관리라고도 부른다. 파일과 디렉터리 구조를 유지하고 동시 접근과 동시 코드 수정을 통제한다.

버전 제어

파일에 생긴 변경을 기록하는 소스 제어 시스템으로 리비전 제어 또는 변경 제어라고도 부른다. 개발 히스토리 전체에 걸쳐 어떤 버전의 파일이든 둘러보고 추출하고 비교할 수 있다.

버전 제어는 차이를 쉽게 알아낼 수 있는 텍스트 기반 파일 형식일 때 주로 가장 잘 동작하지만 문서, 그래픽 파일 같은 다른 파일 유형도 버저닝할 수 있다. 이 책의 소스 파일도 리비전 제어 시스템에 들어 있어 저자 역시 개발 히스토리를 추적할 수 있다.

형상 관리

버전 제어를 기반으로 만든 도구로서 소프트웨어 개발을 세심히 관리하고 절차대로 시행할 수 있는 안정적 개발 환경을 제공한다.

SCMS(Source Code Management System), VCS(Version Control System), RCS(Revision Control System) 등이 소스 제어를 뜻하는 약자로 흔히 쓰인다.

앞서 살펴봤듯이 소스 제어의 목표는 다음과 같다.

- 소스 코드를 중앙에 저장한다.
- 파일에 이뤄진 히스토리 기록을 제공한다.
- 개발자가 서로 작업을 간섭하지 않으면서 협력할 수 있다.
- 개발자가 별개의 작업을 병렬로 진행한 후 나중에 결과를 머징할 수 있다.

형상 관리는 이러한 토대를 바탕으로 구축돼 프로젝트 생애 내내 소프트웨어 개발을 관리한다. 소스 제어를 포함하면서 사용할 개발 절차를 추가한다. 소프트웨어 형상 관리(Configuration Management, CM)의 공식적인 정의는 "형상 변경을 시스템적으로 제어하고 시스템 생애 주기 내내 환경의 무결성과 추적 기능을 유지하기 위해 시시각각으로 시스템의 형상을 확인하는 분야"이다.[버소프 외 80] 형상 관리는 프로젝트의 산물(artifact)(소스 제어에 들어가는 것)과 개발 절차(process)를 제어한다.

일부 소스 제어 도구는 형상 관리 기능을 제공하면서 프로젝트 워크플로 도구와 통합될 수 있다. 가령 결함 보고와 변경 요청을 관리하고 각각의 진행 상황을 추적하면서 코드 기반 내 물리적 변경과 연결 짓는다.

형상 관리는 다음과 같은 기능을 지원한다.

- 시스템 내 개개 소프트웨어 컴포넌트와 컴포넌트 구성에 필요한 산물을 정의한다(하나의 코드 기반에서 다수의 제품 변형을 만들 수 있게 설정할 수 있거나 여러 플랫폼을 아우를 수 있을 때 특히 유용한 기능이다).
- 출시한 제품 버전과 매 출시가 어떤 버전의 컴포넌트로 구성되는지 관리한다.
- 코드와 컴포넌트 상태를 추적하고 보고한다. 베타(beta) 상태인가 또는 현재 출시 후보(release candidate)인가?(204쪽 "알파, 베타, 감마…" 참고)
- 정식 코드 변경 요청을 관리하고 어떤 요청이 우선시되어 개발 승인을 받았는지 추적한다. 변경에 필요한 디자인 작업, 조사, 코드 수정, 테스트, 리뷰 작업을 변경 요청에 묶어 둔다.
- 특정 제품 변형과 관련된 문서화가 무엇이고 어떤 컴파일 환경이 필요한지 결정한다.
- 소프트웨어 컴포넌트의 완전성과 정확성을 증명한다.

코드 기반의 형상을 현재 어떻게 관리 중인가?

18.4 백업

오래된 상식이다. 백업은 사고로 파일이 지워지거나 컴퓨터 시스템이 고장 나거나 외부에 보관하다 사무실에 화재가 나 데이터를 잃어버리거나 하는 경우 코드를 보호하기 위한 보험 정책이다. 아직은 백업이 감기까지는 치료하지 못하는 데 일부 진취적인 백업 회사에서 어쩌면 노력 중일지도 모르겠다.

작업을 정기적으로 백업해야 한다는 사실은 누구나 안다. 하지만 그 주체가 인간이기에 훨씬 긴급한(그리고 재미있는) 일을 하느라 아무리 합리적이고 실용적인 일이더라도 지나칠 때가 있다. 뒤늦게 깨달아도 소용없다. 수리될 가망이 없는 하드웨어와 텅 빈 하드디스크라는 디지털 지옥에 갇혀 얼룩덜룩 폐허가 된 컴퓨터 앞에 앉게 되면 코드를 백업하는 대신 카드놀이나 하기로 결심했던 그 날을 저주할 것이다. 지난 며칠간 진행했던 작업은 반드시 다시 고쳐 쓰기 마련이고 그중 대부분이 머리에 남아있는 한두 번째가 항상 더 어렵고 더 지루하게(그리고 당연히 너무나 단조롭게) 느껴진다. 마감이 코앞이면 정말 낭패다.

스스로 생각해 보자. 소스 코드 전부를 백업하는가? 백업하지 않은 컴퓨터 시스템과 단말기에서 얼마나 많이 작업했는지 알게 되면 엄청난 두려움이 몰려온다. 가늠할 수 없는 위험 수준이다.

> **핵심개념★** 작업한 내용을 백업하자. 복구 전략을 구상하지도 않고 재앙이 닥치길 기다리지 말자.

견고한 백업 절차를 수립해야 한다. 파일 복사 연산을 직접 수행하는 등의 수동 백업 계획에 의존하지 말자. 언젠가 아주 중요한 백업을 시작하는 것을 잊거나 백업을 너무 오래 있다 하거나 수동으로 엉뚱한 대상을 복사하고 만다. 일이 틀어질 수 있으면 꼭 틀어진다는 머피의 법칙(41쪽 참고)을 기억하자. 자신이 행한 일의 두 배가 되어 돌아온다! 대신 모든 주요 파일을 백업되고 있는 파일 시스템에 두자. 백업되지 않는 단말기를 쓸 때는 코드를 안전하지 않은 로컬 디스크 대신 네트워크로 연결된 백업되는 파일 서버에 저장하자.*

백업이 유용하려면 다음과 같아야 한다.

- 정기적으로 이뤄진다.
- 확인되고 감사된다.
- 쉽게 추출된다.
- 자동으로 수행된다(자동으로 초기화되고 개입 없이 실행된다).

엄밀히 말해 모든 소스 코드 저장소를 백업되는 서버에 보관해야 한다. 그렇지 않으면 코드를 아무리 안전한 곳에 두어도 여전히 위험은 존재한다. 실제로 "작고 잦은" 체크인을 사용하면 대부분의 작업물을 백업된 저장소에 체크인하니 개인 컴퓨터 백업이 크게 필요하지 않다. 단말기에서 파일을 분실해도 전체 프로젝트에 그다지 영향이 없다.

요점은 인간이 실수했든 기계적 실패가 발생했든 코드를 가져올 수 있어야 비로소 작업물이 안전하다는 것이다. "오로지" 개인 용도로 쓰일 코드라도 백업해서 보호하자. 백업 소프트웨어와 추가 저장 공간, 약간의 관리 시간만 투자하면 그 가치는 상상을 초월한다. 실패 비용과 번거로움이 이 약소한 지출을 크게 뛰어넘는다.

18.5 소스 코드 출시

소스 코드는 때로 움켜진 손아귀에서 벗어나 넓은 세상으로 탐험을 시작해야 한다. 배포하는 제품이 바로 소스 코드 자체이니 거의 도서관 하나를 파는 셈이다. 분명 실행 파일뿐 아니라 코드도 함께 배포하도록 계약을 맺었을 것이다. 소스 코드를 배포할 의도가 없더라도 언젠가 새 소유주에게 팔리거나 새 기능을 위해 외부와 협력해야 할지도 모른다. 이러한 상황에서도 코드 안전과 접근성을 보장할 수 있게 합리적 조치를 취해야 한다.

---

* 물론 트레이드오프가 있다. 이 간단한 방식에서는 네트워크 지연 시간과 파일 서버 지연이 생겨 파일 접근이 느려진다. 하지만 이 정도의 (주로) 사소한 불편은 감수할 만하다.

코드 출시가 얼마나 무시무시한 일이 될지는 코드 속성에 달렸다. 회사 제품에만 내부적으로 사용하기 위해 작성된 독점 소스 코드는 극비 지적 재산(intellectual property)이고 이를 경쟁 업체가 찾아 활용할 수 있는 곳에 공개적으로 출시하는 행위는 흔히 상업적 자살(commercial suicide)로 간주된다. 이와 반대로 애초에 공개할 목적으로 작성된 오픈 소스 혹은 무료 코드는 자유롭게 열어 보고 수정할 수 있다. 각 경우마다 소프트웨어 출시의 선택과 본질이 달라진다.

- 배타적인 독점 코드를 출시 중이면 제삼자에게 보이기 전에 비밀 유지 계약(Non-Disclosure Agreement, NDA)을 체결해야 한다. 이 계약은 상대가 합의를 위반하는 방식으로 코드를 남용하거나 공유하거나 사용하지 못하게 할 표준 계약상의 동의다. 법적 구속력이 있고 주목적은 기술진이 흥미로운 소프트웨어를 개발하는 주요 사업을 진행하는 동안 회사 변호사가 접근하지 못하게 막는 것이다.

  제품을 인계받을 쪽에서 영리를 목적으로 코드를 부적절하게 활용하는 경우에도 라이선스 계약을 시행해 이익을 나눠 가져야 한다. 실제로는 마케팅 또는 판매 부서의 역할이니 보통의 프로그래머라면 이 같은 기업 분쟁 영역은 걱정하지 않아도 된다.

- 오픈 소스 개발자는 적절한 라이선스를 선택해 사용자가 코드로 무엇을 할 수 있으며 2차적 저작물(derivative work)을 공유해야 하는지 여부를 알려야 한다. 소프트웨어 라이선스에 대한 자세한 내용은 관련 문서를 참고하자.

어떻게 출시하든 우선은 출시할 자격을 갖춘 소스 파일이어야 한다. 반드시 전부 혼자 만든 코드여야 하고 혹시 그렇지 않은 부분이 있으면 재분배 권한을 소유하고 있어야 한다. 그래서 과거 많은 상업적 코드가 오픈 소스가 되지 못했다. 회사가 소스 코드에 대한 권한을 일체 가지지 못하면 큰 비용을 들여 수정하지 않고서는 자유롭게 출시할 수 없다.

법적 근거를 확고히 했더라도 모든 소스 파일에 파일의 올바른 소유자(저자나 회사)를 말해주는 저작권 공고와 출시 후 어떤 라이선스로 보호되는지에 대한 간단한 설명을 넣자. 그래야 누군가 코드를 열어볼 때 기밀 자료임을 분명히 알 수 있다. 파일 헤더 주석은 135쪽 "파일 헤더 주석"에 보다 자세히 나와 있다.

의도하지 않게 소스가 공개되지 않도록 주의하자. 리버스 엔지니어링(reverse engineering)이 어렵도록 실행 파일을 만들자. 배포된 바이너리를 바탕으로 소스 코드를 재구성할 수 있을 때가 있다. 자바와 C# 같은 바이트 코드 컴파일 언어에서 특히 그렇다. 도구의 도움을 받아 바이트 코드 난독화(obfuscation)를 고려하자.

18.6 소스 코드를 어디에 두든

끝으로 어디에 소스 코드를 둘지 생각해 보자. 회사의 일급 기밀 코드를 문 열린 자동차 속 노트북에 둘 수는 없다. 또한, 공개적으로 접근 가능한 네트워크에 두어서도 안 된다.

로그인 비밀번호가 새어나가지 않게 하자. 외부인(또는 악의를 품은 동료)이 부적절한 접근 권한을 가지고 코드에 방해 공작을 펼쳐서는 안 된다.

라이선스

소프트웨어 라이선스는 사용자가 소프트웨어에 대해 갖는 권한을 정의한다. 이는 바이너리로 배포되는 프로그램과 프로그램을 만드는 소스 코드, 둘 다에 해당한다. 대부분의 독점 라이선스는 복사, 변경, 대여, 임대, 둘 이상 장비에서의 사용 권한을 포함하지 않는다. 이와 달리 오픈 소스 라이선스는 소프트웨어를 마음대로 복사하고 배포할 권한을 최대한 보호한다.

소프트웨어 작성자는 특정 목표와 이념에 따라 라이선스를 선택한다. 실제로 작성자는 다양한 사용 패턴, 다양한 가격과 지원 모델을 허용하는 다수의 라이선스를 받아 소프트웨어를 출시할 수 있다. 소스 코드 라이선스는 유형이 매우 다양한데 주로 그중 몇 가지만 흔히 쓰인다. 각각 아래 측면에서 다르다.

사용 허가

라이선스 받은 코드를 상업적으로 활용해도 되는가 혹은 프리 소프트웨어에만 쓸 수 있는가? 돈벌이를 떠나 배타적인 독점 제품에서 허가 없이 내 코드를 가져다 쓸 수 있느냐는 정말 중요한 문제다. 일부 오픈 소스 라이선스는 사용자에게 그 소프트웨어로 만든 코드를 무조건 공개하라고 요구한다. 보통의 상업적 라이선스는 비용을 지불하는 만큼 원하는 대로 할 수 있다.

수정 약관

코드를 변경하면 이를 공개해야 할까? 아니면 아무런 의무 없이 2차적 저작물을 배포할 수 있을까? 오픈 소스 라이선스는 어떻게 변경하든 같은 오픈 소스 라이선스에 기반해 똑같이 공개해야 하므로 "바이럴"이라고 표현된다. 오픈 소스를 사용해 배포하는 코드도 마찬가지다.

상용 라이선스는 악의적인 목적(즉 회사의 상업적 투자 보호)에 맞춰 기업 변호사가 작성한다. 하지만 유명한 프리 또는 오픈 소스 라이선스도 많다. 오픈 소스는 소프트웨어 라이선스를 발부하는 조직인 오픈 소스 이니셔티브(Open Source Initiative, OSI)에서 만든 용어다. 소스 사용 가능성만으로는 제품을 오픈 소스로 규정짓기 충분하지 않다. 코드를 자유롭게 수정하고 재배포할 권한 또는 그 외 변경 권한 같은 특정 권리를 제공하되 이러한 권리가 모두에게 주어져야 하며 무효화할 수 없다는 제약이 딸린다.

오픈 소스는 프리 소프트웨어 재단(Free Software Foundation)의 개념인 프리 소프트웨어와 충돌한다. FSF(GNU 프로젝트의 관리자)는 오히려 더 이념적이라서 맥주를 공짜로 주는 무료(free)가 아니라 말 그대로(as in speech) 자유(free)인 소프트웨어 라이선스를 육성한다. 프리라는 단어는 프랑스어 자유(libre)의 의미다. OSI는 비용이 무료(free-as-in-beer)인 라이선스도 허용하는데 GNU 지지자들은 그다지 반기지 않는다. 잘 알려진 GNU 라이선스는 GNU 일반 공중 사용 허가서(General Public License, GPL)과 GNU 약소 일반 공중 사용 허가서(Lesser General Public License, LGPL)다. 후자는 독점 코드와 연결 가능한 덜 엄격한 "라이브러리" 버전이다.

18.7 요약

> 미래의 안전을 보장하려면 과거를 존중하고 현재를 신뢰하지 말자.
>
> _조제프 주베르

중요한 것은 코드 크기가 아니라 그 코드로 무엇을 하느냐다.

18장에서는 안전하고 통제된 방식으로 소스 코드를 개발하면서 생성한 소스 코드에 책임을 질 수 있는 다양한 작업 방식을 살펴봤다. 잘못된 순간에 일어나는 작은 사고가 개발 프로젝트에 재앙을 초래할 수 있으니 진짜 중요하다. 업무 수행에 없어서는 안 될 코드 기반을 잘 보호해야 한다.

소스 제어는 코드를 안전하게 개발하기 위한 전장의 필수 무기다. 팀 상호 작용을 촉진하고, 안전하고 예측 가능한 그룹 개발 환경을 제공하고, 제품 리비전과 형상 관리에 기여하고, 모든 개발 작업의 히스토리 보관소 역할을 한다. 일종의 개발 안전장치와 같아서 소스 제어 없이는 삶이 상당히 고달파진다.

현명한 프로그래머	형편없는 프로그래머
• 맡은 일에 책임을 지며 어떻게 코드 개발을 보호하는지 안다.	• 코드 보안과 접근성에 대한 고려 없이 재앙이 닥치기를 기다린다.
• 소스 제어를 주의 깊게 사용하며 저장소를 항상 일관되고 사용 가능한 상태로 유지한다.	• 누군가 코드 백업과 보안을 신경 써 주리라 믿는다.
• 결함이 있는 코드는 절대 소스 제어에 체크인하지 않는다.	• 문서화 업데이트에 관심이 없다.
• 이해하기 쉽고 유지 보수 가능한 코드를 만들겠다는 의도로 항상 신중하게 도구를 사용한다.	• 저장소 내 코드 상태에 대한 고려 없이 고장 난 코드를 체크인하고 다른 이가 정리하게 엉망진창으로 내버려둔다.

18.8 참고

7장: 프로그래머의 도구상자

효과적으로 소프트웨어를 개발하기 위한 도구.

10장: 잭이 개발한 코드

최첨단 코드 기반이냐 혹은 다시 작업해야 하는 기존 버전 중 하나이냐 같은 코드 접근성이 빌드가 얼마나 수월할지를 좌우한다.

12장: 불안 장애

개발 절차가 아니라 실행 중인 프로그램에서 발생하는 보안 이슈 같은 나머지 안전 문제.

18.9 생각해 보기

다음 질문에 대한 자세한 설명은 634쪽 "정답과 설명"에 나와 있다.

18.9.1 궁리하기

1   어떻게 타인이 신뢰할 수 있게 소스 코드를 출시할까?
2   두 저장소 파일 편집 모델(잠금 파일 체크아웃이나 동시 수정) 중 무엇이 더 나은가?
3   분산된 개발팀과 단일 사이트 개발팀은 각각 버전 관리 시스템의 요구사항이 어떻게 다를까?
4   소스 코드 관리 시스템을 고를 때 타당한 근거는 무엇인가?
5   팀으로 개발할 때 어떻게 안정적인 코드로부터 활발히 개발 중인 최첨단 코드를 분리할 수 있을까?

18.9.2 스스로 살피기

1   개발팀에서 소스 제어를 효과적으로 사용하고 있는가?
2   진행 중인 작업이 백업돼 있는가? 현재 개발팀에서 백업은 얼마나 중요한가? 언제 백업하는가?
3   소스 코드가 어느 컴퓨터에 들어 있는가?

memo

5부

과정의 일환

고품질 소프트웨어를 작성한다는 것은 단순히 좋은 코드를 대량 생산하는 것이 아니다. 당연히 좋은 코드가 좋다. 약간. 하지만 그것 외에도 여러 가지가 중요하다. 좋은 소프트웨어는 계획적으로 만들어진다. 계획과 선견지명,

그리고 탄탄한 전투 계획이 필요하다. 전투 계획을 정확히 어떻게 수립할지는 6부에서 알아보겠다. 하지만 우선 병력을 모으기 전에 무엇을 해야 하는지부터 알아야 한다. 그래야 모두 같은 방향으로 나아가게 할 수 있다.

5부에서는 개발 과정의 한 부분, 즉 계획적으로 훌륭한 코드를 만들기 위해 시간을 계획하는 부가적 활동을 살펴본다. 각 장은 다음과 같은 주제를 다룬다.

19장 | 명시적으로
소프트웨어 명세를 작성하고 읽는 법, 무엇을 할 것이고 무엇을 했는지 기록하는 올바른 방법, 19장에서는 명세가 신경을 거슬리지 않고 어떻게 삶을 편안하게 해주는지 보여준다.

20장 | 완벽한 리뷰
코드 리뷰에 대한 논의. 고품질 코드 작성을 돕는 주요 관례

21장 | 대체 얼마나 걸릴까?
소프트웨어 기간 추정은 일정 수립에 꼭 필요한 활동이지만 여전히 소프트웨어 개발 커뮤니티의 신비로운 마술 중 하나다. 21장은 추정과 관련된 미신을 깨뜨리고 최전선에 필요한 실용적 조언을 제공한다.

소프트웨어 공장의 극심한 압박은 끝없이 더 빠르고 더 열심히 일하라고 몰아간다. 방법은 더 현명하게 일하는 법을 배우는 것뿐이다. 각 관례를 채택해 최종 경기에서 이길 기회를 만들어야 한다.

19장

명시적으로

소프트웨어 명세 작성

한 시간의 독서로 누그러지지 않았던 걱정은 단 하나도 없었다.
_샤를루이 드 세콩다

19장에서 다룰 내용

• 명세는 왜 필요한가?
• 작성할 명세 유형
• 명세에 무엇을 작성하는가?
• 왜 명세를 가벼이 여기는가?

사용할 가치가 있으면 대부분 문서화된다. DVD 플레이어에는 사용 설명서가 있다. 자동차에는 유지관리 설명서가 있다. 계약서에는 작은 활자로 된 부분이 있다. 초콜릿 케이크에는 조리법이 있다. 인간이 알고 있는 거의 모든 활동마다 전용 책과 잡지가 있다. 개발한 소프트웨어에 사용 가치가 있다면 마찬가지로 적절히 문서화해야 한다.*

주의 깊게 테스트한 소프트웨어를 고객에게 전달하려면 문서화가 필요하다는 사실은 누구나 안다. 단지 얼마나 문서화해야 하느냐가 문제다. 사무실 사용자는 분명 게시자보다 문서가 더 자세해야 한다고 생각할 것이다.

어떤 형태로든 설명서에 소프트웨어의 사용 메커니즘을 설명하지 않으면 고객은 애초 디자인보다 더 대단한 일을 할 수 있다고 그릇되게 추정하거나 멀쩡한 프로그래머라면 상상도 못 할 목적으로 소프트웨어를 사용할지 모른다.

개발자 역시 코딩 중에 똑같은 유형의 실수를 저지르기 쉽다. 최종 소프트웨어 제품에 문서화가 필요하듯이 중간 개발 단계의 제품에도 문서화가 필요하다. 이는 (대개) 최종 사용자가 보지 못할 문서화의 하나다. 이 문서는 프로그램을 어떻게 디자인하고 만들 것인가를 정의한다. 이것이 바로 소프트웨어 명세(specification)다.

명세 작성과 구현은 실무 프로그래머에게 아주 중요한 기술이다. 코드 커뮤니케이션 못지않게 영어(혹은 다른 자연어) 커뮤니케이션도 중요하다.** 야채 섭취와 규칙적인 운동처럼 명세는 "몸에도 좋고" 소프트웨어에도 좋다. 그러나 양배추와 헬스장을 멀리하듯이 명세를 기피하다가 죄책감을 느끼고 결국 후회한다. 소프트웨어 개발은 병 들고 무기력해진다.

전통적으로 소프트웨어 명세는 빽빽한 글과 난해한 표, 의미 없는 용어로 가득 찬 방대한 서류 더미쯤으로 여겨진다. 명세에서 설명하는 코드보다 유지 보수 비용이 더 크니 아무런 쓸모가 없어 보인다. 명세까지 작업 대상에 포함해야 한다는 부담이 시종일관 개발자를 괴롭힌다.

하지만 꼭 이렇게 흘러가지는 않는다. 올바르게만 사용하면 명세는 개발 절차에서 윤활유 역할을 한다. 개발 위험이 낮아지고 효율성이 높아지고 개발이 훨씬 편해진다. 19장에서는

---

* 그렇다고 인터페이스를 엉망진창으로 만들어도 된다는 뜻은 아니다. 인터페이스는 항상 사용하기 쉽고 직관적이어야 한다.
** 데이크스트라도 이렇게 말한 적이 있다. "수학적 성향과 더불어 매우 출중한 모국어 구사력 역시 유능한 프로그래머의 가장 필수적인 자산이다."

어떤 유형의 명세가 필요하고 어떤 내용이 들어가야 하며 왜 현실과 이상이 그토록 다른지 알아보겠다.

19.1 명세란 정확히 무엇인가?

> 훈계에 착심하며 지식의 말씀에 귀를 기울이라.
>
> _잠언 23장 12절

명세는 개발 과정의 일부를 이루는 공식 문서로서 내부적으로 필요한 소프트웨어 문서화를 제공한다. (곧 알아보겠지만) 명세는 그 유형이 아주 다양해서 저마다 다른 정보를 포함하고 서로 다른 독자를 대상으로 한다. 각 유형마다 프로젝트 구상부터 최종 제품에 이르는 소프트웨어 구성 절차의 특정 단계에 가장 적합하다. 명세를 통해 사용자가 무엇을 요구하는지(또는 정확히 무엇을 얻고자 하는지, 이 둘은 대개 다르다) 정확히 담아내고 소프트웨어 솔루션의 아키텍처, 특정 코드 모듈의 인터페이스, 어떤 코드의 디자인과 구현 결정 등을 상세히 설명한다.

명세가 있으면 더 효율적으로 일하고 더 뛰어난 소프트웨어를 만들 수 있다. 하지만 명세가 형편없으면 그와 정반대다. 코드와 마찬가지로 소프트웨어 명세도 품질은 필수다. 좋은 명세와 문서화는 흔히 너무 당연하게 여겨지는 반면 형편없는 명세는 금세 다루기 싫어져서 프로젝트의 걸림돌이 된다.

> **핵심개념 ★**   소프트웨어 개발 프로세스에서 소프트웨어 명세는 그 존재만이 아니라 품질도 필수다.

명세는 팀 내 그리고 팀 외부와의 커뮤니케이션 기능을 맡는다. 앞서 커뮤니케이션 부재로 프로젝트가 실패할 수 있음을 알아봤다. 따라서 명세를 적재적소에 커뮤니케이션 매개체로 활용해야 한다(문서 작성에 시간을 너무 소모해서 소프트웨어를 작성할 시간이 충분하지 않으면 프로젝트가 실패하기 쉽다!).

프로젝트 규모가 커질수록 명세는 더욱 중요해진다. 프로젝트가 작을수록 명세가 덜 중요하다는 뜻이 아니라 프로젝트 규모가 클수록 잃을 것이 많아서다. 커뮤니케이션과 조직성이 결여된 팀원이 늘어날수록 소프트웨어 개발 절차의 결과물에 훨씬 더 부정적인 영향을 미친다.

명세는 소프트웨어 개발자에게 꼭 필요한 커뮤니케이션 메커니즘이다. 잃어버리거나 잊지 말아야 할 정보를 명세에 기록하자.

정보를 명세로 작성하면 다음과 같은 이점이 있다.

더 안전하다

잃어버리거나 잊히거나 부정확하게 기억될 수 있는 인간의 머릿속에 정보를 저장하지 않아도 된다. 중요한 사실을 모두 기록해 놓아야 팀원이 프로젝트를 떠날 때 위험이 적다. 잃어버리는 정보의 양이 최소화되고 어떤 프로그래머로 대체되든 상황을 파악할 견고한 기반이 갖춰진다.

명세가 철저하고 완벽할수록 두 개발자가 서로 다른 가정을 세울 위험이 줄어든다. 별도로 개발한 두 모듈을 통합하려 할 때 맞물려 동작하지 못하는 전형적인 이유가 바로 가정이 서로 달라서다. 명세는 알아채기 힘든 버그를 막아준다.

더 접근하기 쉽다

모두가 아는 곳에 정보를 기록하므로 접근하기 쉽다. 프로젝트에 새로 참여한 팀원은 각 컴포넌트가 어떤 역할을 하고 서로 어떻게 맞물려 돌아가는지 문서화만 읽고도 이해할 수 있다. 생산성을 높이기 위해 수백 명의 머릿속에 있는 정보를 찾지 않아도 된다.

더 정확하다

모든 정보를 한데 수집해서 보관하면 문제를 발견하고 누락된 디자인을 찾고 예상을 벗어난 결과나 부수 효과를 발견할 가능성이 더 높다. 머릿속에 떠다니는 몇몇 일관성 없는 생각들로는 검증하기 어렵다.

19.2 명세의 유형

각 명세 유형은 개발 과정 사이사이를 연계하는 방법을 제공하며 소프트웨어 프로세스의 중간 관문을 형성한다. 예를 들어 어떤 소프트웨어 컴포넌트의 API 명세는 해당 API의 기능과 인터페이스를 자세히 살피고 있는 그룹에서 작성한다. 명세만으로도 모든 코드를 구현하기 충분하니 프로그래머는 이 명세에 맞춰 개발한다. 시스템 통합자가 컴포넌트를 시스템에 어떻게 끼워 넣을지, 다른 프로그래머가 컴포넌트를 어떻게 이용할지 상세히 설명하는 계약 역시 바로 이 명세다. 또한, 기대 동작까지 설명하니 테스트 부서에서 소프트웨어가 올바르게 동작하는지 입증할 수 있다.

이처럼 한 명세의 출력이 자연스레 다음 명세 속으로 들어가며 소프트웨어가 급속히 진화해 나간 흔적이 문서로 남는다. 그림 19-1은 이렇게 기록된 흔적의 한 예다. 보다시피 프로젝트가 성숙함에 따라 자연스러운 문서 계층 구조가 만들어진다. 각 하위 컴포넌트에는 전체 프로젝트와 유사한 문서 집합이 생기고 컴포넌트는 일종의 미니 프로젝트처럼 개발된다.

▼ **그림 19-1** 전형적인 명세 문서

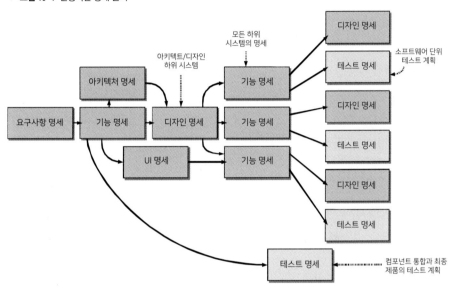

소프트웨어 디자인은 반복적 절차라 정보가 한쪽 방향으로만 흘러가지 않는다(그렇지 못하면 폭포수 방식(waterfall methodology)에 꼼짝없이 갇힌 것이다. 527쪽 "폭포수 모형" 참고). 누락된 정보를 발견하거나 소프트웨어 디자인을 조정해야 할 때 명세도 함께 업데이트해야 한다. 문서 변경과 유지 보수가 불가능하면 소프트웨어 개발이 아주 힘들어진다. 민주주의 개발 절차는 만든 지 10년이나 지났고 완전히 구식인데도 무조건 명세(The Specification)대로만 작업하게 강요함으로써 올바른 소프트웨어 개발을 가로막는다. 뛰어난 프로그래머는 코드만큼 명세도 유연해야 한다고 생각한다.

다양한 소프트웨어 명세 유형을 알아보고 각 명세가 코딩 일상을 어떻게 향상시키는지 살펴보자. 혼란스럽겠지만 현실에서 이러한 문서는 아주 여러 이름으로 불린다. 요구사항 명세(requirements specification)는 쓰는 사람에 따라 사용자 요구사항 명세(user requirements specification)와 기능 제약 명세(functional constraints specification) 등으로 다르게 불린다.

19.2.1 요구사항 명세

소프트웨어 개발 절차가 무너져 다른 모든 명세가 사라진다 해도 끝까지 지켜야 할 문서다. 요구사항 명세는 즐거운 소프트웨어 개발 퍼레이드를 이끄는 수장이자 수많은 프로젝트를 실패하게 만드는 걸림돌이다. 이 명세 속 정보가 아주 중요하다. 흔들리지 않게 해준다.

고객은 소프트웨어가 정확히 무엇을 했으면 하는지 모르니(컴퓨터 전문가가 아니니 당연하다) 프로젝트 초창기에는 요구사항이 결코 명확할 수 없다. 이로 인해 온갖 문제가 발생할 수 있으므로 무엇을 하려는 소프트웨어이고 구현이 어떤 특징을 만족해야 하는지 하나의 문서로 분명하게 정의해야 한다. 이것이 요구사항 명세(requirements specification)다. 요구사항 명세는 원하는 코드 동작을 아주 자세히(혹은 적당히만 설명해도 대개는 훌륭하다) 나열한다. 중요하고 위험성이 크고 가치가 높은 시스템 동작을 모호하지 않게 빠짐없이 설명해야 한다.

요구사항은 주로 문장에 번호를 붙여 나열하고 각 문장에 하나의 사실 정보를 포함해야 한다. 예를 들면 다음과 같다.

> 1.3.5 사용자 인터페이스는 13포인트짜리 빨간색 산세리프체가 적용된 Don't Panic 이라는 문장이 들어간 검은색 네모 하나로 구성한다.

요구사항마다 고유하게 번호를 매기면 이어지는 문서에서 쉽게 상호 참조할 수 있고 특정 디자인이나 구현 결정이 어떤 요구사항에서 비롯됐는지 밝혀내기 유용하다.

다음 사항을 고려해야 한다.

기능 요구사항

기능 요구사항은 프로그램이 무엇을 해야 하는지 상세히 설명한다. 가령 BMP 이미지를 처리하고 JPEG나 GIF 형식으로 변환할 수 있어야 한다.

성능 요구사항

성능 요구사항은 프로그램이 얼마나 빠르게 동작해야 하며 어떤 연산에 시간제한이 있는지 설명한다. 가령 사용자는 모든 연산에 대해 1초 내에 피드백을 받아야 하고 모든 연산은 5초 내에 끝나야 한다.

상호운용성 요구사항

상호운용성 요구사항은 상호 작용해야 하는 다른 소프트웨어와 하드웨어, 외부 시스템을 설명한다. 가령 업그레이드 서버와의 HTTP와 RS232 커뮤니케이션을 지원해야 한다.

향후 운용 요구사항

향후 운용 요구사항은 당장 구현하지는 않더라도 현재 수용할 수 있어야 하는 기능을 설명한다. 가령 사용자가 외관(look and feel)을 원하는대로 바꿀 수 있는 UI를 제공해야 한다.

요구사항은 크게 두 부류로 나뉜다. 이산 요구사항(discrete requirements)은 이분법적이다. 각 기능을 구현하는 코드 조각이 있어 소스만 봐도 프로그램이 요구사항을 충족하는지 안 하는지 쉽게 확인할 수 있다.

비이산 요구사항(nondiscrete requirements)은 다소 모호하다. 소스만 검사해서는 프로그램이 요구사항을 충족하는지 확인할 수 없다. 비이산 요구사항은 시스템 결함 허용(fault-tolerance) 수준, 서버 가동 시간 수준, 프로그램의 평균 고장 간격이나 보안, 확장성 등이다. 이러한 종류의 요구사항은 매우 중대하고 입증하기 몹시 어렵다.

회사마다 요구사항 명세를 생성하는 과정이 다르고 주로 프로젝트 특성과 고객(고객이 얼마나 똑똑하고 유능한가)에 따라 좌우된다. 마케팅 부서나 미래 제품 특화 그룹, 혹은 문제 도메인과 작업 범위를 전문적으로 파악하는 비즈니스 분석가(business analyst)가 요구사항 명세를 수집하고 분석한다. 일반적으로 고객 또는 고객 대표가 참여한다.

고객이 요구사항 명세에 동의하고 승인해야 소프트웨어 개발자와 고객 간 실질적인 계약이 발효된다. 제품 기능이 합의된 요구사항을 충족할 때 공급자는 제품 배포에 동의하고 고객은 대금 지급에 동의한다. 합의된 명세가 없으면 고객이 변덕을 부려 제품을 거절할 수 있고 개발자가 기울인 큰 노력이 허사가 된다. 안타깝게도 소프트웨어 공장에서 자주 보아 온 흔한 문제이며, 특히 고객이 기술 전문가가 아니고 좋은 소프트웨어 솔루션이 무엇인지 모를 때 자주 발생한다. 요구대로 소프트웨어를 완성하고 나면 고객은 요구했던 것이 실제로 원했던 것이 아님을 깨닫는다. 방금 문장을 분홍색으로 따라 쓰자. 다시 원점에서 시작해야 한다. 늘 일어나는 일이고, 그래서 요구사항 명세는 보험 증권이다.

불행히도 많은 소프트웨어 공장에서 요구사항 수집을 생략하거나 크게 의미를 두지 않는다. 소프트웨어 디자인을 시작하기에 앞서, 당연히 어떤 코드든 작성하기에 앞서 반드시 초기에 요구사항을 합의해야 한다. 요구사항 명세는 다음과 같은 역할을 한다.

- 프로젝트를 예정대로 순조롭게 진행시킨다. 뒤늦게 새 기능을 추가하지 못하게 막아(혹은 최소한으로 줄여) 출시 지연을 방지한다.
- 고객 만족도를 높인다. 기대치를 사전에 못 박는다.
- 기능 변형(feature creep)을 제한해 버그를 줄인다. 막바지 코드 추가를 막아 끔찍한 버그를 피한다.
- 분별력을 잃지 않게 한다. 요구사항 명세가 없으면 개발자는 급격히 머리가 빠진다.

어떤 개발 방법론을 사용하느냐에 따라 소프트웨어 개발을 시작하기 전에 하나의 거대한 요구사항 명세를 미리 작성할 수도 있고 코드와 함께 점진적으로 개발해 나갈 수도 있다. 고객으로부터 어떻게 요구사항을 수집하고 이것이 코드 개발 방식에 어떤 영향을 주는지 알아두자.

> **핵심개념★** 소프트웨어 요구사항을 초기에 정확히 수집함으로써 기대치를 설정하고 기능 변형을 막고 개발자의 고뇌를 덜자.

소프트웨어 개발을 위해 개발자로서 필요한 개발 관련 요구사항도 고려하자. 예를 들어 적절한 향후 확장성을 제공하기 위해 특정 유형의 내부 아키텍처가 필요하다거나 소프트웨어를 개발하기 위해 버전 제어가 필요하다(버전 제어는 선택이 아니다). 이런 것들을 요구사항 명세에 정당하게 포함할 수 있다.

19.2.2 기능 명세

프로그래머가 가장 빈번하게 사용할 문서인 기능 명세(functional specification)는 소프트웨어 구성 요소의 외적 동작을 설명한다. 기능 명세는 요구사항 명세에서 파생되며 동시에 요구사항 명세를 충족시켜야 한다. 일반적으로 전체 프로젝트를 위한 명세 하나, 그리고 개개 소프트웨어 컴포넌트를 위한 명세를 포함하므로 프로젝트 하나 당 기능 명세가 여러 개다.

소프트웨어 컴포넌트의 기능 명세는 그 컴포넌트의 공개 인터페이스를 빠짐없이 명확하게 설명한다. 모듈의 API 내 모든 메서드와 함수를 각각의 역할과 용법에 대한 설명과 함께 나열한다는 뜻한다. 모든 외부 데이터 구조와 형식에 대한 자세한 설명과 더불어 다른 컴포넌트나 작업 패키지, 명세와의 종속성도 포함한다.

기능 명세는 소프트웨어 구성 요소를 안내하는 사용자 가이드 정도가 아니다. 컴포넌트를 개발할 수 있을 만큼 충분히 상세하다. 두 팀에서 문서를 읽은 후 별개로 구현할 수 있다. 구현은 달라도 두 컴포넌트는 동일하게 동작해야 한다.

이 방식이 실전에 쓰이기도 한다. 어떤 나사(NASA) 우주선은 컴퓨터 한 대면 될 일에 컴퓨터 다섯 대를 사용하는데, 이 중 네 대에서 특정 계산의 명세를 독립적으로 구현한 후 각각 실행한다. 다섯 번째 컴퓨터는 컴퓨터 네 대의 계산 결과를 합쳐 평균을 낸다(혹은 한 컴퓨터가 나머지 컴퓨터들과 크게 다른 결과를 내는지 판단한다).

기능 명세 없이 소프트웨어 컴포넌트를 작성 중이라면 우선 직접 작성하는 것부터 시작하자. 모든 이해당사자에게 명세를 보임으로써 이 정도로 개발해도 충분한지 동의를 얻어야 하며 그래야 제품을 배포할 때 당황시키지 않는다.

> **핵심개념★** 소프트웨어 업무가 적절히 명시되어 있지 않으면 기능 명세를 작성할 때까지, 그리고 모두가 올바르다고 동의할 때까지 코딩을 시작하지 말자.

19.2.3 시스템 아키텍처 명세

아키텍처 명세(architecture specification)는 소프트웨어 솔루션의 전체 형상과 구조를 설명한다. 다음과 같은 내용을 아우른다.

- 물리적 컴퓨터 배치(분산된 클라이언트/서버 소프트웨어인가, 단일 사용자 데스크톱 애플리케이션인가?)
- 소프트웨어 컴포넌트화(어떻게 분할되는가? 어떤 부분을 직접 작성해야 하고 어떤 부분을 구입할 수 있는가?)
- 동시 실행(동시에 몇 개 스레드를 실행하는가?)
- 데이터 저장소(데이터베이스 디자인도 포함)
- 시스템 아키텍처의 그 외 모든 측면(중복, 커뮤니케이션 통로 등)

개발이 너무 진행되기 전에 위와 같은 내용을 자세히 명시하자. 아키텍처는 뒤이은 개발 단계에 꾸준히 영향을 미치는데 아키텍처 명세는 실수나 애매함이 향후 심각한 결함으로 이어지지 않게 막아 준다. 물론 아키텍처도 바꿀 수 있다. 아키텍처 명세에 결함이 보이면 얼마나 많이 진행했든 고쳐야 한다. 잘못된 아키텍처 명세를 이미 돌이킬 없는 문제로 받아들이지 말자. 그렇더라도 적절한 아키텍처 디자인을 미리 수행하는 것이 우선 중요하다. 소프트웨어 아키텍처는 14장에서 자세히 설명한다.

19.2.4 사용자 인터페이스 명세

이 문서에는 사용자 인터페이스가 어떤 형태이고 어떻게 반응하는지에 대한 정보가 들어있다. 이 명세를 통해 사용자는 시스템의 능력을 알게 된다. GUI 애플리케이션이나 웹 기반 인터페이스, 음향 전화 메뉴 시스템, 점자 접근 인터페이스, 단순한 단일 LED 디스플레이를 설명하기도 한다.

때로는 사용자가 바라보는 시스템과 반짝이는 표면에 가려진 구현이 매우 다르다. 두 가지 예를 들어보겠다.

- 고도로 네트워크화된 시스템이 시스템 하나로 통합되거나 통일된 UI 뒤로 가려질 수 있다.
- 사용하기 쉽도록 또는 기능을 축소해 비용이 낮아지도록 기능을 단순화시킬 수 있다.

UI 명세는 인터페이스 규칙과 예시를 설명하고 함수가 어떻게 상호 작용하는지 보인다. 그림과 스크린샷이 딸린 텍스트 설명으로 구성된다. 흔히 동작 중인 UI의 스토리보드(storyboard) 표현을 포함하는데, 스토리보드란 각 UI의 상태와 전환(transition), 각각 화면에 무엇이 표시되는지를 그림으로 보인 맵이다. 사용자에게 보이는 화면과 세부 사항(즉 그래픽, 필드, 리스트, 버튼, 각 화면의 레이아웃)도 모두 다룬다. 또한, 각 연산의 허용 응답 시간과 흔한 오류 사례에서의 동작도 자세히 설명한다(완전히는 불가능하다. 가능한 오류 조건을 모두 열거하려면 사실상 끝이 없다!).

인터페이스 명세는 UI 프로토타입(UI prototype)을 포함하거나 혹은 이어질 수 있다. 프로토타입은 세부 사항과 정확도를 달리해 다양하게 만들 수 있는데, 이는 애플리케이션에 따라 그리고 테스트와 리뷰를 어느 정도 할지에 따라 다르다. 프로토타입의 UI 디자인은 당연히 불완전할 수밖에 없지만, 처음으로 최종 제품이 어떤 모습일지 확인해 볼 수 있다. 프로토타입으로 인터페이스가 어떻게 동작할지 내다볼 수 있지만, 단 UI를 제대로 리뷰하고 변경할 수 있을 만큼 시스템이 통합된 이후에야 비로소 가능하다.

19.2.5 디자인 명세

디자인 명세(design specification)(또는 기술 명세(technical specification))에는 컴포넌트의 내부 디자인을 기록한다. 기능 명세를 어떻게 구현할지 혹은 어떻게 구현해 왔는지 설명한다. 내부 API와 데이터 구조, 형식을 설명한다. 핵심 알고리즘과 실행 경로, 스레드 상호 작용도 자세히 설명해야 한다. 코드 개발에 쓰이는 프로그래밍 언어와 도구도 설명한다. 전부 코드 구현자와 유지 보수자에게 아주 중요한 정보다.

규모가 큰 개발 절차에서는 대부분 구현 전에 디자인 명세를 생산하도록 지시하고 막다른 길에 다다르지 않도록 코딩을 시작하기 전에 리뷰한다. 하지만 대다수 소프트웨어 공장에서는 이 문서를 코드와 함께 또는 코드 작성 이후에 작성한다.

좋은 아이디어 같아 보여도 디자인 명세는 사실 대부분 커다란 시간 낭비다! 설명하고 있는 코드와 동기화하려면 부단히 유지 보수해야 한다. 방심하면 코드는 금세 부패해서 부정확하고 불완전한 상태가 되고 신중하지 못한 개발자라면 이 덫에 걸릴 수도 있다. 이러한 이유로 디자인 명세를 작성하지 말라고 권하겠다!

그래도 잠시만, 홀가분하게 떠나기 전에 한 가지 알아두자. 디자인 명세를 올바르게 유지하기 더 쉬운 방법으로 보관하자. 코드 자체로 문서화를 만드는 문학적 프로그래밍 도구(literate programming tool)(115쪽 "실용적 자체 문서화 방법론" 참고)는 대규모 디자인 명세를 대체할만한 훌륭한 문서화 메커니즘이다. 정해진 형식의 코드 블록에 추가 설명만 남기면 된다.

> **핵심개념★** 기술 명세는 문학적 문서화 도구로 작성하자. 금세 부패할 워드 처리 문서는 작성하지 말자.

완벽한 프로덕션 코드가 아니더라도 문학적 문서화 도구 사용에는 지장이 없다. 코드 목업을 짜고 목업에 도구를 실행하면 의도했던 코드 구조를 똑같은 방식으로 설명할 수 있다. 이 코드 목업은 자동으로 디자인 설명서를 생성하고, 프로토타입 개념 증명(proof-of-concept) 코드로 쓰이고, 신중히만 다룬다면 프로덕션 코드로 발전할 수 있다.

19.2.6 테스트 명세

테스트 명세(test specification)는 특정 소프트웨어의 테스트 전략을 설명한다. 기능 명세에 맞게 잘 구현됐는지 검증하는 방법을 제시하므로 어떤 기준을 만족해야 소프트웨어를 출시할 수 있는지 알게 된다. 작업 규모와 범위는 무엇을 테스트하느냐에 따라, 즉 단일 소프트웨어 컴포넌트인지 전체 하위 시스템인지 데스크톱 애플리케이션인지 임베디드 고객 제품인지에 따라 다르다.

테스트 명세에는 수행해야 할 모든 테스트 목록이 들어간다. 각 테스트는 간단한 테스트 실행 단계와 테스트 통과 기준, 테스트 실행 환경을 나열한 테스트 스크립트(test script)로 설명된다. 스크립트 자체는 별도의 문서로 작성하거나 테스트 명세에 포함할 수 있다.

8장에서 알아봤듯이 코드 단 테스트는 코드 자체에서 자동화된 개발 절차의 일부로 실행되는 경우가 많다. 이러한 테스트는 사람이 직접 입력 스크립트를 작성해 완성된 최종 소프트웨어에서만 실행해야 하는 고급 테스트와는 완전히 다르다.

자동화된(programmatic) 단위 테스트를 어디에 생성하든 장황한 테스트 명세보다는 이 편이 낫다. 디자인 명세가 급격히 최신성이 떨어지듯이 코드 단에 작성한 테스트 명세도 그 코드를 둘러싼 시스템이 진화하면서 부패하기 마련이다. 자동화된 테스트 코드를 테스트 전략의 문서화로 사용하자. 일반적인 문학적 코드처럼 문학적 테스트 코드 역시 작성하기 쉽다. 자동 테스트 주기에 따라 코드 변경에 맞춰 테스트도 변경할 수밖에 없다. 이렇게 하지 않으면 테스트가 실패하니 말이다!

선의의 비판자(devil's advocate)

명세에는 비용이 많이 든다. 명세를 읽고 작성하려면 시간과 노력을 쏟아야 한다. 일을 더 해야 한다. 앞선 문서들이 정말 모두 필요한가? 그렇다, 고품질 소프트웨어를 작성하려면 의식적으로 이 모든 정보를 생성하고 필요에 따라 추출 가능한 장소에 보관해야 한다. 명세는 요구사항 수집, 디자인 수행, 테스트 계획 수립 같은 훌륭한 개발 관례를 따르도록 도와주고 앞서 살펴봤듯이 의사소통도 용이하게 해준다.

애자일 프로세스(agile process)(535쪽 "애자일 방법론" 참고)는 명세 작성을 크게 강조하지는 않으나 그래도 즉흥적인 코딩은 옹호하지 않는다. 명세는 저절로 만들어지지 않고 쉽게 최신성을 잃는 데다 유지 보수가 필요하며 프로그래머는 안 그래도 할 일이 넘쳐나니 딱 필요한 만큼만 문서를 작성하는 것이 합당하다. 지루한 절차상의 장애물은 무조건 피해야 한다. 하지만 어떤 명세를 빼든 다른 수단으로 정보를 동등하게 보관해야 한다. 품질은 잃지 않으면서 동일한 정보를 포함하도록 대체하지 못했다면 명세를 생략하지 말자.

익스트림 프로그래밍에서는 장황한 요구사항 명세를 만드는 대신 모든 요구사항을 스토리 카드(story card) 더미로 이뤄진 동등한 사용자 스토리(user story) 집합에 기록한다. 코드 자체가 곧 문서화이므로 디자인 명세는 하지 않는다.

애자일 관례에서 장려하는 테스트 주도 디자인(test-driven design)에서는 코드화한 테스트가 코드와 코드 동작에 대한 문서화로 쓰인다. 이처럼 완전하고 명확한 단위 테스트 묶음이 각 컴포넌트의 테스트 명세를 대체할 수 있으나 최종 제품이 검증 기준에 부합하는지 확인하기에는 알맞지 않다.

19.3 명세에 어떤 내용이 들어가야 하는가?

당연히 명세 유형별로 내용은 크게 다르다. 하지만 어떤 명세에 들어가는 정보든 다음과 같아야 한다.

정확하다

당연한 말 같지만 정말 중요하다. 명세가 부정확하면 수일 간의 노력이 허사가 된다. 최신으로 유지하지 못하면 위험할 정도로 오해의 소지가 생긴다. 읽는 이의 시간을 낭비하고 혼란을 일으키고 명세로 인해 버그가 발생한다.

둘 이상의 방식으로 해석되는 "명세(specification)"는 더 이상 명확하지(specific) 않으니 제 몫을 못 한다. 두 독자가 모호한 정보를 서로 다르게 해석해 결국 불행한 결과를 초래하고 만다. 의도대로만 해석되도록 명세를 작성하자.

글에 모순이 있어서는 안 된다. 명세가 길어질수록 일관성을 유지하기 힘들다(원래 저자 말고). 유지 보수자가 수정할 때 특히 문제가 되는데, 한 곳에서 정보를 수정하고는 같은 정보가 인용된 다른 영역은 놓치기 쉽다.

관련 표준(가령 언어 정의와 기업 코딩 표준)을 모두 준수하며 주의 깊게 명세를 작성해야 한다. 기업의 설명서 표준/관례를 따르고 기존의 설명서 템플릿을 사용하자.

이해할 수 있다

효과적인 명세는 읽고 싶어지고 이해하기 쉽다. 누구나 읽고 이해한다. 너무 기술적이라 공학자만 이해할 수 있으면 비기술 부서(마케팅이나 관리 부서 등)는 자신을 청중이라 여기지 않아 신중하게 살펴보지 않는다. 결국 문제가 너무 뒤늦게 발견된다.

가장 뛰어난 명세는 좋은 코드와 마찬가지로 작성자가 아닌 읽는 이의 관점에서 작성된다. 저자에게 편리한 방식 대신 초보자가 이해할 수 있는 방식으로 정보가 구성된다. 블레즈 파스칼(Blaise Pascal)은 이렇게 사과한 적이 있다. "편지를 짧게 쓸 시간이 모자라서 평상시보다 편지가 길어졌습니다." 좋은 글쓰기는 간결하고 수많은 단어 사이로 요점을 숨기지 않는다. 더 노력해야 하고 더 시간을 투자해야 하지만 그래도 이해하기 쉬워진다면 가치가 있다.

명세에 꼭 따분한 산문 영역만 넣어야 한다고 생각하지 말자. 요약하고 더 읽기 쉽게 만들 장치를 사용해도 좋다. 글머리 기호나 번호 목록, 다이어그램, 제목과 부제, 표, 적절한 여백을 사용해 흐름을 나누고 독자가 자료에 대해 머릿속으로 그림을 그려보게 하자.

완전하다

명세는 독립적이고 완전해야 한다. 가능한 정보를 모두 포함해야 한다는 뜻이 아니라 연관된 문서를 완벽하게 참조할 수 있어야 한다는 뜻이다. 단 참조가 정확하고(문서 리비전으로 참조하는 방법을 고려하자) 독자가 그 문서를 쉽게 찾을 수 있어야 한다.

명세는 구현보다 훨씬 덜 상세해야지 그렇지 않으면 지나치게 규범적이 되거나 너무 빽빽해서 이해하기 어렵다. 명세가 복잡하면 무시하게 되고 결국 버려진다. 구석에 방치되면 그 명세를 더 이상 믿을 수 없다는 사실을 모르는 독자만 혼란하게 할 뿐이다.

검증할 수 있다

소프트웨어 컴포넌트 인터페이스의 명세를 바탕으로 소프트웨어 구현과 그 구현을 입증할 테스트 하네스가 생성된다. 그러니 명세의 내용을 검증해야 한다. 사실상 정확하고 분명하고 완전하다는 의미로 받아들여도 좋다.

수정할 수 있다

코드든 문서화든 변하지 않는 것은 없다. 명세를 업데이트해야 한다면(아마도 사실과 다른 내용을 고쳐야 하는 등) 쉬워야 한다. 확실한 명세는 저도 모르게 세상이 바뀌게 두지 않는다. 하지만 명세가 틀리면 아무 소용이 없다. 문서는 편집할 수 있어야 하고(가령 PDF 복사본이 아니라 원본에 접근할 수 있어야 한도) 문서 배포와 업데이트 절차가 너무 괴로운 일이 되어서도 안 된다.

수정하기 쉬우려면 문서를 신중하게 구성해야 하고 필요한 만큼만 작성해야 한다.

스스로 설명한다

각 명세는 최소한 다음을 포함해야 한다.

- 문서 제목과 부제, 저자(들), 리비전 번호, 마지막 수정 날짜, 문서 배포 상태(가령 기업 기밀이라든지 NDA에 따라 외부에서 공급됐다든지 공개 릴리스라든지)를 명확히 보여주는 표지(frontsheet)
- 목표와 범위, 대상을 간략하게 요약한 문서 소개(introduction)
- 내용을 읽고 이해하는 데 필요한 관련 용어와 정의(terms and definitions)(단, 읽는 이를 가르치려 들지 말자. 청중이 소프트웨어 공학자라면 RAM이 무엇의 약자인지 설명하지 않아도 된다).
- 연관되거나 상호 참조된 다른 문서에 대한 참조(reference) 집합
- 주요 수정과 리비전 정보를 모두 나열한 히스토리(history) 영역

추적할 수 있다

(소스 관리 시스템과 유사한) 문서 제어 절차와 모든 문서를 보관할 중앙 파일 저장소가 있어야 한다. 모든 명세 릴리스 버전을 저장소에 넣어 접근 가능하도록 유지해야 1년 전에 어떤 명세 버전을 다뤘는지 알 수 있다. 결국 언젠가 다시 필요하다. 온갖 종류의 파일을 버저닝하는 뛰어난 도구인 리비전 제어 시스템을 사용해도 좋다.

문서 표지에 제어 정보(버전 번호, 날짜, 저자 등)를 넣어 최신 복사본인지 확인할 수 있게 하자.

19.4 명세 작성 절차

공들이지 않은 글은 대개 감흥 없이 읽힌다.

_사무엘 존슨

어떤 유형의 명세를 생성해야 하고 어떤 내용을 넣어야 하는지 알았으니 이제 완벽하게 준비가 끝났다. 드디어 무언가를 작성할 때다! 명세 작성 절차는 간단하다.

1 적절한 문서 템플릿을 골라 시작한다. 프로젝트 개발 절차에 이미 템플릿이 정의되어 있을 수 있다. 템플릿이 없으면 기존 명세를 따른다.

2 문서를 작성한다. 이 단계가 어렵다. 명세 유형에 따라 작성할 내용도 당연히 달라진다.

3 리뷰를 받을 수 있도록 문서를 준비한다. 관심 있는 모두를 포함시킨다.

4 합의가 이뤄지면(절차상의 이유로 공식적으로 승인이 나면) 문서 저장소에 버저닝한 복사본을 넣은 후 적절한 청중에게 공개한다.

5 향후 문제 발생 시 명세 변경 요청을 제기하고 수정에 따른 개발 작업 범위가 어디까지인지 확실히 파악하자. 그렇지 않으면 은연중에 코딩 작업이 두 배로 늘어난다.

나열하기는 간단하지만 따르기는 쉽지 않다. 2단계에만 집중하고 나머지 단계는 편의상 건너뛰기 쉽다. 하지만 이러한 단계를 생략했기에 지금까지 식별 가능한 공식 문서를 생성하지 못했던 것이며 이로 인해 나중에 문제가 생긴다.

걸작을 남기려면 아래 명세 작성 가이드라인을 고려하자. 처음 몇 갖는 저자와 예술적 감수성에 대한 것이다.

- 글쓰기는 문서당 저자가 한 명일 때 주로 가장 효과적이다. 다수의 저자가 조화롭게 일하며 다양한 글쓰기 양식을 서로 맞추기란 쉽지 않다. 대규모 시스템을 설명하려면 명세를 여러 부분으로 나누어 한 명당 한 부분씩 별도로 작업하게 하자. 이를 한데 연결하는 상위 문서를 만들자.

  일부 의견과 달리 한 사람의 이름을 명세 맨 앞에 두는 것은 절대 자기 중심적인 것이 아니다. 누군가는 인정받아야 한다. 일을 잘했으면 칭찬하고 그렇지 못했으면 질책하자.

  다른 이의 문서를 크게 확장했다면 부끄러워 말고 자신을 저자 목록에 올리자. 반대로 누군가의 의견이 아직 명세에 남아있다면 저자 목록에서 빼지 말자.

- 저자가 적절해야 한다. 마케팅 부서는 요구사항을 제공하지 기능 명세를 작성하지 않는다. 코드를 디자인하는 주체는 관리자가 아니라 적합한 기술과 지식을 지닌 개발자다. 저자는 글쓰기에 능해야 하고 근육에 훈

련이 필요하듯 글쓰기 역시 학습되는 능력이다.

- 문서마다 책임을 맡은 소유주(owner)가 정해져 있어야 한다. 소유주는 원래 저자와 다를 수 있으며 원래 저자가 팀을 옮겼다면 기술 당국이나 문서의 유지 보수자일 수 있다.

언어 장벽

정의가 정말 싫다.

_벤저민 디즈레일리

명세 본문을 아주 신중하게 작성하자. 코드와 달리 영어는 모호함과 복잡함 투성이다. 다음과 같은 실제 뉴스 헤드라인만 봐도 외견상 간단한 영어 문장이 얼마나 모호할 수 있는지 그대로 알 수 있다. "나무에서 발견된 도난당한 그림(Stolen painting found by tree)"(나무가 찾은 도난당한 그림), "아이들이 영양가 있는 간식을 만든다(Kids make nutritious snacks)"(아이들은 영양가 있는 간식이다), "빨간 테이프가 새 다리를 지탱하고 있다(Red tape holds up new bridge)"(또는 관료주의로 인해 새 다리 건설이 지연되고 있다), "7명의 족(足) 전문의에게 고소당한 병원들(Hospitals are sued by 7 foot doctors)"(발길이가 7 피트인 의사들에게 고소당한 병원들)

명세는 공식적인 문서이니 비격식적이거나 장황해서는 안 된다. 이렇게 되면 중요한 요소가 무수한 단어들 사이로 가려지기 쉽다. 비영어권 독자라면 힘겨울 수 있다. 이와 반대로 간략한 문서는 이해하기 어렵다. 세심하게 균형을 맞추고 문서 리뷰를 통해 올바른 글쓰기 양식을 정하도록 하자.

공식 문서는 3인칭 현재형으로 쓰인다. 정확한 어휘 선택이 매우 중요하다. 인터넷 RFC 문서 #2119에 유용한 관례가 정의되어 있다. 이 문서는 프로토콜 명세에 쓰일 다음과 같은 핵심 용어를 정의한다(요구사항 명세에도 아주 유용하다).

Must
Must(또는 shall이나 is required to)라는 단어는 이어지는 정의가 명세에 절대적으로 필요한 요구사항이라는 뜻이다.

Must not
Must not(또는 shall not)이라는 단어는 명세에서 절대적으로 금지한다는 뜻이다.

Should
선택적 요구사항을 나타낼 때 should(또는 형용사 recommended)를 사용하자. 단 전반적인 영향을 완전히 이해하고 신중하게 생각한 이후에만 무시할 수 있는 동작인 경우에만 쓴다.

Should not
합당한 이유가 있지 않은 한 피해야 할 특정 동작을 설명할 때 should not(또는 형용사 not recommended)을 사용하자. 마찬가지로 어떤 영향을 미칠지 충분히 이해해야 한다.

May
정말 선택적인 요구사항이면 may(또는 형용사 optional)를 사용하자. 구현자는 해당 요구사항을 따르거나 무시할 수 있지만, 프로토콜의 경우에는 다르게 선택한 구현과 상호 운용되어야 한다.

May는 주로 can 대신 쓰여야 하는 단어다. Can은 명세와 표준에서 흔하게 잘못 쓰이는 단어로서 그 의미가 모호해 독자의 해석에 따라 must 또는 may라는 의미로 받아들인다.

다음은 문서 작성 절차에 도움이 되는 몇 가지 팁이다.

- 각 명세 유형의 모범 사례(best practice)가 있으면 좋다. 저자가 명세를 작성할 때 각 유형별로 무엇을 해야 하는지 파악하기 편하다.
- 초기 명세 초안에는 미완성임을 알리는 경고문과 함께 초안이라고 표시해야 한다. 그래야 완성됐다고 오해하는 일 없이 내용에 대해 불평하지 않는다(아직은 말이다). 더 작업할 영역과 진행 사안 목록을 문서 자체에 넣어 두자.
- 문서 리뷰가 중요하다. 리뷰를 통해 내용이 올바르고 적절히 설명됐는지 확인한다. 문서 리뷰는 다른 이가 결정에 동의함으로써 문서에 권한이 생기는 메커니즘이다. 프로젝트 외부, 즉 고객이나 다른 부서로 보내는 명세라면 반드시 리뷰해야 한다.
- 명세를 다 작성했다고 해서 잊어버리지 말자. 계속 쓰일 수 있게 최신으로 유지하자. 기능 명세는 디자인 단계가 끝나도 완전하지 않다. 요구사항은 무조건 변하고 시스템 운영에 대해 여전히 익힐 것이 많다. 모든 정보를 수정된 명세에 포함시키자.

19.5 명세를 작성하도록 하자

> 내가 행하는 것을 내가 알지 못하노니 곧 내가 원하는 것은
> 행하지 아니하고 도리어 미워하는 것을 행함이라.
>
> _로마서 7장 15절

현실 세계에 제대로 된 명세가 없다는 것이 오히려 이상하다. 성급한 개발자는 명세의 부재가 좋은 관례가 아님을 알기에 명세가 없다는 사실을 숨기고 아무 문제도 없는 척한다. 적절한 요구사항이나 기능 명세 없이 코딩 업무가 주어지는 경우가 허다하다(이는 끈질긴 불평과 교육, 권력자의 재량권 남용으로라도 반드시 바꿔 나가야 할 절차상의 문제다).

하지만 무성의한 프로그래머가 자기가 맡은 문서 작성을 회피하는 경우도 만만치 않다. 왜 그럴까? 반복적으로 듣는 몇 가지 변명이 있다. 개발자는 다음과 같은 이유로 명세를 작성하지 않는다.

- 꼭 해야 하는 일인지 모른다.
- 잊어버린다.
- 시간이 부족하다.
- 명세 없이도 그럭저럭 해낼 수 있다고 생각해("어쨌거나 누가 명세를 읽겠어?") 일부러 하지 않는다.

이 중 어떤 이유도 변명이 될 수 없다. 숙련된 개발자라면 작업 범위에 명세가 포함될 경우 절대 처음 두 가지 변명을 늘어놓아서는 안 된다.

프로그래머는 프로그래밍은 좋아해도 긴 문서 작성은 좋아하지 않는다. 대부분의 프로그래머는 작문 실력이 뛰어나지 않기 때문에 명쾌한 코드는 작성해도 글짓기는 형편없다. 어렵거나 지루하거나 하고 싶지 않을 테니 명세 작성을 피하려 드는 것이 그다지 놀라운 일도 아니다. 종종 꼭 하지 않아도 될 일에 시간을 낭비한다고 여긴다. 그도 아니면 먼저 코딩부터 하고 문서는 나중에 작성해야지 하고 생각한다. 쓰라린 경험을 겪고 나서야 나중은 없다는 사실을 깨닫는다.

누구도 내 멋진 명세를 읽지 않을 거야라는 우울한 생각 때문에 더 많은 프로그래머가 글쓰기에 두뇌를 쓸 생각을 접는다. 사실 그렇게 될 가능성이 크다. 그 멋진 걸작이 읽히지 않을 수도 있다. 하지만 그러면 어떠한가? 명세를 작성하려면 스스로 머리를 쥐어 짜내야 하는데 이는 굉장히 의미 있는 단계다. 물론 소수의 고수(guru)는 바로 코딩해서 훌륭한 결과물을 만든다. 하지만 인정하든 안 하든 대부분의 프로그래머는 그렇게 하지 못한다. 디자인부터 해야 한다. 신중하게. 제일 먼저. 그 후 디자인을 문서에 담아야 한다. 어쩌면 이 문서를 오로지 자신만 볼 수도 있다. 하지만 언젠가 높은 곳의 부름을 받아 크로아티아 수도승이 되기 위해 떠난다면 유지 보수 프로그래머는 어떻게 남은 작업을 이어갈까? 명세는 저자보다 더 오래 살아남는다. 유산을 남긴다고 생각하자.

스스로 통제할 수 없는 유일한 시나리오는 시간 부족이다. 코딩 업무가 갑자기 뚝 떨어져 좋은 명세를 작성할 시간이 정말로 부족할 때가 있다. 명세를 작성할 시간이 없으면 아마 코드를 제대로 작성할 시간도 부족할 것이다. 제대로 하고 있는지, 실질적인 규율도 없이 코드에 뛰어들고 있지는 않은지 확실히 인지하자. 그렇게 만든 코드는 생산 릴리스에 들어가지 못한다.

명세를 생략해 시간을 아끼는 것은 분명 잘못된 절약이다. 명세는 커뮤니케이션 시간을 줄여 준다. 명세를 작성할 때 프로그램이 어떻게 동작하는지 한 번만 설명하면 된다. 이 단계를 건너뛴다 해도 무조건 그 이상의 커뮤니케이션이 발생할뿐더러 그때그때 임시로 더 긴 기간에 걸쳐 더 통제하기 어려운 방식으로 해야 한다. 이러한 커뮤니케이션은 청중이 바뀔 때마다 같은 내용을 조금씩 방향을 달리해 반복해서 설명해야 하므로 훨씬 더 비효율적이고 실제로도 더 오래 걸린다.

> 핵심개념 ★   명세 작성을 건너뛰는 것은 위험하고 전문가답지 못하다. 명세를 작성할 시간이 충분하지 않으면 아마 코드를 작성할 시간도 충분하지 않을 것이다.

물론 개인 목적의 프로젝트를 위해 상세하게 명세를 작성하는 개발자가 이따금 있다. 이는 적절하게 명세를 작성하는 극단적인 예다. 규모(소스 파일과 모듈, 개발자, 고객 수를 기준으로)가 큰 프로젝트라면 명세 지원이 반드시 있어야 한다.

19.6 요약

> 말은 두말할 나위 없이 인류가 사용하는 가장 강력한 약이다.
>
> _러디어드 키플링

명세가 소프트웨어 개발자의 삶에서 가장 즐거운 부분은 아니나 코드 작성 루틴에 있어서는 중요하다. 명세를 효과적으로 읽고 작성하는 법, 즉 올바른 정보를 올바른 위치에 보관함으로써 향후 시간을 절약하고 번거롭지 않을 방법을 배우자. 단 서류만 죽 늘어놓는 요식 체계에 갇히지 말자.

현명한 프로그래머

- 명세의 중요성을 인식하고 더 편하게 개발하기 위해 명세를 사용한다.
- 적절한 문서화 수준을 안다.
- 글쓰기 실력을 늘리고 싶어하며 리뷰를 받고 연습할 기회를 찾는다.

형편없는 프로그래머

- 디자인이나 문서화, 리뷰에 대해 전혀 고려하지 않고 코딩 업무로 곧장 뛰어든다.
- 생각 없이 글을 작성하기 때문에 구조화되지 않은 이해하기 어려운 명세를 생산한다.
- 지루하고 무의미하다며 문서 작성을 피한다.

19.7 참고

4장: 무엇을 작성해야 하나

자체 문서화 코드는 일부 코드 문서화를 없애주는 견고한 기술이다. 좋은 코드는 다루기 쉽고 아주 직관적이라 긴 매뉴얼이 필요 없다.

18장: 소스 안전 생활화

명세의 변경 제어와 백업 전략을 고려하자. 명세도 코드만큼 중요하고 보호가 필요하다.

20장: 완벽한 리뷰

작성한 문서의 정확성과 품질을 보장하려면 코드와 마찬가지로 리뷰를 수행해야 한다.

22장: 프로그램 레시피

명세는 소프트웨어 개발 절차에서 꼭 필요한 부분이자 주로 개발 단계를 이어주는 관문이다.

19.8 생각해 보기

다음 질문에 대한 자세한 설명은 638쪽 "정답과 설명"에 나와 있다.

19.8.1 궁리하기

1 명세가 아예 없는 것보다 형편없는 명세라도 있는 편이 나은가?

2 훌륭한 명세는 얼마나 자세해야 하는가?

3 기업/프로젝트의 모든 문서가 공통 표현 방식을 꼭 따라야 하는가?

4 문서를 어떻게 저장해야 하는가? 가령 문서들의 인덱스를(문서 유형이나 프로젝트별로) 제공해야 하는가?

5 명세 리뷰를 어떻게 수행해야 하는가?

6 자체 문서화 코드가 있으면 모든 명세가 불필요한가? 아주 구체적인 명세까지도?

7 둘 이상의 저자가 어떻게 한 문서를 같이 작성할 수 있을까?

19.8.2 스스로 살피기

1 문서의 내용을 누가 결정하는가?

2 현재 프로젝트에 다음 명세가 있는가?

    a 요구사항 명세

    b 아키텍처 명세

    c 디자인 명세

    d 기능 명세

    e 그 밖의 다른 명세

3 명세가 최신으로 유지되는가? 완전한가? 최신 버전을 어떻게 구하는지 아는가? 과거 리비전에 접근할 수 있는가?

4 문서를 리비전 제어하는가? 한다면 어떻게 하는가?

memo

완벽한 리뷰

코드 리뷰하기

인생을 되돌아보는 일에는 자살보다 한 가지 나은 점이 있다.
자살은 자기 자신에게 분풀이하지만 되돌아볼 때는 다른 이에게 분풀이한다.
_조지 버나드 쇼

20장에서 다룰 내용

- 코드 리뷰란 무엇인가?
- 코드 리뷰로 무엇을 얻는가?
- 코드 리뷰를 어떻게 수행하는가?

뛰어난 목수가 되는 법은 어떻게 배울까? 목수의 도제로 들어간다. 걸작을 감상하고 매일 목수를 돕고 점차 더 많은 책임을 떠맡고 목수의 조언을 들으며 배운다. 실제로 능력도 없으면서 무턱대고 발을 들이지 않고 질 좋은 목공품을 당장 만들어 내려고도 하지 않는다.

코딩 세계에는 이러한 과정이 없다. 프로그래밍은 공학 분야지만 그만큼 정교한 기술이기도 하다(어떻게 보면 기술에 더 가깝다). 훌륭한 프로그래머는 현실(Real Life)에서 무엇이 통하고 무엇이 통하지 않는지 몸소 겪으며 좋은 코드와 나쁜 코드를 구분 짓는 차이를 익힌다. 책에는 나오지 않는 내용이니 운 좋은 소수만이 스승에게 배울 뿐이다. 코드 리뷰(code review)를 통해 개발자 대부분이 이러한 이상에 거의 비슷하게 도달할 수 있다.

코드 리뷰(검사(inspection) 또는 기술 검토(walkthrough)라고도 부름)는 타인이 당신의 소중한 코드를 세밀히 살피고 당신 또한, 타인의 작업물을 검사할 수 있는 체계적인 기회를 제공한다는 점에서 소프트웨어 개발 방법의 하나인 오픈 소스 모델과 비슷하다. 코드 리뷰는 지식 교환을 가능케 한다. 하지만 주된 목적은 소프트웨어의 품질 향상이다. 험난한 재앙이 닥치기 전에 결함을 찾아준다.

또한, 코드 리뷰는 일에 대한 책임감을 더 북돋는 식으로 보이지 않게 도움을 준다. 자신 외에 타인이 코드를 보고 사용하고 유지 보수하고 비판할 수 있다는 사실을 알게 되면 접근 방식이 달라질 가능성이 크다. 다시 고칠 시간도 없을 수정본을 대충 만들 일이 적다. 코드 리뷰 덕분에 심어진 책임감은 코딩 품질을 향상시킨다. 423쪽 "코드는 공동 소유다"에서 설명했던 "공동 코드 소유" 문화 확립에도 기여한다.

꽤 괜찮지 않은가? 내부를 열어 어떻게 효과를 발휘하는지 보자.

20.1 코드 리뷰란?

리뷰는 현미경으로 소스 코드를 관찰하며 비판하고 검증하는 과정이다. 저자를 조롱하거나 나무라기 위함이 아니라 팀에서 만든 소프트웨어의 품질을 높이기 위함이다. 일반적으로 리뷰가 끝나면 꼭 고쳐야 할 문제 목록이 만들어진다(이 목록의 길이가 곧 프로그래밍 실력이다!). 이따금 지금 당장 하지 않아도 될 개선 사항이 발견되면 훗날을 대비해 기록해 두자.

버그와 개선 가능한 코드를 찾는다. 코드 리뷰는 문제를 몇 가지 단계로 추린다.

- 전반적인 디자인(알고리즘과 외부 인터페이스 선택이 적절했는지 점검한다)
- 디자인의 코드 표현(디자인을 클래스와 함수로 분해)
- 각 시맨틱 블록 내 코드(각 클래스, 함수, 루프가 올바른지, 언어 관용구를 적절히 따르는지, 구현 선택이 실용적인지 점검한다)
- 각 코드 명령문(각각 프로젝트 코딩 표준과 모범 사례를 따라야 한다)

다음과 같은 코드 리뷰가 가능하다.

개인 리뷰

저자 스스로 결과물을 신중하고 체계적으로 리뷰해 적절한지 확인한다. 타자를 치고 아무 생각 없이 코드를 읽는 것과 혼동하지 말자. 개인 코드 리뷰는 이보다 더 세밀하고 몰입하는 작업이다.

1대 1 리뷰

다른 프로그래머에게 코드를 훑어보게 한다. 상대 프로그래머는 로직을 검사하고 로직의 흐름에서 결함을 찾는다. 이러한 리뷰는 비공식적으로 저자에 의해 주도되는 경우가 많다. 다시 말해 보다 객관적인 제3자의 시선이 아닌 저자의 가정에 근거해 저자의 관점에서 코드를 바라보게 된다.

공식 리뷰

여러 프로그래머가 리뷰에 참여하면 새로운 전문 지식, 풍부한 경험, 일에 대한 다양한 시각이 더해지며 리뷰하는 관점도 바뀐다. 대규모 리뷰는 조직하기 더 어렵고 전반적으로 공수도 더 들지만, 문제를 뿌리 뽑을 가능성이 크다. 개인 리뷰는 저자가 코드에 너무 밀착되어 결함을 간과하기 쉽고 깊이 파고들기 어렵다.

공식 리뷰는 주로 공식 회의에서 수행하지만, 꼭 물리적 회의가 아니더라도 가상 리뷰(virtual review), 즉 온라인으로 실행할 수 있다.

개발 절차 단계별로 각 리뷰 유형이 다르게 쓰인다. 1대 1 리뷰는 수정 사항을 메인 소스 트리에 커밋하기 전 통합 리뷰 역할을 하며 코드 개발 내내 일상적으로 쓰인다. 공식 리뷰는 코드 개발이 끝날 무렵 최종 소프트웨어 품질 감사를 수행한다.

올바른 코드가 된다는 당연한 이점 외에도 리뷰에는 또 다른 유용한 부수 효과가 있다. 서로의 코드를 살피는 교차 수정을 거치며 전체 프로젝트의 코딩 스타일이 보다 획일화된다. 또한, 핵심 코드의 내부 동작 정보가 다수에게 전파되니 누군가 프로젝트를 떠나더라도 정보를 잃을 위험이 적다(430쪽 "팀 해체"에서 봤듯이 이는 굉장히 현실적인 문제다).

> 핵심개념 ★ 코드 리뷰는 찾기 어려운 버그를 발견해 제거하고, 코드 품질을 높이고, 공동 코드 책임을 강제하고, 지식을 전파하는 아주 훌륭한 도구다.

20.2 언제 리뷰하는가?

> 비판받지 않으면 여러분은 많은 것을 하지 않을지도 모른다.
>
> _도널드 H. 럼즈펠드

이상적인 세계에서는 모든 코드를 출시 전에 신중히 리뷰한다. 카네기 멜론 대학 소프트웨어 공학 연구소(Software Engineering Institute)의 발표에 따르면 코드 리뷰를 철저히 하는데 코딩 시간의 최소 50퍼센트 이상이 소요된다고 한다(개인 코드 리뷰도 이 통계에 포함된다).[험프리 98] 이는 대다수 현실 세계 프로젝트에서 투입하려는 시간보다 분명 더 길다.*

> 핵심개념 ★ 시스템을 작성할 때는 코드 리뷰를 수행할지, 한다면 정확히 어떤 코드를 리뷰할지 정해야 한다.

대안 검토

공식 코드 리뷰를 대신할 방법으로 여러 개발 기법들이 논의되어 왔다. 하나씩 살펴보자.

페어 프로그래밍

(404쪽 "무엇이든 짝을 지어서 한다"에서 설명했던) 페어 프로그래밍은 프로그램을 작성하며 바로바로 효과적으로 코드를 리뷰한다. 두 사람이 보는 편이 한 사람보다 낫고 결함도 훨씬 많이 찾는다. 하지만 코드 리뷰에서는 물리적으로 그리고 감정적으로 구현 업무와 분리된 리뷰어를 고용함으로써 훨씬 더 많은 문제를 잡아낸다.

오픈 소스

소스 코드를 공개하고 자유롭게 출시하면 누구나 코드를 열어 코드 품질을 판단하고 문제를 수정할 수 있다. 어떤 이는 궁극적인 코드 리뷰라고 말한다. 그러나 현실적으로는 누군가 소스를 검사한다고 보장할 수 없다. 널리 알려진 오픈 소스 프로젝트만이 활발하게 코드 기반을 유지 보수한다. 코드를 오픈 소스로 만든다고 해서 즉시 코드 리뷰 같은 혜택을 보는 것은 아니다.

단위 테스트

단위 테스트는 수정 후 코드 출력의 정확도(correctness)가 떨어지지 않았음을 자동으로 입증해주는 도

---

* 더 심각한 문제는 코드 리뷰에 시간을 투자할 준비가 전혀 되어 있지 않다는 사실이다.

20.2.1 리뷰를 할까 말까?

버그는 필연적이며 틀림없이 코드에 뻔한 실수를 저질렀을 것이라고 배웠다. 금세 눈에 띄는 결함이 있고 선입견 없이 새롭게 코드에 접근하는 시각만이 찾아낼 수 있는 보다 미묘한 문제가 이보다 많다. 작성자 스스로 결과물에 숨겨진 결함을 찾기란 어렵다. 코드페이스와 너무 가까워서 앞서 설명한 심리적 인지 부조화(cognitive dissonance)에 시달린다.[와인버그 71] 코드가 정말 중요하고(힌트: 중요하지 않는다면 애초에 작성하지 않았을 것이다) 코드 품질에 신경 쓴다면(힌트: 신경 쓰지 않는다면 제 얼굴에 침뱉기다) 반드시 리뷰해야 한다.

코드를 리뷰하지 않으면 생산 소프트웨어에 결함이 그대로 새어 나갈 가능성이 급격히 높아진다. 그 결과 곤란한 상황, 비용이 많이 드는 재작업, 현장 업그레이드, 극단적인 경우 회사의 재정 파산까지 이어질 수 있다. 코드 리뷰에 드는 수고는 그에 비하면 미미하다. 험프리는 "학생과 공학자는 전형적으로 디자인하며 시간당 1-3개 결함을, 코드를 작성하며 시간당 5-8개 결함을 만든다. 테스트하며 시간당 약 2-4개 결함을 제거하지만 코드 리뷰 중에는 시간당 6-12개 결함을 찾는다."고 밝혔다.[험프리 97]

개발자는 종종 리뷰 회피를 정당화할 변명을 늘어놓는다. "코드가 너무 많아서 완벽하게 리뷰할 수 없어", "코드가 너무 복잡해서 아무도 이해하지 못할 테니 리뷰하려 애써도 소용 없어"라고 말이다. 대규모 프로그램을 작성할 맨아워(man-hour)를 프로젝트에 동원할 정도면 그 프로그램을 리뷰할 시간도 충분하다. 코드가 너무 복잡할 경우 더 필사적으로 리뷰해야 한다! 오히려 보다 극단적인 조치가 필요하다. 코드를 제대로 작성했다면 독립적 영역으로 분해해 리뷰를 별개로 진행할 수 있다.

20.2.2 어떤 코드를 리뷰할까?

어떤 프로젝트든 빠른 속도로 대량의 소스 코드를 만들어낸다. 개발 프로세스가 아주 엄격하지 않고서는 마지막 코드 한 조각까지 리뷰할 시간이 사실상 충분하지 않다. 그러면 어느 부분을 리뷰할지 어떻게 결정할까? 쉽지 않다.

리뷰했을 때 가장 득이 될 코드를 선별해야 한다. 가장 형편없을 코드 혹은 시스템이 올바로 기능하는 데 가장 필수적인 코드가 여기에 해당한다. 다음과 같은 전략을 취해보자.

- 중앙 컴포넌트에서 핵심 코드를 고른다.
- 프로파일러를 수행해 CPU 시간이 가장 많이 쓰이는 코드를 찾아 리뷰한다.
- 복잡도 분석 도구를 수행해 가장 문제가 되는 코드를 리뷰한다.
- 이미 버그가 많이 나왔던 영역을 대상으로 한다.
- 신뢰할 수 없는 프로그래머가 작성한 코드를 선택한다(일종의 코드 리뷰 복수!)

아마 위 모든 전략을 혼용하는 방식이 가장 실용적일 것이다. 팀, 코드 기반, 현재 시스템 특성에 대한 냉철한 평가를 바탕으로(성능, 버그 개수 등) 최선의 코드 후보를 고르자.

> **핵심개념★** 리뷰할 코드 영역을 신중히 고르자. 전부 리뷰할 수 없으면 리뷰 후보를 정할 때 사실에 근거해 선택하자. 소중한 시간을 낭비할 수 있으니 추측하지 말자.

20.3 코드 리뷰 수행

> 우리가 끈기를 가지고 하는 일이 쉬워지는 것은,
>
> 그 일 자체가 쉬워져서가 아니라,
>
> 그 일을 수행하는 우리의 능력이 향상됐기 때문이다.
>
> _랠프 월도 에머슨

그냥 코드 리뷰를 하는 것만으로는 부족하다. 모든 문제를 해결하지는 못한다. 올바르게 리뷰해야 한다. 이어지는 절에서 방법을 설명하겠다.

20.3.1 코드 리뷰 회의

(형식을 갖춘 개발 프로세스라는 가정하에) 가장 일반적인 리뷰 환경은 공식 코드 리뷰 회

의(code review meeting)이다. 회의에는 정해진 안건(필요한 조처를 하기 위해)과 정의된 종료 지점(꼭 시간제한이 아니더라도 정확히 어떤 코드를 리뷰하고 어떤 코드는 하지 않을지에 대한 정의, 이 부분이 불명확하기 쉽다)이 존재한다.

전형적인 코드 리뷰 회의 절차는 다음과 같다.

20.3.1.1 어디서?

코드 리뷰 회의가 열릴 최적의 장소는 조용한 방이다. 리뷰어는 방해받지 않아야 한다. 커피도(꼭 필요한 사람이 있다면 차까지) 준비해야 한다.

코드 편집자끼리는 네트워크로 연결된 랩톱 여러 대가 있으면 좋고, 그중 한 대가 프로젝터에 접속되어 있으면 더욱더 유용하다. 나이 든 프로그래머는 컴퓨터 화면에서 멀어져야 못 보던 결함을 찾을 수 있다고 굳게 믿기에 종이에 인쇄해 직접 필기하려 한다. 사실은 나무와 전기를 얼마나 절약하고자 하느냐에 달렸다.

20.3.1.2 언제?

당연히 서로 편한 시간이다. 상식적으로 금요일 오후 5시는 좋지 않다. 회의에 진지하게 임해야 하니 방해받지 않고 산만해지지 않을 시간으로 고르자.

너무 큰 코드는 여러 번에 걸쳐 리뷰하자. 다수의 사람을 갇힌 공간에 몇 시간이고 앉혀 두면 리뷰 품질이 높게 유지될 리 없다.

20.3.1.3 역할과 책임

코드 리뷰 회의를 성공시킬 가장 중요한 열쇠 중 하나는 누가 참석하느냐다. 각 참석자에게 특정한 역할을 부여해야 한다. 인원이 적으면 한 사람이 여러 역할을 맡게 된다. 역할은 다음과 같다.

저자

당연히 코드 작성자가 리뷰에 참석해 무엇을 만들었는지 설명해야 하고, 부당하거나 사실과 다른 비판에는 반박하며 타당하고 건설적인 피드백에는 귀 기울여야(그리고 차후 행동을 취해야) 한다.

리뷰어

리뷰어는 리뷰할 여건과 능력이 되는 사람으로 신중하게 선별해야 한다. 리뷰어의 전문 분야에 속하는 코드라거나 어떤 식으로든 그 코드에 관여했어야 리뷰가 유용하다. 예를 들어 라이브러리 작성자는 그 라이브러리를 사용해 부정확한 API 용법을 진단하는 프로그램 리뷰에 초대되어야 한다.

숙련된 소프트웨어 공학자도 적절히 참석해야 한다. QA나 테스트 부서(194쪽 "품질 보증" 참고)의 대표도 마찬가지다. 그래야 QA에서 소프트웨어의 품질과 개발 프로세스의 품질을 신뢰할 수 있다.

의장

어떤 회의든 의장이 없으면 혼란에 빠진다(427쪽 "운명 마주하기" 참고). 의장은 리뷰를 주도하고 토론을 이끈다. 대화가 주제에서 벗어나지 않게 하고 회의가 곁길로 새지 않게 한다. 회의에서 논할 필요 없는 사소한 이슈는 재빨리 정리해 나중에 이야기하게 한다. 프로그래머는 조금만 기회가 주어지면 남은 코드 리뷰를 못 하는 한이 있더라도 1분짜리 기술 세부 사항을 몇 시간이고 논하려 든다.

서기

서기는 회의록을 작성한다. 리뷰가 끝나도 잊지 않게 오간 내용을 모두 기록한다는 뜻이다. 리뷰 체크리스트가 있으면 서기가 작성한다. 의장이 서기의 역할까지 맡아서는 안 된다.

회의에 들어가기 전 모든 참석자는 코드를 숙지해야 한다. 지원 문서(관련된 명세 전부 등)*를 읽어야 하고 프로젝트 코딩 표준을 전부 알아야 한다. 회의를 준비하는 사람은 오해가 없도록 이러한 문서를 회의 공지에서 미리 강조해야 한다.

20.3.1.4 안건

코드 리뷰 회의를 소집하려면 다음과 같아야 한다.

- 저자는 코드를 리뷰받을 준비가 됐다고 알린다.
- 의장은 회의를 준비한다(적절한 장소를 예약하고 시간을 잡고 올바른 리뷰어 그룹을 선정한다).
- 필요한 자원(컴퓨터, 프로젝터, 출력물 등)을 전부 준비한다.
- 리뷰어가 준비할 수 있게 회의를 미리 공지한다.
- 회의 공지 이후 저자는 이유 없이 코드를 변경할 수 없다. 이는 리뷰어에게 공평하지 않기 때문이다.

코드 리뷰 회의는 다음과 같이 진행된다.

---

* 당연히 모든 지원 문서는 사전에 철저하게 검토되어야 한다.

- 의장은 리뷰가 정시에 시작될 수 있도록 회의실을 미리 준비해 둔다.
- 저자는 몇 분 간(이보다 길지 않게!) 코드의 목적과 간략한 구조를 설명한다. 사전에 알려진 내용임에도 불구하고 놀랍게도 이 첫 단계에서 오해가 밝혀지기도 한다.
- 구조 디자인에 대한 의견을 구한다. 명령문 단 코드가 아니라 구현 구조와 관련된 비판이다. 클래스 단위로 기능 분할, 파일로 코드 분할, 함수 작성 양식 등을 말한다(구조가 충분히 방어적인가, 적절한 테스트가 있는가?).
- 코드에 대한 일반적 의견을 구한다. 코딩 스타일이 일관되게 부정확한가, 디자인 패턴을 잘못 적용했는가, 언어 관용구가 부정확한가 등을 따진다.
- 코드를 한 줄씩 또는 한 블록씩 신중하고 철저히 검토해 결함을 찾는다. 어떤 결함을 찾는지는 뒷부분(491쪽 "코드 완성")에서 설명한다.
- 코드가 쓰이는 다양한 시나리오를 고려해 제어 흐름을 검사한다. 완벽한 단위 테스트 묶음이 있으면(있어야 한다) 살펴야 할 시나리오도 자세히 나와 있다. 이를 통해 리뷰어가 모든 실행 경로를 검토할 수 있다.
- 서기는 필요한 변경을 전부 기록한다(파일명과 줄 번호를 기록한다).
- 더 큰 코드 기반에 퍼질 수 있는 이슈는 향후 조사를 위해 기록해둔다.
- 리뷰가 마무리되면 후속 조치를 합의한다. 다음과 같은 시나리오가 가능하다.

통과

코드에 흠이 없어 더 작업하지 않아도 된다.

다시 작업하고 검증

코드를 다시 작업해야 하지만 코드 리뷰 회의는 더 이상 하지 않아도 된다. 의장은 검증자(verifier) 역할을 할 사람을 지명한다. 재작업이 완료되면 검증자는 코드 리뷰 회의록에 적힌 내용대로인지 확인한다.

어떤 조치를 왜 취해야 하는지 기억 속에서 희미해지기 전에 작업이 끝날 수 있도록 적정한 마감 기한을 정해야 한다.

다시 작업하고 다시 리뷰

코드의 많은 부분을 다시 작업한 후 코드 리뷰를 다시 해야 한다.

잊지 말자, 문제를 수정하는 것이 아니라 문제를 발견하는 것이 회의의 목표다. 어떤 문제는 깊이 고민해야 고칠 수 있는데 이는 리뷰 후 저자(혹은 수정자)의 역할이다.

20장 끝부분에 나오는 코드 리뷰 체크리스트가 유용하게 쓰일 수 있다.

20.3.2 통합 리뷰

코드 리뷰 회의는 형식을 갖춰 리뷰하는 방식이다. 고생스럽지만 결코 감지하지 못했을 많은 문제를 찾아주는 것만은 틀림없다.

어떤 리뷰 절차는 코드 리뷰 회의의 이점은 대부분 제공하면서 마치 삼키기 쉬운 알약처럼 감싸져 있어 덜 수고롭다. 가장 효과적인 리뷰는 새 코드를 메인라인 코드 브랜치에 통합할 때 수행하는 통합 리뷰(integration review)일 것이다.

다음 상황에 쓰인다.

- 새 코드를 소스 제어에 체크인하기 직전에
- 새 코드를 소스 제어에 체크인한 직후에
- 코드 패키지를 기능 개발 브랜치에서 메인 릴리스 브랜치로 머징할 때

위 시점에 리뷰받을 의심스러운 코드에 표시하고 그 모듈의 책임자(코드 통합자나 유지 보수자*) 또는 일대일 리뷰로 저자의 코드를 검증하라고 지명된 그림자(shadow)(또는 코드 친구(code buddy)) 중에 적절한 리뷰어를 선택한다.

이처럼 체크인 전후에 두는 관문은 주로 소프트웨어 도구로 구현되어 소스 제어 시스템에 통합된다. 수동으로 처리하기 상당히 어렵고 보통은 동료 리뷰가 끝날 때까지 어떤 코드도 체크인하지 않는다는 체크인 규율을 정해둔다. 감시하기 쉽지 않기 때문에 막바지에 다급히 수행하는 체크인에서 오류가 슬며시 빠져나갈 수 있다.

대체로 실제 리뷰 단계는 앞서 설명한 리뷰 회의보다 훨씬 덜 형식적이다. 리뷰어는 코드를 살펴 고장 나지 않았음을 확인하고 테스트하고(아마도 타당성 입증에 쓰이는 단위 테스트를 리뷰하는 식으로) 메인라인 통합을 허가한다. 이후 코드 통합자는 검증된 코드를 릴리스 트리로 옮긴다. 더 중대한 프로젝트나 더 민감한 시기에는 훨씬 엄격하게 리뷰 단계를 구성해야 하므로 리뷰어도 늘어나고 공수도 더 든다.

리뷰어와 저자가 실제로 꼭 만날 필요는 없으니(물론 만나면 더 좋지만) 일종의 가상 리뷰 절차라 할 수 있다.

---

* 정기적으로 소프트웨어 업데이트 릴리스를 수행하며 다른 해커가 제출한 패치를 수집하고 분석해서 메인 소스 트리에 통합시키는 오픈 소스 프로젝트의 유지 보수자와 비교해 보자.

20.4 태도 리뷰

> 남에게 대접을 받고자 하는 대로 너희도 남을 대접하라.
>
> _누가복음 6장 31절

코드 리뷰에는 건설적 태도가 요구된다. 올바른 마음가짐으로 리뷰에 임하지 않으면 반드시 실패한다. 저자와 리뷰어 양쪽 모두 마찬가지다.

20.4.1 작성자의 태도

무능함을 들킬 것 같은 두려움에 코드 리뷰를 기피하는 사람이 많다. 그러지 말자. 코드 리뷰를 받으면 새 기술을 배우기 좋다. 완벽하지 않음을 인정할 만큼 겸손해야 하고 다른 이의 비판을 기꺼이 수용해야 한다. 코드가 어떻게 변하는지 배우면서 코딩 스타일이 개선된다.

그렇게 무모하지 않다

코드 리뷰는 카드 더미에 구멍을 뚫어 프로그래밍할 때부터 쓰여 온 보편적으로 인정받는 기법이다. 앞서 두 가지 리뷰 절차를 상세히 알아봤는데 그 밖에 미묘한 변형이 많다. 프로그래밍팀마다 팀원과 업무 특성에 어울리는 리뷰 메커니즘을 취한다(형편없는 팀은 아예 코드 리뷰를 수행하지 않는다).

잘 알려진 리뷰 방법 두 가지를 더 소개하겠다.

페이건 검사(Fagan inspection)

마이클 페이건이 무결점 절차(〈Defect Free Process〉)라는 저서에서 정의한 방식으로 20장에서 설명했던 기법들만큼이나 공식 리뷰에서 인정받는 절차이다.[페이건 76] 페이건은 리뷰 능력의 중요성을 강조하면서 어떻게 리뷰 실력을 향상시킬지 설명했다. 페이건 검사는 작업 산출물과 그 산출물을 만든 절차상의 문제를 모두 집어낸다.

섀도잉(shadowing)

페어 프로그래밍과 코드 리뷰 중간 정도의 방법이다. 각 코드 모듈마다 코드를 만드는 책임 개발자(lead developer)가 있다. 동시에 섀도 개발자(shadow developer)가 지명돼 책임 개발자와 함께 주기적으로 그 모듈을 리뷰한다. 디자인을 하나씩 굳혀갈 때 섀도 개발자는 선택이 옳은지 입증한다. 코드를 채워가는 중간 중간에 섀도는 진행 상황을 리뷰하고 건설적 조언을 제공한다.

더 형식적인 환경에서는 섀도에 코드 출시를 승인할 권한이 주어진다. 섀도 개발자가 릴리스 빌드에 포함할 수 있다고 동의할 때까지 어떤 모듈도 통합시킬 수 있다.

핵심개념 ★ 누가 코드를 만들었든 리뷰와 동료 조사(peer scrutiny)는 피해갈 수 없다. 적극적으로 코드 리뷰를 요청하자.

저자라면 코드에 방어적으로 굴지 말자. 개발자는 본능적으로 모든 비판을 감정적으로 받아들이고 자신의 능력에 대한 비난으로 여긴다. 코드 리뷰에 잘 대처하려면 자존심과 개인적 자부심을 낮출 필요가 있다. 누구도 완벽한 코드를 작성하지 못한다는 사실을 인정하자. 심지어 가장 뛰어난 프로그래머의 코드조차 코드 리뷰에서 진부하고 사소한 문제로 지적 받는다.

제럴드 와인버그는 1971년 그의 책 〈프로그래밍 심리학〉(인사이트, 2014)에서 이를 객관화 프로그래밍(egoless programming)이라 칭하며 성공적인 리뷰를 위한 비판적 태도를 설명했는데 이는 시대를 막론하고 통하는 진리이다.[와인버그 71] 코드 속 버그 혹은 타인이 그 버그를 찾는 것을 두려워하지 않는 프로그래머가 더 뛰어나고 더 안전하고 더 정확한 소프트웨어를 만든다. 프로그래머 대가가 되기 위해서는 다른 프로그래머에게 거리낌 없이 코드 속 결함을 찾아달라고 요청할 수 있는 자질을 꼭 갖춰야 한다.

다른 이의 의견에 귀 기울여 할 때 상대의 시간을 낭비하지 말자. 코드를 리뷰받기 전에 직접 가짜 리뷰(dummy review)를 수행해 보자. 다른 이에게 결과물을 내보이고 있다고 상상하는 것이다. 깜짝 놀랄 만큼 사소한 결함이 상당수 걸러지며 실제 리뷰에서 더 자신감이 생긴다. 어설픈 코드를 급히 만들지 말고 누군가 대신 그 결함을 찾아주기를 기대하지도 말자.

20.4.2 리뷰어의 태도

코드를 리뷰하고 비판하려면 세심해야 한다. 비판은 항상 건설적이어야 하고 비난하려 들면 안 된다. 저자를 사적으로 도발하지 말자. 대인 관계와 재치가 중요하다. 코더 말고 코드를 비판하자. 당신은 항상 이렇게 한다가 아니라 그 코드는 이렇게 한다고 말하자.

코드 리뷰는 모든 리뷰어가 평등한 동료 절차(peer process)다. 연차에 상관없이 모든 관점이 고려된다. 가장 미숙한 프로그래머조차 코드 리뷰에 참여할 가치가 있다는 사실도 흥미롭다. 또한, 저자가 리뷰로부터 배우듯이 리뷰어도 마찬가지일 수 있다.

시간이 흐르며 수행하는 리뷰가 점차 늘어난다. (특히 통합 리뷰를 한다면) 리뷰 절차가 일상적인 루틴이 되지 않도록 주의하자. 이러면 금세 모두의 시간이 비효율적으로 낭비된다. 코드를 리뷰할 때 긍정적 태도를 잃지 말자. 리뷰어로서 각 리뷰에 유용한 내용을 말하려고 항상 노력하자. 때로는 쉽지만, 때로는 흥미로운 내용을 언급하기 아주 어렵다. 편하게 틀에 박힌 리뷰만 하며 과정에 아무것도 기여하지 못하는 예스맨이 되지 않으려면 비판적인 자세를 유지하도록 스스로 채찍질해야 한다.

> **핵심개념✱**　코드 리뷰의 성공은 전적으로 저자와 리뷰어가 긍정적 태도를 취하느냐에 달렸다. 리뷰의 목표는 책임을 묻거나 구현 결정을 정당화하는 것이 아니라 협력해서 코드를 향상시키는 것이다.

20.5 코드 완성

> 온전한 것이 올 때는 부분적으로 하던 것이 폐하리라.
>
> _고린도전서 13장 10절

아직 어떤 유형의 코드가 리뷰를 통과하고 실패하는지 언급하지 않았다. 좋은 코드에 대한 설명은 20장에서 다룰 내용이 아니며 이미 1장부터 15장까지 고품질 코드의 주요 측면을 설명한 바 있다. 잘못된 코드 디자인을 밝히고 소프트웨어 버그를 찾을 때 몇 가지 반복되는 주제가 있다. 리뷰받을 코드는 다음과 같아야 한다.

버그가 없다

버그는 장애물이자 훌륭한 소프트웨어 개발의 적이다. 결과물의 품질을 신뢰할 수 있어야 하고 최대한 개발 절차 초기에 결함을 찾아야 한다. 문제를 빨리 찾으려 할수록 찾아서 고칠 가능성이 크고 그로 인해 발생할 비용과 번거로운 상황도 줄어든다(224쪽 "실패의 경제학" 참고).

정확하다

코드는 관련된 표준과 요구사항을 모두 충족해야 한다. 변수 타입을 올바르게 지정해야 한다(가령 수치 오버플로(numeric overflow)가 발생할 가능성이 없어야 한다). 주석이 완벽하게 맞아야 한다. 코드는 메모리 크기나 성능 요구사항을 충족해야 한다(임베디드 플랫폼이라면 특히). 라이브러리를 적절하게 사용하는지, 모든 함수 매개변수가 올바른지 확인하자.

코드 검증은 요구사항과 기능 명세를 준수하는가로 이뤄진다. 명세는 100% 정확하다고 간주하는데 만약 그렇지 못할 경우 일이 매우 힘들어진다! 코드 리뷰 코멘트로 명세가 보완되는 경우(가령 해명이 필요한 경우)도 있으나 실제로 코드 리뷰 단계에서 할 일은 아니니 명세의 정확성을 다투는 논쟁으로 빠지지 말자. 이슈는 서기를 통해 회의록에 기록하고 리뷰를 계속 진행하자.

완전하다

코드는 전체 기능 명세를 구현해야 한다. 순조롭게 통합되고 디버깅되어야 하며 모든 테스트 묶음을 통과해야 한다. 테스트 묶음은 포괄적이어야 한다.

체계적이다

구현 디자인이 타당한지, 코드는 이해하기 쉬운지, 중복이나 쓸데없는 코드가 없는지 검증하자. 가령 누가 봐도 뻔한 잘라 붙이기 프로그래밍(cut-and-paste programming)을 찾자.

예측 가능하다

불필요한 복잡도나 예상치 못한 일이 생기면 안 된다. 코드는 자체 수정(self-modifying)이 아니어야 하고 마법의 기본값에 의존하지 않아야 하며 미묘하게 무한 루프나 재귀가 발생할 가능성도 없어야 한다.

견고하다

코드는 방어적이어야 한다. 최대한 감지할 수 있는 런타임 오류를 방지한다(0으로 나누기, 수 범위 초과 오류 등). 모든 입력(함수 매개변수와 프로그램 입력 모두)을 검사한다. 모든 오류 조건을 다루고 예외 안전이다. 적절한 시그널을 모두 잡는다.

데이터 검사

C 언어 방식의 배열 접근에서는 경계 검사(bounds checking)를 수행한다. 은밀하게 발생하는 유사한 데이터 접근 오류도 미리 방지한다. 다중 스레드 코드는 경합 조건과 교착상태를 방지하기 위해 뮤텍스(mutex)를 올바르게 사용해야 한다. 모든 시스템과 라이브러리 호출의 반환값을 검사한다.

유지 보수 가능하다

프로그래머는 주석을 현명하게 사용해 왔다. 코드는 지속적으로 올바른 리비전 제어를 받는다. 적절한 형상 정보가 존재한다. 코드 서식은 내부 표준을 충족한다. 허위 경고 없이 잘 준수한다.

> **핵심개념★** 좋은 코드가 무엇인지 모르면 상대방의 코드에 타당한 판단을 내리지 못한다.

20.6 코드 리뷰가 끝이 아니다

고품질로 생산하려면 리뷰 절차가 꼭 필요하므로 단지 소스 코드 개발에만 유용한 것이 아니다. 명세 문서나 요구사항 목록 등에도 비슷한 리뷰 절차를 적용한다.

20.7 요약

> 정확하게 하는 것보다 비판적이 되기 더 쉽다.
>
> _벤저민 디즈레일리

코드 리뷰는 소프트웨어 개발 절차의 핵심이자 고품질 코드로 유지시키는 비법이다. 도제가 물려받은 지식으로 기술을 배우듯이 코드 리뷰는 지식을 전파하고 코딩 역량을 길러준다. 스승과 도제가 아니라 동료 대 동료 간 활동으로서 저자와 리뷰어에게 똑같이 배울 기회를 제공한다.

리뷰받을 수 있도록 코드를 작성하자. 다른 이가 유지 보수할 수 있어야 하니 읽을 사람이 자신만이 아님을 기억하자. 저자는 항상 자기가 만든 코드의 품질에 책임을 져야 한다. 좋은 프로그래머는 자신의 자존심보다 뛰어난 코드를 만드는 데 집중한다.

현명한 프로그래머

- 코드 리뷰를 원하며 코드 품질에 자신이 있다.
- 다른 이의 의견을 수용하고 배운다.
- 다른 이의 코드를 세심하고 정확하게 비판한다.

형편없는 프로그래머

- 코드 리뷰를 두려워하고 타인의 의견을 겁낸다.
- 비판을 감정적으로 받아들인다, 방어적이며 쉽게 발끈한다.
- 능력이 부족한 코더에게 우월성을 입증할 목적으로 리뷰한다, 비판이 지나치게 가혹하고 비건설적이다.

20.8 참고

1 ~ 15장
1장부터 15장까지 매 장마다 훌륭한 코드의 주요 측면을 설명한다.

9장: 결함 찾기
코드에 존재하는 버그 유형 설명.

19장: 명시적으로
코드는 명세에 비춰 리뷰된다. 명세 또한, 세심히 리뷰해야 한다.

20.9 체크리스트

많은 리뷰 절차에서 좋은(그런대로 괜찮은) 코드의 특성을 체크리스트로 만들어 리뷰 중에 표시한다. 코드가 기준에 도달하지 못하면 리뷰는 실패한다. 체크리스트는 세부적으로 다르고 주제와 길이도 다양하다.

코드 리뷰 체크리스트의 한 가지 예를 보이겠다. 리뷰 작업을 지시할 때 사용하면 좋다. 일부 체크리스트와 달리 잠재적 문제를 가능한 모든 언어로 체계적으로 나열하지는 않았으며 리뷰 절차를 진행하고 다음 리뷰 단계로 언제 넘어갈지 정하는 데 도움을 주고자 한다.

코드 리뷰　　　　　　　　　　　　　　　　　　　　　　　　　　체크리스트

아래 양식을 사용해 코드 리뷰를 수행하자.

코드 정보

모듈명: ＿＿＿＿＿＿＿＿＿＿＿＿＿
리뷰할 버전: ＿＿＿＿＿＿＿＿＿＿＿
코드 저자: ＿＿＿＿＿＿＿＿＿＿＿＿

리뷰어: ＿＿＿＿＿＿＿＿＿＿＿＿＿
날짜: ＿＿＿＿＿＿＿＿＿＿＿＿＿＿
언어: ＿＿＿＿＿＿＿＿＿＿＿＿＿＿
파일 개수: ＿＿＿＿＿＿＿＿＿＿＿

자동 검사

☐ 코드가 오류 없이 컴파일된다
☐ 코드가 경고 없이 컴파일된다
☐ 단위 테스트가 있다
　　☐ 충분하다(가령 경계 케이스를 모두 포함한다)
　　☐ 코드가 테스트를 통과한다

☐ 코드가 소스 제어로 관리된다
☐ 검사 도구로 코드를 테스트했다
도구명　　　　　　　　　　　　결과
＿＿＿＿＿＿＿＿＿　　＿＿＿＿＿＿＿＿＿
＿＿＿＿＿＿＿＿＿　　＿＿＿＿＿＿＿＿＿
＿＿＿＿＿＿＿＿＿　　＿＿＿＿＿＿＿＿＿

> ☐ 다음 영역으로 계속 진행한다　　☐ 리뷰를 중단한다

디자인

☐ 코드가 (명세에 비춰) 완전하다
☐ 알고리즘을 적절히 선택했다
☐ 최적화가 필요하고 적절하다
☐ 누락된 기능이 코드에 전부 분명하게 표시되어 있다

코드 디자인에 대한 일반적 감사

☐ 코드가 잘 구조화됐다
☐ 디자인 문서화가 있다
　　☐ 코드와 문서화가 일치한다

> ☐ 다음 영역으로 계속 진행한다　　☐ 리뷰를 중단한다

일반적인 코드 코멘트

스타일
　☐ 코드 레이아웃이 명쾌하다
　☐ 프로젝트 스타일 가이드라인을 따른다
　☐ 훌륭한(모호하지 않은) 공개 API가 있다
　☐ 이름을 잘 골랐다

방어적 프로그래밍
　☐ 배열 접근이 안전하게 보호된다(C/C++)
　☐ 타입을 올바르게 선택했다
　☐ 모든 입력을 검증한다
　☐ 컴파일러에 특화된 기능을 사용하지 않는다

일반적인 코멘트
＿＿＿＿＿＿＿＿＿＿＿＿＿＿＿＿＿＿＿
＿＿＿＿＿＿＿＿＿＿＿＿＿＿＿＿＿＿＿
＿＿＿＿＿＿＿＿＿＿＿＿＿＿＿＿＿＿＿

작성된 코드의 품질에 대한 일반적인 코멘트

오류 처리
　☐ 관례대로 오류 조건을 처리한다
　☐ 어서션(assertion)을 사용해 로직을 검증한다
　☐ 코드가 예외 안전이다
　☐ 오류를 숨기지 않고 전파한다
　☐ 자원 누수가 없다

☐ 코드가 다중 스레드를 사용한다
　☐ 코드가 스레드 안전이다
　☐ 잠재적으로 교착 상태에 빠질 가능성이 없다

구조
　☐ 코드 중복이 없다
　☐ 잘라붙이기 프로그래밍이 없다

> ☐ 다음 영역으로 계속 진행한다　　☐ 리뷰를 중단한다

명령문 단 리뷰

아래 표를 작성하고 모자라면 새 시트로 옮기자. 이슈마다 0(걸치레/있어도 괜찮다)부터 4(꼭 고쳐야 한다)까지 등급을 매기자.

파일	줄 번호	이슈	등급
＿＿	＿＿	＿＿＿＿＿＿＿＿＿＿＿＿	＿＿
＿＿	＿＿	＿＿＿＿＿＿＿＿＿＿＿＿	＿＿
＿＿	＿＿	＿＿＿＿＿＿＿＿＿＿＿＿	＿＿
＿＿	＿＿	＿＿＿＿＿＿＿＿＿＿＿＿	＿＿
＿＿	＿＿	＿＿＿＿＿＿＿＿＿＿＿＿	＿＿

나머지는 별도 시트에 작성한다(혹은 코드를 종이에 인쇄해 표시한다).

후속 조치

결론:
　☐ 코드 OK
　☐ 다시 작업하고 검증한다
　☐ 다시 작업하고 다시 리뷰한다

리뷰 결과를 여기에 기록한다.

작업을 마무리할 개발자: ＿＿＿＿＿＿＿＿＿＿

지정된 검증자: ＿＿＿＿＿＿＿＿＿＿＿＿

20.10 생각해 보기

다음 질문에 대한 자세한 설명은 641쪽 "정답과 설명"에 나와 있다.

20.10.1 궁리하기

1 필요한 리뷰어 수는 리뷰할 코드 크기에 따라 좌우되는가?

2 코드 리뷰에 유용한 도움을 주는 도구는 무엇인가?

3 소스 코드 검사 도구를 실행하기 전이나 후에 코드 리뷰를 수행해야 하는가?

4 코드 리뷰 회의 전에 무엇을 준비해야 하는가?

5 즉시 시행할 리뷰 코멘트와 다음 프로젝트를 위해 기록해 둘 리뷰 코멘트를 어떻게 구분할까?

6 가상 리뷰 회의는 어떻게 수행하는가?

7 비공식 코드 리뷰가 얼마나 유용한가?

20.10.2 스스로 살피기

1 프로젝트에서 코드 리뷰를 수행하는가? 코드 리뷰를 충분히 수행하는가?

2 자신의 코드는 리뷰할 필요가 없다고 여기는 프로그래머와 일하는가?

3 지금까지 작성한 코드의 몇 퍼센트 정도가 코드 리뷰 대상이었는가?

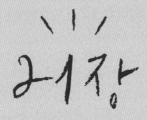

그걸 누가 알겠어?

소프트웨어 기간 추정 마법

생각지도 못했군.
그것은 논리적 사고 능력을 파괴하는 아주 형편없는 습관일세.
_셜록 홈즈(아서 코난 도일 경)

21장에서 다룰 내용

• 왜 기간 추정을 해야 할까?
• 왜 추정하기 어려울까?
• 실용적 추정 방법
• 일정 지키기

얼마나 길지 누가 알겠는가? 목적에 맞게 바꿔 말하면 얼마나 걸릴지 누가 알겠는가? 쉽게 답할 수 있는 질문이고 그만큼 쉽게 이해가 된다.

21장에서는 전문 프로그래머가 갖춰야 할 주요 기술인 소프트웨어 기간 추정(software timescale estimation)을 다룬다. 소프트웨어 기간 추정은 과학보다는 직감을 따르는 신비로운 개발 마법 중 하나인데 틀리는 일이 잦다. 복잡하지만 소프트웨어 개발 프로세스에 없어서는 안 되며 모든 프로그래머가 익혀야 한다.

소프트웨어 공장의 법칙은 경제, 다시 말해 자본의 흐름에 지배될 수밖에 없다. 프로그래머는 저렴하지 않아서 소프트웨어 개발 비용 대부분은 인력에 들고 따라서 시간 추정이 중요하다. 개발 환경과 하드웨어 비용은 그에 비해 대수롭지 않다. 소프트웨어 제품을 생산할 목적이라면 얼마나 일해야 하고 개발 인력이 얼마나 필요하고 언제 완성돼 수익을 올릴 상태가 되는지 알아야 한다. 이것이 곧 개발 비용이다. 마케팅 부서는 매출을 예측한다. 두 예측이 정면으로 맞부딪히며 흥미진진한 힘겨루기를 펼친다. 회계 담당자는 예산을 편성해 재정적으로 프로젝트가 가능한지 살핀다.

대부분의 프로그래머가 뛰어나지 못한 이 기이한 분야를 계획(planning)이라 부른다. 염려하지 말자, 그래서 관리자가 있지 않은가. 하지만 정말로 잘 해내려면 게임의 법칙을 알아야 한다. 상업적으로 성공 가능한 소프트웨어를 작성하려면 엄청난 선견지명과 계획이 필요하다. 아, 거기에 대담함까지.

개발 계획을 세울 때는 고차원의 소프트웨어 시스템 디자인을 수행한 후 컴포넌트 단위로 디자인을 분해하고 각 컴포넌트 작성에 얼마나 걸릴지 추정한다. 진지하게 고민하며 각 컴포넌트의 범위를 결정하고 디자인할 시간이 부족하기 때문에 상당히 개략적인 과학이라 할 수 있다. 소프트웨어 개발 모델(524쪽 "개발 프로세스" 참고)을 선택한 후 각 추정치를 계획상에 모아 여러 프로그래머에게 골고루 분산시키고 이를 바탕으로 경제적 문제를 해결한다. 계획의 품질은 당연히 기간 추정의 품질에 기반한다. 터무니없는 추측은 재정적 파산을 불러일으킬 수 있으니 아주 중요하다!

계획을 세우지 않으면 의도에 의해서가 아니라 운에 기대 제품을 만드는 것이다. 추정은 프로젝트 계획 프로세스의 핵심이지만 그렇다고 프로젝트 기획자의 일은 아니다! 직접 개발하는 프로그래머만이 기간 정보를 제공할 수 있다. 바로 당신 말이다! 이것이 소프트웨어 공장에서 벌어지는 상업적 현실의 단면이다.

21.1 어림짐작

어느 회사든, 어느 프로젝트든, 언제 하든 소프트웨어 기간 추정은 경험에 기반한 추측에 불과하다. 그렇지 않는다면 애초에 추정이라 부르지도 않았을 것이다. 추측은 별로 프로답지 못해 보인다. 하지만 일을 끝내기 전까지는 얼마나 걸릴지 정확히 알 수 없고 끝났을 때는 대개 그 정보가 쓸모없으니 결국 추정만이 최선이다.*

추정의 품질은 기본적으로 업무 이해도에 달렸다. 다르게 말하면 스스로 얼마나 잘 이해한다고 생각하느냐가 아니라 실제로 얼마나 잘 이해하느냐. 또한, 추정치를 산정할 시간이 충분한지, 즉 실현 가능한 디자인이나 타당성 검토에 얼마나 공을 들일 수 있는지에 따라서도 다르다. 명세가 아주 정확하면 단기간에 추정할 수 있고 명세가 아주 모호하면 오래 걸린다. 어떤 구현을 선택하느냐에 따라 걸리는 시간과 내재된 위험 수준이 근본적으로 다르므로 정당하고 타당하게 추정하려면 몇 가지 프로토타입을 만들어 구현 옵션을 검토해야 할 수 있다.

추정할 시간이 부족하다면 개발에서 넘어서는 안 될 최악의 상황을 가정하자. 기간 추정에 노력을 덜 기울일수록 최악의 상황에 대한 자신감이 떨어지고 추정과 현실 간 갭이 생길 가능성이 크다. 개발 시간이 추정치의 반만 걸릴 수도, 전체가 걸릴 수도, 최악의 경우 더 걸릴 수도 있다. 이러한 리스크를 관리하려면 개발 계획에 만일의 상황(contingency)을 고려해 넣어 위험을 분산시키자. 그렇다면 만일의 상황을 얼마나 고려해야 할까? 이것까지 추정해야 한다! 뒷부분에서 살펴보겠다.

> **핵심개념★** 소프트웨어 기간 추정에는 경험에 바탕을 둔 추측이 필요하다. 각 추정치마다 신뢰도가 딸려 있어야 한다.

훌륭한 추정은 합리적이고 타당하지만 잘못된 추정은 근거 없는 추측에 불과하다. 추정이란 유연하고 통찰력 있는 태도로 풀어나가야 할 기초적인 공학 이슈이다. 지난 수세기 동안 그래왔다.** 전체 프로젝트 추정은 관리자와 기획자의 역할이다. 이는 상상을 초월할 정도로 어렵다. 지금부터는 개개 프로그래밍 업무 추정을 살펴보겠다. 다행히도 정말 힘들지 엄청 힘들지는 않다.

---

* 물론 향후 다른 추정의 바탕이 되는 경우는 예외다.
** 누가복음 14장 28절을 보라, 성경에도 나온다!

21.2 왜 추정하기 어려운가?

우리 가족은 영국 브리스틀에 거주 중이고 나는 케임브리지에서 지낸다. 가족에게 가는 데 걸리는 시간을 추정하는 것이 마치 소프트웨어 기간 추정과 비슷하다. 순풍이 세게 불고 막히지만 않는다면 운전해서 얼마나 걸릴지 말할 수 있다. 하지만 도로 공사나 교통 체증이 있다면, 차가 고장 나거나 늦게 출발하거나 혼잡 시간대에 운전한다면 이 추정치를 신뢰하기 매우 어렵다. 문제를 어느 정도 예상해 도착 시간대를 정한다. 최선의 이동 시간과 최악의 시간(악몽 같은 여행을 한 적이 있어서)을 모두 알고 있다. 그 중간 어딘가로 예상 도착 시간을 판단할 수 있다. 하지만 차가 고장 나 움직일 수 없는 등의 돌발 사태를 완벽히 설명하기란 불가능하다. 이때는 핸드폰이 유용하다. 늦을 것 같으면 가족에게 전화해 저녁을 데워 놓으라고 말할 수 있다(그리고 가급적이면 식사를 개에게 주지 말라고).

소프트웨어 개발 프로세스도 비슷한 양상을 띈다. 소프트웨어를 계획할 때는 예측 가능한 잠재적 문제를 고려하고 외부 종속성을 관리하고 만일의 상황을 대비해 뜻밖의 사태에 대처해야 한다. 나눠진 일들에 대해 최선의 개발 시간을 제공하고 최악의 시간을 고려해야 한다. 당연한 말이지만 잘못된 추측은 단지 저녁 식사를 애완 동물에게 넘기는 것이 아니라 프로젝트의 성패를 좌우하고 회사의 재정적 기반까지 흔든다.

> **최악의 링커**
>
> 예상치 못한 문제는 예상치 못한 곳에서 걸림돌이 된다. 최근 링커에서 내가 생성한 실행 파일 이미지의 크기를 처리하지 못했고 링커를 직접 고쳐야만 코드를 실행할 수 있었다. 개발 시간이 원래 추정치보다 세 배 이상 늘었다.

이로써 개발 기간 추정이 왜 그토록 어렵고 또 그토록 중요한지 알게 됐다. 다음과 같은 여러 요소가 얽히며 추정을 힘들게 만든다.

- 고려할 변수가 많다. 바로 문제 고유의 복잡도, 코드 디자인의 영향, 끼워 넣어야 할 기존 소프트웨어 에코시스템이다. 이 중 어떤 변수는 하루가 다르게 바뀐다.
- 요구사항이 불현듯 바뀌며 소프트웨어의 범위가 늘어난다. 프로젝트 타당성 조사에서 새로운 문제와 사용자측 요구사항이 놀라운 속도로 드러난다. 빠짐없이 고려하려면 부단히 일해야 하니 추정 작업이 힘들다(462쪽 "요구사항 명세"에서 대처 전략을 다룬다).
- 포함된 작업을 전부 알아야 정확한 추정치를 낼 수 있다. 기능이 충분치 않은 기존 라이브러리를 다시 손보거나 안전하게 확장할 수 있도록 기존 코드를 리팩터링해야 할 수 있다. 이러한 부분을 미리 알지 못하면 추정 기간이 너무 짧을 것이다.

- 백지에서 시작하는 프로젝트는 매우 드물다. 작업 기간 추정을 위해서는 먼저 기존 시스템을 알아야 한다. 추정치를 산출하기 전에 제대로 배울 시간이 거의 없다.
- 시도해 보지 않았던 일은 기간을 추정하기 더욱더 어렵다. 근거할 사전 경험이 전무하다.
- 많은 프로젝트가 외부의 도움을 필요로 하는데 이러한 종속성 때문에 골머리를 앓기도 한다. 운영 체제 판매 회사, 작지만 중요한 코드 라이브러리, 외부 명세, 심지어 고객에게까지 종속될 수 있다. 외부 산출물은 제어할 수 없으니 추정치는 제때 배포되는 것에 달려있다. 프로젝트가 지연될 위험이 커지니 주의 깊게 감시해야 한다.

추정은 어려운 일이다. 그렇다고 책임에서 자유로울 수는 없다. 정말 예측 가능한 일은 설명해야 한다. 도로 공사나 기상 악화처럼 일부 위험은 합리적으로 예상할 수 있다. 비관과 낙관, 그리고 그 중간 어딘가의 현실 사이에서 적절히 균형을 맞춰야 한다.

> **핵심개념★** 기간 추정은 정말 어려운 일이다. 일의 양을 과소평가하지 말자. 잘못된 추정이 미치는 파급력을 인지하자.

아직 끝이 아니다. 추정만 어려운 것이 아니다. 그 결과를 감수하는 과정도 힘겨울 수 있다.

- 추정한 결과를 바탕으로 고객에게 배포 일정을 정해 계약을 맺는다. 확정된 후에는 날짜를 바꾸기 어렵고 틀릴 경우 대가가 크다.
- 타인이 추정한 대로는 일하기 어렵다. 마감 기한을 맞추지 못했다면 그 업무를 해낼 능력이 부족했던 것일까 혹은 추정이 틀렸던 것일까?
- 개발 중에 새로 할 일이 발견되면 비용을 조사하고 나머지 작업을 모두 미루면서 일정에 넣어야 할 때가 종종 있다. 비슷하게 명세 문제는 일단 개발을 실제로 시작해야 발견할 수 있다. 명세 변경은 작업량에 영향을 미치고 따라서 추정 시간도 바뀐다.
- 항상 뜻밖의 문제에 마주친다. 사소한 문제라면 조금만 더 열심히 일해 일정을 맞추는 식으로 영향을 최소화할 수 있다. 한달쯤 잠을 못 자도 괜찮지 않은가? 하지만 문제가 크면 추가 작업이 많이 들어가고 일정에 큰 혼란이 온다.
- 기간 추정 역시 하나의 책임이다. 코드를 생성할 책임만 있는 것이 아니라 훌륭하고 설계가 명확하고 유지보수 가능한 코드를 생성할 책임도 있다. 또한, 약속한 기간에 맞춰 출시해야 한다. 아, 가엾은 프로그래머여!

21.3 압박

소프트웨어 공장은 이성적인 곳이 아니며 낙관적으로 추정하고 싶은 유혹에 빠지기 쉽다. 추정 게임을 처음 해 보는 프로그래머라면 특히 더 쉽게 흔들린다. 위에서는 계약 성사와 새 버전 출시, 내부의 정치적 안정 도모를 위해 일정을 짧게 정하라고 압박한다. 어떤 회사도 외부와 단절된 채로 존재할 수 없고 주주들은 캐비아와 샴페인을 포기하지 못하니 이는 지극히 정상적이고도 서글픈 현실이다.

그러나 압박이 전적으로 위에서만 오는 것은 아니다. 프로그래머 개인의 자존심에서도 비롯된다. 무엇을 만들 수 있고 얼마나 빨리할 수 있는지에 자부심을 느끼는 의욕적인 컴퓨터 전문가들은 낙관적인 기간을 기약하고 싶어 한다. "아, 이렇게 오래 걸리면 안 되는데." 라는 생각에 잘 사로잡힌다. 하지만 서둘러 대충 만든 코드나 프로토타입에 드는 수고와 생산 준비가 완벽히 끝난 작업물에 드는 수고는 그 차이가 확연하다. 추정은 희망적 이상이 아닌 현실에 근거해야 한다.

> **핵심개념★** (당신을 포함해) 누구나 개발 기간을 줄이고 싶어 한다. 주어진 개발 시간 동안 기술적으로 무엇이 가능한지 안이하게 생각하지 말자. 몸을 혹사해서 프로덕션 코드를 산출하는 일정은 약속하지 말자.

이러한 압박을 인지해서 신중히 대응해야 한다. 극단적으로 반대되는 행동을 취하지 않게 조심하자. 비관적 예언가로 돌변해 일을 절대 끝내지 못할 것이라 지레 짐작하고는 미련스레 긴 추정 기간으로 만회하려 하기 쉽다. 과대 추정이 미치는 실질적인 위험은 시간에 맞추려고 프로젝트가 필연적으로 확장된다는 사실이다! 프로그래머는 며칠만 여유가 주어져도 항상 다듬을 코드를 찾아낸다.

프로젝트 마감 기한은 적당한 시간 안에 프로젝트를 완수할 수 있는지 증명하는 타당성 검토 이후에 정하는 것이 이상적이다. 그러나 현실에서는 거의 그렇지 못하다. 도리어 마감 기한("크리스마스까지 배포하세요")이 주어지고 배포할 방법을 찾아야 한다. 기한에 맞출 수 없으면 기능을 빼거나 프로그래머를 늘리거나 아슬아슬한 부분은 아웃소싱하거나 추가적인 기능은 향후 업그레이드로 제공하는 등 여러 가지 완수 방법을 협상해야 한다. 때로는 이렇게 만들어진 계획이 오히려 마케팅 연습이 되거나 상당히 창의적일 때가 있다!

누구도 쉬워야 한다고 말하지 않았다.

경험담

회사 창립 이래 5년 역사상 가장 규모가 크고 전략적으로 중요한 주문이 들어 왔다. 회사의 명운을 좌우하는 주문이었다. 판매 부서는 거래를 성사시키기 위해 치열하게 싸웠고 고객이 요청한 힘겨운 마감 기한에 합의했다. 반드시 소프트웨어를 연말까지 배포해야 했다. 계약서에 서명하며 모두 자신을 격려했다.

하지만 기술직원과의 협의를 통해 프로젝트의 실현 가능성을 확인할 시간(혹은 지혜)이 누구에게도 없었다. 프로젝트는 실현 불가능했다. 관리자는 공황 상태에 빠져들기 시작했지만 바꿀 수 없는 마감 기한과 정해진 기능 세트 앞에 거의 아무것도 할 수 없었다. 엔지니어들은 불평하며 프로젝트 계획이 불가능하다 알렸지만 "어떻게든 맞추세요."라는 말만 들었다. 연일 밤샘 작업이 이어졌고 얼마 지나지 않아 탈진했다. 절망적일 정도로 낙관적인 일정에서 매주 점점 멀어져갔다.

마지막 초인적인 힘까지 쥐어 짜내 코드를 마감 기한까지 완성했으나 예상치 못한 하드웨어 문제에 막혀 프로젝트는 결국 두 달이나 지연됐다. 이 재앙을 설명할 만일의 상황이 계획 속에 없었다.

프로젝트는 실패로 끝났고 엔지니어는 에너지를 전부 소진했고 신경이 곤두섰고 고객은 화가 났다. 다음 프로젝트를 시작한 지 얼마 되지 않아 개발팀 대부분이 그만뒀다.

21.4 실용적 추정 방법

프로그래머뿐만 아니라 예언자까지 되라는 압박이 늘어가는 가운데 대체 어떻게 기대에 부응할까? 다른 여러 기술처럼 추정 역시 경험을 통해 나아진다. 그렇다고 노인에게 유리한 게임은 아니지만, 일정에 따라 일하고 일정에 맞출 수 있게 목표를 설정하지 않으면 실력이 늘지 않는다. 연습을 거쳐 완벽해진다.

현실적으로 기간 추정을 연습할 실험 프로젝트나 샌드박스라는 호사는 거의 누리기 어렵다. 말단 프로그래머가 고수가 되는 여정에서 이 기술을 익혀야 한다. 안타깝게도 추정치를 뽑을 마법의 비법이나 손쉬운 레시피는 없다. 하지만 다음과 같은 간단한 단계를 따르면 정확도가 크게 향상된다.

1. 시스템 디자인의 첫 단계를 효과적으로 수행하며 업무를 가능한 가장 작은 단위로 쪼갠다.
2. 적절히 이해할 수 있는 단위들에 대해 훌륭한 해결책을 찾으면 각 단위별 기간 추정치를 맨아워(man-hours)나 맨데이(man-days)로 제공한다.
3. 각 기간 추정이 모두 끝난 후 연이어 모아 합하면, 짜잔! 바로 기간 추정치가 나온다.

하나의 거대한 업무보다는 일련의 더 작은 활동을 더 쉽고 완벽하게 이해할 수 있고 정확하게 추정할 수 있으니 위 전략은 효과가 있다. 절대 맨데이보다 큰 단위로 추정하지 말자. 그렇게 큰 업무는 문제를 아직 제대로 이해하지 못했다는 표시이므로 추정치를 전혀 신뢰할 수 없다. 세부적이고 추정 가능한 작업 단위가 될 때까지 업무를 인정사정없이 나누자.

> **핵심개념★** 시간 추정치는 이해하기 쉽게 나눈 작은 업무 단위로 산출해야 한다. 측정값은 맨아워나 맨데이 단위여야 한다.

물론 개발 작업은 대개 여러 사람에게 병렬화할 수 있다. 작고 이해하기 쉬운 단위로 분해함으로써 업무를 조정하고 동시에 진행할 방법을 찾아 완료 날짜를 앞당길 수 있다. 이것이 프로젝트 계획에서 다루는 사안이다.

추정에 필요한 시간을 충분히 확보하자. 필수 고급 디자인은 바로 만들어지지 않으니 기간 추정을 가볍게 여기지 말자. 기반할 사전 경험과 기초 시스템 디자인 없이 아무 근거 없는 추정치를 생산하는 어리석은 짓을 범하지 말자.

소프트웨어 출하에 수반되는 모든 활동을 고려해야 한다. 즉, 다음과 같은 시간을 포함해야 한다.

- 충분하고 사려 깊은 디자인 작업
- 필요에 따라 분석 작업 또는 프로토타이핑
- 실제 코드 구현 작업
- 디버깅
- 단위 테스트 작성
- 통합 테스트
- 문서화 작성
- 개발 기간 중에 착수하게 될 연구나 교육

위 목록을 보면 다른 주변 활동에 비해 코드 작성에 드는 시간이 생각보다 적다. 프로그래밍은 단지 코드만 만드는 일이 아니다. 테스트와 문서화도 잊지 말고 기간 추정에서 고려하자. 반드시. 테스트와 문서화 없이는 올바르게 동작하지 않을뿐더러 아무도 사용법을 몰라 나중에 고칠 수도 없는 코드를 출시하게 된다.

(다른 프로젝트로부터의 방해, 이메일 읽기, 웹 브라우징, 커피 마시기, 화장실 가기 등에 따른) 경과 시간(elapsed time)은 계산하지 말자. 당연히 실제 업무에 쏟은 시간과 매우 다르다. 다른 업무를 동시에 진행하거나 다른 프로젝트에 시간을 써야 해서 업무가 중단될 수 있다. 프로젝트 계획에서 다뤄지는 사안이다(506쪽 "계획 게임"에서 설명한다).

얼마나 보수적으로 추정해야 할까? 낙관주의나 비관주의를 지향해야 할까? 정답을 말하자면 추정치는 현실적이어야 한다. 일어날 법한 문제를 예상하고 계획에 넣되 사소한 업무가 실패할 천 가지 이유를 꾸며 내 과대 추정의 변명으로 삼지 말자. 그저 자신의 과오를 감추거나 카드놀이나 잔뜩 할 여유를 갖고자 과하게 추정하지 말자. 개개 업무 추정으로는 발생할 수 있는 모든 위험을 경감시킬 수 없다. 위험은 프로젝트 수준에서 관리해야 하며 일정을 짜는 기획자는 추정치를 모아 만일의 상황을 적절히 고려한 합리적인 계획을 짜야 한다.

다음은 추정치를 보다 정확히 산출하기 위해 고려해야 할 주요 사안이다.

- 프로젝트가 구체적이고 명확할수록 추정하기 쉽다. 양질의 명세를 받았는가?

명세가 없으면 추적이 불가능하고 각 패키지에 들어 있을 업무를 상당수 가정할 수밖에 없다. 개발자 각각이 생각하는 프로젝트 범위가 크게 다르고 프로젝트 마감 시 서로 기대하는 바도 다를 것이다. 명세가 철저하면 이러한 문제가 발생하지 않는다.

시스템을 엉망진창으로 때맞춰 배포하든 시스템을 제대로 뒤늦게 배포하든 피해는 똑같다. 명세가 없으면 먼저 작성하고 업무 관련자에게 승인을 받자.* 최소한 작업하며 세웠던 가정이라도 설명해야 한다.

- 요구받은 기능이 많을수록 추정하기 어렵다. 쓸데없는 작업은 덜어 내자. 제품을 배포할 수 있는 주기마다 추정치를 제공하는 식으로 소프트웨어 배포를 준비하는 것이 좋다.

  추정 정보를 상위에 보고하자. 그래야 프로젝트 의사 결정자가 기술 난이도에 비춰 각 요구사항의 중요도를 균형 있게 조절할 수 있다. 이 과정에서 개발 시간을 두 배로 늘리는 사소한 기능 요청이 무엇인지 드러난다.

- 문제 전반을 완벽히 이해하지 못하면 아주 그릇된 추정을 내리게 된다. 시간을 투자해 소프트웨어가 정확히 무엇을 해야 하는지 알아내자. 추정치를 낼 시간이 모자라다면 더 요청하거나 시간적 가치로 신뢰도를 덧붙이자. 추정치를 절대 추측하지 말고 무작정 신뢰하지도 말자. 추정에 적절한 근거를 댈 수 없으면 내놓지 말자.

- 일이 외부 작업에 영향을 받으면 추정하기 더 어렵다. 외부 산물의 배포를 재촉하는 일은 누구의 책임일까? 개발 기간 추정 시 이 부분까지 고려해야 할 수 있다. 예상 배포 날짜를 받아 외부 산물을 코드 기반에 통합시키는("단순히 끼워 넣는 일"이 아니다) 시간도 추가하자. 외부 작업을 얼마나 신뢰하는지 생각해 보고 문제에 대처할 적절한 만일의 상황도 완충 장치로서 넣어 두자.

- 사람에 따라 같은 업무라도 진행 속도가 다르다. 기술, 경험 수준, 자신감, 상대적인 중단 횟수(가령 어떻게든 관심을 얻으려 하는 기존 프로젝트나 가족에 대한 책무 등)가 다르니 당연하다. 자신의 업무 속도를 파악하고 맡은 업무를 제대로 이해해야 한다. 추정은 개인적인 것이다.

> **핵심개념☆** (이미 잘 알고 있는 시스템에서) 자기가 할 일을 추정하는 것인지 아니면 (먼저 시스템부터 배워야 할 수 있는) 다른 누군가가 할 일을 추정하는 것인지 파악하자.

- 위에서 오는 압박을 낙관적으로 받아들이지 말자. 초과 근무를 해서라도 달성하겠다는 의지로 비현실적인 기간을 약속하지 말자. "더 빨리해야 해"라는 관리자에게 적절히 대응하자.
- 무엇보다 시간외 업무를 절대 미리 계획하지 말자.

더 정확하게 추정할 간단한 방법은 도움을 구하는 것이다. 문제를 이해하지 못하면 이해한 누군가를 찾아 의견을 묻자. 제임스 서로위키의 저서인 〈대중의 지혜(The Wisdom of Crowds)〉에서는 소수의 엘리트보다 한 무리의 사람들이 얼마나 더 똑똑할 수 있는지 설명한다. 이 극단적인 접근법을 차용해 모든 개발자를 한데 모은 후 계획 속 업무에 대략적인 추정치를 내게 하고 개개 추정치의 평균을 구하자. 그 추정은 그다지 많이 어긋나지 않을 것이다!

> **핵심개념☆** 혼자서 추정하지 말자. 다른 이의 의견을 구해 추정치를 개선하자.

---

* 물론 이렇게 하려면 계획에 없던 시간이 들겠지만!

21.5 계획 게임

기간 추정을 몇 개만 따로따로 해서는 아무짝에도 쓸모가 없다. 한데 모아 유용한 무언가로, 즉 개발 일정을 관리하는 프로젝트 계획으로 탈바꿈해야 한다. 개개 기간 추정을 토대로 업무를 타임라인에 모아 개발자에게 할당한다. 업무 간 종속성을 찾아 계획에 반영한다(당연히 종속된 작업은 사전 작업이 완료되어야 시작할 수 있다). 최종적으로 수평축이 시간이고 그 시간 위로 동시 진행되는 업무가 놓인 그림 차트가 만들어진다. 그림 21-1(전형적인 간트 차트(Gantt chart)의 변형)과 같이 말이다.

▼ **그림 21-1** 간트 차트

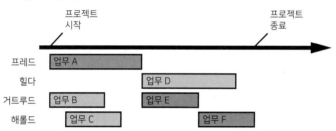

프로젝트 계획이란 개발자에게 업무를 할당하고 개발 일정을 조율하는 과정이다. 하지만 이제 쉬운 절반이 끝났을 뿐이다. 불확실성과 숨겨진 위험에 맞설 수 있는 안전하고 합리적인 계획을 수립하는 리스크 관리(risk management)가 더 중요하다.

가장 안전한 프로젝트 계획은 다음과 같다.

임계 경로(critical path)를 줄인다

임계 경로란 위 그림에서 어두운 색으로 표시한 프로젝트 시작부터 종료까지 일렬로 이어지는 연속적인 업무를 뜻한다. 이 중 어떤 업무라도 실패하면 그 업무에 종속된 모든 업무가 중단되고 최종 마감 기한이 밀린다.

정의에 따르면 계획에는 항상 임계 경로가 있다. 프로젝트 기획자가 골머리를 앓는 이유다! 임계 경로를 가장 적게(또는 가장 덜 위험하게) 만들 최적의 업무 배치를 목표로 삼아야 한다.

지나치게 병렬화하지 않는다

대규모 프로젝트의 기한을 단축하려 할 때 흔히 개발자를 더 투입할수록 속도가 빨라질 것이라 오해한다. 거의 그렇지 않다. 관리할 대상이 늘어나면 의사소통 경로가 증가하고 조율할 인원도 늘고 실패 지점도 늘어나니 오히려 부담이다. 이는 브룩스의 영향력 있는 저서인 〈맨먼스 미신(The Mythical Man-Month)〉(인사이트, 2015)에서 다루는 주제이기도 하다.[브룩스 95]

프로젝트 계획을 과도하게 병렬화하지 말고 각 개발자도 병렬화하지 말자. 개발자 한 명을 두 업무에 동시에 투입하면 두 업무를 직렬화할 때 걸리는 시간 내에 끝내기 어렵다. 당연한 이야기인데도 실제로 종종 일어난다. 기존 프로젝트도 지원하고 동시에 또 다른 프로젝트 개발 업무에 착수하라고 지시받을 수 있다. 두 업무 간 전환에 상당한 시간을 소모하며 전반적인 효율성이 떨어진다. 두 업무를 연이어 했다면 (아마 조직의 비즈니스 요구사항은 충족시키지 못하더라도) 더 빨리 끝냈을 것이다.

너무 길지 않다

프로젝트 계획을 길게 잡는 것은 지나친 욕심이다. 임계 경로에서 발생하는 작은 문제 하나가 언제든 프로젝트 전체를 위태롭게 만들 수 있다.

대규모 개발 일정을 보다 관리하기 쉬운 작고 덜 위험한 반복 주기로 나누는 반복적 (iterative) 개발과 점진적인(incremental) 개발 방식이 유용하다(533쪽 "반복적이고 점진적인 개발" 참고). 실질적으로는 제품을 출하할 때마다 계획을 다시 세우기 때문에 계획이 훨씬 역동적이다. 이 방식은 본질적으로 더 안전하며 개발 초기에 문제를 드러내지만, 결과적으로 일이 전반적으로 늘어난다. 대다수 관리자가 이 방식을 선호하지 않으며 이변이 생기지 않는 선행 폭포수 계획에 대한 환상에 빠지고 싶어 한다.

훌륭한 계획은 추정한 기간을 다닥다닥 붙여 놓지 않는다. 소프트웨어 공장의 현실을 반영하고 리스크를 완화하도록 구성된다. 다음 사항을 반영한다.

휴가

각 개발자에게 할당된 휴가 일수를 미리 파악해 일정에 넣어야 한다. 또한, 공휴일과 크리스마스 휴가처럼 회사가 쉬는 날도 고려해야 한다. 평균적으로 개발자는 일주일에 한 나절 정도 휴가를 쓴다.

부하

현실적으로 정상적인 업무 중단(회의, 연수, 질병 등)을 계획에 고려해야 한다. 각 개발자는 보통 이를 수용하기 위해 계획의 80%를 쓴다. 찾는 이가 많은 개발자일수록 중단되는 일이 더 잦다. 이 부분에 대해 솔직하지 못하면 "유명한" 개발자가 부지런히 일해도 일정을 못 맞추고 금세 좌절감을 느끼게 된다.

만일의 상황

중대한 문제다. 곧 닥칠 문제를 계획에 고려해 예상치 못한 재앙이 출시일 전에 발생하더라도 대처할 여유 시간을 마련해야 한다. 이것이 리스크 관리의 핵심이다.

리스크는 개개 기간 추정이 아니라 이처럼 프로젝트 수준에서 가장 적절히 관리된다. 전체 개발 프로세스를 한눈에 살피는 관점에서 사실에 근거한 판단을 내려야 개발 계획 상에서 잠재적 문제를 해결할 수 있다. 비관적 추정을 늘어놓는 식으로 계획을 세우면 반드시 크게 어긋난다.

답하기 정말 어려운 질문을 하나 던져 보겠다. 만일의 상황을 얼마나 고려해야 할까? 그저 계획을 세 배로 늘려 놓고 그것을 비상 대책이라 부를 수는 없다! 훌륭한 전략은 각 업무마다 신뢰도를 매기는 것이다. 신뢰도에 근거해 가장 위험한 업무에는 "위험 시간" 만큼 가짜 업무(pseudo-task)를 추가하자. 위험 시간은 신뢰도에 따라 원래 업무 기간의 특정 비율만큼 부과한다.

통합

컴포넌트 코드를 모두 작성했고 단위 테스트가 끝났다고 끝이 아니다. 컴포넌트를 한데 이어 붙이고 전체 시스템이 예상대로 동작하는지 테스트할 적당한 시간을 따로 마련하자. 디버깅이 필요하거나 컴포넌트끼리 이어 붙여야만 문제가 드러나는 경우(성능 이슈나 인터페이스 불일치 등)가 있다.

지원

조직에 오래 머무를수록 기존 프로젝트를 지원하거나 현장에서 온 버그 보고에 응대하라는 요청이 많아진다. 이러한 작업도 부하에 포함해서 계획에서 벗어나지 않게 하되 다른 프로젝트에 언제 시간을 쏟아야 하는지 명확히 하자.

핵심 인력이 사방팔방으로 흩어지면 프로젝트가 미묘하게 틀어진다.

정리

계획이 끝나갈 때 정리할 시간을 두자. 소프트웨어 출시라는 전쟁 속에서는 마감 기한을 맞추기 위해 절차를 무시한다. 이를 기술 부채(technical debt)의 축적이라고 표현한다. 좋은 디자인과 코딩 관례를 열심히 설파했지만 그렇다고 꼭 나쁜 것만은 아니며 사실 꽤 실용적이다. 그래도 훌륭하고 깔끔한 코드 기반으로 정리하고 유지 보수할 시간은 남겨 두어야 한다. 그렇지 못하면 다음 개발 반복 주기에서 고장 나고 손도 대기 힘든 코드 기반을 다뤄야 한다. 해결하지 않고 그대로 방치하면 대충 만든 코드가 무더기로 쌓여가면서 프로그래머에게 부담으로 남는다.

정리하는 훈련을 (비록 출시 마감 기한 이후에 이뤄지지만) 다음 업무의 시작이 아니라 이전 업무의 일환으로 여기자. 부채를 남긴 그 프로젝트에서 부채를 청산하자.

정리 작업은 프로젝트에 꼭 필요한 일이니 절대 선택 사항처럼 보여서는 안 된다. 정신 없이 서두르는 소프트웨어 공장에서 일정 끄트머리에 놓인 선택 업무를 수행할 리 없다. 정리 작업이 빠지지 않도록 주의하자.

핵심개념 ★ 코드 기반을 깔끔하게 유지할 개발 일정을 세우자. 기술 부채를 갚을 수 있게 계획하자.

프로젝트 계획은 넓고 복잡한 분야이므로 이 책에서 깊이 있게 다루기는 어렵다. 그래도 기초 원리는 알아야 한다. 계획에 따라 소프트웨어를 개발할 수 있어야 하고 어떤 근거로 계획을 수립했는지 알아야 요구사항을 제대로 이해할 수 있다.

계획 모델, 즉 경험에 근거해 추측하는 정형적 방법들이 여럿 있다. 퍼트 기법(Program Evaluation and Review Technique, PERT)은 1950년대에 미 해군에서 개발한 고전적 계획 모델이다. 브리스틀까지 운전할 때 도착 시간대를 계산했던 것과 비슷하다. 업무마다 최선, 최악, 가장 가능성 있는 경우 세 가지로 완료 날짜를 추정한다. 이를 일정 관리 절차로 한데 묶어 임계 경로를 찾고 최선과 최악의 프로젝트 완료 기간을 계산한다. 각 업무의 추정치 간 차이가 클수록 그 업무와 관련된 위험도 증가한다. 아마 더 세심히 관리하고 더 숙련된 직원이 맡아야 할 것이다.

1981년에 나온 보엠의 COCOMO 모델(Constructive Cost Model)은 실제 소프트웨어 프로젝트에 대한 분석에 기반한 추정 모델이다. 이후 현대 소프트웨어 프로젝트의 특징을 더 정확히 반영한 COCOMO II로 진화했다.[보엠 81] 통제된 환경에서의 프로젝트(Projects in Controlled Environments)(다소 억지스러운 두문자어인 PRINCE로 알려져 있음)는 줄서기를 의무화할 수 있으면 반드시 할 것이다!*라는 고전적인 영국 요식 체계의 일부를 프로젝트 관리 양식으로 구현한 것이다. 프로젝트 시작부터 해체까지 전체 프로젝트 생애 주기를 아우른다. PRINCE 계획 프로세스는 계획 디자인부터 시작해 추정과 일정 수립을 거쳐 계획 마무리까지 7단계로 구성된다. 마찬가지로 아주 뛰어난 상상력이 동원된 이름인 PRINCE2라는 방법으로 진화했다.

---

* 줄서기는 차 마시기나 크리켓처럼 영국인이 즐기는 취미다.

21.6 일정 지키기!

어떻게 프로젝트가 1년이나 늦어질 수 있는가?

... 하루하루가 모여.

_프레더릭 P. 브룩스 주니어

문제가 생기고 프로젝트 마감 기한이 도래하면 엔지니어는 일은 일대로 하고 거의 인정받지 못한다. 그런대로 쓸만한 것을 시간에 맞춰 내어 놓기 위해 철저한 테스트는 사정없이 밀려난다. 이러한 소프트웨어 곡예가 펼쳐지는 주된 원인이 잘못된 추정이다. 잘못된 추정은 관리자가 개발 작업의 난이도를 잘못 가정하게 만드는데 관리자는 애초에 일정이 잘못됐는지 알 도리가 없기 때문이다. 그래서 추정할 때 제대로 하는 것이 중요하다.*

계획이 문제다

개발팀 규모가 점차 커지면서 업무 공간이 너무 비좁아졌다. 고생해서 새 사무실을 찾았고 금요일에 월요일부터 새 사무실에서 일하게 될 거라고 팀에 알렸다. 주말 동안 컴퓨터와 서버, 케이블, 라우터, 프린터 등 일체를 아주 힘들게 화물차에 실어 새 사무실로 옮겼다. 이사는 아주 순조로웠고 월요일 오전에는 모든 것이 제자리에 있으리라 자신했다.

월요일 아침에 새 사무실로 출근했을 때 역시나 전부 준비되어 있었고 완벽히 동작했다! 모든 IT 인프라가 설치되어 있었다. 서버는 다시 온라인 상태가 됐고 완벽히 가동됐다. 업무 환경이 완벽히 준비됐다. 엄청난 노력의 결과였다.

하지만 작은 문제가 하나 발견됐다. 의자가 없었다. 단 한 개도. 이사 계획에서 어쩌다 보니 잊혀졌고 잃어버렸고 이젠 어디서도 찾을 수 없었다! 무려 3일간 의자를 마련하지 못했다.

계획이란 바로 이런 것이다.

소프트웨어 업무에 대한 현실적인 추정치를 산출했으면 다음과 같은 몇 가지 핵심 수칙을 준수해 일정을 지키고 막바지 압박을 피할 수 있다.

- 업무를 새로 시작할 때는 할당된 기간 안에 정말 실현 가능한지 확인하자. 스스로 추정할 여건이 안 됐다면 더욱 그래야 한다. 설사 직접 했더라도 증명하는 일부터 시작하자. 제시간에 끝낼 수 있으리라는 희망으로 코드 에디터에 성급히 뛰어들지 말고 진짜 완성할 수 있는지 확실히 해두자. 약간의 온전성 검사만 미리 해도 나중에 고통스럽고 당혹스러운 세계에 빠지지 않을 수 있다.

---

* 얄궂게도 정확한 추정 역시 같은 문제를 야기할 수 있다. 디마르코와 리스터는 어떤 프로젝트 리더가 프로젝트가 예산에 맞춰 제 시간에 완료될 것이라 100% 자신한다고 보고했던 실제 에피소드를 예로 들며 말했다.[디마르코 99] 이 뜻밖의 희소식에 깜짝 놀란 경영진은 결국 마감 기한을 앞당기기로 결정했다! 엔지니어가 얼마나 뛰어나든 항상 그가 공들여 이룬 일을 망칠 더 대단한 관리자가 나타날 수 있다.

- 일정을 참고하자, 꼭. 추정한 시간에 비해 얼마나 걸리고 있는지 계속해서 주시하자. 기간을 적어 잘 보이는 곳에 두자. 주요 소프트웨어 계획에 포함되지 않은 중간 업무가 있으면 개인적으로 추정치를 내고 자신만의 미니 프로젝트처럼 실행하자. 스스로 정한 이정표에 도달했으면 외부에 알려진 기간 내에 순조롭게 진행할 가능성이 더 높아진 것이다. 최소 하루 한 번 반복적으로 목록을 검토하자.

  마감 기한을 맞출 수 없음을 깨달으면 계획을 조정할 수 있게 최대한 빨리 알리자. 브리스틀에 가기 전에 미리 전화하듯이 가능한 한 빨리 이 사실을 공개적으로 밝히는 것이 좋다. 시간을 초과할 가능성이 보이면 일정을 바꿔 그 영향을 최소화할 수 있다.

  그러나 실제로 거의 일어나지 않는 일이다. 중대한 프로젝트에 참여한 프로그래머 다섯 명이 전부 진행 상황을 보고해야 할 경우 그중 누구도 먼저 나서서 약속한 기한을 맞추지 못할 것 같다고 인정하지 않는다. 이를 스케줄 치킨(schedule chicken) 게임이라 부른다. 결과적으로 모든 것이 괜찮아 보이지만 갑자기 프로젝트가 어마어마하게 지연된다. 하루하루 조금씩 늦어졌지만, 누구도 인정하려 하지 않았다. 이 고리를 끊고 최대한 초기에 널리 경고하자.

  > **핵심개념 ★** 계획과 비교하며 계속해서 진행 상황을 감시하자. 그래야 업무가 잘못돼도 당황하지 않는다.

- 필요한 만큼만 일하고 더 하지 말자. 멋들어진 추가 기능을 넣는 일이 재미있을지도 모른다. 그래도 하지 말자. 계획된 더 중요한 일을 해야 한다. 중요하지만 현재 꼭 필요한 기능이 아니면 향후 일정에 포함시켜 달라고 요청하자. 브리스틀로 가는 중에 우회로를 잘못 선택하면 아무리 경치가 아름다운 드라이브 코스더라도 어쨌든 도착 시간은 늦어지기 때문에 항상 정시에 도착할 합리적인 직선 경로를 취한다.

- 모듈화를 활용해 신중히 디자인하면 컴포넌트 종속성을 줄일 가능성이 크고, 그에 따라 프로젝트 지연으로 생기는 악영향과 대기하는 일 더미도 줄어든다. 컴포넌트 인터페이스를 조기에 합의하고 시스템의 다른 부분을 개발하는 중에도 개발이 중단되지 않도록 스텁 컴포넌트를 제공하자.

- 철저한 단위 테스트가 딸린 훌륭한 코드를 작성하자. 열정적인 장인이라면 너무나 당연한 일이다! 이로써 디버깅과 유지 보수 시간이 현저히 감소한다.

  코딩의 마무리는 문서화와 테스트임을 명심하자. 마감을 며칠 앞두고 막판 코딩 스퍼트를 올릴 준비를 하지 말자. 코드가 동작하는지 증명할 시간이 필요하다. 그렇지 못하면 디버깅하느라 어느새 마감 기한을 넘기게 된다. 여기까지 다 할 시간이 없으면 솔직히 말하고 기간을 늘려보자. 이 단계를 생략하면 반드시 나중에 악영향을 미치니 꼭 하자.

- 요구사항과 명세 변경에 주의를 기울이고 기간에 영향을 주는지 조사하자. 변경으로 일정이 늦춰질 것 같으면 즉시 보고하자. 기능 변경을 두말없이 수락하지 말자.

- 집중을 방해하는 일을 엄격히 차단하자. 계획에 명시되어 있지 않은 다른 업무에 착수하지 말자. 기존 프로젝트, 다른 부서에서 요청한 추가 작업, 전화와 이메일 간섭에 아니요라고 말하는 법을 배우자.

  대수롭지 않아 보이는 간단한 일조차 실제로 업무 품질을 떨어뜨릴 수 있으니 외부에서 오는 방해를 항상 경계하자. 몰두하려면, 즉 온 정신이 업무에 쏠려 코드가 손끝에서 자유롭게 흘러다니는 생산적인 상태가 되려면(심리학에서는 이 상태를 몰입(flow)이라 부른다) 시간이 걸린다. 아주 잠깐의 간섭도 이 상태를 쉽게 깨뜨리며 다시 업무로 돌아가 몰두하려면 시간이 더 오래 걸린다. 방해받은 기간의 최대 세 배까지 더 걸릴 수 있다.[디마르코 99]

  업무를 끝까지 마무리할 수 있는 개발 문화를 조성하자. 사람이 생각하고 일하는 데 필요한 뇌 공간을 서로 존중해주자. 회의는 꼭 필요할 때만 열고 시도 때도 없는 시간 낭비 모임에 개발자를 불러들이지 말자.

- 긍정적이고 낙관적인 태도를 고수하자. 프로젝트가 망할 것이라는 생각은 실제로 프로젝트를 반드시 망하게 만든다.

21.7 요약

> 게으른 자는 일한 자의 성공을 행운 덕이라 추정한다.
>
> _작자 미상

기간 추정과 계획은 소프트웨어를 상업적으로 성공시키기 위한 토대다. 하지만 소프트웨어 개발 기간을 정밀하게 추정할 정확한 방법이 없다. 그래서 추정(estimation)이라 부른다.

추정 기술을 향상시키려 노력하고 깔끔하게 짜인 개발 계획을 망칠 수 있는 잠재적 문제를 경계하자. 일정을 지키며 일하는 법과 언제 일정대로 진행할 수 없는지 구별하는 법을 배우자.

현명한 프로그래머

- 컴포넌트를 적절히 분해한 후 개발 프로세스에 필요한 모든 요소를 고려해 타당한 기간을 추정한다.
- 추정한 기간 내에 완벽한 문서화와 함께 테스트와 통합까지 끝낸 코드를 생산하려 노력한다.
- 일정에 관한 문제를 조기에 알려 해결한다.

형편없는 프로그래머

- 예감과 직관에만 의존해 희망적으로 추정한다.
- 추정한 기간 내에 코드를 빠르게 만들 수는 있지만, 버그가 없는 양질의 코드는 만들지 못한다.
- 일정에 관한 문제를 시인하는 것을 나약함의 표시라 여겨 만회하기 위해 어리석은 짓을 하는데, 실패할 때 정말 어리석어(그리고 피곤해) 보인다.

원숭이 (약) 10,000마리

만화 그리기 시간
늦게라도 하는 것이 안 하는 것보다 낫다?

아주 재미있는 만화를 그리려고 했었어

아이디어 구상에 3주나 걸렸지

유일한 문제는 그릴 시간까지 다 써버렸다는 거야

21.8 참고

13장: 훌륭한 디자인

타당한 기간 추정은 오로지 초기 코드 디자인이 얼마나 견고하냐에 달렸다.

19장: 명시적으로

추정하려면 일의 범위가 명확해야 하고 명세에서 범위를 분명하게 밝혀야 한다

22장: 프로그램 레시피

개발 방법론에 따라 업무가 서로 어떻게 맞물려 돌아가고 프로젝트 계획에 어떻게 배치될지가 달라진다.

21.9 생각해 보기

다음 질문에 대한 자세한 설명은 644쪽 "정답과 설명"에 나와 있다.

21.9.1 궁리하기

1 실패 중인 프로젝트를 어떻게 다시 살려서 정상 궤도에 돌려놓을 수 있을까?
2 타당성 검토나 계획 작업을 시작하기도 전에 마감 기한이 주어졌다면 올바른 대응은 무엇일까?
3 정말 도움이 되는 개발 계획이라고 어떻게 확신하는가?
4 프로그래머마다 왜 일하는 속도가 다를까? 이를 계획에 반영할 수 있을까?

21.9.2 스스로 살피기

1 그동안 참여했던 프로젝트의 몇 퍼센트 정도가 일정에 따라 수행됐는가?
   a 일정대로 수행됐던 프로젝트라면: 계획이 성공할 수 있었던 요인은 무엇인가?
   b 일정을 지키지 못했던 프로젝트라면: 주된 문제는 무엇이었는가?
2 당신의 기간 추정은 얼마나 정확한가? 평균적으로 목표에서 얼마나 뒤처지는이?

memo

6부

위에서 내려다보기

공기는 점점 희박해지지만, 전망은 더욱 수려해진다. 수백 페이지 전 가장 아래에서부 터 여정을 시작하며 소스 코드 구성에 필요한 너저분한 이면을

이리저리 헤집고 다녔다. 마지막 6부에서는 소프트웨어 개발 산맥의 꼭대기로 올라가 아래 지역을 내려다보며 여정을 마무리한다. 부디 고소공포증이 없기를.

6부에서는 퍼즐의 마지막 조각들이 어떻게 서로 맞아 떨어지는지 살펴보겠다.

22장 | 프로그램 레시피

코드 비법서. 실제로 개발팀에서 소프트웨어를 작성하는 법. 22장에서는 소프트웨어 개발 방법론과 소프 트웨어 개발 프로세스를 모두 아우른다. 예측 가능하게 때맞춰 프로그램을 생산하는(혹은 최소한 생산하 고자 하는) 방법을 설명한다.

23장 | 외부 제약

애플리케이션 프로그래밍, 게임 프로그래밍, 분산 프로그래밍 등 코딩 세계의 다양한 코드 작성 원칙을 살펴본다. 이러한 각 프로그래밍 브랜치마다 저마다의 특수한 문제와 중요한 기술이 존재한다. 이를 이해 하면 각 경우마다 가장 적절한 코드를 작성할 준비가 갖춰진다.

24장 | 다음은?

끝이 보인다... 눈물겨운 작별만 남았다. 코드 크래프트 공부를 스스로 계속할 때 다음으로 살펴볼 자료를 알아본다. 이 책은 단지 시작일 뿐이다.

memo

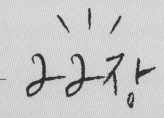

프로그램 레시피

코드 개발 방법론과 프로세스

시간이 모든 것을 바꾼다고 말하지만 실제로는 스스로 바꿔야 한다.

_앤디 워홀

22장에서 다룰 내용

- 프로그래밍 스타일
- 소프트웨어 개발 프로세스
- 두 가지가 코드에 미치는 영향

재료

프로그래머 한 무리(에너지가 넘칠수록 좋다)

언어 한두 티스푼

타깃 플랫폼 하나

프로젝트 책임자 한 명

행운 한 꼬집

혹독한 훈련 한 봉지

다양한 업계 유행

방법

프로그래머를 훈련에 마리네이드한다. 언어와 타깃 플랫폼을 넣고 프로젝트 책임자로 간을 한다. 잘 섞일 때까지 힘차게 젓는다. 행운을 골고루 뿌리고 뜨거운 소프트웨어 오 븐에서 마감 기한까지 익힌다. 오븐에서 꺼내 철망에 쏟아 식힌 후 고객에게 건넨다.

내가 아는 카스텔라 레시피만 적어도 네 개다. 무지방 케이크인지 계란이 들어가지 않는 케이크인지 또는 어떤 방법으로 만드는지에 따라 다르다. 소프트웨어 작성도 비슷하다. 레 시피나 비법이 하나가 아니라서 똑같은 시스템도 여러 다양한 방법으로 개발할 수 있고 어 떤 방법이 더 낫다고 할 수 없다. 개발 프로세스에 쓰이는 재료가 다양하고 따라갈 방법도 여러 가지다. 아마 기능과 구조, 안정성, 확장성, 유지 보수성 등의 관점에서 서로 조금씩 은 다른 케이크가 만들어질 것이다. 이러한 레시피가 소프트웨어 개발 단계의 시작(소프 트웨어 개념화)부터 끝(소프트웨어 해체)을 아우르는 소프트웨어 생애 주기(software life cycle)를 형성한다.

소프트웨어 공학자라면 정의된 절차에 따라 소프트웨어를 예측 가능하게(그리고 어느 정 도 재생산 가능하게) 개발할 수 있어야 한다. 소프트웨어 장인이라면 특정 개발 절차를 하 나의 도구로 활용해 가능한 최고의 소프트웨어를 만드는 발판으로 삼을 수 있어야 한다. 22장에서는 소프트웨어 생성에 쓰이는 몇 가지 레시피를 알아보면서 각 레시피가 코딩 방 식에 미치는 영향을 비교하고 대조하고 비판해 보겠다.

과거에는 현대식 초소형 PDA가 아닌, 고성능 웹 인터페이스가 딸린 메인프레임 재고 관 리 시스템도 아닌 가정용 컴퓨터를 프로그래밍했다. 페어로 일하는 방식과 달리 혼자 프로 그래밍하기도 하고 200명으로 구성된 범세계적인 프로젝트 팀원과는 또 다르게 프로그래밍한다. 타깃 플랫폼과 개발팀(그리고 팀의 숙련도)의 차이가 레시피를 형성한다. 프로그래밍 기술은 결코 편집하고 컴파일하고 링킹하고 실행하는 것이 다가 아니다.'

> **핵심개념★** 뛰어난 프로그래머는 자신이 어떻게 프로그래밍해야 하는지 즉, 결과물을 어떻게 만들고 어떤 관행을 따라야 하는지 안다.

그렇다면 프로그래밍 레시피란 무엇일까?

22.1 프로그래밍 스타일

프로그래밍 스타일은 소프트웨어 문제를 해결하는 방법과 문제의 해법을 분해해 타깃 언어로 모델링하는 방법을 서술한다. 훌륭한 시스템이 온전히 개발자 한 명의 머릿속에만 들어 있을 수는 없으니 해법을 모델링해야 한다. 프로그래밍 스타일에 따라 프로젝트를 관리하기 쉬운 부분들로 어떻게 나눌지가 결정되므로 코드의 의도를 드러내는 디자인 패러다임이라 할 수 있다.

프로그래밍 언어마다 지원하는 프로그래밍 스타일이 서로 다르다. 어떤 언어는 특정 스타일에만 부합하고 어떤 언어는 다수의 스타일에 부응한다. 프로그래밍 스타일은 크게 명령형(imperative)과 선언형(declarative)이라는 두 그룹으로 나뉜다.

- 명령형(또는 절차형) 언어는 프로그램 출력을 생성하는 명확한 일련의 단계를 명시한다. 대다수 프로그래머에게 익숙한 언어다.
- 선언형 언어는 추론 규칙(또는 함수) 관점에서 변수 간 관계를 묘사하고 언어 이그제큐터(executor)가 고정된 알고리즘 몇 개를 규칙에 적용해 결과를 생성한다(함수형과 논리형 프로그래밍을 한 번 살펴보면 이 설명이 금세 이해된다).

어떤 프로그래밍 언어를 선택하느냐에 따라 어떤 스타일로 디자인할지가 결정된다(그러니 사용하고 싶은 스타일을 지원하는 언어를 고르는 편이 나을 수도 있겠다). 그렇다고 프로그래밍 언어가 궁극적인 결정 요인은 아니다. 객체 지향 언어로도 얼마든지 구조적 코드를 만들 수 있고 마찬가지로 어떤 언어로든 끔찍한 코드를 작성할 수 있다. 이어지는 절에서 잘 알려진 프로그래밍 스타일을 소개하겠다.

22.1.1 구조적 프로그래밍

이 유명한 명령형 디자인 방법은 알고리즘 분해(algorithmic decomposition)를 사용하는데, 알고리즘 분해란 시스템을 구성 요소로 나누는 과정으로서 각 요소는 더 큰 프로세스 속 작은 단계에 해당한다. 디자인 결정은 제어 흐름을 바탕으로 이뤄지고 기능 구조 계층을 형성한다. 데이크스트라가 관찰한 바에 따르면 "계층 체계에는 한 계층에서 분할되지 않는 엔티티로 간주되는 무언가가 그다음으로 세밀한 계층에서는 복합 객체로 간주되는 성질이 있다. 그 결과 한 계층에서 다음으로 낮은 계층으로 주의를 돌리면 각 각 계층에 해당하는 공간 또는 시간의 자연적 결정의 크기가 급격히 줄어든다. 우리는 벽을 벽돌 관점에서, 벽돌을 결정 관점에서, 결정을 분자 관점에서 이해한다."고 한다. 실제로 구조적 프로그래밍을 대중화시킨 계기가 바로 데이크스트라의 선구적 논문인 "GOTO 문의 해로움(Go To Statement Considered Harmful)"[데이크스트라 68]이었다.

구조적 프로그래밍은 제어 중심 모델이고 하향식 디자인 기법을 따른다. 전체 프로그램을 머릿속에 그려 놓고 시작한다(가령 do_shopping). 이후 순차적인 하위 블록들로 나눈다(가령 get_shopping_list, leave_house, walk_to_shop, collect_items, pay_at_checkout, return_to_house, put_shopping_away). 각 하위 블록을 코드로 쉽게 구현할 만한 수준까지 연이어 분해한다. 다시 블록을 하나로 조립해서 디자인을 완성한다.

구조적 방식에는 다음과 같은 개념이 내포되어 있다.

- 매 분해는 프로그래머의 지적 이해 범위 안에서 이뤄져야 한다(데이크스트라는 "프로그램 디자인과 구현을 지적으로 감당할 수 있는 수준으로 국한하기 바란다."고 말했다).
- 제어 흐름을 세심히 관리해야 한다. 무시무시한 goto 문(코드에서 임의의 위치로 체계 없이 점프하는 동작)을 피하고 단일 진입 지점과 단일 종료 지점을 가진 함수(SESE 코드라 부른다)를 택하자.
- 코드 구조화를 위해 루프 구조체와 조건문은 기능 블록 내에서만 사용하자. 루프 중간 또는 중첩된 코드 블록에서 발생하는 단락 점프는 goto처럼 비난의 대상이다.

잘 알려진 구조적 프로그래밍 언어로는 C와 파스칼, 베이직, 그 밖에 포트란과 코볼처럼 유서 깊은 언어가 있다. 다른 유형의 디자인을 추구하는 그 밖의 명령형 언어로도 대부분 구조적 코드를 쉽게 작성할 수 있기에 구조적 프로그래머는 종종 새 관용구는 거부하면서 새로 유행하는 언어는 사용한다.*

---

* 꼭 잘못된 일만은 아니다. 프로그래머가 코드 디자인 방식은 고수하면서 구조적 코딩을 넘어섰다고 여기지만 않는다면.

22.1.2 객체 지향 프로그래밍

부치는 "객체 지향 프로그래밍이란 프로그램을 객체 간 협력으로 구조화하는 구현 방법으로서 각 객체는 클래스의 인스턴스에 해당하며 객체의 클래스는 상속 관계로 묶인 클래스 계층 구조의 멤버이다."라고 설명했다.[부치 94] 명령형 스타일의 하나이지만 세상을 훨씬 자연스럽게 코드 디자인으로 모델링할 수 있다. 실행 흐름이라는 개념이 아닌 상호 작용하는 엔티티 모델링에 초점을 맞춘다.

(구조적 프로그래밍의 절차 중심 방식과 대조적으로) 굉장히 데이터 중심적인 모델이다. 작업을 끝마치기 위한 순차적 단계 대신 데이터의 생애와 데이터 흐름을 고려한다. 객체 (바로 그 데이터)에는 동작(하는 일)과 상태(어떤 일을 할 때 변하는 것)가 있다. 이것이 언어 단에서 객체(object)의 클래스(class)에 대한 메서드(method)로 구현된다. 객체 지향 프로그램은 CPU 명령어들을 하나로 합친 목록이 아니라 서로 협력하는 소프트웨어 컴포넌트들의 모음이다. 객체 지향 디자인은 규모가 큰 시스템을 효과적으로 모델링하는 데 기여해 왔다.

객체 지향 프로그래밍은 다음과 같은 컴퓨터 과학 개념을 활용한다.

추상화

선택적 무지(selective ignorance) 기술인 추상화를 사용하면 보다 고차원적인 제어를 통해 하단의 지저분한 상세 구현을 무시하도록 코드를 디자인할 수 있다. get_next_item이 리스트 이진 검색을 수행하든 배열을 인덱싱하든 프랑크푸르트에 전화를 걸든 무슨 상관인가? (어떤 방법이든) 다음 항목을 반환할 테고 호출하는 코드에서는 그것만 알면 된다.

앞서 설명한 데이크스트라의 계층 구조(돌아가서 다시 읽어 보자)가 추상화의 한 형태를 보여준다.

캡슐화

캡슐화는 응집된 실행 단위들을 단단히 결합된 패키지에 한데 넣어 코드 캡슐이라 불리는 잘 정의된 API를 통해서만 접근하게 하는 방식이다. 캡슐의 사용자는 정의된 API만 호출할 수 있을 뿐 내부 상태는 직접 조작할 수 없다. 이로써 관심사를 명확히 분리하고 객체란 무엇인가 같은 난해한 질문에 대해 쉽게 추론하고 사악한 프로그래머가 남몰래 내부를 조작하는 일을 방지한다.

상속

부모 객체에서 분화된 객체 타입을 생성하는 메커니즘이다. Shape이라는 부모 타입에게 상속받은 Square, Circle, Triangle이라는 자식 타입이 있다고 가정하자. 상속된 타입은 더 세밀하고 특수한 동작을 제공한다(가령 도형의 면 개수를 정확히 알아내는 등). 여느 프로그래밍 개념과 마찬가지로 상속은 도대체 무슨 일을 하는지 모르겠는 예상 밖의 프로그램을 만드는 데 남용되기도 하고 논리적으로 타당하고 정교한 코드를 만드는 데 기여하기도 한다. 뛰어난 객체 지향 프로그래머는 어떻게 해야 적절한 상속 계층 구조를 만드는지 알고 있다.

다형성

하나의 코드가 실행되는 맥락에 따라 다양한 내부 데이터 타입(대부분의 객체 지향 프로그래밍 언어에서 클래스라 불림)을 사용하는 방식이다. 이 기법은 암묵적인 구현이 아니라 명시적으로 정의된 인터페이스를 프로그래밍할 것을 강조하기 때문에 코드를 작성하며 관심사가 명확히 분리된다. 다형성에는 동적과 정적, 두 가지 유형이 있다.

동적 다형성은 이름에서 알 수 있듯이 피연산자나 타깃 객체의 타입에 따라 실제 수행할 연산을 런타임에 결정한다. 상속 계층 구조가 자주 활용되는데, 가령 Shape 타입을 처리하는 클라이언트라면 현재 Square나 Triangle 객체를 사용 중일 수 있고 어느 쪽인지는 런타임에 밝혀진다.

정적 다형성은 정확히 어떤 코드를 실행할지 컴파일 타임에 결정한다. 정적 다형성을 제공하는 언어 기능은 함수 오버로딩(function overloading)(다양한 매개변수 목록을 받아들이는 같은 이름의 함수들. 컴파일러는 제공받은 인자를 기반으로 어떤 함수를 호출할지 추론한다), 연산자 오버로딩(operator overloading)(+, !=, <, &를 포함해 타입에 특정 연산을 정의할 수 있는 기능. 피연산자의 타입에 부합하는 연산을 호출한다), C++의 템플릿 전문성(template specialism)(템플릿 매개변수 타입에 따라 템플릿을 오버로딩할 수 있는 기능) 같은 제네릭 프로그래밍 기능(generic programming facilities) 등이다.

비객체 지향 언어에서도 이러한 기능을 모두 사용할 수 있다. 하지만 객체 지향 언어는 이를 직접적으로 표현하고 객체 지향 디자인은 이러한 기능을 활용해 응집력 있는 시스템을 생성한다.

객체 지향 프로그래밍은 1970년 즈음 시뮬라(Simula)에서 시작되어 최근 C++와 자바로 유명세를 탔다. 스몰토크는 몇 안 되는 순수 객체 지향 언어 중 하나이다. 객체 지향이 큰 인기를 얻으면서 많은 객체 지향 언어가 등장했고 유명한 객체 지향 볼트온(bolt-on)이 구조적 언어에 포함되는 경우도 많다.

22.1.3 함수형 프로그래밍

선언형 프로그래밍 스타일의 하나로서 타입이 있는 람다 대수(lambda calculus)에 기반한 보다 수학적인 프로그래밍 모델이다. 값과 함수, 함수 형식을 프로그래밍한다. 함수형 프로그램은 일반적으로 작고 정교하지만 컴파일되는 경우가 드물다. 그래서 언어 이그제큐터에 의존한다. 이그제큐터에 따라 프로그램 성능이 좌우되는 까닭에 상당히 느려지거나 메모리가 부족해질 수 있다.[*]

주류에서는 선언형 언어보다 구조적 스타일과 객체 지향 스타일이 훨씬 인기가 높으나 그렇다고 선언형 프로그래밍이 갖는 유용함이 사그라드는 것은 아니다. 강점과 쓰임새가 다르다. 함수형 프로그램에는 절차적 방식과 완전히 다른 코드 디자인 방식이 요구된다.

흔히 쓰이는 함수형 프로그래밍 언어는 리스프(비록 비 함수형 요소가 분명 존재하지만), 스킴, ML, 하스켈이다.

22.1.4 논리형 프로그래밍

공리(axiom) 집합과 목표 서술문(goal statement)이 딸린 이그제큐터를 제공하는 또 다른 선언형 스타일이다. (프로그래머가 제어할 수 없는) 내장 추론 규칙 집합을 사용해 공리만으로 목표 명령문이 참인지 보장할 수 있는지 결정한다. 본질적으로 프로그램의 실행이 곧 목표 명령문의 증명이다.

인공 지능에 대한 관심 덕분에 논리형 프로그래밍 언어가 크게 발전했다. 논리형 프로그래밍은 자동 이론 증명과 전문가 시스템(expert system)(대규모 문제 도메인을 모델링하고 축적된 방대한 지식을 바탕으로 구체적인 정답을 생성하는 시스템)에 널리 쓰인다.

가장 잘 알려진 논리형 프로그래밍 언어는 프롤로그다.

---

[*] 비단 선언형 언어에서만 생기는 문제는 아니다(가령 자바에도 JVM이라는 이그제큐터가 있다). 하지만 선언형 언어의 이그제큐터는
    부유한 기업 대신 주로 교육 기관에서 지원하다 보니 최적화하기가 상대적으로 더 쉽다.

22.2 레시피: 어떻게 그리고 무엇을

두 가지 측면에서 살펴보자. 소프트웨어 "레시피"는 개발 프로세스와 프로그래밍 스타일을 모두 포함한다. 둘은 별개이면서 서로 연결된다.

- 프로세스는 소프트웨어 구성에 필요한 단계를 묘사하는 더 큰 그림이다. 프로그래머만이 아니라 전체 개발 조직을 아우른다. 소프트웨어 구성은 대개 한 사람의 일이 아니므로 프로세스에서는 많은 사람이 어떻게 응집된 전체를 만드는지 설명한다. 혹은 최소한 시도는 해야 한다.
- 프로그래밍 스타일은 하단에서 소프트웨어 컴포넌트로 나누고 만들고 한데 이어 붙이는 방식을 묘사하는 좀 더 작은 그림이다. 어떤 개발 프로세스를 선택하느냐에 따라 쉽게 좌우되지만 꼭 그렇지는 않다.* 타깃 언어나 디자이너의 사전 경험에 따라 좌우될 가능성이 더 높다.

두 구성 측면 모두 방법론(methodology)이라 부르기 때문에 둘을 혼동하기 쉽다.** 스타일을 하나씩 살펴본 후 개발 프로세스로 넘어가겠다. 프로그래밍 세계관을 넓히고 기회가 주어졌을 때 프로세스를 수월하게 선택하려면 다양한 개발 방법을 이해하는 것이 중요하다.

> **핵심개념 ✱** 사용하는 스타일과 프로세스가 소프트웨어 개발 공수를 결정한다. 당연히 코드 형태와 품질에 영향을 미친다.

이어지는 절에서는 두 주제에 대한 교과서적인 설명을 늘어놓는 대신 비교하고 대조해 볼 수 있는 정도의 적절한 개요를 제공하겠다. 더 자세히 알려면 깊이 있게 다룬 소프트웨어 공학 교재가 시중에 많으니 찾아보자.

22.3 개발 프로세스

스스로 개발 프로세스를 만들어 냈다고 여기는 사람 수 만큼 개발 프로세스가 존재한다. 대부분 기초적인 개발 모델 한두 개를 아주 조금씩 진화시킨 것이다. 이 책에서도 그러한 변형들을 살펴보겠다. 곧 알게 되겠지만 이 중 일부는 서로 관련이 깊다.

개발 프로세스의 선택은 프로젝트 계획 방식, 단계 간 작업 흐름, 프로젝트팀의 상호 작용

---

* 예를 들어 객체 지향 스타일은 관례상 주로 "반복적이고 점진적인" 프로세스에 쓰인다(이해가 안 된다고 당황하지 말자! 533쪽 "반복적이고 점진적인 개발"에서 전부 설명한다).

** 굳이 구분한다면 프로그래밍 스타일이라고 부르는 것은 주로 methodology(소문자 m)이다. 개발 프로세스는 주로 Methodology(대문자 M)라 부른다. 고교회파(high-church)/저교회파(low-church)와 비슷하다. 지나치게 미묘하다. 22장에서는 스타일과 프로세스라는 용어를 고수하겠다.

방식을 좌우한다. 다음과 같은 축에 따라 프로세스가 달라진다.

빽빽하다/엷다

빽빽한 개발 프로세스(thick development process)는 무겁고 관료주의적이다. 대량의 서류를 생산하고 개발자 행동을 엄격히 통제하고 특정 팀 구조를 상정한다. 이 개발 프로세스는 ISO 9000 조직 모델을 특징으로 하는데, 이 모델에서는 프로세스가 적절한지 혹은 결함이 있는지에 대한 고려 없이 모든 업무 절차를 맹목적으로 아주 상세히 작성한다.

프로세스 스펙트럼의 반대편에 있는 엷은 개발 프로세스(thin development process)는 불필요한 관료주의를 삼가고 군살을 뺀 사람 중심 원칙을 장려한다. 535쪽 "애자일 방법론"에서 설명하는 애자일 프로세스가 엷은 개발 사례 기반이다.

순차적이다

어떤 개발 프로세스는 세상은 예측 불가능하다는 사실을 현명하게 인식해서 프로세스 루프를 여러 차례 반복 수행하는 식으로 모델링하고 계획한다. 이렇게 하면 개발자는 한 반복의 피드백을 다음 반복에 포함할 기회를 얻는다. 이로써 소프트웨어가 발전함에 따라 발생하는 자연스러운 변경에 적응할 수 있다(고객 요구사항이 바뀌거나 예상치 못한 문제에 직면하는 등).

통제가 더 엄격하고 순차적인 프로세스에서는 일정한 계획에 따라 한 단계에서 다음 단계로 개발이 진행되리라 예측한다. 사전 계획을 철저히 하기 위해 노력하고 미래를 아주 상세하게 예상하려 한다. 이러한 예측으로 인해 향후 개발 방향을 바꾸기 어렵다.

디자인 방향

하향식 디자인(top-down design)은 대강의 최초의 개요로 시스템을 만든다. 최상위에 있는 각 패키지를 하위 컴포넌트로 나눈다. 작업을 시작할 수 있을 만큼 소프트웨어가 충분히 명시될 때까지 이 과정을 반복한다. 하향식 디자인은 계획과 최종 시스템에 대한 충분한 이해를 중시하고 중간에 요구사항 변경이 거의 없다고 간주한다.

반대로 상향식 디자인(bottom-up design)은 시스템의 각 개별 부분을 상세히 명시한 후 응집된 하나를 형성하기 위해 어떻게 연결하는 것이 최선인지 결정한다. 근래의 프로세스는 이 극과 극의 두 디자인을 섞으려는 경향이 있다. 전체 시스템에 대한 대강의 아이디어를 구상해 초기 계획을 시작하고 뒤이어 하단의 컴포넌트와 객체를 찾아내 코딩하는 식으로 디자인을 진행한다.

어느 한 개발 프로세스가 가장 뛰어나다고는 말할 수 없다. 각 축마다 무엇이 옳은지에 대해 극단적이고 독실한 관점들이 존재한다.. 프로젝트에 걸맞은 올바른 방법론은 조직의 개발 문화, 개발 중인 제품 유형, 개발팀의 숙련도 등 수많은 요인에 의해 결정된다.

이제 소프트웨어 개발 프로세스 위를 달리는 롤러코스터에 올라 타 안전벨트를 단단히 매자. 꽉 잡아라.

22.3.1 애드 혹

애드 혹(ad hoc)*이 출발점이긴 하지만 정말이지 프로세스와는 거리가 멀다. 애드 혹 방식에는 프로세스가 없거나 혹은 문서화가 없다. 모두 자기 일정대로 일하고 누구도 다른 사람이 하는 일을 모르며 결국에는 무언가 유용한 것이 나오기를 기대한다. 아마 애드 혹 팀은 그림 22-1처럼 일하지 않을까?

조직에서 소프트웨어 개발 방법을 모른다면 아무리 팀이 작고 프로세스가 불필요하게 여겨지더라도 결코 용납할 수 없는 상태다. 이 상태에는 책임이 없으므로 소프트웨어가 정시에 배포되리란 보장이 없다. 모든 기능을 구현할 것이라 누가 보장하겠는가?

수많은 오픈 소스 소프트웨어가 이처럼 혼란스러운 방법으로 생성된다.** 무한한 원숭이와 무한한 컴퓨터가 있으면 결국에는 프로그램을 만들어낼지 모르겠다. 하지만 거기에 소모되는 무한한 시간을 기다리기란 불가능하다. 냅킨 뒷면(back-of-napkin) 같은 디자인이라도 보다 형식적이고 예측 가능한 개발 프로세스로 한 걸음 나아간 것이다.

> **핵심개념★** 개발 프로세스가 없는 팀은 무정부 상태나 다름없다. 소프트웨어는 의도한대로가 아니라 운이 좋아 만들어진다.

이런 경우 개발은 난장판이 된다. 프로그래머 개개인은 열심히 일하고 각자의 투지 넘치는 노력이 궁극적으로 무언가 가치 있는 것을 만들어 낼지도 모른다. 그래도 그 결과물을 진짜로 신뢰하기는 어렵다. 팀은 아주 비효율적일 가능성이 크고 아마도 가치 있는 무언가는 절대 배포하지 못할 것이다.

---

*　**역주** 애드 혹은 주먹구구식 또는 임시방편의 뜻으로 쓰인다.

**　대가를 지불할 고객도, 정해진 요구사항도 없으니 아무 상관이 없을 것이다. 오픈 소스 소프트웨어는 대부분 프로그래머의 의지로 개발된다. 그래도 애드 혹 오픈 소스 작업에 개발 프로세스를 적용하면 분명 보다 뛰어난 프로그램이 나올 것이다.

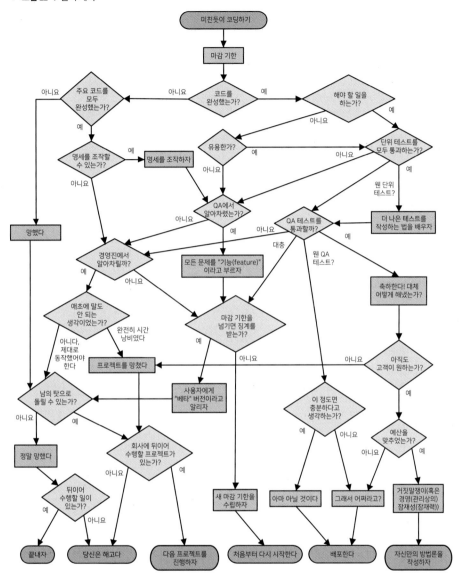

22.3.2 폭포수 모델

폭포수 모델(waterfall model)은 대표적인 소프트웨어 개발 생애 주기 모델이다. 단순성을 이유로 줄곧 비판을 받아 왔다(심지어 구식이라는 이유로도). 하지만 다른 모든 개발 프로세스가 사실상 어떤 면에서는 폭포수 모델을 기반으로 한다. 수많은 결점에도 불구하고 여전히 프로세스를 배우는 첫 관문이다. 더 관습적인 공학 생애 주기를 본떠 모델링됐으며

1970년 W.W.로이스가 만들었다.[로이스 70] 가장 예측 가능한 개발 프로세스다.

개발 단계

폭포수 모델은 소프트웨어 개발 프로세스의 생애를 아우르는 다섯 단계를 설명한다. 여타 프로세스 역시 같은 단계를 사용하지만 순서가 다르거나 중점을 두는 단계가 다르다.

요구사항 분석

먼저 소프트웨어 프로젝트를 위한 요구사항을 수립한다. 요구사항은 프로젝트의 목표와 제공할 서비스, 작업에 따르는 제약을 다룬다. 이 단계에 앞서 주로 프로젝트를 착수하기 위한 타당성 조사가 이뤄지고 혹은 분석과 동시에 타당성을 검토하기도 한다. 타당성 조사에서는 다음과 같은 질문을 던진다. 이 프로젝트가 성공할까? 이 소프트웨어를 개발해야 할까? 대안은 무엇인가?

디자인과 명세

첫 단계에서 수립한 요구사항을 소프트웨어나 하드웨어 요구사항으로 변경한다. 뒤이어 소프트웨어 요구사항을 컴퓨터 프로그램으로 쉽게 구현할 수 있는 형태로 변환하는데 주로 별도로 개발 가능한 컴포넌트로 분할하는 식이다.

구현

프로그램을 생성하는 단계다. 각 프로그램 또는 하위 컴포넌트가 하나의 단위(unit)이며 단위 테스트가 이뤄진다. 단위 테스트는 해당 단위가 이전 단계에서 정의한 명세를 충족하는지 확인한다.

통합과 테스트

모든 단위를 합쳐 전체 시스템을 테스트한다. 코드를 올바르게 통합했는지, 전체 시스템이 예상대로 동작하는지, 시스템 요구사항을 전부 구현했는지 테스트한다. 테스트가 성공적이면 소프트웨어가 완성됐다고 간주한다.

유지 보수

끝으로 제품을 출시한다. 배포했다고 해서 소프트웨어를 완성했다고 여기지 말자, 너무 순진한 생각이다. 소프트웨어 생애 주기에서 가장 긴 단계는 유지 보수(maintenance)다(367쪽 "기존 코드 유지 보수" 참고). 고쳐야 할 버그와 포함시켜야 할 간과된 요구사항, 본래 요구사항의 진화, 현장에서 사용 중인 소프트웨어를 위한 새로운 제품 지원 업무가 기다린다.

개념은 아주 간단하다, 개발 프로세스를 연이어 수행되는 여러 단계로 나눌 뿐이다. 한 단계에서 다음 단계로 이어지는 꾸준하고 되돌릴 수 없는 흐름 때문에 폭포수에 비유된다. 물이 강을 향해 항상 아래로 흐르듯이 개발도 출시를 향해 항상 매 단계를 거치며 아래로 흐른다.

전통적인 폭포수 모델이 그림 22-2에 나와 있다.* 참고 글인 "개발 단계"에서 설명한 다섯

---

* 로이스의 논문을 일반적으로 단순화한 그림이다. 로이스는 실제로 폭포수 위로 되돌리는 피드백을 허용했지만 적극적으로 권장하지는 않았다. 열성적인 관리자는 소프트웨어 개발을 엄격한 순차적 프로세스로 여겨 곧장 상류로 가는 방향을 제거했고 폭포수는 변색됐다.

가지 표준 단계가 나온다. 한 단계를 성공적으로 완료하면 일종의 관문 프로세스(gating process)(주로 리뷰 회의)를 거쳐 다음 단계를 진행한다. 단계의 출력은 요구사항 명세나 디자인 명세처럼 대부분 하나의 문서다. 리뷰에서 오류나 문제를 발견하면 뒤로 되돌아가 그 단계로 다시 돌아간다.

▼ **그림 22-2** 전통적인 폭포수 모델

폭포수 모델을 따를 경우 되돌아가 변경하기가 쉽지 않다. 어마어마한 시간과 에너지를 쏟아 상류로 거슬러 헤엄치는 연어만큼 힘들다. 연어는 이렇게 하라고 유전적으로 프로그래밍되어 있지만, 프로그래머는 그렇지 않다. 개발 프로세스의 구조상 뒤늦게 변경하기에는 프로세스가 유용하지 않다는 소리다. 디자인 전에 요구사항을 확정해야 하고 프로세스가 한번 시작되면 다수의 변경을 수용하기 어렵다. 일반적으로 디자인 단 문제는 시스템 테스트 전까지 잘 드러나지 않는다.

그래도 변호하자면 최소한 개념적으로는 관리하기 쉽고 다른 대다수 개발 모델의 토대를 제공한다. 폭포수는 아주 큰 프로젝트로는 잘 확장되지 않으며 2주 정도짜리 프로젝트에서 잘 동작한다. 다른 개발 모델은 긴 프로젝트의 생애에 걸쳐 더 작고 많은 폭포수를 실행하는 식으로 폭포수 모델을 활용한다.

22.3.3 SSADM과 PRINCE

SSADM은 마치 어른의 허락을 받아야만 참여할 수 있는 개발처럼 들리지만 사실은 구조적 시스템 분석과 디자인 방법론(Structured Systems Analysis and Design Methodology)의 약자다. 폭포수 방식을 따르는 체계적이고 정밀한 방법으로서 앞으로 보게 될 폭포수 변형 중 아마 가장 엄격할 것이다.

구현과 테스트가 아닌 분석과 디자인을 다루며 영국 정부 기관에서 많이 쓰이는 명확한 공개 표준이다. SSADM은 이해하기 쉬운 자기 서술적 다섯 가지 주요 단계로 구성된다(각 단계는 또 다시 여러 프로세스로 다시 나뉜다).

- 타당성 조사
- 요구사항 분석
- 요구사항 명세
- 논리 시스템 명세
- 물리적 디자인

통제된 환경에서의 프로젝트(PRINCE)와 상상력 가득한 이름의 후속 모델인 PRINCE2 는 SSADM을 대체하기 위해 각각 1989년과 1996년에 만들어졌다. SSADM처럼 무겁고 문서 중심적인 모델을 정의한다. 밝혀낸 요구사항과 품질 기준을 충족하기 위해 제품을 생 산할 때 따라야 할 엄격한 단계(이번에는 여덟 가지 단계)를 나열한다.

22.3.4 V 모델

전통적인 폭포수에서 비롯된 이 프로세스 모델은 독일 정부와 군대의 소프트웨어 개발 프 로세스를 통제하기 위해 개발됐다. 폭포수 모델과 많은 부분 유사하지만(비판을 사는 경 향까지도) 프로세스를 폭포 모양으로 모델링하는 대신 그림 22-3처럼 V 모양으로 시각화 했다.

▼ **그림 22-3** V 모델

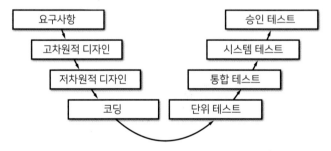

왼쪽은 소프트웨어 구성에 이르는 개발 단계인 계획, 디자인, 구현 작업을 보여준다. 오른 쪽 흐름은 테스트와 승인을 다룬다.* 각 테스트 단계에서는 마주보는 왼쪽 단계에서 만든 명세에 비춰 평가한다.

---

* 보다시피 개발은 폭포수처럼 아래로 흐르지만 테스트는 힘겹게 오르막길을 오르는 노력이 필요하다. 소프트웨어 개발을 상당히 정 확하게 묘사한 모델이다!

폭포수 모델과 V 모델의 차이는 단순히 그림의 방향만이 아니다. 테스트 단계(오른쪽)를 개발 작업(왼쪽)과 병행해서 시작할 수 있고 테스트 단계도 똑같이 중시한다. 이 방식의 장점은 다음과 같다.

- 망해 가는 프로젝트가 막바지 단계에 이르면 관례상 테스트가 밀려난다. 이는 아주 위험하다. 테스트를 개발 프로세스의 핵심 단계로 강조함으로써 이러한 사실을 부각시키고 제품 품질을 보장할 수 있다.
- 최종 소프트웨어만 테스트할 것이 아니라 항상 요구사항 명세부터 완성된 소프트웨어에 이르는 모든 개발 작업 단계를 리뷰하고 검증해야 한다. V 모델에서 강조하는 부분이다.
- 현실에서는 종종 테스트와 버그 수정에 전체 프로젝트 시간의 반 이상이 든다. 폭포수 모델은 이를 정확히 반영하지 못한다.
- V 모델에서는 각 개발 단계가 끝날 때마다 테스트 계획을 수립할 수 있어 전체 개발 프로세스의 시간을 줄일 수 있다. 폭포수 모델처럼 구현 단계가 끝나기를 기다렸다 테스트를 시작하지 않아도 되니 이 능률적인 병렬 작업 덕분에 프로젝트 완료일이 앞당겨진다.

22.3.5 프로토타이핑

수년간 소프트웨어 개발 프로세스를 연구하고 경험했음에도 불구하고 여전히 폭포수가 표준 참조 모델이다. 요구사항 분석이나 디자인 작업이 선행되지 않고서는 당연히 유용한 구현을 수행할 수 없다는 명확한 논리가 존재하기 때문이다. 하지만 폭포수 모델은 개발 완료 전에 전체 시스템을 평가하기 어렵다. 통합 단계를 완료하고 시스템을 알파 테스트 상태로 준비하기 전까지는 고객에게 소프트웨어를 내보이기 어렵다.

이러한 제약을 피하고자 나온 것이 프로토타이핑 방식(prototyping approach)이다. 개발을 진행하는 도중에 구현을 조사하고 평가할 수 있고 몰랐거나 모호한 요구사항을 개선하기도 한다(사용자는 자신들이 실제로 무엇을 원하는지 절대 모른다).

프로토타이핑 프로세스의 핵심은 쓰고 버릴 수많은 소프트웨어 시스템 프로토타입을 만드는 것이다. 각 프로토타입을 평가하고 고객에게 보이고 고객의 피드백을 받아 다음 프로토타입을 만든다. 이 과정을 실제 제품을 개발해 배포할 수 있을 때까지 계속한다.

여기서 다른 산업과의 유사점이 보인다. 신차를 개발할 때도 딱 들어맞는 디자인을 고안할 때까지 수많은 프로토타입을 만든다. 하지만 중요한 차이점에 주목해야 한다. 신차 개발의 주된 비용은 개발이 아닌 제조다. 소프트웨어와 정반대다. 코드는 무료로 마음껏 복사할 수 있고 비용이 드는 부분은 개발이다. 따라서 무제한으로 반복할 수 없으니 프로토타이핑 주기를 제어해야 한다.

프로토타입은 매우 높은 수준의 언어로 빠르게 개발된다. 때로는 프로토타입 생산 속도를 크게 향상시켜 주는 자동화 도구 지원을 바탕으로 간단히 개발되기도 한다.* 프로토타입은 개념 증명(proof-of-concept)이 목적이므로 효율성이나 안정성, 기능 집합 완료는 주된 관심사가 아니다. 그래서 프로토타이핑은 사용자 인터페이스에 중점을 두는 시스템에 가장 효과적이다.

프로토타입은 리스크 관리에도 도움이 된다. 프로토타입을 활용해 고객이 원한다고 말한 것이 실제 원하는 것이 되도록 보장한다. 또한, 새 기술을 사용해 보거나 디자인 결정이 실제 사용과 부합하는지 확인한다.

프로토타이핑에 수반되는 위험은 짧은 시간에 깊은 고민 없이 만든 비효율적인 프로토타입 코드를 실제 출시 코드로 계속 개발하고 싶은 유혹이다. 프로젝트에 남은 시간이 얼마 없고 실제 개발로는 일정을 맞추기 어려울 것 같을 때 특히 유혹에 빠지기 쉽다. 고객에게 제대로 알리지 않으면 고객은 프로토타입과 완성된 제품을 혼동하고 최종 소프트웨어를 받기까지 너무 오래 걸린다는 사실에 당황한다. 이러한 문제를 방지하려면 프로토타입을 일부러 조잡하게 두고 출시 가능한 상태에 가깝게 만들지 않는 것이 최선이다. 기능이 너무 많으면 더 이상 프로토타입이 아니다!

---

* 예를 들어 간단한 GUI 빌더가 딸린 고속 애플리케이션 개발(RAD) 도구

22.3.6 반복적이고 점진적인 개발

최근 폭포수 방식은 기본적으로 하나의 주제를 변형하는 식으로 발전했다. 중대한 개선은 개발을 반복적이고 점진적으로 수행한다는 점이다. 즉, 짧은 개발 생애 주기를 연이어(점진적으로) 여러 번(반복적으로) 실행하면서 시스템이 완성될 때까지 각 주기마다 시스템에 기능을 추가해 나간다. 짧은 생애 주기를 한 번 실행할 때는 폭포수 모델을 따르는 경향이 있고 (프로젝트 규모에 따라) 몇 주 혹은 몇 달가량 지속되기도 한다. 따라서 폭포수 모델의 각 단계가 두 번 이상 실행된다. 매 반복의 끝은 소프트웨어 출시다.

점진적인 개발은 하향식도 상향식도 아니다. 코드를 출시할 때마다 낮은 수준과 높은 수준의 컴포넌트를 모두 포함하는 완성된 코드를 생성한다. 반복을 거치며 시스템이 발전하고 기존 디자인과 구현에 기반해 그다음 디자인 작업이 이뤄진다. 프로토타이핑과 유사한 면이 있으나 점진적인 개발의 목표는 검증을 위해 대충 만든 코드가 아니다. 점진적 방식을 취하면 매 단계가 덜 복잡하고 관리하기 편하다. 프로세스 진행 상황을 감시하기 수월하고 시스템의 개발과 통합 수준도 파악할 수 있다.

이러한 유형의 프로세스는 불분명한 요구사항으로 시작하는 프로젝트에 가장 효과적이다. 현실을 직시하자. 대부분의 프로젝트가 그렇지 않은가. 변화에 더 탄력적이며 폭포수 방식에서 나타나는 지루한 재디자인과 전체 시스템 재구현을 막아준다. 반복적이고 점진적인 개발은 소프트웨어 개발이 지닌 본질적인 특성에 잘 부합하므로 내재된 혼란을 더욱 잘 통제할 수 있어 매우 효과적이다. 반복 주기가 훨씬 짧아 피드백을 받고 정정할 기회 역시 월등히 많고, 따라서 프로젝트 완료 전에 실패 여부를 미리 알 수 있다.

22.3.7 나선형 모델

1988년 배리 보엠이 제안한 나선형 모델[보엠 88]은 반복적이고 점진적인 방식의 좋은 예다.* 그림 22-4처럼 개발 프로세스를 나선 모양으로 모델링한다. 중앙에서 시작해 이어지는 프로세스 단계를 향해 바깥으로 부채꼴 모양으로 펼쳐진다. 아주 개략적인 시스템 개념에서부터 시작해 점점 나선의 다음 단계로 나아가면서 보다 상세해진다. 나선을 360도로 한 바퀴 회전하는 것이 폭포수를 한 번 통과하는 것과 같으며 전형적으로 각 반복을 여섯 달에서 2년까지 지속한다.

---

* 보엠의 프로세스가 최초의 반복적 모델은 아니지만, 반복의 중요성을 대중화하고 역설한 것은 그가 처음이었다.

우선순위가 높은 순으로 기능을 정의하고 구현하기 때문에 가장 중요한 기능이 가장 빨리 완성된다. 이것이 리스크를 관리하는 방식이다. 배포 날짜에 조금씩 가까워질수록 시스템 대부분을 완성했다고 확신할 수 있어야 하기 때문에 이편이 보다 안전하다. 프로그래머는 시스템의 사소한(하지만 재미있는) 20%에 가진 시간의 80%를 쓰지는 않으니 실제로 아주 실용적인 접근 방식이다.

▼ **그림 22-4** 나선형 모델

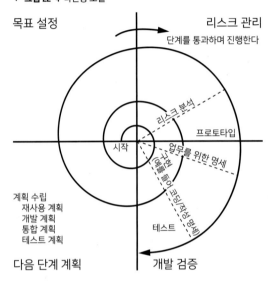

보엠은 나선을 다음과 같은 네 개의 사분면 혹은 네 개의 별개 단계로 나눴다.

목표 설정
이 단계의 구체적인 목표를 수립한다

리스크 평가와 개선
주요 리스크를 찾아 분석하고 리스크를 줄이기 위한 정보를 수집한다

개발과 검증
다음 개발 단계를 위한 적절한 모델을 고른다

계획
프로젝트를 리뷰하고 나선의 다음 한 바퀴를 위한 계획을 세운다

22.3.8 애자일 방법론

소프트웨어 개발 프로세스를 구속하려는 관료주의적이고 무거운 방법론에 대한 반발로 생겨났다. 애자일 전문가는 소프트웨어 개발을 예측 가능한 프로세스로 만들기 어렵다고 말하며 다리 건설 같은 정립된 공학 프로세스와는 완전히 다르다고 주장한다.* 구식의 기념비적인 방법론은 뛰어난 소프트웨어를 작성하려는 개발자를 방해할 뿐이니 버려야 한다고 말이다.

애자일 방법론(agile methodology)은 대대적으로 홍보되고 있는 익스트림 프로그래밍과 더불어 크리스털 클리어(Crystal Clear), 스크럼(Scrum) 등 수많은 개발 프로세스를 설명하는 포괄적 용어다. 애자일 프로세스는 예측 가능성 강제(예측 가능한 척하기)나 장기적인 계획 대신 민첩함과 리스크 개선에 초점을 맞춘다.

애자일 프로세스는 다음과 같은 기본 원리를 공통으로 포함한다.

- 짧은 반복 개발 주기를 여러 차례 수행함으로써 리스크를 최소화한다. 매 주기가 끝날 때마다 소프트웨어를 비롯한 모든 프로세스 산물이 완성되고 일관된 상태로 출시 가능한 품질에 도달한다. 실제로 소프트웨어가 출시되는 경우는 드물지만 리뷰나 의견을 얻기 위해 고객에게 전달되기도 한다. 고객은 팀의 진행 상황을 알고 안심한다.

  애자일 프로세스의 반복은 반복적이고 점진적인 프로세스의 루프보다 훨씬 더 짧은 경향이 있다(전형적으로 몇 달이 아닌 몇 주 동안 지속된다).

- 개발 마지막 단계에 수행하는 긴 테스트 주기 대신 끊임없이 수행되는 자동 회귀 테스트 묶음에 크게 중점을 두어 리스크를 관리한다.

- 육중한 프로세스에 부담이 되는 문서화를 줄인다. 애자일 프로세스에서는 코드 자체를 디자인과 구현 문서화로 본다. 좋은 코드는 그 자체로 독립적이라 관료주의적인 문서화 프로세스를 굳이 수행하지 않아도 된다.

- 사람을 중시하고, 문서를 통해서가 아닌 가급적 직접 얼굴을 마주 보는 의사소통을 추구한다. 고객(또는 고객 대표)을 최대한 개발팀과 가까이 두어 구현과 우선순위 결정에 참여할 수 있게 한다.

- 가공의 개발 주기에서 현재 팀이 어디쯤 왔는지에 대한 관리자의 의견이나 명세 작성 대신 동작하는 소프트웨어를 프로젝트 진행 상황과 성능의 척도로 삼는다. 개발자는 문제가 발생하면 개발을 진행하는 도중에 코드를 수정해 변경에 대응한다.

애자일 접근법이 항상 정답은 아니다. 10명 미만의 뛰어난 프로그래머를 지리적으로 가까이 배치해 규모가 작은 프로젝트를 맡길 때 가장 효과적인 편이다. 애자일 프로세스는 고도의 요구사항 변경이 발생하는 분야에 매우 탁월하다. 육중한 프로세스 문화를 가진 기업에서는 실행하기 어렵다.

---

* 이는 믿음에 대한 논쟁이다. 많은 프로그래머가 소프트웨어 개발 프로세스를 반복 가능하고 예측 가능하게 만들 수 있으나 다만 현재 업계가 아직 그 정도로 성숙하지 않았거나 교육이 부족했다고 믿는다.

22.3.9 그 외 개발 프로세스

이 밖에도 폭포수 모델을 변형한 개발 프로세스가 많은데 저마다 특징이 뚜렷하다. 완화된 폭포수 프로세스들로써 특정 단계가 겹치거나 미니 폭포수로 관리되는 하위 프로젝트를 포함한다. 진화적 프로토타이핑(evolutionary prototyping) 방식은 초기 개념에서 시작해 프로토타입을 디자인하고 구현한 후 허용 가능한 수준까지 반복적으로 프로토타입을 개선해 출시하는데 이때 중간에 버려질 프로토타입까지 계획에 고려한다.

단계적 배포(staged delivery)는 순차적 프로세스에 따라 아키텍처를 디자인한 후 뒤이어 개개 컴포넌트를 구현하고 각 컴포넌트가 완성될 때마다 고객에게 보여 필요에 따라 이전 개발 단계로 돌아간다. 진화적 배포(evolutionary delivery)는 본질적으로 진화적 프로토타이핑과 단계적 배포를 혼합한 것이다.

고속 애플리케이션 개발(RAD)은 사용자 참여와 소규모 개발팀을 강조하고 프로토타이핑과 자동화 도구를 집중적으로 사용한다. 다른 프로세스들과 조금 달리 개발 기간을 미리 정하고 바꿀 수 없다고 간주한다. 이후 마감 기한 내에 해낼 수 있을 최대한 많은 기능을 디자인에 포함시키고 일부 기능은 희생한다.

래셔널 통합 프로세스(Rational Unified Process, RUP)는 1987년에 나온 이바 야콥슨의 이의제기 프로세스(Objectory Process)에서 유래한 주목할 만한 상업적 방법론이다. 무겁지만 유연한 객체 지향 프로세스로서 유스 케이스 주도 디자인(use case-driven design)(유스 케이스는 단일 사용자 동작과 소프트웨어 시스템과의 상호 작용을 설명한다)과 UML 다이어그램에 크게 의존한다. 반복적 개발과 지속적 테스트, 신중한 변경 관리에 알맞다. 상업적 프로세스인 만큼 상업적 도구 묶음에서 지원한다.

22.4 그만하면 됐다!

여기까지 읽었고 아직 졸리지 않는다면 잘하고 있는 것이다. 끝으로 보다 중요한 질문을 던져 보면, 지금까지 읽은 내용에서 이끌어 낼 핵심 요점은 무엇일까? 소프트웨어 장인은 개발 프로세스와 프로그래밍 스타일에 업무상 굉장히 정통하지만 올바른 책만 찾아 읽으면 누구나 이해할 수 있다. 어떻게 이 지식을 업무에 유용하게 적용할까? 어떻게 스킬 세트를 향상할 수 있을까?

모든 프로세스는 공통 요소를 포함한다. 바로 528쪽 "개발 단계"에서 설명한 단계들이다. 사실상 프로세스 길이와 단계들의 상대적 위치만 다를 뿐이다. 각 활동은 고품질 소프트웨어 생산에 있어 필수다. 훌륭한 프로세스일수록 테스트를 나중으로 남겨두지 않고 개발 프로세스 내내 지속적으로 수행하고 감시한다.

프로세스와 프로그래밍 스타일을 서로 비교하거나 평가하기는 어렵다. 무엇이 최선일까? 무엇이 고품질의 제품을 정시에 예산에 맞춰 배포하게 해줄까? 질문이 틀렸으니 정답도 없다. 어떤 프로세스가 적절한지는 프로젝트 특성과 기업 문화에 따라 다르다. 객체 지향 개발을 전혀 모르고 오로지 C만 사용할 줄 아는 스무 명의 프로그래머가 객체 지향 자바 제품을 개발하려는 시도는 분명 어리석다.

> **핵심개념★** 여러 가지 이유를 근거로 소프트웨어 레시피 하나를 고를 것이다. 꼭 좋은 방법을 고르도록 하자. 프로세스를 선택한 동기가 당신이 속한 조직의 성숙도를 말해준다.

절차상의 양극단을 보았다. 애드 혹 방법의 무정부 상태는 융통성 없는 프로세스의 엄격한 체제와 대조된다. 후자에서는 보다 정교한 아키텍처를 만들 수 있는 어떤 실험이든 장려한다. 관료주의에 휩쓸려 사용자의 실제 요구사항이 개발자에게 전달되지 않을 수도 있다. 프로그래머는 그저 이전 프로세스 단계로부터 전달받은 명세대로 코딩한다.

골디락스 원리(Goldilocks principle)에 따르면 가장 유연한 방식은 둘 사이 어딘가다. 어떤 프로세스에 따라 일하고 있는지, 프로세스가 어디에 정의되어 있는지 반드시 알아야 한다. 실질적인 개발에는 원리, 즉 때맞춰 무언가를 산출할 수 있는 일관된 전략이 필요하다 (실현 가능한 일정은 또 하나의 독립된 주제다. 506쪽 "계획 게임" 참고). 숙련된 프로그래머는 결함만이 아니라 개발 프로세스의 가치를 인지한다. 프로세스에 따라 일하는 방법과 언제 따르지 말아야 할지 안다. 뛰어난 프로그래머는 그냥 프로그래밍만 하지 않는다. 레시피와 그 레시피를 적절히 조정하는 법을 안다. 그래서 컴퓨터 과학을 기술(craft)이라 부르는 것이다.

채택한 프로세스에 너무 고지식하게 굴거나 구애되지 않아야 하지만 반드시 합의된 프레임워크에 따라 소프트웨어를 생산해야 한다. 프레임워크는 개발팀과 잘 맞아야 한다. 많은 장애물을 뛰어넘어야 하고 장황한 문서를 가득 채워 넣어야 하는 요식적인 프로세스가 필요 없는 조직도 있다.

가끔씩 새 방법론이 불현듯 나타난다(혹은 진화한다). 대부분 폭죽을 터트리고 팡파르를 울리며 성대하게 등장하면서 우리의 아이들과 그 아이들의 아이들까지 더 성공적으로 개 발하게 해주는 만병통치약이자 특효약이라고 주장한다. 슬프게도 사실이 아니다. 근본적 으로 어떤 생애 주기를 따르든 프로그래밍팀은 팀에 속한 프로그래머만큼만 훌륭할 뿐이 다. 직관, 재능, 경험, 동기가 없으면 어떤 개발 프로세스를 사용하든 안정적으로 훌륭한 코 드를 생산할 수 없다. 일정에서 얼마나 뒤처졌는지 추적하기는 쉬울지 몰라도.

22.5 프로세스 선택

올바른 개발 프로세스를 선택하려면 여러 요인을 고려해야 한다. 하지만 합리적인 근거에 따라 선택하는 경우는 드물다. 항상 하던 방식이라서 혹은 충분히 잘 동작하니까 혹은 가 장 먼저 떠오르는 방식이라서 그 개발 프로세스를 사용한다.

무엇이 적절한 개발 프로세스인지 어떻게 알까? 궁극적으로 프로세스가 팀에 통했다면, 다시 말해 협업이 잘 되어 훌륭한 소프트웨어를 정시에 생산했다면 올바른 개발 방식을 택 한 것이다.

프로세스를 잘 고르려면 프로젝트 유형과 규모에 기반해야 한다. 기존 코드 기반을 조금 수정하는 데 대규모 반복적 개발 주기는 필요 없다. 백지에서 시작하는 3년짜리 산업 프로 젝트라면 아마 필요할 것이다. 팀원들의 경험과 잘 맞고 그 프로세스를 사용하겠다는 개발 자의 의지(심지어 열망)가 반영되고 프로젝트 책임자가 진정으로 이해하는 프로세스가 옳 은 선택이다.

반면 개발 프로세스를 잘못 선택하는 이유도 다양하다. 그저 변화가 필요하다는 생각에 새 프로세스로 갈아타는 것은 무의미하다. 현재 개발 모델이 지닌 문제를 똑같이 해결하라고 내놓을 것이 틀림없다. 정치적 성명도 소용없다(오픈 개발 문화를 조성하려고 했던 사람들 을 아는데, 그저 내부 코드 기반을 오픈 소싱하도록 조직을 전환하기 위해서였다). 프로세 스 선택의 가장 위험한 동기는 유행이다. 크게 유행했다고 해서 프로세스가 꼭 더 유용하 다는 뜻은 아니다.

기억할 것은 부적절한 프로세스는 실제로 코드 품질을 망가뜨릴 수 있다는 점이다. 소프트웨어 배포가 아닌 절차상 필요한 요구를 맞추느라 더 많은 시간을 쏟게 된다. 좋은 프로세스는 작업 진행을 방해하지 않는다. 오히려 팀이 소프트웨어를 더 많이, 더 훌륭하고 빠르게 만들게 해준다.

> **핵심개념★** 프로세스는 필수다. 대다수 프로젝트가 비기술적인 이유로 실패한다. 첫 번째 실패 이유는 십중팔구 잘못된 프로세스다.

22.6 요약

소프트웨어 개발은 범죄와 비슷해서 체계적일수록 좋다. 이따금 규율이 잡히지 않은 팀에서 인상적인 일을 해내고 소프트웨어 명작을 탄생시킨다. 하지만 극히 이례적인 경우다. 개발 프로세스를 정의해야 하고 프로세스가 제대로 통하려면 적절한 기술을 가진 팀원이 이해하고 수행해야 한다. 그렇지 않으면 피해만 끼치는 소프트웨어로 끝난다.

검증된 개발 프로세스와 확립된 디자인 스타일을 사용함으로써 기간, 예산, 요구사항 변경에 부응하는 소프트웨어를 개발해야 한다. 소프트웨어 개발은 매우 어렵고 방금 이를 쉽게 해 줄 또 하나의 방법을 살펴봤다.

현명한 프로그래머

- 따라야 할 프로그래밍 스타일과 개발 프로세스를 이해한다.
- 개발 프로세스를 활용해 소프트웨어 공장 거주자와의 상호 작용을 형성하고 프로세스에 구속되는 것 같으면 피한다.
- 다양한 개발 레시피의 장단점을 알고 주어진 상황에 가장 적절한 방식을 고를 수 있다.

형편없는 프로그래머

- 개발 프로세스 이슈를 무시하고 자신만의 방식으로 하려 한다.
- 프로세스가 다른 개발자와의 상호 작용을 어떻게 형성하는지 모른다.
- 관리자가 신경 쓸 일이라며 프로세스에 대해 생각하려 하지 않는다.

22.7 참고

8장: 테스트할 시간

테스트는 개발 프로세스의 핵심 단계이다. 현실에서는 마감 기한의 압박 때문에 종종 테스트할 시간이 사라진다.

17장: 뭉쳐야 산다

팀워크: 대규모 소프트웨어 개발의 초석.

19장: 명시적으로

명세는 흔히 개발 프로세스 단계 간 관문이다.

22.8 생각해 보기

다음 질문에 대한 자세한 설명은 647쪽 "정답과 설명"에 나와 있다.

22.8.1 궁리하기

1 프로그래밍 스타일과 개발 프로세스의 선택은 서로 어떤 영향을 미치는가?

2 최선의 프로그래밍 스타일은 무엇인가?

3 최선의 개발 프로세스는 무엇인가?

4 22장에서 나열한 각 개발 프로세스는 524쪽 "개발 프로세스"에서 살펴본 분류 축 중 어디에 속하는가?

5 개발 프로세스와 프로그래밍 스타일이 레시피라면 소프트웨어 개발 요리책은 무엇일까?

6 적합한 프로세스를 고르면 소프트웨어 구성이 예측 가능하고 반복 가능한 작업이 될까?

22.8.2 스스로 살피기

1 현재 사용 중인 개발 프로세스와 프로그래밍 언어 스타일은 무엇인가?

    a 개발팀에서 공식적으로 합의했는가, 혹은 관례적으로 사용하는가?

    b 어떻게 선택했는가? 해당 프로젝트를 위해 선택했는가 혹은 항상 사용하는 레시피인가?

    c 어딘가에 문서화되어 있는가?

    d 팀에서 프로세스를 고수하는가? 문제가 발생하고 궁지에 몰려도 프로세스를 지속하는가 아니면 무언가를 혹은 무엇이라도 만들기 위해 황급히 모든 상아탑 이론을 무시하는가?

2 현재 프로세스와 스타일이 적절한가? 현재 소프트웨어를 개발할 최선의 방법인가?

3 살펴볼 만한 다른 개발 모델이 있음을 조직에서 아는가?

memo

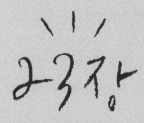

외부 제약

다양한 프로그래밍 분야

우리를 성가시게 하는 타인의 모든 행위는
자신을 이해하게끔 이끈다.

_칼 융

23장에서 다룰 내용

- 프로그래밍 분야 비교
- 전문 분야에서 효율적으로 일하는 법
- 각 분야에 필요한 기술

나는 평상시 지나친 일반화와 얄팍한 은유를 즐긴다. 비웃어도 상관없다. 나름대로 연구도 열심히 해왔다. 현재 살고 있는 도시에는 약 40개의 교회가 있다. 교회마다 미묘한 차이를 보이는데 예배 참석자의 유형이 다르고 각자 직업도 다르다. 중시하는 바가 다르고 예배드리는 방식도 다르다. 지역도 다르다. 그런데도 하는 일은 크게 다르지 않다.

도대체 이게 프로그래밍이란 무슨 상관인데? 라는 질문이 여기까지 들린다. 이 얄팍한 상관관계를 너그럽게 이해해보면 소프트웨어 개발과 거의 흡사하다. 물론 모든 개발자가 일요일 아침마다 건물에 줄지어 들어가지는 않는다(아마 대부분은 아닐 것이다). 하지만 제삼자가 보기에는 기이한 의례에 참석해 평범한 인간이라면 다루지 못하는 것을 자유자재로 행하며 불가사의한 의식을 거행하는 듯 보인다.

하지만 진짜 중요한 공통점은 프로그래밍하는 방법이 유일하지 않으며 모든 문제를 해결할 단 하나의 방법론은 없다는 사실이다. 프로그래밍 언어도 하나가 아니다. 아주 다양한 분야에서 서로 다른 종류의 문제들을 해결한다. 각 분야에서 하는 일은 단순히 기술적인 부분(가령 어떤 도구와 코드 라이브러리를 사용할 수 있는지)만 다른 것이 아니라 기법도 다르다. 저마다 서로 다른 스킬 세트, 특정 사고방식, 미묘하게 다른 작업 방식이 필요하다. 언뜻 차이가 사소해 보일 수 있어도 특정 시스템 유형을 프로그래밍한 특별한 경험은 무엇으로도 대체할 수 없으며 만약 대체할 수 있다면 프로그래머 구인 광고가 훨씬 더 모호했을 것이다. 자신의 분야에 정통하고 그 분야만의 문제를 인식해야 한다. 하나의 프로그래밍 분야에서 소프트웨어 장인은 어떻게 일할지, 어떻게 도구를 다룰지, 어떻게 그 도구를 최대로 활용할지 안다.

> **핵심개념 ★** 문제 도메인에 따라 프로그래밍 유형이 달라진다. 저마다 고유한 문제점을 안고 있으며 특정 기술과 경험이 필요하다.

이것이 23장에서 알아볼 내용이다. 컴퓨터 프로그래밍이라는 방대한 분야를 둘러보고 안내하면서 일반적으로 어떤 문제 도메인을 프로그래밍하는지 알아보고 서로 어떻게 다른지 살피고 각 분야의 문제와 도전 과제를 배울 것이다.

어떤 분야는 서로 일부 겹친다. 당연한 일이다. 생각만큼 명확히 분리되기 어렵다. 각각이 무수한 변형을 포함하는 거대한 분야이므로 일반화해서 설명할 수밖에 없다. 그래도 프로그래밍 세상에서 무슨 일이 벌어지는지 조금은 알게 될 것이다.

23.1 애플리케이션 프로그래밍

대부분의 비전문가가 프로그래밍이라는 단어를 접할 때 떠올리는 분야다.* 23장에서 고려할 분류 중 가장 광범위하지 않을까 싶다.

애플리케이션이란 일반적으로 단일 사용자용 워크스테이션 같은 컴퓨터에 쓰이는 독립적인 프로그램이다. 이 분야에서는 최종 사용자, 그리고 그 사용자가 데스크톱 장비를 쓰는 방식에 초점을 맞춘다. 이윤 창출을 위해 통상적으로 주류 플랫폼을 대상으로 하며 현재는 윈도와 macOS다. 근래에 리눅스 프로그래밍에 대해 자주 들었겠지만 아직은 애플리케이션 개발이 이뤄지지 않고 있다(최소한 이 책을 쓰는 시점에는). 휴대용 장치가 더욱 강력해지고 응용 개발 환경이 풍부해지면서 모바일 애플리케이션 개발은 임베디드 영역(551쪽 "임베디드 프로그래밍" 참고)을 넘어 이러한 부류의 보다 범용 애플리케이션 프로그래밍으로 옮겨 갔고 임베디드 특유의 장애물이 대폭 사라졌다.**

애플리케이션 프로그래밍을 지원하는 언어와 환경이 다양한데 그중 C와 C++가 일반적이다. 또한, 비주얼 베이직과 델파이, 자바, 닷넷, 그리고 MFC와 Qt 같은 수많은 라이브러리와 프레임워크가 흔히 쓰인다. 개발자가 편리성을 따져 충분히 잘 알려지고 기능을 빠짐없이 제공하는 것으로 결정한다.

근래의 애플리케이션 프로그래밍은 개인 컴퓨팅의 등장과 함께 급속도로 진보했다. 수많은 보일러플레이트 코드를 자동화해주는 프레임워크 코드를 포함하는 풍족한 개발 환경이 생겼다. 스레드 지원, 표준 사용자 인터페이스 컴포넌트 라이브러리, 네트워크 투명성(transparency) 기능도 지원한다. 애플리케이션 프로그래밍을 더 수월하게 해주는 운영 체제 지원도 다양하다. 하지만 시작하기에 앞서 배워야 할 내용이 많다는 뜻이기도 하다. 무엇을 활용할 수 있는지 제대로 파악하려면 많이 알아야 한다.

이러한 지원이 늘면서 좋은 애플리케이션인지를 결정하는 기준도 높아졌다. 몇 년 전에는 용인되던 애플리케이션 동작이 이제는 아니다. 사용자는 표준 인터페이스와 외관, 뛰어난 응답성, 사용자 친화성(대부분의 서툰 사용자에게 대처하는 능력), 넘치는 기능(비록 사용자가 그중 일부만 활용할지라도)이 내장된 고품질의 강력한 프로그램을 기대한다. 오늘날

---

* 물론 당신은 아니다. 모임에서 직업을 인정하는 순간 순간적으로 대화에 정적이 흐를지 모른다. 컴퓨터 괴짜로 가득 찬 모임이라면 모를까, 그래도 어떻게든 탈출하려 하겠지만.

** 역주 2000년대 들어 스마트폰 시대가 되면서 임베디드 플랫폼에서의 장애물이 대폭 사라졌고, 다양한 앱과 게임이 개발되고 대중화되었다.

시장에 나온 거대 전문 애플리케이션은 대규모 개발팀과 사용성 이슈에 집중하는 부서의 산물이다.

최근에는 네트워크를 거쳐 브라우저에서 실행되는 애플리케이션인 웹 기반 시스템으로 옮겨가는 추세다.* 이는 엔터프라이즈 또는 분산 프로그래밍 분야에도 속하므로 뒤이어 따로 살펴보겠다(553쪽 "분산 프로그래밍" 참고).

애플리케이션 프로그래밍 시장은 크게 쉬링크랩 소프트웨어와 커스텀 애플리케이션 둘로 나뉜다.

23.1.1 쉬링크랩(shrink-wrap) 소프트웨어

쉬링크랩 소프트웨어는 대량 판매를 목적으로 개발된다. 사용자가 아주 많거나 혹은 적어도 이것이 마케팅 부서에서 기대하는 바이다. 중요한 것은 시장이 투기적이므로 수익을 내려면 소프트웨어가 최대한 많은 고객에게 어필해야 한다는 점이다. 쉬링크랩 소프트웨어 개발을 의뢰하거나 비용을 지불하는 고객이 없으므로 이익이 날 시장을 먼저 정해 개발을 시작해야지 그렇지 않으면 시간과 노력을 허비하게 된다. 소프트웨어는 기능이나 성능, 고유한 문제 접근 방식 면에서 경쟁 제품과 차별화되어야 한다.

쉬링크랩 소프트웨어는 셀로판지로 깔끔히 포장한 상자 안에 담아 별다른 허가 없이 살 수 있다(명칭의 유래). 혹은 인터넷에서 다운로드할 수 있다. 심지어 구독 기반 웹 서비스일 수도 있다. 요지는 소프트웨어를 파는 방식과 그 방식으로 인해 개발이 어떻게 달라지느냐이다.

쉬링크랩 애플리케이션 프로그래머는 인생이 고달프다. 코드 실행 환경을 제어할 수 없어서다. 모든 운영 체제 버전과 다양한 장비 설정, 서로 다른 라이브러리와 앱이 설치된 환경에 적절히 대처해야 하고 게다가 이를 안정적으로 처리해야 한다. 테스트는 악몽이나 다름없다! 서버 환경을 제어하는 웹 애플리케이션 프로그래머는 그래도 조금 낫다(곧 알아보겠다). 하지만 아직 씨름해야 할 브라우저 호환성 문제가 남아 있다. 매우 다양한 타깃 플랫폼에 맞춰 웹 페이지를 올바르게 표시해야 한다.

---

* **역주** 이 책이 출간된 이후 오랜 시간이 지난 현재는 인터넷 브라우저가 더 발전하여 애플리케이션을 실행하는 플랫폼이 되었다. 오늘날 애플리케이션 개발이라고 하면 데스크톱이 아니라 인터넷 기반으로 실행되는 애플리케이션을 뜻하게 되었다. 무선 이어폰이 대중화되면서 이어폰은 무선을 뜻하게 되었고, 유선 이어폰처럼 유선은 별도로 지칭하는 표현이 되었다.

23.1.2 커스텀(custom) 애플리케이션

커스텀 애플리케이션은 특정 고객을 위해 특별한 지침에 따라 맞춤 제작으로 개발된다. 따라서 매력적인 UI나 끝도 없는 기능 목록, 심지어 완벽하고 버그 없이 만드는 것이 그다지 중요하지 않다. 상업적으로 이렇게 할 필요가 없다. 동작하게 하자. 배포하자. 돈을 벌자. 비즈니스 모델이 보다 확실하다.

고객이 작업을 의뢰하므로 결론적으로 이 소프트웨어를 사용하거나 전혀 사용하지 않을 것이다. 사실상 경쟁자가 없으니 소프트웨어는 그런대로 쓸만하기만 하면 된다. 조금이라도 틈이 보이면 프로그래머는 완벽이라는 허상에 도달할 때까지 코드를 계속 바꾸고 개선하려 든다. 하지만 상업적으로 전혀 불필요한 상황이다. 잘 동작하던 프로그램이 일주일에 한 번 멈춰도 정말 괜찮다. 기나긴 버그 추적에 들이는 노력보다 주기적으로 프로그램을 다시 구동하는 비용이 더 적다(단, 중단될 때 어떤 데이터도 망가지지 않는다는 전제하에).

개요

애플리케이션 개발은 재미있다. 현대 PC는 강력해서 코드 크기나 성능에 크게 개의치 않고 깔끔하고 정교한 코드 작성에 집중할 수 있다. 전 세계 수만 명의 사용자가 애플리케이션을 사용한다는 사실은 마음을 설레게 한다.

_스티브(대기업에 재직 중인 애플리케이션 프로그래머)

전형적인 제품
전형적인 쉬링크랩 제품은 웹 브라우저와 스프레드시트 같은 데스크톱 애플리케이션이다. 커스텀 소프트웨어는 대형 유통 업체를 위해 고도로 맞춤화된 재고 관리 시스템처럼 무엇이든 될 수 있다.

타깃 플랫폼
개발하는 장비와 같은 종류이기 쉽다(대개 x86 윈도 PC).

개발 환경
보통은 프로그램을 실행할 워크스테이션과 동일한 장비에서 코드를 개발한다. 최신 통합 개발 환경은 에디터, 컴파일러, 디버거, 도움말 시스템을 마우스로 조작하는 하나의 인터페이스로 통합해 편리한 작업 환경을 제공한다. 다양한 외부 컴포넌트로 공통 개발 작업을 간소화할 수 있다. 로우 레벨 C/C++부터 베이직과 자바, 그리고 스크립트 언어까지 모든 언어가 쓰인다.

일반적인 문제와 도전 과제
사용자는 표준 인터페이스 원칙을 따르는 고품질 프로그램을 기대한다. 인간이 다 기억하지도 못할 기능을 넣는 것이 최근 추세인데 이는 쉽지 않은 상업적 요구사항이며 제품을 차별화하는 주된 요인이다. 최근 나오는 제품 리비전은 해결했을지도 모를 문제보다 기능(과 버그)을 더 넣는 경향이 있다. 시장의 요구가 그렇다.

23.2 게임 프로그래밍

주로 쉬링크랩 소프트웨어를 개발하는 특수한 형태의 애플리케이션 개발인 게임 프로그래밍은 흥미진진하고 매력 넘치는 세계다. 매혹적인 마케팅 전략을 수립하고 게임 방식 콘셉트를 초기에 훌륭하게 잡기 위해 무수한 전쟁이 벌어진다. 여기서 벌어지는 미세한 차이로 크게 성공하는 게임과 실패작이 갈린다.

게임은 흔히 1인칭 대규모 몰입형 3D 환경을 포함한다. 몰입 경험을 제공하기 위해 하드웨어의 그래픽 성능을 최대한 활용하고 지도와 장애물, 퍼즐을 처리하기 위해 움직이는 물체의 물리 모델링을 셀 수 없이 수행하며 CPU를 최대한도까지 끌어올린다. 전부 실시간으로 조정해야 하니 하드웨어가 한계에 도달할 때까지 몰아간다. 게임 프로그래밍의 상당 부분은 실행할 플랫폼에 맞게 코드를 최적화하는 것이다. 더 빠른 하드웨어가 출시돼도 문제는 줄어들지 않는데, 다른 게임에 비해 두각을 나타내려면 새 플랫폼에서 더 나은 경험을 선사하기 위해 더 많은 최적화를 수행해야 하기 때문이다. 이 분야에서는 최첨단 기술을 계속해서 따라가고 가장 최신 기술을 적용해 가장 멋진 게임을 만드는 것을 매우 중시한다.

개요

전문 게임 개발이 재미있기는 해도 개발자가 최신 기술과 터무니없는 마감 기한, 협상 불가의 막바지 변경 요청을 따라가야 하는 매우 경쟁이 심한 산업이다. 가혹한 대중의 시선을 가진 극도로 비판적인 전문 언론을 충족시킬 소프트웨어를 작성하려면 땀과 피, 눈물은 필수다. 하지만 그 끝에서 사람들이 보고 이해하고 즐길 수 있는 무언가가 탄생하므로 엄청난 보람을 느낄 수 있다.

_테디어스(전문 게임 프로그래머)

전형적인 제품
1인칭 몰입형 3D 게임, 전략 게임, 온라인 퍼즐

타깃 플랫폼
데스크톱 PC, 게임 콘솔, 모바일 장치(PDA와 핸드폰), 오락기

개발 환경
(일반 PC 내 고성능 그래픽 카드를 포함해) 전용 게임 플랫폼은 해당 플랫폼의 성능을 최대한 활용할 수 있도록 개발 환경을 조정한다. 하지만, 이러한 기능을 제대로 활용하려면 아주 재능이 뛰어난 개발자가 필요하다.

일반적인 문제와 도전 과제

기능과 사용자 반응, 미적 특징, 분위기, 곤경 간 절묘한 균형을 맞추는 훌륭한 게임 방식을 고안해야 한다. 잘 만든 게임은 이야기가 흘러가듯 전개되면서 플레이어를 끌어들인다.

실행 플랫폼을 활용하려면 최적화가 필요하다.

근래의 게임 개발팀은 일반적인 통계 소프트웨어가 아닌 할리우드 영화 제작사에 가까운 역할을 하는 경우가 많다. 그래픽 디자이너와 레벨 디자이너가 팀에 속해 스토리보드와 컨셉 아트, 개념 증명 디자인을 개발한다.

(적절히 성능을 향상시킨) PC 플랫폼이나 전용 게임 콘솔을 대상으로 소프트웨어를 개발하기도 한다. 이러한 장비에는 매초 필요한 수많은 그래픽 연산을 가속하는 특별한 하드웨어와 이러한 하드웨어의 성능을 최대한 끌어올릴 수 있는 특수 도구가 들어 있다. 콘솔 제조업체는 코드 로딩과 테스트, 디버깅을 돕는 개발 키트(특수 하드웨어와 맞춤형 소프트웨어 도구)를 제공해 제품 개발을 도우면서 한편으로는 개발을 지연시키는 생산 하드웨어의 보안상 문제를 방지해준다.

멀티플레이어 게임은 더 풍부한 게임 방식을 제공한다. 여기에는 네트워크 협동이 필요하고, 인터넷 연결이 느려도 만족할 만한 실시간 성능을 끌어내기 위한 기술들이 필요하다.

최종적으로 제품의 품질은 게임 방식의 느낌으로 결정된다. 게임이 괜찮게 느껴질 때까지 레벨 디자인, 물리 모델, 그래픽, 하물며 속옷 색까지 모든 것을 바꾼다. 바꾸지 못할 것은 없다. 세상에서 가장 멋진 코드를 작성할지도 모른다. 절대 멈추지 않을 프로그램, 명시된 기능을 전부 수행하는 프로그램, 성능이 매우 뛰어난 프로그램을 말이다. 하지만 강렬하고 중독성 있는 게임으로 만들 번뜩이는 기발함이 없으면 성공하지 못한다. 까다롭다.

23.3 시스템 프로그래밍

풍부한 시스템 라이브러리의 최상단, 즉 네트워킹, 그래픽 인터페이스, 멀티태스킹, 파일 접근, 멀티미디어, 주변 제어, 프로세스 간 커뮤니케이션 등을 위한 코드 계층에 속하는 애플리케이션이다. 애플리케이션 프로그래머가 하단의 시스템으로부터 다양한 지원을 받으려면 누군가는 그 시스템을 제공해야 하지 않겠는가. 이것이 시스템 프로그래밍이다.

일반적으로 워크스테이션 장비 역시 대상으로 하지만 최종 사용자를 목표로 삼지는 않는다. 시스템 소프트웨어는 애플리케이션 개발자를 대상으로 한다. 겉으로 보이는 면은 먹이사슬 더 상단의 소프트웨어 계층에 쓰이는 API 집합이다. 시스템 소프트웨어는 컴퓨터와 아주 기초적인 수준에서 상호 작용하는 저수준 논리를 다루고 동시에 하드웨어와 직접 접속하지는 않으면서 시스템 나머지 부분에 중요한 서비스를 제공하는 중간 수준의 지원 프레임워크다.

이 분야의 업무는 일반적으로 장치 드라이버(프린터, 저장 매체, 출력 장치 같은 장치 제어) 작성, 희소 자원을 관리하는 공용 공유 라이브러리와 유틸리티 작성, 컴퓨터를 제어하는 실제 운영 체제 구현, 파일 시스템이나 네트워크 스택 같은 컴포넌트 제공 등이다. 애플리케이션 프로그래머를 위한 지원 서비스라면 컴파일러나 설치 도구 묶음도 이 부류에 속할 수 있다. 주로 프로그램 런타임 환경과 밀접하게 연관된다.

개요

독자적 운영 체제를 위한 USB 스택을 작성한 적이 있다.
운영 체제, USB 하드웨어, USB 프로토콜을 알아야 했으므로 배워야 할 것이 많았다.
시스템이 잘 동작하도록 성능을 유지해야 했다. 일종의 중개인으로서
하드웨어 인터페이스를 추출하고 애플리케이션에서 사용할 깔끔한 API를 제공했다.
사전 지식 없이도 이 플랫폼을 수행할 수 있어야 하므로 복잡성이 가중됐다.

_데이브(시스템 컴포넌트 작성자)

전형적인 제품
운영 체제, 장치 드라이버, 윈도 매니저, 그래픽 하위 시스템

타깃 플랫폼
모든 실행 환경에는 어떤 형태로든 런타임 지원이 필요하므로 거의 모든 전자 장치마다 시스템 단 소프트웨어가 들어간다. 시스템 소프트웨어는 가장 작게는 임베디드 장치부터 가장 크게는 메인프레임 컴퓨터에까지 필요하다.

개발 환경
장치 드라이버와 운영 체제 컴포넌트 작성은 컴퓨터를 망가뜨리거나 시스템을 불안정하게 만들기 쉬우니 한 장비에서 개발하고 다른 시스템에서 실행하는 것이 일반적이다. C는 이 분야에서 단연코 가장 일반적인 언어이나 일부 라이브러리 단 작업은 다른 언어(시스템을 다룰 목적으로 만든 언어인 C++가 대중적이다)로 완성하기도 한다.

일반적인 문제와 도전 과제
전체 컴퓨팅 환경의 기초 블록을 개발하므로 핵심은 안정성(stability)이다. 애플리케이션은 중단 가능하고 작업을 저장하고 적절히 복구할 기회도 있지만, 장치 드라이버는 그런 호사를 누릴 일이 거의 없다.

> 실행되는 동안에는 항상 정상적으로 동작해야 한다. 상상도 못 할 만큼 긴 시간일 수 있으니 아주 작은 메모리 누수조차 중대한 문제로 번질 수 있다.
>
> 코드는 공간과 속도 관점에서 모두 (충분히) 효율적이어야 하고 특정 운영 환경에 맞게 적절히 조정되어야 한다.

23.4 임베디드 프로그래밍

컴퓨터 기술은 인지하든 못하든 일상생활 곳곳에서 모습을 드러낸다. 전자레인지부터 시계, 라디오, 온도 조절 장치까지 끊임없이 장치와 작은 기계를 사용한다. 이러한 전자 제품의 제어와 연산을 위한 소프트웨어가 필요하다. 이러한 소프트웨어는 주로 장치 사용자의 눈에 띄지 않는다. 단지 임베디드 소프트웨어를 포함하는 가전제품만이 아니다. 마이크로컨트롤러가 들어간 모든 제품(가령 실험실 기계나 주차권 발행 기계)은 소프트웨어 기반이다. 하드웨어 장치에 임베딩되는 프로그램, 즉 임베디드 소프트웨어를 작성해야 한다.

임베디드 개발자는 엄격한 제약 속에 일한다.

- 한정된 CPU 성능과(이나) 엄격한 메모리 제한 등 주로 자원이 아주 희소하다. 메모리 제한은 ROM(프로그램 이미지를 위한 공간)과 RAM(실행할 코드와 정보를 저장할 공간) 둘 다 해당한다. 용량이 그다지 크지 않은 플랫폼에서는 사용 가능한 장치 공간에 많은 소프트웨어를 집어넣어야 한다. 때로는 프로그램 코드나 데이터 압축을 그때그때 푸는 등 상당히 창의적인(그리고 용감무쌍한) 해법이 필요하다.
- 사용자 인터페이스를 제공할 기회 역시 상당히 제한적이다. 어떻게 모든 사용자 상호 작용을 버튼 두 개와 LED 하나에 집어넣을까? 실제로 소프트웨어는 그저 돌아가기만 하면 되고 사용자 인터페이스가 아예 없거나 사용자와 직접 상호 작용하지 않을지도 모른다.

이러한 제약이 작성하는 코드의 특징을 크게 좌우한다. 안타깝게도 임베디드 환경에서는 (다른 환경과 달리) 동작하게 만들기 위해 코드 순수성을 희생하게 된다. 이론상으로 올바르나 크고 느린 소프트웨어보다는 장치의 ROM에 들어가고 동작하는 빠른 코드가 더 중요하다.

임베디드 시스템은 한 가지 일을 안정적으로 하기 위해 디자인된다. 소프트웨어가 없는 것처럼 보여야 하고 임베디드 장치는 무조건 중단 없이 동작해야 한다. 실패는 애초에 선택 사항이 아니지만 다만 물리적으로 하드웨어가 고장 날 수는 있다. 범용 장비인 데스크톱 컴퓨터와 대조해보자. 데스크톱은 문서를 편집하고 영화를 재생하고 웹사이트를 탐색하고 이메일을 읽고 계정을 관리할 수 있어야 한다. 사용자는 기이한 충돌과 약간의 불안정성을 받아들이도록 단련되어 왔다. 성능과 유연성을 위해 약간의 불편함을 감수한다. 임베디드 개발은 완전히 다른 세상이다.

좋은 예가 현대의 자동차 산업이다. 근래의 자동차는 엔진 관리, ABS 브레이크, 에어백이나 안전벨트 프리텐셔너 같은 안전 기능, 실내 온도 조절기, 주행 기록계 등 온갖 기능을 제어하는 수많은 임베디드 시스템으로 제조된다. 하지만 사용자(이 경우에는 운전자나 승객)는 내부에서 돌아가는 마이크로프로세서의 존재를 알 필요가 전혀 없다. 자동차가 제 기능만 하면 된다. 엔진 관리 시스템이 고장 나 봐야 사용자는 소프트웨어의 존재를 뚜렷이 인식한다! 핸드폰도 생각해 보자. 당연히 컴퓨터 기반 장치지만 극소수의 소비자만이 핸드폰을 컴퓨터로 여긴다. 이 작은 패키지에 엄청난 성능이 들어갔어도 여전히 소프트웨어가 지켜야 하는 엄격한 운용 한계는 존재한다.

임베디드 시스템은 일반적으로 소형 컴퓨터와 일종의 전용 하드웨어, 실시간 운영 체제 또는 간단한 제어 프로그램의 결합이다. 장치에 있는 하드웨어를 직접 제어한다. 임베디드 시스템은 주로 주문을 받아 제작되고 특정 하드웨어를 위해 어떤 목적에 맞춰 개발된다. 간단한 임베디드 시스템은 소프트웨어 하나만 실행할 뿐 고도로 복잡한 스레드 프로그래밍 환경이나 심지어 운영 체제조차 사용하지 않는다.

코드는 대개 펌웨어라는 읽기 전용 메모리칩에 영구적으로 저장된다. 업데이트가 거의 불가능하기 때문에 애초에 올바르게 동작해야 한다. 수정해서 버전 1.1을 배포할 기회가 없다. 단순한 실수 하나가 뛰어난 제품을 실패작으로 만들 수 있다.

최근 대량 판매용 장치가 점점 더 많이 만들어지면서 메모리와 CPU 성능이 훨씬 강력해지고 저렴해졌다. 임베디드 환경은 더욱 강력해졌고 제약 범위는 커지고 있다. 하지만 약간의 성능만으로 꼭 필요한 것을 달성하는 아주 작은 장치에 대한 요구는 항상 있을 것이다.

어느 분야에서 일하느냐에 따라 PDA 같은 소형 장치를 위한 애플리케이션 프로그래밍을 임베디드 단 또는 애플리케이션 단 개발로 여길 수 있다.

개요

금속과 가까이 일하면 무슨 일이 벌어지는지 진지하게 생각할 수 있어 좋다.
제약이 많은 코드와 하드웨어가 하는 일을 깊숙이 이해해야 한다.
문제를 디버깅하기 까다로울 수 있지만, 이러한 도전이 그 일이 흥미로운 이유다.

_그레이엄(임베디드 소프트웨어 개발자)

전형적인 제품

세탁기, 음향기기, 핸드폰을 위한 제어 소프트웨어

타깃 플랫폼

한정된 자원과 빈약한 UI를 가진 작은 주문 제작 장치

개발 환경

주문 제작한 장치를 다루기 때문에 툴체인도 주문 제작인 경우가 많다. 애플리케이션 프로그래머가 누리는 상대적 호사에 비해 매우 진보되지 못한 경우가 많다(시장이 넓어지면서 점차 개선되고 있다). 타깃 플랫폼과 호스트 컴파일 환경이 다른 크로스 컴파일 환경에서 코드를 개발한다(당연히 세탁기에서 C를 컴파일할 수는 없지 않은가... 아직은).

특정 장치에 특화된 소프트웨어를 작성한다. 어셈블리 코드에 의존하는 진짜 저수준 개발과 달리 임베디드 프로그래밍은 보편적으로 C를 사용한다. C++가 이 분야에 진출하고 있고 에이다(ADA)도 쓰이고 있다.

일반적인 문제와 도전 과제

온갖 종류의 문제와 마주칠 수 있는데, 기성품(off-the-shelf) 임베디드 플랫폼을 개발 중인지 자신만의 플랫폼을 만들고 있는지에 따라 크게 다르다. 실시간 프로그래밍(예를 들어 하드웨어 이벤트와 인터럽트를 때맞춰 처리해야 하는), 직접적인 하드웨어 상호 작용, 주변 장치 연결 제어, 추가로 바이트 엔디언과 물리적 메모리 레이아웃 같은 진부한 저수준 우려 사항 이슈 등이 있다.

시스템이 견고하다는 것을 보장하려면 제품 테스트에 크게 비중을 두어야 한다.[*]

23.5 분산 프로그래밍

분산 시스템은 두 대 이상의 컴퓨터로 구성된다. 곧 알아보겠지만 여러 대륙에 퍼져 있는 수많은 컴퓨터에 저장된 정보와 웹 브라우저를 통해 원격으로 제공되는 애플리케이션으로 이뤄진 월드 와이드 웹은 사실상 거대한 분산 시스템이다. 하지만 웹 브라우저가 다가 아니다. 다중 기기(multimachine) 아키텍처는 다양한 상황에서 쓰인다. 분산 시스템을 개발하고 디자인하는 것은 완전히 차원이 다른 문제로 인도한다.

소프트웨어 시스템을 분산시키는 이유는 다양하다. 아마 어떤 컴퓨터 유형이 다른 유형보다 특정 작업에 더 적합할 것이다. 그 시스템의 수요가 높을 테니 업무를 네트워크상의 여러 장비에 분담하면 성능을 향상시킬 수 있다. 시스템 분산 권한을 가진 특정 장비들에는

---

[*] 물론 훌륭한 소프트웨어 개발은 임베디드 개발이 아니더라도 테스트를 크게 강조해야 한다. 어떤 환경에서든 지나치게 열성적인 마케팅과 소프트웨어의 특성을 제대로 이해하지 못하는 관리 부서에 내몰려 테스트가 폄하되는 경향이 있다. 하지만 데스크톱 애플리케이션은 임베디드 장치 내 펌웨어보다 업데이트하기 쉽다.

물리적 위치 제한이 있을 것이다. 새 장치를 구형 시스템이나 구식 하드웨어와 상호 운용해야 할 것이다.

목표는 여러 장비에 걸쳐 수많은 프로그램으로 구성된 시스템이 하나로 응집되어 동작하도록 디자인하는 것이다. 네트워크 연결로 한데 묶여 기업 서버 룸에 물리적으로 공존할 수도 있고 인터넷으로 커뮤니케이션하며 전 세계에 흩어져 있을 수도 있다.

이질적인 부분을 어떻게든 하나로 이어 붙여야 한다. 프로그램 간 커뮤니케이션해야 하고 로컬로 연결된 것처럼 코드에서 원격 장비에 있는 함수를 호출해야 할 것이다. 이를 원격 프로시저 호출(Remote Procedure Call, RPC)이라 부르는데 시중에 많은 미들웨어 기술(middleware technologies)에서 이 기능을 제공한다. 미들웨어는 장비 간 데이터를 전송하는 브로커 역할을 하며 다른 장비에 있는 서비스를 어떻게 찾고 커뮤니케이션하는지, 개발한 서비스를 다른 프로그램이 호출하도록 어떻게 공개하는지 설명한다. 미들웨어는 보안 이슈(무엇이 무엇을 호출하도록 허용되는가?), 네트워크 지연 이슈(원격 함수 호출이 너무 오래 걸리거나 컴퓨터가 중단되면 어떻게 될까?), 동기식 원격 함수 호출과 비동기식 호출 간 균형에 대한 고려 등 상호 운용성과 연관된 정책을 관리한다.

어떤 미들웨어 시스템은 객체 지향 기술을 사용하고 어떤 시스템은 오히려 절차적 방식을 취한다. 미들웨어는 단순히 연결 소프트웨어이며 어느 정도의 플랫폼 중립을 허용한다. 정해진 플랫폼에서 미들웨어를 실행하는 한 고객 코드는 어떤 플랫폼을 호출하는지 신경 쓰지 않아도 된다. 심지어 ZX 스펙트럼일 수도 있지만, 어차피 함수 호출은 전부 똑같아 보인다. 물론 분산 시스템 디자인에서 작업별로 적절한 하드웨어를 선택할 것이다. 어떤 ZX 스펙트럼이라도 꾸물거리게 둘리가 없다.

흔히 쓰이는 미들웨어는 코바(CORBA)와 자바 RMI, 마이크로소프트의 DCOM, 닷넷 리모팅이다. 이들을 사용해 사용자 인터페이스 요소와 비즈니스 로직(실제 일을 하는 코드), 필요한 저장소(가령 데이터베이스와 쿼리 엔진)로 시스템을 분할한다. 사용자 인터페이스 클라이언트는 GUI 프로그램이나 웹 기반 프런트엔드일 수 있다. 이것이 전형적인 계층형 아키텍처 방식(tiered architecture approach)이다(350쪽 "클라이언트/서버 아키텍처"에서 설명). 또한, 표준 웹 프로토콜을 사용하는 서비스 간 커뮤니케이션 방법인 웹 API도 등장했다.

그리드 컴퓨팅(grid computing)과 클러스터 시스템(clustered system)은 수치해석 프로그래밍 개발(나중에 자세히 알아보겠다)에 유용한 특수한 분산 메커니즘으로서 고성능 분산 연산 알고리즘 생성을 가능케 한다. 클러스터는 긴밀하게 결합된 시스템으로 보통 모든 장비가 한 방에 있으면서 특정 클러스터 미들웨어에 의해 연결된 동일한 하드웨어와 운영 체제를 사용한다. 그리드는 느슨하게 결합되어 있다. 지리적으로 흩어져 이종의 환경에서 실행될 수 있다. 표준 웹 프로토콜(HTTP/XML)을 통해 커뮤니케이션한다.

개요

2003년에 끝난 천연두 프로젝트는 엄청나게 많은 잠재적인 약물 분자를
확인해 천연두 치료제를 찾는 그리드 컴퓨팅 프로젝트였다.
과학자와 대학, 기업이 서로 협력해 질병을 치료할 44개의 유력한 후보를 찾아냈다.

전형적인 제품
온라인 구매 시스템, 프런트엔드 애플리케이션 간 업무 분담(웹 인터페이스, 매장 내 키오스크, 전화 주문 시스템), 비즈니스 로직(재고 제어 관리, 주문 시스템과 안전한 결재 구현), 공용 저장소

타깃 플랫폼
대부분의 경우 표준 네트워크 프로토콜 최상단에 위치하는 다수의 다양한 컴퓨터 시스템이 미들웨어를 통해 연결된다.

개발 환경
수와 종류가 다양하다. 사용한 언어, 시스템 내 각 컴퓨터의 특성, 사용한 미들웨어 종류에 따라 다르다. 원격으로 호출 가능한 인터페이스는 주로 인터페이스 정의 언어(IDL) 형태로 정의하고 호출 연결부와 각 함수 구현이 들어갈 훅을 제공하는 구현 언어 표현으로 컴파일한다.

일반적인 문제와 도전 과제
다수의 컴퓨터에 서비스를 올바르게 분할하도록 디자인하고 수반되는 커뮤니케이션을 간소화해야 한다. 이것이 분산 시스템의 확장성(scalability)에 지대한 영향을 미칠 수 있다. 하루 몇 번 이뤄지는 트랜잭션에는 동작하던 시스템이 분당 100번 이뤄지는 트랜잭션에는 능률적으로 동작하지 않을 수 있다. 아주 신중하게 디자인해야 한다는 뜻이다. 또한, 컴퓨터 가용성을 관리하고 시스템 내 컴퓨터 한 대를 이용할 수 없더라도 적절히 대처해야 한다.

23.6 웹 애플리케이션 프로그래밍

1990년 팀 버너스리가 최초의 HTML 브라우저와 서버를 만들며 월드 와이드 웹이 탄생했다. 이제는 보편화된 기술로서 서버는 정보의 정적 페이지만 전송하는 것이 아니라 웹 서버에서 실행 중인 프로그램에 기반해 동적으로 페이지를 생성할 수도 있다. 원격 클라이언트인 웹 브라우저에 사용자 인터페이스를 호스팅하는 매우 특수한 형태의 분산 컴퓨팅이다.

웹 애플리케이션의 예는 다음과 같다.

- 온라인 쇼핑
- 게시판, 메시징 서비스, 웹 기반 이메일 패키지
- 티켓 이용 가능 여부와 예약 시스템
- 인터넷 검색 엔진

근래에는 대다수 사용자가 마치 데스크톱의 워드프로세서를 쓰듯 아무런 생각 없이 웹 애플리케이션을 사용한다. 웹 프로그램은 분명 평범한(이른바 리치 클라이언트) 데스크톱 애플리케이션과 다른 특성을 보인다. 각자 잘하는 일이 서로 다르다. 용감무쌍한 자바스크립트 코딩이 빠지면 브라우저 기반 애플리케이션 UI에서 일어나는 상호 작용이 훨씬 더 제한적이다.

개요

웹 앱을 쓰면 웹 브라우저를 운영 체제처럼 대하게 된다.
홀륭한 웹 개발자라면 클라이언트 단 브라우저 기술을 낱낱이 배우는 것부터 시작한다.
이후 양질의 서버 단 코드를 작성하는 법을 배운다.
(가령 빠르고 동시 실행되고 상호 작용적이고 분산되고 정확한)
웹의 최대 장점은 끝없이 진화하고 사용자 기대가 항상 올라간다는 것이다.
웹의 단점은 사용자 기대가 항상 올라가고 코드가 절대 멈춰 있지 않다는 것이다.

_앨런(웹 애플리케이션 프로그래머)

전형적인 제품
최신 정보와 피드백이 필요한 대화형 서비스. 티켓 예약이나 구매 시스템

타깃 플랫폼
백엔드는 웹 서버(일반적으로 아파치나 IIS)다. 이는 웹 앱의 사용자가 결정한다. 클라이언트는 웹 브라우저이고 여러 변형이 있다. 변형마다 특이한 점들이 존재하는데 각각이 쓰이는 방식은 통제할 수 없다. 대부분과 호환되는 웹 페이지를 생성해야 한다.

개발 환경
특정 웹 서버와 그 서버에서 실행할 시스템을 작성하는 애플리케이션 프로그래밍 언어로 구성된다. 흔히 쓰이는 언어는 펄과 PHP다.

일반적인 문제와 도전 과제
다양한 브라우저에 대처해야 하는 확장성

웹 애플리케이션 운용 모델은 평범한 애플리케이션 프로그래밍과 달라서 세션 상태가 원격 장비에 저장되고 수많은 동시 클라이언트 연결을 처리하고 HTTP 상호 작용 상태를 저장하고 연결을 끊는 클라이언트를 적절히 처리해야 한다. 이를 위해 일부 정보는 서버에 저장하고(각 고객이 주문하고 있는 항목을 데이터베이스에 넣는 등) 일부는 로컬 클라이언트에 저장한다(현재 사용자와 세션 ID를 기록하려고 저장한 세션 상태 정보인 웹 브라우저 쿠키 사용). ASP.NET과 자바 서블릿 같은 프레임워크의 도움으로 웹 애플리케이션 개발 속도를 높일 수 있다. 콘텐츠 관리 시스템(Content Management System, CMS) 시스템과 쇼핑 카트 시스템 같은 기성 시스템도 많다.

다수의 개방형 표준 프로토콜(open standard protocol)과 인코딩 시스템이 정보 표현과 전송에 쓰인다. HTTP는 대표적 데이터 전송 메커니즘이고 XML은 데이터 패킷 인코딩에 주로 쓰인다(가령 SOAP은 XML 스키마 기반의 웹 기반 커뮤니케이션 프로토콜이다).

웹 애플리케이션 프로그래머가 부딪히는 문제의 대다수는 시중에 존재하는 수많은 종류의 브라우저와 상호 운용하는 중에 HTML의 특색이나 특이한 자바스크립트 성질을 처리하다가 발생한다. 흔히 쓰이는 브라우저에서 온갖 결함에 대처하려고 길고 복잡한 HTML 출력을 만드는 일은 드물다. 웹 프로그래머는 구형 시스템(고객 데이터베이스나 기존 주문 관리 시스템 등)과 상호 작용해 정보를 생성해야 하는 일이 잦은데 이 작업이 상당히 복잡해질 수 있다. 진짜 문제는 확장성이다. 동시 사용자 5명으로 테스트하면 시스템이 잘 동작한다. 그러나 실전에서는 동시에 접근하는 사용자 500명을 견뎌야 한다. 부하 테스트(load testing)가 꼭 필요하다(203쪽 "부하(load) 테스트" 참고).

23.7 엔터프라이즈 프로그래밍

엔터프라이즈(enterprise)는 프로그래머보다는 경영진의 말속에 자주 등장하는 세간을 떠도는 진부한 유행어 중 하나다. 엔터프라이즈란 말 그대로 비즈니스 조직이다. 따라서 엔터프라이즈 프로그래밍은 분리된 시스템들을 하나로 이어 붙여 회사 전체를 위한 통합되고 응집된 시스템을 제공한다. 엔터프라이즈 프로그래밍을 대규모 분산 시스템 개발로 봐도 무방하다.

이렇게 만들어진 시스템은 흔히 회사 인트라넷에 들어가 비즈니스 부서를 서로 연결해 줌으로써 작업 흐름을 개선한다. 시스템이 직접 고객을 상대할 수도 혹은 아닐 수도 있다. 통합된 컴퓨터 시스템을 실행하고 있는 조직이라면 가령 웹 기반 쇼핑 인터페이스를 통하는 식으로 고객 상호 작용 자동화가 일반적으로 아주 어렵지 않다. 엔터프라이즈 시스템은 출하된 제품의 배송 상태를 추적하는 등 다른 회사 시스템과도 상호 작용해야 할 수 있다.

엔터프라이즈 프로그래밍은 주문 제작되는 애플리케이션 소프트웨어와 공통점이 많다. 일반 시장에 출시해 이윤을 남길 목적이 아니라 고객과의 계약에 따라 개발했으니 제품이 쓸 만하기만 하면 된다. 따라서 성공의 척도가 품질(적어도 전반적인 안정성과 경쟁 제품보다 더 큰 기능 집합으로 결정하는 것)이 아니라 고객 목표 충족이다.

엔터프라이즈 시스템은 회사 내 서버 룸에 있는 특정 장비나 보안이 철저한 데스크톱 장비에 설치할 목적으로 작성된다. 실행 환경을 합리적으로 통제할 수 있으니 운영 체제가 출시될 때마다 혹은 모든 하드웨어 설정마다 코드를 동작하게 만들려고 애쓰지 않아도 된다. 덕분에 애플리케이션 프로그래머가 겪는 많은 골칫거리를 교묘히 비껴간다.

개요

대도시에 있는 은행의 IT 부서에서 일한다. 어떤 비즈니스 요구를 해결하는 소프트웨어를 작성한다. 근간 시스템이기 때문에 우리가 하는 일에 따라 회사 수익에 실질적인 차이가 발생하므로 진지하게 임해야 한다. 매 시간 수천 달러가 시스템을 오가니 한 치의 오차도 허용되지 않는다.

_리처드(엔터프라이즈 프로그래머)

전형적인 제품
회사의 상업적 운영을 관리하는 회사 전체를 위한 비즈니스 시스템

타깃 플랫폼
맞춤화된 분산 시스템

개발 환경
분산 시스템과 똑같다. 거대한 데이터 저장소를 비롯해 기존 내부 시스템(관리자들이 말하는 구형 시스템)에 적용된 다양한 데이터베이스 기술을 다루게 된다. XML이 대중적으로 쓰인다.

일반적인 문제와 도전 과제
분산 시스템과 똑같다.

23.8 수치해석 프로그래밍

수치해석 프로그래밍은 수학을 많이 사용하는, 과학적이고 매우 전문적인 작업이다. 구체적으로 특정 수치 문제를 해결할 애플리케이션을 작성해야 하는 매우 전문화된 분야다. 보통은 대규모 수치 처리 연산을 수행할 수 있는 가장 빠른 유형의 컴퓨터인 슈퍼컴퓨터를 대상으로 프로그래밍한다. 비록 해마다 가장 빠른 컴퓨터가 등장하는 시대에 살고 있지만, 슈퍼컴퓨터는 어마어마한 수학 계산이 필요한 특수 애플리케이션에 쓰이는 아주 비싼 플랫폼이다.

예를 들면 기상 예측에 슈퍼컴퓨터를 사용한다(어쩌면 예언력일지도!). 슈퍼컴퓨터는 애니메이션 그래픽, 유체 역학 계산 등 고도로 복잡한 수학적 조사와 계산이 필요한 분야에도 쓰인다.

슈퍼컴퓨터는 메인프레임이 아니다. 후자는 최대한 많은 프로그램을 동시에 실행하기 위해 고안된 고성능 컴퓨터로서 주로 비즈니스 환경에서 중앙에서 관리되는 컴퓨팅 자원으로 쓰인다. 슈퍼컴퓨터는 소수의 프로그램을 가능한 한 빨리 실행하기 위해 모든 능력을 쏟아붓는다. 다양한 기술적 진보에 힘입어 각양각색의 슈퍼컴퓨터 아키텍처가 나오고 있는데 성능을 최대한 발휘하는 데 필요한 알고리즘 방식 역시 서로 다르다. 최근에는 다량의 수치 계산을 수용할 만큼 범용 장비도 충분히 강력해지고 있어서 클러스터를 이루면 가난뱅이의 슈퍼컴퓨터(a poor man's supercomputer)를 훌륭하게 만들 수 있다.

수치 연산을 하려면 컴퓨팅 플랫폼의 성능을 최대한 활용해 계산을 빠른 속도로 실행할 고성능 알고리즘이 필요하다. 일반적으로 신중히 디자인하고 고도로 최적화한 수치 라이브러리를 사용하고 병렬 프로세싱을 활용해 연산 알고리즘과 프로세스를 디자인한다. 이때 작업 병렬화와 데이터 병렬화를 모두 포함하는데, 다수의 비슷한 작업을 다수의 CPU에서 한 번에 수행하거나 서로 다른 CPU에서 작업을 나눠 수행하면서 알고리즘을 파이프라이닝한다.

수치해석 프로그래밍을 할 때는 만족할 만한 성능을 달성하기 위해 타깃 플랫폼의 특성에 맞게 고도로 최적화해야 한다.

개요

엔지니어링 회사에서 소프트웨어 시스템을 만들고 있다.
현재 또는 향후 물리적 문제가 발생할 곳을 알아내기 위해 대규모 기계 장치를 모델링한다.
현실 세계를 수학적 방식으로 표현해 어떻게 동작할지(동작해야 할지) 알아내야 한다.
성공했다면 용인할 수 있는 정확한 방식으로 시스템을 표현하는
올바른 수학적 구조를 찾은 것이다.

_앤디(수치해석 프로그래밍 전문가)

전형적인 제품
핵 에너지 연구나 석유 탐사 같은 매우 복잡한 수학적 조사를 포함하는 분야

타깃 플랫폼
슈퍼컴퓨터나 그리드 기반 컴퓨팅 클러스터

개발 환경
C++의 수치해석 프로그래밍 지원이 발전하고 있고 이 중 일부는 C에서도 가능하지만 대다수 수치해석 프로그래밍은 뛰어난 수치 지원을 포함하는 포트란으로 이뤄진다(FORTRAN(FORmula TRANslation) 은 처음부터 수치해석 프로그래밍을 위해 디자인됐다).

일반적인 문제와 도전 과제
슈퍼컴퓨터의 성능을 제대로 활용하는 효율적 알고리즘 만들기

23.9 그래서 결론은?

답을 향한 욕망에서 벗어나야 문제를 이해할 수 있다.

_지두 크리슈나무르티

앞서 살펴본 프로그래밍 분야가 어떤 영향을 미치는가? 무엇이 달라지는가? 좋은 프로그래머이자 진정한 장인이 되려면 다음을 알아야 한다.

- 전문 분야가 무엇인지, 즉 생산하고 있는 소프트웨어 유형이 무엇인지
- 전문 분야가 아키텍처에 어떤 영향을 미치는지(계층형 엔터프라이즈 시스템인가 제약이 많은 임베디드 코드인가? 14장을 참고하자)
- 해당 분야의 적절한 코드 디자인은 무엇이고 무엇이 아닌지(예를 들어 명료함과 정교함을 성능과 맞바꾸어야 하는지, 실행 파일 이미지를 최대한 작게 줄여야 하는지, 향후 확장성을 위해 많은 훅(hook)을 넣어야 하는지 등)

- 어떤 도구를 사용할지, 즉 무엇을 사용할 수 있고 무엇이 아닌지
- 가장 적절한 프로그래밍 언어는 무엇이고 어떤 코딩 관용구를 사용해야 하는지

> **핵심개념 ★** 전문 분야를 알자. 그 분야의 복잡한 사항을 익히자. 요구사항을 알맞게 충족시키는 뛰어난 소프트웨어를 어떻게 작성하는지 알아두자.

23.10 요약

> 여전히 모퉁이를 돌면 기다리고 있을 거야,
>
> 새로운 길, 비밀의 문이.
>
> 모퉁이 너머 기다린 것이란
>
> 새로운 여로, 숨겨진 문이라
>
> _J.R.R. 톨킨

살짝 발만 담가 유행하는 여러 프로그래밍을 조금씩 경험해봤다. 물론 여기서 살펴본 것 말고도 더 있다. 어떤 분야는 체계적이고 어떤 분야는 수명이 짧다. 예를 들어 안전 필수 소프트웨어(safety-critical software)는 의료 장비와 항공기 제어처럼 매우 안정적인 시스템을 만든다. 실패가 있어서는 안 되고 코드의 정확성을 입증할 수 있어야 하는데, 이것이 그 시스템을 디자인하고 작성하는 방식에 큰 영향을 미친다.

어떤 내용을 배웠는가? 이러한 분야에는 모두 한 가지 공통점이 있다. 서로 다르다는 것이다. 각 분야에 적합한 소프트웨어를 개발하려면 거기에 맞는 기초 디자인 결정을 내려야 한다. 애플리케이션 단 코드는 일반적으로 임베디드 환경에 적합하지 않다. 워크스테이션 애플리케이션 디자인을 분산 시스템에 적용하면 확장되지 못할 것이다.

바꿔 말하면 소프트웨어 개발자는 특정 분야의 전문가가 되어 자기 분야에 맞는 패턴대로 생각하는 방식을 학습하기 쉽다. 각 분야의 진짜 문제들을 이해해야 더 유연하고 성숙한 프로그래머로 거듭날 것이다. 궁극적으로 어떤 프로그래밍 교회에 다니고 있는지 알아야 하고 그 교회의 의례와 의식을 잘 실천해야 한다.

현명한 프로그래머

- 마주한 문제의 본질을 이해한다.
- 문제 도메인에 코드와 디자인을 맞춘다.

형편없는 프로그래머

- 소프트웨어 세계관이 고지식하게 좁아서 다른 소프트웨어 개발 유형을 이끄는 동력을 이해하지 못한다.
- 문제 도메인에 전혀 맞지 않은 코드를 작성한다 (이해가 가지 않는 아키텍처나 적합하지 않은 코드 관용구를 고른다).

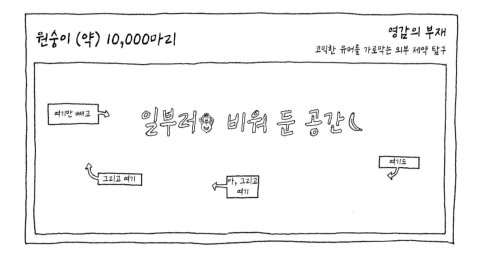

23.11 참고

7장: 프로그래머의 도구상자

전문 분야마다 개발 도구의 품질과 범위가 다르다.

14장: 소프트웨어 아키텍처

문제 도메인에 따라 요구되는 소프트웨어 해법이 매우 다르다.

23.12 생각해 보기

다음 질문에 대한 자세한 설명은 650쪽 "정답과 설명"에 나와 있다.

23.12.1 궁리하기

1 앞서 살펴본 프로그래밍 분야 중 무엇이 특히 서로 비슷하거나 혹은 공통점을 갖는가? 어떤 분야가 특히 다른가?

2 프로그래밍 전문 분야 중 무엇이 가장 어려운가?

3 특정 분야에서 전문가가 되는 것과 특정 전문 분야 없이 골고루 기초를 쌓는 것 중 어느 쪽이 중요한가?

4 수습 프로그래머에게는 어떤 프로그래밍 분야를 소개해야 할까?

23.12.2 스스로 살피기

1 현재 어떤 프로그래밍 분야에서 일하고 있는가? 그 분야가 작성하는 코드에 어떤 영향을 미치는가? 무엇이 특정 디자인과 구현 결정을 내리게 이끄는가?

2 둘 이상의 프로그래밍 분야에서 일해 본 경험이 있는가? 사고방식을 전환하고 양 쪽 세계에 적절한 기법을 적용하기 어렵지 않았는가?

3 동료 중에 특정한 코드 유형으로 작성하게 만드는 동력을 모르는 사람이 있는가? 애플리케이션 개발만 아는 프로그래머가 임베디드 소프트웨어를 작성하고 있는가? 이럴 때 무엇을 할 수 있을까?

memo

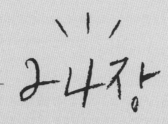

다음 단계는?

끝이 좋으면 다 좋다

우리가 처음이라 생각하는 것은 흔히 끝이고
끝내는 것은 시작하는 것이다
끝은 우리가 출발하는 곳이다
_T.S. 엘리엇

축하한다! 드디어 이 책의 끝이다. 아니라면 마지막 쪽부터 읽어 끝을 망치기 좋아하는 사람인가(다른 이유가 있겠는가). 모든 장을 다 읽었다고 가정하면 지금쯤은 다음과 같을 것이다.

- 실용적인 코드 작성 기법을 많이 습득해 이미 소스 코드를 개선해 봤다.
- 현실에서 코드를 작성하는 방법과 소프트웨어 공장의 광기 속에서 유용한 코드를 생산해내는 비결을 이해했다.
- 스킬 세트를 늘릴 개인적인 방법을 알아냈다(문제를 풀어봤는가? 아니라면 지금이라도 해보자).
- 팀의 일원으로서 효과적인 코드를 작성하는 법을 찾아냈고 현재 팀의 협력 방식을 개선할 실용적인 단계를 수립했다.
- 만화에 등장하는 원숭이에 대해 실제 알아야 할 것보다 더 많이 알게 됐다.

무엇보다 비범한 프로그래머란 올바른 사고방식을 가진 개발자라는 사실을 인식하는 것이 중요하다. 이러한 개발자는 어떤 상황에서든 항상 최선의 코드 작성을 추구하고 타인과 조화롭게 일하고 소프트웨어 공장이 한창 과열됐을 때 실용적인 결정을 내린다. 장인은 기술 부채를 관리하는 법을 알고 있으며 소프트웨어의 덫이 되기 전에 조기에 문제를 해결할 방법을 찾는다.

> **핵심개념 ✦** 좋은 프로그래머가 되려면 효과적인 사고방식을 취해야 한다, 다시 말해 소프트웨어를 구성할 때 올바른 각도에서 접근해야 한다.

24.1 무엇부터 해야 할까?

> 질문을 멈추지 않는 것이 중요하다. 호기심이 존재하는 데에는 이유가 있다. 영원성과 생명, 경탄할 만한 현실 구조의 신비로움을 고찰하다 보면 경외감이 든다. 매일 이러한 비밀의 실타래를 한 가닥씩 푸는 것으로 족하다. 신성한 호기심을 절대 잃지 말라.
>
> _알베르트 아인슈타인

코드 장인도 완벽에는 절대 도달하지 못한다. 성취할 수 있는 최선은 끊임없는 향상이다. 언제나 더 배울 수 있다. 그러면 이제 어떻게 해야 할까? 질문하고 있다는 사실 자체가 매우 중요한데 코드 장인의 가장 중요한 특성 중 하나가 발전하고 싶다는 욕망이기 때문이다.

전문 축구 선수가 되고 싶어서 축구에 대한 책을 찾아보고 축구 훈련 비디오를 사고 팝콘과 맥주를 끼고 앉아 경기하는 법을 익힌다. 훌륭하다. 두 달 후에는 어떨까. "난 책도 많이 읽었고 프리미어 리그 선수들의 가장 뛰어난 플레이를 모두 알고 있어"라는 말은 전혀 인상적이지 못하다. 실제로 축구를 얼마나 잘할까? 경기에 대해 읽고 연구하는 것은 정말 좋은 생각이지만 가만히 앉아 TV만 본 축구 실력이 무슨 쓸모가 있겠는가.

축구는 직접 해봐야만, 필드에 나가 경기를 뛰며 더러워져야만 배울 수 있다. 연습해야 완벽해진다. 기량이 뛰어나고 제대로 훈련시켜 줄 수 있는 사람과 경기해야 한다. 에너지를 쏟고 몸이 달궈지고 다른 사람에게 웃음거리도 되어야 한다. 천천히 단계적으로 큰 노력을 기울여야 실력이 늘어난다.

이렇게 말하기 미안하지만, 이것이 코드 기술을 향상시킬 유일한 방법이다. 이 책을 읽는다고 바뀌지 않는다. 세상에 나가 직접 해봐야 한다. 그렇다면 어떻게 실천에 옮길 수 있을까? 몇 가지 간단한 아이디어를 제시해 보겠다.

- 이 책을 선반에 꽂아 두자. 배운 내용대로 최선을 다해 지금 당장 실천하자. 나중에 문제에 부딪히면 언제든 필요한 장을 참조할 수 있다.

  이 조언에 따라 몇 달 일한 후 책을 한 번 더 꺼내서 다시 읽어보자. "스스로 살피기"절에 나오는 질문에 각별히 주의를 기울이자. 코드를 향상시키려면 다음으로 무엇을 배워야 할지 알아내자. 이 과정을 한 번 통과할 때마다 기술을 향상시킬 새 방법이 보인다.

- 뛰어난 코더가 밟고 있는 진로로 커리어를 옮겨서 얻을 수 있는 모든 것을 얻자. 무엇이 코드를 훌륭하게 만들고 사고방식을 건설적으로 만드는지, 이러한 특성을 어떻게 스스로 적용할 수 있는지 배우자. 조언과 비판, 리뷰, 의견을 구하자. 지도해달라고 부탁하자(필요하다면 팝콘과 술로 뇌물 공세를 펼치자!).

- 끊임없이 프로그래밍하고 지평을 넓히자. 코드를 더 작성하자. 새 기법을 시도하자. 새로운 문제와 새로운 언어, 익숙하지 않은 기법과 씨름하자.

- 실수를 두려워 말자. 하룻밤 사이에 완벽한 프로그래머가 되지 않는다. 배우다 보면 부끄러운 실수를 많이 저지르게 된다. 이러한 실수가 발전을 가로막거나 프로그래머로서의 모습을 정의하게 두지 말자. 새 기법을 시험해 보지 않는 한 결코 배우지 못하고 나아지지 못 한다. 조지 버나드 쇼는 "실수하며 보낸 인생이 아무것도 하지 않고 보낸 인생보다 훨씬 유용하다."고 말했다.

  건설적인 태도로 조언과 코드 리뷰 비판을 받아들이자. 해놓은 일을 돌아보고 어떻게 향상시킬 수 있는지 살피자.

- 기술 지식의 기준 틀로 삼을 업무 외적인 관심사를 갖자. 프로그래밍만 연구하면 지나치게 평면적인 사람이 되어 코드 크래프트를 현실에 맞게 적용하지 못한다.

- 전문 분야의 고전을 찾아보자(〈코드 크래프트〉도 분명 그중 하나다!). 각각 한 부씩 구해서 충분히 소화하자. 모든 지식 분야와 모든 언어마다 이름을 떨친 고수가 있으니 누구인지, 무슨 책을 썼는지 알아 두자.

다음과 같은 소프트웨어 고전을 읽자.

- 〈맨 먼스 미신〉(The Mythical Man-Month) [브룩스 95]
- 〈프로그래밍 심리학〉(The Psychology of Computer Programming) [와인버그 71]
- 〈피플웨어: 생산적 프로젝트와 팀〉(Peopleware: Productive Projects and Teams) [디마르코 99]
- 〈실용주의 프로그래머〉(The Pragmatic Programmer) [헌트 데이비스 99]
- 〈코드 컴플리트〉(Code Complete) [매코널 04]
- 〈프로그래밍의 모든 것〉(The Practice of Programming) [커니핸 파이크 99]
- 〈디자인 패턴: 재사용성을 지닌 객체 지향 소프트웨어의 핵심요소〉(Design Patterns: Elements of Reusable Object-Oriented Software) [감마 등 94]
- 〈리팩터링: 코드 디자인 개선〉(Refactoring: Improving the Design of Existing Code) [파울러 99]

동료에게 읽을 만한 책이 무엇이었는지 묻자. 관련된 잡지와 웹사이트, 학회를 찾자.

- 가르치자. 능력이 모자란 프로그래머를 지도하자. 지혜를 넘겨주며 훨씬 많이 배울 것이다.
- 영국 컴퓨터 협회(British Computer Society, BCS)나 컴퓨팅 기기 협회(The Association for Computing Machinery, ACM), ACCU(www.accu.org) 같은 전문가 집단에 가입해 기술적 기반을 넓히자. 참여하고 기여하자. 더 많이 참여할수록 스스로 더 투자하는 셈이다. 예를 들어 ACCU는 매우 기여하는 조직이다. 개발자 멘토링 프로젝트를 실행하고 회원들이 정기 간행물을 작성하게 독려한다. 이러한 조직에서는 프로그래밍 대회를 개최하고, 소셜 네트워킹을 위한 커뮤니티를 제공하고, 프로그래밍 기술에 관심 있고 생각이 맞는 사람끼리 만날 수 있는 지부를 제공한다.
- 즐겨라! 까다로운 문제를 풀기 위해 코드를 재단하는 과정을. 자랑스러워 할만한 소프트웨어를 생산하자. 공자는 "일을 즐기면 평생 일하지 않아도 된다."고 말했다.

핵심개념 ★ 책임감 있게 기술을 향상시키자. 프로그래밍을 향한 열정 혹은 훌륭하게 해내겠다는 열망을 잃지 말자.

정답과 설명

완전한 마음(complete mind)으로 발전시키는 원칙:
예술 속의 과학을 공부하자. 과학 속의 예술을 공부하자. 감각을 기르고 특히 어떻게
보는지 배우자. 모든 것은 서로 연결되어 있음을 깨닫자.

_레오나르도 다 빈치

지금부터 매 장 끝에 제시했던 문제들에 대해 저자가 곰곰이 생각한 내용을 밝히겠다. 명확한 정답은 아니다. 소수의 문제만이 확실히 예 또는 아니요로 답할 수 있다. 자신의 정답과 비교해보자.

문제를 낸 이유는 단순히 생각해 보게 하고, 각 주제에 대해 더욱 깊이 파고들게 하고, 프로그래밍 실력을 늘리기 위한 자극을 주는 것이었다.

질문에 대해 먼저 생각도 해보지 않고 그저 "정답"을 알고 싶어서 읽을 생각이라면 정말 그러지 말라고 권하고 싶다. 궁리하고 자신을 살펴보는 데 아주 조금만 시간을 쏟으면 정말 큰 성과를 얻을 것이다. 공자가 말했듯이 "들은 것은 잊어버리고, 본 것은 기억하고, 직접 행한 것은 이해한다."

1장: 방어 태세

궁리하기

1 과도하게 방어적 프로그래밍을 할 수 있을까?

그렇다, 주석이 너무 많으면 코드 가독성이 떨어지듯이 방어적 검사가 쓸데없이 많으면 그럴 수 있다. 타입을 올바르게 선택하는 등 신중하게 코딩하면 불필요한 검사를 피할 수 있다.

---

2 버그를 찾아 고칠 때마다 코드에 어서션을 추가해야 할까?

기본적으로 잘못된 관례는 아니다. 하지만 어디에 어서션을 넣을지 생각하자. 정말 많은 결함이 API 계약을 제대로 지키지 않아 발생한다. 함수에 잘못된 데이터가 들어가면 호출하는 쪽에서 테스트하는 대신 그 함수 안에 전제 조건(precondition) 검사를 넣는다. 함수가 잘못된 데이터를 반환하면 같은 일이 반복되지 않게 함수를 수정하거나(그리고 올바르게 수정했는지 입증하거나) 사후 조건(postcondition)을 작성한다.

버그를 찾아 고칠 때마다 새 단위 테스트를 추가하는 편이 나을 수 있다.

---

3 어서션은 생산 빌드에서 조건부로 컴파일하며 점점 없애 나가야 할까? 혹은 어떤 어서션을 배포판 빌드까지 유지해야 할까?

이 주제를 놓고 굉장히 강한 신념들이 부딪힌다. 양측 모두 설득력 있는 주장을 펼치니 이분법적으로 답할 수 없다. 정말 불필요한 어서션이 언제나 생산 빌드에서 발견된다. 하지만 어떤 어서션의 존재는 계속해서 흥미를 끈다.

제약 조건 검사를 배포판에 남길 때는 프로그램이 실패로 끝나지 않고 문제를 로깅하고 계속 실행되도록 반드시 동작을 바꿔야 한다.

---

4 C 언어 스타일의 어서션보다 예외가 더 나은 방어벽일까?

그럴 수 있다. 예외는 동작 방식이 달라서 호출 스택을 따라 전달하면서 예외를 잡았다가 아무 영향 없이 무시할 수 있다. 더 유연한 수단으로 쓰인다. 실행을 중단시키는 assert는 무시할 수 없으므로 어서션은 보다 낮은 수준의 메커니즘이다.

---

5 전제 조건과 사후 조건에 대한 방어적 검사는 각 함수 내에 두어야 할까 혹은 각 주요 함수 호출 앞뒤에 두어야 할까?

두말할 것도 없이 함수 안이다. 이렇게 하면 테스트를 한 번만 작성하면 된다. 검사를 바깥으로 옮길 유일한 이유는 제약 조건 실패 시 다른 옵션을 고려해 볼 수 있는 유연성을 확보하기 위해서다. 폭발적으로 증가하는 복잡도와 실패 가능성을 감수할 만큼 강력한 이득은 아니다.

---

6 제약은 완벽한 방어 도구일까? 단점은 없을까?

그럴 리가, 완벽과는 거리가 멀다. 불필요한 제약 검사는 그나마 성가신 존재가 되면 다행이고 최악의 경우 장애물이 된다. 예를 들어 함수 인자를 i >= 0이라고 어서션할 수 있다. 그러나 i를 부호가 없는 타입으로 만들면 유효한 값을 포함할 수 없으니 훨씬 낫다.

컴파일되는 제약 조건이라도 어느 정도 의심을 품자. 출시 빌드에서 동작이 바뀌므로 모든 부수 효과(표면은 미묘하고 간접적인 결과로 이어질 수 있다)와 시간상의 문제를 디버그 빌드에서 신중히 검사해야 한다. 어서션은 논리적인 제약 조건 검사일 뿐 컴파일되면 안 되는 진짜 런타임 검사가 아니다. 버그 방어(bug-defense) 코드에도 버그가 들어갈 수 있다!

그래도 제약 조건을 주의 깊게 사용하는 편이 뜨겁게 달군 석탄 위에서 맨발로 춤추는 것보다 훨씬 낫다.

---

7 방어적 프로그래밍을 안 할 수는 없을까?

a 더 나은 언어를 디자인한다 해도 방어적 프로그래밍이 여전히 필요할까? 과연 이렇게 할 수 있을까?

b 위 상황은 C와 C++에는 문제가 표출될 영역이 너무 많아 두 언어에 결함이 있다는 뜻일까?

오류를 피하도록 디자인할 수 있는 언어 기능도 분명 있다. 가령 C는 배열을 룩업할 때 인덱스를 검사하지 않는다. 따라서 유효하지 않은 메모리 주소에 접근하면 프로그램이 중단될 수 있다. 반면 자바 런타임은 이러한 재앙이 절대 발생하지 않게 룩업 전에 모든 배열 인덱스를 검사한다(그래도 잘못된 인덱스에 접근하면 오류가 발생할 수 있지만 이 오류는 보다 명확히 정의된 실패 클래스이다).

자유로운 C 명세를 기다란 "개선" 목록으로 보강하더라도(반드시 최대한 많이 생각해 보기 바란다) 방어적 프로그래밍이 필요 없는 언어는 절대 만들지 못할 것이다. 함수는 항상 인자를 검사해야 하고 클래스에는 항상 불변이 있어서 데이터가 내부적으로 일관된 지 검사해야 한다.

C와 C++에는 잘못될 여지가 분명 많지만 동시에 성능과 표현력 역시 뛰어나다. 언어에 결함이 있는지 아닌지는 보는 이의 관점에 달렸고, 이러한 주제로 이미 치열하게 싸우는 중이다.

---

8 주의 깊게 방어적으로 작성하지 않아도 되는 코드는 어떤 종류일까?

구식 프로그램에 방어적 코드가 들어가는 것을 거부했던 개발자들과 일한 적이 있다. 자신들이 하는 방어와 차이가 전혀 없을 정도로 너무 형편없다는 이유에서였다. 커다란 나무망치로 한 대 때리고 싶은 충동을 가까스로 억눌렀다.

작은 독립형 단일 파일 프로그램이나 테스트 하네스에는 이처럼 신중한 방어적 코드 혹은 엄격한 제약 조건이 전혀 필요 없다는 주장도 있다. 하지만 이러한 상황에서조차 신중하지 못하다는 것은 곧 대충한다는 뜻이다. 항상 방어적으로 되려고 노력해야 한다.

스스로 살피기

1 명령문을 한 줄씩 입력할 때마다 얼마나 신중히 생각하는가? 오류를 반환하지 않는 함수가 확실해도 함수 반환 코드를 매번 철저히 검사하는가?

당연히 전부 검사하지는 못할 것이다. 어떤 함수 반환 코드는 가볍게 지나치기 쉽고, 특히 더 중요하게 여기는 코드가 있으면 더욱 그럴 것이다. printf의 반환값을 검사하는 C 프로그래머가 얼마나 될까? 그중 몇 명이나 printf가 무엇이든 반환한다는 사실을 실제로 알까?

---

2 함수를 설명하며 전제 조건과 사후 조건을 명시하는가?

   a 함수 역할을 설명할 때 두 조건을 항상 포함시키는가?

   b 전제 조건과 사후 조건이 없으면 이를 명백하게 설명하는가?

함수 계약을 아무리 분명하게 알고 있더라도 제약을 명시적으로 서술하면 모호함이 사라진다. 가정 영역은 항상 없애는 편이 낫다는 사실을 잊지 말자. 전제 조건: 없음이라고 명시적으로 작성하면 계약이 명쾌해진다.

물론 전역(global) 사전 조건을 모든 함수마다 명시적으로 다시 서술하기는 귀찮다. 번거롭고 지루하다. 전체 API에서 포인터 값이 널이 아니어야 한다면 한 번만 전역으로 설명하는 편이 당연히 더 낫다.

---

3 수많은 회사가 방어적 프로그래밍에 대해 말만 앞세운다. 팀에서 방어적 프로그래밍을 권하는가? 코드 기반을 한번 살펴보자. 정말 그러한가? 어서션에서 제약을 얼마나 폭넓게 성문화하는가? 각 함수 내 오류 검사는 얼마나 철저한가?

적절한 방어 수준의 훌륭한 코드 문화를 가진 회사는 소수다. 코드 리뷰는 팀 코드를 적정한 기준까지 도달시키는 훌륭한 방법이다. 보는 눈이 많으면 잠재적 오류도 더 많이 찾는다.

---

4 타고나길 편집증적인가? 길을 건널 때 양쪽을 다 살피는가? 야채를 먹는가? 가능성이 아무리 작더라도 코드 내 잠재적 오류를 모두 검사하는가?

   a 어려움 없이 철저하게 할 수 있는가? 오류를 생각해 보는 것을 잊지는 않는가?

   b 더 철저한 방어적 코드를 작성하기 위해 쓸만한 방법이 있는가?

처음부터 쉬운 사람은 없다. 정성 들여 만든 새 코드를 형편없게 여기는 일은 프로그래머의 본능에 반하는 일이다. 그러니 그 코드를 가장 형편없게 사용할 누군가를 예상하자. 당신 같은 성실한 프로그래머와는 거리가 먼 누군가를!

각 함수나 클래스를 위한 단위 테스트를 작성하면 매우 유용하다. 일부 전문가는 함수를 작성하기 전에 해야 한다고, 이편이 훨씬 타당하다고 강력히 조언한다. 이렇게 하면 막연히 코드가 동작할 것이라 믿는 대신 모든 오류 케이스를 고려하게 된다.

2장: 잘 세운 계획

궁리하기

1 최신 코드 스타일을 따르기 위해 레거시 코드의 배치를 변경해야 할까? 이때 코드 서식 변경 도구가 유용할까?

레거시 코드가 아무리 보기 흉하고 다루기 힘들어도 그대로 두는 편이 일반적으로 가장 안전하다. 원본 작성자 누구도 다시 그 코드를 다룰 일이 없을 때만 서식 변경을 고려하자.

서식을 변경하면 소스 리비전을 이전 리비전과 비교할 때 어려움을 겪는데, 꼭 알아야 할 중요한 차이 한 가지가 수많은 서식 변경 메시지에 가려질 수 있기 때문이다. 또한, 서식 변경 중 프로그램에 오류가 생길 위험도 있다.

코드 서식 변경 도구에 호기심을 가져 보는 것 정도는 괜찮지만 도구 사용에는 동의하지 않는다. 일부 회사에서는 소스 파일에 뷰티파이어를 먼저 실행한 후 저장소에 체크인하는 방식을 고집한다. 장점은 전체 코드가 통일되고 깔끔해지고 서식이 맞춰진다는 것이다. 중대한 단점은 어떤 도구도 완벽하지 않다는 것이다. 저자의 배치로 드러나는 유익한 뉘앙스가 사라져 버린다. 원숭이로 구성한 팀이 아니라면 서식 변경 도구는 자제하자.

---

2 일반적인 배치 관례는 소스 행을 정해진 수의 열만큼 분할하는 것이다. 이 관례의 장단점은 무엇일까? 유용한가?

표현과 관련된 많은 이슈에서 그러하듯 절대적인 답은 없고 그저 개인 취향의 문제다.

나의 취향은 80열짜리 화면에 맞춰 코드를 쪼개는 것이다. 늘 그렇게 해왔으니 그저 습관일 따름이다. 긴 행을 선호하는 것에 반대하지는 않지만 긴 행은 다루기 어렵다. 그래서 에디터에 수평 스크롤바가 나오는 대신(수평 스크롤은 다루기 힘들다) 넘어가는 행을 행 갈이하도록 설정했다. 다만 이렇게 하면 들여쓰기 효과가 무너지는 경향이 있다.

직접 써 보니 고정 열 너비의 주된 장점은 몇몇 사람들의 주장처럼 인쇄 편리성(printability)이 아니다. 오히려 하나의 화면에 여러 에디터 창을 나란히 띄어 놓는 기능이다.

C++에서는 실제로 아주 긴 행이 만들어진다. 템플릿 컨테이너를 통해 다른 객체가 참조하는 객체의 멤버 함수를 호출해야 하므로 C보다 장황하다. 이때 중간 참조를 임시 변수에 저장하는 등의 여러 전략을 활용해 이렇게 생겨나는 수많은 긴 행을 처리한다.

---

3 타당한 코딩 표준이 되려면 얼마나 상세해야 할까?

  a 스타일에서 벗어나면 얼마나 위험한가? 그 스타일을 따르지 않기 위해 얼마나 희생해야 할까?

  b 표준이 너무 상세하거나 너무 제한적일 수 있을까? 그렇다면 무슨 일이 벌어질까?

코딩 표준에서 벗어나려면 팔다리 여섯 개는 절단해야 한다.

정확한 대답은 얼마나 철저한 코딩 표준과 코딩 문화 속에서 일하고 있느냐에 달렸다. 잘못 놓인 괄호 대신 훨씬 심각한 소프트웨어 문제를 해결해야 하는 경우가 대다수지만 괄호에 대해 불평하기 더 쉽다. 코딩 표준이 지나치게 규범적이고 제대로 기능하지 못해 서투른 프로그래머들이 그대로 무시해 버리는 경우를 숱하게 보아 왔다. 유익하고 인정받는 코딩 표준이 되려면 하나의 예로서 모범 사례 방식을 제시하면서 약간의 조정할 여지를 제공해야 한다.

---

4 새 표현 스타일을 정의하려면 얼마나 많은 항목이나 사례에 배치 규칙이 필요한가? 그리고 어떤 표현 규칙을 제공해야 하는가? 나열하라.

각 배치 규칙을 개별적으로 작성하려면 고려해야 할 경우의 수가 너무나 많다. 코딩 스타일이란 들여쓰기는 물론이고 내부 공백, 명명, 연산자 위치, 괄호 표현, 파일 내용, 헤더 파일의 사용과 순서 등 많은 요소의 정밀한 상호 작용이다.

아래에 제시한 표현 항목 목록이 매우 길지만 그래도 완벽과는 거리가 멀다. 우선은 스타일 체크 리스트로 사용하면 좋다. 실제로 여타 항목과 달리 반드시 표준화해야 하는 항목도 있다. 아래 목록을 읽으며 각 항목

별 개인적 취향을 깊이 생각해 보자. 또한, 현재 소프트웨어 프로젝트에 맞는 올바른 관례도 알아 두자.

코드 여백

- 들여쓰기 당 공백 수에 따라 코드의 왼쪽 가장자리가 형성된다. 2칸 또는 4칸 들여쓰기가 일반적이지만 완곡하게 3칸을 택하는 프로그래머도 있다. 들여쓰기가 적다는 것은 오른쪽 여백까지 공간이 많다는 뜻이지만 어수선해 보이고 수준 차이를 구분하기 어렵다. 들여쓰기가 많으면 구분이 보다 뚜렷하지만 공간이 더 빨리 소모된다.

- 들여쓰기를 탭으로 하느냐 공백으로 하느냐는 오랫동안 이어져 온 논쟁으로 수많은 프로그래머가 이로 인해 심리 치료까지 받았다. 공백은 이식성(portability)이 더 높다. 어떤 에디터에서든 같은 너비로 표시된다. 가변폭(variable width) 폰트*를 사용한 코드를 화면에 표시할 때는 탭이 더 가지런히 정렬된다.

- 페이지 너비는 코드 오른쪽 가장자리의 서식을 좌우한다. 고정된 열 개수로 행을 제한하거나 수평 스크롤바를 두어 무한대로 길어지게 만들 수 있다. 고정 페이지는 흔히 79자나 80자까지 입력된다. 여기에는 역사적인 이유가 있는데, 과거에는 일반적으로 터미널 너비가 80이었고 마지막 열을 표시하지 못하는 경우가 더러 있었다.

- 특정 구조체를 정렬하는 방법도 여러 가지다. 클래스 선언에서 public:, private:, protected:를 어느 수준에 두는가? switch 문에서 case 수준은 어디인가? 절대 사용하지 않을 goto 문의 레이블 서식은 무엇인가?**

공백과 구분

- 나란히 놓인 여러 행에서 연산자를 같은 열에 정렬하는 것처럼 내부적으로 테이블 배치를 사용해 코드 조각을 정렬할 수 있다. 이로써 명령문 블록의 기능이 시각적으로 강조된다. 하지만 타이핑과 유지 보수 공수가 늘기 때문에 잘못된 관행이라 여기는 프로그래머도 있다. 테이블 수평 배치의 예를 살펴보자.

```
int   cat   = 1;
int   dog   = 2;
char *mouse = "small and furry";
```

- 여백은 거의 어디든 넣을 수 있고 개개 코드 명령문에도 간격을 두는 방법이 여러 가지다. hamster = "cute"처럼 연산자 주변에 공백을 두는 방법이 좋다. 글을 쓸 때 단어 사이에 공백을 두는 것과 마찬가지다. hamster="ugly"는 알아보기 힘들고 답답해 보인다.

- 유사하게 함수 호출도 간격을 주는 방법이 다양하다. 아래 서식 중 하나를 쓸 수 있다.

```
feedLion(mouse)
feedLion( hamster )
feedLion (motherInLaw)
```

수학 방정식이라면 함수명 뒤에 공백이 없을테니 대부분 가장 마지막 방법을 안 좋게 여긴다(하지만 시어머니(mother-in-low)가 진짜 식용 제품일 수도 있다).

키워드도 유사한 관례를 따라야 할까? while(lionIsAsleep)은 어떠한가? 알아보기 어렵다. 키워드는 함수가 아니라서 좀 더 단어처럼 읽히므로 키워드 주변에 공백을 두는 방법이 가장 흔히 쓰인다.

---

* 소스 코드 에디터보다는 게시된 코드에서 흔히 이렇게 표시한다.

** 요즘처럼 계몽된 시대에 수준 높은 프로그래머라면 goto 문을 쓸 리 없다. 520쪽에 구조적 프로그래밍을 참고하자.

- 코드가 너무 길어 한 행에 들어가지 않으면 나눠야 하는데 어디를 나눌지도 선택해야 한다. 당연히 가장 논리적인 위치에서 나누겠지만 누군가의 논리가 누군가에게는 어리석어 보일 수 있다. 일반적으로 연산자 주변에서 행을 나누는데, 앞에서 나누든 뒤에서 나누든, 다시 말해 연산자가 앞 행의 끝에 오든 다음 행의 시작 부분에 오든 그저 취향의 문제다.

변수

- 포인터 선언에서 별표(*)를 어디에 둘 것이냐는 고전적인 C/C++ 논쟁이다(종종 스타워즈(Star Wars)라 불린다). 아래 셋 중 하나다.

```
int *mole;
int* badger;
int * toad;
```

처음 둘은 "포인터"를 각각 변수와 타입에 이어 붙인다. 타입에 이어 붙이면 `int* weasel, ferret;` 같은 명령문이 예상대로 동작하지 않는 문제가 생긴다. 세 번째가 적정한 중립 방식이지만 잘 쓰이지 않는다.

- C/C++ 표준은 명확성을 위해 상수명을 전부 대문자로 표시하라고 지시한다. 일부에서는 전처리기 매크로명만 대문자화하면 된다고 주장한다.

코드 줄

- 각 행이 정확히 무엇을 하느냐를 보이는 것이 배치의 역할이므로 각 명령문을 구분하고 명확히 하기 위해 보통은 개개 명령문을 각각 다른 행에 놓으라고 규정한다.
- 이것은 명령문 내 부수 효과(side effect) 이슈로 이어진다. `index[count++] = 2` 같은 코드나 if 문 내 할당을 허용해야 할까?
- 어떤 표현 스타일에서는 아래처럼 여는 괄호와 코드를 같은 행에 둔다.

```
for (...) { ostrich++;
        buryHead(ostrich);
        }
```

구조체

- 괄호 내 명령문이 하나여도 괄호를 꼭 두어야 할까? 코드가 아래처럼 한 행에 이어진다면 괄호를 생략할 수도 있다.

```
if (weAreAllDoomed) startPanicking();
```

- 보통은 else 절을 상응하는 if와 같은 열에 정렬하지만 한 수준 더 들여쓰기하는 경우도 종종 있다.
- 특수 사례(special case)를 명확하게 표시하는 것이 얼마나 중요할까? 어떤 코딩 표준에서는 swith 문의 case 사이를 그대로 지나칠 때 주석으로 표시하라고 지시한다. 비슷하게 루프 내 무연산 명령(no-op)도 명확히 표시해야 혼란을 막을 수 있는데, 아래처럼 C 문자열 str의 끝을 찾는 바디 없는 짧은 루프가 나오면 부주의한 사람은 헷갈릴 수 있다.

```
char *end;
for (end = str; *end; ++end);
```

- C++ 인라인 메서드는 클래스 선언 안에 두어야 할까 밖에 두어야 할까(바로 뒤에), 아니면 별도의 소스 파일에 두어야 할까?

파일

- 프로젝트를 어떻게 파일로 분할하고 어떤 정보를 각 파일에 넣을 것이냐는 가장 기본적인 결정이다. 클래스별로 파일 하나 혹은 함수별로 파일 하나를 두어야 할까? 아니면 파일을 보다 더 작거나 더 큰 단위로 분할할 수 있을까? 라이브러리별로 아니면 코드 영역별로? 아주 작은 연관 클래스가 너무 많으면 어떻게 해야 할까? 정말로 아주 작은 연관 파일이 많은 편이 좋겠는가?[*]

- 하나의 파일을 여러 영역으로 분할하는 관례 역시 다양하다. 어떤 프로그래머는 여러 공백 행을 구분자로 사용하고, 어떤 프로그래머는 아스키 예술 영역 같은 주석 블록을 선호한다.

- C/C++에서 #include 파일의 정확한 순서를 표현 스타일에 따라 고정시킬 수 있다. 이에 대해 여러 견해가 존재한다. 일부는 가장 먼저 시스템을, 그다음 프로젝트를, 그다음 파일에 국한되는 파일을 포함시켜 깔끔히 정렬하는 쪽을 선호한다. 또 일부에서는 정확히 그 반대가 더 안전하다고 여기는데, 어떤 헤더 파일이 그것보다 일반적으로 먼저 인클루드되는 헤더에 우연히 의존하는 경우를 막을 수 있기 때문이다. 어떤 표준에서는 헤더 파일에서 절대 다시 #include할 수 없고 모든 구현 파일 내에서 직접 작성하라고 명령한다.

기타

특정 코딩 상황에만 국한되는 이슈가 늘 생긴다. 데이터베이스 접근을 수행하는 임베디드 SQL 명령어를 코드에서 어떻게 서식화할까? 프로젝트에 여러 언어를 포괄하는 일관된 서식이 필요할까?

---

5 훌륭한 코드 표현과 훌륭한 코드 디자인 중 무엇이 더 중요한가? 왜 그런가?

너무나도 인위적인 질문이다. 둘 다 훌륭한 코드의 기본이며 결코 둘 중 하나를 희생할 것을 강요받아서는 안 된다. 만약 그렇다면 조심하자. 그래도 무엇을 고르느냐가 프로그래머로서의 당신에 대해 많은 것을 알려 준다.

형편없는 서식이 잘못된 디자인보다 분명 고치기 쉽고 코드 서식을 통일시키는 정교한 도구를 쓴다면 더욱 더 그렇다.

표현과 디자인 간에는 흥미로운 연결 고리가 있다. 잘못된 표현은 종종 형편없는 프로그래머가 개발했다는 표식이고 이는 형편없는 내부 디자인에 고생했다는 뜻이기도 하다. 혹은 여러 프로그래머가 코드를 연이어 유지 보수하다가 초기 코드 디자인을 점차 잃은 경우를 암시하기도 한다.

스스로 살피기

1 일관된 스타일로 작성하는가?

  a 타인의 코드를 작업할 때 다른 개발자 혹은 자신의 스타일 중 어떤 배치 스타일을 채택하는가?

  b 코딩 스타일 중 얼마나 많은 부분이 에디터의 자동 포매팅에 의해 좌우되는가? 이것이 특정 스타일을 채택할만한 이유가 되는가?

---

[*] 이런 경우에 대해 자바에서는 클래스명과 파일명의 물리적 매핑을 규정하고 있다.

에디터에서 커서 옮기는 방식을 바꾸지 못한다면 그 에디터를 사용해서는 안 된다(당신이 너무 서툴든지 에디터가 서툴든지 둘 중 하나다).

일관된 스타일로 코드를 작성할 수 없으면 프로그래머 면허를 취소해야 한다. 다른 이의 표현 스타일을 따를 수 없으면 앞으로의 경력은 베이직(BASIC) 유지 보수에나 써야 한다.

태도에 주의하자. 보통의 프로그래머는 프로젝트 전반의 안정성보다 자신의 코드, 개인적 관행, 개별적 배치 성향에 더 집중한다. 결국 개인 대 팀(individual versus team)이라는 딜레마에 빠지는 경우가 매우 빈번하다. 프로그래머가 규정된 하우스 스타일을 따르지 않거나 기존 표현 스타일로 코드를 유지 보수하지 못한다면 안 좋은 징조다. 거시적이지 못함을 시사한다.

---

2 탭은 악마의 산물인가 아니면 지금까지 나온 최고의 도구인가? 이유를 설명하라.

a 에디터에서 탭을 자동으로 삽입하는지 알고 있는가? 에디터의 탭 이동 위치를 아는가?

b 탭과 공백을 섞어 들여쓰기하는 아주 유명한 에디터가 있다. 이로 인해 코드 유지 보수가 조금이라도 어려워지는가?

c 탭 하나는 몇 개의 공백에 대응하는가?

종교적 문제와 다를 바 없으니 탭은 최악이야! 라고만 말하고 한발 물러서겠다. 아니, 한 마디 덧붙이면 탭 들여쓰기보다 더 최악은 탭과 공백으로 들여쓰기하는 것이다. 정말 끔찍하다!

에디터가 작성자 모르게 정말 탭(그리고 아마 공백까지)을 삽입하고 있으면 잠시 다른 에디터를 사용해 봄으로써 얼마나 답답했던 상황인지 느껴 보자. 설정에서 탭 이동 위칫값을 바꿔 코드가 얼마나 엉망이 되는지 보자. 모두 같은 에디터를 사용하니 별로 문제 되지 않는다는 태도는 전문가답지 못하다. 사용하는 에디터가 모두 다르니 정말 중요한 문제다.

탭 이동 길이를 추천받아 그 의견이 정당한지 신중히 고려해 볼 수 있다. 이 방법도 좋지만 실제로 저명한 연구에 따르면 3칸 또는 4칸 탭 이동이 최적의 가독성을 제공한다고 한다(나는 홀수가 싫어 4칸을 선호한다!). 하지만 탭이 정해진 공백 수와 대응해서는 안 된다. 탭은 탭이지 공백 또는 다수의 공백이 아니다. 탭을 사용해 배치한 코드는 탭이 정확히 공백 몇 개로 표시되든 문제가 되지 않아야 하고 이와 상관없이 코드가 잘 읽혀야 한다. 안타깝게도 아직 탭 들여쓰기한 코드가 이렇게 동작하는 경우는 거의 보지 못했다. 탭과 공백을 섞어 코드를 가지런히 정렬하는 일이 너무 흔하다. 저자가 들여쓰기한 만큼 탭 이동 위치를 설정하면 문제없이 동작한다. 하지만 설정이 다르면 엉망진창이 된다.

---

3 선호하는 배치 스타일이 있는가?

a 간단한 명령문 몇 개를 나열해 설명해 보라. 완성해야 한다. 예를 들어 `switch` 문을 어떻게 서식화하고 긴 행을 어떻게 분할하는지 포함해서 설명해 보라.

b 명령문 몇 개가 필요했나? 예상대로인가?

c 회사에 코딩 표준이 있는가?

d 그 표준을 어디서 찾을 수 있는지 아는가? 홍보가 됐는가? 읽어봤는가?

i 있다면 좋은 점이 있는가? 솔직히 비평하고 문서 소유자에게 논평을 전달하자.

ii 아니라면 있어야 할까? (이유도 함께 설명하자) 모두가 채택했으나 기록되지 않은 일반적인 코드 스타일이 있는가? 표준 채택을 유도할 수 있겠는가?

e 사용 중인 표준이 가령 프로젝트 당 하나씩처럼 둘 이상인가? 그렇다면 프로젝트 간 코드를 어떻게 공유하는가?

따라야 하는 스타일 가이드(혹은 문서화되지 않은 관례)를 모두 알아두자.

이 물음은 어느 정도 개인적 경험에 근거한다. 큰 조직에서 일한 적이 있는데, 그 조직 산하의 몇몇 독립 부서는 각자 다른 가이드라인을 가지고 있었다. 별개 제품들을 서서히 하나로 합치며 코드 기반 일부를 결합해야 했지만 기술적으로(그리고 재정적 안전 측면에서도) 지장이 없었다. 결과물은 인터페이스 스타일과 표현 스타일이 다르고 심지어 사용하는 언어까지 다른 엉망진창 코드였다. 체계적이지 못하고 비전문적이었으며 다루기 정말 힘들었다. 고통의 나날이었다.

---

4 배치 스타일을 몇 가지나 따라왔는가?

a 가장 편안했던 스타일은 무엇인가?

b 가장 엄격하게 정의된 스타일은 무엇인가?

c 두 스타일에 관련성이 있는가?

몇 년만 프로그래밍해도 고유한 배치 스타일이 몸에 배기 쉽고 어떻게 혹은 왜 그런 스타일로 굳어졌는지 고민할 새도 없다. 당연히 지금까지 읽고 다뤘던 코드들과 개인적 취향이 뒤섞인 결과다. 시간을 가지고 생각해 본 뒤 올바른 코딩 스타일을 취하자. 지금이 바로 코딩 스타일을 고치고 향상시킬 때다.

스타일을 바꾸기란 간단하지 않다. 앞으로도 기존 레거시 코드를 처리해야 하는데 이것 역시 새 스타일로 바꿔야 할까 아니면 이전 상태로 두어야 할까?

텍스트 에디터를 열어 n번째 소수를 계산하는 아래 코드를 입력해 보자. 코딩 스타일 하나를 준수해 작성됐다. 원하는 모습으로 다시 표현해보자. 구현은 절대 바꾸지 말자.

```
/* num이 소수인지 여부를 반환한다.*/
bool
isPrime( int num ) {
    for ( int x = 2; x < num; ++x ) {
        if ( !( num % x ) ) return false;
    }
    return true;
}
```

```
/* 이 함수는 'n'번째 소수를 계산한다.*/
int
prime( int pos ) {
    if ( pos ) {
        int x = prime( pos-1 ) + 1;
        while ( !isPrime( x ) ) {
            ++x;
        }
        return x;
    } else {
        return 1;
    }
}
```

현실에서 볼 법한 대표적인 코드이니 따분한 연습 문제 정도로 넘겨버리지 말자.

보다시피 여기서는 어떤 답도 제시하지 않는다. 저자가 바꾼 서식은 독자가 바꾼 서식만큼 유효하고 또 실제로 원래 서식만큼 유효하다. 그래서 스스로 살피기 절 아니겠는가.

앞선 질문들을 곰곰이 생각해 보지도 않고 이 답을 읽고 있다면 이번 한 번만 해보자. 몇 줄 입력하는 정도는 기다려 줄 수 있다...

이제 작성한 코드를 한번 보자.

- 얼마나 다르게 구현했는가? 명확한 변경은 몇 개나 되는가?

- 각 변경마다 이렇게 자문해 보자. 개인의 미적 취향인가 아니면 변경을 정당화할 어떤 이유가 있는가? 이유가 있다면 정말로 타당한가? 이를 방어할 준비가 얼마나 철저히 되어 있는가?

- 원래 서식에 얼마나 익숙한가? 읽기 불편했는가? 그같은 코드를 만나면 해당 코딩 스타일에 따라 작업할 수 있겠는가? 코딩 스타일에 익숙해질 수 있어야 하는가?

코드를 더 효율적으로 다시 구현하고 싶은 마음이 들었다면 스스로 추가 점수를 주고 그 유혹을 참았다면 점수를 더 주자(때 이른 최적화는 독이다. 278쪽 "하나씩 살펴보기" 참고).

3장: 이름이 왜 중요할까?

궁리하기

1 다음은 좋은 변수명인가? 그렇다(이유와 어떤 맥락인지 설명하라) 혹은 아니다(이유를 설명하라), 모르겠다 (이유를 설명하라) 중 하나로 답하라.

a `int apple_count`

b `char foo`

c `bool apple_count`

d `char *string`

e `int loop_counter`

이름의 좋고 나쁨은 쓰인 맥락에 따라 달라지니 솔직히 무엇이 좋은 이름이고 나쁜 이름인지 말하기 어렵다. 그래서 맥락을 설명하라 했던 것이다. 어떤 상황에 걸맞지 않은 이름이 분명 있다. 자몽 개수를 세는 변수에 apple_count는 어울리지 않는다.

foo는 절대 좋은 이름일 수 없다. 여태껏 foo를 세는 경우는 못 봤다. loop_counter도 좋지 못한 이름인데, 루프가 너무 커 카운터 이름을 길게 써야 한다면 루프 카운터 역할이 아니라 변수의 실제 용도를 반영하는 더 서술적인 이름을 고르는 편이 좋다.

bool apple_count가 좋은 이름인지는 판단하기 어렵지만, 불에는 수를 저장할 수 없으니 그렇지 않아 보인다. 어떤 사과 개수가 유효한지를 저장할 텐데 그렇다면 is_apple_count_valid라는 이름이 타당하다.

---

2 아래 함수명은 언제 사용하면 적절할까? 반환 타입이나 매개변수는 무엇일까? 어떤 반환 타입일 때 함수명 이 부적절할까?

a `doIt(...)`

b `value(...)`

c sponge(...)

d isApple(...)

각 이름이 뜻하는 바는 쓰인 위치에 따라 달라진다. 맥락이 이름의 의미를 좌우한다. 여기서 맥락은 함수를 둘러싼 범위에 의해 결정된다. 또는 함수 인자나 반환 변수로 맥락 정보를 얻을 수 있다.

---

3 명명 체계는 코드를 읽거나 쓰기 쉽도록 지원해야 할까? 어떻게 하면 둘 다 쉬워질까?

a 어떤 코드 하나를 몇 번 작성하는가? (생각해 보라) 몇 번 읽는가? 답을 통해 상대적 중요도가 드러나야 한다.

b 명명 규칙끼리 충돌하면 어떻게 하는가? 카멜 표기법을 쓰는 C++ 코드에 착수했는데 표준 템플릿 라이브러리(STL, Standard Template Library)(밑줄_사용하기)를 다뤄야 한다고 가정하자. 이러한 상황에 대처할 최선의 방법은 무엇인가?

이 같은 명명 규칙 충돌을 역으로 이용하는 C++ 코드 기반을 다룬 적이 있다. 내부 로직은 카멜 표기법(camelCase)를 쓰고, 표준 라이브러리를 확장한 라이브러리와 컴포넌트는 STL 명명_규칙을 따랐다. 프로젝트의 각 부분을 구분되게 잘 표시하며 실제로 상당히 잘 동작했다.

안타깝게도 늘 이렇게 정확히 동작하지는 못한다. 운(rhyme)이나 이유 없이 스타일을 바꾸는 일관되지 못한 코드가 수두룩하다.

---

4 루프 카운터에 의미 있는 이름을 부여하려면 루프는 얼마나 길어야 할까?

정답이 없는 질문이다. 그래도 100행짜리 루프에 카운터 i를 쓰는 것이 모범 사례가 아님은 분명하다.* 새 코드를 루프에 삽입할 때는 항상 카운터 이름을 바꿔야 하는지 확인하자.

---

5 C에서 assert가 매크로라면 왜 이름이 소문자일까? 매크로는 왜 눈에 띄게 명명해야 할까?

처음부터 그냥 그렇게 정해졌다. 이상적으로는 대문자가 맞지만 현재의 표준으로는 썩 훌륭하지 못한 이 매크로명에 만족해야 한다. 어휴.

불은 유용한 동시에 매우 위험하다. 매크로도 그렇다. 매크로와 #define한 상수 정의는 아주 위험하기 때문에 대문자(UPPERCASE) 이름 규칙을 채택해 원래 이름과의 심각한 충돌을 막아야 한다. 정신 나간 사람이 크고 뾰족한 막대기를 들고 춤을 추는 데 당연히 안전 고글을 써야 하지 않겠는가.

매크로 때문에 골머리를 앓을 수 있으니 최대한 두통이 생기지 않을 이름을 골라야 한다. 애초에 전처리기 사용을 피하는 것이 더욱 중요하다.

계산이 길면 중간 결과를 임시 변수에 저장해 가독성을 높일 수 있다. 이러한 임시 변수에 의미 있는 명명 휴리스틱을 사용하자.

잘못된 임시 변수명은 tmp, tmp1, tmp2 등이나 a, b, c 등이다. 불행히도 중간 이름으로서 너무나 자주 쓰인다.

다른 이름과 마찬가지로 임시 변수명도 유의미해야 한다(삼각 함수 계산의 circle_radius나 수목 분석 루틴의 apple_count처럼). 복잡한 계산에서는 좋은 이름이 내부 로직을 설명하고 어떤 일을 하는지 보이는

---

* 100행짜리 루프만으로도 일반적으로 모범 사례는 아니다.

데 매우 유용하다.

이름을 부여할 이유가 전혀 없는 값, 정확히 명명하기 어려운 임의의 중간값이 생기면 왜 그렇게들 tmp를 쓰는지 비로소 이해가 간다. 가능하면 무작정 tmp라 명명하지 말자. 더 이해하기 쉽게 계산을 나눠 보자.

---

6 사용 중인 언어의 표준 라이브러리 명명 규칙을 따를 경우 장단점은 무엇인가?

표준 라이브러리는 주로 언어 모범 사례를 포함하므로 라이브러리 규칙을 따르는 것이 유용할 수 있다. 다른 프로그래머도 그 명명 스타일에 익숙하기 때문에 읽다가 난처할 일이 적고 코드를 다루기 편하다.

한편 라이브러리가 항상 모범 사례만 제시하는 것은 아니니 일단 생각부터 하자! 잘못 명명된 C의 assert 매크로가 단적인 예다.

---

7 이름을 못 쓰게 될 수도 있나? 지역 변수명을 여러 함수에서 반복해도 괜찮은가? 전역 이름을 오버라이드하는(그리고 가리는) 지역 이름을 사용해도 괜찮은가? 이유는 무엇인가?

여러 맥락에서 지역 변수명을 반복해도 문제가 전혀 되지 않는다. 오히려 좋은 사례일 때도 있다. 무엇 하러 루프 인덱스 카운터에 늘 다른 이름을 사용하는가? 코드를 읽기 어렵게 만들 뿐인데.

전역 변수명을 지역 변수명으로 가리지 말자. 정말 헷갈린다. 고장 나기 쉬운 코드임을 보여준다.

---

8 헝가리안 표기법의 메커니즘을 설명하라. 이 명명 규칙의 장단점은 무엇인가? 현대 코드 디자인에 여전히 쓰이고 있는가?

헝가리안 표기법은 변수명과 함수명 앞에 타입을 나타내는 난해한 접두사를 붙이는 명명 규칙이다. C 코드에서 매우 흔하다. 미묘한 변형들이 몇 가지 있으나 가장 대표적인 헝가리안 접두사를 표1에 제시했다.

▼ 표 1 대표적인 헝가리안 표기법 접두사

접두사	의미
p	...로의 포인터(lp는 구식 아키텍처 이슈인 long 포인터를 뜻한다, 몰라도 묻지 말자)
r	...로의 참조
k	상수
rg	...의 배열
b	불(bool 또는 C typedef)
c	char
si	short int
i	int
li	long int
d	double
ld	long double
sz	널로 끝나는 문자열(주의: p가 아니다)
S	struct
C	class(사용자 정의 클래스의 축약어도 정의할 수 있다)

헝가리안 표기법은 C에서도 상당히 다루기 힘들었는데(게다가 언어가 강 타입(strongly type)으로 바뀌면서 쓸모가 없어졌다) C++에서는 새로 만드는 수많은 타입 정의로 전혀 확장되지 못하다 보니 급속도로 외면받고 있다.

유지 보수 프로그래머를 괴롭힐 작정이라면 헝가리안 표기법을 사용하고 몇 달 후 모든 변수의 타입을 바꾸면서 변수명을 일일이 수정하지 말자. 이것이 명명 체계의 진정한 약점이다.

> **핵심개념 ✱** 헝가리안 표기법은 필사적으로 피하자.

헝가리안의 특징을 살짝만 반영한 명명 규칙도 있다. 앞서 3장에서 거론했던 foo_ptr과 m_foo 같은 방법처럼 말이다. 비슷한 취지로 전역 변수는 theFoo로, 멤버 변수는 myFoo로 명명하는 등의 매력적인 규칙도 있다. 언뜻 어떤 헝가리안 표기법은 원론적으로 훌륭한 아이디어인 것처럼 비춰질 수 있으나 논리적으로 철저히 따져보면 독재적인 규칙이다. 경계심을 늦추지 말자.

---

9 어떤 프로퍼티의 값을 읽고 쓰는 게터(getter)와 세터(setter) 역할을 하는 멤버 함수가 포함된 클래스가 많다. 이러한 함수의 일반적인 명명 규칙에는 어떤 것들이 있고, 무엇이 최선인가?

일부에서는 get과 set 메서드의 존재가 빈약한 디자인의 반증이라고 주장하지만 그럼에도 이렇게 작성된 클래스가 여전히 많다. 실제로 이러한 연산이 내장된 언어도 있다.

몇 가지 명명 규칙 중에 고를 수 있다. 카멜 표기법을 적용해 C++로 작성 중이고 Foo 타입의 foo라는 프로퍼티가 있으면 아래 중 하나를 고를 수 있다.

```
Foo &getFoo();
void setFoo(const Foo &) const;
```

혹은

```
Foo &foo();
void setFoo(const Foo &) const;
```

혹은 아마도

```
Foo &foo();
void foo(const Foo &) const;
```

코딩 표준에 따라 선택하거나 혹은 미적 감각을 따를 수도 있다. 함수명은 항상 동사를 포함해야 한다는 규칙을 위반하고 코드에서 가장 자연스럽게 읽히는 두 번째 방법을 택하는 경우가 여기에 해당한다. 직접 해보고 확인하자.

"게터"를 처음 실행할 때 긴 계산을 수행해야 한다면(향후 호출을 위해 그 값을 캐싱할 수 있더라도) 주의해야 한다. 더 이상 단순한 추출 함수가 아니며 기존 명명 체계로는 이러한 특징을 드러내지 못한다. Tree::numApples는 게터 이름으로 나쁘지 않지만 이미지 인식 시스템이 모든 사과를 감지하는 동안 연산이 1분을 블록한다면 좋은 이름이 아니다. 이때는 이름에서 동작이 드러나야 한다. Tree::countApples() 처럼 이름 안에 동사를 넣으면 더 넓은 기능을 암시한다.

스스로 살피기

1 얼마나 잘 명명하는가? 이미 휴리스틱을 얼마나 많이 따르고 있는가? 명명과 규칙을 일부러 떠올리는가 아니면 자연스럽게 되는가? 어떤 부분을 향상시킬 수 있을까?

91쪽 "하나씩 살펴보기" 절로 다시 돌아가자. 마지막으로 작성했던 코드와 비교하자. 얼마나 부합하는가? 불가피하게 기존 코딩 관례를 따르는 명명은 얼마나 되고(98쪽에서 시킨 대로), 직접 만든 규칙은 얼마나 되는가?

---

2 사용 중인 코딩 표준에서 명명을 조금이라도 다루는가?

a 앞서 살펴본 경우를 전부 다루는가? 충분한가? 유용한가 아니면 피상적인가?

b 세부적인 명명 요구사항이 코딩 표준에 얼마나 적합한가?

코딩 표준의 명명 지침이 포괄적이면 때로는 이름을 개발하기 더 힘들다. 충족시켜야 할 규칙이 너무 많아서 전부 기억하고 수용하기 어렵다. 3장에서 제시한 가이드라인보다 규범적인 규칙이라면 주의 깊게 살피자.

훌륭한 코드 장인은 늘 명명에 능숙하고 "도움받을" 코딩 표준도 필요 없다. 표준 수립자는 경험이 모자란 프로그래머가 올바르게 명명하는 데 표준이 도움이 된다고 종종 주장한다. 하지만 이러한 표준은 대개 그렇게 유용하지 않다. 미숙한 프로그래머는 단순히 잘못된 명명을 넘어 더 많은 프로그래밍 범죄를 저지른다. 결과물이 올바른지 보장하려면 코드 리뷰가 필수다.

---

3 근래에 마주쳤던 가장 형편없는 이름은 무엇인가? 이름을 어떻게 오해했나? 향후 혼란을 막기 위해 어떻게 바꿀 수 있었을까?

다른 이의 코드를 공식 리뷰하다 찾았는가 아니면 오랫동안 잊혀졌던 기존 코드를 유지 보수하다 찾았는가?* 가장 좋은 방법은 작성하고 바로 잘못된 이름을 찾아 고치는 것이다(어떻게 불러야 맞는지 아직 알 때). 그리고 수고도 가장 덜 하는 방법이다. 몇 달 후에 하려고 하면 굉장히 골치 아플 수 있다.

---

4 플랫폼 간 코드를 포팅해야 하는가? 포팅 시 파일명과 다른 이름들, 그리고 전체 코드 구조에 어떤 영향을 미치는가?

예전 파일 시스템은 파일명에 쓸 수 있는 문자 수를 제한했다. 그래서 파일 명명이 훨씬 엉망이었다(그리고 더 복잡했다). 코드를 이러한 구식 시스템에 넣어야 하는 것이 아니라면 이러한 종류의 제한은 무시해도 무방하다.

파일 기반 다형성(file-based polymorphism)이란 파일명을 정교하게 활용해 빌드 타임에 대체 가능하게 하는 방법이다. 이식 가능한 코드에서 플랫폼에 맞는 특정 구현을 선택할 때 주로 쓰인다. 한 #include가 빌드 플랫폼에 따라 서로 다른 파일을 가져오게 함으로써 헤더 파일 검색 경로를 설정할 수 있다.

---

* 자기 코드라면 문제 됐을 리가 없다!

4장: 무엇을 작성해야 하나?

궁리하기

1 연관된 코드를 모아 놓으면 관계가 명확해진다. 어떤 방법으로 모을 수 있을까? 어떤 방법이 관계를 가장 견고하게 설명할까?

확실한 그룹 분류 방법은 다음과 같은 공통 이름 접두사와 접미사다. 파일 시스템 위치, 항목들을 같은 클래스 또는 구조 아래 두기, C++/C# 네임스페이스, 자바 패키지, 소스 파일, 코드 라이브러리. 더 있을까?

언어에서 강제하는 관계가 가장 강력하다. 읽기 쉽고 자동으로 검사까지 된다. 그러나 코드를 가까이 배치하는 것에는 생각보다 더 깊은 연관이 있다. 순서 역시 많은 점을 시사하는데, 첫 번째 항목을 뒤이은 항목보다 더 중요하게 여기게 된다. 이러한 요소를 활용해 코드를 설명하자.

---

2 코드에 매직 넘버를 쓰지 말아야 한다. 0은 매직 넘버일까? 0을 대신하는 상숫값을 무엇이라 불러야 할까?

숫자 0에는 여러 다양한 맥락에 쓰일 수 있는 마법의 힘이 있는데, 가령 C 코드에서는 널(null) 포인터 값과 루프 초깃값으로 쓰인다. 0을 과연 무엇으로 대체할 수 있을까?

- ZERO라는 단일 공유 상수는 정말 마술처럼 0이라고 쓰는 것과 똑같다. ZERO라는 이름으로는 실제 0의 의미를 암시하지 못한다. 널 포인터 값인가 루프 초기화 값인가? 이 방법은 취지에 맞지 않다.
- 상수 0마다 이름을 다르게 사용하면 for (int i = SOME_ZERO_START_VALUE; i < SOME_END_VALUE; ++i)와 비슷한 변형을 무수히 만들어야 하니 몹시 장황할 수 있다. 어차피 이들 중 새롭고 의미 있는 정보를 전달할 상수명은 없다.

상수 0에 부여할 이름을 신중히 생각해야 한다. 분명 NO_BANANAS 같은 이름을 지어 바나나를 하나도 세지 않았다는 의미를 전할 것이다. 하지만 접두사 NO_는 (NUM_ 같은) 숫자 축약어와 헷갈릴 수 있다.

---

3 자체 문서화 코드는 맥락을 적절히 사용해 정보를 전달한다. 어떻게 하는지 보이고 특정한 이름이 여러 함수에서 어떻게 서로 달리 해석되는지 예제로 보여라.

맥락을 적절히 문서화에 활용하는 방법은 아주 많다. Cat 클래스를 생각해 보자. 고양이가 이미 클래스 맥락에 내포되어 있으니 내부 멤버 함수를 setCatName, setCatColor 등으로 부르지 않아도 된다.

많은 영어 단어가 중의적 의미를 갖는다. 검색 함수의 count 변수는 뱀파이어 데이터베이스 스키마의 count 변수와 분명 다른 정보를 포함할 것이다. 더 실질적으로 살펴보면 앞서 Cat 클래스의 name 변수에는 당연히 고양이 이름이 담기고, Employee 클래스의 name 변수에는 성과 이름, 칭호를 포함하는 사람 이름이 담길 가능성이 크다. 변수명은 같아도 내용이 다르다. 맥락 정보를 최대한 활용하되 작성하는 맥락을 아주 분명히 이해하자.

---

4 초심자가 어떤 자체 문서화 코드를 가져가 완벽히 이해하길 바라는 것이 과연 현실적인가?

그렇다, 그것이 목표이고 정말 현실적이다. 그러나 여전히 읽는 이에게는 전체 시스템을 비롯해 하는 일과 구성 방식을 알려주는 개요와 디자인 문서가 필요하다. 코드 주석에서 설명한다면 엉뚱한 곳에서 하는 것이다(아니면 아주 작은 시스템이거나).

훌륭한 코드 문서화를 바탕으로 초심자는 특정 코드 영역에서 하는 일을 아주 명확히 이해해야 한다. 포괄적인 API 문서는 초심자가 마주칠 함수 호출의 의미를 전부 설명한다.

5 정말로 자체 문서화된 코드라면 다른 문서화를 얼마나 더 해야 할까?

프로젝트의 규모와 범위에 달렸다. 기능 명세와 디자인 문서가 필요하다. 구현 개요 역시 필요할 수 있고 철저한 테스트 명세도 분명 필요할 것이다.

코드 조각의 디자인을 설명하는 데 있어 훌륭한 문학적 주석이란 어떤 문서화도 필요 없다는 뜻이다.

6 원래의 저자보다 더 많은 사람이 코드를 이해해야 하는 까닭은 무엇일까?

이것이 소프트웨어 공장의 현실이다. 비양심적인 프로그래머는 자신만 이해하는 코드를 만들어 안정적인 고용을 보장받는다. 아리송한 십자말풀이보다 더 형편없는 코드 작성이 평생직장을 보장한다(적어도 회사가 문 닫을 때까지, 어느 쪽이 됐건). 단점이라면 부정하게 조작해낸 일 더미에서 헤어나오지 못하고 일상을 보낸다는 점이다.

저자 외에 누구도 이해하지 못하는 코드는 현실적으로 매우 위태롭다. 저자가 회사를 떠나거나 다른 부서로 옮기거나 승진하거나 더는 유지 보수할 시간이 없는 경우 누군가 인계받을 수 있어야 한다. 그 상황에 이르지 못하면 언젠가 코드 동작 방식을 잊어버리고 나서야 지난주 화요일에 고쳐야 했던 치명적 결함이 모습을 드러낸다.

코드 리뷰는 이해하기 쉽고 적절히 문서화된 코드가 되게끔 도와준다.

7 아래의 간단한 C 버블 정렬 함수는 더 개선할 수 있다. 정확히 무엇이 잘못됐는가? 향상된 자체 문서화 버전을 작성하라.

```c
void bsrt(int a[], int n)
{
    for (int i = 0; i < n-1; i++)
        for (int j = n-1; j > i; j--)
            if (a[j-1] > a[j])
            {
                int tmp = a[j-1];
                a[j-1] = a[j];
                a[j]   = tmp;
            }
}
```

일차적인 문제는 절대 버블 정렬 알고리즘을 사용해서는 안 된다는 것이다. 더 뛰어난 정렬이 많다. 훨씬 더 효율적인 제네릭 언어 라이브러리 함수도 많다. 가령 C에서는 qsort를 호출할 수 있다. 여기서는 간단한 코드 예제로서 버블 정렬을 사용했을 뿐이다.

함수 인터페이스가 전혀 명확하지 않다. 함수명은 너무 아리송하고 인자명에도 아무 의미가 없다. API 문서화 주석이 제공되면 좋겠지만 아래 수정본에서는 생략하겠다.

내부 코드는 엉망진창이다. 배열 값을 뒤바꾸는 코드를 swap 함수로 분리하면 훨씬 명확할 것이다. 그러면 읽는 이가 무슨 일이 일어나는지 알기 쉽다. 조금만 다듬으면 다음과 같다.

```
void swap(int *first, int *second)
{
    int temp = *first;
    *first = *second;
    *second = temp;
}

void bubblesort(int items[], int size) {
    for (int pos1 = 0; pos1 < size-1; pos1++)
        for (int pos2 = size-1; pos2 > pos1; pos2--)
            if (items[pos2-1] > items[pos2])
                swap(&items[pos2-1], &items[pos2]);
}
```

더 바꾸고 싶을 수도 있으나 이 정도면 쓸만한 C 프로그램이다. 따르는 관례에 따라 루프 주변에 괄호를 넣고 싶을 수 있다. 효율성 측면에서 swap을 매크로로 만들 수도 있다. 그래도 기발한 최적화는 아니다. 다시 말하지만 더 효율적인 정렬 알고리즘을 골라야 한다.

C++라면 swap을 인라인으로 만들어 인자를 참조로 받는 방식을 고려했을 것이다(인자가 바뀐다는 사실을 설명하며). 최선의 선택지는 언어 라이브러리에서 제공하는 std::swap 기능이다.

8 코드 문서화 도구를 사용할 경우 흥미로운 이슈가 등장한다. 아래에 대해 어떻게 생각하는가?

   a 설명서를 리뷰할 때 소스 파일 내 주석을 살펴보는 코드 리뷰를 수행해야 하는가, 아니면 생성된 문서를 살펴보는 명세 리뷰를 수행해야 하는가?

   b 프로토콜을 비롯해 그 밖의 API 외적인 이슈에 관한 설명서는 어디에 두는가?

   c 비공개/내부 함수를 설명하는가? C/C++에서는 이와 같은 설명서를 헤더 파일과 구현 파일 중 어디에 두는가?

   d 시스템이 아주 클 경우 커다란 API 문서 하나를 만들어야 할까 아니면 그보다 작게 영역별로 하나씩 문서 몇 개로 나눠 만들어야 할까? 각 방식의 장점은 무엇인가?

위 질문에 대한 저자의 생각은 다음과 같다.

   a 생성된 명세를 리뷰하고 소스 파일의 주석 배치에 너무 신경 쓰지 말자. 지금은 코드가 아니라 내용을 리뷰하는 중이다.

   b 문서화가 꼭 헤더 파일이나 구현 파일에 들어가야 한다는 생각을 버리자. 문서화 도구가 물론 유용하지만 별도의 "전통적인" 문서를 두는 것도 나쁘지 않다. 그곳에 자신만의 프로토콜을 작성하자.

   c 문서화가 필요한 내부 함수는 설명하자. 프라이빗 요소를 모두 상세히 문서로 작성하라는 뜻은 아니다. 문서가 상당히 크면 공개 인터페이스를 간결하게 유지하기 위해 구현 파일로 분리시키자.

   d 둘 다 만들어야 한다! 도구를 여러 방식으로 호출해 거대 문서 하나와 각 하위 시스템을 위한 문서를 생성하자.

9 글로 설명되지 않은 코드 기반을 다루는 중에 새 메서드나 함수를 변경 또는 추가해야 한다면 추가할 요소에 글로 된 문서화 주석을 다는 편이 좋을까 아니면 설명하지 않은 채로 두어야 할까?

장인에게는 설명하려는 욕구가 있고 무의식적으로 주석 블록을 작성해야 한다고 느낀다. 그러니 코드에 명세 문서가 별도로 존재하면 다른 것까지 전부 문서화와 함께 그 안에 포함시켜야 한다. 혹은 문학적 주석을 추가하는 것부터 시작해도 괜찮다. 단 최초 프로그래머가 불쾌하지 않을 선에서!

---

10 자체 문서화된 어셈블리 코드를 작성할 수 있을까?

노력은 해볼 수 있지만 쉽지 않다. 어셈블리 코드는 특히나 표현력이 떨어져서 의도에 따라 프로그래밍하는 것이 아니라 이렇게 해, 이 멍청한 마이크로프로세서야 수준에서 해야 한다. 코드 대부분이 주석 블록(게다가 아마도 어셈블리를 위한 모범 사례들)일 것이다. 서브루틴 레이블을 제외하고는 자체 문서화할 것이 달리 없다.

스스로 살피기

1 과거에 마주쳤던 코드 중 가장 잘 문서화된 코드는 무엇이라고 생각하는가? 이유는 무엇인가?

  a 그 코드에 외부 명세가 많았는가? 그중 얼마나 읽었는가? 명세를 하나도 읽지 않은 채 코드에 대해 충분히 이해했다고 어떻게 확신할 수 있는가?

  b 그중 얼마나가 저자의 프로그래밍 스타일에서 기인했다고 생각하는가? 그중 얼마나가 저자가 맞춰 따르던 하우스 스타일이나 가이드라인 때문인가?

문서화가 잘 된 코드라면 별도의 설명 문서가 없어도 된다. 내부적으로 타당한 명명과 적절한 모듈화, 단순한 기술, 명확한 배치, 문서화한 가정, 양질의 주석을 사용한다. 하우스 스타일도 도움이 되지만 빈틈없고 세심한 프로그래밍을 대신할 수 없다. 어리석은 프로그래머는 가장 엄격한 가이드라인을 따라 계속해서 조잡한 코드를 만든다.

---

2 둘 이상의 언어로 작성할 경우 문서화 전략이 서로 어떻게 다른가?

언어에 따라 정도의 차는 있어도 대부분 표현적이고, 그래서 언어 문법에 따라 문서화할 수 있는 것과 없는 것이 서로 다르다. 이것이 작성할 주석량에 가장 크게 영향을 미친다.

아마 가장 익숙한 프로그래밍 언어로 가장 훌륭한 자체 문서화 코드를 작성할 것이다.

---

3 가장 최근에 작성한 코드에서 중요한 요소를 어떻게 강조했나? 비공개 정보는 적절히 숨겼는가?

본능적으로 "당연히 잘했지"라고 오만하게 말하기 쉬우니 유심히 생각해 보자. 웬 멍청이가 쓴 코드라고 생각하고 살펴보자. 비판적으로.

---

4 팀으로 일할 때 다른 팀원이 동작 방식을 물으러 얼마나 자주 오는가? 코드를 더 훌륭하게 문서화하면 이를 피할 수 있었을까?

두 갈래 전략으로 대처하면 좋다.

    a 코드에서 불명확한 부분을 물어 오면 궁금해 하는 프로그래머에게 잘 설명하고(그리고 진짜 알아야 할 내용을 알리고) 그 정보를 적절히 문서화하자. 이 문서화를 다시 이메일로 보내 정보가 제대로 전달됐는지 확인할 수 있다.

    b 이미 문서화에 설명된 내용을 물어 오면 알려주고 RTFM*이라 외치며 상대방 심기를 건드리자.

5장: 부수적 주석

궁리하기

1 아래 코드 유형별로 주석의 요구(need)와 내용(content)이 어떻게 다를까?

    a 저수준 어셈블리 언어(기계 코드)

    b 셸 스크립트

    c 단일 파일 테스트 도구

    d 대규모 C/C++ 프로젝트

어셈블리 언어는 표현력이 떨어지기 때문에 자체 문서화 코드를 작성할 여지가 별로 없다. 따라서 어셈블리 코드에는 주석이 더 많기를, 다른 언어의 주석보다 훨씬 저수준이기를 기대한다. 다시 말해 어셈블리 언어의 주석은 일반적으로 이유 외에 방법도 설명해야 한다.

나머지 셋은 이렇다 할 차이가 없다. 셸 스크립트는 다시 읽기 꽤 어려울 수 있는데 이 점에 있어서는 최초의 펄과 같다. 세심하게 주석을 다는 것이 좋다. 대규모 C/C++ 코드 기반에서는 보통 문학적 프로그래밍 기법을 사용한다.

---

2 소스 코드 줄 중 주석의 비율을 계산하는 도구가 있다. 얼마나 유용할까? 이 수치가 주석 품질을 가늠하는 데 있어 얼마나 정확할까?

이 수치는 코드에 대한 이해도를 높여주지만 지나치게 신경 쓰면 안 된다. 주석 비율은 코드 품질을 정확하게 반영하지 못한다. 문서화가 잘 된 코드라면 주석이 전혀 없을 수 있다. 작은 파일이 방대한 리비전 히스토리나 대기업 저작권 공고로 가득 차 수치를 좌우할 수 있다.

---

3 이해할 수 없는 코드를 마주치면 다음 중 어떤 방법을 고려하는 편이 더 좋을까? 주석을 추가해 무슨 일이 일어나고 있는지 설명하는 방법 혹은 변수/함수/타입을 보다 서술적인 이름으로 다시 명명하는 방법? 어떤 방식이 더 쉬울까? 어떤 방식이 더 안전할까?

상황에 맞게 둘 다 해야 한다. 최선의 방법은 분명 다시 명명하는 것인데 함수가 하는 일을 정확히 모르면 위험하다. 또 다른 형편없는 이름만 지어줄 수도 있다. 변경하는 요소의 특징을 잘 알고 다시 명명해야 한다.

변경으로 인해 동작이 바뀌지 않았는지 코드의 단위 테스트로 확인하자.

---

*   매뉴얼 좀 읽어봐(Read The (음...) Manual의 약자)

4 코드 주석 블록으로 C/C++ API를 설명하는 경우 함수를 선언한 공개 헤더 파일과 구현이 포함된 소스 파일 중 어디에 넣어야 할까? 각각의 장단점은 무엇일까?

예전 직장에서 이 질문을 놓고 큰 논쟁이 있었다. 한쪽에서는 .c 파일에서 설명해야 한다고 주장했다. 함수와 가까이 두면 부정확한 주석을 작성할 가능성이 작고 문서화에 부합하지 않는 코드를 작성할 가능성도 적다. 또한, 코드를 변경할 때 주석도 같이 변경할 가능성이 크다.

반면 헤더 파일에 넣으면 공개 인터페이스와 함께 설명을 볼 수 있으니 논리적으로 타당한 위치다. 공개 API 문서를 읽으려고 굳이 구현까지 들여다봐야 하는가?

문학적 프로그래밍 문서화 도구로 어느 쪽 주석이든 가져올 수 있겠지만 때로는 도구를 쓰는 것보다 그냥 소스에서 주석을 읽는 편이 더 빠르다. 문학적 코드 기법이 주는 뜻밖의 장점이다. 나는 헤더 파일에 주석을 두는 편이다.

물론 자바와 C#은 어차피 소스 파일이 하나뿐이라 관례상 Javadoc이나 C# XML 주석 서식을 쓰게 된다.

스스로 살피기

1 최근에 작업했던 소스 파일을 주의 깊게 살펴보자. 주석을 어떻게 달았는지 검토하자. 솔직히 조금이라도 훌륭한가? (분명 코드를 읽으며 몇 개를 바꿨을 것이다!)

직접 작성한 코드를 읽고 리뷰할 때는 주석이 정확할 것이라 혹은 적어도 충분할 것이라 간주하고는 그냥 건너뛰기 쉽다. 시간을 들여 살펴보고 얼마나 잘 썼는지 평가해 보는 것이 좋다. 신임을 받는 동료에게 주석 스타일에 대한 (건설적인) 의견을 구할 수도 있다.

2 자신만 알아볼 수 있을 정도로 두서없이 끄적인 주석이 아니라 정말 가치 있는 주석이라고 어떻게 확신하는 가?

다음과 같은 몇 가지 사항을 고려하자. 완전한 문장으로 작성하고, 축약을 피하고, 깔끔한 서식과 공통 언어로(네이티브 언어만이 아니라 문제 영역에서 쓰이는 단어 모음으로) 주석을 유지하자.

코드 리뷰 중에 주석 전략의 결점이 분명하게 드러난다.

3 함께 작업하는 개발자가 모두 같은 표준을 따르고 거의 비슷하게 주석을 다는가?

  a 주석을 가장 잘 작성하는 사람은 누구인가? 왜 그렇게 생각하는가? 누가 최악이었나? 개인의 평균적인 코딩 품질과 주석 간 얼마나 상관관계가 있는가?

  b 코딩 표준이 주어지면 팀에서 작성하는 주석의 품질이 높아질 거라 생각하는가?

코드 리뷰를 통해 동료의 주석 품질을 점검하고 팀이 일관된 주석 품질을 달성하게 하자.

4 히스토리 로깅 정보를 각 소스 파일에 넣는가? 만약 그렇다면 아래에 답하라.

  a 혹시 로깅 정보를 수동으로 관리하는가? 버전 관리 시스템이 자동으로 넣어줄 텐데 왜 그렇게 하는가? 히스토리가 더 정확하게 관리되는가?

b 정말로 적절한 관례인가? 로깅 정보가 얼마나 자주 필요한가? 별개의 메커니즘이 아닌 소스 파일에 두
  는 방법이 왜 더 나은가?

세상에 가장 원대한 목적을 지녔더라도 인간은 천성적으로 히스토리를 정밀하게 관리하지 못한다. 히스토
리 관리에는 여러 수작업이 필요한데, 시간이 촉박하면 그냥 건너뛰어 버린다. 히스토리를 제대로 유지하고
올바른 위치(물론 절대 소스 파일은 아니다)에 올바른 정보를 기록하려면 도구를 써야 한다.

---

5 다른 사람의 코드에 주석을 작성할 때 이니셜이나 어떤 표식을 남기는가? 주석에 날짜를 적은 적이 있는가?
  언제 그리고 왜 그렇게 했으며 유용한 관례인가? 누군가의 이니셜과 타임스탬프가 남아 있어 유용했던 적이
  있는가?

어떤 주석에서는 이러한 관례가 도움이 된다. 반면 어떤 주석에서는 정말 관심 있는 내용으로 가기 위해 읽
고 지나쳐야 하는 주석 쓰레기일 뿐이라 그저 불편할 따름이다.

가장 유용한 주석은 작업이 진행 중임을 표시하기 위해 임시로 쓰이는 FIXME나 TODO 주석이다. 코드가 완
성되면 읽는 이가 저자나 특정 변경 날짜를 몰라도 되니 출시된 제품 코드에서는 제거되어야 한다.

6장: 사람은 실수하기 마련이다

궁리하기

1 반환값과 예외는 동등한 오류 보고 메커니즘일까? 입증하라.

반환값은 전역 상태 변수(status variable)나 다름없다. 두 메커니즘 모두 동일한 원인 코드 정보를 되돌려
보내기 때문이다(물론 상태 변수를 무시하기 더 쉽지만). 두 방식으로 유사하게 동작하는 코드를 작성할 수
있다.[*]

예외는 완전히 다른 부류다. 단순한 반환 코드와 전혀 다른 새로운 제어 흐름을 포함한다. 예외는 언어 그리
고 프로그램 런타임과 긴밀하게 얽혀 있다. 오류 전파 코드를 직접 만들어 예외를 모방할 수 있으나 아래 사
항을 면밀하게 고려해야 한다.

- 오류를 정수 원인 코드 대신 임의의 객체로서 표현하는 방법
- 예외 클래스 계층 구조 지원과 기반 클래스로 예외를 잡는 기능 제공
- 어떤 함수에서든, 심지어 try나 catch, throw 문이 없는 함수에서도 예외 전파

예외를 동등하게 구현할 수 없는 이유를 마지막 항목에서 여실히 보여준다. 언어 단에서 구현한 예외는 절
대 코드에 방해가 되지 않는다. 직접 만든 복제품은 매순간 실패 가능성에 대비해야 한다. 모든 함수에서 오
류 코드를 반환해야 하며, 실패할 리가 없고 그저 다른 오류 정보만 전달할 뿐인 함수도 마찬가지다. 이렇게
하려면 코드를 상당히 손봐야 한다.

---

[*] 그래도 똑같지는 않다. C++에서는 프록시 값 타입을 반환할 수 있는데, 이때 타입의 소멸자 동작까지 전달된다. 이는 반환 코드 메커
    니즘에 특별한 마법을 불어 넣는다.

2 튜플(tuple) 타입을 다르게 구현할 방법은 없을까? 프로그래밍 언어를 한 가지로 제한하지 말자. 반환값으로 튜플을 사용할 때 장단점은 각각 무엇인가?

C에서는 반환 타입마다 struct를 생성해 오류 원인 코드와 연결 지을 수 있다. 다음과 같은 형태일 것이다.

```
/* 반환 타입 선언 */
struct return_float
{
    int reason_code;
    float value;
};
```

```
/* 위 타입을 사용하는 함수 ... */
return_float myFunction() { ... }
```

지저분하고 작성하기 귀찮고 사용하기 번거롭고 읽기 어렵다. C++ 템플릿이나 자바/C# 제네릭을 활용해 위와 같은 스캐폴딩을 자동으로 만들거나 C++의 std::pair 클래스를 사용할 수 있다. 둘 다 C++ 프로덕션 코드에서 종종 보인다. 별도의 선언과 장치가 있어야 이러한 타입을 반환할 수 있으니 두 방식 모두 사용하기 번거롭다. 펄(Perl) 같은 언어에서는 임의의 타입(arbitrary type) 목록을 지원하는데 이 방식이 훨씬 더 쉬운 구현 메커니즘이다. 함수형 언어에서도 비슷한 기능을 제공한다.

위 기법의 단점을 방금 살펴봤다. 코드에 상당히 방해되고 읽는 이도 매우 불편하다. 또한, 관용적인 코딩 사례도 아니다. 인자를 둘 이상 반환하면 성능 저하가 생길 수 있는데 머신 코드 단에서 작업하지 않는 한 설득력 있는 주장은 아니다. 중요한 이점은 별개의 원인 코드가 반환값에 지장을 주지 않는다는 점이다.

3 언어마다 예외 구현이 어떻게 다른가?

주요 구현 네 가지, C++, 자바, 닷넷, Win32 구조적 예외(structured exception)를 고려하겠다. Win32 예외는 운영 플랫폼에, 나머지 예외는 각각의 언어에 결합되어 있다. 언어를 이와 같은 내부 플랫폼 기능 관점에서 구현할 수도 있고 별도로 구현할 수도 있다.

방식은 모두 유사하다. 먼저 예외를 throw한 후, try 블록으로 감싼 코드 뒤에 나오는 catch 문에서 처리한다. 전부 종료 모델(termination model) 동작을 따른다.

자바와 닷넷, Win32에도 finally 구조체가 있다. 이 구조체는 정상적으로 혹은 비정상적으로 try 블록 실행이 중지됐을 때 실행하는 코드를 포함한다. 항상 호출되어야 하는 정리(cleanup) 코드를 넣어 두면 좋다. C++에서 finally를 모방할 수 있으나 좋은 방법은 아니다.

(컴파일러가 제공하는 모든 언어 지원을 제외한) 있는 그대로의 Win32 예외는 스택을 해제할 때 정리하지 않는데, 운영 체제에는 소멸자 개념이 없기 때문이다. 코드 로직 오류보다는 시그널과 유사한 상황을 처리하기 위한 것이므로 주의해서 사용해야 한다.

자바 예외(Throwable에서 상속)와 C# 예외(Exception에서 상속)는 향후 디버깅에 매우 유용한 진단 역추적을 자동으로 제공한다. 닷넷의 CLI로는 무엇이든 던질 수 있으나 C#에는 해당 기능이 없다(그래도 예외를 잡는 기능은 있다). 그 밖에도 무엇이든 던질 수 있는 닷넷 언어가 더 있다.

4 시그널은 구식 유닉스 메커니즘이다. 예외 같은 현대적 기법이 있는데도 여전히 필요할까?

그렇다, 여전히 필요하다. 시그널은 ISO C 표준에 속하기 때문에 어차피 없애기 어렵다. 시그널은 유닉스 시스템 V 구현(이전)부터 시작됐다. 비동기식 메커니즘으로서 시스템 단 문제와 이벤트를 보고한다. 예외는 다른 문제를 해결하기 위한 것으로서 핸들러까지 전달되는 코드 로직 오류를 보고한다. 시그널 타입 이벤트에 대해 예외를 던지는 것은, 특히나 비동기식 처리를 제공하지 않는 종료 모델을 사용한다는 것은 이치에 맞지 않는다.

---

5 오류를 처리하는 최선의 코드는 무엇인가?

전혀 답할 수 없는 문제다. 상황마다 가장 잘 통하는 코드 전략이 서로 다르다. 중요한 것은 명확하고 읽기 쉽고 유지 보수 가능한 코드로 오류를 안정적으로 감지하고 처리하는 것이다.

---

6 오류 처리 코드에서 발생하는 오류는 어떻게 처리해야 할까?

오류 핸들러 안에서 감지된 오류도 여느 오류처럼 처리해야 한다. 하지만 이 오류는 빠른 속도로 퍼져나가 결국 오류 핸들러 안에 중첩된 오류 핸들러 안에 중첩된 오류 핸들러에서 끝이 난다. 최대한 조심하고, 코드를 더 깔끔하게 조직할 방법은 없는지 찾아보자.

더 나은 방법은 성공이 보장되는 연산만(혹은 예외 불가 보장(no-throw exception guarantee)을 이행하는 연산만) 오류 핸들러에서 수행하는 것이다. 그렇게 하면 훨씬 편해진다.

스스로 살피기

1 현재 코드 기반에서 얼마나 철저히 오류를 처리하는가? 오류 처리가 프로그램의 안정성에 어떤 기여를 하는가?

뛰어난 오류 처리는 안정적인 코드와 직접적인 상관관계가 있다. 느슨해도 괜찮은 프로그램이 아닌 이상 모든 오류 조건을 체계적으로 감지하고 처리해야 한다. 이것이 프로그램 철학에 깊숙이 내재되어 있지 않으면 안정적인 시스템을 얻지 못한다.

---

2 코드를 작성하며 자연스레 오류 처리까지 고려하는가 아니면 집중에 방해될까 봐 나중에 다시 작업하는 방식을 선호하는가?

프로그램 기능의 부정적 측면에 열중하고 싶은 사람은 없으니 당연히 오류 처리를 싫어할 수밖에 없다.* 하지만 다음과 같은 중요한 조언에 귀를 기울이자. 나중으로 미루지 말자. 미루면 일부 잠재적 오류를 반드시 놓치게 되고 언젠가 뜻밖의 프로그램 동작으로 나타난다. 지금 바로 오류에 대해 생각하는 습관을 들이자.

---

3 가장 최근에 작성하거나 임했던 (적당한 크기의) 함수로 돌아가 신중하게 코드 리뷰를 수행하자. 비정상적 실행과 잠재적 오류 상황을 전부 찾아보자. 이 중 얼마나 코드에서 실제로 처리했는가?

---

* 이러한 성향이 강하면 아주 훌륭한 소프트웨어 테스터가 될 가능성이 크다. 그래도 아직은 진로를 바꾸지 말자, 정말 철저한 프로그래머는 흔치 않으니. 가령 C의 printf에서 생기는 오류를 누가 얼마나 자주 검사하는가?

이제 다른 개발자에게 리뷰를 부탁하자. 부끄러워하지 말자! 그들이 더 찾아냈는가? 어떻게 찾았는가? 이 과정이 현재 작업 중인 코드에 주는 교훈은 무엇인가?

이 과정을 거치며 스스로가 실제로 얼마나 철저한 프로그래머인지 알게 된다. 세심하게 과제를 수행하고 꼭 누군가에게 부탁하자. 능숙한 프로그래머라도 어떤 오류 케이스는 놓친다. 버그로 나타날 가능성이 작으면 끝까지 눈치채지 못하고 잠재적으로 이상한 동작을 모른 체로 살기 쉽다.

예외를 사용하면 예외 처리 여부에 상관없이 호출 스택 밑바닥부터 따라 올라가야 하므로 오류 케이스를 무시하기 어렵다. 그래도 예외 안전이 아니거나(잘못된 상태 혹은 자원이 누수된 상태로 종료) 지나치게 열심히 예외를 잡으면(그 단계에서 실제로 처리할 수 없는 오류를 잡아 없앤다, 되도록 모든 예외를 잡는 catch(. . .)는 작성하지 말자) 여전히 잘못된 코드를 작성할 수 있다.

---

4 반환값이나 예외를 사용하면 오류 조건을 처리하고 떠올리기 쉬운가? 예외 안전(exception-safe) 코드를 작성하려면 무엇이 필요한지 확실히 알고 있는가?

어떤 방식에 익숙한가에 따라 어느 정도 좌우된다. 예외는 반환값을 보완하고 확장한다. 예외 사용자 역시 반환값을 이해할 수 있으나 그 반대는 그렇지 않을 수 있다. 반환값이 보다 명백하기 때문에 올바르게 사용하기가 더 쉽다.

예외를 사용할 때는 유의해야 할 이슈를 알고 있어야 한다. 예외 안전은 단지 오류가 발생하고 잡힌 부분이 아니라 코드의 모든 부분에 영향을 미친다. 예외 안전은 많은 연구가 필요한 방대하고 복잡한 주제다. 프로그래밍 방식에 미치는 심각한 영향을 과소평가하지 말자.

7장: 프로그래머의 도구상자

궁리하기

1 팀원 전부가 같은 IDE를 쓰는 것과 각각 자신에게 가장 걸맞은 것을 고르는 것 중 무엇이 더 중요할까? 개발자마다 도구를 다르게 쓴다는 것은 어떤 의미일까?

전문 프로그래머라면 책임감과 충분한 지식을 바탕으로 생산성을 가장 높여 줄 도구를 골라야 한다. 어떤 프로그래머도 서로 똑같지 않으니 당연히 선호하는 도구도 서로 다르다. 실질적인 고려사항에 기반해 선택했다면 팀 전반의 효율성이 올라갈 것이다. 하지만 의지가 강한 기술 전문가에게 억지로 특정 도구를 쓰게끔 강요하면 좋은 성과를 끌어내기 어렵다.

팀원 모두 정말 서로 다른 개발 환경을 사용 중이라면 올바르게 협력해야 한다. 동일한 코드를 개발해야 하고 소스 파일을 편집할 때마다 에디터가 다른 에디터의 배치 규칙과 충돌해서는 안 된다.

---

2 어느 프로그래머든 자유자재로 사용할 수 있어야 하는 최소 도구 집합은 무엇일까?

최소한 아래 도구가 있어야 해낼 수 있다.

- 기본적인 형태의 에디터

- 최소한의 언어 지원(언어에 따라 다르겠으나 컴파일러나 인터프리터, 혹은 둘 다)
- 실행할 컴퓨터

다만 최소 집합으로는 프로그래머의 생산성을 크게 향상시킬 수 없다. 많은 일을 해내려면 다른 도구들로 이뤄진 도구 상자가 필요하다.

- 버전 관리 시스템이 없으면 작업물이 전혀 안전하지 않다.
- 적절한 라이브러리 집합을 갖춰야 같은 일을 반복하지 않으며 방지 가능한 버그가 생길 위험도 줄어든다.
- 소프트웨어 시스템 구성을 지원할 빌드 도구도 필요하다.

더 현실에 부합하는 최소 집합이다. 기본 도구를 더 넣을수록 개발이 더 쉬워지고 생산될 코드도 향상된다.

---

3 명령 줄과 GUI 기반 도구 중 무엇이 더 강력한가?

질문에 대답할 작정이었다면 일단 혼부터 나야겠다. 명령 줄과 GUI 도구는 서로 다르다. 더 말할 것도 없다.

흥미로운 철학적 질문을 던져보겠다. 이 문제에서 말하는 "강력함"을 어떻게 정의하겠는가? 심오한 기능이 더 많다는 뜻인가? 도구를 사용하기 더 쉽다는 뜻인가? 도구가 더 빨리 실행된다는 뜻인가? 혹은 도구가 나머지 툴체인에 더 잘 부합한다는 뜻인가? 정의를 내렸다면 그 정의를 기준 삼아 스스로 내린 답이 타당한지 보이자. 그러면 혼나는 일은 피할 수도...

---

4 구성 도구 중 프로그램이 아닌 것이 있는가?

앞서 언어와 라이브러리를 도구로 분류했으니 답은 "그렇다"이다. 다음과 같은 예도 고려해 보면 좋다.

- 정규 표현식
- 그래픽 컴포넌트(GUI "위젯")
- 네트워크 서비스
- 공통 프로토콜과 서식(XML 같은)
- UML 다이어그램
- 디자인 방법론(CRC 카드 같은)

---

5 도구에서 다음 중 무엇이 가장 중요할까?

a 상호운용성

b 유연성

c 개인화

d 성능

e 사용과 배움의 용이성

모두 제각각 중요하다. 도구의 유형과 사용하려는 상황에 따라 우선순위와 중요도가 바뀔 것이다.

일을 해낼 만큼 도구가 충분히 강력하지 못하면 매우 고생스럽기 때문에 성능이 중요하다. 도구의 성능이 만족스럽지 못하면 프로그래머는 메모장이나 vi로 소스 코드를 편집하게 된다.

스스로 살피기

1 가지고 있는 도구 상자에서 흔히 쓰이는 도구는 무엇인가? 어떤 도구를 매일 사용하는가? 일주일에 한두 번 쓰는 도구는 무엇인가? 가끔 쓰는 도구는 무엇인가?

   a 도구의 사용법을 얼마나 잘 아는가?

   b 모든 도구를 최대한 활용하는가?

   c 사용법을 어떻게 배웠는가? 도구 사용 기술을 늘리고자 시간을 투자해본 적 있는가?

   d 사용할 수 있는 최선의 도구인가?

   마지막 질문이 가장 중요하다. 더 나은 도구를 쓸 수 있는지 정직하게 평가하자. 시간을 들여 찾아볼 가치가 분명 있다. 더 뛰어난 도구가 있으면 가져와서 실험을 시작하자.

---

2 도구를 어떻게 최신 버전으로 유지하는가? 가장 최신의 최첨단 버전이 아니면 문제가 되는가?

   최신 버전이 아닌 도구에서 심각한 문제가 발생할 수 있지만 가장 최신 버전이라 해도 마찬가지다. 가장 심각한 문제는 어떤 도구 버전이 나머지 툴체인과 맞지 않을 때 발생한다. 버전 불균형으로 인해 기능상 미묘하게 부조화가 생길 수 있고 결국 툴체인이 제대로 협력하지 못한다. 툴체인에서 실패하는 경우는 드물고 대개는 예상하지 못한 방식으로 코드가 동작하며 문제가 드러난다.

   도구를 최신 버전으로 업데이트하지 않으면 중대한 버그 수정이 누락될 수 있다. 버그가 실제로 나타나기 전에는 업데이트가 불필요해 보일 것이다. 뒤늦은 깨달음은 기적 같은 일이다. 시대에 뒤떨어지면 이제는 사라져 버린 회사에서 만든 더 이상 지원되지 않는 도구에 의존하게 될 수도 있다. 이는 중대한 프로젝트에서 심각한 문제로 이어지기도 한다.

   그렇다고 내키는 대로 늘 새로운 도구 버전을 다운로드해 설치할 수는 없다. 현실적으로 업그레이드가 불가능한 이유는 무수히 많다. 비용이 버거울 수 있다. 업그레이드하려면 운영 체제나 툴체인의 다른 주요 부분을 업그레이드해야 하는데 별로 실용적이지 않을 수도 있다.

---

3 (비주얼 개발 환경 같은) 통합 도구 집합을 선호하는가 아니면 개별적인 툴체인을 선호하는가? 서로의 이점이 무엇인가? 두 방식으로 작업해 본 경험이 얼마나 있는가?

   경솔하게 대답하다가는 혼날지도 모른다("궁리하기" 3번 답 참고). 상대 동작 방식에 어떤 이점이 있는지 진지하게 목록을 작성해 보면서 편협하고 독선적인 시각에서 벗어나자.

---

4 기본값(default) 댄인가, 바꾸는(tweaker) 톰인가? 즉, 에디터의 기본 설정을 그대로 쓰는가 아니면 더 이상 바꿀 수 없을 때까지 사용자 정의로 바꾸는가? 어느 편이 "더 나은" 방식인가?

   에디터 설정법을 익히면서 에디터를 어떻게 사용하는지, 어떻게 최대한 활용하는지 알게 된다. 이런 경우라면 톰이 가장 합리적인 방식을 취할 수 있다. 실용적인 입장은 아마 둘 사이 어딘가일 것이다(극단에 치우친 행동이 최선인 경우는 드물다는 골디락스 원리(Goldilocks principle)가 좋은 예다). 쓰지도 않을 기능을 설정해봐야 소용없다. 어떤 것은 정말 중요하지 않은데, 가령 저자는 에디터에 쓰이는 색상 배색에는 전혀 관심이 없다. 하지만 중요한 것도 있는데, 괴상한 기본 코드 배치 스타일을 억지로 따르고 싶지는 않다.

   에디터의 기본 설정을 따르기보다는 신중하게 고른 배치 스타일로 코딩하는 편이 훨씬 낫다. 실제로 하우스 코딩 스타일에서 이렇게 지시하기도 한다. 저자의 경우에는 엔터 키를 칠 때마다 커서 위치와 씨름하는 대신 원하는 대로 코드를 자동으로 서식화하도록 에디터를 설정하는 편이다.

에디터뿐만 아니라 설정 가능한 모든 소프트웨어 도구에서 이러한 논쟁이 가능하다.

---

5 소프트웨어 도구 예산을 어떻게 책정하는가? 예산만큼의 가치가 있을지 어떻게 판단하는가?

어떤 유형의 조직에서 일하고 있는지, 어떤 유형의 일을 하고 있는지에 따라 다르다. 프로젝트에서 작은 국가의 GDP에 버금가는 예산을 도구에 책정했으면 도구 비용은 문제가 전혀 되지 않는다. 가장 좋은 도구(가장 비싼 도구가 아닐 수도 있다)를 사서 마음껏 사용하자. 반면 집에서 혼자 일하는 개발자는 같은 비용을 들여 일류 툴체인을 사들일 정당한 근거가 없을 수 있다. 가정에서 사용하기에는 보통 무료로 사용 가능한 도구가 더 적절하다.

무료로 사용 가능한 도구가 실제로도 품질이 뛰어난 경우가 많다. 그래서 언제 도구에 비용을 투자해야 이득이 되는지 정확히 한정하기 힘들다. 유료 툴체인을 사용한다는 것은 대개 훌륭한 제품 지원을 기대하고 향후 버그 수정이나 개발 작업을 요구할 수 있다는 의미이다. 하지만 회사가 폐업하고 제품은 중단되는 등 늘 이렇게 전개되지는 못한다. 어쩌면 이것이 가장 대중적이고 널리 쓰이는 도구를 고르는 근거일 것이다. 사람이 많은 곳이 안전하다.

합리적인 기준을 모두 충족하지 못했다면 도구가 비쌀수록 도구 상자가 커야 한다. 고가인데 작은 상자에 담겨 온다면 사지 말자!

8장: 테스트할 시간

궁리하기

1 8장 앞부분에 나왔던 greatest_common_divisor 코드 예제의 테스트 하네스를 작성하자. 최대한 철저하게 만들자. 테스트 케이스를 몇 개나 포함시켰는가?

a 그중 얼마나 통과했는가?

b 얼마나 실패했는가?

c 테스트를 사용해 결함을 찾아내고 코드를 수정하자.

유효하지 않은 입력 조합이 얼마 안 되는데도 해야 할 테스트가 정말 많다. 먼저 유효하지 않은 입력을 생각해 내자. 0을 테스트해 보자. 0이 유효한 값일 수도 있고 아닐 수도 있지만(스펙을 보지 못했으니 말하기 어렵다) 어쨌든 코드에서 0을 올바르게 처리해야 한다.

다음으로 흔히 쓰이는 입력 조합(가령 1, 10, 100을 순서를 바꿔서)에 대한 테스트를 작성하자. 뒤이어 733과 449처럼 공배수가 없는 수들을 테스트하자. 아주 큰 수와 음수도 테스트하자.

위와 같은 테스트 케이스를 어떻게 작성할까? 간단한 단위 테스트 함수를 작성한 후 자동화된 테스트 프레임워크에 넣는다.[*] 각 테스트의 올바른 출력값을 프로그램에서 계산하지 말고 알려진 상숫값으로 확인하자. 다음과 같이 테스트 코드를 되도록 간단하게 작성하자.

---

[*] 코딩 오류가 발생할 여지가 더 늘어날 수 있다. 테스트 코드에서 생길 버그가 얼마나 고통스러울지 상상해 보자!

```
assert(greatest_common_divisor(10, 100) == 10);
assert(greatest_common_divisor(100, 10) == 10);
assert(greatest_common_divisor(733, 449) == 0);
... more tests ...
```

함수는 간단한데 테스트가 놀랍도록 많다. 코드가 이렇게 작으면 힘들게 테스트 집합을 생성할 것이 아니라 검사와 리뷰, 정확성 입증이 더 쉬워야 한다고 주장할 수 있다. 타당하게 들린다. 하지만 나중에 누군가 수정하면 어떻게 될까? 테스트가 없으면 꼼꼼하게 코드를 다시 검사하고 다시 검증해야 하는데 이 부분을 쉽게 간과한다.

greatest_common_divisor에서 저지른 실수를 찾아냈는가? 곧 단서가 제시된다. 퀴즈를 이어 가고 싶으면 지금 바로 책에서 눈을 떼자... 음수 인자를 넣어 보자. 아래 코드는 C++로 작성한 보다 강력한(그리고 보다 효율적인) 버전이다.

```
int greatest_common_divisor(int a, int b)
{
    a = std::abs(a);
    b = std::abs(b);
    for (int div = std::min(a,b); div > 0; --div)
    {
        if ((a % div == 0) && (b % div == 0))
            return div;
    }
    return 0;
}
```

2 스프레드시트 애플리케이션과 자동 항공 조종 테스트는 어떻게 달라야 할까?

이상적인 세상이라면 어느 쪽에도 결함이 없을 것이다. 이 유토피아에서는 둘 다 철저히 테스트하고 완벽해질 때까지 출시하지 않는다. 현실은 다소 다르다. 스프레드시트는 간혹 고장 날 것이라고 예상하는 반면* 자동 항공 조종 테스트는 어떤 오류도 없을 것이라 예상한다. 인간의 생명이 걸려 있으면 소프트웨어는 아주 다른 방식으로, 훨씬 형식적이고 보다 신중하게 개발된다. 엄격하게 테스트된다. 안전 기준이 결과에 영향을 미친다.

3 작성한 테스트 코드까지 전부 테스트해야 할까?

너무 깊게 생각하다가는 두통에 시달린다. 테스트 코드까지 계속 테스트할 수는 없다. 테스트 코드를 테스트하는 코드를 위한 테스트 코드가 올바른지 무슨 수로 확신하겠는가? 비결은 테스트를 최대한 간단히 작성하는 것이다. 이렇게 하면 가장 유력한 테스트 오류는 중요한 테스트 케이스의 누락이지 실제 테스트 코드 줄에서 발생하는 문제는 아닐 것이다.

> **핵심개념 ★** 테스트 코드를 최대한 간단하게 작성해서 오류 발생을 막자.

---

* 이를 받아들일 만큼 길들여졌다는 사실이 안타깝다.

4 프로그래머의 테스트는 QA 부서 구성원의 테스트와 어떻게 다른가?

테스터는 블랙박스 방식의 테스트에 더 중점을 두고 대개 제품 테스트만 수행한다. 제품은 대부분 실행 가능한 소프트웨어이므로 테스터가 코드 단에서 작업하는 일은 드물다. 코드 라이브러리를 판매하는 회사는 상대적으로 적다.

프로그래머는 화이트 박스 테스트에 더 중점을 두어 자신의 걸작이 계획했던 대로 동작하는지 확인한다.

테스트를 작성하는 프로그래머의 은밀한 목표는 코드의 동작 여부를 증명하는 것이지 동작하지 않는 케이스를 찾는 것이 아니다! 의심스러운 코드를 일부러 피해 온통 코드가 얼마나 완벽한지 보이는 테스트로만 작성하기 쉽다. 그래서 원본 작성자 대신 다른 사람이 테스트 하네스를 생성해야 한다.

5 매 함수마다 테스트 하네스를 작성해야 할까?

지나치게 형식에 얽매일 필요는 없다. 어떤 함수는 검사만으로 쉽게 검증할 수 있다. 그래도 경계를 늦추지 말고 코드를 항상 냉소적으로 읽자. 간단한 게터와 세터 함수에는 일일이 테스트를 작성하지 않아도 된다.

코드 규모가 얼마나 커야 테스트 하네스가 유용할까? 일반적으로 테스트 하네스가 필요할 만큼 코드가 복잡할 때다. 한 번 봐서는 코드가 올바른지 증명하기 어려울 때 테스트 케이스를 작성하자.

6 테스트 주도 개발(test-driven development)은 모든 코드를 작성하기 전에 테스트를 먼저 작성하라고 권한다. 어떤 유형의 테스트를 작성해야 할까?

어떤 코드도 작성하기 전이라면 블랙박스 테스트만 가능하다. 예언력을 지닌 테스트 주도 개발자라면 모를까.

7 NULL(0) 포인터 인자 처리를 확인하는 C/C++ 테스트를 작성해야 할까? 이 테스트에 어떤 가치가 있을까?

0이 예상되는 입력 값이면 당연히 테스트해야 한다.

하지만 널 포인터라고 무조건 테스트해야 하는 것은 아니다. 0 포인터 값을 처리하는 특별한 동작을 명시하지 않으면 잘못된 포인터가 들어올 경우 함수는 당연히 갑자기 중단될 수밖에 없다. 이때의 0은 할당이 해제됐거나 유효하지 않은 메모리를 가리키는 포인터만큼 매우 위험하다. 코드가 잘못된 포인터를 전부 적절히 처리하는지 테스트하기란 거의 불가능하다.

하지만 0 포인터가 워낙 여기저기 쓰이기 때문에 0 포인터가 들어와도 고장 나지 않을 강력한 코드를 작성할 가치는 분명 있다. 많은 할당 루틴에서 실패 시 0 포인터를 반환하고 정의되지 않은 포인터에 보통 0을 할당한다. 개가 물 수도 있으면 입마개를 씌우는 편이 좋다.

**8 초창기 코드 테스트는 최종 플랫폼에서 하지 않을 수도, 아직 접근 권한이 없을 수 있다. 대상 테스트 플랫폼에 접근할 때까지 테스트를 미루는 것이 가장 안전할까, 아니면 지금 속도를 내는 편이 좋을까?
다른 환경(고성능 서버나 임베디드 장치 등)에서 실행될 코드라면 테스트가 잘 대변하고 있고 적절한지 어떻게 확신할까?**

테스트하고 있는 코드가 간단히 정리 작업을 하는 함수인지 아니면 하드웨어 접근 로직을 수행하는지에 따라 다르다. 개발 플랫폼과 타깃 플랫폼 간 차이를 알아야 한다. 메모리 제약이나 프로세서 속도가 코드 실행 방식에 영향을 미칠 수 있다. 대다수의 코드에서 충분히 로컬 테스트 하네스를 생성할 수 있으니 큰 문제는 아니다.

코드에서 특수한 타깃 플랫폼 기능(병렬 프로세서나 특정 하드웨어 기능)을 활용할 경우 그 기능 없이는 완벽히 테스트할 수 없다. 시뮬레이터로 코드 실행을 검사해 볼 수 있지만 정확한 답은 아니다.

타깃 플랫폼이 마련될 때까지 모든 테스트를 미루는 것은 위험한 관행이다. 코드가 너무 커지면 테스트할 시간도, 완벽하게 테스트할 의지도 사라진다. 가장 확신을 가지려면 무리가 없는 선에서 최대한 빨리 테스트하자.

---

9 테스트가 언제 끝났는지, 언제 테스트를 멈출 수 있는지 어떻게 알까? 어느 정도가 충분할까?

테스트로는 결함이 없다고 증명할 수 없기 때문에 테스트가 언제 끝나는지 절대 알 수 없다. 어쩌면 끝이 없을 수도 있고, 그저 현실에 맞는 테스트 계획을 구상하려 노력할 뿐이다.

간단한 코드 블록을 블랙박스 테스트 중이라면 207쪽 "단위 테스트 케이스 고르기"에 나오는 테스트 케이스만 성공적으로 실행해도 충분하다. 코드가 커질수록 해야 할 일이 많다.

어떤 각도에서 테스트하고 있느냐에 따라 테스트가 충분하고 철저한지 측정할 수 있다. 몇 가지 핵심 전략을 소개하겠다.

커버리지 기반 테스트

소프트웨어 커버리지(coverage) 관점에서 테스트 계획을 상세히 나열한다. 예를 들어 각 코드 줄을 최소한 번 실행한다거나 각 조건 브랜치를 양쪽 모두 실행한다거나 모든 시스템 요구사항을 적어도 한 번 수행하는 등을 계획한다.

결함 기반 테스트

프로그램 결함을 일정 비율 제거하고자 한다. 보통은 사전 경험에 따라 가설에 근거한 결함 수를 선택해 시작한다. 뒤이어 가령 그 결함의 95%를 감지해서 제거하는 것을 목표로 한다.

오류 기반 테스트

소프트웨어가 불안정할 가능성이 큰 공통 오류 지점에 주목한다. 예를 들어 모든 경곗값을 테스트해 오프-바이-원(off-by-one)(1이 모자라거나 많은) 오류를 제거한다.

다음은 위 테스트에 기반해 테스트를 중지할 타당한 근거들이다.

- 회귀 테스트 케이스에서는 일정 비율 이상 통과해야 한다(또한, 시선을 끄는(show-stopping) 중대한 실패가 없어야 한다).
- 코드나 기능, 요구사항의 커버리지가 명시된 수준에 도달한다.
- 드러난 버그 비율이 일정 수준 아래이다.

이 밖에도 최종적으로 테스트 종료를 결정할 거의 바꾸기 어려운 물리적 장벽들이 있다.

- 예정된 마감 기한 도달(테스트 마감 기한 또는 출시 마감 기한). 개발 작업은 툭하면 기한을 초과해 예정된 테스트 기간을 잡아먹는 아주 고약한 습성을 지닌다. 정말 주의 깊게 관리해야 한다.
- 테스트 예산 고갈(중지할 수밖에 없는 너무나 안타까운 기준)
- 베타 또는 알파 테스트 기간 종료

대부분의 조직은 마감 기한이 도래했을 때 테스트 중지와 제품 배포 결정을 내린다. 남아 있는 알려진 결함과 그 결함의 심각성 및 발생 주기를 따져 시장에 출시해야 하는 요구와 타협한다. 테스트를 수행하면 어느 정도 수준의 소프트웨어를 용인할 수 있는지 판단할 수 있다.

스스로 살피기

1 코드 중 몇 프로에 대해 테스트를 작성하는가? 만족하는가? 빌드 중에 자동으로 테스트하는가? 나머지 코드에는 어떤 유형의 테스트를 하겠는가? 적절한가? 어떻게 할 것인가?

매 코드마다 의무적으로 테스트 하네스를 작성하지 않아도 된다. 그래도 생각은 반드시 하자. 작은 함수 구현은 보통 너무 수월해서 생각 없이 코딩하기 쉬운데, 그러면 결국 어리석은 오류를 범하게 된다. 간단한 함수는 간단한 테스트면 충분하니 작성하는 편이 좋다. 나의 코드에는 간단한 규칙이 있다. 모든 코드마다 단위 테스트를 만들고, 없으면 코드 기반에 넣지 않는다.

하기 싫은 일이라고 그냥 넘어갈 것이 아니라 책임감을 가지고 충분하고 적절한 테스트를 수행하자. 이렇게 자문하자. 최근에 발생한 오류 중 테스트 집합을 제대로 갖췄으면 막았을 오류는 얼마나 되는가? 무언가 조치를 취하자.

빌드 시스템에 포함된 테스트가 아니면 테스트가 정말 실행되는지, 모든 코드가 그 테스트를 통과하는지 어떻게 확신할까?

---

2 QA 부서원과 관계는 원만한가? 개인적 평판이 어떤 것 같은가?

QA 부서와 소프트웨어 개발자는 원활한 협력 관계를 반드시 수립해야 한다. 둘 간에는 종종 경쟁이 벌어지는데, 테스트 부서는 안정적인 제품 개발을 돕는 팀이라기보다 마치 개발자를 방해하고 출시를 가로막는 것이 목표인 무리처럼 보인다. 테스트와 개발 부서는 주로 굉장히 멀리 떨어져 앉아서는 각 부족 족장의 명령만 듣는다.

이러한 사실은 잊어버리자.

커피를 내려주자. 점심을 대접하자. 함께 술집에 가자. 배타적 대립(them and us) 태도가 조성되지 않게 무엇이든 하자.

전문가적 업무 관계로 발전시키자. 성급히 만든 낡은 쓰레기가 아닌 훌륭하고 검증된 코드를 건네자. 뒤처리나 부탁하며 코드를 내던지면 함께 일하는 동료가 아니라 당신을 위해 일하는 하인으로 여긴다는 인상을 준다.

---

3 코드에서 오류를 찾으면 주로 어떻게 대응하는가?

아마 아래처럼 반응할 것이다.

- 반감과 실망감
- 누군가를 탓하고 싶은 욕구
- 흥분까지는 아닌 행복감
- 발견하지 못한 척 무시하고 사라져 버리기를 기다린다(마치 그것이 가능한 양)

몇 가지는 명백히 잘못된 반응이니 당연히 극복할 것이라 간주하겠다. 결함을 찾았는데 행복감을 느끼는 것이 다소 비정상적으로 보이는가? 품질에 민감한 공학자라면 충분히 가능한 반응이다. 사용자의 손에서 발견되기보다는 개발 중에 결함을 찾는 편이 훨씬 낫다.

개발 생애 주기 어디쯤에서 결함을 찾았느냐에 따라 흥분 정도가 나뉜다. 출시 전날 숨이 턱 막힐 버그를 찾았는데 어느 누가 즐겁겠는가.

4 코드 문제를 발견할 때마다 결함 보고서를 제출하는가?

결함을 찾을 때마다 이렇게 하지 않아도 된다. 아직 아무도 코드를 보지 못했고 더 넓은 시스템으로 통합되기 전이라면 자신의 무능함을 굳이 널리 알릴 필요는 없다! 데이터베이스에 결함을 보고하지 않을 경우 꼼꼼하게 메모를 남겨야 잊어버리지 않는다. 그래서 처음부터 결함 추적 시스템을 쓰는 편이 더 편할 수도 있다. 출시가 너무 늦어져 관련자가 남아 있는 문제를 파악해야 할 때는 결함 보고를 올려야 할지도 모른다.

코드를 출시하자마자 결함 보고를 제출해 코드의 결함을 전부 공개해야 한다. 이로써 각 이슈를 찾아냈고 처리할 계획이 있음을 알린다.

코드 결함을 발견할 때마다 결함을 재현할 테스트 케이스를 작성한 후 회귀 검사에서 실행하는 자동 테스트 묶음에 통합시켜야 한다. 테스트 케이스는 결함을 설명하는 문서화 역할을 하고 향후 뜻하지 않게 다시 생기는 일을 막는다.

5 프로젝트 엔지니어는 얼마나 많은 테스트를 할 것으로 기대되는가?

자신에게 무엇을 기대하는지 파악해 그 정도 수준의 테스트를 만들어 내야 한다. 하지만 이를 넘어 기대되는 수준만 하지 말고 필요한 수준까지 하자.

매 코드를 생성할 때마다 단위 테스트를 작성하자. 다른 이의 코드를 수정해야 하는데 테스트가 딸려 있지 않으면 테스트를 먼저 작성하자. 그래야 현재 얼마나 잘 동작하는지, 무엇을 고쳐야 하는지, 고쳐서 코드가 망가지지 않았음을 어떻게 증명할지 알게 된다.

9장: 결함 찾기

궁리하기

1 결함은 그 코드를 작성했던 원래 프로그래머가 수정하는 것이 최선일까? 아니면 문제를 발견한 프로그래머가 수정하기 더 좋을까?

새로운 시각에서 문제에 접근하면 언제나 도움이 된다. 프로그래머는 흔히 코드의 실제 내용이 아니라 작성하려던 내용대로 코드를 읽기 때문에 버그를 놓치는 경우가 잦은데 다른 사람에게 디버깅을 맡김으로써 이 문제를 방지할 수 있다.

반면 버그 수정은 사실 원래 프로그래머가 가장 유리하다. 코드를 속속들이 알고 있다(부디). 어떤 변경이 어떤 영향을 미치는지 안다. 결함의 위치를 가장 빠르게 집어낸다.

실제 기업에서는 개인의 여유 시간과 팀이 어떤 일을 하기로 되어 있는지에 따라 수정할 주체를 정한다. 아주 오래전부터 프로그램에 있었던 버그라면 원래 프로그래머가 수정하기란 거의 불가능하다. 회사를 떠났거나 프로젝트를 옮겼거나 (최악은) 관리직으로 승진했을 수 있다.

2 언제 디버거를 쓰고 언제 머리를 써야 하는지 어떻게 알 수 있을까?

디버거를 쓴다 해도 당연히 머리를 써야 한다(디버깅의 황금률을 기억하는가?).

내 원칙은 이렇다. 정확히 어떤 정보를 얻어야 하는지 파악하기 전까지는 디버거를 작동시키지 말자. 무엇을 찾고 있는지도 모르면서 디버거를 동작시켜 실행 중인 코드를 둘러보는 일은 상당히 위험하다. 실제로 얻는 것도 없이 많은 시간을 허비할 수 있다.

3 익숙하지 않은 코드의 결함을 찾아 수정하기 전에 먼저 그 코드를 익혀야 한다. 하지만 소프트웨어 공장의 시간 압박은 종종 수정할 프로그램을 공부하고 이해하는 데 적당한 시간을 쓸 수 없게 한다. 최선의 방법은 무엇일까?

꿈속이라면 일정을 수립한 사람들을 먼저 혼내 주고 필요한 만큼 시간을 쏟아 결함을 올바르게 수정할 것이다. 정신 차려, 앨리스...

할 수 있는 최선은 수정하면서 동시에 코드도 익히려 노력하는 것이다. 수정할 때 각별히 유의하고 생각한 대로 되고 있다고 믿지 말자 코드가 원하는 대로 동작하는지 항상 확인하자. 버그의 원인을 찾았다는 생각이 들면 팀 내 누군가에게 문제가 되는 코드 영역을 아는지 묻자. 하려는 일을 팀과 논의하자. 상황을 설명하다 보면 무심코 놓쳤던 당연한 사실을 종종 스스로 설명하게 된다.

4 메모리 누수 버그를 피할 좋은 기법을 설명하라.

다음과 같은 방식이 좋다.

a 자바나 C#처럼 번거롭지 않은 언어를 사용하자(이러한 언어에서도 여전히 메모리 누수로 골치 아플 수 있다. 어떻게 그렇게 되는지 아는가?).

b 신경 쓰지 않게끔 대신 메모리를 관리하는 "안전한" 데이터 구조를 사용하자.

c C++의 auto_ptr 같은 유용한 언어 관용구를 사용해 문제를 방지하자.

d 체계적이고 엄격하게 메모리를 처리하자. 모든 할당 지점마다 그에 상응하는 해제 지점을 만들고 항상 호출되게 하자.

e 메모리 검증(memory validator) 도구로 코드를 실행해 버그가 새어 나가지 못하게 하자.

5 더 체계적인 방식을 취하는 대신 빠르게 결함을 찾고 고치려고 시도해 보는 것은 어떤 상황에 적절할까?

무엇을 하려는지 항상 생각해야 한다. 금세 고칠 문제라도 체계적으로 머릿속으로 생각해서 해야 한다. 내부 조사를 시작한답시고 무턱대고 코드에 중단점(breakpoint)을 뿌려 대지 말고 코드가 어떻게 설계됐고 무엇을 해야 하는지 생각해 보자.

(가령 수십 줄로 이뤄진) 아주 작은 프로그램이라면 직감과 즉각적인 대응으로 결함을 빨리 찾을지도 모른다. 하지만 수천 줄로 이뤄진 프로그램에서는 무슨 일이 일어나는지 제대로 알아야 한다. 무엇도 통찰을 대신할 수 없다. 프로그램이 무엇을 하는지 알아내기 위해 디버거로 프로그램 실행을 추적해도 문제가 전혀 없으나 단 테스트 지점은 체계적으로 선정하자.

스스로 살피기

1 얼마나 많은 디버깅 기법과 도구를 일상적으로 사용하는가? 유용하다고 느꼈던 다른 도구는 없는가?

당연히 전혀 없다고 답했을 것이다. 항상 처음부터 완벽한 코드를 작성하니까!

---

2 사용 중인 언어의 일반적인 문제와 위험은 무엇인가? 이러한 종류의 버그를 코드에서 어떻게 보호하는가?

이러한 종류의 버그를 꼭 알아야 한다. 이는 평범한 프로그래머와 전문가를 가르는 기준이다. 용이 어디 사는지 모르면 피할 방법도 알 수 없다.

---

3 코드에서 발생하는 버그 대부분이 엉성한 프로그래밍 오류인가 아니면 보다 감지하기 힘든 이슈인가?

사소한 언어적 혼란에 계속해서 빠지면 코드를 더욱 신중하게 작성해야 한다는 뜻이다. 코드에 시간을 투자하자. 교정하고 다시 읽으면 전반적인 시간이 줄어든다. 전형적인 실수는 어떤 결함을 고치고 제대로 동작하는지 테스트하지 않아 그 "수정"의 달갑지 않은 부수 효과에 시달리는 것이다.

코드에 버그가 있는 것은 부끄러운 일이 아니다. 누구나 겪는다. 다만 쉽게 막을 수 있었던 어리석은 실수는 없게 하자.

---

4 사용 중인 플랫폼에서 디버거를 사용하는 법을 아는가? 얼마나 일상적으로 디버거를 사용하는가? 아래를 어떻게 하는지 설명하라.

  a 돌아가는 길(backtrace) 만들기

  b 변숫값 검사하기

  c 어떤 구조체 내 필드 값 검사하기

  d 임의의 함수 실행하기

  e 스레드 문맥 교환하기

항상 디버거를 사용하는 것은 너무 과하다. 전혀 쓰지 않는 것은 너무 모자라다. 디버거를 겁내지 말되 지나치게 의존하지도 말자. 디버거를 현명하게 사용하면 거의 바로 결함의 위치로 곧장 갈 수 있다.

10장: 잭이 빌드한 코드

궁리하기

1 왜 쓸만한 통합 개발 환경을 가진 사람들이 버튼 하나만 누르면 프로젝트를 빌드할 수 있는데 명령 줄 make 유틸리티 사용을 꺼릴까?

더 강력하고 유연한 소프트웨어 구성을 위해서는 빌드 버튼 내부에서 무슨 일이 일어나는지뿐만 아니라 make 사용법도 익혀야 한다. GUI 빌드 도구는 makefile의 기능과 유연성을 따라가지 못한다. 흔히 간소화를 중요하게 여기고 GUI 도구 덕분에 개발자가 빠르게 소프트웨어를 개발하지만 간소화에는 대가가 따른다.

GUI 빌드 도구는 한마디로 확장이 어렵기 때문에 정말 대규모 프로젝트에서는 거의 쓰이지 않는다. make는 문법은 아리송하나 훨씬 더 많은 일을 할 수 있다. 가령 makefile은 디렉터리 중첩과 빌드 계층 구조 생성을 허용한다. 간소화한 GUI 도구에서는 워크스페이스 안에 중첩된 프로젝트만 허용하는 식으로 한 단계 깊이만 제공한다.

사람들은 make가 복잡하다고, make 때문에 일을 망칠 수 있다고 불평한다. 타당한 우려나 어떤 전동 공구를 쓰든 똑같다. 올바르게 사용하지 않으면 다친다.

그렇다고 GUI 빌드 도구를 전부 없애고 이를 대신할 다량의 makefile 작성을 시작하라는 뜻은 아니다. 그 반대로 일에 맞는 도구를 사용하자. 단순성과 통합을 성능과 확장성에 비춰 균형을 맞추자. 그때그때 필요한 도구를 고르자.

2 왜 소스 코드 추출을 빌드와 별도 단계로 분리해야 할까?

둘은 논리적으로 서로 다른 단계다. 제대로 만든 빌드 시스템이라면 어느 소프트웨어 버전이든 시간이 얼마나 지났든 체크아웃할 수 있어야 하고 똑같은 make 명령을 내려 빌드할 수 있어야 한다. 나중에 트리를 비운 뒤 전부 다시 체크아웃하지 않고도 동일한 명령어로 다시 빌드할 수 있어야 한다.

두 단계로 분리해도 손해는 없다. 스크립트로 두 단계를 감싸면 추출과 빌드 절차를 손쉽게 한 단계로 만들수 있고 이는 밤새 실행되는 빌드 스크립트에 유용하게 쓰인다. 야간 스크립트는 매번 새로운 소스 트리에서 시작해야 한다(그래야 지난번 트리에서 생겼던 문제로 곤란할 일이 없다). 트리를 제거하고 전체를 완전히 다시 빌드하면 누락된 파일 없이 모든 파일이 유효한지 확인할 수 있으니(체크인할 파일을 깜빡 할 수 있다) 소스 트리를 테스트하기 좋은 방법이다.

소스 추출과 빌드 단계를 하나로 합치면 다른 문제가 발생한다.

- 빌드 시 빌드 시스템에서 자동으로 파일을 소스 저장소에 체크아웃해서는 안 된다. 빌드할 때마다 자기도 모르게 세상이 바뀌는 것을 달가워할 사람은 거의 없다. 빌드 시스템의 동작 방식에 종속되지 않고 작업 중인 코드를 제어할 수 있어야 한다.

- 부트스트랩 문제가 생긴다. 추출을 빌드 절차에 포함시키면 소스 트리를 어디서 구해 빌드를 시작해야 할까? 결국 수동으로 소스 트리를 체크아웃해야 한다! 트리의 빌드 부분만 부분적으로 체크아웃하는 마법에 가까운 주문을 외워야 진짜 체크아웃과 빌드를 수행할 수 있다. 이렇게까지 하지 말자.

3 구성 단계에서 만들어진 중간 파일(가령 오브젝트 파일)은 어디에 두어야 할까?

어떤 빌드 시스템은 오브젝트 파일을 생성한 소스 파일 옆에 오브젝트 파일을 덤프한다. 고급 빌드 시스템은 소스 디렉터리는 그대로 둔 채 병렬 디렉터리 트리를 생성해 그 안에 오브젝트를 빌드한다. 소스 파일과 빌드로 생성된 파일을 분리하니 깔끔하게 정리된다. 문제는 계층 구조 탐색이 어렵다는 점이다. .o 파일을 삭제해 강제로 소스 파일을 다시 컴파일하게 할 수 있지만 트리가 나뉘어 있어 소스 파일을 떠나 멀리까지 탐색해야 한다.

오브젝트 파일을 깔끔히 정리하는 다른 방법은 중간 파일을 소스 트리 안에 두되 별도의 하위 디렉터리에 넣어 소스 파일과 멀지 않게 분리하는 것이다. 그림1 같은 디렉터리 계층 구조가 생겨난다.

타깃별로 별도의 하위 빌드 디렉터리를 둠으로써 소스 트리 하나에서 다양한 타깃 빌드를 지원하는 좋은 방법이다. 이 메커니즘이 없으면 디버그 빌드에서 시작해 릴리스 모드로 끝낸 후 끔찍한 링크 단계를 거치는 방법도 있다. 이 방식을 채택하면 그림2 같은 빌드 트리가 만들어진다.

▼ **그림 1** 빌드한 오브젝트 파일을 하위 디렉터리에
넣는 방식

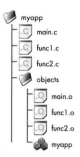

▼ **그림 2** 더 나은 방법: 오브젝트 파일을 각기 고유한
이름이 달린 하위 디렉터리에 넣는 방식

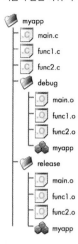

4 자동화된 테스트 묶음을 빌드 시스템에 추가할 경우 소프트웨어 빌드 후 자동으로 실행해야 할까 아니면 별
도의 명령을 내려 테스트를 호출해야 할까?

별도의 명령은 쉽게 제공할 수 있다(tests라는 makefile 타깃이 있을 때 make all 다음에 make tests를
입력). 하지만 이러한 추가적인 단계는 요구사항에 포함되지 않으므로 수행되지 못할 가능성이 크다. 테스
트를 그냥 지나치기 쉽다. 인간의 본성대로라면 충분히 가능하다. 테스트하지 않은 코드는 결국 온갖 문제
를 야기해 테스트 작성 노고를 수포로 돌린다. 단위 테스트를 반드시 메인 빌드 절차에 포함시키자.

다만 자동 과부하 테스트(stress test)와 부하 테스트(load test)는 빌드 단계에서 제외해야 할 것이다. 야간
빌드에서만 실행하려고 만든 것이라 지나치게 오래 걸릴 수 있다. 이때는 자동화된 스캐폴드를 만들어 테스
트를 실행시키고 일반 빌드 중에는 시작되지 않게 하자.

5 야간 빌드는 디버그 혹은 릴리스 빌드 중 무엇이어야 할까?

둘 다이다. 릴리스 빌드 구성을 최대한 빨리 테스트해야 한다. 디버그 빌드는 회사 외부는커녕 QA 부서에도
출시되어서는 안 된다.

릴리스와 개발 빌드 프로세스 모두 제대로 동작하는지 테스트해야 하는데 빌드 시스템을 생성할 때만이 아
니라 지속적으로 해야 한다. 사소한 업데이트 하나 때문에 어떤 빌드는 아주 쉽게 고장 난다. 마지막 순간까
지 빌드를 테스트하지 않다가 마감 기한에 다다라 실패하면 속이 터진다.

디버그에서 생성한 실행 파일과 릴리스 빌드에서 생성한 실행 파일 간에 큰 차이가 있을 수 있다. 어떤 컴파
일러는 디버그와 릴리스 모드에서 현저히 다르게 동작한다. 잘 알려진 컴파일러 하나는 친절하게 디버그 빌
드에서 데이터 버퍼를 덧붙이기 때문에 메모리 오버런이 발생해도 아무 피해가 없고 감지되지 못하는 데 이
는 디버깅 목적에 부합하지 않는다. 디버그 빌드만 테스트하다가는 제품 배포 직전 릴리스 모드로 전환할
때 문제가 생기기 마련이다.

6 컴파일러로부터 자동으로 종속성 정보를 생성하는 make 규칙을 작성하자. 이 정보를 makefile에서 어떻게 사용하는지 보이자.

몇 가지 방법으로 가능한데 컴파일러에서 종속성 정보를 얻는 방식에 따라 조금씩 다르다. 가상의 컴파일러에서 -dep 인자를 추가로 받아 오브젝트 파일과 종속성 파일을 함께 생성한다고 가정하자. 이때 종속성 파일은 make의 종속성 형식에 맞게 생성된다.[*] GNU Make를 사용해 아래처럼 부수 효과로 종속성을 생성하는 컴파일 규칙을 명시할 수 있다.

```
%.o: %.c
    compiler -object %.o -dep %.d %.c
```

이제 생성된 종속성 파일을 전부 Makefile의 맨 아래에 넣어 바로 makefile에 포함할 수 있다.

```
include *.d
```

아주 간단하다! 물론 동작하는 메커니즘 중 가장 간단한 메커니즘이다. 여러 방향으로 개선이 가능하다. 예를 들면 다음과 같다.

- 종속성 파일을 별개 디렉터리에 넣는다. 이로써 작업 디렉터리가 어수선해 지지 않고 주요 파일이 숨겨지지 않는다.

- 올바른 .d 파일만 가져오도록 인클루드 규칙을 작성한다. 인클루드하면 안 되는 다른 .d 파일들이 여기저기 흩어져 있을 수 있다. include에 와일드카드가 있는 경우 유효하지 않은 파일로부터 임의의 정보를 가져와 혼란이 생길 수 있으니 위험하다. 이러한 문제는 불쑥 발생하기 쉽다. makefile에서 소스 파일 하나를 지우고 빌드 트리를 비우지 않으면 기존 .o 파일과 .d 파일은 수동으로 삭제할 때까지 작업 디렉터리에 남게 된다.

- 컴파일러에서 허용한다면 .d 파일을 생성하는 별개 규칙을 작성해 빌드 시스템의 일급 객체로 만든다. 컴파일러가 매 소스 파일마다 두 번씩 호출되니 빌드 프로세스가 느려지는 문제가 있다.

---

7 재귀 make는 디렉터리 몇 개에 흩어진 모듈식 빌드 시스템을 생성하는 일반적인 방법이다. 하지만 근본적으로 결함이 있다. 문제점을 설명하고 대안을 제시하라.

makefile로 빌드하는 대규모 코드 기반은 전부 재귀 make 기법을 사용해야 한다는 것이 사회적 통념이다. 하지만 재귀 make는 강력한 만큼 근본적으로 결함이 있다. 그래도 무시하지 말자. 재귀 make는 매우 널리 퍼져 있어서(많은 코드 기반에서 재귀 make를 사용한다) 어떻게 동작하는지(혹은 왜 동작하지 않는지) 꼭 알아야 하고 문제를 알아야 더 나은 해결책을 찾을 수 있다.

왜 재귀 make가 골칫덩어리일까? 위험성이 많아서다.

속도

너무너무 느리다. 이미 최신 버전인 소스 트리를 다시 빌드한다 해도 재귀 빌드는 여전히 충실하게 각 디렉터리를 샅샅이 훑는다. 규모가 상당히 큰 프로젝트라면 한참 걸린다. 어떤 조치도 불필요했다면 무의미한 일이다.

---

[*] 상당히 그럴듯한 가정이고, 많은 시스템이 이렇게 동작한다.

각 디렉터리는 별개의 make 호출로 빌드된다.* 이로 인해 공유 인클루드 파일을 반복적으로 검사하는 등 여러 잠재적 최적화를 가로막는다. 파일 시스템에서 정보를 캐싱하더라도 이는 여전히 불필요한 오버헤드다. 합리적인 빌드 시스템이라면 각 파일을 한 번만 검사해야 한다.

종속성

재귀 make는 종속성을 올바르게 추적하지 못한다. 하위 디렉터리 makefile은 모든 종속성 정보를 알아낼 도리가 없다. 모듈의 makefile은 그 모듈의 로컬 func1.c 소스 파일이 다른 디렉터리 내 shared.h 헤더에 의존한다는 사실을 알아낸다. 그리고 shared.h가 변경될 때마다 기꺼이 func1.c를 다시 빌드한다. 하지만 shared.tmpl 같은 템플릿 파일에 기반해 별도의 모듈에서 shared.h를 자동으로 생성하면 어떻게 될까? 모듈은 이러한 추가적인 종속성을 알아낼 수 없다. 알 수 있다 해도 자신의 일이 아니니 shared.h를 다시 빌드하는 법을 모른다. 그러니 shared.tmpl이 바뀌어도 func1.c는 적절하게 다시 빌드되지 못한다.

이러한 틈을 메울 유일한 방법은 func1.c의 모듈보다 shared.h를 먼저 빌드하도록 계획하는 것이다. 소프트웨어를 다시 올바르게 빌드하려면 프로그래머는 재귀 순서를 주의 깊게 정의해야 한다.** 간접 종속성이 많을수록 더 어수선해진다.

이러한 문제에 부딪히면 프로그래머는 트리에 여러 빌드 패스를 두거나 수동으로 특정 파일을 제거해 매번 다시 빌드하는 등의 악질적인 제2의 해결책을 고안한다. 이처럼 대충 만든 해결책은 빌드를 더 느리게 만들고 절차를 공연히 복잡하게 만들 뿐이다.

개발자에게 돌리기

make는 코드를 다시 빌드하는 복잡도를 감당하고자 만든 것이다. 재귀 make는 이와 정반대로 개발자를 빌드 절차에 다시 끌어들인다. 프로그래머가 제약을 극복하기 위해 각 makefile을 복잡하게 뒤섞고 재귀 순서를 어떻게 다루는지 살펴봤다.

미묘함

재귀 make의 문제는 분명하게 드러나지 않는다. 그래서 여전히 좋은 방법으로 인식되고 있다. 일이 잘못되면 이상하게 틀어진다. 문제의 원인이 분명한 경우가 매우 드물어서 "기이한 일 중 하나"로 일축되고 만다.

이는 결국 위태롭고 불안정한 빌드 시스템으로 이어진다.

일부에서는 위 모든 문제를 부당하게 make 탓으로 돌리며 make에 결함이 있다고 주장한다. 하지만 이 점에 있어 make는 무고한 방관자다. 결함은 make를 사용하는 방식에 있다. 재귀는 앞서 나열한 각 문제를 일으키고 make가 제 일을 하지 못하게 방해한다.

그럼 이 골칫덩이의 해법은 무엇일까? 소스 트리 내 중첩은 절대 포기할 수 없다. 중첩을 지원하되 빌드 프로세스를 재귀적으로 나누지 않는 빌드 프로세스가 필요하다. 아주 어렵지 않다. 이 기법을 중첩 make라 부르겠다. 간단하게 모든 빌드 정보를 하나의 마스터 makefile에 넣는 방식이다. 개별적인 하위 디렉터리 makefile은 더 이상 필요 없다. 최상위 makefile에서 모든 소스 중첩을 내부적으로 관리한다.

> 핵심개념 ★ 일반적 통념과 달리 재귀 make는 좋지 못한 빌드 기법이다. 대신 보다 강력한 중첩
> make 방식을 사용하자.

---

* 자식 프로세스 전부를 시작하는 오버헤드를 한번 생각해 보자.

** 이 점에 있어서는 GUI 도구가 한 수 위다. 재귀 make 없이도 종속성을 올바르게 처리하는 경향이 있다.

중첩 make 방식이 더 복잡하고 덜 유연하다고 여길지도 모르겠다. makefile이 단 하나인 거대한 빌드 트리를 어떻게 처리할까?

여러 실질적인 구현 기법 덕택에 어렵지 않다.

- make의 인클루드 파일 메커니즘을 사용하자. 각 디렉터리의 소스 파일 목록을 그 디렉터리에 두자. 이렇게 하면 유지 보수가 훨씬 쉽고 명확하다. files.mk 같은 하나의 파일 안에 목록을 넣은 후 마스터 Makefile에서 이 파일을 인클루드하자.

- 중간 타깃을 더 정의해 임의의 컴포넌트 하위 디렉터리에 들어가 make를 타이핑하는 식으로 재귀 make의 모듈성을 유지하자. 중간 타깃은 프로젝트의 특정 영역을 구성한다. 빌드를 모듈 방식 구성하면 재귀 make의 임의의 디렉터리 기반 방식보다 유의미할 수 있고, 각 중간 타깃이 항상 올바르게 빌드된다.

중첩 make는 결코 재귀 make보다 더 복잡하지 않으며 오히려 덜 복잡할 수도 있다. 보다 안정적이고 정확하고 빠른 빌드를 생산한다.

스스로 살피기

1 사용 중인 빌드 시스템에서 다양한 컴파일 유형을 어떻게 수행하는지 아는가? 같은 소스로부터 같은 makefile로 애플리케이션의 디버그 또는 릴리스 버전을 어떻게 빌드하는가?

앞선 해답에서 이 문제에 대한 좋은 해법을 살펴봤다. 빌드 스크립트에서 빌드 유형에 기반해 생성한 다른 하위 디렉터리(디버그 파일용 디렉터리 하나, 릴리스 파일용 디렉터리 하나)에 오브젝트를 빌드하자.

GNU Make에서 파일명을 바꾸는 식으로 할 수 있다. 예로 살펴보자.

```
# 소스 파일 정의
SRC_FILES = main.c func1.c func2.c

# 기본 빌드 유형 (따로 명시되지 않았을 때)
BUILD_TYPE ?= release

# 오브젝트 파일명 합성
# (.c 파일 접미사를 .o로 바꾸는 신비로운 GNU Make 주문)
OBJ_FILES = $(SRC_FILES:.c=.o)

# 지금부터가 기발한 부분이다, 오브젝트 파일명 앞에
# 빌드 유형을 붙여 디렉터리를 추가하자 (또 다른 GNU Make 마법)
OBJ_FILES = $(addprefix $(BUILD_TYPE)/, $(OBJ_FILES))
```

선택한 BUILD_TYPE에서 컴파일러 플래그를 바꾸는 등 분명 더 많은 일을 할 것이다. 하위 디렉터리 생성 규칙이 꼭 필요함을 잊지 말자, 잊으면 컴파일러가 출력을 생성하다 경고를 내뱉는다. 다음은 유닉스 방식이다.

```
$(BUILD_TYPE):
mkdir -p $(BUILD_TYPE)
```

빌드 시스템이 완벽히 대처할테니 이제 아래 두 명령어를 차례로 입력할 수 있다.

```
BUILD_TYPE=release make all
BUILD_TYPE=debug make all
```

위와 같은 하위 디렉터리 기법 없이도 더 간단한 시스템을 만들 수 있지만 BUILD_TYPE을 바꿀 때마다 깨끗이 치워야 한다.

---

2 현재 프로젝트의 빌드 프로세스가 얼마나 훌륭한가? 10장에 나오는 특징에 비춰 봤을 때 좋은 점수를 얻겠는가? 어떻게 개선할 수 있을까? 아래를 하기 쉬운가?

a 라이브러리에 새 파일 추가

b 새 코드 디렉터리 추가

c 코드 파일 이동 또는 재명명

d 다른 빌드 구성(가령 데모 빌드) 추가

e 하나의 소스 트리 복사본으로 별도의 정리 없이 두 가지 설정으로 빌드

이 질문은 빌드 프로세스를 얼마나 잘 파악하고 있는지, 얼마나 유지 보수하기 쉬운 프로세스인지 모두 보여준다. 다른 프로젝트의 빌드 메커니즘과 비교해봐도 좋다. 사용 중인 프로세스에서 어느 부분이 부족하고 개선이 필요한지 알게 된다.

소스 파일 이동과 재명명에 대해 생각해 보자. 흔한 리팩터링이지만 쉽게 간과된다. 이 간단한 조치로 인해 빌드 시스템이 종속성을 부정확하게 추정해 결함이 있는 코드를 빌드할 수 있다. 저자도 이미 여러 차례 시달려 봤는데 무언가 잘못되었음을 눈치채는 데 한참 걸린다.

프로그래머는 정신없는 일정에 내몰려 빌드 시스템 개선에 시간을 쓸 여유가 "전혀" 없다. 전부 제품을 출시하느라 너무 바쁘다. 이는 위험천만하고 그릇된 생각이다. 빌드 스크립트 역시 코드의 일부이고 여느 소스 파일처럼 유지 보수와 신중한 확장이 필요하다. 안전하고 안정적인 빌드 시스템이 주는 영향이 아주 크므로 여기에 쏟는 시간은 절대 시간 낭비가 아니다. 코드 기반의 미래를 향한 투자다.

---

3 빌드 시스템을 처음부터 만들어 본 적 있는가? 시스템을 특정한 디자인으로 이끈 것은 무엇인가?

다른 프로그래밍 업무와 마찬가지로 다음과 같은 여러 요인이 맞물려 시스템의 형상을 결정한다.

- 사전 경험
- 지식
- 그 당시 문제에 대한 이해
- 사용 가능한 기술의 한계
- 준비에 걸리는 시간

일반적으로 약간의 시간적 여유를 두고 조금만 사용해 보면 디자인 결정이 얼마나 훌륭한지 보인다. 처음부터 모든 요구사항을 알 수는 없으며 다음과 같이 누구도 예상하지 못하게 요구사항이 바뀐다.

- 제품이 크게 성공할 경우 새로운 다국어 버전이나 새 프로세서 아키텍처를 타깃으로 빌드해야 하는 등 요구사항이 바뀔 수 있다. 빌드 시스템은 확장을 수용해야 한다.
- 가능한 옵션인지 누구도 예상하지 못했는데 새 빌드 툴체인으로 코드를 이동시켜야 할 수 있다.

위와 같은 변경을 얼마나 쉽게 수용하는지가 디자인 품질을 보여준다. 매 변경을 통해 다음 빌드 시스템을 위한 가치 있는 경험을 쌓아 나가며 배움을 거듭한다.

---

4   누구나 빌드 시스템 내 결함 때문에 가끔씩 괴롭다. 빌드 스크립트 프로그래밍은 실제 코드를 프로그래밍할 때만큼이나 버그를 만들 가능성이 크다.

어떤 빌드 오류 유형에 시달려 봤으며, 어떻게 고치거나 혹은 대비할 수 있었을까?

다음은 흔한 빌드 오류다.

- 종속성 정보를 부정확하게 획득한다.
- 디스크 공간 부족이나 잘못된 파일 권한 같은 파일 시스템 실패에 적절하게 대처하지 못한 채 어떤 단계에서 실패했다는 표식 없이 계속 빌드할 수 있다.
- 머징을 잘못하거나 유효하지 않은 소스 코드 버전을 체크아웃하는 등의 소스 제어 문제
- 주로 호환되지 않거나 유효하지 않은 버전을 사용해 발생하는 라이브러리 설정 오류
- 빌드 시스템 사용에 익숙하지 않은 프로그래머가 범하는 어리석은 실수

무언가 뜻대로 되지 않으면 한 걸음 물러나 빌드 시스템이 문제의 원인은 아닌지 고려해 보자.

11장: 속도의 필요성

궁리하기

1   **최적화는 코드 품질 하나를 희생해 다른 가치 있는 품질을 얻는 트레이드오프 과정이다. 성능 향상을 이끄는 트레이드오프 유형을 설명하라.**

다음과 같은 결정이 프로그램 성능을 크게 좌우한다.

- 기능 수 대 코드 크기
- 프로그램 속도 대 메모리 소비량
- 저장소와 캐싱 대 온디맨드(on-demand) 연산
- 신중한(guarded) 방식 대 부주의한(unguarded) 방식, 즉 낙관적 대 비관적
- 근사 연산 대 정밀 연산
- 인라인(inline) 대 함수 호출, 즉 일체식(monolithic) 대 모듈식(modular)
- 배열 인덱싱 대 리스트 검색
- 참조나 주소를 통한 인자 전달 대 복사본 전달
- 하드웨어 내 구현 대 소프트웨어 내 구현
- 하드코딩한 직접 접근 대 간접 접근
- 정해진 고정값 대 가변적이고 설정 가능한 값
- 컴파일타임 작업 대 런타임 작업
- 로컬 함수 호출 대 원격 호출

- 지연 계산(lazy computation) 대 즉시(eager) 계산
- "기발한" 알고리즘 대 명확한 코드

---

2 275쪽 "왜 최적화하면 안 되는가"에 나열된 최적화 대안 각각을 살펴보자. 만약에 있다면 어떤 트레이드오프가 있을지 설명하라.

일부 대안은 시스템을 얼마나 제어할 수 있느냐에 따라 최적화로 간주될 수 있다. 프로그램을 실행할 하드웨어 플랫폼을 명시한다면 더 빠른 장비를 쓰는 것이 바로 최적화다. 명시하지 않으면 오히려 문제를 회피하는 꼴이다.

대다수 대안에는 숨겨진 복잡도 비용이 있다. 예를 들어 일정한 호스트 플랫폼 설정에 의존하면(가령 어떤 서비스 혹은 백그라운드 프로그램이 실행 중인가) 특정 환경적 종속성이 생기는데 이는 획득하기 어려울뿐더러 설치나 향후 유지 보수 중에 놓치기 쉽다.

---

3 아래 용어와 서로 간에 관계를 정확히 설명하라.
- **성능**
- **효율성**
- **최적화**

코드 효율성이 성능을 결정한다. 최적화는 성능을 향상시키기 위해 코드 효율성을 높이는 행위이다. 보다시피 어떤 용어도 실행 속도를 직접적으로 묘사하지 않는다. 속도가 아니라 메모리가 차지하는 공간이나 데이터 처리량을 품질로 요구할 수 있다.

---

4 느린 프로그램에 있을 법한 병목은 무엇인가?

전부 CPU를 차지하려 다투는 중이고 잘못된 코드가 프로세서 시간을 전부 잡아먹고 있다는 생각은 흔히 범하는 오류다. 어떤 때는 CPU가 거의 유휴 상태로 돌아가는데도 성능이 형편없다. 프로그램이 교착 상태에 빠지는 이유는 여러 가지다.

- 메모리가 하드 디스크 스왑 공간으로 정신없이 왔다 갔다 한다.
- 디스크에 접근하려고 대기 중이다.
- 느린 데이터베이스 트랜잭션을 기다리는 중이다.
- 잘못된 잠금(locking) 동작이 존재한다.

---

5 최적화 요구를 어떻게 피할 수 있을까? 비효율적인 코드를 작성하지 않게 해주는 방법은 무엇일까?

처음부터 성능을 고려해 소프트웨어 시스템을 디자인해야 한다고 배웠다. 이는 어떤 성능 특징이 요구되는지 확실히 알아야만 가능하다.

견고한 디자인을 먼저 갖춘 후 코드를 합리적으로 작성하자. 사용 중인 언어에서 어떤 구조체가 가장 효율적인지 알아 두고 비효율적인 구조체는 사용하지 말자. 예를 들어 C++에서는 비용이 큰 임시 복사본 대신 const 참조를 전달하자.*

---

* 역으로 참조로 인해 다른 성능 측면에서 손해를 보기도 한다. 복사본에는 절대 앨리어싱 이슈가 생기지 않는데, 혹여 변수 앨리어스가 있을 가능성이 있으면 일부 컴파일러 최적화가 불가능하다. 늘 그렇듯이 무엇이 최선인지 판단해서 답을 찾아야 한다.

다양한 연산에 드는 상대적 비용을 대강이라도 알아 두면 유용하다. 프로세서가 초당 명령어 하나를 실행하도록 시간을 조정할 경우 전형적으로 함수 호출에 수초가, 가상 함수 호출에 10~30초가, 디스크 검색에 수 개월이, 평균적인 타이피스트가 키 하나를 누르는 데 수년이 걸린다. 메모리 할당이나 잠금 요청, 새 스레드 생성, 간단한 데이터 구조 룩업 같은 연산에 대해 이러한 측정치를 계산해 보자.

---

6 다중 스레드는 최적화에 어떤 영향을 미치는가?

스레딩은 해결하려는 문제만큼이나 많은 문제를 양산할 수 있다. 별다른 지식 없이 디자인에 스레드를 적용했다가 특히 잠금을 잘못 사용할 경우 병목이 늘어나 기나긴 교착 상태로 이어질 수 있다.

프로파일러에서 적절하게 스레드를 지원하지 못할 경우 다중 스레드 프로그램은 프로파일링하기 더 어렵다. 프로파일러가 내놓은 결과를 상대적 스레드 우선순위에 맞게 해석해야 한다. 스레드 간 협력이 존재한다면 제어해야 할 스레드들이 서로 엮이며 무리 없이 전반적으로 잘 실행되는지 알아내야 한다.

---

7 효율적인 코드를 작성하면 안 될까? 애초에 왜 고성능 알고리즘을 작성할 수 없는 것일까?

단번에 최적화 코드를 작성할 수 없는 지극히 타당한 이유가 많다.

- 최종 사용 패턴을 모른다. 현실적인 테스트 데이터 없이 가장 최선일 코드 디자인을 무슨 수로 고르겠는가?
- 프로그램을 빠르게 실행시키는 것은 고사하고 실행시키기만도 충분히 어렵다. 실현 가능성 증명을 위해 빠르게 프로토타입을 완성할 수 있는 구현하기 쉬운 디자인을 고른다.
- "고성능" 알고리즘은 구현하기 더 복잡하고 벅차다. 구현 중에 결함이 생기기 쉬우므로 프로그래머는 본능적으로 피한다.

흔히 프로그래머는 코드 작성에 쏟는 노력만큼 코드 실행 시간이 달라진다고 믿는다.[*] 몇 시간 만에 파일 파싱 코드를 작성했어도 디스크가 느리니 실행은 항상 오래 걸린다. 제대로 만들기 위해 일주일의 절반을 쏟아부은 복잡한 코드가 고작 수백 프로세서 주기 만에 끝날지도 모른다. 실제로 코드 효율성이든 최적화에 걸린 시간이든 코드 작성 시간과는 전혀 무관하다.

---

8 List 데이터 타입은 배열로 구현된다. 아래 List 메서드에서 최악의 알고리즘 복잡도는 각각 무엇인가?

a 생성자

b append – 리스트 끝에 새 항목을 덧붙인다

c insert – 주어진 위치에 맞게 두 리스트 항목 사이에 새 항목을 밀어 넣는다

d isEmpty – 리스트에 항목이 없으면 true를 반환한다

e contains – 리스트가 명시된 항목을 포함하면 true를 반환한다

f get – 주어진 인덱스에 있는 항목을 반환한다

각각의 최악의 복잡도는 다음과 같다.

a 생성자는 빈 리스트로 배열을 생성하면 되니 $O(1)$이다. 하지만 배열 크기가 생성자의 복잡도에 미치는

---

[*] 글로만 보면 말도 안 돼 보이지만 막상 코드를 작성할 때 아주 쉽게 빠지는 함정이다.

영향도 고려해야 한다. 대부분의 언어는 사용할 계획이 없더라도 객체로 가득 채워 배열을 생성한다. 이러한 객체들의 생성자가 nontrivial이면 List 생성자 실행에 다소 시간이 걸린다.

배열 크기가 처음부터 고정이 아니라 생성자에서 인자로 받을 수 있다(실질적인 최대 리스트 크기를 설정). 그러면 메서드는 O(n)이 된다.

b append 연산은 평균적으로 O(1)이다. 배열 항목을 작성해 리스트 크기만 업데이트하면 된다. 하지만 배열이 가득 차 있으면 재할당, 복사, 할당 해제를 수행해야 하므로 최악의 복잡도가 최소(메모리 관리자의 성능에 따라 다름) O(n)이다.

c insert는 평균적으로 O(n)이다. 리스트 맨 앞에 원소를 삽입해야 할 수도 있다. 이때는 첫 번째 원소를 작성하기 전에 먼저 배열의 모든 원소를 한 칸씩 뒤로 이동시켜야 한다. List에 항목이 많을수록 오래 걸린다. 하지만 최악의 경우 append와 마찬가지로 메모리 재할당까지 다시 해야 하니 O(n)보다 훨씬 오래 걸릴 수 있다.

d 터무니없이 형편없게 구현하지 않았다면 isEmpty는 O(1)이다. 리스트 크기를 알 테니 반환값은 단순히 이 값만 가져오면 된다.

e 리스트 항목이 정렬되지 않았다는 전제하에 contains는 O(n)이다. 리스트에 없는 항목을 찾는 최악의 경우에는 리스트 항목을 하나씩 순회해야 한다.

f 배열 구현 덕분에 get은 O(1)이다. 배열 인덱싱은 상수 시간 연산이다. 연결 리스트로 구현된 List면 O(n)짜리 연산이다.

스스로 살피기

1 (솔직히) 현재 프로젝트에서 코드 성능이 얼마나 중요한가? 이러한 성능 요구사항의 동기는 무엇인가?

성능 요구사항을 임의로 결정해서는 안 된다. 마음대로 날조한 시간 제약이 아니라 근거가 있어야 한다. 성능 요구사항 하나하나가 모두 중요하며 사소한 명세란 없다. 어떤 요구사항의 중요성은 그 요구사항을 충족시키기 얼마나 어려운가에 달렸다. 어렵든 쉽든 요구사항을 만족시킬 디자인을 제시해야 한다.

---

2 가장 최근에 했던 최적화에서

a 프로파일러를 사용했는가?

b 그렇다면 측정 결과 얼마나 향상됐는가?

c 아니라면 향상시켰는지 어떻게 알았는가?

d 최적화 이후 코드가 정상적으로 동작하는지 테스트했는가?

e 그렇다면 얼마나 철저히 테스트했는가?

f 아니라면 왜 하지 않았는가? 모든 경우에 코드가 정상적으로 동작한다고 어떻게 확신했는가?

가장 극적인 성능 향상 만이 프로파일러나 적절한 시간 테스트 없이도 감지된다. 인간의 지각은 쉽게 속는다. 프로그램 속도를 올리는 데만 혈안이 되면 속도는 항상 더 빠르게 느껴진다.

성능 향상을 신중히 테스트하고 가치가 없는 것은 버리자. 미세한 속도 개선과 유지 보수가 어려운 로직보다는 명쾌한 코드가 낫다.

---

3 현재 작업 중인 코드에 아직 최적화를 시도하지 않았다면 어느 부분이 가장 느리고 어디서 메모리를 가장 많이 소비할지 추측해보자. 이제 프로파일러를 돌려 보자. 추측이 얼마나 정확했는가?

아마 결과에 상당히 놀랄 것이다. 프로파일링할 프로그램이 클수록 이러한 병목을 올바르게 판단했을 가능성이 작다.

---

4 프로그램의 성능 요구사항을 얼마나 잘 명시하는가? 이러한 기준을 충족시키는지 테스트할 구체적인 계획이 있는가?

명확한 명세 없이는 누구도 프로그램 속도에 대해 불평할 자격이 없다!

12장: 불안 장애

궁리하기

1 "안전한" 프로그램이란 무엇일까?

안전한 프로그램은 악용 또는 침투, 혹은 원래 의도와 다르게 사용하려는 시도를 막아낸다. 강력한 프로그램 정도가 아니다. 강력한 코드는 요구 조건을 이행하고 약간의 압박으로는 고장 나지 않는다. 하지만 강력한 프로그램은 꼭 보안을 고려해 디자인하지 않으므로 극단적인 상황에서 민감한 정보가 새어 나갈 수 있다. 잘못 쓰일 때는 예상 밖의 출력을 제공하기보다 차라리 고장 나는 편이 나을 때가 있다. 그래서 안전한 코드는 고장 나기도 한다!

안전한 코드의 정의는 애플리케이션의 보안 요구사항에 따라 달라진다. 일부는 지원하는 서비스(운영 체제와 다른 애플리케이션)에 기대하는 바에 따라 정의된다. 이러한 점들을 고려했을 때 애플리케이션의 목적은 아마 다음 중 하나일 것이다.

기밀성(confidentiality)
시스템은 엉뚱한 사람에게 정보를 공개하지 않는다. 상대는 접근 거부 메시지를 받거나 애초에 그 정보가 존재하는지도 모를 것이다.

무결성(integrity)
시스템은 허가받지 않은 정보 변경을 허용하지 않는다.

가용성(availability)
심지어 공격 중에도 시스템이 끊김없이 동작한다. 모든 공격 가능성에 대응하기는 어렵다(누군가 전력을 끊으면 어떡하나?). 하지만 중복 계층을 넣어 디자인하거나 공격 이후의 재빠른 재시작을 지원하면 많은 공격에 대처할 수 있다.

인증(authentication)
시스템은 대개 로그인과 비밀번호 메커니즘으로 사용자가 자기라고 주장하는 사람이 맞는지 확인한다.

감사(audit)

시스템은 주요 연산에 대한 정보를 모두 기록함으로써 공격자의 활동을 잡아내거나 감시한다.

---

2 안전한 프로그램에서는 어떤 입력을 검증해야 할까? 어떤 종류의 검증이 필요할까?

모든 입력을 검증해야 한다. 명령 줄 인자와 환경 변수, GUI 입력, 웹 양식 입력(클라이언트 쪽 자바스크립트에 있는 것까지 검사), CGI로 암호화된 URL, 쿠키 내용, 파일 내용, 파일명까지 포함한다.

입력 크기(단순히 숫자 변수가 아니라면), 형식의 유효성, 실제 데이터 내용(수가 유효한 범위 안에 있는지, 임베딩된 쿼리 문자열이 없는지)를 검사해야 한다.

---

3 신뢰할 수 있는 사용자 풀로부터 공격이 발생하면 어떻게 보호해야 할까?

쉽지 않다. 악용하지 않는다고 믿었기에 특정 권한 수준을 부여한 것이다. 대다수 사용자는 소프트웨어를 고의로 악용하지 않으나 소수는 자신의 이득을 위해 프로그램을 파괴하려 한다.

대처할 몇 가지 기법을 소개하겠다.

- 모든 연산을 로깅해서 누가 언제 어떻게 변경했는지 알아둔다.
- 정말 중요한 연산이라면 두 명의 사용자가 인증하게 한다.
- 각 연산을 되돌릴 수 없는 트랜잭션으로 감싸 중간에 풀리지 않도록 한다.
- 모든 데이터 저장소를 주기적으로 백업해 데이터 손실 시 가져올 수 있게 한다.

---

4 악용할만한 버퍼 오버런은 어디에서 발생할까? 특히 어떤 함수에서 버퍼 오버런이 발생하기 쉬운가?

버퍼 오버런은 가장 심각한 보안 취약점이자 공격자가 악용하기 쉬운 간단한 문제다. 다중 로컬 구조에서 쓰고 있는 주소에 데이터를 복사해 넣거나 복사해 나갈 때 혹은 인덱싱으로 특정 항목에 접근할 때 언제든 발생할 수 있다. 가장 흔한 주범은 배열과 문자열이다.

사용자 입력 루틴에서 가장 자주 보이나 여기만은 아니며 데이터 조작 코드라면 어디든 발생할 수 있다. 악용 가능한 버퍼가 스택(함수의 로컬 변수가 놓이는 곳)에 놓일 수도, 힙(동적으로 할당된 메모리 풀)에 놓일 수도 있다.

---

5 버퍼 오버런을 완벽하게 방지할 수 있을까?

그렇다, 단 함수의 모든 입력을 꼼꼼하게 검사하고 각 입력까지 이어지는 소프트웨어의 스택(운영 체제 입력 루틴이나 사용 중인 언어의 런타임 라이브러리에서 실행됐을 가능성)이 안전하다고 확신할 수 있어야 한다.

코드를 보호할 핵심 기법을 살펴보자.

- 자동으로 문자열을 확장하는 언어처럼 가변 버퍼를 지원하는 언어를 사용하자. 문자열만 위험한 것이 아니다. 경계를 검사하는 배열이나 안전한 해시 맵을 구하자.
- 언어 지원에 의존할 수 없으면 모든 입력에 대해 경계 검사를 해야 한다.
- C에서는 무조건 더 안전한 strncpy, strncat, snprintf, fgets 같은 표준 라이브러리 함수를 사용하자. printf와 scanf 같은 stdio 루틴은 안전을 보장할 수 없으니 쓰지 말자.
- 안전을 입증할 수 없는 외부 라이브러리는 절대 쓰지 말자.

- (자바나 C# 같은) 세심히 관리되는 실행 환경에서 코드를 작성하자. 그러면 버퍼 오버런 공격이 거의 존재하지 않는다. 실행상에서 대부분의 오버런을 자동으로 막는다.

---

6 애플리케이션에 쓰이는 메모리는 어떻게 보호할까?

메모리 보안을 세 번에 걸쳐 고려하자.

a 사용하기 전에 생각하자. 요청하려는 메모리에는 이미 임의의 값이 들어 있다. 초기화하지 않은 메모리 값에 우연히 기대는 코드를 작성하지 말자. 크래커가 이를 악용해 코드를 공격할 수 있다. 더 안전하게 하려면 할당된 메모리를 사용하기 전에 0으로 만들자.

b 사용하면서 생각하자. 민감한 정보를 포함하는 메모리를 잠금으로써 디스크로 스왑되지 않게 하자. 당연히 안전한 운영 체제를 사용 중이어야 한다. 어떤 애플리케이션이 다른 애플리케이션의 메모리를 읽을 수 있으면 이미 실패다!

c 사용한 후 생각하자. 애플리케이션 프로그래머는 메모리를 해제하며 재사용을 위해 운영 체제에 건네주기 앞서 초기화부터 해야 한다는 사실을 종종 잊는다. 자칫하면 사악한 프로세스가 남겨져 있는 기밀 데이터를 얻고자 메모리를 뒤질 수 있다.

---

7 C와 C++는 다른 언어보다 근본적으로 덜 안전할까?

C와 C++는 안전하지 않은 애플리케이션이 끼치는 피해 이상을 초래하고 전형적인 보안 취약점을 가진 코드를 작성할 여지를 제공한다. 반드시 신경을 곤두세우고 있어야 하며 숙련된 개발자라도 C/C++ 코드를 작성할 때는 버퍼 오버런을 피하기 위해 집중해야 한다. 두 언어는 안전한 프로그래밍과는 거리가 멀다.

하지만 다른 언어라고 해서 C와 C++를 악명 높게 만든 보안 문제를 전부 피하지는 못한다. 잠재적 버퍼 오버런은 아마 피하겠지만 언어 자체만으로 피할 수 없는 다른 문제가 많으니 거짓된 안도감에 속지 말자. "안전한" 언어를 골라 보안을 전혀 신경 쓰지 않는 일은 불가능하니 어떤 언어를 사용하든 보안 이슈를 잘 파악하자.

사실 버퍼 오버런은 아주 쉽게 검사해서 피할 수 있는 취약점이다. 안전한 애플리케이션을 프로그래밍해야 하는 경우 사용할 언어는 다른 모든 문제 중 작은 고민거리다.

---

8 C로 쌓은 경험 덕분에 C++는 더 낫고 더 안전하게 디자인된 언어가 되었는가?

C++에는 사용할 메모리를 내부적으로 처리하는 추상 string 타입이 새로 생겼다. 버퍼 오버런 방지에 매우 유용하지만 전통적 C 스타일의 char 배열 역시 제 무덤 파기를 좋아하는 사람을 위해 아직 남아 있다. 배열을 처리하는 메모리인 vector 역시 편리한 장치 중 하나다. 하지만 이 두 구조도 오버런 될 수 있는데 어떻게 가능할까?

C++는 많은 함수 포인터를 힙(가상 함수 테이블이 저장되는 곳)에 저장하므로 때로는 C보다 더 위험하게 여겨진다. 공격자가 포인터 중 하나를 덮어쓰기 해서 자신의 악의적인 코드로 작업 방향을 돌릴 수 있다.

여러모로 C++이 더 안전하다, 아니 오히려 안전하게 사용하기 더 쉽다. 하지만 오로지 보안만 고려해 디자인하지 않았으므로 개발자가 반드시 알아두어야 할 자체적인 보안 문제가 남아 있다.

---

9 프로그램이 언제 위험에 처하는지 어떻게 알까?

감지 장치 없이는 알 도리가 없으니 이례적인 시스템 동작이나 색다른 활동 패턴을 계속 감시할 수밖에 없다. 과학과는 거리가 멀다. 시스템 해킹 사실이 언제까지고 밝혀지지 않을 수 있다. 피해자(혹은 피해자가 속한 소프트웨어 판매 회사)가 공격을 알아챈다 해도 또 다른 공격자를 부르는 꼴이니 자세한 정보를 밝히기 꺼릴 것이다. 어떤 회사에서 제품에 보안상 결함이 있다고 공표하겠는가? 보안 패치를 출시할 만큼 양심적 이더라도 모두가 업그레이드하지는 않을 테니 많은 운용 체제에 문서화가 잘 된 보안 결함이 남게 된다.

스스로 살피기

1 현재 프로젝트의 보안 요구사항은 무엇인가? 이러한 요구사항은 어떻게 수립했는가? 요구사항을 누가 알고 있는가? 어디에 문서화했는가?

솔직히 답하자. 그럴듯한 무언가를 꾸며 내기는 그렇게 어렵지 않다. 하지만 보안 요구사항을 공식적으로 설명하지 않았다면 프로젝트에서 보안을 제대로 다루지 못했을 것이다. 모든 개발자가 보안 요구사항을 인지하고 달성 방법을 알아야 한다

---

2 출시했던 애플리케이션 중 최악의 보안 버그는 무엇인가?

이미 지나간 일이더라도 꼭 알아야 한다. 과거에 무엇을 잘못했는지 알아야 미래에 피할 가능성이 생긴다. 과거의 보안 취약점을 하나도 모르면 보안 테스트를 철저하게 하지 못했을 것이다. 관심을 두지 않았거나 아주 운이 좋아서 아무것도 발견되지 않은 것이다.

---

3 애플리케이션에 보안 공고를 얼마나 게시했는가?

바보 같은 코드 오류처럼 개발자의 어리석은 실수에서 비롯되었는가 아니면 더 큰 디자인 문제에 기인하는 가? 공고에 게시되는 일반적인 문제의 대부분은 전자다.

---

4 보안 감사를 시행해 본 적 있는가? 어떤 종류의 결함이 드러났는가?

이 테스트를 수행하는 능숙한 보안 전문가를 두지 않는 이상 일부 보안 취약점을 놓칠 수밖에 없다. 하지만 감사를 통해서도 눈에 띄는 문제가 다수 드러나므로 충분히 가치가 있다.

---

5 어떤 부류가 현재 시스템을 공격할 가능성이 가장 높은가? 아래 요소로부터 어떤 영향을 받는가?

- **회사**
- **사용자 유형**
- **제품 유형**
- **제품 인지도**
- **경쟁 상대**
- **실행할 플랫폼**
- **시스템의 유대감과 대중적 인지도**

누구나 악의적인 사용자, 비양심적인 경쟁자, 심지어 테러리스트 조직의 표적이다. 왜 신뢰하는가?

13장: 훌륭한 디자인

궁리하기

1 프로젝트 규모는 소프트웨어 디자인과 디자인에 수반되는 작업에 어떤 영향을 미칠까?

프로젝트가 규모가 클수록 로우 레벨 코드 디자인보다 아키텍처 디자인이 더 많이 요구된다. 잘못된 선택이 더욱 심각한 결과를 초래하므로 디자인 사전 검증에 시간을 더 들여야 한다.

2 문서화가 잘 된 형편없는 디자인이 문서화가 안 된 훌륭한 디자인보다 나을까?

문서화는 좋은 디자인을 이루는 요소 중 하나다. 형편없는 디자인에 문서화가 잘 되어 있으면 비록 지저분한 소굴로 가는 반짝이는 흙길이기는 해도 어쨌든 코드를 이해할 길이 생긴다. 적어도 그 코드를 다시 건드리지 말자는 교훈은 얻는다.

충분히 간단한 코드는 문서화 영역이 필요 없으나 상당히 복잡한 소프트웨어는 적절한 설명 없이 작업하기 힘들다.

어느 쪽이 나은가? 문서화가 없는 훌륭한 디자인이 제일 좋다. 진정한 고품질 디자인은 명백하며 자체 문서화가 되어 있다.

3 코드의 디자인 품질을 어떻게 판단할까? 단순성, 간결성, 모듈성 등을 어떻게 측정할까?

품질은 양적으로 계산하기 어려운 디자인에 대한 심미적 판단에 가깝다. 무엇이 그림을 아름답게 만드는가? 만질 수 없고 계산할 수 없는 것들이다. 나중에 가서는 코드를 이해하거나 수정하기가 얼마나 쉬웠는지 깨닫게 된다. 하지만 코드를 처음 접할 때는 별로 도움이 되지 않는다. A와 B라는 디자인 중에 A가 더 정교하다고 생각해도 실질적으로 B가 더 쓸모 있고 재사용 요청에도 더 유연하게 대처하면 A가 더 낫다고 주장하기 어렵다.

디자인 품질을 판단할 유일한 방법은 코드를 들여다보는 것이다. 코드를 조금만 읽어 보면 일반적으로 전반적인 품질에 대한 웬만한 감이 생긴다. 코드 일부가 괜찮으면 나머지도 양질의 품질일 가능성이 크다. 항상 그렇지는 않아도 유용한 잣대다. 현실적으로 다음과 같이 접근하자. 코드 일부가 형편없으면 전체 코드 기반도 형편없을 것이라고 생각하자. 그 작은 코드가 쓸 만하면 코드 기반에 감지하기 어려운 문제가 숨겨져 있을 것이라고만 의심하자.

소스를 검사하는 코드 도구를 실행해 다이어그램과 문서화를 만드는 것도 디자인 품질 판단에 도움이 된다.

4 디자인은 팀 활동일까? 팀워크 능력은 훌륭한 디자인을 만드는 데 얼마나 중요한가?

매우 중요하다. 단독 프로그래밍 업무는 드물다. 소프트웨어 공장에서는 대규모 디자인 작업을 대부분 디자이너 둘 이상이 맡는다. 작업을 별개 영역으로 나누어도 어느 순간 서로 이어지고 결국 디자이너 간 대화가 필요하다. 디자이너가 한 명뿐이라도 디자인을 효율적으로 설명하고 의사소통할 수 있어야 한다.

5 프로젝트마다 방법론을 다르게 하는 편이 더 적절할까?

물론이다. 프로젝트 범위에 따라 어떤 디자인 방식은 필요가 전혀 없어진다. 장치 드라이버 집합을 작성하는데 완전한 객체 지향 디자인 프로세스는 크게 쓸모가 없다.

정부 기관 같은 아주 공식적인 프로젝트에 착수했다면 매 단계를 문서화하는 아주 형식적인 프로세스를 사용해야 하고 모든 디자인 결정에 책임져야 한다. 소프트웨어 연구실의 R&D 예비 프로젝트와는 완전히 다르다.

---

6 디자인이 매우 응집됐는지 혹은 약하게 커플링 됐는지 어떻게 알아낼까?

궁극적으로 코드를 들여다보고 조화를 이루는지 살펴봐야겠지만 너무 지루하다! 파일 상단의 #include를 보면 C나 C++ 프로젝트의 커플링에 대해 대충 감이 잡힌다. 너무 많으면 커플링이 매우 약할 것이다. 혹은 검사 도구를 실행해 보기 편하게 그림으로 코드를 표현하는 방법도 있다.

---

7 과거 비슷한 디자인 문제를 해결했으면 현재 문제의 난이도를 알기 쉬울까?

경험은 디자인 방식에 대한 교훈을 주니 배우고 그 지식을 활용하자. 단 자동 조종 장치에 의지하지 말고 지식을 바탕으로 지혜를 발휘하자. 상황별로 도전 과제가 서로 다르다. 외견상 비슷하다고 어떤 문제를 다른 문제와 똑같이 간주하지 말자.

해머 사용법을 안다고 모든 문제마다 못을 박지는 말자.

---

8 디자인에도 실험할 여지가 있는가?

그렇다, 구현이 끝나고 만족할 때까지 모든 디자인은 실험적이다. 프레더릭 브룩스가 묘사했던 "빌드하고 버리기(build one to throw away)" 방식을 생각해 보자.[브룩스 95] 실험에는 장점이 많다.

디자인은 반복적 절차라서 매 반복마다 디자인 방안을 시험해 보고 무엇이 가장 합리적인지 결정할 수 있다. 반복을 거듭할수록 범위가 점점 줄어들고 아무리 형편없는 디자인 결정을 내려도 덜 골치 아프다.

스스로 살피기

1 과거로 돌아가 코드 디자인 방법을 어떻게 배웠는지 떠올려 보자. 어떻게 해야 완전 초보자에게 획득한 지식을 전달할 수 있을까?

솔직히 얼마만큼 가르칠 수 있다고 생각하고, 얼마만큼 초보자의 타고난 능력과 경험에서 비롯되어야 하겠는가? 경험에 기반해 누군가를 도울 훈련 체계를 만들 수 있겠는가?

초보자에게 처음부터 큰 시스템 디자인을 맡길 리 없다. 항상 무슨 일을 하는지 멘토링 관점에서 지켜보면서 작고 독립적인 프로젝트로 시작해 기존 프로그램을 확장하게 할 것이다.

대부분의 프로그래머는 디자인을 배울 때 이러한 도움을 받지 못했다. 시행착오를 거치며 배웠다. 초보자 교육과 멘토링에 관심을 갖자. 실력을 키우는 데 큰 도움이 된다.

---

2 특정 디자인 방법론을 사용했던 경험을 떠올려보자. 좋은 경험인가 나쁜 경험인가? 결과 코드는 어땠나? 어떤 방법이 더 나았을 것 같은가?

사전 경험과 선호도에 따라 선택한 방법론이 기억에 남는가? 방법론을 어떻게 사용할지 모르면 작업이 고되고 불편하다. 강건한 C 프로그래머라면 모든 객체 지향 디자인을 다 싫어해서 객체 지향 디자인이 형편없을 것이다. 하지만 그렇다고 객체 지향에 결함이 있다는 뜻은 아니다.

---

3 사용 중인 방법론을 엄격하게 고수해야 한다고 생각하는가?

디자인 방법은 프로그래밍 언어처럼 도구이자 유틸리티이기 때문에 유용할 때까지만 사용해야 한다. 어느 순간 유용하지 않으면 더 이상 유틸리티가 아니다! 팀원 누구도 방법론을 시행할 줄 모르면 그 방법론은 실패할 것이다. 아는 것을 쓰던가 먼저 가르치자.

---

4 디자인이 가장 뛰어났던 코드는 무엇인가? 최악의 디자인은?

분명 가장 형편없이 설계했던 코드가 쉽게 떠오를 것이다. 형편없는 코드는 눈에 금방 띄고 그래서 기억에 오래 남는다. 훌륭하게 디자인한 코드는 단순하고 명백하기 때문에 한 걸음 물러나 "정말 훌륭한 디자인이야!"라고 말할 일이 없다. 아마 무수한 디자인 작업이 수반됐다는 사실도 알아차리지 못할 것이다.

---

5 프로그래밍 언어는 종교처럼 논쟁할 대상이 아니라 디자인을 구현하는 필수 도구다. 언어 관용구를 아는 것이 정말 중요할까?

아주 중요해서 모르면 전혀 이해할 수 없는 코드가 탄생한다.

일부 아키텍처 결정은 언어와 독립적이지만 로우 레벨 코드 디자인은 구현 언어에 따라 크게 좌우된다. 한 가지 분명한 예로서 자바로 코딩할 때는 일률적인 절차 디자인은 만들지 말자. 이는 명백한 잘못이다.

---

6 프로그래밍을 무엇이라고 생각하는가? 공학 분야(engineering discipline)인가, 기술(craft)인가, 예술(art)인가?

한마디로 어떻게 프로그래밍하는가에 달렸다. 프로그래밍은 세 가지 요소를 모두 포함한다.

프로그래밍은 기술(skill), 기량(workmanship), 지식 분야(discipline), 경험(experience)을 요구하니 나는 프로그래밍을 기술(craft)로 생각하는 편이다. 프로그램 제품은 기능적이면서 동시에 아름답다. 창조적 과정이기에 그 속에 예술적 요소가 담긴다. 예술적 기교의 동반은 도구와 기법의 승리다. 이 모두가 기술(craft)의 특징이다.

14장: 소프트웨어 아키텍처

궁리하기

1 아키텍처가 마무리되고 소프트웨어 디자인이 시작되는 지점을 정의하라.

사실 두 용어 모두 스스로 맞게 정의하면 된다. 일반적으로 다음과 같이 구분해서 사용한다.

- 아키텍처는 높은 수준의 구조적 디자인이다. 구성과 유지 보수 비용, 전반적인 시스템 복잡도, 향후 확장 수용 능력, 마케팅 문제에 미칠 영향을 고려하며 각 결정이 낳을 광범위한 결과를 살핀다. 아키텍처는 프로젝트를 시작할 때 고안한다. 최소한 향후 소프트웨어 디자인에 중대한 영향을 미친다.
- 소프트웨어 디자인은 그다음 계층의 디자인으로서 더 정제되고 집중된 활동이다. 데이터 구조, 함수 서명, 모듈을 통한 정밀한 제어 흐름 등 코드 세부 사항을 다룬다. 소프트웨어 디자인은 모듈 단위로 이뤄진다. 시스템 전반만큼 중요하지는 않다.

정확한 지점은 프로젝트 규모에 따라 다르다. 아키텍처가 먼저 만들어지고 디자인 결과가 다시 아키텍처에 반영되기는 하지만 소프트웨어 구성은 반복적이고 점진적인 절차다.

---

2 형편없는 아키텍처는 시스템에 어떤 식으로 영향을 미치는가? 아키텍처 결함이 영향을 미치지 않는 부분이 있는가?

잘못된 아키텍처는 훌륭한 소프트웨어를 작성하는 데 쏟은 모든 노력을 허사로 만든다. 아키텍처는 코드 품질의 근본이다. 아키텍처에 결함이 있어도 상관없는 코드는 독립형 라이브러리이든지 애초에 한 번도 시스템에 포함된 적이 없었을 것이다.

---

3 아키텍처에 결함이 생기면 쉽게 고칠 수 있는가?

프로젝트 초기 형성 단계에서는 비교적 아키텍처를 조정하기 쉽다. 하지만 일단 그 아키텍처에 기반해 개발이 시작됐고 그 스캐폴드에 충분한 투자(디자인과 코드)가 이뤄졌다면 바꾸기 정말 정말 어렵다. 차라리 전체 제품을 처음부터 다시 작성하는 편이 낫다.

그래서 아키텍처를 처음부터 제대로 만드는 것이 아주 중요하다. 작은 코드는 리팩터링할 수 있어도 전체 구조적 기반은 그럴 수 없다.

물론 물리적인 건축에 비해서는 소프트웨어를 파기하고 다시 시작하는 편이 더 쉽지만, 경제적 문제가 가로막는다. 아키텍처를 제대로 만들 기회는 일반적으로 한 번뿐이며 제대로 하지 못하면 소프트웨어 생애 내내 그 결과를 감당해야 한다.

---

4 아키텍처는 아래 요소에 얼마나 영향을 미치는가?

a 시스템 설정

b 로깅

c 오류 처리

d 보안

아키텍처는 각각에 지대한 영향을 미친다, 아니 더 정확히 말해 각각은 아키텍처에 지대한 영향을 미친다. 중대한 아키텍처 디자인에 착수하기 전에 각 요소별로 요구사항을 수립해야 한다. 시간이 지나면 더 우선적인 아키텍처에는 고사하고 코드에도 이러한 기능을 접목하기 어렵다.

a 아키텍처는 어떤 설정이 가능해야 하는지(많이 혹은 조금), 어떻게 설정되어야 하는지를 결정한다. 공유 "구성 관리자(configuration manager)" 컴포넌트의 중요성, 시스템의 원격 설정 지원 여부, 설정 수행 권한(단순히 개발자인지, 혹은 설치 프로그램(installer)이나 유지 보수자, 사용자가 변경해야 하는지) 등 몇 가지 요인에 따라 설정 메커니즘 유형이 결정된다. 이 모든 사항이 기본적인 아키텍처 이슈이다.

b 독립적인 컴포넌트들이 공유 기능을 활용해 정보를 로깅할 수 있고 혹은 자신만의 맞춤형 메커니즘을 사용할 수도 있다. 아키텍처는 허용 가능한 방식, 로그 접근 방식, 그리고 주요 로깅 정보 유형까지 정의한다. 소프트웨어 사용자뿐 아니라 소프트웨어 개발자의 요구사항도 다뤄야 한다. 출시 버전에서 개발 로깅 정보를 생산해야 할까?

c 아키텍처상에서의 오류 관리는 중앙에 오류 로깅 서비스와 오류 보고 체계를 둘 지에 관한 것이다(오류가 지저분한 백엔드 컴포넌트로부터 어떻게 깔끔한 사용자 GUI 인터페이스까지 전파되는가?). 또한, 사용할 오류 메커니즘 유형도 정의하는데, 전체 컴포넌트가 공유하는 중앙 오류 코드 테이블이나 공통 예외 계층 구조를 둘 것이다. 외부 코드에서 발생한 오류를 시스템으로 어떻게 통합할지도 다룬다.

d 보안 이슈는 개발 중인 소프트웨어 유형에 따라 다르다. 분산 인터넷 기반 쇼핑 사이트 시스템은 독립형 컴퓨터에만 배치될 작은 코드와는 보안 요구사항이 다르다. 보안은 중요한 주제이고 막판에 덧붙일 수 없기 때문에 초기 아키텍처 디자인에서 다뤄야 한다.

---

5 소프트웨어 설계자라 불리려면 어떤 경험 혹은 자격이 필요할까?

스스로 얼마든지 설계자라고 칭할 수 있지만 하룻밤 사이에 통찰력과 경험을 터득하거나 훌륭한 디자인 결정을 내릴 지혜를 마법처럼 얻을 수는 없다.

좋은 아키텍처 디자인에는 실제 소프트웨어 시스템을 배우고 고안하고 개선해 본 풍부한 사전 경험이 필요하다. 누군가 하는 것을 보는 것으로는 부족하고 실제 해야만 얻을 수 있는 것들이다. 소프트웨어를 딱 한 번 출시해 놓고 자신을 설계자라 부른다면 경계하자.

소프트웨어 아키텍처를 설계해도 설계자라 불리지 않기도 한다. 주로 회사 구조와 문화에 따라 호칭 사용이 다르다. 설계자라 불리기 위한 형식적인 자격 요건은 없다. 하지만 어떤 나라에서는 전문적인 인가 없이 설계자 유형으로 불리는 것이 불법이다.

---

6 판매 전략이 아키텍처에 영향을 미쳐야 할까? 그렇다면 어떻게 미쳐야 할까? 그렇지 않는다면 왜일까?

그렇다, 상업적 문제는 필연적으로 기술적 아키텍처에 영향을 미친다. 그렇지 못했다면 성공이 불가능한 시스템을 만들어 순식간에 일자리를 잃고 회사는 재산 관리 상태에 놓일 것이다.

디자인의 상업적 결과를 반드시 고심해야 한다. 예를 들어 고장 모드별 결과와 반환 비용 또는 현장(on-site) 시스템 지원에 드는 비용을 고려해야 한다. 문제가 될 것 같으면 아키텍처에서 이러한 이벤트를 최소화해야 한다(원격 접근과 풍부한 진단 프로그램을 제공함으로써 이처럼 강도 높은 제품 지원을 피할 수 있다).

이 밖에도 상업적 문제는 고객 지원 기능(시스템 운영 용이성 포함), 설치 방식(교육받은 전문 인력 또는 자동화된 CD 설치 프로그램이 수행), 유지 보수 지원과 요금 구조 같은 아키텍처 영역에도 영향을 미친다.

---

7 확장성을 어떻게 설계할까? 성능은 어떻게 설계할까? 이러한 디자인 목표가 시스템에 어떤 영향을 미치고 어떻게 서로 도움을 주는가?

많은 아키텍처 결정이 아래 두 요구사항을 추구한다.

- 확장성(extensibility)은 플러그인과 프로그램상에서의 코드 접근, 언어 바인딩 추가, 스크립팅 기능, 리다이렉션 추가 같은 아키텍처 장치로 지원할 수 있다.

- 성능(performance)은 효율적이고 성공 지향적인 방향으로 아키텍처를 간결하게 만듦으로써 달성한다. 불필요한 컴포넌트는 모두 제거하고 때맞춰 적절한 연결을 제공해야 한다. 데이터 처리량을 늘리려면 캐싱 계층을 포함시켜야 할 수도 있다.

보다시피 둘 사이에는 공통점이 거의 없다. 확장성을 위해 끼워 넣는 것들은 적든 많든 성능을 일부 저하시킨다. 리다이렉션을 추가하려면 비용이 든다. 확장성이 목표라면 이 정도 희생은 괜찮다. 훌륭한 아키텍처는 파악된 요구사항에 맞게 적절히 높은 수준에서 타협한다.

스스로 살피기

1 얼마나 다양한 범위의 아키텍처 스타일에 익숙한가? 가장 경험이 많은 아키텍처 스타일은 무엇이며 작성하는 소프트웨어에 어떤 영향을 미치는가?

아키텍처는 여러 면에 영향을 미친다. 아키텍처 스타일이 다르면 디자인과 코딩 기법도 달라진다. 인간은 습관의 동물이기에 이러한 기법은 심지어 나중에 다른 아키텍처로 작업할 때까지 생각하고 코딩하는 방식을 형성한다

다양한 아키텍처를 많이 접하고 다룰 수 있다면 좋다. 실제로는 특정 스타일 하나에 집중하게 된다. 그 아키텍처에 따라 코드가 어떻게 형성되는지 알아 두고 아키텍처를 바꿀 때는 알맞은 코드를 작성하고 있는지 확인하자.

2 아키텍처와 관련해서 개인적으로 성공하거나 실패했던 경험이 있는가?

먼저 아키텍처에서의 성공이 무엇인지부터 정의해야 한다. 기술적으로 가치 있는 아키텍처인가? 상업적 이윤을 달성한 시스템인가? 둘 다 조금씩 포함하는가? 자신의 답을 적어 보자.

부적절한 아키텍처에 짓눌린 소프트웨어는 적절히 확장되지 못해 보통 피해를 본다. 중요한 기능이 들어가지 못한다. 결국 제품은 더 민첩한 경쟁 업체에 시장 점유율을 뺏길 수밖에 없다. 역사에는 이렇게 외면당한 소프트웨어 제품이 여기저기 널려 있다.

또 다른 위험은 레거시다. 아키텍처 짐 더미를 향한 막대한 투자는 큰 걸림돌이다. 오래된 시스템이나 아키텍처를 버리고 처음부터 새로 시작하려면 현실적인 통찰력과 꽤 많은 용기가 필요하다. 다시 작업할 때는 항상 이전 버전에서 교훈을 얻어야 한다.

지나치게 설계된 아키텍처는 부족한 아키텍처만큼 위험하다. 아키텍처에서 과도하게 지원하면 제품이 너무 복잡하고 거추장스러워지며 허용하기 어려울 정도로 느려진다. 대체로 가장 간단한 변경조차 많은 컴포넌트 수정을 동반해야 한다는 뜻이다.

3 현재 프로젝트 내 모든 개발자를 불러 독립적으로(누구와도 대화하지 않고) 그리고 시스템 설명서나 코드에 대한 참조 없이 시스템 아키텍처를 그림으로 나타내게 하자. 서로의 그림을 비교해 보자. 상대적인 예술성을 제외하고 각 개발자의 노력을 보면 어떤 생각이 드는가?

그림에 닮은 점이 전혀 없으면 긴장하자. 사소하게 다른 부분은 걱정하지 않아도 된다. 작은 컴포넌트는 서로 다르게 놓칠 수 있고 각각 시스템의 다른 부분에 중점을 뒀을 수 있다. 하지만 그림에 몹시 다른 컴포넌트나 비슷하지 않은 커뮤니케이션 경로가 있으면 코드에 대한 하나의 심성 모형(mental model)을 팀에서 공유하지 못한 것이다. 이는 틀림없이 재앙으로 이어진다. 개발자를 협력시키고 시스템이 실제로 어떤 모습이어야 하는지 알게 하자.

그림이 전부 서로 비슷하면 자신을 칭찬하자. 각 종이 위에 컴포넌트가 비슷한 위치에 있으면 가산점을 주자. 이는 하나의 아키텍처 명세가 존재하고, 더 중요하게는 모두 그 명세를 이해하고 있다는 표식이다.

4 현재 프로젝트에 보편적으로 사용 가능한 아키텍처 설명이 있는가? 어떻게 최신으로 유지하는가? 어떤 종류
의 뷰를 사용하는가? 신입 또는 잠재적 고객에게 시스템을 설명해야 할 경우 실제 무엇을 문서화해야 할까?

이상적인 문서화와 현실이 얼마나 동떨어져 있는지 잘 보자. 상황을 개선할 어떤 기회가 있는가? 바쁜 상업
환경에서는 전체 아키텍처를 설명할 시간을 따로 일정에 넣기 어려우나 새 모듈의 디자인과 명세 단계에서
시간을 내볼 수 있다. 이렇게 훌륭한 아키텍처 개요를 서서히 구성해 나간다.

---

5 시장 경쟁자의 아키텍처와 자신의 시스템 아키텍처를 어떻게 비교할까? 프로젝트의 성공을 결정짓기 위해
아키텍처를 어떻게 정의해 왔는가?

모든 요구사항을 충족시키고 성공을 보장하려면 아키텍처가 어떻게 디자인되는지 알아야 한다(이 점을 고
려해 디자인하지 않았다면 정말 큰일이다). 아키텍처가 소프트웨어 시스템의 형상과 품질에 어떻게 가장 근
본적인 영향을 미치는지 살펴봤다. 결국 제품의 성공 또는 실패에 정말 큰 영향을 미친다. 아키텍처가 형편
없는데 성공하는 소프트웨어 제품은 보기 힘들다. 성공한 제품이 있다 해도 그렇게 오래 살아남지 못할 것
이다.

아키텍처는 최소한 경쟁 시스템과 똑같은 핵심 기능을 지원할 수 있어야 하고 다른 누군가가 아니라 당신의
제품을 고르게 만들 고유한 기능을 알맞게 지원할 수 있어야 한다. 아키텍처에서 지원할 필요 없는 단순한
기능이 시스템 깊숙이 내장된 핵심 기능만큼 이목을 끄는 일은 드물다.

15장: 소프트웨어 진화 혹은 소프트웨어 혁명?

궁리하기

1 소프트웨어 성장을 가장 잘 설명한 비유는 무엇인가?

없다. 포레스트 검프가 남긴 불후의 명언에 빗대 보면 "소프트웨어처럼 동작하면 소프트웨어다(Software is
as software does)."[그림 94] 코드 구성에는 많은 상관관계가 있지만, 일출의 아름다움을 절대 말로 완벽
하게 묘사할 수 없듯이 어떤 비유도 완벽하게 그 미묘함을 전달하지 못한다.

비유는 오해를 일으킬 수 있다. 소프트웨어는 여느 물리적 항목과 매우 다른 물질이고 그에 따라 소프트웨
어 개발도 다르다. 물리적 제약이 적고 더 다양하게 조작할 수 있다.

비유마다 조금씩 진실이 엿보인다. 배울 수 있는 것은 배우되 소프트웨어에 대한 그릇된 견해에 빠져들지
말자.

---

2 도입부에서 프로그램 개발을 다채로운 생애와 비유했는데, 그렇다면 아래 현실 세계 이벤트는 프로그램의
무엇과 대응되는가?

- 수정
- 탄생
- 성장기
- 성년

- **드넓은 현실 세계로 나아가기**
- **중년**
- **피로도 증가**
- **은퇴**
- **죽음**

비유에는 허점이 있다고 설명했으나 이 문제를 잘 생각해 보면 소프트웨어 시스템 생애에 대해 많은 것을 배우게 된다. 한 개발 단계를 선행 단계보다 앞당기기란 현실적으로 절대 불가능하다. 성년이 될 때까지는 소프트웨어를 출시할 수 없다. 물론 할 수 있지만 심각한 결과를 초래한다.

수정

회사가 신제품 출시를 발표한다. 시장의 요구사항을 수립한다. 개발을 결정한다.

탄생

소프트웨어 개발 프로젝트에 착수한다. 디자이너와 프로그래머를 선발한다. 아키텍처를 수립한다. 코딩을 시작한다.

성장기

코드가 발전하고 프로그램이 성장한다. 기능이 점차 완벽해진다. 마감이 다가온다.

성년

마침내 코드가 완성된다. QA에서 원하는 모든 테스트를 통과한다. 일은 잘 끝났고 예정보다 너무 늦지 않았기를 바란다.

현실 세계로 나아가기

버전 1.0으로 프로그램을 출시한다. 시장의 요구를 성공적으로 충족시킨다.

중년

많은 고객이 프로그램을 자주 사용하고 한동안 잘 쓰인다. 몇 번의 리비전을 거치며 추가 기능이 쌓이고 적당히 커진다.

피로도 증가

결국에는 민첩한 경쟁 업체가 나타나 더 다양한 기능 세트와 더 뛰어난 성능으로 그 프로그램을 앞지른다. 프로그램의 새 고객은 더 이상 없지만, 기존 고객은 업그레이드를 요구한다. 소프트웨어를 확장하기 점점 어려워진다(심지어 경제성도 떨어진다).

은퇴

마침내 회사가 개발에서 손을 떼기로 결정하고 지원을 중단한다. 공식적인 지원 종료(end-of-life) 성명을 내 수개월 안에 지원이 종료될 것임을 발표한다. 한쪽에서는 유지 보수 작업을 이어가지만 개발은 중지된다.

죽음

불가피한 상황에 다다른다. 모든 개발과 유지 보수가 중단된다. 지원으로 더 이상 무엇도 제공하지 않는다. 세상은 앞으로 나아가고, 곧 아무도 그 프로그램의 사용법은 고사하고 프로그램의 이름조차 기억하지 못한다.

3 소프트웨어 생애에 끝이 있는가? 다시 새롭게 시작하기 전까지 프로그램을 얼마나 오래 개발하고 다룰 수 있는가?

이는 소프트웨어 자체의 품질보다 프로그램 시장에 의해 좌우된다. 유지 보수를 잘하고 세심히 확장하는 한 코드는 무한히 쓸 수 있다. 하지만 기술은 급속도로 뒤처지고 유행은 변한다. 운영 체제는 빠르게 진화하고 하드웨어 플랫폼은 낡아 가고 최신 기술에서 비롯된 시장 선도 기능이 몇 년 후면 무료로 제공된다. 프로그램이 경쟁 우위를 유지하려면 부단히 따라가야 한다. 지속적으로 새 기능을 추가하거나 소프트웨어를 새 플랫폼에 이식해야 할 것이다.

오픈 소스 소프트웨어도 이처럼 경쟁적이고 시장에 의해 좌우되는 문제에서 자유롭지 못하며 어떨 때는 더 심각하다. 돈은 거의 혹은 아예 관련되어 있지 않지만 진보된 기술과 낮은 진입 장벽, 제품을 바꿀 더 많은 기회를 제공하는 진정한 시장이다.

---

4 코드 기반의 크기가 프로젝트의 성숙도를 말해주는가?

아니다, 코드 기반에서 코드를 제거해 시스템을 크게 향상시켰던 적이 여러 번 있다. 중복은 기능적인 이득도 별로 없이 코드만 거대하게 키울 수 있다. 외부 라이브러리를 사용하면 프로젝트 코드 규모를 크게 늘리지 않으면서 많은 기능을 제공하게 된다.

흔히 코드 줄 수(lines of code)를 개발 진행률의 좋은 척도로 여긴다. 올바르게 해석하지 않으면 이 척도는 아무 소용이 없다. 코드 품질이나 디자인의 순수성이 아니라 그저 작성된 코드량(amount of code written)만 보여줄 뿐이다. 절대 기능 척도가 아니다.

---

5 코드를 유지 보수할 때 하위 호환성(backward compatibility)이 얼마나 중요한가?

프로젝트에 따라 그리고 프로젝트가 쓰이는 방식에 따라 다르다. 대개 코드를 변경할 때는 파일 형식과 데이터 구조, 커뮤니케이션 프로토콜에 특별히 유의해 하위 호환성을 유지해야 한다. 소수의 애플리케이션만이 이 규칙을 지키지 않아도 되는데 소규모로 쓰이면서 레거시 데이터를 저장하거나 추출, 의사소통할 필요가 없는 시스템만 해당된다.

전방 호환성(forward compatibility)도 고려해야 한다. 확장을 염두에 두고 코드를 디자인해야 하며 미래의 어떤 일 때문에 코드가 멈추는 일이 없어야 한다. 이 규칙을 무시해 큰 대가를 치를 뻔한 주인공이 바로 Y2K 버그다.

---

6 코드를 변경하거나 혹은 그대로 내버려 두면 코드가 더 빨리 부패할 가능성이 클까?

코드는 변경하려 할 때 가장 빨리 부패한다. 프로그램을 썩게 방치하면 결국 그 코드는 쓸모없어지고 경쟁자에게 자리를 잃고 만다. 제품에는 끝이 있지만 코드 자체는 아름다움을 잃지 않는다.

부주의한 유지 보수와 허술한 확장은 코드에 치명상을 입힌다. 한 문제를 해결하다 너무 쉽게 또 다른 결함이 생긴다. 신속한 변경에 대한 압박은 코드 명확성과 구조를 해치는 수정으로 이어진다. 코드 유지 보수가 코드를 유지 보수할 수 없게 만드는 경우가 허다하다.

이를 피하려면 뛰어난 프로그래머와 정보에 입각한 프로젝트 관리가 뒷받침되어야 한다.

스스로 살피기

1 작성한 코드가 대부분 새로 작성한 코드인가 아니면 기존 소스를 수정한 것인가?

   a 새로 만든 코드라면 전체 시스템을 새로 만들었는가 아니면 기존 시스템에 새 확장을 만들었는가?

   b 이것이 코드 작성 방식에 영향을 미치는가? 미친다면 어떤 식으로?

다양한 시나리오마다 서로 다른 영향을 미친다. 기존 코드를 확장하거나 새 소프트웨어를 기존 프레임워크에 끼워 넣으려면 기존 요소들이 어떻게 동작하는지 파악하기 위해 많은 조사가 선행되어야 한다. 그렇지 않으면 제대로 맞지 않는 형편없는 코드가 만들어져 나중에 골칫거리로 남는다.

새로운 코드는 향후 수정이 가능하도록 만들어야 한다. 나중에 불쑥 문제가 생기지 않으려면 명확하고 확장 가능하고 유연해야 한다.

---

2 이미 만들어진 코드 기반을 다뤄 본 경험이 있는가? 있다면,

   a 현재의 기술 역량에 어떤 영향을 주었는가? 어떤 교훈을 얻었는가?

   b 대체로 좋은 코드였는가 아니면 형편없는 코드였는가? 어떤 부분에서 부정적인 판단을 내렸는가?

다년간 경험을 쌓으면 무엇이 좋은 소프트웨어이고 나쁜 소프트웨어인지 판단하는 능력이 생긴다. 조짐이 명확히 보이고 신경 써서 다뤄야 할 코드를 빠르게 감지할 수 있다.

다소 마조히즘적(masochistic)이지만 타인의 지저분한 코드를 다뤄 보는 것도 좋은 경험이 될 수 있다. 무얼 하지 말아야 하는지, 한 프로그래머의 근시안이 다른 프로그래머의 인생을 얼마나 고달프게 만드는지 알려 준다. 작성하는 코드에 책임감을 가지는 것이 얼마나 중요한지 깨닫게 된다.

---

3 코드 품질을 저하하는 변경을 한 적이 있는가? 왜 그랬는가?

다음은 흔한 이유(또는 핑계)들이다.

- 그때는 잘 몰랐다.
- 시간에 쫓겨 빨리 코드를 배포해야 했다.
- 달리 해야 할 일이 너무 많았다.
- 제어 가능한 코드만 수정할 수 있는데, 다른 팀의 코드 혹은 외부 라이브러리 코드에 생긴 문제였고 가진 것은 바이너리뿐이었다.

모두 납득하기 어렵다.

점수를 더 받고 싶으면 각 핑계에 대해 반론을 제시하고 각 상황을 피할 방법을 찾아보자. 예를 들어 빨리 코드를 출시하라는 압박이 있으면 일단 간단히 대충 변경하고 소프트웨어 출시 이후에 더 공학적인 해법으로 그 부분을 개선한다.

---

4 현재 프로젝트는 얼마나 많은 리비전(revision)을 거쳤는가?

   a 리비전이 바뀔 때 기능상 얼마나 많이 바뀌었는가? 코드는 얼마나 바뀌었는가?

   b 운에 기대 혹은 디자인에 따라 아니면 그 중간으로 성장했는가? 현재 상황에서 어떻게 확실히 알 수 있는가?

다음 사항을 고려해야 한다.

a 기능과 코드가 꼭 관련되어 있지는 않다. 아주 단순한 기능 변경인데 근본적으로 코드를 다시 작성해야 할 수도 있다. 시스템 아키텍처가 향후 요구사항을 지원하지 않아 근본적으로 바꿔야 했던 프로젝트를 여러 번 보아 왔다.

또한, 그 반대, 즉 이전 버전과 기능상 동일한데 내부적으로 거의 모든 것이 바뀐 출시도 본 적이 있다. 시스템이 곧 사라질 예정이면 전체 프로젝트를 다시 작성하는 데 아무 의미가 없지만, 성공할 것 같은 상업적 미래가 있는데 현재 코드에서 향후 요구사항을 수용할 수 없으면 타당한 조치일 수 있다.

새 기능 없이 새 버전을 출시하는 것은 상업적 자살 행위와도 같다. 고객은 자신에게 쓸모가 없으면 업그레이드를 거부한다. 따라서 사소한 몇몇 기능을 미끼로 던지는 경우가 많고 혹은 그럴듯한 의견을 제시하며 (예를 들어 이 리비전은 중요한 버그 픽스를 포함한다) 리비전을 출시하기도 한다.

b 코드 기반의 역사를 알아야 어떻게 현재의 모습에 이르렀는지 이해하게 되고 정보에 입각한 수정과 적절한 정리가 가능하다.

---

5 한 번에 한 명의 프로그래머만 변경할 수 있도록 팀에서 코드를 보호하는 방법은 무엇인가?

리비전 제어 시스템(revision control system)으로 코드 변경을 관리하자. 파일 체크아웃을 블로킹하면 둘 이상이 한 파일을 동시에 수정하지 못한다. 하지만 충분하지 않다. 한 변경이 체크인되고 바로 뒤이어 상반된 변경이 체크인될 수 있다. 소스 코드에 접근하는 각 개발자가 동료들이 무엇을 하고 있고 누가 어떤 변경에 책임이 있는지 알 수 있도록 개발을 세심하게 관리해야 한다. 코드 리뷰는 이러한 종류의 문제 발생을 감지하고 고치는 데 유용하다.

훌륭한 회귀 테스트 묶음을 갖추면 어떤 수정도 기능을 고장 내지 못한다.

16장: 코드 몽키

궁리하기

1 전구를 교체하려면 진짜로 몇 명의 프로그래머가 필요한가?

질문이 틀렸다. 소프트웨어가 아니라 하드웨어 문제가 아닌가. 하드웨어 공학자를 데려와 고치자. 물론 하드웨어 공학자는 소프트웨어 문제로 돌리려 할 테지만...

---

2 열정적이지만 덜 숙련된(무능하다는 뜻은 아니다) 프로그래머와 재능은 뛰어나지만 열정이 없는 프로그래머 중 어느 쪽이 더 나은가?

a 누가 작성한 코드가 더 나은가?

b 누가 더 뛰어난 프로그래머인가? (앞의 질문과 다르다)

기술력과 사고방식 중 무엇이 작성하는 코드에 더 영향을 미치는가?

소프트웨어 시스템은 그 종류가 매우 다양하고 각각을 개발하려면 서로 다른 스킬 세트가 필요하다. 덕분에 프로그래머는 임베디드 프로그래밍, 웹 서비스, 금융 시스템 등 다양한 분야를 개척할 수 있다. 코드 유산에 따라 코딩 업무도 다르다. 아마 다음을 작성할 것이다.

- 단순한 "토이" 프로그램
- 새 시스템 처음부터 만들기
- 기존 시스템 확장
- 오래된 코드 기반 유지 보수 작업

각 업무마다 각기 다른 수준의 기술과 지식 분야를 요하고 개발 방식도 매우 다르다. 3번 문제에서 살펴보겠다. 개인 "토이"를 만들 수 있는 프로그래머가 새롭고 아주 강력한 시스템은 만들지 못할 수 있다.

어떤 경우든 생성한 코드의 품질은 기술적 자질과 업무 사고방식에 따라 좌우된다. 사실 이 둘은 서로 보완적이어야 한다. 어떤 기술적 역량이 부족하면 이를 인정하고 보완할 사고방식을 갖춰야 한다.

현재 가진 스킬 세트보다는 사고방식이 작성하는 코드 형태에 더 많은 영향을 미친다. 기량이 떨어져도 훌륭히 임무를 완수하고 싶어하면 일을 잘할 가능성이 크다. 배우면서 기술을 향상시킬 가능성도 더 높다.

---

3 코드 "유산(heritage)"에 따라 작성할 프로그램 유형이 달라진다. 다음은 각각 어떤 코드 유형을 작성하게 되는가?

a "토이" 프로그램

b 완전히 새로운 시스템

c 기존 시스템 확장

d 오래된 코드 기반 유지 보수 작업

위 코드 시나리오에 크게 차이가 없어 보일 수 있지만 대단히 다르게 접근해야 한다.

토이 프로그램

혼자만 사용할 소소한 장난감일 수도 있고 더 큰 시스템 개발을 돕는 작은 유틸리티일 수도 있다. 이 프로그램은 불릿 프루프(bulletproof)가 아니어도 괜찮고 정밀한 디자인과 완전한 기능이 없어도 된다. 당면한 문제를 해결할 정도면 충분하다. 그런 다음 버려 진다.

디자인의 정교함이나 구성 절차의 완전함보다는 개발 속도와 용이성이 더 중요할 것이다.

새 시스템

완전히 새로운 전문 시스템을 처음부터 개발하려면 정말 많은 디자인과 신중한 계획이 필요하다. 향후 사용과 확장을 고려해야 하고 전체 시스템을 충분히 문서화해야 한다.

확장

처음부터 완전히 새 시스템을 생성하는 프로젝트는 드물다. 보통은 기존 코드를 확장하고 기존 코드 기반에 새 기능을 추가한다. 새 코드를 기존 시스템에 정확하게 짜 넣어야 한다. 원래 코드에 대한 철저한 이해와 기존 코드에 어긋나지 않게 변경하는 능력 없이는 제대로 해낼 수 없다.

유지 보수

기존 코드 유지 보수는 가장 흔한 소프트웨어 활동으로서 남아 있는 결함을 고치고 주변 요소들이 변해도 계속 동작하게 한다. 신중하고 체계적으로 접근해야 한다. 분석 업무가 많을 텐데, 유지 보수가 쉽도록 문서화가 잘 된 시스템은 매우 드물고 특히 시간이 지나 노후화되면서 문서화가 줄어들기 때문에 최대한 추리력을 발휘하게 된다.

4 프로그래밍을 하나의 예술로 볼 경우 직관과 계획 사이에서 어떻게 균형을 맞춰야 할까? 프로그래밍할 때 직관을 따르는가, 아니면 계획을 따르는가?

앞서 봤듯이 유능한 프로그래머는 두 방식을 모두 사용한다. 직관과 예술가의 미적 감수성은 정교한 코드를 만드는 데 기여한다. 여기에 심사숙고한 계획이 동반되면 견고하고 실용적인 코드를 때맞춰 배포하게 된다:

최적의 균형을 이루는 정확한 비율이나 공식은 만들어 낼 수 없다. 유능한 프로그래머는 둘 다를 따르고 어떻게 조정해서 사용해야 하는지 안다.

17장: 뭉쳐야 산다

궁리하기

1 왜 팀으로 소프트웨어를 작성하는가? 실제로 시스템을 혼자 작성하는 것보다 좋은 점은 무엇인가?

혼자 소프트웨어를 개발하는 편이 편할 수도 있다. 이상한 프로그래머와 협력하지 않아도 되고 업무를 조정하거나 비효율적인 관리에 시달리지 않아도 된다. 하지만 팀으로 소프트웨어를 개발하면 별로 힘들이지 않고 많은 이득을 본다.

팀에서는 문제를 서로 분담하므로 더 큰 문제를 풀 수 있다. 또한, 더 빠르게 코드를 만들 수 있다. 개발자 그룹은 각각의 재능을 합친 것 이상을 이뤄 낸다. 잘 확립된 디자인이나 선행 기술이 없는 상황이라면 그룹이 가진 더 넓은 스킬 세트와 지식이 단연 유리하다. 협업 방식은 아이디어를 거르고 더 나은 해법을 만들어낸다. 동료 리뷰로 업무가 견고해 진다.

또한, 개인적 자극도 있다. 기술 전문가는 멋진 프로젝트에 참여하고 싶어한다. 팀으로 개발하면 자신의 능력을 넘어서는 시스템에 착수할 수 있다. 개인이 다룰 수 있는 소프트웨어보다 훨씬 커서 특수한 기량을 요구할지도 모르고 경험이 풍부한 프로그래머와 일할 기회를 줄 수도 있다.

현실의 조직에서는 혼자 일하는 개발자조차 더 큰 팀의 일원이다. 다른 소프트웨어 개발자와 일하고 있지 않더라도 여전히 기업이라는 팀에 속해 최종 완성 제품을 생성하는 데 일조한다. 이들 없이는 소프트웨어가 절대 출시되지 못한다.

2 훌륭한 팀워크와 잘못된 팀워크가 이뤄질 조짐을 설명하라. 훌륭한 팀워크의 전제 조건은 무엇이고 잘못된 팀워크의 특징은 무엇인가?

효과적인 팀워크를 위해서는 아래 모든 요소가 마련되어야 한다.

- 다양한 기술적 역량으로 적절히 분산된 팀원들
- 서로에게 배울 수 있는 다양한 경험을 가진 팀원이어야지 수습 사원으로만 꾸려진 팀은 당연히 성공하기 매우 힘들다(단, 자기만의 방식이 단단히 굳어진 반 고수(Demiguru)들이 모여 있는 팀보다는 틀을 잡고 관리하기 훨씬 쉽다).
- 팀원들의 성격 유형이 상호 보완적이어야 한다. 사기를 떨어뜨리는 사람이 아니라 격려하는 사람, 동기를 부여하는 사람이 모여야 팀이 성공한다.

- 분명하고 현실적인 목표(팀원 모두가 간절히 완성을 원하는 흥미로운 프로젝트이면 더 좋다)

- 동기(경제적 동기이든 감정적 동기이든)

- 알맞은 명세가 최대한 빨리 준비되어야 모든 팀원이 무엇을 개발하고 있는지 이해하고 개개인의 결과물이 서로 잘 맞을 수 있다.

- 훌륭한 관리

- 현실적으로 가장 작은 팀이되 더 작으면 안 된다. 팀원이 늘면 의사소통 경로, 조화시켜야 할 사람 수, 실패 지점이 늘어나 팀워크가 더 어려워진다. 쓸데 없이 일을 복잡하게 만들지 않기 위해 노력해야 한다.

- 팀에서 따를 명확하고 보편적으로 이해되는 소프트웨어 공학 프로세스

- 걸림돌이나 불필요한 관료 주의로 작용하지 않는 회사의 지원

이와 대조적으로 효과적으로 일할 수 없는 팀이라는 확실한 지표도 있다. 아래 목록은 내부 요인과 외부 요인이 뒤섞여 있다.

- 팀에서 일의 범위를 정하기 전에 먼저 마감 기한을 결정한 현실에 맞지 않는 일정

- 명확하지 않은 목표와 프로젝트 요구사항의 누락

- 의사소통 실패

- 형편없는 또는 자격이 없는 리더

- 잘못 정의된 개개인의 역할과 책임, 누가 어떤 일에 책임이 있는가?

- 개인의 잘못된 사고방식과 개인적 계획

- 무능한 팀원

- 개개 공학자를 가벼이 여기고 하인처럼 대하는 경영진

- 팀 목표에 어긋나는 기준에 따른 개별적인 평가

- 팀원의 빠른 이직

- 변화가 없는 관리 절차

- 훈련이나 멘토링의 부족

---

3 소프트웨어 팀워크와 소프트웨어 구성에 대한 비유를 비교해보자(247쪽 "정말 소프트웨어를 짓는가 (build)?" 참고). 비교를 통해 팀워크에 대한 통찰력을 얻을 수 있는가?

팀워크를 묘사하는 다양한 비유가 많다(예를 들어 디마르코의 스포츠팀이나 합창단, 그리고 이 책에서 농담 삼아 말했던 공장). 모든 비유의 문제는 부분적인 진실만 전달한다는 것이다. 소프트웨어 공학에는 그만의 문제와 도전 과제가 있다. 화학 공학은 토목 공학과 다르고, 토목은 영화 제작과, 영화 제작은 소프트웨어 작성과 다르다.

완벽하지는 않아도 건축 공사는 유용한 비유다. 어쨌든 계획에 따라 여러 컴포넌트(일부는 직접 만들고, 일부는 사거나 외부에서 가져온다)로부터 소프트웨어를 구성한다. 유용한 유사점을 살펴보자.

- 팀이 필요하다. 혼자서는 고층 건물도, 기업 수준의 매우 복잡한 소프트웨어 상부 구조도 만들 수 없다.

- 팀에는 목표가 필요하다. 목표는 늦지 않게 예산에 맞춰 공사를 끝마치게 해준다.

- 누군가 어떤 목적으로 일을 의뢰한다. 그 일에는 최종 목표가 있다.

- 각 팀원이 서로 다른 일을 한다. 다양한 역할 덕분에 일이 잘 끝난다. 설계자, 건축업자, 목수, 배관공, 전기 기사, 감독관, 사무 직원, 보안 요원 등이 있다. 저마다 가치 있는 공을 세운다.

- 팀원들에게 책임감이 있다. 감독관은 사람을 관리한다.

물론 건물은 프로그램과 매우 다르다. 반복적이고 점진적으로 지을 수 없다. 건물 명세가 바뀌면 다시 짓기 위해 고가의 철거부터 진행해야 한다. 순진한 생각으로는 허물고 약간의 재료비(와 더불어 시간과 노동 비용까지)로 다시 지을 수 있을 것 같겠지만. 소프트웨어에서는 블록 간 추상 인터페이스를 더 잘 만들 수 있다. 공학 분야와는 다르지만 그렇다고 다른 분야에서 유사점을 배울 수 없다는 뜻은 아니다.

---

4 외부 요인과 내부 요인 중 무엇이 소프트웨어 개발팀의 효율성을 가장 떨어뜨리는가?

두 요인이 힘을 합쳐 개발 작업을 망친다. 내부 요인은 다음과 같다.

- 무능한 팀원
- 갈등
- 혼란
- 개발 막바지에 나온 눈에 띄는 버그
- 정밀하지 못한 계획

다음과 같은 외부 요인과 뒤섞인다.

- 명확하지 않거나 변하기 쉬운 요구사항
- 비현실적인 마감 기한
- 관리 부실
- 기업의 관료주의

이는 소프트웨어 개발자의 삶을 극도로 피폐하게 만든다. 대부분의 프로젝트가 비기술적인 실패한다고 알려져 있지만, 내부 압박이든 외부 압박이든 똑같이 팀워크를 해치기 쉽다.

한 가지는 분명하다. 성공 요인보다는 팀 성과에 악영향을 미치는 요인이 훨씬 많다. 그러니 내부와 외부 공격을 모두 차단하면서 팀 업무를 엄중히 지켜야 한다.

---

5 팀 규모가 팀 역학에 어떤 영향을 미치는가?

인원이 많아질수록 다음과 같은 것들이 늘어나 팀원들을 괴롭힌다.

- 조정 노력
- 의사소통 노력(사람이 늘어날수록 별개의 의사소통 경로가 더 생겨나고 이는 기하급수적으로 증가한다)
- 협력 노력
- 타인에 대한 의존성(직접과 간접 모두 포함)

하나하나가 일을 더 힘들게 만든다. 하지만 프로그래머 팀은 분명 개발자 한 명보다 더 훌륭한 소프트웨어를 생산할 수 있다. 결국 팀 규모와 업무 규모 간 적절한 균형을 이뤄야 한다는 뜻이고 이는 어떤 시스템 유형을 개발하는가에 다르다.

팀이 커질수록 나머지 팀원에게 떠넘기며 프로그래머 개인은 해이해질 가능성이 크다. 브룩스의 〈맨 먼스 미신〉(The Mythical Man-Month)에서 보여주듯이 프로젝트에 인원을 더 투입한다고 반드시 더 빨리 완료되지는 않는다.[브룩스 95]

프로젝트가 클수록 관리 능력이 성공과 실패를 판가름할 가능성이 크고 관리로 인해 치명적인 실패가 유발될 여지가 많다.

일반적으로 개발팀이 작을수록 좋지만, 임무를 완수할 정도는 되어야 한다.

---

6 미숙한 팀원으로 인해 발생하는 문제로부터 어떻게 팀을 보호할 수 있을까?

경험이 부족한 프로그래머는 어디든 있다. 어떤 활동 분야에서든 마찬가지다. 많은 분야에서 신입 사원은 일종의 견습 기간 형태를 거치고 학과 공부를 마쳐야 한다. 그러면 적정 수준의 기술을 익히게 된다. 소프트웨어 분야에서는 (다양한 품질의) 프로그래밍 학과 과정을 거쳐도 어떤 견습 기간도 인정하지 않는다. 신규 프로그래머 멘토링은 상당히 괜찮은 수준의 신입 사원을 빠르게 채용할 아주 좋은 방법이다.

몇 가지 기법이 미숙한 코더의 업무 위험도를 낮추는 데 도움이 된다.

- 현실적인 기대를 하고 기적을 바라지 말자. 교육생에게 맞는 업무를 할당하자.
- 진행 상황을 확인하고 의문과 문제 제기에 두려움을 갖지 않게 하자.
- 너무 많은 사전 경험을 요구하지 말자. 익숙해지는 데 시간이 덜 드는 대중적인 언어와 도구를 사용하자.
- 팀 전체에 도구를 표준화함으로써 수습생이 도구 집합을 한 번만 배워도 되게 하자.
- 교육시키자.
- 코드를 리뷰해 주자.
- 조언하자.
- 페어 프로그래밍을 하자.

스스로 살피기

1 현재 어떤 유형의 팀에서 일하고 있는가? 407쪽부터 418쪽에 나오는 고정 관념 중 무엇과 가장 비슷한가?

a 디자인 때문에 팀 유형이 정해진 것인가?

b 팀워크가 좋은가?

c 변화가 필요한가?

무엇이 훌륭한 팀워크를 방해했었는가? 앞 쪽의 활동지를 아직 끝내지 못했다면 신중하게 작성하자. 팀을 개선하는 법과 변화를 일으키는 법을 알아내자.

필요한 변화를 어떻게 수행할지 생각해 보자. 목표를 설정하고 몇 달 안에 팀워크 상태를 리뷰하자.

다음은 팀이 겪는 일반적인 문제들이다.

- 불균형적인 팀 구성
- 무능한 팀원
- 부실한 관리
- 비현실적인 마감 기한
- 변하기 쉬운 요구사항
- 의사소통 실패

---

2 뛰어난 팀 플레이어인가? 어떻게 하면 팀 동료와 더 긴밀히 일하고 더 나은 소프트웨어를 만들 수 있을까?

419쪽 "단단한 팀워크 구축을 위한 개개인의 능력과 특성"에 나오는 개인의 특성을 다시 살펴보자. 자신이 각 특성을 얼마나 비슷하게 본뜨는지 그리고 어떻게 개선될 수 있는지 알아내자.

---

3 현재 팀에서 소프트웨어 엔지니어의 책임은 정확히 무엇인가?

소프트웨어 개발자의 책임과 권한이 얼마나 큰가? 프로그래머에게 여러 직급이 있는가? 있다면 역할별로 어떻게 다른가? 개발 직무는 다음 활동 중 어느 하나에 해당하는가?

- 프로젝트 범위와 목표 설정
- 분석
- 기간 추정
- 아키텍처
- 디자인
- 리뷰
- 프로젝트 관리
- 멘토링
- 성능 조사와 구현
- 문서화
- 시스템 통합
- 테스트(어느 수준까지?)
- 고객 상호 작용
- 강화(enhancement) 또는 다음 소프트웨어 리비전 계획

세부 사항은 회사마다 그리고 프로젝트마다 다를 것이다. 현재 팀에 명확한 책임 범위가 있는가? 개발자를 담당하는 기술 관리자와 상담 인력이 있는가?

직무 기술서(job description)가 있는가? 개인적인 목표가 있는가? 있다면 지금 달성하는 중인가 아니면 사실 타당하지 못한 목표인가?

18장: 소스 안전 생활화

궁리하기

1 어떻게 타인에게 소스 코드를 안정적으로 출시할까?

소유권이 있는 소스 코드라면 출시하지 않는 편이 가장 수월하다. 온갖 문제를 피할 수 있다. 코드를 배포해야 한다면 잊지 말고 라이선싱 처리와 기밀 유지 협약(NDA)부터 체결하자. 고객의 규모와 범위를 파악하고, 코드가 멀리 새어나가지 않아야 한다면 그에 걸맞은 조치를 취하자.

오픈 소스 프로젝트라면 크게 신경 쓰지 않아도 된다. 특성상 소스 그대로 배포된다.

출시를 앞두고 소스 코드 파일마다 명확한 저작권과 라이선스 공지가 있는지 확인하자.

소스 코드 출시 메커니즘이 여러 가지인데 코드 악용을 막는 방법이 각자 다르다.

- 외부 뷰어에서 소스 제어 시스템에 접근하게 한다. 공개적으로 사용 가능한 코드에 대해서는 공유 익명 (anonymous) 계정처럼 읽기 전용 접근 권한이 부여된 계정으로 사용을 제한한다.

  버전 관리 시스템(VCS) 서버를 보려면 당연히 사용자에게 일정 수준의 권한과 개발 환경으로의 네트워크 접근이 필요한데 이를 엄밀히 관리해야 뜻밖의 일이 생기지 않고 크래커도 코드를 들여다보지 못한다.

- 소스 트리를 타르볼(tarball)한다(압축 아카이브 파일을 생성한다는 뜻으로 유닉스 tar 명령어에서 따온 용어이다). 생성한 타르볼을 이메일이나 FTP로 보내거나 CD로 전송할 수 있다. 어떤 발송 방식을 쓰든 보안을 철저히 하자.

코드에 릴리스 노트를 추가하고 참조를 위해 소스 트리 리비전 정보(주로 소스 제어 버전이나 빌드 번호)를 명확히 표시하자. 소스 제어 저장소에 출시한 코드에는 향후 추출을 위해 레이블을 붙이자.

---

2 두 가지 저장소 파일 편집 모델(잠금 파일 체크아웃이나 동시 수정) 중 무엇이 더 나은가?

두 연산 모델은 어느 쪽이 더 낫거나 나쁘다 할 수 없다. 저마다 파일 편집 문제점을 숨기고 있고 수정이 상 충되는 경우 사용자가 취해야 할 동작이 다르다.

- 잠금 모델에서는 체크아웃을 통해 파일을 예약한 후 수정해야 한다. 이렇게 하면 파일을 다시 체크인하 거나 변경하지 않고 파일을 출시할 때까지 다른 개발자의 변경에 따른 간섭 없이 혼자서만 파일에 접근 할 수 있다. 문제는 소유주가 제어를 내줄 때까지 예약한 파일이 블록된다는 점이다. 얼마나 걸릴지 바로 알 방법이 없다.

  소유주가 바로 옆자리에서 일하면 귀찮기는 해도 알아내기 어렵지 않다. 하지만 소유주가 다른 대륙에 있거나 다른 시간대에서 일하거나 어쩌다 파일을 체크아웃하고는 휴가를 떠나 버리면 방도가 없다. 소 유주의 컴퓨터에 들어가 파일을 출시해 체크아웃을 번복하는 것만이 최선이다. 당연히 분란과 혼란이 일어나겠지만.

- 동시 실행 모델은 이러한 문제를 피해 아무 방해 없이 코딩을 이어가게 한다. 숨겨진 위험은 파일 수정 이 상충할 가능성이다. 프레드가 foo.c의 10행부터 20행을 변경하는 동안 조지가 15행부터 25행을 변 경하면 경합 시작이다! 먼저 체크인하는 개발자는 아무런 문제가 없으니 프레드가 이기면 10행부터 20 행까지의 코드가 저장소에 들어간다. 하지만 뒤이어 조지가 체크인을 시도하면 소스 코드 관리 시스템 (Source Code Management System, SCMS)에서 소스 트리가 유효하지 않다고 알리고 조지는 프레 드의 변경을 자신의 foo.c 복사본과 머징부터 해야 한다. 상충하는 5개 행을 수동으로 머징해야 하는데, 이렇게 하려면 프레드의 변경 내용을 먼저 이해하고 자신의 코드에 통합시켜야 한다. 그 후에야 코드 체 크인이 가능하다.

  이상적이지는 못하지만 현실적으로 거의 일어나지 않으며 대부분의 충돌은 논쟁의 소지가 전혀 없다. 오히려 프레드가 10행부터 20행까지 수정하고 조지가 40행부터 50행까지 수정해서 두 수정이 상충하지 않고 소스 코드 관리 시스템이 자동으로 변경을 머징하는 경우가 더 흔하다. 동시 수정으로 상충하는 상 황이 생겼다는 것은 보통 코드를 리팩터링해야 한다는 신호이다.

두 연산 모드 모두 완벽하지는 않아도 각각 잘 돌아간다. 선택은 소스 제어 도구에서 지원하는 연산과 어떤 개발 절차와 문화를 따르고 있는지에 달렸다.

---

3 분산된 개발팀과 단일 사이트 개발팀은 각각 버전 관리 시스템의 요구사항이 어떻게 다를까?

원격 사이트를 지원하는 소스 코드 관리 시스템은 당연히 단일 사이트 개발팀도 수용할 수 있으니 다중 사이트 연산을 위한 추가 요구사항 위주로 생각해 보자. 추가 요구사항은 다음과 같다.

- 확장 가능한 클라이언트/서버 아키텍처가 있어야 한다.
- 저대역폭 네트워크 링크(인공위성 사이트에서 흔하다)에서 도구가 효과적으로 동작하든지 아니면 지역 간 고품질 연결을 개발에 포함시켜야 한다. 저대역폭 링크에는 지능적인 데이터 압축과 합당한 커뮤니케이션 프로토콜이 요구된다(예를 들어 도구는 전체 파일이 아니라 크기가 작은 파일 간 차이를 전송해야 한다).
- 중앙 집중 방식(centralized method)으로 사용자 계정을 관리해야 지역 간 협업이 매끄럽다.

---

4 소스 코드 관리 시스템을 고르는 타당한 근거는 무엇인가?

소스 코드 관리 시스템을 고르는 합리적인 기준은 다음과 같다.

안정성

증명된 기술인지, 어느 날 소스 파일이 사라지는 일은 없을지 확실히 하자. 서버는 강력해야 하고 며칠에 한 번씩 멈추지 않아야 한다.

성능

작은 팀과 프로젝트만이 아니라 대규모 팀과 프로젝트를 감당할 수 있게 도구가 잘 확장되어야 한다. 요구가 늘어나면 디스크 공간을 더 많이 소모하거나 네트워크 대역폭을 모두 써버리거나 엄청나게 오래 실행되지 않는가? 다중 사이트 저장소 동기화가 필요하지는 않은가 혹은 저대역폭 링크에서도 충분히 잘 동작하는가?

유연성

필요한 연산과 보고를 모두 제공하는가? 제어하려는 파일 유형을 전부 지원하는가? 바이너리 파일을 다룰 수 있는가? 유니코드를 지원하는가? 파일 이름 바꾸기와 이동을 허용하며 디렉터리를 버저닝하는가? 원자적 변경 집합(atomic change set)을 처리하는가, 아니면 각 파일을 개별적으로 버저닝하는가?

브랜칭

둘 이상의 릴리즈와 제품 변형, 동시 실행 기능 작업을 지원하려면, 혹은 논리적 개발을 도우려면 도구에서 브랜칭(branching)을 지원해야 한다. 하위 브랜치를 지원하는가? 머징이 편리한가 아니면 끔찍이 어려운가?

플랫폼

다루고 있는 모든 플랫폼과 하드웨어 설정, 운영 체제에서 동작해야 한다.

비용과 라이선싱

소스 코드 관리 시스템은 예산 제약을 만족해야 한다(비용이 전혀 들지 않는 소스 시스템도 있다). 고객당 추가 라이선스 비용도 고려하자. 팀이 커지면 소스 코드 관리 시스템 수수료를 내야 하니 추가 비용이 들기도 한다.

감사

저장소에 누가 어떤 변경을 했는지 기록해야 하니 모든 사람을 하나의 소스 코드 관리 시스템 사용자 계정으로 밀어 넣지 말자. 시스템은 필요에 따라 수정 권한을 제한하는 접근 정책을 지원해야 한다. 자동 변경 공지를 받고 싶은가?

단순성

사용하고 설정하고 이용하기 쉬운 도구여야 한다. 전임 소스 코드 관리 시스템 관리자가 지정되지 않았다면 더욱 중요하다.

---

5 팀으로 개발할 때 어떻게 안정적인 코드에서 활발히 개발 중인 최첨단 코드를 분리할 수 있을까?

소스 제어 저장소에서 둘을 분리할 전략이 필요하다. 방법은 다음과 같다.

- 분리하지 말자. 누구에게나 최첨단 코드가 있고 이를 다루는 법을 배워야 한다. 누가 봐도 고장 났거나 제 기능을 못하는 것은 절대 체크인하지 말자.

- 브랜치를 활용하자. 별개 브랜치에서 각 개발 작업을 수행하고 브랜치를 적절한 안정점에서 머징하자. 이 방식에서는 통합 문제를 머징 중에만 발견하므로 브랜치 머징 담당자(그 브랜치에 속한 개발자 또는 별도의 시스템 통합자)가 유지 보수에 부담을 느낀다.

- 전체 소스 트리에 기저선(baseline)으로 쓰일 안정(stable) 레이블을 사용하자. 개발자는 안정 레이블이 붙은 기저선을 체크아웃한 후 개발 중인 컴포넌트를 가장 최신 버전으로 옮긴다. 이렇게 하면 다른 이의 안정적인 소스 트리에 영향을 주지 않으면서 변경하고 커밋할 수 있다. 새 개발 작업이 안정적이라고 여겨지면(대중적으로 쓰이기에 알맞으면) 레이블을 이동시킨다. 다른 개발자는 기저선과의 다음 동기화 때 변경 사항을 알게 된다.

소스 코드 관리 시스템에서 지원하는 기능과 개발 문화에 따라 방법을 달리한다.

스스로 살피기

1 개발팀에서 소스 제어를 효과적으로 사용하고 있는가?

소스 코드 관리 시스템이 궁극적으로 소프트웨어 개발을 돕는가, 다른 방법보다 협업이 용이한가? 다음과 같은 도구 설정 이슈를 고려하자.

- 적합한 기능 세트를 가진 올바른 도구를 사용 중인가?
- 소스 코드 관리 시스템 관리자가 있는가 혹은 그때그때 임시로 처리하는가?
- 모두 사용법을 아는가? 적절한 교육 체계가 있는가?
- 저장소는 결함 관리(defect management) 또는 결함 추적 도구와 통합되어 있는가?

다음과 같은 자산 관리 이슈도 고려하자.

- 체크인 메시지 내용과 다른 리비전 메타데이터 사용에 대한 합의가 이뤄졌는가?
- 중요한 소스 트리 리비전을 표시하는 일관된 레이블링 체계가 있는가?
- 올바르게 머징할 수 있는 정의된(그리고 문서화된) 브랜칭 전략이 있는가?
- 소스 저장소로부터 자동으로 릴리즈 노트를 생성할 수 있는가?
- 기존 빌드를 다시 생성할 수 있는가? 코드 호환성에 영향을 미치는 빌드 툴체인이 변경됐을 때 그 상황에 대처해 봤는가?
- 오로지 저장소 내용물만으로 제품을 빌드할 수 있는가, 아니면 추가 파일을 제공해야 하는가?

각 이슈가 현재 개발팀에서 얼마나 중요한가?

2 진행 중인 작업이 백업돼 있는가? 현재 개발팀에서 백업은 얼마나 중요한가? 언제 백업하는가?

어떤 코드 작성에 주의를 기울이고 있다면 그 코드는 굉장히 중요한 것이고 그러니 반드시 백업해야 한다. 몇 가지 단계로 백업을 활용할 수 있다.

- 개인 워크스테이션 백업. 이렇게 하면 로컬 하드디스크 드라이브나 소스 트리 샌드박스에서 작업물을 잃어버리지 않는다.
- 서버에 소스 제어 저장소 두기. 이렇게 하면 중앙 소스 트리 파일과 리비전 히스토리를 잃어버리지 않는다.

후자가 제일 중요하다. 소스 저장소에 백업하지 않으면 제정신이 아닌 상태로 범죄를 저지르는 것과 마찬가지다. 워크스테이션에서 샌드박스 개발만 하는 경우 백업이 그다지 중요하지 않은데, 어느 시점에든 체크인되지 않은 작업물이 매우 적어서(작고 잦은(little and often) 체크인을 수행한다) 로컬 디스크 손실이 그렇게 치명적이지 않다.

문서와 소스 트리 외 생성 항목도 백업 방법을 생각하자. 저장소 어딘가에 체크인하든가 백업되는 공유 파일 서버 내 타당한 위치에 저장하자. 리비전 제어가 불가능하면 수동으로 문서 버저닝을 수행해야 한다. 소스 코드 버저닝만큼 명세 히스토리 버전 보관도 중요하다.

다중 사용자 환경에서는 시스템 관리자가 백업 시점을 결정한다. 컴퓨터 활동이 적고 백업 중인 파일 시스템의 변경이 적은 시간대인 밤사이에 주로 이뤄진다(하지만 시간대 차이가 큰 전 세계적 프로젝트면 어떻게 해야 할까?).

3 소스 코드가 어느 컴퓨터에 들어 있는가?

당연히 회사 망 내의 개발 서버와 워크스테이션에 들어 있다. 소스 코드는 기업 방화벽 뒤 사무실 내에 안전하게 놓인다. 하지만 코드가 재택 근무자의 노트북이나 가정용 장비에 보관되는 경우도 감안하자. 작업물이 얼마나 민감한가? 이러한 장비는 디지털적으로 그리고 물리적으로 어떻게 보호해야 하는가?

19장: 명시적으로

궁리하기

1 명세가 아예 없는 것보다 형편없는 명세라도 있는 편이 나은가?

사실과 맞지 않거나 과도하게 뒤떨어진 명세는 없는 편이 낫다. 이러한 명세를 읽다 보면 막다른 골목에 내몰려 오랜 시간을 허비한다. 잘못된 정보는 코드를 망가뜨리기 쉽고 나중에 수정하려면 막대한 시간과 에너지, 비용이 든다.

명세를 모호하게 작성했거나 주요 정보를 빠뜨렸다면 알아서 노련하게 부족한 정보를 알아채고 신중히 해석하라고 독자에게 떠넘긴 것이다. 누락된 정보에 대해 모두 똑같이 가정하기를 바라며. 명세는 그 자체로 성립되어야지 독자의 직관에 기대서는 안 된다.

명세가 지나치게 장황하고 정보를 은폐한다면 다시 작성하는 편이 (장기적으로) 더 낫다.

기업 명세에 잘못된 사실들이 얼마나 많은지 알면 깜짝 놀랄 것이다! 경험상 지속적으로 훌륭한 명세 집합을 제공하는 기업은 매우 드물다.

---

2 훌륭한 명세는 얼마나 자세해야 하는가?

적절히 상세해야 한다가 정답이다. "적절"은 프로젝트와 팀, 들어갈 내용, 연관 문서의 품질, 남은 시간에 달렸다. 너무 자세하면 당연히 역효과를 낳는다. 너무 상세한 디자인 명세는 그 자체로 이미 코드나 다름없다. 반면 핵심 영역이 모호하면 필히 실패한다.

---

3 기업/프로젝트의 모든 문서가 공통 표현 스타일을 꼭 따라야 하는가?

동일한 코드 스타일을 따라야 하는 것만큼 중요하다. 다시 말해 표현 스타일이 명세에서 가장 눈에 띄는 문제일지라도 신경 써야 할 더 중요한 요소가 많다는 뜻이다. 시각적 일관성의 중요도는 기업 외부로 문서를 출시하는지에 따라서도 (일부) 달라진다. 동일한 템플릿으로 유사하게 작성한 일관된 문서를 내보내면 더욱 전문적으로 보인다.

궁극적으로 겉모습보다는 문서 내용이 훨씬 중요하다.

---

4 문서를 어떻게 저장해야 하는가? 가령 문서들의 인덱스를(문서 유형이나 프로젝트별로) 제공해야 하는가?

작성된 문서를 빠르게 찾고 추출할 수 있어야 한다. 대중적이고 보편적으로 쓰이는 방식이라면 무엇이든 상관없다.

일반적으로 모든 문서를 하나의 중앙 파일 저장소에 저장한 후 작업 패키지별로(프로젝트별, 고객별, 컴포넌트별, 기능별로) 분류하는 방식이 타당하다. 저장된 문서에 대해 중앙 목록을 관리하면 추출하기 편하다. 하지만 관리 오버헤드가 드는 데다 유지 보수하지 않으면 금세 쓸모없어진다.

대기업에서는 문서를 저장하고 추출할 전문 인력을 고용한다. 전문성은 있으나 작업 절차에 단계가 늘어나고 개발 절차 체인에 연결 고리가 더 생겨난다.

문서를 리비전 제어 형태로 관리하고 어떤 문서 버전이 어떤 코드 버전과 관련된 것인지 추적해야 한다. 이는 형상 관리(configuration management) 전략의 일환이다(446쪽 "형상 관리" 참고).

---

5 명세 리뷰를 어떻게 수행해야 하는가?

문서 리뷰는 코드 리뷰와 비슷하게 수행된다. 대개 회의 중에 수행하며 이때 중요한 전제 조건이 따라붙는다. 올바른 리뷰어 그룹을 선정해야 하고 미리 리뷰 자료를 배포해 리뷰어가 충분히 준비할 수 있게 해야 한다.

이메일 피드백을 요청하거나 인쇄물을 리뷰어에게 나눠주고 수정본을 받아 검사하는 식으로 가상 리뷰를 수행하는 방법도 있다.

다음은 리뷰에서 다루는 여러 가지 문제들로써 각 중요도를 사전에 합의해야 한다.

- 내용의 품질(완벽한가, 올바른가 등? 가장 중요하다)
- 표현 스타일의 품질(문서가 프로젝트 가이드라인을 따르는가?)
- 작성 스타일의 품질(저자가 셰익스피어처럼 썼는가 다섯 살 아이처럼 썼는가? 소프트웨어 명세라면 둘 다 좋지 않다!)

회의에서는 먼저 자료와 전반적 접근 방식에 대한 일반적 코멘트를 주고받는 것이 가장 좋다(단, 구체적인 기술 이슈가 이 단계에 끼어들기 아주 쉬우니 조심하자). 뒤이어 자료의 구체적인 부분을 논하자. 모든 리뷰어가 자료를 미리 살펴봤고 어떤 코멘트를 할지 생각해 왔기 때문에 대개는 영역별로 차근차근 수행하는 것이 좋다. 영역이 길면 필요할 경우 문단 단위로 살펴본다.

---

6 자체 문서화 코드가 있으면 모든 명세가 불필요한가? 아주 구체적인 명세까지도?

전부는 아니다. 자체 문서화 코드가 있으면 디자인 명세나 다른 유지 보수 문서가 필요 없을 수 있다. 심지어 코드 주석에 넣은 문학적 API 문서화가 아주 철저할 때는 때때로 기능 명세를 대신하기도 한다. 그래도 문학적 주석에 문서화를 너무 길게 작성하면 차라리 워드 프로세서에 입력하는 편이 더 쉬울 수 있으니 주의하자. 문학적 코드 문서화로는 요구사항 명세나 테스트 명세를 대신하기 어렵다.

테스트가 명확하고 관리하기 쉬우면 포괄적인 자동 테스트 케이스 집합이 소프트웨어 컴포넌트의 테스트 명세를 대체하기도 한다. 하지만 최종 제품 검증 테스트를 대신하는 경우는 거의 없다.

---

7 둘 이상의 저자가 어떻게 한 문서를 동시에 작성할 수 있을까?

문서화 시스템에서 이 같은 협업 기능을 소스 코드 제어 도구로 제공하는 경우는 매우 드물기 때문에 쉽지 않다. HTML 같은 형태의 문서를 다룰 수 있다면 공유 텍스트 편집이 가능한 위키 웹을 고려하자.

이 방법이 어렵다면 문서를 여러 영역으로 나눠 각 영역마다 한 사람씩 할당해야 한다. 영역별로 작성 스타일과 내용의 품질이 다를 수밖에 없고 서로 따르는 가정 집합도 다르니 작업물을 다시 하나로 합칠 때 이러한 가정을 확인해야 한다. 영역들을 각각의 문서로 나누고 하나의 상위 문서를 맨 위에 두는 편이 더 쉬울 수도 있다. 이때는 반드시 업무를 조정할 리더를 할당해 작성 절차를 안내하고 나눠진 부분들을 다시 맞추고 각자 맡은 영역을 제시간 안에 끝내게끔 도와야 한다.

혹은 한 사람이 전체 작성을 책임지되 꽤 강력한 동료 평가를 시행하는 방법도 있다. 일단 회의를 통해 문서 내용과 구조를 사전에 합의하고, 작성자 혼자 문서를 생성한 후 다시 그룹 리뷰에 제공한다.

어떤 방식을 채택하든 다수가 협력해 작성하면 어색한 문서가 만들어지고 아주 오래 걸릴 수 있으니 경계하자.

스스로 살피기

1 문서 내용을 누가 결정하는가?

문서 내용은 기업의 개발 절차나 문서 템플릿, 관례에 따라 정의된다. 하지만 관례가 있다고 해서 꼭 모범 사례는 아니다. 작성할 문서 유형뿐 아니라 문서 내용이 정말 소프트웨어 개발 절차에 도움이 되는지 살피자.

---

2 현재 프로젝트에 아래 명세가 있는가?

   a 요구사항 명세

   b 아키텍처 명세

   c 디자인 명세

   d 기능 명세

e 그 밖의 다른 명세

명세가 최신으로 유지되는가? 완전한가? 가장 최신 버전을 어떻게 구하는지 아는가? 과거 리비전에 접근할 수 있는가?

일부가 없거나 수준 이하라면 이유는 무엇인가? 문제를 어떻게 개선할 수 있을까?

누가 문서를 최신으로 유지하고 있는가? 문서 버저닝은 명세 생성의 중요한 부분이니 명확한 계획을 세워 수행하자.

---

3 문서를 리비전 제어하는가? 한다면 어떻게 하는가?

다음은 현장에서 쓰이는 문서 리비전 관리 기법이다.

- 문서를 소스 코드 관리 시스템에 코드와 함께 저장한다.
- 문서(심지어 워크플로) 관리 시스템을 사용한다.
- 파일 시스템을 사용해 문서 리비전을 파일명으로 표현한다(구 버전을 별개의 이전 디렉터리에 아카이빙하는 등).
- "매직" 사용자에게 보내는 첨부 파일에 과거 리비전을 저장한다(터무니없지만, 이렇게 하는 회사가 정말 있다).

어떤 방안을 쓰든 다음 이슈를 고심해야 한다.

- 사용 용이성과 문서 접근성
- 둘이서 동시에 같은 파일을 편집하지 못하게 막는 방법
- 가장 최신 출시 버전과 현재 개발 중인 복사본 구분 방법
- 실수로 삭제하지 못하게 혹은 잘못된 문서 버전에 덮어쓰기 하지 않게 막는 방법
- 특정 문서 리비전 참조 용이성

20장: 완벽한 리뷰

궁리하기

1 필요한 리뷰어 수는 리뷰할 코드 크기에 따라 좌우되는가?

꼭 그렇지는 않다. 특별히 중요한 코드라면 리뷰어를 몇 명 더 요청하거나 심혈을 기울여 경험이 가장 풍부한 리뷰어를 고르자.

그러나 코드가 지나치게 클 때는 리뷰어를 요청할 것이 아니라 다시 작성해야 한다!

---

2 코드 리뷰에 유용한 도움을 주는 도구는 무엇인가?

상식, 예리한 관찰력, 그리고 기민한 두뇌이다!

다양한 소프트웨어 도구도 유용하다. 여러 도구로 코드를 검사하고 코드 품질과 전체 코드 기반에 대한 상

대적 위험을 판단할 수 있다. 실행 흐름을 추적하고 어떤 코드가 가장 자주 실행되는지 알아내고 각 함수의 코드 복잡도 값을 계산할 수 있다. 특히 복잡도 측정은 어떤 코드부터 최대한 빨리 리뷰해야 하는지 알아낼 때 매우 유용하다. 시각 디자인 프로그램이 있으면 코드 구조와 종속성을 더 쉽게 이해할 수 있다(특히 객체 지향 언어에서 클래스 계층 구조를 리뷰할 때 유용하다).

---

3 코드 리뷰는 소스 코드 검사 도구를 실행하기 전에 해야 할까 후에 해야 할까?

이후에 해야 한다. 리뷰어는 리뷰 준비 기간에 소스 코드 검사 도구를 사용해야 하지만 저자는 리뷰받을 코드를 내놓기 전에 미리 코드에 가능한 모든 검사를 수행해야 한다. 이 과정을 생략하는 것은 매우 어리석은 짓이다. 쉽게 개선할 수 있었던 코드에 굳이 리뷰어가 시간을 낭비할 필요는 없다. 리뷰어의 시간은 더 흥미로운 문제를 찾는 데 할애하자.

리뷰 중 이슈를 감지했을 때는 도구를 사용해 향후 같은 이슈를 자동으로 감지할 수 있는지 생각해 봐야 한다.

---

4 코드 리뷰 회의 전에 무엇을 준비해야 하는가?

저자는 만족스럽게 코드를 완성한다(그렇지 못하다면 리뷰어의 소중한 시간을 낭비하는 셈이다). 의장은 회의가 순조롭게 진행되도록 알맞게 준비를 끝낸다. 더 흥미로운 점은 회의 전에 각 리뷰어가 다음을 끝내야 한다는 것이다.

- 명세를 읽는다(그리고 이해한다).
- 코드를 숙지한다.
- 이슈와 질문 목록을 작성한다(이 단계에서는 규율을 따라야 한다. 따르지 않으면 코드를 피상적으로 대충 훑고 철저히(철두철미하게, 완전히, 정밀히) 리뷰할 수 있을 만큼 충분히 숙지하지 못하기 쉽다).

리뷰 회의 중에 체계적으로 검사하다 보면 이전에 놓쳤던 무언가를 항상 찾는다. 그래도 위와 같은 사전 준비는 회의에서 여러 사람의 시간을 허비하지 않게 막는 데 필수다.

---

5 즉시 시행할 리뷰 코멘트와 다음 프로젝트를 위해 기록해 둘 리뷰 코멘트를 어떻게 구분할까?

다음에 근거해 결정해야 한다.

- 밝혀낸 문제가 얼마나 중요한지
- 개인적 미학의 문제인지 합의된 모범 사례를 어기는 것인지
- 수정에 공수가 얼마나 드는지
- 변경이 나머지 코드에 얼마나 심각한 영향을 미치는지
- 고치지 않을 경우 코드가 얼마나 잘못되는지(혹은 오해를 불러일으키는지)
- 변경 작업이 얼마나 취약한지 혹은 위험한지
- 출시가 임박했다면 꼭 필요한 변경만 하고 싶으니 프로젝트가 현재 개발 주기 어디쯤인지

쉬운 규칙이 없다. 리뷰 회의가 애매하게 흘러가면 의장이 궁극적인 선택을 내린다. 어떤 문제는 반드시 수정(must fix)과 그냥 두어도 됨(nice to have) 사이로 평가된다. 저자는 가능한 시간 내에 해낼 수 있는 최대한 많은 수정을 높은 우선순위부터 구현한다. 다른 이슈는 다음 컴포넌트 개발 반복 주기로 연기될 수 있다.

---

6 가상 리뷰 회의는 어떻게 수행하는가?

가상 리뷰는 흔히 이메일로 이뤄진다. 리뷰는 의장이 준비하며, 일반적으로 의장이 커뮤니케이션의 중심이다. 절대 저자가 커뮤니케이션의 중심이어서는 안 된다. 저자는 너무나 쉽게 중요한 코멘트를 골라내고 마음에 들지 않는 코멘트는 무시한다. 명백히 좋지 못한 방법이다.

가상 리뷰 방식에는 중요한 질문이 하나 따른다. 리뷰어가 서로의 코멘트를 보게 되는가? 가상 리뷰에서는 토론이 거의 불가능하고 특히 이메일을 의장하고만 주고받는다면 더욱더 그렇다. 그렇다고 모든 리뷰어에게 1,000개짜리 이메일 대화를 방송하면 금세 짜증이 치밀고 흥분하게 된다. 그 대신 인스턴트 메신저나 전용 뉴스그룹, 메일링 리스트 등을 통해 가상 채팅방에서 만나는 방법도 있다.

또 다른 가상 리뷰 메커니즘은 코드에 대한 질문지를 출력해 나눠 주는 것이다. 리뷰어는 복사본에 코멘트를 써서 저자에게 돌려준다. 위키를 사용해 유사한 방식으로 수행할 수 있다. 코드를 위키에 게시하고 리뷰어가 그 페이지에 코멘트를 남기는 식이다. 어떤 형태로 리뷰를 수행하느냐보다 어떻게든 리뷰를 수행하는 것이 더 중요하다.

7 비공식 코드 리뷰가 얼마나 유용한가?

전혀 하지 않는 것보다는 비공식 리뷰가 훨씬 낫지만 덜 철저하기 때문에 당연히 결함도 덜 찾을 수밖에 없다(코드 리뷰어의 질이 똑같다는 가정하에).

공식적으로 정의된 용어는 아니지만 매코널은 두 가지 비공식 리뷰 유형을 아래처럼 설명한다.[매코널 96]

워크스루(walkthrough)

프로그래머들이 함께 코드를 죽 훑어보는 아주 편안한 형식의 모임이다. 에디터 앞에서 그때그때 변경하며 수행하기도 한다.

코드 읽기(code reading)

저자가 코드 복사본을 리뷰어 집합에 나누어 주면 리뷰어는 그 복사본에 코멘트를 남겨 다시 저자에게 돌려준다.

스스로 살피기

1 프로젝트에서 코드 리뷰를 수행하는가? 코드 리뷰를 충분히 수행하는가?

심지어 코드 리뷰가 막연하게 규칙적으로 이뤄진다 해도 여전히 충분한 리뷰는 진행되지 못하고 있을 것이다. 사람들은 이 관례를 너무 가벼이 여기는데 코드가 동작하는 것처럼 보이면 코드 리뷰에 소중한 시간을 낭비할 필요가 없다고 생각한다.

매우 경솔한 사고방식이다. 쉽게 없어지지 않는 코드 결함을 추적하는 데 드는 시간이 리뷰 공수보다 주로 훨씬 크다. 코드 리뷰는 개발 프로세스를 제어하고 고품질 소프트웨어를 만드는 합리적이고 실용적인 방법이다.

현재 프로젝트에서 이를 개선할 방법이 있는가?

2 자신의 코드는 리뷰할 필요가 없다고 여기는 프로그래머와 일하는가?

존경받는 고수 프로그래머(380쪽 "고수" 참고)에게는 종종 경외심이 들며 누구도 그의 코드를 리뷰하자고 제안하지 못한다. 감히 엄두가 나지 않는다. 이러한 숭배는 무분별하고 위험하다.

경험상 고수들은 지금껏 보지 못한 가장 리뷰할 가치가 높은 코드, 즉 심오하고 이해할 수 없고 유지 보수하기 어려운 마법으로 가득한 코드를 간간이 작성한다. 고수가 리뷰를 피해 코드를 제출하지 않는다는 사실은 업무와 팀에 대한 그릇된 사고방식을 분명히 보여준다. 누구의 코드도 리뷰를 피해갈 수 없고 모든 코드는 주의 깊게 면밀히 검토되어야 한다.

---

3 지금까지 작성한 코드의 몇 퍼센트 정도가 코드 리뷰 대상이었는가?

당신이 아주 희귀한 부류가 아니라면 틀림없이 매우 적을 것이다. 리뷰가 얼마나 형식적이었는가? 매 리뷰가 얼마나 유용했고 최종 코드 품질에 얼마나 기여했는가?

리뷰하지 않은 코드 중 페어 프로그래밍한 코드는 얼마나 되는가? 얼마를 리뷰해야만 했는가? 리뷰하지 않은 코드 중 상업적으로 대단히 중요한 코드는 얼마나 되는가? 프로덕션 소프트웨어로 버그가 얼마나 빠져나갔고 이 중 얼마가 향후 문제를 일으켰는가?

코드를 리뷰하는 프로젝트 문화가 없더라도 공식 리뷰는 반드시 요청하자. 아무도 안 해도 개의치 말자. 리뷰한 코드가 훨씬 월등할 테니!

21장: 그걸 누가 알겠어?

궁리하기

1 실패 중인 프로젝트를 어떻게 다시 살려서 정상 궤도에 돌려놓을 수 있을까?

실패 중인 프로젝트에서 책임을 면할 한 가지 방법은 침몰하는 배 안의 쥐처럼 재빨리 달아나는 것이다. 하지만 별로 전문가답지 못하다!

프로젝트 일정이 일단 한번 밀리면 만일의 상황에 대비해 시간을 넉넉하게 미리 할당해 놓지 않은 이상 다시 원래대로 맞출 방법이 거의 없다. 대신 아래 전략을 고려해 볼 수 있다.

- 고객과 출시일 연기를 합의하고 프로젝트 일정을 다시 계획한다.
- 빠진 기능을 향후 출시에 넣기로 합의하고 첫 출시 범위를 조정한다. 다수의 쓸모없는 기능을 구현하다 크게 실수하기보다는 기한을 준수하며 기능을 줄이고 품질을 높이는 데 집중하는 편이 좋다.

속도를 내려고 무턱대고 프로젝트에 개발자를 더 투입하지 말자. 특히 프로젝트가 실패 기로에 섰을 때 이 방법이 얼마나 형편없는지 브룩스가 명쾌하게 설명한 바 있다.[브룩스 95] 새 개발자에게 상황을 이해시키느라 기존 개발자가 시간을 할애해야 하고 더 큰 팀을 관리해야 하니 오버헤드도 늘어난다. 어떤 이점보다도 인원을 추가하는 데 드는 비용이 분명 더 크다.

---

2 타당성 검토나 계획 작업을 시작하기도 전에 마감 기한이 주어졌다면 올바른 대응은 무엇일까?

요령! 소프트웨어를 제때 배포하면 수익이 나고 그렇지 못하면 아무 이익이 없으니 출시 마감 기한을 정해두는 것은 지극히 타당한 비즈니스 요구사항일 것이다. 다만 항상 믿음에 따라 옳은 일만 할 수는 없으니 기한을 늦추거나 작업 범위를 조정하자.

예상 프로젝트 마감 기한을 조기에 파악하면 때때로 디자인 수고를 덜어 준다. 마감 기한은 디자인을 얼마나 완전하고 면밀하게 할 수 있는지 알려 주고 필요한 코드 양과 향후 유연성을 고려할 수 있는지 정하는 데도 도움이 된다. 근본적으로 신속한 해결책과 늘 작성하고 싶어 했던 정교하게 계획된 코드 중 무엇을 만들어야 하는지 알려준다. 구축과 구매 결정을 내릴 때, 제공될 소프트웨어에 대한 최종 품질 기대치를 설정할 때도 유용하다.

이것이 소프트웨어를 개발하는 이상적인 방법은 절대 아니다. 부디 어떤 관리자가 귀 기울여 듣고 이토록 위험한 마감 기한을 기약하는 행위, 즉 프로젝트의 성공과 조직의 미래를 두고 도박을 벌이는 부주의한 행태를 멈추는 법을 깨닫기 바란다.

---

3 정말 도움이 되는 개발 계획이라고 어떻게 확신하는가?

수준 높은 개발 계획은 다음과 같은 특징을 지닌다.

정확하다

소프트웨어 개발에 필요한 모든 작업을 포함하며 타당한 시간 추정에 근거한다.

세밀하다

어림잡아 추정한 몇 가지 대규모 작업이 아니라 신중하게 순서를 정한 다수의 소규모 작업으로 이뤄진다. 기간 추정의 정확도는 작업이 작을수록 신뢰도가 높기 때문에 전반적인 계획의 품질도 더 높다.

하나의 작업이 몇몇 부분으로 구성되어 있으면(가령 외부에 의존해 외부 출시 이정표로 나뉘고 그 뒤에 통합과 버그 수정 기간이 뒤따르면) 이를 계획에 명시적으로 나타내자.

합의된다

모두 계획을 믿는다. 경영진은 내재된 위험 수준에 만족하고, 프로그래머는 기간 추정이 정확하고 어떤 작업도 누락되지 않았으며 종속성이 올바르게 설계됐음에 동의한다.

가시적이다

개개 개발자와 관리자는 중요한 결정을 내릴 때 계획을 사용한다. 기간 변경은 계획을 통해 소통한다. 계획을 버저닝하고 계획에 따른 진행 상황을 분명하게 기록한다.

감시된다

일정을 제대로 감시하지 않으면 기간 추정은 쓸모없는 통계 자료로 퇴색한다. 계획대로 진행되고 있는지 점검해야 한다. 이에 따라 개발 노력의 방향이 달라진다.

---

4 프로그래머마다 왜 일하는 속도가 다를까? 이를 계획에 반영할 수 있을까?

프로그래머는 여러 측면에서 다르다.

* 기술적 능력이 다르고 문제를 추론하는 방식도 다르다. 이것이 생산되는 코드 품질에 영향을 미친다.

- 경험 정도가 다르니 디자인 결정도 다르게 내린다.
- 기존 프로젝트에 대한 책임감, 회사나 프로젝트에 대한 열의, 소프트웨어 구성 기술에 대한 존중, 외부적 책무(가정적 압박, 사회 활동 등) 측면에서 헌신하는 수준이 다르다.
- 어떤 사람은 매우 의욕이 넘쳐서 초과 근무를 해서라도 프로젝트를 완료할 태세다. 어떤 사람은 최소한으로만 일하고 파티에 가고 싶어 한다.

프로그래머마다 단순히 작업 패키지 소요 시간만 다르지 않다. 코드 품질과 디자인의 견고함, 프로그램 내 버그 개수도 다르다. 심지어 한 프로그래머가 같은 업무를 여러 번 시도해도 그때그때 다르다. 경험이 쌓일수록 다음번에 더 잘한다.

이를 프로젝트 계획에 반영하려면 어떤 개발자가 어떤 업무를 맡았는지 확인하자. 개발자의 핵심 역량에서 벗어난 업무라면 기간 추정치를 늘리거나 만일의 상황을 대비한 시간을 여분으로 포함시키자. 개발자가 업무에 대해 충분히 이해할 사전 준비 기간도 추가하고 필요하다면 교육 시간도 넣자.

스스로 살피기

1 그동안 참여했던 프로젝트의 몇 퍼센트 정도가 일정에 따라 수행됐는가?

  a 일정대로 수행됐던 프로젝트라면: 계획이 성공할 수 있었던 요인은 무엇인가?

  b 일정을 지키지 못했던 프로젝트라면: 주된 문제는 무엇이었는가?

성공보다는 실패를 특징짓기 쉽다. 원활한 협력을 위한 미묘한 균형보다는 일이 틀어진 유일한 이유를 훨씬 쉽게 찾아낸다. 프로젝트 내 모든 것이 정상이면 전체도 당연히 잘 돌아간다.

반복적이고 점진적인 개발을 활용하면 문제를 수용하고 계획의 위험 요소를 제거하기 쉽다. 작업 패키지에 대한 깊은 이해, 세밀한 계획, 훌륭한 초기 디자인 역시 꼭 필요하다. 고품질 테스트를 조기에 빈번하게 수행하면 개발이 훨씬 안전해진다. 능력 있는 개발자 또한, 매우 유용하다!

---

2 당신의 기간 추정은 얼마나 정확한가? 평균적으로 목표에서 얼마나 뒤처지는이?

기간 추정은 끊임없이 향상시킬 수 있는 기술이다. 경험이 훌륭한 스승이 되어 준다. 부디 점점 더 정확히 추정했기를 바란다. 그러했는가?

기간을 추정하라는 요청을 아직 받아 보지 못했다면 지금부터 연습하자! 현재 개발 업무에 맞는 작은 계획을 세우자. 이 작은 계획을 이루는 더 작은 부분들의 기간을 추정한 후 얼마나 정확했는지 확인하자. 더 좋은 점은 이 과정에서 무슨 일을 하고 있는지 주의 깊게 생각하게 되고 더 뛰어난 초기 디자인을 짜게 된다. 또한, 테스트와 디버깅, 문서화를 위한 충분한 시간도 남기게 된다. 온통 좋은 점뿐이다.

22장: 프로그램 레시피

궁리하기

1 프로그래밍 스타일과 개발 프로세스의 선택은 서로 어떤 영향을 미치는가?

둘을 꼭 관련 짓지 않아도 되지만 프로젝트를 시작할 때 함께 고려하기 바란다.

반복적 프로세스(iterative process)에 객체 지향 패러다임의 하나인 컴포넌트화(componentization)를 지원하는 프로그래밍 방법론을 접목하면 구현하기 더 쉽다. 선형 프로세스(linear process)는 모든 프로그래밍 스타일 유형에 알맞지만 최선의 조합은 아니다.

개발자의 사전 경험과 프로그래밍 스타일에 대한 개인적 선호도가 선택에 가장 큰 영향을 미친다.

---

2 최선의 프로그래밍 스타일은 무엇인가?

답이 없는 질문이다! 실제로 답을 내렸다면 잠시 책을 내려놓고 국수 가락으로 속눈썹 30개를 붙이자.

---

3 최선의 개발 프로세스는 무엇인가?

설마 또 속았는가? 이제는 9볼트짜리 배터리로 전기 충격 요법을 받는 수밖에 없다.

---

4 22장에서 나열한 각 개발 프로세스는 524쪽 "개발 프로세스"에서 살펴본 분류 축 중 어디에 속하는가?

먼저 간단히 복습부터 하자. 빡빡한(thick)/얇은(thin) 프로세스 분류는 프로세스에 수반되는 관료주의와 서류 작업에 기반한다. 순차적(sequencing)이란 프로세스가 얼마나 선형이며 예측 가능한지를 나타내고 디자인 방향(design direction)은 디자인을 아주 작은 상세 구현에서 시작할지 완전한 개요에서 시작할지를 결정한다.

애드 혹

이 난장판을 분류하는 방법을 누가 알겠는가? 애드 혹 프로세스는 어느 축 어디든 속할 수 있으며 심지어 끊임없이 바뀐다. 애드 혹 개발자는 일반적으로 관료주의에 얽매이지 않지만 아무런 규율도 없이 무언가를 놓치거나 몇 번이고 계속해서 반복한다. 프로세스에 반하는 이 방식은 순차적과는 너무 거리가 멀어서 측정조차 불가능하며 설사 디자인이 있다 해도 아마 실제 개발 중인 프로그램과는 전혀 무관할 것이다!

폭포수 모델

상당히 빡빡하면서 선형에 매우 가까운 프로세스이다. 강제는 아니지만 주로 하향식 디자인으로 이어진다.

SSADM

가장 빡빡한 프로세스로서 서류 작업이 많고 단계가 대량으로 문서화되어 있다. 순차적 축에서 보면 선형에 굉장히 가깝다.

V 모델

빡빡하면서 선형인 또 다른 프로세스이다(단, 효율성을 위해 프로세스 일부를 명시적으로 병렬화한다). 다른 폭포수 변형과 마찬가지로 하향식 디자인으로 이어지는 경향이 있다.

프로토타이핑

명시적으로 순환하는 프로세스이다(단, 예상 프로토타입 개수를 정해 개발 프로세스상에서 어느 정도의 선형성을 강제할 수 있다). 옅은 부류에 가까운 경향이 있으며 때로는 너무 옅어서 문제다. 프로토타입만으로는 사용자 요구사항이나 디자인 결정을 정확히 담아내기 부족하기 때문에 프로토타입을 만들 때 명세에 들어 있는 결정을 표현하지 않고 넘어가기 매우 쉽다.

반복적이고 점진적인 개발

디자인상 비선형인 또 다른 프로세스로서 얼마든지 관료주의적일 수 있으나 어떤 변형(특히 애자일 동향에서 보이는 변형)은 상당히 옅다. 반복적이고 점진적인 프로세스는 디자인 방향 축에서 중간을 고수하려 한다. 매 반복마다 높은 수준의 디자인부터 낮은 수준의 디자인까지 수행한다. 다음 주기에서 디자인 결정을 개선하고 최상위와 최하위 디자인에서 추가 작업을 반복한다.

나선형 모델

반복적이고 점진적인 프로세스의 빡빡한 버전이다.

애자일 방법론

애자일 프로세스는 옅고 비선형이다. 디자인 방향을 정해 두지 않고 계속해서 바꾼다. 파리로 드라이브 가는 것과 비교해 보자. 전통적인 프로세스에서는 파리를 향해 운전한다. 애자일 프로세스에서는 일단 운전을 시작하고 끊임없이 핸들을 꺾는다. 심지어 고향을 떠나는 최선의 경로를 결정하기 전에 여정 중간에 어디를 들를지부터 계획하기도 한다.

조직에서 특정 프로세스 모델을 구현하다 보면 불가피하게 그 조직의 특정한 운영 방식에 맞게 된다(이는 지극히 정상적이다). 이러한 변경이 중요한 차이를 불러오곤 한다. 예를 들어 V 모델을 기반으로 개발하되 불필요한 관료주의를 줄이기 위해 단계 간 인계 절차를 최대한 간소하게 만드는 것을 목표로 삼는다.

---

5 개발 프로세스와 프로그래밍 스타일이 레시피라면 소프트웨어 개발 요리책은 무엇일까?

소프트웨어 공학 교재처럼 생겼을 가능성이 매우 높다. 먹음직스러운 사진은 아마 별로 없겠지만! 네이키드 셰프(Naked Chef)*와 레이첼 레이(Rachael Ray)의 레시피가 다르듯이 소프트웨어 개발 요리책에도 여러 다양한 접근법을 상상해 볼 수 있다.

새 레시피를 찾아 돌아다니는 경우는 흔치 않기 때문에 실제로 소프트웨어 개발 요리책은 그렇게 많지 않다. 마케팅 업계가 충분히 탄력을 받았을 때만 갑자기 쏟아져 나오곤 한다.

---

6 적합한 프로세스를 고르면 소프트웨어 구성이 예측 가능하고 반복 가능한 작업이 될까?

소프트웨어 산업은 아직 이렇게 주장할만한 경지에 도달하지 못했다. 개발 프로세스를 통일하려고 아무리 애를 써도 생산되는 코드 품질은 궁극적으로 그 일을 하는 프로그래머의 질(경험과 능력, 직관, 재주 등)과 마음 상태(집중력, 몰입 상태인지 계속해서 방해를 받는지 등, 511쪽을 참고하자)에 달렸다. 숙련된 장인은 이제 갓 들어온 수습생보다 정교하고 강력하고 세련된 디자인을 만들어 낸다.

이러한 편차로 인해 심지어 가장 규범적인 프로세스를 따르더라도 소프트웨어를 재생산 가능하게 만들기

---

* 무례하게 들렸다면 www.jamieoliver.com을 찾아보자.
역주_ 제이미 올리버는 네이키드 셰프라는 별칭으로 널리 알려져 있다.

어렵다. 동일한 프로그래머와 동일한 프로세스로 동일한 소프트웨어를 만들려 노력해도 정확히 같은 결과물을 얻지 못한다. 날마다 팀은 다른 선택을 내리고 결국 내재된 결함과 강점이 근본적으로 다른 소프트웨어가 나온다(이는 가설에 불과하다, 같은 팀이라면 처음에 저지른 실수로부터 배운 후 두 번째 시도에는 다른 소프트웨어, 아마도 더 나은 소프트웨어를 만들 것이다).

애자일 방법은 이러한 특징을 활용하고 소프트웨어 구성의 예측 불가능성을 널리 알린다. 예측 불가능한 작업에 내재된 위험을 최소화하는 실용적 접근법을 취함으로써 불확실성을 해소하고자 한다.

스스로 살피기

1 현재 사용 중인 개발 프로세스와 프로그래밍 언어 스타일은 무엇인가?

  a 개발팀에서 공식적으로 합의했는가, 혹은 관례적으로 사용하는가?

  b 어떻게 선택했는가? 해당 프로젝트를 위해 선택했는가 혹은 항상 사용하는 레시피인가?

  c 어딘가에 문서화되어 있는가?

  d 팀에서 프로세스를 고수하는가? 문제가 발생하고 궁지에 몰려도 프로세스를 지속하는가 아니면 무언가를 혹은 무엇이라도 만들기 위해 황급히 모든 상아탑 이론을 무시하는가?

개발팀이 얼마나 체계적인지 살펴보는 질문이다. 소프트웨어를 목적을 가지고 개발했는가 우연히 개발했는가? 소프트웨어 생산 방법을 정말로 아는가 혹은 아직도 몇몇 핵심 팀원의 영웅적인 노력에 기대 일을 완수하는가?

업무 방식을 보여주는 구체적인 참조가 있는가? 문서화되어 있는가? 이해하는가? 모든 개발자, 모든 프로세스 관리자, 구성 프로세스에 일부라도 참여한 모두가 이해하는가?

---

2 현재 프로세스와 스타일이 적절한가? 현재 소프트웨어를 개발할 최선의 방법인가?

소프트웨어 생산 방법을 모르는 것과 최선의 접근법을 취하고 있지 않은 것 중 어느 쪽이 더 나을까, 그 이유는?

애드 혹 방식이 지닌 위험에 주의하자. 합의된 방법 없이 일하는 조직을 무수히 보아 왔다. 한 사람은 완전히 객체 지향 디자인만 만들고 또 한 사람은 객체 지향을 피해 구조적 디자인만 수행한다. 이렇게 생산된 코드는 볼품없고 일관되지 못하다.

---

3 살펴볼 만한 다른 개발 모델이 있음을 조직에서 아는가?

이러한 결정을 내리는 주체를 파악하자. 개발자인가, 소프트웨어 팀 리더인가, 관리자인가? 이들은 소프트웨어 개발 프로세스에 대해 충분히 알고 있는가? 왜 현재 방식으로 정했는지 알아 두자. 이미 해결한 문제는 무엇인가? 조직의 작업 관례는 의식적으로 만들어지는 것이 아니라 점진적으로 발전하는 것이기 때문에 때로는 기이한 개발 절차가 생겨나기도 한다.

조직에서 새로운 프로세스 모델을 채택하게 하려면 무엇이 필요할까?

23장: 외부 제약

궁리하기

1 앞서 살펴본 프로그래밍 분야 중 무엇이 특히 서로 비슷하거나 혹은 공통점을 갖는가? 어떤 분야가 특히 다른가?

생각보다 공통점이 더 많다. 다음과 같은 교차점들이 있다.

- 게임과 웹 애플리케이션은 모두 특수한 형태의 애플리케이션 프로그래밍이라 할 수 있다.
- 웹 프로그래밍은 분산 프로그래밍의 한 형태다.
- 어떤 엔터프라이즈 업무는 웹 애플리케이션 형태를 취하기도 한다.
- 임베디드 플랫폼을 위한 시스템 구현도 있다.
- 병렬화와 계산 분산으로 수치 업무를 최적화하기도 한다.

---

2 프로그래밍 전문 분야 중 무엇이 가장 어려운가?

프로그래밍 종류마다 제각기 서로 다른 문제를 표현하며 개개 프로그램 역시 그 나름대로 복잡하다. 그렇지 않는다면 별다른 기술 없이 프로그래밍할 수 있으니 아마 바보도 할 것이다(실제로 많은 바보가 프로그래밍을 한다는 사실은 여기서 논할 만한 것이 못 된다!).

"보다 어려운" 프로그래밍 세상은 충분한 품질을 보장하기 위해 더 형식적인 프로세스를 요하는 세상일 것이다. 가령 (561쪽 "요약"에서 설명한) 안전 필수(safety-critical) 소프트웨어 분야가 특히 껄끄럽다. 여기는 안정적인 페일 세이프(failsafe)를 갖추는 것 외에도 빈틈없는 명세, 매우 형식적인 개발과 테스트 모델, 규제 기준에 대한 인증이 필수다.

특히 수치 분야는 수학과 복잡한 알고리즘 디자인에 재능이 없으면 힘들다. 통계나 과학 기술이 필요하다.

---

3 특정 분야에서 전문가가 되는 것과 특정 전문 분야 없이 골고루 기초를 쌓는 것 중 어느 쪽이 중요한가?

각 분야별로 이해를 다지는 것이 유용하다. 하지만 어떤 분야에서 정말 뛰어나려면 오로지 최전선의 경험을 통해서만 습득할 수 있는 특유의 기술과 전문성을 갖춰야 한다. 이처럼 좋은 경험을 쌓으려면 한 분야에 매진해야 할 것이다. 빈센트 반 고흐가 말했듯이 "누군가 어떤 한 가지에 통달해 제대로 이해한다면, 그는 만물을 이해하는 능력과 통찰력을 동시에 갖춘 것이다." 특히 더 복잡한 내용을 익힘으로써 자신만의 분야를 차별화하자.

---

4 수습 프로그래머에게는 어떤 프로그래밍 분야를 소개해야 할까?

프로그래밍 교육 과정을 만들 때 거의 고려하지 않는 부분이다. 많은 교육 과정이 현실의 프로그래밍과 동떨어져 이론적이고 중성적인 프로그래밍 분야처럼 짜여지는데 이는 안타까운 판단 착오다. 물론 이렇게 하면 프로그래밍을 가르치기 훨씬 쉽고 교육생에게 혼란을 초래할 일도 적다. 하지만 소프트웨어 공장이 한창 바쁜 와중에도 적절한 코딩 선택을 내릴 수 있어야 하고 이 방법을 누군가는 가르쳐 주어야 한다.

다른 프로그래밍 분야와 달리 애플리케이션 프로그래밍은 비교적 특정 의식과 관례로부터 자유롭기 때문에 프로그래머에게 소개하기 가장 쉬운 분야이다. 수습 프로그래머는 더 넓은 소프트웨어 개발 세상에 대해 아직 잘 알지 못하므로 당연히 이 분야를 배울 것이라 기대한다.

스스로 살피기

1 현재 어떤 프로그래밍 분야에서 일하고 있는가? 그 분야가 작성하는 코드에 어떤 영향을 미치는가? 무엇이 특정 디자인과 구현 결정을 내리게 이끄는가?

올바른 프로그래밍 결정을 내리려면 어떤 코드를 작성하는지 잘 알아야 한다. 문제 도메인의 요구에 따라 어떻게 코드를 형성하는지 설명할 수 없다면 무슨 일을 하고 있는지 진지하게 생각해 보지 않은 것이다. 소프트웨어는 그 소프트웨어를 둘러싼 환경에서 살아남아야 하고 따라서 주변 환경에 맞게 형성되어야 한다.

---

2 둘 이상의 프로그래밍 분야에서 일해 본 경험이 있는가? 사고방식을 전환하고 양쪽 세계에 적절한 기법을 적용하기 어렵지 않았는가?

둘 간의 차이를 묵살하고 한 도메인에서 다른 도메인으로 무작정 넘어가고 싶은 유혹에 빠지지 않도록 주의하자. 형편없는 코드가 나올 수 있다. 게임이 끝날 때까지는, 진저리나는 버그와 씨름하거나 원래의 요구사항(코드 규모나 확장성 등)에 맞추고자 시스템을 최적화하기 전까지는 그 코드가 적합하지 않다는 사실을 깨닫지 못한다. 그때서야 자신의 코드가 주변 환경에 맞게 만들어지지 않았음을 깨달으면 이미 진퇴양난이다.

---

3 동료 중에 특정한 코드 유형으로 작성하게 만드는 동력을 모르는 사람이 있는가? 애플리케이션 개발만 아는 프로그래머가 임베디드 소프트웨어를 작성하고 있는가? 이럴 때 무엇을 할 수 있을까?

문제 도메인의 요구사항에 맞게 개발하지 않는 프로그래머는 프로젝트를 위험에 빠뜨린다. 본질적인 제약(확장성, 성능, 코드 크기, 상호운용성 등)을 이해하지 못하면 코드는 명세에서 어긋나게 되고 개발 체인에서 약점이 된다.

페어 프로그래밍에서처럼 코드와 디자인 리뷰가 이 약점을 잡아내는 역할을 한다.

참고문헌

[감마 외 94]

Gamma, Erich, Richard Helm, Ralph Johnson, and John Vlissides. Design Patterns: Elements of Reusable Object-Oriented Software. Addison-Wesley, 1994. 0201633612.

[고슬링 외 94]

Gosling, James, Bill Joy, Guy Steele, and Gilad Bracha. The Java Language Specification. Addison-Wesley, 2000. Second Edition. 0201310082. http://java.com.

[굴드 75]

Gould, John. "Some Psychological Evidence on How People Debug Computer Programs." International Journal of Man-Machine Studies. 1975.

[그룸 94]

Groom, Winston. Forrest Gump. Black Swan, 1994. 0552996092.

[데이크스트라 68]

Dijkstra, Edsger W. "Go To Statement Considered Harmful." Communications of the ACM, Vol. 11, No. 3, pp. 147 – 148. 1968.

[디마르코 99]

DeMarco, Tom, and Timothy Lister. Peopleware: Productive Projects and Teams. Dorset House, 1999. Second Edition. 0932633439.

[로이스 70]

Royce, W.W. "Managing the Development of Large Software Systems." Proceedings of IEEE WESCON, August 1970.

[마이어스 86]

Myers, Ware. "Can software for the Strategic Defense Initiative ever be error-free?" IEEE computer. Vol. 19, No. 10, pp. 61 – 67. 1986.

[마이어스 97]

Meyers, Scott. Effective C++. Addison-Wesley, 1997. Item 34: Minimize complication dependencies between files. 0201924889.

[매코널 04]

McConnell, Steve. Code Complete: A Practical Handbook of Software Construction. Microsoft Press, 2004. Second Edition. 0735619670.

[매코널 96]

McConnell, Steve. Rapid Development. Microsoft Press, 1996. 1556159005.

[밀러 56]

Miller, George A. "The Magical Number Seven, Plus or Minus Two: Some Limits on our Capacity for Processing Information." First published in Psychological Review, 63, pp. 81 – 97. 1956.

[버소프 외 80]

Bersoff, Edward, Vilas Henderson, and Stanley Siegel. Software Configuration Management: An Investment in Product Integrity. Longman Higher Education, 1980. 0138217696.

[벡 99]

Beck, Kent. Extreme Programming Explained. Addison-Wesley, 1999. 0201616416.

[벤틀리 82]

Bentley, Jon Louis. Writing Efficient Programs. Prentice Hall Professional, 1982. 013970244X.

[벨빈 81]

Belbin, Meredith. Management Teams: Why They Succeed or Fail. Butterworth Heinemann, 1981. 0750659106.

[보엠 76]

Boehm, Barry. "Software Engineering." IEE Transactions on Computers. Vol. C-25, No. 12, pp. 1,226 – 1,241. 1976. http://www.computer.org/tc.

[보엠 81]

Boehm, Barry. Software Engineering Economics. Prentice Hall, 1981. 0138221227.

[보엠 87]

Boehm, Barry. "Improving Software Productivity." IEEE computer, Vol. 20, No. 9. 1987.

[보엠 88]

Boehm, Barry. "A Spiral Model of Software Development and Enhancement." IEEE computer, Vol. 21. May 5, 1988.

[부치 94]

Booch, Grady. Object Oriented Analysis and Design With Applications. Benjamin/ Cummings, 1994. Second Edition. 0805353402.

[브룩스 95]

Brooks, Frederick P., Jr. The Mythical Man Month. Addison-Wesley, 1995. Anniversary
　　Edition. 0201835959.

[브릭스 80]

Briggs Myers, Isabel. Gifts Differing: Understanding Personality Type. Consulting
　　Psychologist's Press, 1980. 0891060111.

[비트루비우스]

Vitruvius Pollio, Marcus (c. 70 – 25 BC). De Architectura. Book 1, Chapter 3, Section 2.

[스트롭스트룹 97]

Stroustrup, Bjarne. The C++ Programming Language. Addison-Wesley, 1997. Third Edition.
　　0-201-88954-4.

[심슨 가족 91]

Simpsons, The. "Do the Bart Man." Geffen, 1991. GEF87CD.

[아리스토텔레스]

Aristotle (384 – 322 BC). Rhetoric. Book 1, Chapter 11, Section 20. 350 BC.

[알렉산더 79]

Alexander, Christopher. The Timeless Way of Building. Oxford University Press, 1979.
　　0195024028.

[와인버그 71]

Weinberg, Gerald. The Psychology Of Computer Programming. Van Nostrand Reinhold,
　　1971. 0932633420.

[울프 72]

Wulf, William A. "A Case Against the GOTO." Proceedings of the twenty-fifth National
　　ACM Conference, 1972.

[이코노미스트 01]

"Agility counts." The Economist. September 20, 2001.

[잭슨 75]

Jackson, M.A. Principles of Program Design. Academic Press, 1975. 0123790506.

[커누스 92]

Knuth, Donald. Literate Programming. CSLI Publications, 1992. 0937073806.

[커니핸 리치 88]

Kernighan, Brian W., and Dennis M. Ritchie. The C Programming Language. Prentice Hall, 1988. Second Edition. 0131103628.

[커니핸 파이크 99]

Kernighan, Brian W., and Rob Pike. The Practice of Programming. Addison-Wesley, 1999. 020161586X.

[커니핸 플라우거 76]

Kernighan, Brian W., and P.J. Plaugher. Software Tools. Addison-Wesley, 1976. 020103669X.

[커니핸 플라우거 78]

Kernighan, Brian W., and P.J. Plaugher. The Elements of Programming Style. McGraw-Hill, 1978. 0070341990.

[쿨란스키 99]

Kurlansky, Mark. The Basque History of the World. Jonathan Cope, 1999. 0224060554.

[파울러 99]

Fowler, Martin. Refactoring: Improving the Design of Existing Code. Addison-Wesley, 1999. 0201485672.

[페이건 76]

Fagan, Michael. "Design and code inspections to reduce errors in program development." IBM Systems Journal, Vol. 15, No. 3. 1976.

[페이지 존스 96]

Page-Jones, Meilir. What Every Programmer Should Know About Object-oriented Design. Dorset House Publishing Co., 1996. 0932633315.

[펠드만 78]

Feldman, Stuart. "Make—A Program for Maintaining Computer Programs." Bell Laboratories Computering Science Technical Report 57. 1978.

[헌트 데이비스 99]

Hunt, Andrew, and David Thomas. The Pragmatic Programmer. Addison-Wesley, 1999. 020161622X.

[험프리 97]

Humphrey, Watts S. Introduction to the Personal Software Process. Addison-Wesley, 1997. 0201548097.

[험프리 98]

Humphrey, Watts S. "The Software Quality Profile." Software Quality Professional. December 1998. https://resources.sei.cmu.edu/library/asset-view.cfm?assetid=29088.

[호어 81]

Hoare, Charles. "The Emperor's Old Clothes." Communications of the ACM, Vol. 24, No 2. ACM, 1981.

[Doxygen]

van Heesch, Dimitri. Doxygen. http://www.doxygen.org.

[IEEE 84]

IEEE Standard Glossary of Software Engineering Terminology. ANSI/IEEE, 1984. ANSI/ IEEE Standard 729.

[ISO 05]

ISO/IEC 23270:2003, Information technology—C# Language Specification. International Standard for Information Systems, 2005. ISO Standard ISO/IEC 23270:2003.

[ISO 84]

ISO7498:1984(E) Information Processing Systems—Open Systems Interconnection—Basic Reference Model. International Standard for Information Systems, 1984. ISO Standard ISO 7498:1984(E).

[ISO 98]

ISO/IEC 14882:1998, Programming Languages—C++. International Standard for Information Systems, 1998. ISO Standard ISO/IEC 14882:1998.

[ISO 99]

ISO/IEC 9899:1999, Programming Languages—C. International Standard for Information Systems, 1999. ISO Standard ISO/IEC 9899:1999.

[Javadoc]

Javadoc. Sun Microsystems, Inc. http://java.com/products/jdk/javadoc.

[UML]

Unified Modeling Language. Object Management Group. http://www.uml.org.

INDEX

A

adaptor 331

aesthetics 131

agile methodology 535

algorithmic complexity 285

algorithmic decomposition 520

analysis paralysis 385

API 324, 351

Application Programming Interface 324

architectural design pattern 354

architecture specification 341, 465

assert 058

assertion 046, 057, 161

assurance testing 205

atomic 112

awk 179

B

back door 321

Big O 285

black-hat 301

bottom-up 330

bottom-up design 525

brace positioning 070

branch 444

branching 444

breakpoint 238

bug review 214

byte-compiled 247

C

camelCase 094

CASE 333

CASE 도구 333

check-in comment 136

checkout comment 136

Cheshire cat 049

clang 182

CLI 171

clustered system 554

CM 447

CMS 557

COCOMO 모델 509

COCOMO II 509

code access security 308

codeface 037

code monkey 040, 378

code review 480

cognitive dissonance 483

cohesion 323

Command-Line Interface 171

commando style 130

commission 206

common subexpression elimination 288

compiled 247

complexity 362

component 323, 343

Computer-Aided Software Engineering 333

Concurrent Versions System 446

Configuration Management 447

connection 343

constant 112

constant folding 288

constant time 285

Constructive Cost Model 509

Content Management System 557

continuous integration 198

Conway's law 324, 404

coupling 323

CPU 부하 277, 282

cracker 301

critical path 506

cross compiler 182

cross–site scripting 304

Crystal Clear 535

ctags 180

custom 547

CVS 446

D

declarative 519

demiguru 381

design activity 317

design by contract 057

design specification 317, 466

diff 179

Digital Signal Processing 278

discrete requirements 463

divide and conquer 234

divide–and–conquer 330

Doxygen 118, 180

dry run 234

DSP 278

E

eager coder 377

egoless programming 490

elegance 322

Emacs 179

enumeration 112

error–tolerant 157

evolutionary delivery 536

evolutionary prototyping 536

extreme programming 317

F

fa□ade 324

factory 331

Fagan inspection 489

fault–tracking system 213

ferrite core 239

floating point exception 150

Floating–Point Unit 284

flowchart 333

format string attack 303

FPU 284

functional constraints specification 461

functional decomposition 330

functional specification 464

functional testing 205

function overloading 522

FxCop 050

G

Gantt chart 506

garbage 052

garbage collector 052

gcc 182

General Public License 451

generic programming facilities 522

GNU 074

Goldilocks principle 537

GPL 451

Graphical User Interface 171

grep 179

grid computing 554

GUI 171

guru 380

H

hacker 301

high–level design 339

honeypot 307

horizontally organized team 403

HTTP 557

I

IDE 171, 177, 183

ideal programmer 391

idiom 331

IDL 352

imperative 519

implementation—only 049

incremental construction 320

indirection 274

inlining 288

Integrated Development Environment 171

integration review 488

interface 324

Interface Definition Language 352

interpreted 247

interpreted language 186

invariant 056

J

Javadoc 117

Java Native Interface 289

JNI 289

JVM 186

K

K&R 중괄호 스타일 070

L

lambda calculus 523

Lesser General Public License 451

LGPL 451

linear time 285

linking 253

lint 050

literate programming 115

literate programming tool 467

load 203

lookup table 289

LXR 180

M

machine code 253

macro 284

magic number 112

make 254, 260

makefile 254, 259, 261

Makefile 256, 263

man—days 503

man—hours 503

man—in—the—middle attack 298

marker 125

MBTI 383

method dispatch 289

middle tier 351

middleware 352

MISRA 075

modularity 351

module 202, 323

Myers Briggs Type Indicator 383

N

name collision 095

NDoc 118

nondiscrete requirements 463

O

O(1) 285

object code 253

Objectory Process 536

observer 331

omission 206

O(n) 285

O(n2) 285

Open Source Initiative 451

operator overloading 522

optimistic locking 440

optimization 272

OSI 451

OSI 7계층 참조 모델 348

OSI 7—layer reference model 348

over—design 365

P

P2P 아키텍처 351

pair programming 235, 404

PascalCase 094

PDL 333

Pee In My Pants Laughing 049

peer process 490

peer-to-peer 351

PERT 509

pessimization 291

PIMPL 049

planning 498

postcondition 056

PRAT 395

precondition 056

PRINCE 509, 529, 530

PRINCE2 509, 530

privilege escalation 298

profiler 280

Program Design Language 333

Program Evaluation and Review Technique 509

programmer as essayist 117

Projects in Controlled Environments 509

ProperCase 094

protection fault 226

prototyping approach 531

pseudocode 333

Q

QA 194

quadratic time 285

quicksand 416

R

RAD 334, 536

RAII 160

Rapid Application Development 334

Rational Unified Process 536

RCS 446, 447

README 파일 137

recursive make 264

refactoring 364

release build 264

release note 265

Remote Procedure Call 554

requirements specification 461, 462

Resource Acquisition Is Initialization 160

resumption model 148

reverse engineering 450

Revision Control System 446, 447

risk management 506

routine 137

RPC 554

RTTI 285

Run-Time Type Information 285

RUP 536

S

sandbox 440

scaffolding 152

SCCS 446

schedule chicken 511

SCMS 447

scripting 248

Scrum 535

security audit 309

security through obscurity 309

sed 179

segfault 226

SESE 111

SESE 코드 520

shadowing 489

short-circuit evaluation 289

shrink-wrap 546

side effect 059

signal 150

signal handler 150

Single Entry Single Exit 111

singleton 331

soak 204

software life cycle 518

software timescale estimation 498

Source Code Control System 446

Source Code Management System 447

SSADM 529

staged delivery 536

storyboard 466

story card 468

stress 203

strict locking 440

structural testing 205

Structured Systems Analysis and Design
    Methodology 529

Subversion 446

syntax-highlighting 124

T

technical debt 508

technical specification 466

template specialism 522

termination model 148

test-driven design 317

test-driven development 197

test script 467

test specification 467

THICK 395

thick development process 525

thin development process 525

three-tier 351

tiered architecture approach 554

top-down 330

top-down design 525

trunk 444

two-tier 350

U

UI 프로토타입 466

UI prototype 466

UML 332

Unified Modeling Language 332

unit test 202

unrolling 287

unsigned 112

usability 204

use case-driven design 536

user requirements specification 461

user story 468

using_underscores 094

V

V 모델 530

vanilla source 257

VCS 447

Version Control System 447

vertical team organization 403

Vim 179

visibility 344

W

walkthrough 480

waterfall model 527

white-hat 301

whitesmith 072

widget 097

X

XML 557

XML 파일 에디터 178

Y

yacc 180

ㄱ

가독성 276

가비지 컬렉터 052

가시성 344

간결성 322

간트 차트 506

개발 민주주의 410
개발 빌드 279
개인 리뷰 481
객관화 프로그래밍 490
객체 331
객체 지향 디자인 331
객체 지향 프로그래밍 521
거시 최적화 284
게으름뱅이 388
게임 프로그래밍 548
결함 192
결함 데이터베이스 405
결함 추적 시스템 213
경곗값 208
경고 신호 361, 409, 411, 413, 415, 417, 418
계약에 의한 설계 057
계층형 아키텍처 방식 554
계획 498
고속 애플리케이션 개발 536
고수 380
고차원 디자인 339
골디락스 원리 537
공개 퍼사드 324
공격적 프로그래밍 060
공식 리뷰 481
공통 부분식 삭제 288
공통 코딩 표준 074
과오 결함 206
관용구 331
교차 사이트 스크립팅 304
구문 강조 124, 132
구문 오류 223
구조적 시스템 분석과 디자인 방법론 529
구조적 프로그래밍 520
구조 테스트 205
구조화 디자인 330
구현 전용 루틴 049
권한 상승 298
그래픽 사용자 인터페이스 171
그랜드 캐니언 414

그룹웨어 405
그리드 컴퓨팅 554
급속도 애플리케이션 개발 334
기계 코드 253
기능 명세 464
기능 분할 330
기능 요구사항 462
기능 제약 명세 461
기능 테스트 205
기술 검토 480
기술 명세 466
기술 부채 508

ㄴ

나그네쥐 418
나선형 모델 533
낙관적 잠금 440
네임스페이스 명명 095
논리형 프로그래밍 523
누락 결함 206

ㄷ

다중 스레드 201
다형성 522
단계적 배포 536
단락 평가 289
단위 테스트 202, 482
단일 종료 지점 111, 159
단일 진입 지점 111, 159
대체성 326
데이터 타입 318
독재 409
동기식 345
동료 절차 490
동작하는 코드 040
드라이 런 234
디버거 184, 238
디자인 명세 317, 466
디자인 패턴 331, 354
디자인 활동 317

디지털 신호 처리 278

ㄹ

라이브러리 186, 253, 266
라이선스 451
람다 대수 523
래셔널 통합 프로세스 536
런타임 186
런타임 오류 232
런타임 충돌 222
레거시(기존) 코드 367
로깅 155, 239
루틴 137
루프 풀기 287
룩업 테이블 289
리버스 엔지니어링 450
리비전 제어 441, 447
리스크 관리 506
리치 클라이언트 556
리팩터링 364
릴리스 노트 265
릴리스 빌드 264, 279
링커 183, 253
링킹 253

ㅁ

마이어 브릭스 성격 유형 지표 383
매직 넘버 112
매크로 명명 096
맨데이 503
맨먼스 미신 507
맨아워 503
메모리 고갈 227
메모리 누수 227
메모리 오버런 226
메서드 발송 289
명령 줄 인터페이스 171
명령형 519
명세 459
명세 문서 461

명세 작성 절차 471
모델링 519
모듈 202, 318, 323
모듈성 323, 351
목적 코드 253
목적 파일 253
무결점 절차 489
문서화 도구 117
문학적 프로그래밍 115, 116
문학적 프로그래밍 도구 467
미들웨어 352
미들웨어 기술 554
미학적 주석 131
밑줄_사용하기 094

ㅂ

바닐라 소스 257
바벨탑 407
바이너리 파일 에디터 178
바이러스 공격 298
바이트 컴파일 언어 247, 250
바이트 코드 난독화 450
반복적이고 점진적인 개발 533
반쪽짜리 고수 381
방어적 프로그래밍 041, 042, 309
방어적 프로그래밍 기법 046
배치 파일 188
배포 후보 205
백도어 321
백업 448
버그 193
버그 리뷰 214
버블 정렬 알고리즘 285
버전 관리 시스템 445
버전 제어 447
버퍼 오버런 050, 302
번아웃 425
베타 소프트웨어 204
베테랑 385
변경 제어 447

변수 명명 092
보안 감사 309
보증 테스트 205
보호 결함 226
복잡도 362
부동소수점 예외 150
부동소수점 장치 284
부수 효과 059, 112
부정적 최적화 291
부하 테스트 203
분산 프로그래밍 553
분석 마비 385
분할 325
분할 정복 234, 330
불변 056
브랜치 444
브랜칭 444
블랙박스 테스트 205
블랙햇 301
블록 주석 132
비동기식 345
비밀 유지 계약 450
비부호 타입 112
비이산 요구사항 463
비주얼 C++ 182
비즈니스 로직 351
빅오 285
빌드 252
빌드 기술자 267
빌드 로그 265
빌드마스터 267
빌드 오류 224, 258
빌드 트리 266
빔 179
빡빡한 개발 프로세스 525
뺄셈 연산 305

ㅅ

사고방식 007
사용자 스토리 468

사용자 오류 145
사용자 요구사항 명세 461
사용자 인터페이스 명세 466
사후 조건 056
상속 522
상수 시간 알고리즘 285
상수 타입 112
상수 폴딩 288
상향식 330
상향식 디자인 525
상호운용성 요구사항 463
샌드박스 440
섀도잉 489
서버 350
서브버전 446
선언형 519
선형 시간 알고리즘 285
성능 요구사항 462
세그먼테이션 결함 226
셸 스크립트 188
소스 제어 405, 439, 447
소스 제어 시스템 440
소스 조작 도구 179
소스 코드 252
소스 코드 관리 447
소스 코드 에디터 178
소스 트리 266
소프트웨어 기간 추정 498
소프트웨어 도구 170
소프트웨어 명세 458
소프트웨어 생애 주기 518
소프트웨어 아키텍처 339
소프트웨어 형상 관리 447
수직적 팀 구조 403
수치해석 프로그래밍 559
수평적 팀 구조 403
수필가로서의 프로그래머 117
수학 오류 227
순서도 333
쉬링크랩 소프트웨어 546

스레드 201

스레드 잠김 277

스케줄 치킨 511

스크럼 535

스크립트 언어 248

스토리보드 466

스토리 카드 468

스트레스 테스트 203

시그널 150, 152

시그널 핸들러 150

시스템 아키텍처 318

시스템 프로그래밍 549

실시간 시스템 278

실시간 타입 정보 285

실용적 자체 문서화 방법론 115

실패 193

싱글턴 331

쓰레기 값 052

ㅇ

아키텍처 명세 341, 465

알고리즘 286

알고리즘 복잡도 285

알고리즘 분해 520

알파 소프트웨어 204

압축 326

애드 혹 526

애자일 방법론 535

애자일 프로세스 468

애플리케이션 545

애플리케이션 프레임워크 353

애플리케이션 프로그래밍 545

애플리케이션 프로그래밍 인터페이스 324

야간 빌드 262, 263

어댑터 331

어서션 046, 057, 058, 161

어셈블러 253

어셈블리 코드 253

엄격한 잠금 440

엔터프라이즈 프로그래밍 557

역참조 274

연결 343, 345

연산자 오버로딩 522

열거 타입 112

열혈 코더 377

얇은 개발 프로세스 525

예외 명세 151

예외 안전 149

오류 192

오류 감지 151

오류 감지 스캐폴딩 152

오류 메시지 158

오류 보고 146

오류 보고 메커니즘 146

오류 상태 변수 148, 151

오류 지역성 146

오류 처리 152, 162

오류 허용 코드 157

오픈 소스 450, 451, 482

오픈 소스 이니셔티브 451

올바른 코드 040

옵저버 331

외골수 프로그래머 388

요구사항 명세 461, 462

원격 프로시저 호출 554

원자 단위 테스트 202

원자성 257

원자 함수 112

웹 애플리케이션 프로그래밍 555

위젯 097

유스 케이스 주도 디자인 536

유용성 테스트 204

유지 테스트 204

은닉을 통한 보안 309

응집력 323

의미 버그 225

의사소통 421

의사 코드 333

이름 충돌 095

이맥스 179

이산 요구사항 463
이상적 프로그래머 391
이식성 328
이의제기 프로세스 536
익스트림 프로그래밍 317, 535
익스플로잇 299
인공위성 기지 412
인디언 힐 074
인지 부조화 483
인터페이스 324, 351
인터페이스 유형 327
인터페이스 정의 언어 352
인터프리터 186
인터프리터 언어 186, 247, 248
임계 경로 506
임베디드 쿼리 문자열 303
임베디드 프로그래밍 551

ㅈ

자바 네이티브 인터페이스 289
자바독 117, 118
자원 획득 초기화 160
자체 문서화 코드 107
자체 문서화 코드 작성 기법 110
재개 모델 148
재귀 메이크 264
전제 조건 056
정규 표현식 179
정수 언더플로 305
정수 오버플로 305
정적 분석기 240
정적 분석 도구 050
제네릭 프로그래밍 기능 522
제약 056
제약 제거 058
종료 모델 148
종속성 261
주석 114, 125, 126, 127
주석 들여쓰기 133
주석 표시자 125

줄 끝 주석 133
중간 계층 351
중간자 공격 298
중괄호 066
중괄호 들여쓰기 스타일 072
중괄호 위치 정하기 070
중단점 238
증분 구성 320
지나친 설계 365
지속적인 통합 198
지적 재산 450
진화적 배포 536
진화적 프로토타이핑 536

ㅊ

책임 분담 403
체셔 고양이 049
체크리스트 494, 495
체크아웃 주석 136
체크인 주석 136
최적화 272
추상화 325, 521
추종자 386
출시 계획 527
취약점 299

ㅋ

카멜 표기법 094
캐스팅 054
캡슐화 521
커스텀 애플리케이션 547
커플링 323
컴파일 252
컴파일러 181
컴파일 실패 222
컴파일 언어 247, 249
컴파일 타임 오류 230
컴포넌트 186, 318, 323, 343, 344, 352
컴포넌트 테스트 203
컴퓨터 지원 소프트웨어 공학 333

코드 가이드라인 424
코드 검사기 184
코드 리뷰 196, 480, 495
코드 리뷰 회의 484
코드 몽키 040, 376, 378, 396
코드 배치 066
코드 빌드 246
코드 접근 보안 308
코드 주석 124
코드 즉시 처리 288
코드 테스트 282
코드페이스 037
코드 표현 스타일 066
코딩 표준 066
코어 덤프 239
콘웨이 법칙 324, 404
콘텐츠 관리 시스템 557
퀵 샌드 416
퀵 정렬 알고리즘 285
크래커 301
크로스 컴파일 553
크로스 컴파일러 182, 249
크리스털 클리어 535
클라이언트 350
클래스 318
클래스 계층 구조 351
클러스터 시스템 554

ㅌ

타입 명명 094
테스트 193
테스트 디자인 209
테스트 명세 467
테스트 스크립트 467
테스트 시간 206
테스트 주도 개발 197
테스트 주도 디자인 317
테스트 코드 196
테스트 툴체인 183
테스트 하네스 198

템플릿 전문성 522
통제된 환경에서의 프로젝트 509, 530
통합 개발 환경 171
통합 리뷰 488
통합 모델링 언어 332
통합 테스트 203
트렁크 444
특공대 스타일 130
팀 생애 주기 426
팀워크 430, 435
팀워크 레벨 401
팀워크 수칙 422

ㅍ

파스칼 표기법 094
파이프 349
파일 명명 097
파일 헤더 114
파일 헤더 주석 135
팩토리 331
퍼트 기법 509
페라이트 코어 239
페어 프로그래밍 235, 403, 404, 482
페이건 검사 489
폭포수 모델 527, 529
품질 보증 194
프라퍼 표기법 094
프레임워크 353
프로그래머 오류 145
프로그래밍 스타일 519
프로그램 디자인 언어 333
프로젝트 foo 075
프로토타이핑 531
프로토타이핑 방식 531
프로파일러 184, 280
프리 소프트웨어 451
플래그 135
플래너 384
필터 아키텍처 349

ㅎ

하우스 스타일 075
하향식 330
하향식 디자인 525
함수 318
함수 명명 093
함수 오버로딩 522
함수형 프로그래밍 523
해커 301
핵심 애플리케이션 로직 351
향후 운용 요구사항 463
허니팟 307
헝가리안 표기법 092, 093
현명한 프로그래머 061, 082, 102, 120, 140, 163, 189,
    216, 241, 268, 292, 310, 334, 370, 395, 433, 452,
    475, 493, 512, 539, 562
형상 관리 446, 447
형식 문자열 공격 303
형편없는 프로그래머 061, 082, 102, 120, 140, 163, 189,
    216, 241, 268, 292, 310, 334, 370, 395, 433, 452,
    475, 493, 512, 539, 562
화이트 박스 테스트 205
화이트스미스 스타일 072
화이트햇 301
확장성 327
확장 중괄호 스타일 071
활동지 396, 435
회귀 테스트 203
훌륭한 코드 040

번호

1대 1 리뷰 481
2계층 아키텍처 350
2차 시간 알고리즘 285
3계층 아키텍처 351
80/20의 법칙 280
90/10의 법칙 280
90/10 rule 280